Rene Rose

Enzyklopädie der Technischen Indikatoren

Rene Rose

Enzyklopädie der Technischen Indikatoren

FinanzBuch Verlag

Bibliografische Information der Deutschen Bibliothek:
Die Deutsche Bibliothek verzeichnet diese Publikation in der Deutschen Nationalbibliografie; detaillierte bibliografische Daten sind im Internet über http://dnb.ddb.de abrufbar.

Gesamtbearbeitung: UnderConstruction, München
Umschlaggestaltung: Stephanie Villiger
Lektorat: Jürgen Skuda, baeren und bullen
Druck: Joh. Walch, Augsburg
1. Auflage 2006

Frundsbergstraße 23
80634 München
Tel. 089 651285-0
Fax 089 652096
info@finanzbuchverlag.de

Die Autoren erreichen Sie unter:

ROSE@finanzbuchverlag.de

ISBN-10 3-89879-104-1
ISBN-13 978-3-89879-104-5

Indikatoren 17

Vorwort

Indikatoren – für viele Hirngespinst oder Voodoo, für andere der Weg zum heiligen Gral, der perfekte Weg erfolgreich zu sein. Zwei extreme Meinungen, wobei die Wahrheit wie immer in der Mitte liegen muss.

Wenn Börseninteressierte auf das Thema Indikatoren stoßen, haben sie schon oft einen weiten Weg hinter sich gebracht. Häufig gingen Misserfolge voraus und man hatte sich am ständigen auf und ab der Börse die Finger verbrannt. Für viele sind dann Analysewerkzeuge wie beispielsweise Chartanalyse und somit auch Indikatoren die letzte bzw. nächste Hoffnung. Sie lesen Bücher, besuchen Seminare, lassen sich leiten von den Meinungen anderer oder versuchen später sogar ihre eigenen Indikatoren zu schreiben. Sie suchen den perfekten Indikator, der das Marktgeschehen analysiert und genau erkennen kann, wohin die Reise nun gehen wird. Sie versuchen das Geheimnis des Marktes zu entschleiern und wollen die Bewegung des Marktes in Regeln pressen.

Diese Phase, die der Börsianer hier durchschreitet, ist sehr Kräfte zehrend und von vielen Niederlagen geprägt. Die Verzweiflung, dass der Markt nun doch nicht genau das macht, was der Indikator vorhergesagt hat, zerreißt viele auf ihrem Weg. Diese Reise oder Suche nach dem perfekten Analysewerkzeug wird auch häufig die Suche nach dem heiligen Gral genannt, die Suche nach der perfekten Formel. Aber der Markt lässt sich jedoch nicht in Regeln zwängen oder genau vorhersagen. Es wird keine perfekte Regel für die Kursbewegung geben. Der Markt wird von Menschen gemacht und Menschen sind unberechenbar. Ein Händler sollte diese Phase so kurz wie möglich halten und erkennen dass es diesen Gral nicht gibt, nicht geben kann.

Warum aber dann Indikatoren nutzen? Was können Indikatoren? Was sind Indikatoren wirklich? Indikatoren zeigen nicht wohin der Markt geht und wie Morgen der Kurs steht. Indikatoren machen niemanden automatisch reich, nur weil man sie in den Chart legt. Indikatoren helfen, den Markt besser zu verstehen.

Eine Kurshistorie besteht aus Zahlen, Zahlen und nichts als Zahlen. Da dies unglaublich langweilig und darüber hinaus sogar unübersichtlich ist, hat uns das Computerzeitalter das Wunder der interaktiven Chartsoftware beschert. Aus nüchternen Zahlenkolonnen, die Datum, Open, High, Low und Close darstellen, entsteht wie durch Zauberei ein Bar- oder Candlestickchart. Kolonnen von Zahlen werden in prächtige Grafiken transformiert. Übersichtlich, leicht zu verstehen und dazu auch schön anzusehen. Es geht also um Darstellung von vielen Daten zu etwas leicht Erfassbarem. Ein Chart zeigt somit die Zusammenfassung der gehandelten Kurse eines Wertpapiers an.

Indikatoren versuchen nun den nächsten Schritt. Sie konzentrieren sich auf bestimmte Bereiche der Kursbewegung und versuchen diese zu verdeutlichen, kenntlich zu machen. Ein Indikator kann dabei helfen, den Anwender auf bestimmte Situationen aufmerksam zu machen.

Indikator kommt von dem Wort Indiz, also dem Hinweis. Genau als solches sollten Indikatoren auch genutzt werden, als Hinweise. Der Indikator ist nicht der Wegweiser, der genau zeigt, wohin sich der Markt bewegen wird. Er ist vielmehr ein Hinweis, wie der Markt sich gerade bewegt. Indikatoren sind also Anzeigehilfsmittel, die versuchen, nicht transparente Abläufe zu verdeutlichen.

Einen Indikator könnte man mit einem Thermometer vergleichen. Zeigt es doch die aktuelle Temperatur an und nicht die zukünftige. Aus der Geschwindigkeit, wie schnell die Temperatur gerade steigt könnte man ableiten, wie heiß es wohl in einigen Minuten sein wird. Das hilft uns aber auch nicht weiter wenn jemand die Heizung plötzlich ausstellt und die Klimaanlage aufdreht. Während man noch verwundert auf das Thermometer schaut und fragend an dem Quecksilberröhrchen klopft, kann es schon wieder so kalt sein, dass einem die Eiskristalle vor den Augen schweben.

Ein Indikator soll somit helfen, auf gewisse Zustände oder Entwicklungen aufmerksam zu machen. Indikatoren können auch mit einem Werkzeug verglichen werden, wie zum Beispiel einem Hammer. Um einen Nagel in der Wand zu versenken, ist ein Hammer sehr nützlich. Ist er ausgewogen und besitzt er das richtige Gewicht, ist es einfacher, den Nagel zu versenken. Ohne Hammer wird es schwieriger und eventuell ist es sogar unmöglich, die Arbeit wie gewollt zu verrichten. Wichtig dabei ist jedoch, wie gut man den Hammer schwingen kann. Die eigenen Fähigkeiten geben hier in Wirklichkeit den Ausschlag. Auch der beste Hammer kann nicht helfen, wenn damit der Nagel nicht getroffen wird und man daneben haut. Da freut sich häufig nur einer und der hat meistens einen Doktortitel.

Vertrauen Sie nicht nur den Aussagen anderer Analysten. Bilden Sie sich ihre eigene Meinung. Erstellen Sie für sich selbst eine eigene Analyse von Wertpapieren. Wenn Sie Wertpapiere analysieren können Sie selbst herausfinden, ob sich eine Investition lohnt oder nicht. Dann können Sie auch unabhängig erfolgreich sein, unabhängig von den Meinungen anderer. Die Auffassung der Analysten soll jedoch in keinem Falle verteufelt werden. Sie können durchaus hilfreich sein, sich eine Übersicht über die Märkte zu verschaffen. Einige Analysten lassen sich dabei auch in Ihre Karten schauen und erläutern, wie die Analyse zu einem Wertpapier entstanden ist. Der Leser kann also vom Analysten lernen und die Hintergründe verstehen.

Das Handeln mit Wertpapieren ist oft nur ein Spiel von Wahrscheinlichkeiten. Es gibt hier kein definitives Ja/Nein - Schwarz/Weiß. Vielmehr kann die Aussage von heute bereits morgen wieder falsch sein. Am Markt agieren Menschen und nicht gleichförmige Maschinen. Genau so wenig wie Menschen immer gleich entscheiden, bewegt sich der Markt auch nicht immer in eine Richtung.

Dazu gab es vor einigen Jahren eine wissenschaftliche Untersuchung, die die Haltung zu zukünftigen Ereignissen überprüfen wollte. In den Versuchen wurden Europäern und Asiaten Kurscharts gezeigt, die aufwärts verliefen. Die Probanten sollten den Chart weiter in die Zukunft zeichnen. Die meisten Europäer verlängerten den Chart weiter nach oben, so dass er die Richtung beibehielt. Asiaten hingegen zeichneten den Chart hingegen direkt wieder nach unten, also genau in die gegensätzliche Richtung. Die nach westlichen Weltbildern erzogenen Menschen neigen dazu, die derzeitige Situation so einzuschätzen, dass sie sich ständig in die gleiche Richtung bewegt. Asiaten haben durch ihre Kultur und Erziehung ein anderes Bild der Welt. Das Yin und Yan ist ausgeglichen. Was nach oben geht, wird auch wieder nach unten gehen. Ein Kurschart unterliegt der gleichen Regel. Werden Sie misstrauisch, wenn Ihnen jemand erzählt, dass der Kurs immer nach oben gehen wird. Dazu gibt es eine passendes altes Buddhistisches Sprichwort: „Ein Mensch kann nicht immer Glück haben, so wie die Blumen nicht immer blühen können.

Die in diesem Buch vorgestellten Indikatoren bilden einen Auszug aus der großen Welt der Indikatoren. Sie alle zu erfassen würde dieses Buch sprengen. Vielmehr wurde versucht, die Auswahl auf die gebräuchlichsten und populärsten Indikatoren zu beschränken. Beim Lesen dieses Buchen wird Ihnen auffallen, das einige Indikatoren Abwandlungen von anderen Indikatoren sind und wiederum andere Indikatoren darauf aufbauen. Wenn Sie das erkennen, wird es Ihnen in Zukunft leichter fallen, die Funktionsweise anderer Indikatoren zu verstehen.

Der Syntax der Beschreibungen der hier vorgestellten Indikatoren ist immer gleich aufgebaut. Beginnend mit den Grundlagen der Indikatoren wird auf die generelle Funktionalität und eventuelle Geschichte des jeweiligen Indikators hingewiesen. Hier werden Sie kleine Anekdoten und Hintergrundwissen über die Entstehungsgeschichte der Indikatoren erfahren und was sich der einstige Erfinder/Entwickler dabei gedacht hat. In dem Teil, der sich mit der Berechnung und den Parametern befasst, wird auf die genaue Funktionalität und die Formel des Indikators eingegangen. Die Schilderung der Parameter ist sehr wichtig, wenn später Adjustierungen vorgenommen werden sollen. Im Teil der Interpretation wird beschrieben, wie mit dem Ergebnissen der Indikatoren umgegangen wird. Zeigt der Indikatoren klare Signale zum Kauf oder Verkauf, zeigt er eher die Trendrichtung oder gar besonders starke Trendumkehrsignale.

Noch ein Wort an die Börsenneulinge: Bei unserer täglichen Arbeit sowohl mit Händlern aus dem institutionellen Banken-Bereich als auch dem ambitionierten privaten Nutzer, können wir immer wieder feststellen, dass zum Teil ein großes Wissensdefizit besteht. Ich möchte Ihnen deshalb noch einige Tipps an die Hand geben, um das tägliche Traderleben zu erleichtern.

Es gibt zwei Dinge die Sie beherrschen sollten: Ihre Werkzeuge und vor allem sich selbst. Wenn Sie erfolgreich sein wollen und davon sollte man ja ausgehen, sollten

Sie Sorge tragen, das beides ausgeglichen und stimmig ist. Unter Werkzeugen ist alles dass zu verstehen, was sie benötigen, um Wertpapiere zu handeln:

- einen modernen PC. Das muss nicht die letzte Entwicklungsstufe auf dem Computersektor sein. Ein handelsüblicher PC mit einem modernen Betriebssystem reicht hier vollkommen aus (Achtung: Windows 98 oder NT gelten nicht mehr als modern, bitte updaten sie ihren Computer!).

- wenn Sie etwas Luxus haben wollen, sind zwei Bildschirme sehr vorteilhaft und komfortabel sowie eine schnelle Internetverbindung. ISDN würde zwar funktionieren, doch zeitgemäß ist eine DSL-Leitung.

- zudem benötigen Sie einen guten Broker. Günstig, Fair und schnell sollte er sein. Um diesen Broker zu finden muss man leider manchmal etwas ausprobieren. Hilfreich ist auch, in Fachzeitschriften entsprechende Vergleiche zu lesen und in Foren nachfragen. Besonders der Austausch mit anderen Nutzern kann hier sehr hilfreich sein.

- eine Vielzahl an Informationsquellen. Sich nur auf eine Informationsquelle, den Broker, zu stützen, ist nicht ausreichend sondern manchmal sogar fahrlässig. Mal ist die Internetseite nicht erreichbar oder verfügt nicht über die gewünschten Informationen. Hier gibt es eine Vielzahl guter Internetseiten im deutschen Markt die auch sehr spezielle Wünsche abdecken.

- mit Gleichgesinnten austauschen. Am besten finden Sie diese in großen Fachforen im Internet oder auch Börsenclubs. Wenn es um Erfahrungsaustausch mit anderen Tradern geht, sind diese Foren und Clubs eine feine Sache. Wenn Sie sich für technische Analyse interessieren, empfehle ich www.tradesignalonline.com, Deutschlands größte Webcommunity rund um Charting und technische Analyse.

- gute Software zur eigenen Analyse. Hier kann ich, natürlich nicht ganz wertfrei, TradeSignal empfehlen. Mit steigender Erfahrung sollte auch Ihr Anspruch an Ihre Software wachsen. Durch Seminare und Bücher erfahren Sie von den unterschiedlichsten Handelsmethodiken, die Sie auch umsetzen wollen. Ihre Software sollte diesen Bedürfnissen gerecht werden. Keine Kompromisse.

Sie selbst sind aber noch vor den Werkzeugen das Wichtigste beim Traden. Keine Software, nicht die neueste Analystenmeinung und auch nicht ein Börsenbrief wird Ihnen helfen, den nächsten Trade erfolgreich abzuschließen:

Ständige Ausbildung. Bilden Sie sich fort und bleiben Sie nie dabei stehen. Sei es mit Büchern, Webtrainings oder Seminaren. Es gibt eine Vielzahl von guten

Büchern und sehr kompetenten Seminaranbietern, die die unterschiedlichsten Themen abdecken.

Stärken Sie Ihren Willen. Der psychologische Faktor ist beim Traden entscheidend. Sie stehen unter Stress und hohem Druck. Eventuell lassen sie sich von der Gier oder gar Angst treiben und machen dabei Fehler. Auch zu diesem Thema gibt es spezielle Bücher und Seminare. Unterschätzen sie diesen Faktor nicht. Schaffen Sie sich einen Ausgleich, treiben Sie Sport oder machen etwas völlig anderes, dass Sie auf andere Gedanken bringen kann.

Verantwortung tragen. Tragen Sie für Ihr Handeln selbst die Verantwortung. Wenn Sie einen todsicheren Börsentipp erhalten oder einer Aktienempfehlung folgen, kann nur eine Person die Verantwortung für den Erfolg oder Misserfolg tragen: Sie! Nur wenn Sie sich selbst eingestehen können, dass Sie einen Fehler gemacht haben, können Sie daraus auch lernen.

Indikatoren können so oder so genutzt werden. Sollen sie zu hundert Prozent das Marktgeschehen und auch dessen Entwicklung abbilden, so ist das auf jeden Fall unseriös. Werden sie als Werkzeug, als Anzeigemittel und nicht als die „100 %-Regel" genutzt, ist der Einsatz richtig. Wird ein Indikator ohne Kenntnis seiner Funktionsweise einsetzt, hat dies zur Folge, dass die Aussage nutzlos werden kann. Der Erfolg wird sich dann nicht wirklich einstellen. Bücher wie dieses sollen Ihnen dabei helfen, die Indikatoren zu verstehen und auch richtig anzuwenden. Ich wünsche Ihnen beim Lesen viel Spaß und am Ende natürlich auch viel Erfolg.

Handeln Sie überlegen!

Sebastian Schenck
SystemSoft GmbH - TradeSignal

Kapitel 1

Rene Rose

Indikatoren

Marktbreite Indikatoren

Grundlagen

In vielen meiner Beiträge bilden Kursdaten, Volumendaten und Kombinationen die Basis. Mit diesen Indikatoren ist es zwar möglich, Trends zu bestimmen und Handelsentscheidungen zu timen, aber es ist nicht möglich, einen Blick auf den gesamten Markt oder zumindest ein größeres Segment eines Marktes zu werfen.

Sicher, die Analyse des deutschen Aktienindex mit dessen Volumendaten kann bereits ein Bild von der Lage und der Stimmung auf dem Parkett liefern. Dieser Blick ist allerdings von oben herab geworfen und ermöglicht noch keine detaillierteren Ansichten und Einsichten.

In den USA werden zusätzlich zu Kurs- und Volumendaten auch noch andere Datenströme zur Verfügung gestellt. Dabei handelt es sich um die Anzahl der gestiegenen Aktien, die Anzahl der gefallenen Aktien, das Volumen der gestiegenen Aktien und das Volumen der gefallenen Aktien, sowie die Anzahl der unveränderten Aktien und deren Volumen. Einige Datenanbieter stellen darüber hinaus noch Daten bereit, wie die Aktien mit neuem 1-Jahres-Hoch bzw. Tief sowie deren Volumen.

Leider werden von den deutschen Börsenplätzen und von der XETRA keinerlei gleichwertige Daten bereitgestellt. Mir ist nicht bekannt, ob Datenlieferanten wie Bloomberg oder Reuters eventuell eigene Historien dieser Art zusammenstellen.

Einzige Lösung ist die Programmierung eigener Routinen, die die Datenströme der Aktien des DAX abfragen und daraus die Advance/Decline-Kennzahlen berechnet. Wertvolle Grundlagenarbeit hat hierbei Stefan Mohr geleistet, der als User „Nordie“ im Forum der Webseite www.tradesignalonline.com sehr aktiv ist. Die von ihm programmierte Basisfunktion dient als Grundlage für die hier vorgestellten Indikatoren. Alle Indikatoren, bis Seite 78, bedienen sich dieser zusätzlich gesammelten Daten, den Statistiken zu gefallenen, gestiegenen und unveränderten Aktien eines Index, sowie der dazugehörigen Volumenewerte.

Advance Decline Line

Der erste Indikator dieser Reihe ist die Advance Decline Line, nicht zu verwechseln mit der A/D Line von Marc Chaikin, die eine völlig andere Grundlage und Aussage hat. Die Advance Decline Line ermöglicht einen Blick in den Markt hinein, der sonst nur als einzelner Indexwert abgebildet wird. Vergleiche zwischen Kursbewegung des Index und den Mustern der Advance Decline Line helfen, Marktbewegungen zu bewerten und über Divergenzen auch Extremsituationen zu erkennen.

Berechnung und Parameter

Die Berechnung der Advance Decline Line ist recht einfach, wenn die Grunddaten vorhanden sind. Weiter oben habe ich diese Grunddaten bereits erwähnt. Wir verwenden die Anzahl der gestiegenen und der gefallenen Aktien. Beide zusammen sollten einen Wert von 30 erreichen. Ist dies nicht der Fall, wird ein unveränderter Titel dazwischen geraten sein. In den USA werden unveränderte Titel und deren Volumen als eigenständige Statistikposition angeboten. Da die Anzahl der an der Nyse, der Nasdaq oder der Amex gehandelten Aktien mehrere tausend Stück beträgt, macht dies auch Sinn. Unser kleiner deutscher Aktienmarkt mit seinen 30 Aktien im Hauptindex macht diese Sammeltätigkeit jedoch überflüssig. Die Wahrscheinlichkeit, einen unveränderten Wert innerhalb des DAX zu finden, ist recht klein. Deshalb habe ich auch auf die Programmierung von Indikatoren verzichtet, die diese „unchanged"-Daten verwenden.

Zurück zur Advance Decline Line. Deren Berechnung beschränkt sich auf die Subtraktion der Anzahl der gefallenen Aktien von der Anzahl der gestiegenen Aktien. Die A/D Line ist eine laufende Summierung dieser Rechnung. Das heißt der aktuelle A/D-Wert wird zum Index-Wert von gestern dazu addiert.

$$ADLine_{(t)} = ADLine_{(t-1)} + (AdAdv_{(t)} - AdDec_{(t)})$$

$AdAdv_{(t)}$ = Anzahl der gestiegenen Aktien am Handelstag
$AdDec_{(t)}$ = Anzahl der gefallenen Aktien am Handelstag

Das war es bereits. Mehr Rechenarbeit ist nicht erforderlich, um diesen wertvollen Indikator zu erhalten. Falls Sie sich bereits einmal in der Literatur zu diesem Thema umgeschaut haben, sind Ihnen sicherlich zahllose Abwandlungen der Advance Decline Line aufgefallen. Meist handelt es sich um einen auf diese Linie berechneten gleitenden Durchschnitt; eine einfache Glättung der Daten. Oft erhalten solche Veränderungen einen eigenen Namen, was dazu führt, das 10 bis 20 „neue" Indikatoren erschaffen wurden. Ich werde auf keine dieser Varianten näher eingehen, da sie keinerlei Verbesserungen gegenüber dem Original bedeuten.

Darstellungsvarianten

In Abb. 1 sehen Sie das Original von Stefan Mohr. Der obere Indikator, der gleichzeitig auch die Basisarbeit für alle anderen Advance Decline-Indikatoren leistet, stellt die Anzahl der gestiegenen und die Anzahl der gefallenen Aktien grafisch dar. Der untere Indikator ist die Advance Decline Line.

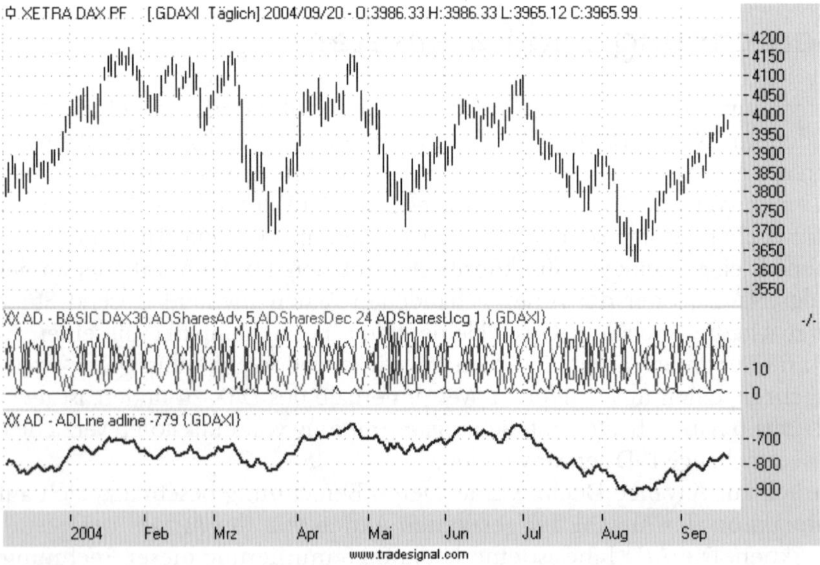

***Abb. 1** – Der untere Teil des Charts zeigt die Advance Decline Line. Im mittleren Teil ist die Anzahl der gestiegenen und gefallenen Aktien des DAX Index abgebildet.*

Da ich etwas mehr Platz schaffen wollte und zu Stefan Mohrs Arbeit noch einige Indikatoren ergänzt habe, bietet meine veränderte Version die Advance Decline Line und alle anderen Indikatoren dieser Sparte in einem einzelnen Modul an, das Sie auf der Webseite www.tradesignalonline.com zur Verwendung in TradeSignal enterprise downloaden können. Dieses Modul enthält sowohl die Basisroutine, als auch alle Indikatorberechnungen. Abb. 2 zeigt „meine" Advance Decline Line.

***Abb. 2** – Advance Decline Line des DAX. Diesen Indikator können Sie von der Webseite zur Verwendung in TradeSignal enterprise downloaden.*

Wenn Sie diesen Indikator von der Webseite www.tradesignalonline.com downloaden, dann beachten Sie bitte bei der Verwendung, dass das Laden eines Charts mit den A/D-Indikatoren etwas Zeit in Anspruch nehmen kann, da alle 30 DAX-Werte zur Berechnung herangezogen werden; also auch komplett geladen werden müssen.

Interpretation

Die A/D Line (verzeihen Sie mir die irreführende Abkürzung!) versteht sich als Marktbreite-Indikator. Sie hilft die Stärke der Trendbewegung eines ganzen Aktienindex zu bewerten. Dabei wird in erster Linie auf Divergenz und Konvergenz zwischen den Kursbewegungen des gesamten Index und der Bewegung der A/D Line geachtet. Vielleicht sollten wir uns kurz die Konstruktion eines Aktienindex ins Gedächtnis holen. Konkret enthält der DAX die 30 größten Unternehmen der deutschen Wirtschaft. Dabei werden von der Deutschen Börse diverse Kriterien zu Grunde gelegt, die zum einen die Aufnahme in den DAX und zum anderen das Gewicht innerhalb des Index bestimmen. So haben die Kurse der Deutschen Bank, der Deutschen Telekom oder Daimler Chryslers ein größeres Gewicht, als zum Beispiel der Kurs von Altana. Es kann also sein, dass die aktuelle Kursveränderung des DAX auf einige wenige große Werte im Index zurückzuführen sind oder auf eine gleichmäßige Bewegung aller enthaltenen Aktien.

An manchen Freitagen, nämlich immer dann, wenn wieder einmal großer Verfallstag ist, wird im Vorfeld gerne versucht, am Index zu „manipulieren“, indem die schwergewichtigen Aktien des DAX in eine bestimmte Richtung gedrückt werden. Das hat primär zur Folge, dass sich der Kurs des Index stark verändert. Ob dahinter eine gesunde Bewegung oder eben Manipulation steht, lässt sich nicht erkennen.

Die A/D Line hilft, genau solche Ungereimtheiten zwischen Kursverlauf und Marktbreite zu erkennen. Handelt es sich tatsächlich um eine gesunde und fundierte Trendbewegung, sollte ein großer Teil der im Index enthaltenen Werte in die gleiche Richtung laufen, wie der Index selbst. Signalisiert die A/D Line jedoch ein anderes Bild, ist das ein deutliches Warnsignal und man sollte der beobachteten Bewegung nicht zu viel Bedeutung beimessen.

Die A/D Line signalisiert also Trendstärke, indem sie sich in die gleiche Richtung bewegt wie der Kurs des Index. In Abb. 3 habe ich eine gesunde Aufwärtsphase ausgesucht. Eine steigende A/D Line signalisiert, dass die Anzahl der gestiegenen Aktien deutlich über der Anzahl der gefallenen Aktien liegt.

***Abb. 3** – Die Advance Decline Line verläuft im Gleichklang mit dem Index und zeigt damit eine „gesunde“ Marktbewegung; getragen von einer marktbreiten Bewegung der im Index enthaltenen Aktien.*

In Abb. 4 ist ein entsprechend gesunder Abwärtstrend zu sehen. Die Anzahl der gefallenen Aktien übersteigt die Anzahl der gestiegenen Aktien deutlich.

***Abb. 4** – Der Abwärtstrend im DAX wird begleitet von einer ebenfalls kontinuierlich fallenden Advance Decline Line und verdeutlicht damit die marktbreite Abwärtsbewegung.*

Treten Divergenzen zwischen der Bewegung des Index und der des Indikators auf, erhalten wir Hinweise auf mögliche Trendwenden oder auf vorhandene Stärke innerhalb von Konsolidierungsformationen.

Abb. 5 zeigt, dass der DAX neun Monate lang in einer Konsolidierungszone verlief. Trotz des Bärengebrülls, das langsam Einzug hält, bestätigt die A/D Line keine fallende Tendenz. Sie kann trotz immer wieder erfolgloser Versuche des DAX die alten Hochs zu erreichen bzw. zu überwinden, ihre hohen Werte verteidigen und sogar bis Juli 2004 neue Hochpunkte erreichen.

***Abb. 5** – Bis in den Juli 2004 hinein erreicht die Advance Decline Line neue Höchstwerte. Erst dann wird ihr Aufwärtstrend gebrochen.*

Abb. 6 – Eine erste Divergenz zwischen DAX und Advance Decline Line zeigt sich im Dezember 2002. Das neue Hoch im Index wird durch den Indikator nicht mehr bestätigt.

Die A/D Line bestätigt eine Kursbewegung im Index durch eine Bewegung in die gleiche Richtung. In diesem Falle handelt es sich um eine fundierte und vom breiten Markt unterstützte Bewegung. Treten Divergenzen auf, zeigt das ein Ungleichgewicht zwischen den Indexwerten, die die Kursveränderung des Index maßgeblich bestimmen und der breiten Masse der anderen Werte, die eine abweichende Kursveränderung aufweisen. Eine solche Bewegung im Index ist zu schwach, um länger zu bestehen. Solche Divergenzen treten häufig an potentiellen Marktwendepunkten auf.

Hochs im Index sollten innerhalb einer gesunden Aufwärtsbewegung von Hochs der A/D Line bestätigt werden. Das ist ein Zeichen für einen gesunden Geldfluss in die Indexwerte hinein. Tiefs im Index sollten innerhalb einer kräftigen Abwärtsbewegung von Tiefs in der A/D Line bestätigt werden; ebenfalls ein Zeichen für einen starken Kapitalstrom aus den Indexwerten heraus.

Die A/D Line hilft, Übertreibungsphasen zu erkennen. Lange Zeiten mit hohen Werten zeigen, dass eine Fraktion der Marktteilnehmer dominiert und ein Übergewicht bildet. Übertreibungsphasen können lange, aber nicht ewig anhalten. Ausgeprägte Übertreibungen werden oft von Konsolidierungen bereinigt. Die A/D Line zeigt ebensolche Trendwendemuster wie der Index selbst. Doppel- oder Dreifachböden sowie Untertassen- und Spikeformationen helfen, potentielle Wendebereiche zu erkennen.

Zur Analyse der A/D Line können gleitende Durchschnitte verwendet werden. Für die Analyse aller Zyklenlängen kann eine Kombination aus 5-, 20-, 50- und 200-Tage-Durchschnitt verwendet werden. Liegt die A/D Line über dem 5-Tage-Durchschnitt, ist das ein Zeichen für Stärke. Bewegungen unter diesen signalisieren kurzfristige Schwäche und sind als Warnzeichen zu verstehen. Schneidet der 5-Tage-Durchschnitt den 20-Tage-Durchschnitt, gilt das als kurzfristiges Handelssignal. Schneidet der 20-Tage-Durchschnitt den 50-Tage-Durchschnitt, gilt das als mittelfristiges Handelssignal. Abb. 7 zeigt die A/D Line mit den genannten Durchschnitten.

Abb. 7 – Advance Decline Line mit gleitenden Durchschnitten, die als Handelssignal genutzt werden können.

Kritische Würdigung

Die A/D Line erfordert eine große Menge an Daten zur Berechnung. Da die Deutsche Börse keine fertigen Daten bereitstellt, sind wir auf eigene Lösungen angewiesen.

Quellen

Barbara, Frank. The Real Advance / Decline Line. In: TAS&C V.11
Kinsman, Robert: Advance / Decline Line Redux. In: TAS&C V.14
Downing, Daniel E.: Advance / Decline Line Basics: TAS&C V.12

TRIN (Arms Index)

Grundlagen

In diesem Beitrag möchte ich einen sehr bekannten und beliebten Indikator vorstellen, der auf fast jeder US-amerikanischen Finanzseite zu finden ist. Richard W. Arms stellte den „Short Term Trading Index" (TRIN) Ende der 60'er-Jahre vor. Schnell verbreitete sich der Index in der Szene der technisch orientierten Händler. Zahlreiche Veränderungen und Verbesserungen hat er seit dem erfahren, von denen ich einige vorstellen möchte. Wichtig ist, dass Sie sich nicht von den vielen verschiedenen Vermengungen dieser TRIN-Derivate aus der Ruhe bringen lassen. Die meisten unterscheiden sich nur durch verschiedene Methoden der Durchschnittsberechnung zur Glättung des sehr volatilen Indikators. Einige sind unter dem Namen Arms Index, andere als TRIN und weitere unter eigenem Namen bekannt.

Doch zurück zum TRIN und damit zu einer umfassenden Einführung in die Thematik. Sie haben vielleicht den Beiträge zur A/D Line zum McClellan Oszillator und zum McClellan Summation Index bereits gelesen. Alle drei Indikatoren basieren nicht auf den Kursdaten eines Basistitels, sondern auf der Statistik der gestiegenen und gefallenen Aktien, die in der Regel täglich erstellt wird. In den USA, wo diese Art von Indikatoren sehr weit verbreitet sind, werden diese Statistiken in der Regel für ganze Märkte erstellt. So existieren die A/D-Werte für die Nasdaq, die Nyse und die Amex. Somit gelten als jeweilige Basistitel die großen Indizes der amerikanischen Finanzmärkte wie der S&P 500 und der Nasdaq Composite.

Da die benötigten statistischen Daten dort von den Börsen frei zur Verfügung gestellt werden, ist es einfach, eine große Zahl an A/D-Indikatoren zu berechnen. Hier in Deutschland besteht zum einen das Problem, das die Anzahl der gehandelten Werte viel geringer ist und das außerdem die Daten gar nicht zur Verfügung stehen. Mit etwas Programmieraufwand ist es möglich eine A/D-Statistik für den DAX aus den Datenströmen der einzelnen DAX-Titel zu fischen. Auf diesem Umweg lassen sich nun ebenfalls zahlreiche A/D-Indikatoren für den Deutschen Aktienindex berechnen.

Mit einem A/D-Indikator blicken wir ins komplexe Räderwerk einer Maschine, deren offensichtliche Leistung nur auf einer einfachen Skala als einzelner Wert zu erkennen ist. Alle Aktivitäten am Deutschen Aktienmarkt resultieren in einer einzigen Zahl, der Kurs des Deutschen Aktienindex. Ohne A/D-Indikatoren sehen wir nur die Auswirkungen von gigantischen Kapitalströmen, deren Kraft über den Tag verteilt arbeitet, deren Ergebnis aber nur als Kurs auf dem Chart zu erkennen ist. Welche Kräfte genau wirken, wie groß und vor allem wie ausdauernd sie sind, lässt sich von außen nicht beurteilen. Erst der Blick ins Innenleben des DAX hilft uns die komplexen Zusammenhänge zu erkennen und Schlussfolgerungen für die nächsten Tage zu treffen.

A/D-Indikatoren helfen uns die Stärke und das Fundament einer Marktbewegung einzuschätzen. Sind viele DAX – Titel am Endergebnis beteiligt oder nur wenige. Ist der DAX gestiegen, obwohl nur wenige der einzelnen Titel im DAX ein Plus verbuchten, ist das sicher kein Zeichen für eine gesunde Trendbewegung. Fällt der DAX-Kurs, weil alle DAX-Titel diesen Tag im Minus beendeten, ist das ganz sicher ein Zeichen für eine fundierte Bewegung, die berechtigte Hoffnung auf Fortsetzung macht. Händler, die solche detaillierten Marktanalysen nutzen, sind also klar im Vorteil gegenüber Händlern die nur den Kurs des DAX selbst analysieren.

Richard Arms beschränkte sich bei der Entwicklung des TRIN nicht mehr nur auf die Statistik der gestiegenen und gefallenen Aktien, sondern bezog das dazugehörige Handelsvolumen mit in die Berechnung ein. Der TRIN vergleicht die Nettoveränderungen von gestiegenen und gefallenen Titeln mit dem Verhältnis des dazugehörigen Volumens. Somit ist eine noch detailliertere Bewertung der Kursbewegung im zugrunde liegenden Marktsegment bzw. Aktienindex möglich. Der TRIN zeigt auf, ob das Verhältnis zwischen steigenden und fallenden Aktien vom entsprechenden Money Flow in die richtige Richtung unterstützt wird. Ist das Verhältnis zwischen gestiegenen Aktien und gefallenen Aktien 3 zu 1, sollte in einer gesunden Trendbewegung das Verhältnis zwischen dem Volumen der gestiegenen Aktien und dem der gefallenen Aktien ähnlich sein. Übrigens wird der TRIN von vielen US-Börsendiensten auch Intraday und Realtime angeboten.

Berechnung und Parameter

Für die Berechnung des TRIN benötigen wir also zusätzlich die Volumenstatistik aller DAX-Einzeltitel.

$$AdRatio_{(t)} = AdAdv_{(t)} / AdDec_{(t)}$$
$$VolRatio_{(t)} = VolAdv_{(t)} / VolDec_{(t)}$$
$$TRIN_{(t)} = AdRatio_{(t)} / VolRatio_{(t)}$$

$AdAdv_{(t)}$ = Anzahl der gestiegenen Aktien am Handelstag
$AdDec_{(t)}$ = Anzahl der gefallenen Aktien am Handelstag
$VolAdv_{(t)}$ = Volumen der gestiegenen Aktien
$VolDec_{(t)}$ = Volumen der gefallenen Aktien

Abb. 8 zeigt den TRIN in der Originalversion. Sie sehen, dass der Indikator sehr volatil ist und viele extreme Spitzen ausbildet. Deshalb wird der TRIN oft mit verschiedenen gleitenden Durchschnitten geglättet. Die Methoden der Durchschnittsberechnung variieren dabei.

Abb. 8– *DAX Index mit TRIN in der Original-Version.*

In Abb. 9 ist der TRIN mit einem einfachen gleitenden Durchschnitt über 5 Tage geglättet. Sie sehen, dass die Spitzen etwas entschärft sind aber viele andere Werte des TRIN dadurch ebenfalls verzerrt werden.

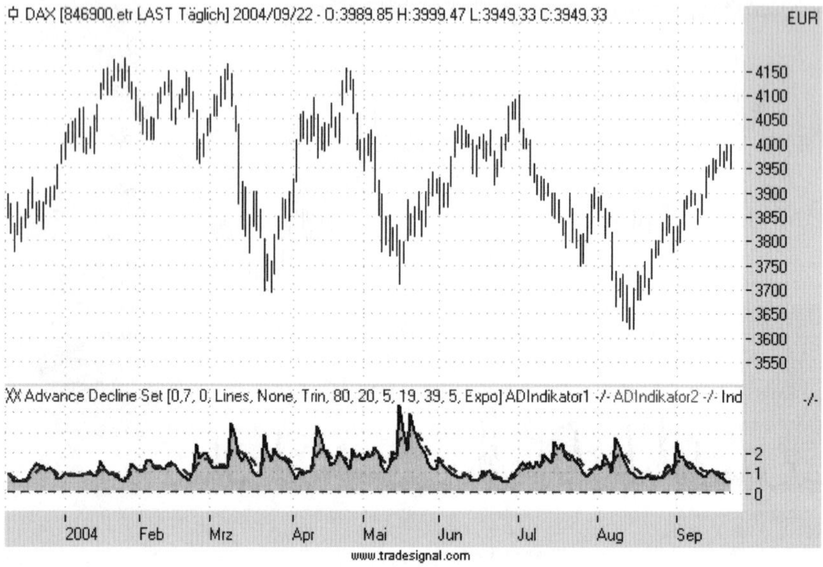

Abb. 9 *– Hier ist der TRIN mit einem 5-Tage-Durchschnitt (exponentiell) geglättet.*

Einige der im nächsten Abschnitt besprochenen Derivate versuchen dieses Problem zu lösen. Wichtig ist, dass die Analyse des TRIN seitenverkehrt gegenüber anderen Überkauft-Überverkauft-Indikatoren erfolgt. Was sonst oben ist, ist beim TRIN unten, das heißt hohe Werte sind ein Zeichen für einen überverkauften Markt und niedrige Werte ein Zeichen für einen überkauften Markt.

Darstellungsvarianten

Hier möchte ich nun auf einige Derivate des TRIN eingehen. Zunächst, noch einmal der Hinweis, dass es zwischen TRIN und Arms Index keinerlei Unterschiede gibt. Beide Bezeichnungen werden für diesen einen Indikator verwendet. Oft wird eine Version mit gleitendem Durchschnitt dann als TRIN bezeichnet und gilt als Weiterentwicklung des Arms Index; was natürlich leicht übertrieben ist. Das Berechnen eines Durchschnittes auf einen Indikator ist eben noch keine Weiterentwicklung.

Als Open Arms Index wird nun eine leichte Abwandlung des TRIN bezeichnet, die den volatilen Verlauf etwas glätten soll. Hierzu werden die Ausgangswerte der Berechnung bereits einer Glättung unterzogen. Im Ergebnis erhalten wir dann einen sehr weichen Verlauf, der natürlich die Priorität vom „Short Term Trading" auf eine etwas längere Perspektive verschiebt. Abb. 10 zeigt diesen Open Arms Index.

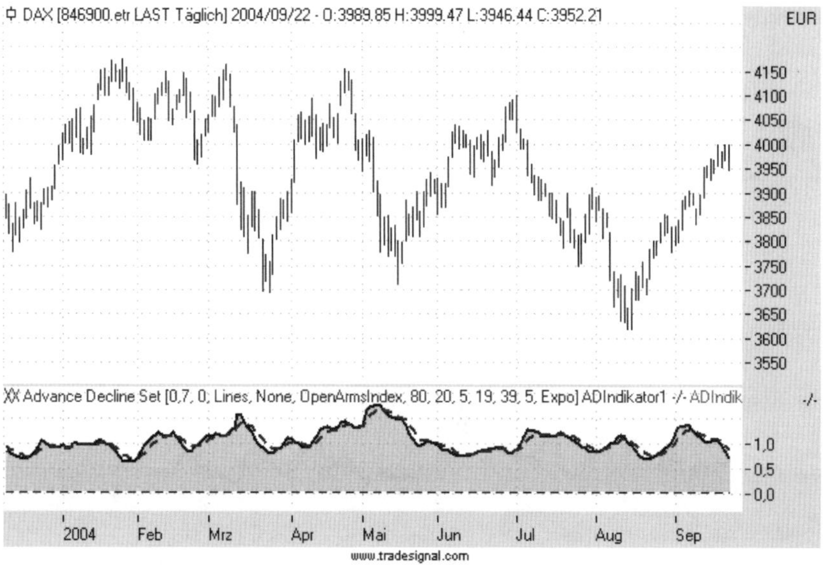

***Abb. 10** – Der Open Arms Index ist eine geglättete Abwandlung des Arms Index.*

Die Berechnung sieht wie folgt aus:

$AvgAdAdv_{(t)} = Sum_{(n)}(AdAdv) / n$
$AvgAdDec_{(t)} = Sum_{(n)}(AdDec) / n$
$AvgVolAdv_{(t)} = Sum_{(n)}(VolAdv) / n$
$AvgVolDec_{(t)} = Sum_{(n)}(VolDec) / n$

$AvgAdRatio_{(t)} = AvgAdAdv_{(t)} / AvgAdDec_{(t)}$

$AvgVolRatio_{(t)} = AvgVolAdv_{(t)} / AvgVolDec_{(t)}$

$TRIN_{(t)} = AvgAdRatio_{(t)} / AvgVolRatio_{(t)}$

$AdAdv_{(t)}$ = Anzahl der gestiegenen Aktien am Handelstag
$AdDec_{(t)}$ = Anzahl der gefallenen Aktien am Handelstag
$VolAdv_{(t)}$ = Volumen der gestiegenen Aktien
$VolDec_{(t)}$ = Volumen der gefallenen Aktien
n = Berechnungsperiode für die Durchschnittsrechnung

Das zweite Derivat ist als TRIN5 bekannt. Hier wird einfach eine Summierung der letzten fünf TRIN-Werte vorgenommen, was ebenfalls zu einer Glättung des Verlaufsmusters führt. Abb. 11 zeigt diese Variante.

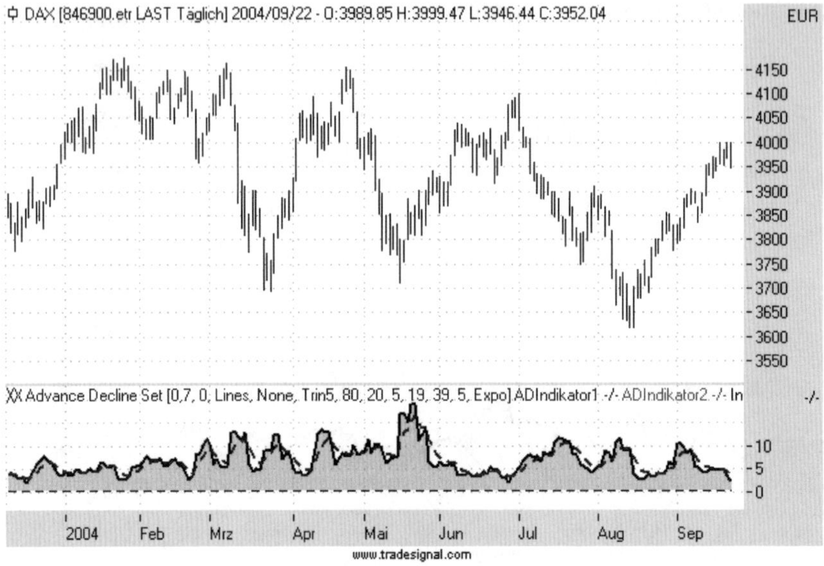

***Abb. 11** – Hier eine Abwandlung des TRIN als so genannter TRIN5; eine Summierung der letzten 5 TRIN-Werte.*

Die Berechnung sieht wie folgt aus:

$AdRatio_{(t)} = AdAdv_{(t)} / AdDec_{(t)}$

$VolRatio_{(t)} = VolAdv_{(t)} / VolDec_{(t)}$

$TRIN_{(t)} = AdRatio_{(t)} / VolRatio_{(t)}$

$TRIN5_{(t)} = Sum_{(n)}(TRIN)$

$AdAdv_{(t)}$ = Anzahl der gestiegenen Aktien am Handelstag
$AdDec_{(t)}$ = Anzahl der gefallenen Aktien am Handelstag
$VolAdv_{(t)}$ = Volumen der gestiegenen Aktien
$VolDec_{(t)}$ = Volumen der gefallenen Aktien
n = 5 Tage zur Glättung des Indikators

Um einen echten Oszillator aus dem TRIN zu machen, berechnen wir zwei gleitende Durchschnitte von unterschiedlicher Länge auf diesen. Dabei wenden wir das Konzept eines Moving Average Oszillators an. Wir erhalten quasi ein MACD des TRIN. In Abb. 12 ist diese Variante zu sehen.

***Abb. 12** – Der TRIN als Oszillator mit einem gleitenden Durchschnitt.*

Auch hier gilt, die Interpretation geschieht Seitenverkehrt. Werte über der Nulllinie gelten als bearish und Werte unter der Nulllinie als bullish. Alle soeben vorgestellten Indikatoren sind in einem einzigen Modul enthalten, dass Sie von der Webseite www.tradesignalonline.com downloaden können.

Interpretation

Für den TRIN werden verschiedene Werte innerhalb der Skala genutzt um Phasen mit überdehnten und überlasteten Märkten zu finden. In den meisten Fällen bewegt sich der Indikator in einer Spannbreite zwischen 0,5 und etwa 3. Dabei gilt, je höher der Wert umso negativer die Aussage. Hohe Werte sind bearish und niedrige Werte sind als bullish zu sehen. In Abb. 13 habe ich den TRIN über 10 Tage geglättet und die Extremzonen eingefärbt.

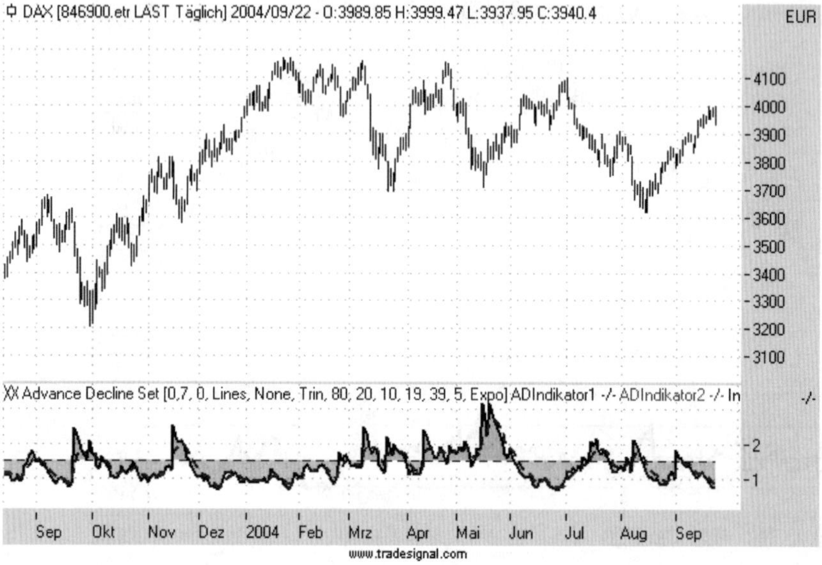

***Abb. 13** – TRIN mit einer 10-Tages-Glättung. Bullishe und bearishe Bereiche sind grün bzw. rot eingefärbt.*

Die Angaben für die Extremzonen schwanken von Publikation zu Publikation. Ich habe die Grenze zwischen bullishen und bearishen Werten bei 1.5 gesetzt. Werte darüber signalisieren, dass die Bären an der Macht sind. Ein hohes Handelsvolumen ist auf der Seite der mehrheitlich fallenden Aktien des DAX zu finden. Werte unter 1.5 sind zunächst einmal neutral zu werten. Erst wenn der Indikator unter 0,8 fällt, ist die als Zeichen für die Machtergreifung der Bullen zu werten. Ein hohes Handelsvolumen ist dann auf der Seite der mehrheitlich steigenden Aktien im DAX zu finden. Neutrale Werte zeigen an, dass die Mittelzuflüsse in steigende Aktien in etwa den Mittelabflüssen aus den fallenden Aktien entsprechen. Wenn wir diese Zoneneinteilung übernehmen, dann fällt auf, dass der TRIN die Böden im Markt mit seinen Spitzen ziemlich genau trifft aber die Tops und besonders die Aufwärtstrendphasen des DAX im Jahre 2003 nicht als bullish markiert. Er scheint bei fallenden Märkten besser und vor allem deutlicher zu reagieren. In Abb. 14 habe ich die Werte für die Zonen eingestellt, wie eben beschrieben.

***Abb. 14** – TRIN mit „optimierten" Extremzonen, bei dessen Über- bzw. Unterschreiten der TRIN in extreme Marktphasen eintritt.*

Um den TRIN auch für mittel- und langfristige Analysen verwenden zu können, sollte die Einstellung für die Glättung vergrößert werden. Dabei verändern sich aber auch die Spannbreite und somit die Werte für die einzelnen Zonen. In Abb. 15 habe ich den TRIN mit einem einfachen Durchschnitt über 20 Tage geglättet.

***Abb. 15** – TRIN in einer „längerfristigen" Einstellung über 20 Tage geglättet.*

In Abb. 16 schließlich ist die Glättungsperiode auf 50 Tage eingestellt. Hier ist zu sehen, dass die Einstellungen für die Zonen nicht mehr passen. Sollten Sie den TRIN mit diesen Werten betreiben wollen, sollten Sie etwas mit den Zonen experimentieren.

***Abb. 16** – TRIN über 50 Tage geglättet. Extremsituationen treten hier eher selten auf.*

Für den TRIN gelten laut einschlägiger Literatur zwei Extremwerte, deren erreichen eine baldige Marktbewegung in die andere Richtung erwarten lassen. Steigt der TRIN über 2.5, steht eine Rally bevor. Fällt der TRIN unter 0,5, steht eine Korrektur bevor. Dass Extremwerte in starken Trends längere Zeit anhalten können, wissen wir bereits. Dieses Problem teilt sich der TRIN mit vielen anderen Indikatoren. Besonders in fallenden Marktphasen liegt der TRIN lange über der Marke von 2.5. Sollten Sie Interesse an einer noch detaillierteren Besprechung des TRIN haben, empfehle ich Ihnen den Artikel von Jack Rusin aus dem Magazin TAS&C, Ausgabe Januar 1992; siehe Quellenangabe.

Kritische Würdigung

Der TRIN ist sehr volatil im Verlauf. Erst eine Abwandlung der Berechnung „verschönert" das Bild ein wenig, nimmt dem Indikator aber auch seine Reaktionsfreudigkeit.

Quellen

Faber, Bruce R.: The Arms Index. In: TAS&C V.14
Asprey, Thomas: NYSE Technical Indicators. In: TAS&C V.6
Rusin, Jack: The Internal Dynamics of TRIN. In: TAS&C V.10

McClellan Oszillator

Grundlagen

Bevor ich auf die Besonderheiten und die Verwendung des McClellan Oszillators eingehe, möchte ich Ihnen zunächst die Grundlagen der Marktbreite- und Stärke-Indikatoren ins Gedächtnis rufen. Diese Gruppe von Indikatoren benutzt die statistische Auswertung der täglichen Kursbewegungen aller Aktien eines Index oder eines gesamten Marktes für deren Berechnung. Ausgehend von der Anzahl der gestiegenen Aktien, der Anzahl der gefallenen Aktien, dem Volumen der gestiegenen Aktien, dem Volumen der gefallenen Aktien, sowie Angaben für die unveränderten Aktien werden ähnliche Indikatorenkonzepte angewendet, wie bei herkömmlichen Kursindikatoren auch.

Sicher haben Sie bereits den Beitrag zur Advance Decline Line gelesen. Diese ist zum einen Hauptanalyseinstrument und zugleich die Basis für einige andere Indikatoren. Die A/D Line wird seit fast 40 Jahren verwendet, um die Breite und Stärke einer Marktbewegung zu analysieren und um daraus Informationen für die zukünftige Entwicklung des Marktes zu gewinnen. Der McClellan Oszillator ist eines dieser Indikatorenkonzepte, das auf die A/D Line angewendet wird. Es handelt sich um einen Moving Average Oszillator; die Differenz zwischen zwei gleitenden Durchschnitten einer Datenreihe. Bekannt ist ihnen sicher der MACD und der Price Oszillator, die beide nach dem gleichen Konzept funktionieren, allerdings auf die Kurszeitreihen direkt angewendet werden.

Der McClellan Oszillator misst die Veränderungen in der täglichen Statistik der gestiegenen und gefallenen Werte eines Index oder des gesamten Marktes. Wir haben über die A/D Line erfahren, dass sie durch Konvergenz bzw. Divergenz zum betrachteten Index auf die Stärke oder Schwäche einer Marktbewegung hinweist. Sie hat dabei einen Vorlaufcharakter. Trendwendepunkte und andere Muster in den Kursen des beobachteten Index sind dank der A/D Line früher zu erkennen. Bevor sich im Index messbare Veränderungen zeigen, geschehen diese bereits in der Statistik der gefallenen und gestiegenen Werte.

Der McClellan Oszillator versucht nun, direkte Handelssignale aus dieser statistischen Aufstellung zu gewinnen, indem er die Dynamik der Veränderung misst, auf Übertreibungen aufmerksam macht und Richtungswechsel signalisiert. Der Oszillator signalisiert dabei nicht nur direkte Handelsanweisungen, sondern ist auch in der Lage, kurzfristige Veränderungen in den Kapitalströmen aufzudecken und damit kleine Trendbewegungen zu bestätigen oder auf Schwächen hinzuweisen. Wie wir sehen werden, können alle Analyseverfahren verwendet werden, die wir vom MACD, dem Price Oszillator und auch von anderen Momentum-Indikatoren her kennen.

Berechnung und Parameter

Die Basisdaten für die A/D Line, die dem McClellan Oszillator zu Grunde liegt, müssen wir selbst sammeln. Die Deutsche Börse stellt uns leider keine entsprechenden Zeitreihen zur Verfügung. Als Nutzer von Tradesignal enterprise sind wir in der glücklichen Lage, Basisroutinen nutzen zu können, die diese Daten aus allen 30 DAX-Werten sammeln. Für die A/D Line benötigen wir die Anzahl der gestiegenen Aktien und die Anzahl der gefallenen Aktien. Die A/D Line selbst berechnet sich dann wie folgt:

$$ADLine_{(t)} = ADLine_{(t-1)} + (AdAdv_{(t)} - AdDec_{(t)})$$

$AdAdv_{(t)}$ = Anzahl der gestiegenen Aktien am Handelstag
$AdDec_{(t)}$ = Anzahl der gefallenen Aktien am Handelstag

Um den MCClellan Oszillator zu erhalten, benötigen wir zunächst zwei gleitende Durchschnitte der A/D Line. In der Regel werden Durchschnitte mit exponentieller Glättung verwendet. Als Standardeinstellung gelten 19 Tage für den kürzeren Durchschnitt und 39 Tage für den längeren Durchschnitt.

$$EmaX_{(t)} = Ema_{(x)}(ADLine)$$
$$EmaY_{(t)} = Ema_{(y)}(ADLine)$$

$$MCO_{(t)} = EmaX_{(t)} - EmaY_{(t)}$$

x = kürzere Berechnungsperiode
y = längere Berechnungsperiode

Der McClellan Oszillator ist also die einfache Differenz zwischen dem kürzeren und dem längeren Durchschnitt. Der Indikator schwingt um die Nulllinie und erreicht Extremwerte zwischen 4 und -4. Da er sowohl als Momentum-Indikator als auch als Überkauft-Überverkauft-Indikator verwendet wird, ist es notwendig, zwei Extremzonen festzulegen. Die Überkauft-Zone wird in der Skala am Wert 2 eingezeichnet. Die Überverkauft-Zone wird am Wert -2 eingezeichnet. Dabei handelt es sich um willkürlich per Augenschein bestimmte Werte. Sie können diese nach belieben verändern.

Darstellungsvarianten

In Abb. 17 sehen Sie im mittleren Fenster meine Version des McClellan Oszillators. Zur Berechnung benutze ich die von Stefan Mohr (als User „Nordie“ auf www.tradesignalonline.com bekannt) entwickelten Basisroutinen und habe alle weiteren Indikatoren dieser Sparte in einen Code gepackt. Darunter sehen Sie das Original von Stefan Mohr. Sie können alle A/D-Indikatoren für Tradesignal enterprise im gleichnamigen Beitrag von der Webseite www.tradesignalonline.com downloaden.

***Abb. 17** – Der McClellan Oszillator (mittlerer Chartteil) kann für TradeSignal enterprise von der Webseite www.tradesignalonline.com downgeloaded werden.*

Interpretation

Wir verwenden den McClellan Oszillator wie den MACD oder den Price Oszillator. Als Momentum-Indikator gibt er uns Hinweise auf die Tendenz in der Bewegung der täglichen Statistik der gestiegenen und gefallenen Aktien. Wir betrachten hier den Deutschen Aktienindex, der 30 Werte enthält. Liegt der Indikator über der Nulllinie, zeigt er an, dass die Anzahl der steigenden Aktien die der fallenden Aktien dominiert. Es fließt Nachfrage in den Deutschen Aktienmarkt hinein. Liegt der Indikator unter der Nulllinie, dominiert die Anzahl der fallenden Aktien die Anzahl der steigenden Aktien im deutschen Aktienindex. Es liegt Angebotsdruck im deutschen Aktienmarkt vor. Die Schnittpunkte mit der Nulllinie gelten als kurzfristige Trendwendesignale.

Erreicht die Statistik der gestiegenen und gefallenen Aktien einen Extremwert, wird der Markt von einer Fraktion der Marktteilnehmer dominiert. Solche Marktphasen können einige Zeit andauern, werden aber wieder korrigiert. Deshalb gilt für den McClellan Oszillator die Verwendung als Überkauft-Überverkauft-Indikator. Erreicht der Indikator eine der beiden Extremzonen, signalisiert er eine extrem überlastete Marktphase. Einfache Beobachtungen zeigen, dass der Markt beständig zwischen Extrem- und Normalzuständen hin und her pendelt. Der Eintritt in eine der Extremzone gilt also als Hinweis auf eine bevorstehende Korrektur. Abb. 18 zeigt einen mehrjährigen Blick auf den McClellan Oszillator.

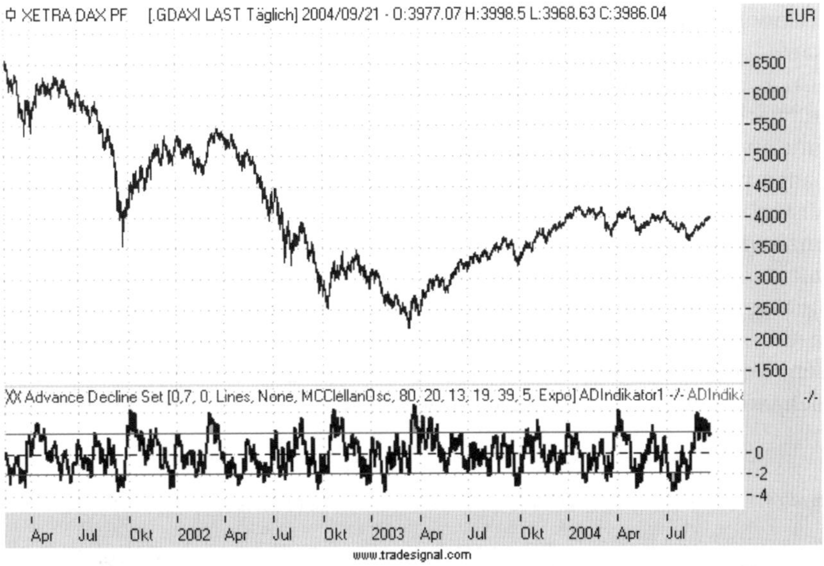

Abb. 18 *– Mehr als drei Jahre zeigt dieser Chart den DAX und den McClellan Oszillator.*

Um die kurzfristigen Veränderungen in der Bewegungsdynamik des Indikators zu erfassen, lohnt sich die Berechnung einer Signallinie. In Abb. 19 ist dies ein exponentieller gleitender Durchschnitt, der über fünf Tage auf den Indikator berechnet wird.

Abb. 19 *– McClellan Oszillator mit einem exponentiellen Durchschnitt geglättet.*

Richtungsänderungen des Indikators, besonders innerhalb einer der beiden Extremzonen, sind ein deutlicher Hinweis auf Verschiebungen innerhalb der Statistik der gestiegenen und gefallenen Aktien. Schnittpunkte mit der Signallinie gelten als Handelssignal. Schneidet der Indikator die Signallinie nach unten, gilt dies als Verkaufssignal. Schneidet der Indikator die Signallinie nach oben, gilt dies als Kaufsignal. Besonders stark sind diese Signale, wenn sie innerhalb einer Extremzone und nach dem Ausbilden einer Divergenz zum Basiswert auftreten.

Damit ist die dritte und besonders geschätzte Verwendungsmöglichkeit bereits angesprochen. Der McClellan Oszillator bietet uns schöne Divergenzen zum Kursverlauf des DAX, als Hinweis auf mögliche Trendwendepunkte an. Eine Divergenz zwischen Indikator und DAX signalisiert uns, dass die Kursbewegung im Index nicht mehr von einer statistischen Mehrheit der im Index enthaltenen Aktien getragen wird. Es fehlt der Bewegung somit an Fundament und Unterstützung. In Abb. 20 habe ich eine bullishe Divergenz markiert. Sie ist im Abwärtstrend zu finden. Der Indikator signalisiert damit, dass die Abwärtsbewegung im DAX nicht mehr von der Mehrheit der im Index enthaltenen Aktien getrieben wird.

***Abb. 20** – Die Divergenz zwischen Index und McClellan Oszillator zeigt hier eindrucksvoll die Marktübertreibung und anschließende Trendwende im DAX Index.*

Wir erhalten daraus einen deutlichen Hinweis, dass es bereits starke Kapitalströme in einen großen Teil der im Index enthaltenen Aktien gegeben hat. Eine Mögliche Richtungsänderung von abwärts zu aufwärts kann also erwartet werden.

In Abb. 21 sind bearishe Divergenzen markiert. Sie zeigen uns, dass trotz steigender Indexkurse bereits mehr Kapital abgezogen wird, als zufließt. Die laufende Aufwärtsbewegung im DAX wird nicht von der Mehrzahl der im Index enthaltenen Aktien getragen. Besonders vor großen Verfallstagen ist zu beobachten, dass der Kurs des Index gezogen wird, indem nur die hochgewichteten Aktien im Index massiv gehandelt werden. Der McClellan Oszillator kann solche „Manipulationen" aufdecken.

Abb. 21 – *Einige weitere Beispiele dafür, wie Divergenzen frühzeitig auf Trendwenden vorbereiten.*

Der Indikator hat, wie viele andere Indikatoren auch, einen gewissen Vorlauf zu Ereignissen im Index selbst. Eine Analyse des Indikators mit Trendlinien kann also gute Ergebnisse bringen. Dabei gelten dieselben Regeln der charttechnischen Analyse, wie sie auch für die Kurscharts von Aktien oder Indizes gelten.

Kritische Würdigung

Hier will ich nur kurz erwähnen, dass ohne „Bastellösung" aus der eigenen Programmierwerkstatt keine Analyse der Statistik der gestiegenen und gefallenen Aktien möglich ist. Wahrscheinlich werden viele Händler in Deutschland ähnliche Lösungen mit anderen Hilfsmitteln wie Excel erstellen. Vielleicht gibt es auch einen Datenanbieter im Premium-Segment, der die statistischen Daten zur Verfügung stellt.

Quellen

Mogey, Richard: The McClellan Oszillator. In: TAS&C V.7
www.stockcharts.com

McClellan Summation Index

Grundlagen

Ich hoffe, Sie haben die Reihe der Advance Decline-Indikatoren in der richtigen Reihenfolge abgearbeitet. Dabei sollte die A/D Line an erster Stelle stehen, da sie die Basis und der meist verwendete Indikator aus dieser Sparte ist. Alle A/D-Indikatoren verwenden als Datengrundlage die tägliche Statistik der gestiegenen und gefallenen Aktien eines Marktes.

Die so genannten Marktbreiteindikatoren basieren auf der Tatsache, dass eine Marktbewegung, also die Kursveränderung in einem Index, auf der Kursveränderung von im Index gelisteten Aktien verursacht wird. Dabei gehen die Analysten davon aus, dass eine gesunde Trendbewegung vom größten Teil der im Index enthaltenen Titel gestützt werden sollte. Ein Zeichen für ein großes und breit gestreutes Interesse der Marktteilnehmer. Die A/D-Indikatoren helfen uns, durch die Auswertung der Statistik aus gefallenen und gestiegenen Aktien dieses Fundament einer Kursbewegung hinsichtlich Stärke und Tragfähigkeit zu bewerten.

Bisher haben wir die A/D Line selbst kennen gelernt, die eine einfache Darstellung der Nettoveränderung zwischen gestiegenen und gefallenen Titeln im Index abbildet. Sie lässt erkennen, ob steigende Kurse im Index von der Mehrzahl der im Index enthaltenen Aktien getrieben werden oder nur von wenigen hoch gewichteten Titeln. Im Aufwärtstrend sollte die Anzahl der steigenden Aktien die der fallenden deutlich übertreffen. Die A/D Line ist ein trendfolgend ausgerichteter Indikator, der Stärken und Schwächen einer mittel- bis langfristigen Trendbewegung im Index betrachtet.

Aus der A/D Line ist der McClellan Oszillator entstanden. Er entsteht durch Anwendung des Moving Average Oszillator-Konzeptes auf die A/D Line. Dabei entsteht ein Indikator, der mit dem MACD oder dem Price Oszillator vergleichbar ist. Der McClellan Oszillator ist ein Timinginstrument, das präzise Einstiegs- und Ausstiegssignale liefert. Besonders auf amerikanischen Websites ist er der Standardindikator zur Marktbeobachtung.

Der McClellan Oszillator dient nun als Ausgangswert für einen weiteren Index, der als trendfolgender Indikator die mittel- bis langfristigen Marktbewegungen abbilden und bewerten soll. Der McClellan Summation Index liefert dabei ein, wie ich finde, besseres Bild als die A/D Line selbst.

Berechnung und Parameter

Alle A/D-Indikatoren basieren auf der täglichen Statistik der gefallenen und gestiegen Aktien. Als Grundlage für den McClellan Summation Index ist die A/D Line. Auf diese werden zwei gleitende Durchschnitte berechnet. Die Differenz aus kürzerem und längerem Durchschnitt bildet die nächste Stufe der Berechnungsleiter. Jetzt haben wir den McClellan Oszillator berechnet. Dessen fortlaufende Aufsummierung bildet den McClellan Summation Index. Die A/D Line berechnet sich wie folgt:

$$ADLine_{(t)} = ADLine_{(t-1)} + (AdAdv_{(t)} - AdDec_{(t)})$$

$AdAdv_{(t)}$ = Anzahl der gestiegenen Aktien am Handelstag
$AdDec_{(t)}$ = Anzahl der gefallenen Aktien am Handelstag

Um den MCClellan Oszillator zu erhalten, benötigen wir zunächst zwei gleitende Durchschnitte der A/D Line. In der Regel werden Durchschnitte mit exponentieller Glättung verwendet. Als Standardeinstellung gelten 19 Tage für den kürzeren Durchschnitt und 39 Tage für den längeren Durchschnitt

$$EmaX_{(t)} = Ema_{(x)}(ADLine)$$
$$EmaY_{(t)} = Ema_{(y)}(ADLine)$$

$$MCO_{(t)} = EmaX_{(t)} - EmaY_{(t)}$$

x = kürzere Berechnungsperiode
y = längere Berechnungsperiode

Um letztendlich den Summation Index zu erhalten, ist folgende Berechnung notwendig

$$MCSum_{(t)} = MCO_{(t)} + MCSum_{(t-1)}$$

Parametereinstellungen sind nur für den zu Grunde liegenden Oszillator nötig, diese habe ich bereits genannt. Sie können natürlich auch kürzere Berechnungsperioden für den Oszillator wählen.

Darstellungsvarianten

Die Basisarbeit für fast alle A/D-Indikatoren dieser Reihe, um diese in TradeSignal enterprise verwenden zu können, hat Stefan Mohr (als User „Nordie" auf www.tradesignalonline.com bekannt) geleistet. Ich habe einige Ergänzungen beigetragen und die gesamte Arbeit in einem Modul zusammengefasst, dass Sie auf www.tradesignalonline.com downloaden können. Abb. 22 zeigt die Version nach Mohr und mein Modul darüber. Vorteil meines Moduls ist die Platzersparnis. Alle A/D-Indikatoren, die vorhanden sind, lassen sich per Dropliste auswählen.

***Abb. 22** – Den McClellan Summation Index können Sie von www.tradesignalonline.com downloaden, um ihn in der Chartanalyse-Software TradeSignal enterprise einzusetzen.*

Interpretation

Über zwei „Ecken" basiert der McClellan Summation Index auf der A/D Line selbst. Dabei können wir den Summation Index als Signal- oder auch Musterverstärker der A/D Line verstehen. In Abb. 23 sehen Sie einen Vergleich der beiden Indikatoren.

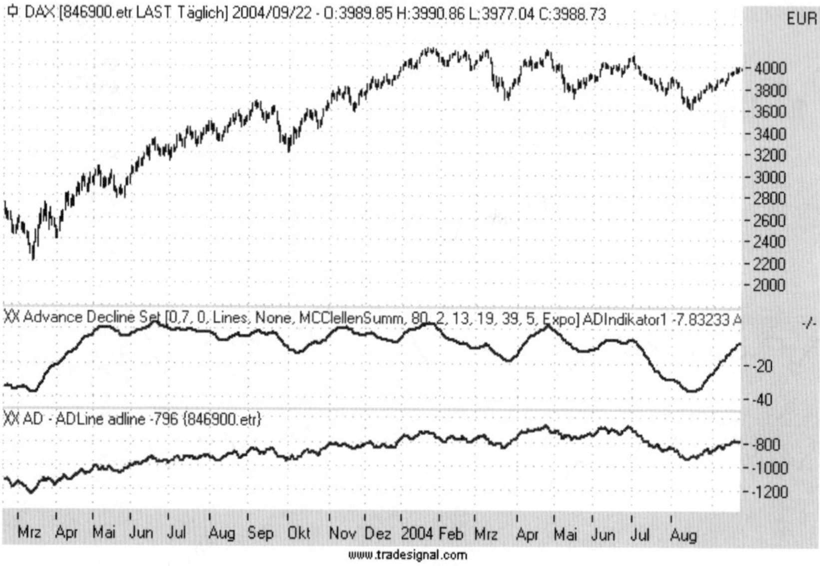

***Abb. 23** – McClellan Summation Index (Mitte) und A/D Line (unten) im Vergleich.*

Was im kleineren Zeitfenster noch recht ähnlich aussieht, entpuppt sich bei genauerem Hinsehen als doch sehr unterschiedlich. Während der McClellan Oszillator die Dynamikveränderung in den Bewegungen der A/D Line sichtbar macht und hervorhebt, werden diese Veränderungen im Summation Index summiert und geglättet. Dadurch erhalten wir ein längerfristiges Bild über die vorherrschenden Kräfte am Markt und deren Verteilung im Index. Die absoluten Werte des Summation Index sind dabei unerheblich und werden nicht beachtet. Wir betrachten die Muster und die Lage des Indikators innerhalb seiner Historie.

Niedrige Werte zeigen die Dominanz der Bären am Markt. Die Anzahl der gefallenen Aktien dominiert über längere Zeit die Anzahl der gestiegenen Aktien. Hohe Werte zeigen die Dominanz der Bullen am Markt. Die Anzahl der gestiegenen Aktien dominiert über längere Zeit die Anzahl der gefallenen Aktien. In Abb. 24 ist der Index im Abwärtstrend deutlich unter seine Höchststände gefallen.

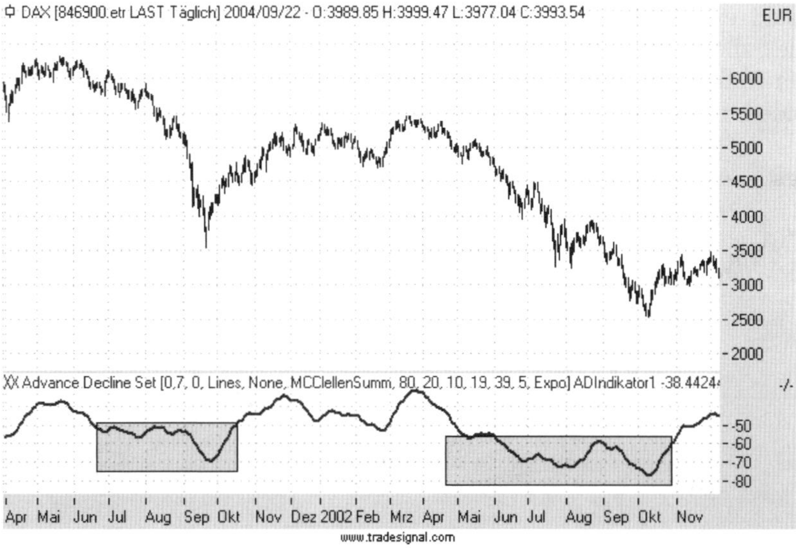

Abb. 24 – Der McClellan Summation Index „begleitet" den Verlauf des DAX Index. Neue Tiefstände im Index werden von neuen Tiefständen im Indikator bestätigt.

In Abb. 25 ist zu erkennen, dass der Index lange Zeit seine hohen Notierungen halten kann..

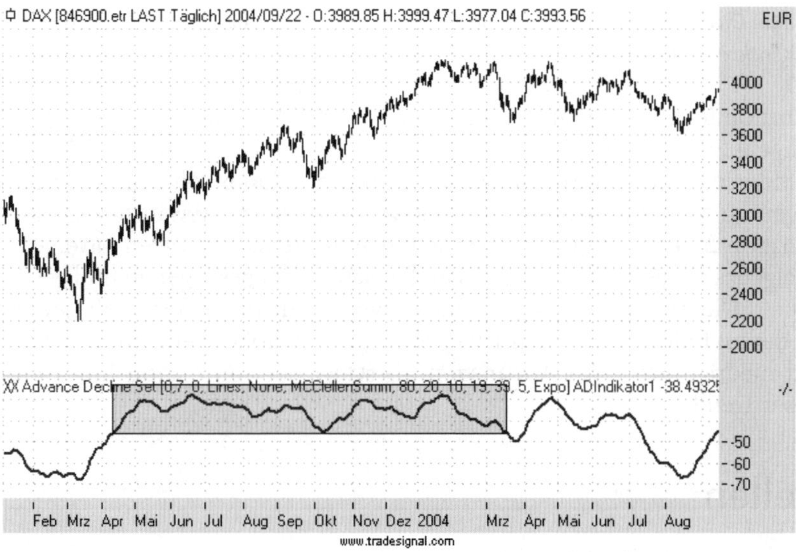

***Abb. 25** – Achten Sie bitte auf den Tiefstand des Indikators im März 2003 und auf gleichem Niveau im August 2004*

Neben der Beurteilung der Lage des aktuellen Indikatorwertes innerhalb seiner Historie sind es die Divergenzen zum Kursverlauf des zu Grunde liegenden Aktienindex, die wichtige Hinweise auf Veränderungen im Marktgefüge geben können. In Abb. 26 ist eine bullishe Divergenz markiert, die deutlich auf eine Trendwende hinweist.

***Abb. 26** – Eine Divergenz zwischen Kurs- und Indikatorverlauf signalisiert die Trendwende; hier im DAX Index Anfang 2003.*

Der Summation Index sollte Kursbewegungen im DAX durch ähnliche Bewegungen bestätigen. Ein gesunder Trend wird stets von einer breiten Anzahl an Aktien im zu Grunde liegenden Index gestützt. Der Summation Index sollte Im Aufwärtstrend steigen und seine hohen Werte verteidigen können. Im Abwärtstrend sollte der Summation Index fallen und seine niedrigen Werte halten. Treten Divergenzen auf, zeigt das ein gestörtes Verhältnis in der Statistik der gestiegenen und gefallenen Aktien. Die Trendbewegung im Index wird nicht mehr durch die große Mehrzahl der im Index enthaltenen Titel gestützt. Durch hohe Werte im Aufwärtstrend und niedrige Werte im Abwärtstrend bestätigt der Summation Index die Stärke dieser Trends.

Quellen

Mogey, Richard: The McClellan Oszillator. In: TAS&C V.7

Thrust Oszillator

Grundlagen

Tushar Chande ist uns inzwischen ein wohl bekannter Name. Er ist einer der fleißigsten Entwickler von technischen Indikatoren. Sein Buch „The new technical Trader", was in Zusammenarbeit mit Stanley Kroll entstand, sprüht vor Inspirationen und Verbesserungen. Chande's Ziel war es seit je her, die seit Jahrzehnten verwendeten Indikatoren zu verbessern oder ganz zu ersetzen. Der hier vorgestellte Thrust Oszillator soll eine Weiterentwicklung bzw. deutliche Verbesserung des Arms Index sein. Beide Indikatoren bedienen sich der täglichen Statistik der gestiegenen und gefallenen Aktien eines Marktes sowie deren Handelsvolumen.

Richard Arms stellte den als Arms Index oder auch TRIN benannten Indikator Ende der 60'er-Jahre vor. Er wollte auf Basis der damals schon bekannten A/D Line einen Indikator schaffen, der kurzfristige Veränderungen im Marktgefüge sichtbar macht. Indem das Verhältnis der gestiegenen und gefallenen Aktien sowie das des zugehörigen Handelsvolumens in der Berechnung verwendet werden, gelingt es kurzfristige Verschiebungen der Mittelzuflüsse und Mittelabflüsse des gesamten beobachteten Marktes zu finden. Der TRIN erkennt, ob das Handelsvolumen den steigenden oder den fallenden Aktien folgt und signalisiert diese Veränderungen von Tag zu Tag.

Sein Nachteil ist allerdings, dass seine Werteskala bei Null beginnt und am oberen Ende theoretisch unbegrenzt ist. Beim Ablesen des Index ist außerdem zu beachten, dass die Skala seitenverkehrt interpretiert wird, gegenüber den herkömmlichen Indikatoren. Das heißt niedrige Werte sind bullish und hohe Werte sind bearish. Für die bullishen Werte steht nur ein begrenzter Raum zwischen 0,4 und 0,8 zur Verfügung. Werte darüber gelten als neutral. Werte über 1.5 gelten als bearish. Da die Skala nach oben keine feste Grenze hat, sind auch Werte von 3, 4 oder sogar 10 möglich. Der TRIN bildet oft extreme Spitzen aus. Eine einfache Glättung verschiebt dabei das gesamte Mustergefüge des Indikators. Abb. 27 zeigt den TRIN in der Originalversion.

***Abb. 27** – Der TRIN bzw. Arms Index in der Originalfassung von Richard Arms war für Tushar Chande der Ausgangspunkt für seine Indikatorverbesserung.*

Zahlreiche Veränderungen sind zum Arms Index veröffentlicht worden. Dabei handelt es sich um Varianten mit Glättung und internen Summierungen. Ein als Open Arms Index bekannt gewordener Indikator berechnet auf den Grunddaten der Statistik Durchschnitte und berechnet daraus erst den Arms Index. Abb. 28 zeigt, dass auch das keine wirkliche Verbesserung darstellt.

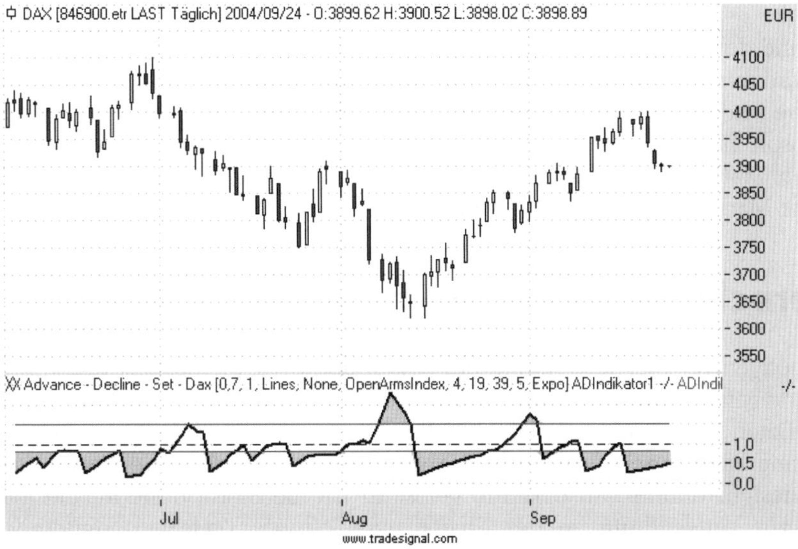

***Abb. 28** – Der Open Arms Index ist eine Variante des Arms Index, die allerdings keine nennenswerten Vorteile bietet.*

Tushar Chande nahm sich dem Problem an und stellte einen Zwischenschritt und ein als Thrust Oszillator (TO) bekannt gewordenes Endergebnis vor. Den Zwischenschritt nannte er Trading Oszillator, den Sie in Abb. 29 sehen können.

***Abb. 29** – Tushar Chande entwickelte zunächst den hier gezeigten Trading Indikator als Vorstufe zum eigentlichen Thrust Oszillator.*

Für den TROS werden die Ratios aus dem Volumen der gestiegen Aktien und der Anzahl der gefallenen Aktien und die Ratios aus dem Volumen der gefallenen Aktien und der Anzahl der gestiegenen Aktien gebildet. Die Differenz aus beiden Ratios wird durch die Gesamtsumme der Ratios dividiert. Dadurch wird eine symmetrische Skalenaufteilung mit festen Extremwerten möglich. Das Endprodukt, der TO, soll die Volumenströme messen, die für die Trendbewegungen im beobachteten Markt verantwortlich sind und deren Veränderungen frühzeitig auf mögliche Marktveränderungen hinweisen.

Berechnung und Parameter

Wir benötigen für die Berechnung der A/D-Indikatoren die Statistik der gestiegenen und gefallenen Aktien und das dazugehörige Handelsvolumen. Leider werden die Daten in Deutschland nicht von den Börsenplätzen zur Verfügung gestellt. Eine kleine Programmieraufgabe wurde von Stefan Mohr (als User „Nordie" auf www.tradesignalonline.com bekannt) gelöst. Er hat die Basisroutine für die A/D Statistik zur Verwendung im der Chartanalyse-Software TradeSignal enterprise geliefert. Dadurch sind wir in der Lage, die A/D Statistik zunächst für den DAX zu erstellen. Es wäre sogar möglich, die Datenbasis zu erweiteren und weitere deutsche und europäische Indizes mit einzubeziehen.

Im TO werden die Produkte aus steigenden Aktien und zugehörigem Volumen sowie fallenden Aktien und zugehörigen Volumen gebildet.

$$AdvVolFlow_{(t)} = AdAdv_{(t)} * VoldAdv_{(t)}$$
$$DecVolFlow_{(t)} = AdDec_{(t)} * VolDec_{(t)}$$

Die Differenz aus positivem Volumeflow wird durch die Summe des gesamten Volumenstromes geteilt.

$$TO_{(t)} = 100 * (AdvVolFlow_{(t)} - DecVolFlow_{(t)}) / (AdvVolFlow_{(t)} + DecVolFlow_{(t)})$$

$AdAdv_{(t)}$ Die Anzahl der gestiegenen Aktien
$AdDec_{(t)}$ Die Anzahl der gefallenen Aktien
$VolAdv_{(t)}$ Das Handelsvolumen der gestiegenen Aktien
$VolDec_{(t)}$ Das Handelsvolumen der gefallenen Aktien

Der TO pendelt um die Nulllinie und bewegt sich innerhalb einer maximalen Bandbreite von -100 bis 100. Die untere Extremzone wird bei -75 eingezeichnet, die obere bei 75. Weitere Parameterangaben sind nicht nötig. Das Ergebnis der Rechenarbeit sehen Sie in Abb. 30. Sie sehen, in der unbehandelten Fassung ist der Indikator auf extrem kurzfristige Veränderungen in den Volumenströmen ausgelegt und reagiert sehr sensibel.

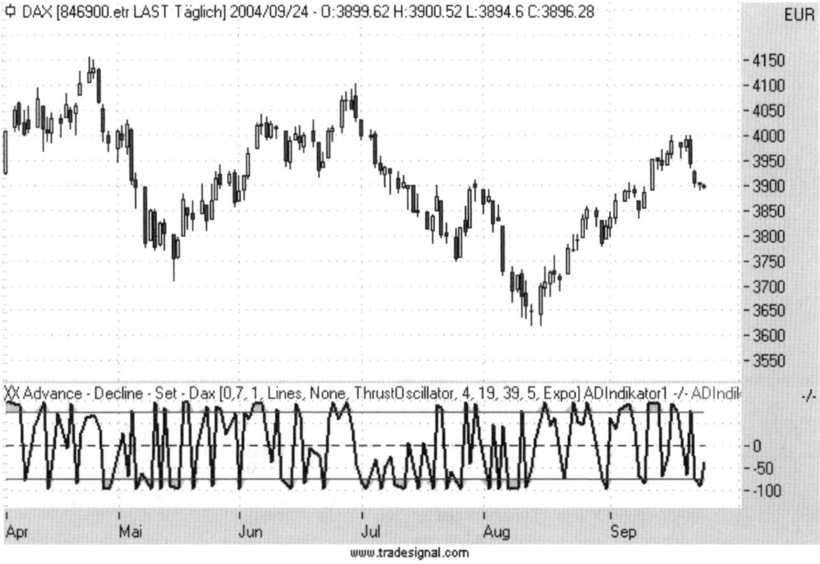

Abb. 30 *– Der von Tushar Chande entwickelte Thrust Oszillator reagiert sehr schnell.*

Darstellungsvarianten

Sie können den Thrust Oszillator und alle anderen zur Verfügung stehenden A/D-Indikatoren auf der Webseite www.tradesignalonline.com im gleichnamigen Beitrag über diesen Indikator downloaden. Die Indikatoren sind alle in einem einzelnen Modul enthalten und können per Liste ausgewählt werden. Ein Versuch, den TO etwas zu beruhigen ist in Abb. 31 zu sehen und ebenfalls im Modul enthalten.

***Abb. 31** – Der Thrust Oszillator in einer geglätteten Version kann von der Webseite www.tradesignalonline.com zur Verwendung in TradeSignal enterprise downgeloaded werden.*

Interpretation

Der Thrust Oszillator soll die Volumenströme abbilden, die den fallenden und steigenden Aktien folgen. Hohe Werte in der Statistik der steigenden Aktien sollten von hohem Volumen begleitet werden, um eine gesunde Trendbewegung zu initiieren oder zu stützen. Gleiches gilt für fallende Märkte. Hohe Werte in der Statistik der fallenden Aktien sollten von hohem Volumen begleitet werden. Der Thrust Oszillator liefert leider ein sehr zerklüftetes Bild der Marktaktivität, da er keinerlei Glättungskomponente beinhaltet. Die von mir veränderte Version oszilliert etwas weniger chaotisch. Aber auch sie bietet kein wirklich nützliches Bild. Chande beschreibt den TO als Überkauft-Überverkauft-Oszillator. Der durch die Lage innerhalb einer Extremzone auf einen Extremzustand im Markt hinweist. Der Markt ist entweder durch Käufer oder durch Verkäufer überlastet. Korrekturen können zwar erwartet werden, aber es kann genauso gut möglich sein, das der Extremzustand längere Zeit andauert.

Allgemein kann gelten, das Werte unter der Nulllinie einen Volumenstrom Richtung fallende Aktien, also Nettoabflüsse aus dem Markt bedeutet. Werte über der Nulllinie bedeuten, dass die Volumina bei den steigenden Aktien dominieren und Nettozuflüsse zu beobachten sind.

Stuart Meibuhr beschreibt die Verwendung von drei gleitenden Durchschnitten, die auf den TO berechnet werden. Die Muster und Schnittpunkte der Linien sollen bessere Signale abliefern als der Indikator selbst. Abb. 32 zeigt diese Variation. Es werden dabei Berechnungsperioden von 4, 13 und 35 Tagen verwendet.

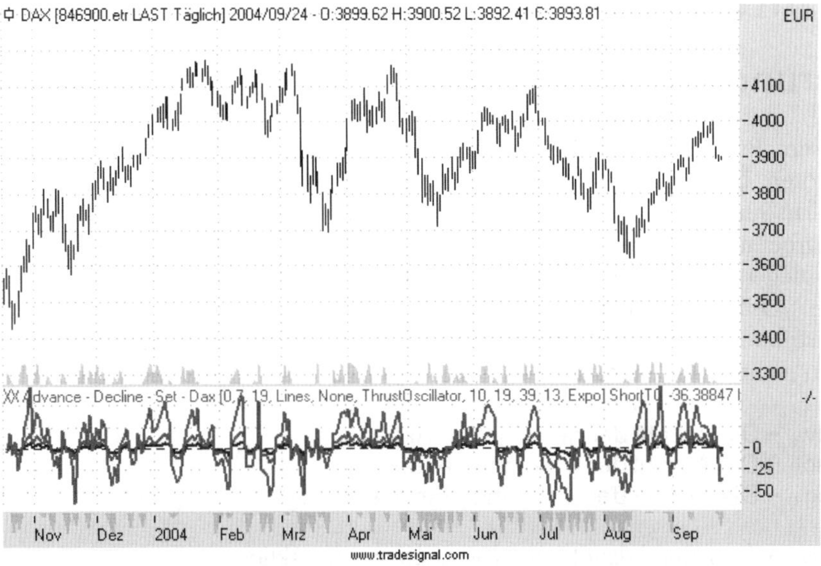

***Abb. 32** – Der Thrust Oszillator hier in einer abgewandelten Version von Stuart Meibuhr mit drei Moving Averages.*

Kritische Würdigung

Weder der TO noch seine Abwandlungen offenbaren wertvolle Handelssignale. Eine Allgemein gültige Interpretation des Indikators steigert dessen Nutzen ebenfalls nicht. Es sind keine weiteren Verwendungsmöglichkeiten und keine zusätzlichen Quellen zu finde.

Quellen

Chande, Tushar: Market Thrust. In: TAS&C V.10
Meibuhr, Stuart: OEX and the Thrust Oszillator. TAS&C V.11

Weitere Marktbreite Indikatoren

Grundlagen

In diesem Buch habe ich bereits einige Indikatoren aus der Reihe der A/D-Indikatoren beschrieben. Da wären der TRIN, der McClellan Oszillator, der McClellan Summation Index und die A/D Line. Sie sollten bitte beachten, dass es sich hierbei um Indikatoren handelt, die auf der täglichen Statistik der gefallenen und gestiegenen Aktien eines Aktienindex oder eines gesamten Marktes basieren. Andere A/D-Indikatoren tragen diesen Namen, weil sie Accumulation (Kaufdruck) und Distribution (Verkaufsdruck) messen. Diese sind höchstens entfernt verwandt mit den „echten“ A/D-Indikatoren. Diesen liegen folgende Werte zu Grunde:

$AdAdv_{(t)}$ – Die Anzahl der gestiegenen Aktien
$AdDec_{(t)}$ – Die Anzahl der gefallenen Aktien
$AdUcg_{(t)}$ – Die Anzahl der unveränderten Werte

$VolAdv_{(t)}$ – Das Handelsvolumen der gestiegenen Aktien
$VolDec_{(t)}$ – Das Handelsvolumen der gefallenen Aktien
$VolUcg_{(t)}$ – Das Handelsvolumen der unveränderten Werte

Die oben genannten und in den entsprechenden Beiträgen ausführlich beschriebenen Indikatoren sind die bekanntesten und auch am meisten genutzten dieser Art. Sie finden diese in vielen Chartsoftware-Produkten und auf den großen amerikanischen Finanzwebsites. Ich arbeite in der Regel mit TradeSignal enterprise aus dem Hause SystemSoft. Mit der sehr flexiblen Programmiersprache Equilla ist es möglich, die entsprechenden Basisroutinen zu schreiben. Stefan Mohr (auf der Webseite www.tradesignalonline.com unter dem Namen „Nordie“ bekannt) hat dies bereits getan und auch einige Indikatoren auf der Webseite www.tradesignalonline.com zur Verfügung gestellt. Ich habe die Basisroutine von ihm verwendet und alle mir bekannten A/D-Indikatoren in ein einziges Modul gepackt. Wenn Sie - wie ich - ebenfalls mit TradeSignal enterprise arbeiten, ist es somit nur ein einziges Mal nötig, die Historien der 30 DAX-Werte zu laden, um z. B. die Advance-Decline-Statistik für diesen Index zu erstellen.

Ich verzichte auf alle Indikatoren, die Wertpapiere verwenden, deren Kurswert sich gegenüber dem Vortag nicht verändert haben (Unchanged-Werte). Da die Anzahl der im DAX-Index gelisteten Wertpapiere mit 30 sehr klein ist, wird fast immer eine Null bei den „Unchanged“-Werten stehen, was einen entsprechenden Indikator garantiert unbrauchbar macht. In den USA werden meist der NYSE Composite Index oder der Nasdaq Composite Index mit diesen Indikatoren analysiert. In diesen Indizes sind gleich mehrere tausend Titel gelistet. Bei diesen beiden Indizes macht die Unterscheidung in Advance, Decline UND Unchanged einen Sinn.

Wie Sie beim Lesen meiner zahlreichen Beiträge über technische Indikatoren auf der Webseite www.tradesignalonline.com vielleicht festgestellt haben, ist nicht jeder Indikator eine sinnvolle Erfindung. Manche unterscheiden sich sogar nur durch eine unterschiedliche Periodeneinstellung oder einer unterschiedlichen Durchschnittsberechnung. Da die Grunddaten aller Indikatoren meist nur aus Kursen, Volumen und der Zeit bestehen, ist die Kombinationsmöglichkeit beschränkt. Auch bei den A/D-Indikatoren ist die Datenbasis recht klein. Wenn wir die „Unchanged"-Werte ausklammern, bleiben nur vier verschiedene Eingangsgrößen.

Stellen Sie sich einen großen Betonmischer vor, in den vier verschiedene Zutaten gefüllt werden. Nach unterschiedlich langen Zeitabschnitten wird ein Teil der Trommel abgefüllt und begutachtet. Es werden zwar Unterschiede bemerkbar sein, aber nicht mit jedem Abstich dürfte etwas völlig Neues heraus kommen. So ähnlich verhält es sich auch mit den A/D-Indikatoren. Sie finden in der Literatur sicher mehrere Dutzend Variationen, wovon aber die meisten nur einfache Durchschnitte der A/D Line sind, die unter anderem Namen veröffentlicht wurden.

Bei der Beschreibung der A/D-Indikatoren beschränke ich mich auf einige wenige, die ich als den „Rest" bezeichne, weil sie außer in einer einzelnen Quelle oder in einem kleinen Magazinbeitrag nirgends weiter erwähnt werden. Ich werde die Berechnung erläutern, ein Chartbeispiel zeigen und – wenn nötig – eine kurze Erläuterung zur Aussage des Indikators treffen. Dabei verlasse ich die gewohnte Form meiner Beiträge und werde alle Indikatoren nacheinander in einem Text abhandeln.

Absolute Breadth Index

Ich beginne mit dem Absolute Breadth Index. Dieser wurde von N. Fosback entwickelt. Er wird berechnet aus dem absoluten Wert der Differenz aus gestiegenen und gefallenen Aktien. Dadurch, dass lediglich der absolute Wert als Index abgetragen wird, kann aus dem Verlauf des Index nicht auf die Richtung der Marktbewegung geschlossen werden. Die Formel für den Index lautet:

$$\text{Absolute Breadth Index}_{(t)} = \text{abs}(\text{AdAdv}_{(t)} - \text{AdDec}_{(t)})$$

Die folgende Abb. 33 zeigt den DAX mit dem Absolute Breadth Index.

Abb. 33 *– DAX Index mit dem Absolute Breadth Index*

Ich habe mir die Freiheit genommen, den Indikator mit einem Ehlers-Filter zu glätten. Ansonsten sieht er wie ein Sägeblatt aus. Der Indikator ist ein Aktivitätsindikator und könnte in etwa die Funktion eines ADX ausüben. Dabei ist jedoch ein deutlicher Unterschied zwischen fallenden Marktphasen und steigenden Marktphasen zu sehen. In fallenden Marktphasen ist die absolute Differenz aus gefallenen und gestiegenen Aktien scheinbar deutlicher einseitig ausgebildet, was in einem hohen Aktivitätslevel resultiert. Allgemein gilt: Hohe Werte bedeuten hohe Aktivität am Markt und niedrige Werte bedeuten niedrige Aktivität am Markt. Zu beachten sind Extremwerte, denen im Kurs-Chart ein Reversal folgt. Dann treten oft Trendwenden ein. In aufwärtsgerichteten Marktphasen liefert der Indikator jedoch kein sinnvolles Bild und täuscht selbst in starken Trendphasen eine langweilige Börse vor.

25 Day Plurality Index

Weil es zum Thema passt, möchte ich mit dem 25 Day Plurality Index fortfahren. Der „Erfinder" ist mir nicht bekannt. Es handelt sich um eine Summierung der Absolute Breadth Index-Werte über 25 Tage. Im Prinzip nichts anderes als eine zusätzliche Glättung, um einen etwas längerfristigen Blick auf die Marktaktivität zu erhalten. Die Abb. 34 zeigt diesen Indikator im Chart des DAX. Die Formel für den Index lautet:

$$\text{25 Day Plurality Index}_{(t)} = \text{Sum}_{(n)}(\text{Absolute Breadth Index})$$

Abb. 34 *– DAX Index mit dem 25 Day Plurality Index*

Interpretiert wird dieser Indikator genau so wie der Absolute Breadth Index, mit dem Zusatz, dass dieser hier für die längerfristige Analyse geeignet ist.

Haurlan Index

Der nächste Indikator wird Haurlan Index genannt. Es handelt sich dabei um drei Komponenten, die für je ein bestimmtes Zeitfenster geeignet sind. Die tägliche Differenz aus gestiegenen und gefallenen Aktien wird mit drei unterschiedlich langen, gleitenden Durchschnittengeglättet.

$$HliX = Ema_{(x)}(AdAdv - AdDec)$$
$$HliY = Ema_{(y)}(AdAdv - AdDec);$$
$$HliZ = Ema_{(z)}(AdAdv - AdDec);$$

X = 3 Tage
Y = 20 Tage
Z = 200 Tage

Der kürzeste Index ist für das Timing von Tradingpositionen geeignet. In Abb. 35 sehen Sie diesen als fette Linie.

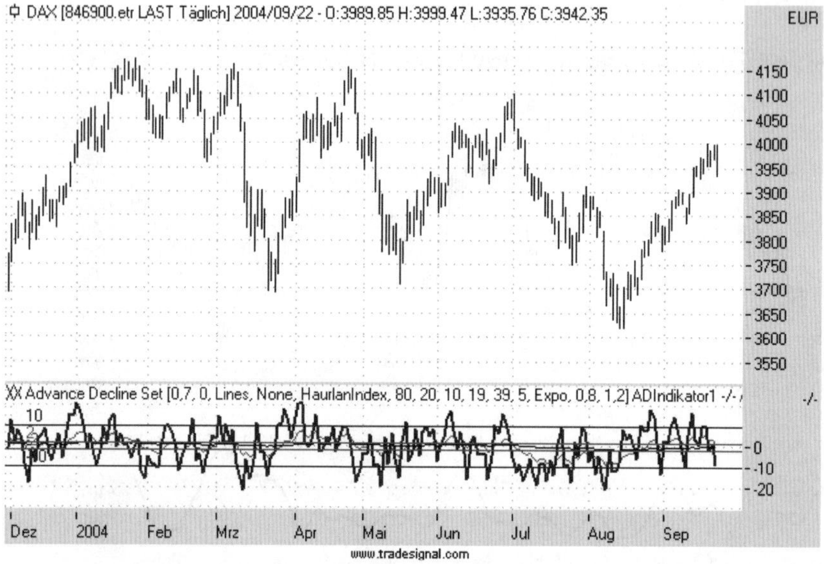

Abb. 35 *– Haurlan Index. Zum kurzfristigen Trading eignet sich die fett dargestellte Linie.*

Der Haurlan Index signalisiert kurzfristig überkaufte und überverkaufte Marktsituationen. Die beiden Extremzonen sind bei 10 und -10 festgelegt. Der mittlere Index ist ebenfalls für Tradingaktivitäten geeignet. Er wird über 20 Tage berechnet und erfasst mittelfristig überdehnte Marktsituationen und Trendwendepunkte. Seine Extremwerte sind 2 und -2. Diese sind ebenfalls relativ willkürlich festgelegt. Abb. 36 zeigt als fette Linie den mittelfristigen Haurlan Index.

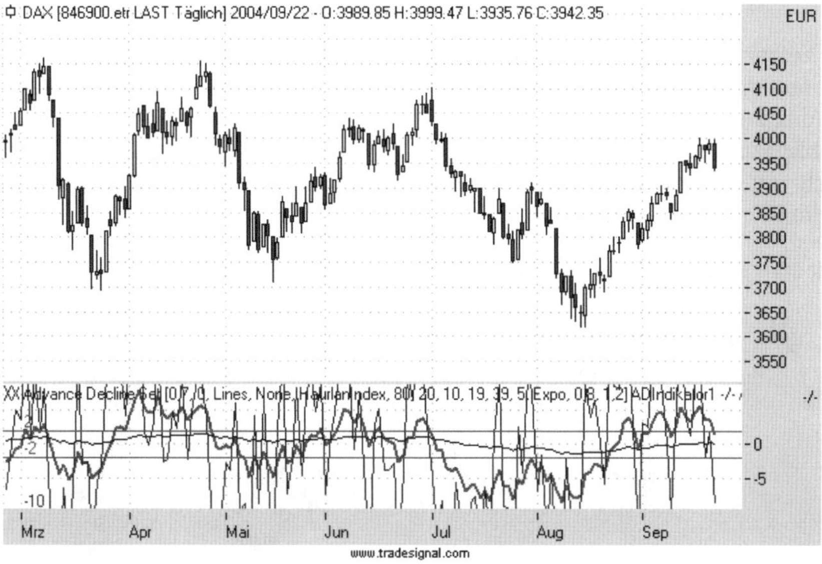

Abb. 36 *– Haurlan Index (fette Linie) in der mittelfristigen Ausprägung; über 20 Tage berechnet.*

Abb. 37 schließlich zeigt den langfristigen Haurlan Index, der durch seine langfristige Berechnung der A/D Line sehr ähnlich ist. Er eignet sich als Trendfilter.

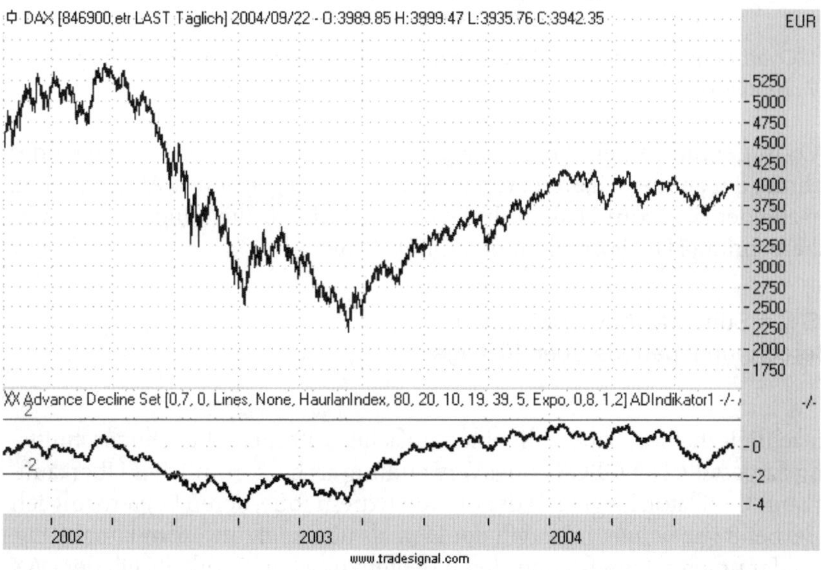

Abb. 37 *– Haurlan Index in der langfristigen Ausprägung; berechnet über 200 Tage.*

Overbought Oversold Indikator

Um zu zeigen, dass verschiedene Bezeichnungen nicht unbedingt verschiedene Indikatoren meinen, geht es mit dem Overbought Oversold Indicator (OBOS) weiter. Abb. 38 zeigt diesen Indikator, den Steven Archelis in den achtziger Jahren im US-Magazin Technical Analysis of Stocks & Commodities vorgestellt hat. Ein Vergleich mit Abb. 35 zeigt die verblüffende Ähnlichkeit zum kurzen Haurlan Index. Ein Blick auf die Berechnung offenbart die Gründe dafür.

***Abb. 38** – Overbought Oversold Indikator der große Ähnlichkeit mit dem kurzfristigen Haurlan Index aufweist.*

Der OBOS ist definiert als ein über 10 Tage berechneter exponentieller, gleitender Durchschnitt, der auf der Differenz von gestiegenen und gefallenen Aktien basiert. Er unterscheidet sich vom Haurlan Index also nur durch die Länge der Durchschnittsberechnung. Die Formel für den OBOS lautet:

$$OBOS_{(t)} = Sum_{(n)}(AdAdv - AdDec) / n$$
n = Berechnungsperiode über 10 Tage

Der Einfachheit halber habe ich eine einfache arithmetische Durchschnittsrechnung dargestellt. Der OBOS findet Verwendung als herkömmlicher Überkauft-Überverkauft-Oszillator. Liegt er in der oberen Extremzone, deren Begrenzung ich in Abb. 38 bei 8 gezeichnet habe, gilt der DAX als überkauft und korrekturanfällig. Liegt er in der unteren Extremzone, deren Begrenzung bei -8 verläuft, gilt der DAX als überverkauft und reif für eine Rallye. Der OBOS offenbart Divergenzen, die wertvolle Hinweise auf Reife und Stärke der aktuellen Trendbewegung liefern. Für den OBOS gelten die gleichen Verwendungsmöglichkeiten wie für den RSI, die Slow Stochastic und den MACD.

Hughes Breadth Index

Das nächste Mitglied der A/D Familie ist der als Hughes Breadth Index (HBI) bekannte Oszillator. Er bildet das Verhältnis aus der Nettoveränderung der gestiegenen und gefallenen Aktien zur Summe aus gestiegenen und gefallenen Aktien. Im Aussehen und in der Verwendung ähnelt er anderen Oszillatoren wie beispielsweise dem MACD, dem Price Oszillator und dem Momentum. Abb. 39 zeigt diesen Indikator.

***Abb. 39** – Hughes Breadth Indikator*

Die genaue Berechnung des HBI ist etwas abweichend von der in TradeSignal enterprise verwendeten Berechnung. Dort werden die Durchschnitte der Eingangswerte gebildet, bevor der Indikator berechnet wird. In der Literatur wird erst der HBI berechnet und dann erst das Ergebnis geglättet. Ich stelle in Abb. 39 die TradeSignal-Variante dar. Die Formel für den Index lautet:

$$AvgAdAdv_{(t)} = Sum_{(n)}(AdAdv) / n$$
$$AvgAdDec_{(t)} = Sum_{(n)}(AdDec) / n$$
$$HBI_{(t)} = (AvgAdAdv_{(t)} - AvgAdDec_{(t)}) / (AvgAdAdv_{(t)} + AvgAdDec_{(t)})$$
n = Periodenangabe Durchschnittsrechnung

Für die Berechnung der Durchschnitte werden 10 Tage verwendet. Der HBI pendelt um die Nulllinie und hat Extremwerte von -4 und 4. Er kann wie das klassische Momentum interpretiert werden. Liegt er über der Nulllinie, herrscht eine aufwärtsgerichtete Bewegungsdynamik vor. Liegt er unter der Nulllinie, herrscht eine abwärtsgerichtete Bewegungsdynamik vor. Die Kreuzung der Nulllinie gilt als kurzfristiger Trendwechsel. In Abb. 39 offenbart uns der HBI die gleichen Divergenzen zum Kursverlauf des DAX wie das Momentum, der MACD und andere Oszillatoren. Diese Divergenzen weisen auf Schwächen im vorherrschenden Trend hin und sind ein Signal, wachsam zu sein für mögliche Trendwenden.

Nicoski Index

Kommen wir nun zum Nicoski Index (NIX). Dieser liefert uns ein ähnliches Bild wie der HBI, wen wundert's? Allerdings ist die Berechnung auf etwas längere Sicht ausgelegt. Ich habe den NIX mit einem Ehlers-Filter geglättet, um den Verlauf etwas weicher zu gestalten. Abb. 40 zeigt den NIX.

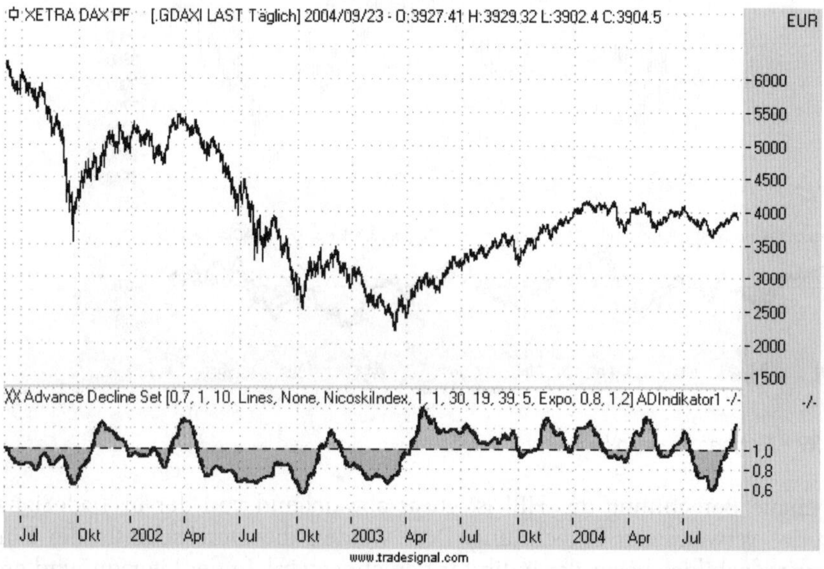

***Abb. 40** – Der Nicoski Index*

Der NIX ist aufgrund seiner Berechnung ein Trendfolger, wie man im Chart auch schön sieht. Er wird aus dem Verhältnis von gestiegenen zu gefallenen Aktien gebildet. Die Werte werden vor der Division mit einem 30-tägigen Durchschnitt geglättet. Die Formel für den Index lautet:

$AvgAdAdv_{(t)} = Sum_{(n)}(AdAdv) / n$
$AvgAdDec_{(t)} = Sum_{(n)}(AdDec) / n$
n = Berechnungsperiode 30 Tage
$NIX_{(t)} = AvgAdAdv_{(t)} / AvgAdDec_{(t)}$

Liegt der NIX über der Mittellinie, zeigt er steigende Kurse und positives Momentum an. Liegt er unter der Mittellinie, zeigt er fallende Kurse und negatives Momentum an. Die Kreuzung mit der Mittellinie gilt als mittelfristiger Trendwechsel.

A/D Ratio

Weil sie zum NIX passt und eigentlich schon längst hätte genannt werden sollen, folgt jetzt die A/D Ratio. Es handelt sich dabei um die Ratio aus gestiegenen zu gefallenen Aktien des Tages. Dabei ist der „unbehandelte" Wert nicht zu gebrauchen. Er ähnelt dem „unbehandelten" TRIX. Deshalb wird auch hier eine Durchschnittsrechnung angewendet, um das Ergebnis etwas glatter zu gestalten. Abb. 41 zeigt die A/D Ratio.

***Abb. 41** – A/D Ratio im DAX Index*

Dieser Chart bietet m. E. nicht gerade Spielraum für eine brauchbare Interpretation aber der Vollständigkeit halber sei die A/D Ratio hier zu erwähnen. Die Berechnung der A/D Ratio sieht so aus:

$$A/D - Ratio_{(t)} = Sum_{(n)}(AdAdv / AdDec) / n$$

n = Periodeneinstellung für die Durchschnittsrechnung

Breadth Thrust Index

Gehen wir weiter zum Breadth Thrust Index (BTI), der von Martin Zweig entwickelt wurde. Dieser Indikator ist ebenfalls eine Verhältniszahl (Ratio). Diesmal wird die Anzahl der gestiegenen Aktien zur Gesamtzahl der im Index gelisteten Aktien ins Verhältnis gesetzt. Abb. 42 zeigt den BTI.

***Abb. 42** – Der Breadth Trust Index soll Aufschluss über das Vertrauen in die Breite bzw. Stärke des Trends liefern.*

Die Formel für den Breadth Trust Index lautet:

$$BTI_{(t)} = Sum_{(n)}(AdAdv_{(t)} / (AdAdv_{(t)} + AdDec_{(t)})) / n$$

Wie Sie sehen, findet auch hier eine einfache Glättung der Werte mit der Einstellung n = 5 Tage statt. Zur besseren Lesbarkeit habe ich das Ergebnis noch mit 100 multipliziert. Die Interpretation des Index ist ziemlich einfach. Hohe Werte sind bullish und niedrige Werte bearish zu deuten. Im Beispiel-Chart habe ich zwei Extremzonen festgelegt. Die Obere bei 55 und die Untere bei 35. Liegt der Index in der unteren Zone, gilt der DAX als überverkauft. Liegt der Index in der oberen Zone, gilt der Index als überkauft.

Stix

Wir marschieren weiter zum Stix. Dazu brauchen wir nur die Glättungskomponente des BTI auf 21 Tage zu ändern. So schnell ist ein neuer Indikator entstanden! Abb. 43 zeigt den Stix, der wegen der längeren Glättungsperiode ein wenig weicher wirkt.

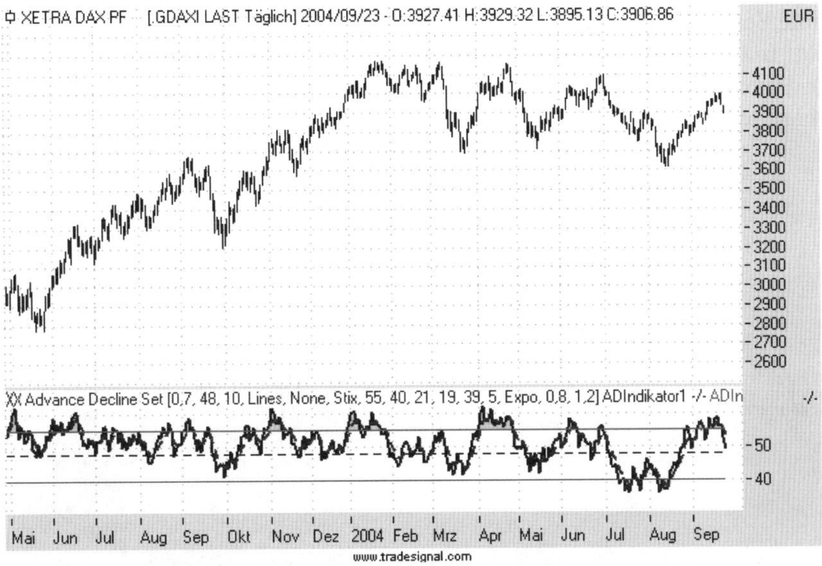

***Abb. 43** – Der Stix ist lediglich eine Variation des BTI, bei dem eine längerfristige Einstellung festgelegt ist.*

Ich habe im Chart die untere Extremzone auf 40 verschoben und schon sieht das Ganze gut aus. Mehr gibt es zum Stix nicht zu sagen. Warum er so heißt, konnte ich nicht herausfinden. Hinweise und Diskussionen nehme ich gerne auf der Webseite www.tradesignalonline.com im dafür vorgesehenen Lexikon an.

Stochastic des Hughes Breadth Index

Nun etwas Neues. Der folgende Indikator stammt aus der Feder von Tushar Chande, der einige nützliche Verbesserungen und Neuentwicklungen zur Indikatorenanalyse beigetragen hat. Gut, ganz neu ist auch dieser Indikator nicht; das Konzept ist schon bekannt. Aber wenigstens unterscheidet er sich ein wenig von den vorherigen. Es handelt sich um die Stochastic des Hughes Breadth Index. Die Formel dafür lautet:

$$HBIcum_{(t)} = (AdAdv_{(t)} - AdDec_{(t)}) / (AdAdv_{(t)} + AdDec_{(t)}) + HBIcum_{(t-1)}$$
$$HHBIcum_{(n)} = Max(HBIcum_{(t)} .... HBIcum_{(t-n)})$$
$$LHBIcum_{(n)} = Min(HBIcum_{(t)} .... HBIcum_{(t-n)})$$
$$StochHBI_{(t)} = (HBIcum_{(t)} - HHBIcum_{(n)}) / (HHBIcum_{(n)} - LHBIcum_{(n)})$$

Der HBI wird zuerst fortlaufend summiert und danach die aus der Stochastic bekannte Berechnung durchgeführt. Die Stochastic misst die Lage des HBI innerhalb der maximalen Spanne der letzten n Tage. Dadurch lassen sich zum einen direkte Handelssignale wie auch Divergenzen und Extremzustände erkennen. In Abb. 44 sehen wir diesen Indikator.

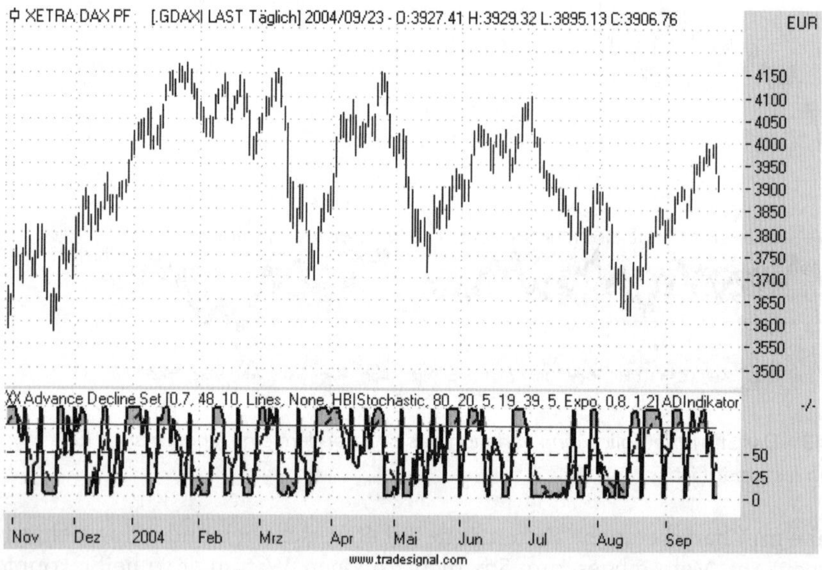

***Abb. 44** – Stochastic des Hughes Breadth Index, die sich wie ein normaler Stochastic-Indikator interpretieren lässt.*

Die Stochastic des HBI wird über 5 Tage ermittelt, kann aber natürlich auch über einen längeren Zeitraum berechnet werden. Die Verwendung des Indikators ist identisch mit der der anderen bekannten Stochastic-Oszillatoren. Werte über 80 gelten als überkaufter Zustand. Es kann eine Korrektur erwartet werden. Werte unter 20 gelten als überverkaufter Zustand. Es kann eine Rallye erwartet werden. Allzu gutgläubig darf man diese Signale jedoch nicht einsetzen. Wir können im Chart deutlich sehen, dass diese Extremzustände auch längere Zeit Bestand haben können. Die Schnittpunkte zwischen Indikator und Signallinie können ebenfalls als Signal verwendet werden. Schneidet der Indikator die Signallinie nach oben, gilt dies als Kaufsignal; besonders dann, wenn das Ereignis unterhalb der unteren Extremzone eintritt. Schneidet der Indikator die Signallinie nach unten, gilt dies als Verkaufssignal; besonders dann, wenn dieses Ereignis in der oberen Extremzone eintritt.

Als nächstes folgen zwei Volumenindikatoren und am Ende einige Indikatoren, die ich nicht programmiert habe, weil sie die „Unchanged"-Werte aus der Statistik der täglichen Veränderungen im DAX verwenden. Gründe dazu habe ich in der Einleitung bereits genannt.

Cumulative Volume Index

Den Cumulative Volume Index sehen Sie in Abb. 45. Er ist identisch zum Aufbau der A/D Line, nur wird nicht die Statistik der gestiegenen und gefallenen Aktien verwendet, sondern deren Handelsvolumen. Die Interpretation ist identisch zur A/D Line.

$$CVI_{(t)} = CVI_{(t-1)} + (VolAdv_{(t)} - VolDec_{(t)})$$

***Abb. 45** – Der Cumulative Volume Index ist eine Variante der A/D Line.*

Volume Up/Down

Der Volume Up/Down sieht aus wie der DMI oder auch der Aroon. Es werden die durchschnittlichen Werte des Volumens der steigenden Aktien und des Volumens der fallenden Aktien dargestellt. Auf die Berechnung verzichte ich hier. Es handelt sich im Prinzip ja nur um eine Darstellung gemessener Werte. Liegt der Up Volume Index über dem Down Volume Index, herrscht Kaufdruck vor; umgekehrt herrscht Verkaufsdruck vor. Die Abb. 46 zeigt einen Beispiel-Chart.

***Abb. 46** – Der Volume Up/Down Indikator erinnert an den DMI oder den Aroon.*

Bolton Tremblay Indicator

Der Bolton Tremblay Indicator bildet zwei Verhältniszahlen. Eine aus gestiegenen und unveränderten Titeln und die zweite aus gefallenen und unveränderten Titeln. Beide werden voneinander subtrahiert, daraus die Wurzel gezogen und das Ergebnis fortlaufend aufsummiert.

Wenn $AdAdv_{(t)} > AdDec_{(t)}$ Dann
$BTI_{(t)} = BTI_{(t-1)} + Sqrt((AdAdv_{(t)} / AdUcg_{(t)}) - (AdDec_{(t)} / AdUcg_{(t)}))$
Sonst :
$BTI_{(t)} = BTI_{(t-1)} + Sqrt(abs(AdAdv_{(t)} / AdUcg_{(t)}) - (AdDec_{(t)} / AdUcg_{(t)})))$

Arthur A. Merill definierte außerdem einen Indikator, der so berechnet wird:

$ML_{(t)} = (AdAdv_{(t)} - AdDec_{(t)}) / AdUcg_{(t)}$

Quellen

Carroll, Paul E.: The Haurlan Index. In: Technical Analysis of Stocks & Commodities, Volume 12

Achelis, Steven B.: Forecasting the Market with OBOS. In: Technical Analysis of Stocks & Commodities, Volume 5

Dworkin, Fay H.: Defining Advance / Decline Indicators. In: Technical Analysis of Stocks & Commodities, Volume 8

Chande, Tushar: Breadth Stix and other Tricks. In: Technical Analysis of Stocks & Commodities, Volume 12

Accumulation Distribution Line

Grundlagen

Bei der von Mark Chaikin entwickelten Accumulation Distribution Line handelt es sich um einen volumengewichteten Kursänderungsindikator, der auf keinen Fall mit dem Accumulation Distribution Indikator (WAD) von Larry Williams verwechselt werden darf. Dieser Indikator von Williams ist ebenfalls in TradeSignal enterprise und TradeSignal express enthalten; dort aber ein reiner, nicht volumengewichteter Kursänderungsindikator. Da die Namensgebung in diesen Softwareprodukten sehr ähnlich ist, kann es durchaus zu Verwechslungen kommen. Lesen Sie bitte den Beitrag zum WAD, um diesen Verwechslungen vorzubeugen.

Mark Chaikin wollte mit seinem Indikator das OBV-Konzept (On Balance Volume-Konzept) aus den sechziger-Jahren weiterentwickeln. Im Gegensatz zum OBV wird in seinem Indikator ein preisgewichteter Volumenanteil verwendet. Je größer die Kursveränderungen im Basiswert sind, um so größer ist der Volumenanteil, der in die Berechnung einfließt. Grundlage seiner Entwicklung ist die Tatsache, dass gesunde Trendbewegungen stets von steigendem Volumen, das heißt vom steigenden Interesse der Marktteilnehmer begleitet werden. Ist dieser Gleichlauf gestört, kann es zum Wechsel der Machtverhältnisse im Markt und somit zu einer Trendwende kommen. Außerdem ist das Volumen ein zuverlässiger Frühindikator auf bevorstehende Ausbrüche aus Konsolidierungszonen. Das Volumen zeigt den steigenden Liquiditätsstrom an, der zu einer Trendetablierung führen kann. Genauso zeigt es den versiegenden Liquiditätsstrom an, der zum Ende eines Trends auftritt.

Mark Chaikin bezeichnet den Zustand eines Marktes, der über seiner mittleren Tagesrange schließt als Accumulation (Ansammlung), während ein Markt, der unterhalb seiner mittleren Tagesrange schließt, als Distribution (Verteilung) bezeichnet wird. Akkumulation wird oft auch einfach mit steigenden Kursen gleichgesetzt, während Distribution mit fallenden Kursen verbunden wird.

Ziel des Indikators ist es, den Liquiditätsstrom abzubilden, der in einen Wert hinein fließt oder aus diesem abgezogen wird. Er soll unabhängig von den reinen Kursbewegungen die wahren Kräfte sichtbar machen, die hinter diesen Bewegungen stehen. Kaufpanik und Verkaufsdruck gehen stets einher mit hohen Volumina. Um diese beiden Kräfte richtig einschätzen zu können, ist die Einbeziehung des Volumens in die Berechnung eines Indikators absolut notwendig.

Der von Chaikin entwickelte Indikator ist einer der populärsten Indikatoren aus einer großen Anzahl von Volumenindikatoren und wird seit Jahren erfolgreich angewendet. Im Gegensatz zu seinem Vorgänger, dem OBV, wird hier nicht die Kursveränderung zum Vortag oder der vorherigen Handelsperiode gemessen, sondem die Kursveränderung im Vergleich zur Mitte der Handelsspanne des Tages. Dazu hat Chaikin eine Formel entwickelt, die dieses Verhältnis ausdrückt.

$$CLV_{(t)} = ((Close_{(t)} - Low_{(t)}) - (High_{(t)} - Close_{(t)})) / (High_{(t)} - Low_{(t)})$$

Der so genannte Closing Location Value (CLV) kann Werte zwischen minus Eins und plus Eins annehmen. Der Wert Eins wird erreicht, wenn der Basiswert auf dem Periodenhoch schließt. Der Wert Null wird erreicht, wenn der Basiswert genau in der Mitte der Range schließt (wie bei einem Candlestick Doji). Der Wert minus Eins wird erreicht, wenn der Basistitel auf dem Periodentief schließt. Um den Sachverhalt anschaulicher zu machen, habe ich in Abb. 47 einen Testindikator programmiert, der den CLV grafisch darstellt. Zusätzlich werden die drei Hauptwerte eins, null und minus eins mit Kreisen markiert.

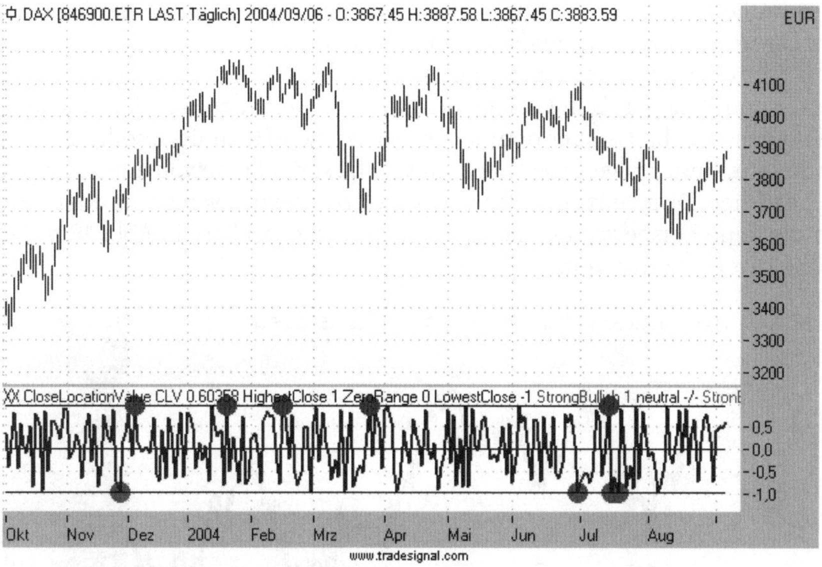

Abb. 47 – *Testindikator des CLV (Closing Location Value) mit Anzeige der Maximal- bzw. Minimalwerte (grüner bzw. roter Punkt).*

Ausgehend vom CLV erhalten wir den Indikatorwert, indem jetzt das Tagesvolumen mit dem CLV multipliziert und zum Vortageswert des Indikators addiert wird. Somit werden stärkere Preisbewegungen über oder unter der Mitte der Handelsspanne mit einem entsprechend höheren Volumenanteil gewichtet. Damit wird eine realistischere Abbildung der Mittelzu- und Abflüsse erreicht. Gleichzeitig wird die Bedeutung großer Kursbewegungen unter Berücksichtigung des Handelsvolumens gemessen. Das heißt, steht kein entsprechend hohes Volumen hinter einer starken Kursbewegung, wird diese geringer gewichtet. Steht jedoch hinter einer großen Kursbewegung auch ein hohes Handelsvolumen, wird diese Bewegung stärker gewichtet.

Formel

$$ADL_{(t)} = ADL_{(t-1)} + (CLV_{(t)} * Volume_{(t)})$$

Interpretation

Hauptverwendung findet die Accumulation Distribution Line bei der Suche nach Divergenzen, das heißt beim Vergleich des Indikatorverlaufes zum Verlauf des Basiswertes. Ziel dabei ist es, bevorstehende Trendwenden zu erkennen. Fehlt der Gleichlauf zwischen Indikator und Basiswert, scheint die bestehende Bewegung an Kraft zu verlieren. Das an den Kursbewegungen beteiligte Volumen ist nicht mehr in der Lage, die Stärke des Trends aufrecht zu erhalten.

Als Divergenzen werden Bewegungsmuster bezeichnet, in denen zwischen Indikator und Basiswert kein Gleichlauf stattfindet. Steigt der Kurs des Basiswertes auf ein neues Hoch, das über dem letzten markanten Hoch liegt, sollte der Indikator diesem Muster folgen. Geschieht dies nicht, spricht man von einer negativen oder bearishen Divergenz. Die Bewegung des Basiswertes verliert an Kraft, auch wenn die reine Kursbewegung dies noch nicht erkennen lässt. In Abb. 48 ist eine bearishe Divergenz markiert.

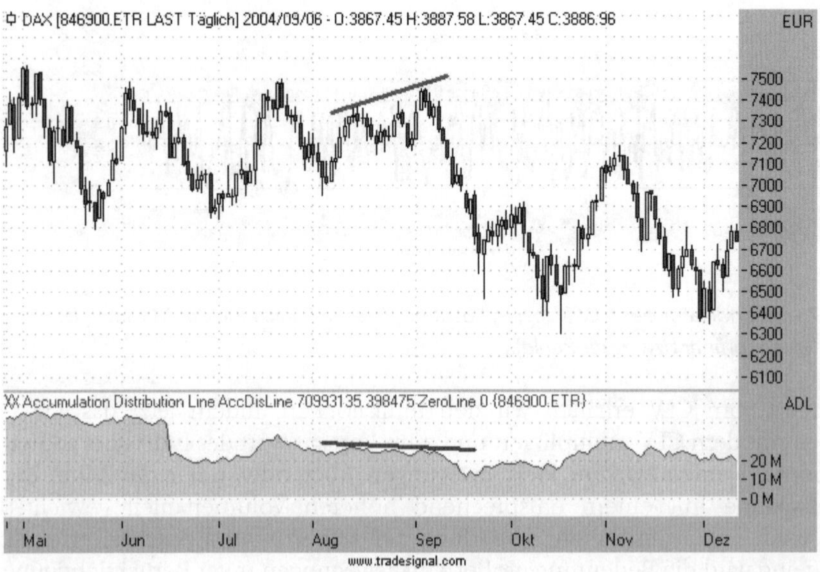

***Abb. 48** – Bearishe Divergenz zwischen Kursverlauf und der Accumulation Distribution*

Line. Divergenzen sind oftmals ein Zeichen für ein bevorstehendes Ende des Trends.

Als positive, bullish genannte Divergenz, wird ein Muster bezeichnet, bei dem der Basiswert auf ein neues Tief fällt, das tiefer liegt als das vorherige markante Tief und der Indikator dieser Bewegung nicht mehr nachfolgt. In Abb. 49 ist eine bullishe Divergenz im Tageschart des DAX markiert.

Abb. 49 – *Positive Divergenz zeigt das bevorstehende Ende des negativen Trends im DAX an*

Wichtig für die Interpretation von Divergenz und Konvergenz ist eine vorangehende Trendbestimmung. Divergenzen sind nur in Trendbewegungen aussagekräftig, jedoch nicht in Seitwärtsmärkten. Außerdem spielt die zeitliche Ausdehnung von Divergenzen eine große Rolle hinsichtlich ihrer Bedeutung für mögliche Kursausbrüche oder Trendwenden. Mit zunehmender zeitlicher Ausdehnung steigen die Aussagekraft und das warnende Moment, das in einer Divergenz steckt. Zusätzlich ist es möglich, auf die A/D Line Trendlinien zu konstruieren. Diese werden auf die gleiche Art interpretiert wie Trendlinien in Aktien oder Future Charts. Abb. 50 zeigt dazu ein Beispiel.

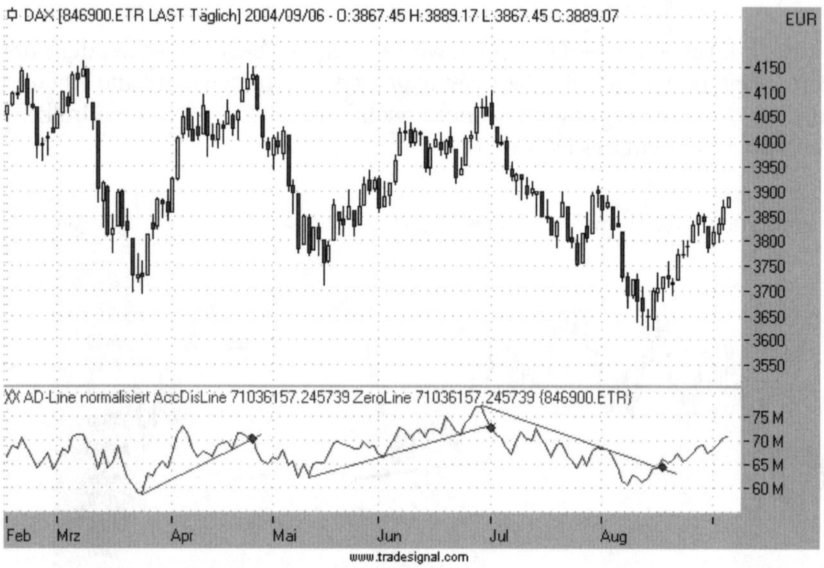

Abb. 50 *– Das Schneiden einer Trendlinie im Indikator zeigt in diesem Beispiel den Trendwechsel im Basisinstrument an.*

Kritische Würdigung

Je mehr Daten im Chart geladen sind, umso größer werden die Werte der A/D Line. Das kann die Lesbarkeit erheblich einschränken.

Quellen

www.stockcharts.com
www.tradesignalonline.com

Aroon Indikator

Grundlagen

Tushar Chande hat TAS&C V.13 einen weiteren Indikator aus seiner reichhaltigen Sammlung vorgestellt. Mit dem Aroon Indikator wollte er einen Trendbestimmungsindikator schaffen, der sowohl beginnende Trends als auch Trendwenden und Tradingranges erkennen kann.
Das Wort Aroon stammt aus der altindischen Sanskrit Sprache und bedeutet soviel wie „Wechsel zwischen Tag und Nacht". Eine treffende Bezeichnung für einen Indikator, der die Wechsel im Marktgeschehen anzeigen soll.
Grundlage seiner Überlegungen ist die einfache Definition eines Trends durch aufeinander folgende höhere Hochs und höhere Tiefs in einem Aufwärtstrend oder eine Serie tieferer Hochs und tieferer Tiefs im Abwärtstrend. Sind weder Bedingungen für einen Aufwärtstrend, noch die für einen Abwärtstrend erfüllt, befindet sich der Markt in einer Seitwärtsphase / Konsolidierungszone. Für beide - Trendphase und trendlose Phase - sind verschiedene Handelsansätze nötig, um profitable Trades zu generieren. In Trendphasen können Kontratrend-Strategien hohe Verluste hervorrufen, während in trendlosen Phasen Trendfolgesysteme mehrfache Verlusttrades generieren können.
Tushar Chande bedient sich bei der Entwicklung des Indikators eines Breakout-Ansatzes. Er misst die Anzahl der Handelsperioden seit dem letzten markanten Hoch oder Tief. Hier liegt scheinbar eine Schwachstelle des Indikators, die sich in den letzten Jahren gezeigt hat. Wenn Sie sich einen Langfristchart der großen Indizes ansehen, fällt auf, dass das Börsengeschehen hektischer und schwankungsintensiver geworden ist. Trendphasen werden immer öfter von Konsolidierungsphasen unterbrochen und die Zeit, die nach einem Breakout-Szenario vergeht und als profitabler Trend genutzt werden kann, wird immer kürzer. Somit können Signale, die aus solchen Breakouts resultieren, nur für kurze Zeit profitabel umgesetzt werden. Hierdurch büßt der Aroon Indikator einiges von seinem Wert ein.

Berechnung und Parameter

Der Aroon Indikator wird aus zwei Linien gebildet, der Aroon Up-Linie und der Aroon Down-Linie. Die Aroon Up-Linie errechnet sich aus der Anzahl der Tage seit dem letzten Hoch des Basiswertes dividiert durch die eingestellte Periodenlänge.
Die Aroon Down-Linie errechnet sich aus der Differenz der Tage seit dem letzten Tief des Basiswertes dividiert durch die eingestellte Periodenlänge. Die Indikatorwerte werden mit 100 multipliziert. Somit bewegen sich die Indikatorwerte innerhalb einer Skala von 0 bis 100 Prozent.

Formel

$$\text{Aroon up} = 100 * \frac{n-x}{n} \qquad n = \text{Periodenlänge}$$

x = 1, wenn H_{t-1} das höchste Hoch (n) ist, ansonsten: x = 0

x = 2, wenn H_{t-2} das höchste Hoch (n) ist, ansonsten: x = 0

x = 3, wenn H_{t-3} das höchste Hoch (n) ist, ansonsten: x = 0

...

x = n, wenn H_{t-n} das höchste Hoch (n) ist, ansonsten: x = 0

mit : H_{t-1} = High von vor 1 Tag

$$\text{Aroon down} = 100 * \frac{n-y}{n} \qquad n = \text{Periodenlänge}$$

y = 1, wenn L_{t-1} das tiefste Tief (n) ist, ansonsten: y = 0

y = 2, wenn L_{t-2} das tiefste Tief (n) ist, ansonsten: y = 0

y = 3, wenn L_{t-3} das tiefste Tief (n) ist, ansonsten: y = 0

...

y = n, wenn L_{t-n} das tiefste Tief (n) ist, ansonsten: y = 0

mit : L_{t-1} = Low von vor 1 Tag

Die Aroon Up-Linie erreicht den Wert 100 Prozent, wenn der Basiswert ein neues Hoch innerhalb der Berechnungsperiode oder zumindest den Wert des zurückliegenden Hochpunktes erreicht. Die Aroon Down-Linie erreicht den Wert 100 %, wenn der Basiswert ein neues Tief innerhalb der Berechnungsperiode oder zumindest den Wert des zurückliegenden Tiefs erreicht. Trendlose Phasen, in denen weder neue Hochs noch neue Tiefs erzielt werden können, führen zum parallelen Absinken der beiden Indikatorlinien gegen 0.

Die Periodenlänge der Berechnung kann im Prinzip frei gewählt werden, je nach Länge der Charthistorie. Gebräuchlichste Einstellungen liegen zwischen

8 und 30 Tagen. Als Extremzonen werden zusätzlich die Marken 70 % oder 80 % und 20 % oder 30 % abgetrennt. Indikatorwerte dazwischen gelten als trendneutral.

Interpretation

Zunächst ist eine Trendbestimmung notwendig, die folgende Aspekte berücksichtigt:

- Ein Aufwärtstrend liegt vor, wenn die Up-Linie über der DownLinie verläuft
- Die Up-Linie sollte über der Marke von 70 Prozent bis 80 Prozent liegen, um einen stabilen Trend zu zeigen
- Ein Abwärtstrend liegt vor, wenn die Down-Linie über der Up-Linie verläuft
- Die Down-Linie sollte über der Marke von 70 Prozent bis 80 Prozent liegen, um einen stabilen Trend zu zeigen
- Kreuzungen der beiden Linien signalisieren möglichen Trendwechsel
- Up kreuzt über Down = bullishes Signal
- Down kreuzt über Up = bearishes Signal

Je länger ein Trend kontinuierlich verläuft, um so stabiler verläuft die jeweilige Indikatorlinie im oberen Extremzonenbereich. Tushar Chande schlägt mehrere Skalenwerte vor, die zu beachten sind; beispielsweise Werte über 70 Prozent zur Anzeige eines Trends. Kreuzt eine Linie die Skalenmitte bei 50 Prozent nach unten, so wird von einem Ende des laufenden Trends ausgegangen. Befinden sich beide Linien im Bereich zwischen den beiden Extremzonen oder verlaufen parallel nach unten, wird eine Trendlose Phase angenommen. Die Kreuzungsrichtung der Linien signalisiert die mögliche zukünftige Trendrichtung des Marktes.

Da der Indikator keinerlei Preisveränderungen sondern Zeitveränderungen misst, ist sein Verlauf sehr geradlinig. Es lassen sich also leicht immer wiederkehrende Muster erkennen. Die fünf wichtigsten Muster sind:

- Up-Linie verläuft stabil über 70 Prozent
- Down-Linie verläuft stabil über 70 Prozent
- Beide Linien verlaufen parallel Richtung 0 Prozent
- Up-Linie kreuzt Down-Linie nach oben
- Down-Linie kreuzt Up-Linie nach oben

Der Nachteil des Indikators liegt sicherlich im Umstand, dass er die Ausmaße der Kursveränderungen immer gleich behandelt. Gleichförmige, kleinere Kursänderungen werden zum gleichen Indikatorergebnis führen wie starke Kursbewegungen.

Erich Florek gibt zusätzliche Informationen zu diesem Indikator in seinem Buch „Neue Tradingdimensionen“. Er legt strengere Regeln für die Definition eines Trends an und nennt hierzu die Marke von 90 Prozent als oberen Extremwert, der mindestens erreicht sein muss. Weiterhin erwähnt er die Möglichkeit, während einer angezeigten Trendphase die untere Linie als Signalgeber für Exit- und Re-Entry-Signale zu verwenden.

Anwendungsbeispiele

In Abb. 51 sehen Sie einen Bund Future Tageschart mit Aroon Indikator. Die eingestellte Periodenlänge beträgt 25 Tage. Da der Bund Future relativ lange Trendphasen aufweist, ist diese Einstellung sehr brauchbar.

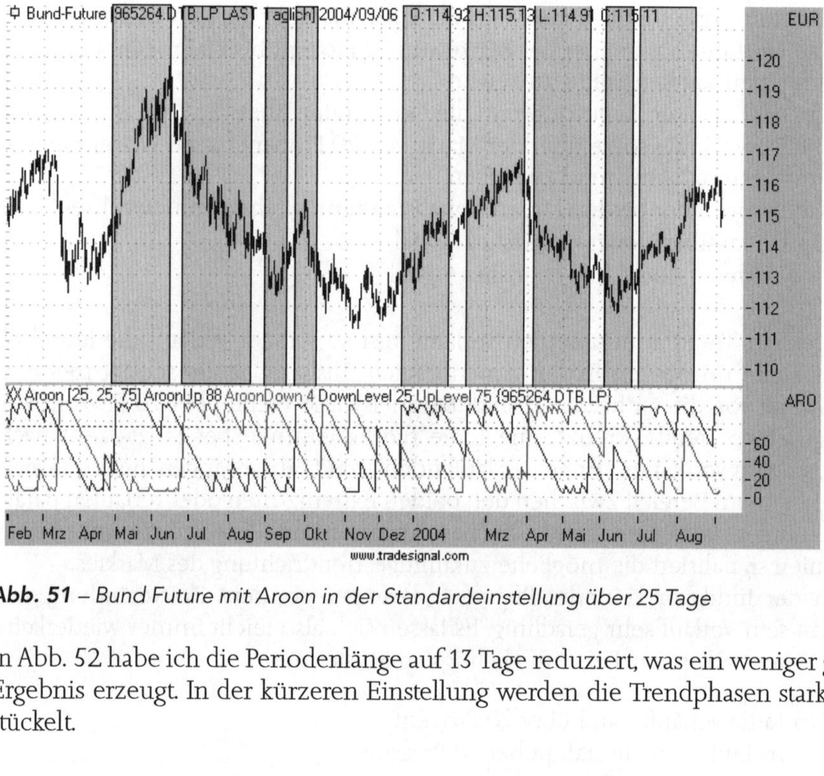

***Abb. 51** – Bund Future mit Aroon in der Standardeinstellung über 25 Tage*

In Abb. 52 habe ich die Periodenlänge auf 13 Tage reduziert, was ein weniger gutes Ergebnis erzeugt. In der kürzeren Einstellung werden die Trendphasen stark zerstückelt.

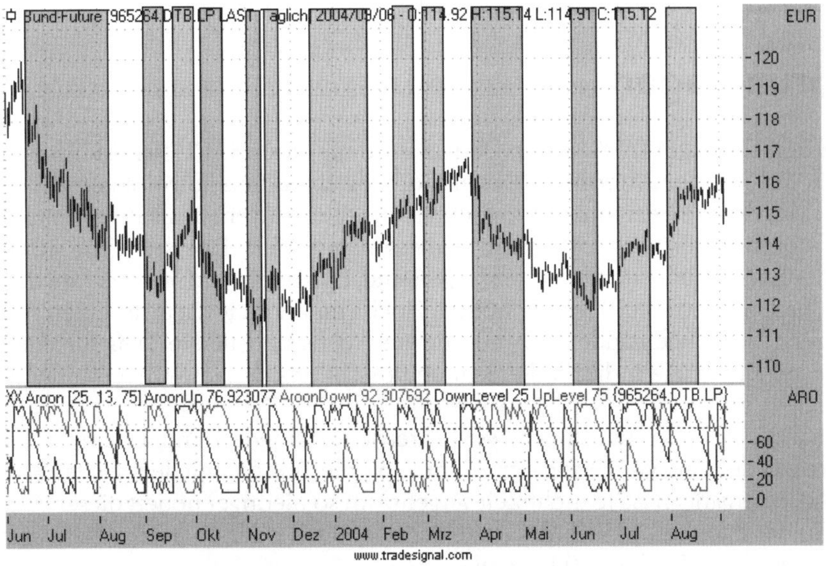

***Abb. 52** – Bund Future mit Aroon in einer kurzfristigen Einstellung über 13 Tage*

Kritische Würdigung

Als Trendfilter eignet sich der Aroon Indikator, wenn lang ausgeprägte Trendphasen vorherrschen. Werden diese jedoch von vielen kurzen Korrekturbewegungen unterbrochen, versagt der Indikator oft.

Quellen

Chande, Tushar: A Time Price Oszillator. In TAS&C V.13
Florek, Erich: Neue Tradingdimensionen. Finanzbuch Verlag, München

Aroon Oszillator

Grundlagen

Der Aroon Oszillator (AOS) ist ein Derivat aus dem Aroon Up/Down Indikator. T. Chande hat mit dem Aroon Up/Down Indikator einen trendfolgenden Indikator entwickelt, der die Beziehungen zwischen Kurs und Zeitverlauf als Berechnungsbasis verwendet. Es wird fortlaufend gemessen, wie viele Tage seit dem letzten Periodenhoch oder Periodentief vergangen sind. Ein Trend wird laut Chande definiert durch aufeinander folgende höhere Hochs und höhere Tiefs für einen Aufwärtstrend oder aufeinander folgende tiefere Hochs und tiefere Tiefs für einen Abwärtstrend. Für die Indikator-Berechnung macht er sich diese Chart-Muster zu Nutze.

Chandes Indikator berechnet zwei Einzelwerte; für jede Trendrichtung einen. Dabei misst der eine Wert – genannt Aroon Up – die Zeit, die seit dem letzten Periodenhoch vergangen ist. Je mehr Zeit vergeht, um so niedriger notiert dieser Wert. Erreicht der Basiswert jedoch das letzte Periodenhoch oder übersteigt dies sogar, notiert der Aroon Up bei 100 Prozent.

Der Aroon Down genannte Wert für die Abwärtsrichtung misst die Zeit, die seit dem letzten Periodentief vergangen ist. Je länger dieses Tief zurückliegt, um so niedriger notiert der Aroon Down-Wert. Wird jedoch das letzte Periodentief erreicht oder gar unterschritten, notiert der Aroon Down bei 100 Prozent. Damit ist ein Trendfolgesystem geschaffen worden, das den Beginn, den Verlauf und das Ende eines Trends anzeigen kann.

Der Aroon Oszillator liefert uns zwar keine neuen Informationen, schließlich errechnet er sich aus dem zu Grunde liegenden Aroon Up/Down-Indikator, aber er vermittelt uns einen etwas anderen Blick auf das Marktgeschehen. Er eignet sich als Trendfilter- und Trendstärke-Indikator und kann ähnlich wie der Average Directional Movement Index (ADX) verwendet werden. In Abb. 53 sehen Sie einen DAX-Tageschart mit Aroon Oszillator.

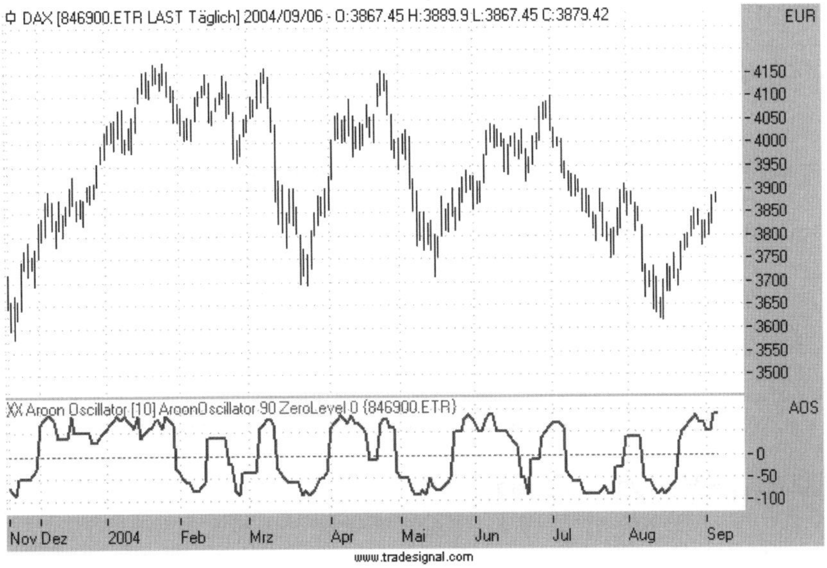

***Abb. 53** – DAX mit Aroon Oszillator*

Berechnung und Parameter

Die Berechnung des Aroon Oszillators ist recht einfach, wenn einmal die zu Grunde liegenden Aroon Up- und Aroon Down-Werte berechnet sind. Es wird der Aroon Down vom Aroon Up subtrahiert. Der Aroon Up errechnet sich aus der Anzahl der Tage, die seit dem letzten Periodenhoch vergangen sind, dividiert durch die Periodenlänge. Der Aroon Down errechnet sich aus der Anzahl der Tage, die seit dem letzten Periodentief vergangen sind, dividiert durch die Periodenlänge.

Formel

$$\text{Aroon up} = 100 * \frac{n-x}{n} \qquad n = \text{Periodenlänge}$$

x = 1, wenn H_{t-1} das höchste Hoch (n) ist, ansonsten: x = 0

x = 2, wenn H_{t-2} das höchste Hoch (n) ist, ansonsten: x = 0

x = 3, wenn H_{t-3} das höchste Hoch (n) ist, ansonsten: x = 0

...

x = n, wenn H_{t-n} das höchste Hoch (n) ist, ansonsten: x = 0

mit : H_{t-1} = High von vor 1 Tag

$$\text{Aroon down} = 100 * \frac{n-y}{n} \qquad n = \text{Periodenlänge}$$

y = 1, wenn L_{t-1} das tiefste Tief (n) ist, ansonsten: y = 0

y = 2, wenn L_{t-2} das tiefste Tief (n) ist, ansonsten: y = 0

y = 3, wenn L_{t-3} das tiefste Tief (n) ist, ansonsten: y = 0

...

y = n, wenn L_{t-n} das tiefste Tief (n) ist, ansonsten: y = 0

mit : L_{t-1} = Low von vor 1 Tag

$$AOS_{(t)} = Up_{(t)} - Down_{(t)}$$

Als Parameter ist die Angabe der Berechnungsperiode erforderlich. Diese ist frei wählbar. Standardwerte liegen zwischen 10 und 30. Chande verwendet in seinen Veröffentlichungen 25 Tage.

Interpretation

Hauptsächlich kann der Aroon Oszillator wie der Aroon Up/Down interpretiert werden, das heißt er eignet sich als Trendfolgeindikator. Als Trendfilter zeigt er über der Mittellinie liegend einen Aufwärtstrend an und unter der Mittellinie liegend einen Abwärtstrend. In Abb. 54 habe ich einige der erkannten Trendphasen markiert.

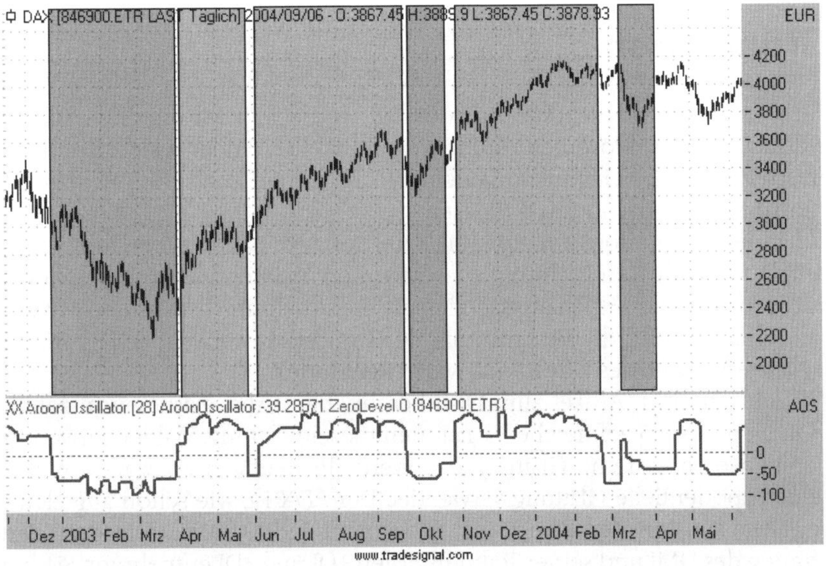

***Abb. 54** – DAX mit Aroon Oszillator und einigen im Chart markierten Trendphasen*

Dabei sind die Schnittpunkte mit der Mittellinie als Trendwechsel zu werten. Je weiter der Indikator von der Mittellinie entfernt liegt, um so stärker ist der vorherrschende Trend. Hier zeigen sich die Parallelen zum ADX. Vom Verlauf her ähnelt der Aroon Oszillator anderen Oszillatoren, wie der Slow Stochastic oder dem RSI.

Kritische Würdigung

Der Indikator liefert uns keine wirklich neuen Informationen, da er sich aus seinem „Mutter-Indikator" direkt ableitet. Es sind in der Literatur so gut wie keine sinnvollen Verwendungsmöglichkeiten zu finden. Er scheint also in der Praxis nicht genutzt zu werden, und findet deshalb seinen Platz in der „Liste der Indikatoren, die keiner braucht".

Quellen

Kleindt, Alexander: Aroon Up/Down. In: Technical Newsletter
Chande, Tushar: A Time Price Oszillator. In: TAS&C V.13
Florek, Erich: Neue Tradingdimensionen. Finanzbuch Verlag, München

Average Directional Index (ADX)

Grundlagen

Mit dem Average Directional Index (ADX) besprechen wir die dritte Komponente des Directional Movement Konzeptes von Welles Wilder, welches er bereits in den späten siebziger Jahren vorgestellt hat. Sie sollten zuerst den Beitrag zum Directional Movement Index (DMI) lesen.

Es handelt sich hierbei um ein Indikatorenkonzept, das es uns erlaubt, sowohl Trendstärke als auch Trendrichtung zu bestimmen. Während wir mit den beiden Teilindikatoren +DI und –DI hauptsächlich die Trendrichtung bestimmen, wird der ADX ausschließlich für die Bestimmung der Trendstärke verwendet. Der ADX ist die geglättete Variante des Directional Movement Index.

Wie ich schon im Artikel zum DMI beschrieben habe, existieren in zahlreichen Quellen ebenso zahlreiche Variationen dieser Glättung. Wilder verwendete anscheinend eine einfache Glättung der Werte. In heutigen Softwareprodukten wird eine exponentielle Glättung verwendet. Der ADX ist, wie schon angedeutet, die geglättete Version des Directional Movement Index (DMI). Die detaillierte Berechnung des DMI und seiner Teilindikatoren +DI und –DI entnehmen Sie bitte dem Beitrag zum DMI.

Kurz zusammengefasst erhalten wir die beiden Teilindikatoren +DI und –DI, indem zunächst die aufwärtsgerichteten und abwärtsgerichteten Kursveränderungen ermittelt werden. Diese Werte werden geglättet und durch die ebenfalls geglättete True Range dividiert. Die geglätteten, aufwärts gerichteten Kursänderungen, als +DM (Positive Directional Movement) bezeichnet, dividiert durch die geglättete True Range, ergeben den +DI (Positive Directional Index). Die geglätteten abwärtsgerichteten Kursänderungen, als –DM (Negative Directional Movement) bezeichnet, dividiert durch die geglättete True Range ergeben den -DI (Negativ Directional Index).

Als nächster Schritt erfolgt die Berechnung des Directional Movement Index (DMI). Dazu wird der absolute Wert der Differenz von +DI und -DI durch die Summe beider Werte dividiert. Um den Average Directional Movement Index zu erhalten muss der DMI geglättet werden. Auch an dieser Stelle möchte ich darauf verweisen, dass es in vielen Quellen widersprüchliche Angaben über die in den Berechnungen verwendeten Glättungsmethoden gibt. Es werden sowohl einfache arithmetische Durchschnitte als auch exponentielle Durchschnitte zur Berechnung verwendet.

Berechnung und Parameter

Im Artikel zum DMI habe ich auf die Besonderheiten der Software TradeSignal express verwiesen. In dieser Software existieren zwei Indikatoren mit unterschiedlicher Glättung. Ein Vergleich mit dem Indikator aus TradeSignal enterprise zeigt, dass der als „Reuters-Version" bezeichnete Indikator in TradeSignal express mit exponentieller Glättung arbeitet, wie eben der Indikator aus TradeSignal enterprise auch.

Formeln einfacher arithmetischer Glättung

Wenn $High_{(t)} > High_{(t-1)}$ dann $+DM_{(t)} = High_{(t)} - High_{(t-1)}$
Sonst $+DM_{(t)} = 0$

Wenn $Low_{(t)} < Low_{(t-1)}$ dann $-DM_{(t)} = Low_{(t-1)} - Low_{(t)}$
Sonst $-DM_{(t)} = 0$

Die True Range:

- Liegt das heutige Hoch über dem gestrigen Close und ist die Spanne heutiges Hoch - heutiges Tief kleiner als die Spanne heutiges Hoch - gestriges Close, wird letztere verwendet (Aufwärtsgap liegt vor).
- Liegt das heutige Tief unter dem gestrigen Close und ist die Spanne heutiges Tief - heutiges Hoch kleiner als die Spanne heutiges Tief - gestriges Close wird letztere verwendet (Abwärtsgap liegt vor).
- Ist die Spanne heutiges Hoch - heutiges Tief größer als die beiden Sonderfälle, wird diese verwendet.

$True\ High_{(t)} = Max(High_{(t)}, Close_{(t-1)})$
$True\ Low_{(t)} = Min(Low_{(t)}, Close_{(t-1)})$

$True\ Range_{(t)} = True\ High_{(t)} - True\ Low_{(t)}$

Oder:

$True\ Range_{(t)} = Max((High_{(t)} - Low_{(t)}), (High_{(t)} - Close_{(t-1)}), (Close_{(t-1)} - Low_{(t)}))$

Die beiden Directional Indikatoren:

$$+DI_{(t)} = (Sum_{(n)}(+DM) / n) / (Sum_{(n)}(True\ Range) / n) * 100$$
$$-DI_{(t)} = (Sum_{(n)}(-DM) / n) ((Sum_{(n)}(True\ Range) / n) * 100$$
n = Berechnungsperiode

Formel des DMI:

$$DMI_{(t)} = abs(+DM_{(t)} - -DM_{(t)}) / (+DM_{(t)} + -DM_{(t)}) * 100$$

Formel des ADX:

$$ADX_{(t)} = Sum_{(n)}(ADX) / n$$
n = Berechnungsperiode

Die Formeln beinhalten statt der exponentiellen eine einfache arithmetische Glättung. Für die grafische Darstellung reicht dies aus. Abschließend will ich noch den ADXR erwähnen. Das ist eine zusätzlich geglättete ADX-Version. Zur Berechnung wird der aktuelle ADX-Wert mit dem ADX-Wert vor n-Perioden addiert und diese Summe durch zwei dividiert.

$$ADXR_{(t)} = (ADX_{(t)} + ADX_{(t-n)}) / 2$$
n = Berechnungsperiode

Es wird in der Regel eine Periodeneinstellung zwischen 5 und 20 Tagen verwendet. Nach oben ist jedoch keine Grenze gesetzt. Zusätzlich können in der ADX-Werteskala Extrembereiche markiert werden, die jedoch vom Basiswert abhängig sind und auf diesen individuell abgestimmt werden sollten. Die untere Begrenzungslinie soll einen Bereich ohne nennenswerte Trendaktivität markieren. Die obere Begrenzung einen Bereich starker Trendaktivität. Die Werte für den unteren Bereich bewegen sich zwischen 15 und 30 und die der oberen zwischen 30 und 45.

Interpretation

Der ADX wird als Trendstärkeindikator verwendet. Er zeigt an, wie stark eine trendgerichtete Bewegung verläuft. Wie Sie in Abb. 55 erkennen können, habe ich einige der vom ADX als „stark“ angezeigten Trendphasen markiert. Er ist jedoch nicht in der Lage eine Trendrichtung anzuzeigen. Das ist wichtig zu beachten, um nicht eventuell in eine Falle zu tappen. Ein aufwärtsgerichteter ADX bedeutet nur, dass die Trendintensität steigt, er besagt aber nicht, dass ein Aufwärtstrend vorliegt. Ein fallender ADX zeigt lediglich eine nachlassende Trendintensität an aber keinen Abwärtstrend. Besonders für Anfänger ist das oft verwirrend.

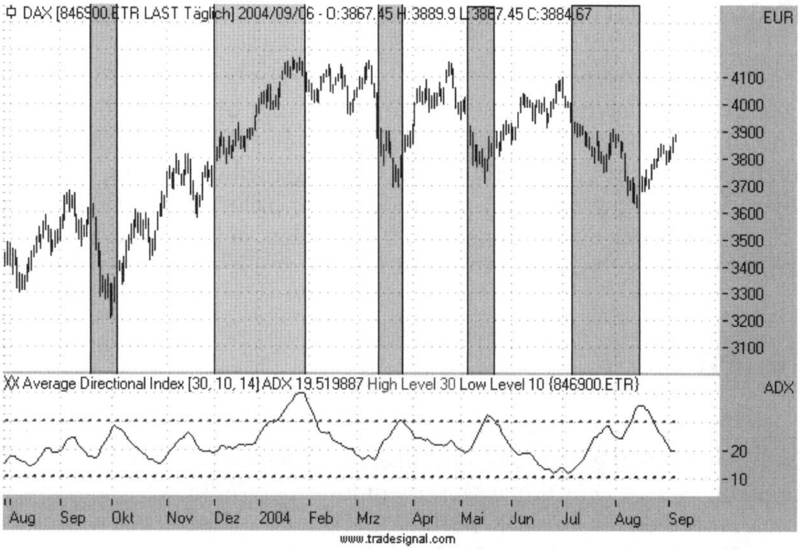

***Abb. 55** – ADX und Xetra DAX*

Befindet sich der ADX unterhalb seiner unteren Skalenabgrenzung, die in der Regel – wie oben beschrieben – bei Werten um 20 zu finden ist, wird davon ausgegangen, dass im Markt keine trendgerichtete Bewegung stattfindet. Mit steigender Trendintensität nach unten oder oben wird der ADX beginnen zu steigen. Erreicht er die obere Skalenmarkierung, die meist zwischen 30 und 45 liegt, geht man von einem sehr starken Trend aus, der sich auch noch einmal deutlich verstärken kann.

In der Literatur werden zahlreiche Verwendungsmöglichkeiten geschildert, von denen ich die wichtigsten hier anführen möchte:

- Der ADX zeigt an, ob eine trendgerichtete Bewegung vorliegt. Individuelle Extremzonen helfen diese Entscheidung zu treffen
- Steigung und Richtung des ADX sind ein Maß für Trendstärke
- Der ADX hilft zu entscheiden, welche Handelsansätze zu verwenden sind
- Bei fallendem ADX oder sehr niedrigen Werten sind Oszillatormodelle profitabel
- Bei steigendem ADX sind Trendfolgemodelle erfolgreich
- Der ADX hilft, Kursausbrüche zu bewerten
- Breakouts bei fallendem ADX sind meist False Breakouts
- Der ADX filtert Oszillatorsignale wie z. B. die der Slow Stochastic

Ich möchte Ihnen ausdrücklich empfehlen, in Erich Floreks Buch „Neue Tradingdimensionen" die Seiten 228 bis 242 zu lesen, um mehr über die Verwendung des ADX in Handelskonzepten zu erfahren.

Kritische Würdigung

Der ADX ist die meistverwendete Trendstärke Indikator. Das bedeutet jedoch nicht, dass er unfehlbar ist. Durch die verschiedenen Glättungsvorgänge während der Berechnung unterliegen die Signale des ADX einer nicht unerheblichen zeitlichen Verzögerung. Durch fortschrittlichere Glättungsmethoden kann versucht werden, diese Verzögerung so gering wie möglich zu halten. Bedingt durch die Glättung ist der Indikator durch schnelle und besonders steile Kursbewegungen überfordert.

Quellen

Evans, Stuart. Directional Movement. In: TAS&C V.17
Florek, Erich. Neue Tradingdimensionen. FinanzBuch Verlag, München
Hartle, Tom: The Average Directional Movement Index. In: TAS&C V.9
Starr, Barbara: How the Pros use ADX. In: TAS&C V.17
White, Adam: Filtering Breakouts. In: TAS&C V.11

Average True Range (ATR)

Grundlagen

Die True Range und ihre geglättete Variante, die Average True Range (ATR), wurden von W. Wilder 1978 in dem Buch „New Concepts in Technical Trading Systems" vorgestellt. Wilder suchte nach einer Möglichkeit die Schwankungsbreite der Rohstoff- und Terminmärkte in einem Indikator abzubilden. Alle geläufigen Methoden, wie etwa einfache arithmetische Durchschnitte der Tageshandelsspanne, brachten nur ungenügende Ergebnisse und vernachlässigten Kurslücken zwischen Schlusskurs und folgendem Eröffnungskurs. Außerdem sind die Bewegungen einiger Rohstoff-Terminkontrakte limitiert, was bedeuten kann, dass für einen solchen Kontrakt keine Höchst- und Tiefstkurse festgestellt werden können, wenn dieser am Limit gehandelt wird.
So fügte er für die Berechnung der „wahren" Handelsspanne einige Bedingungen ein, die gerade diese Limitmoves und Kurslücken berücksichtigen sollen. Ausgehend von der normalen Hoch-Tief-Spanne, also der maximalen Handelsspanne einer Handelsperiode, sollen diese zusätzlichen Bedingungen prüfen, ob eventuell Kurslücken zur vorherigen Handelsperiode zu berücksichtigen sind.

Berechnung und Parameter

- Liegt das heutige Hoch über dem gestrigen Close und ist die Spanne heutiges Hoch - heutiges Tief kleiner als die Spanne heutiges Hoch - gestriges Close, wird letztere verwendet (Aufwärtsgap liegt vor).
- Liegt das heutige Tief unter dem gestrigen Close und ist die Spanne heutiges Tief - heutiges Hoch kleiner als die Spanne heutiges Tief - gestriges Close wird letztere verwendet; ein Abwärtsgap liegt vor.
- Ist die Spanne heutiges Hoch - heutiges Tief größer als die beiden Sonderfälle, wird diese verwendet.

Folgende Grafik stammt aus Wilders Buch und zeigt die drei Berechnungsmöglichkeiten:

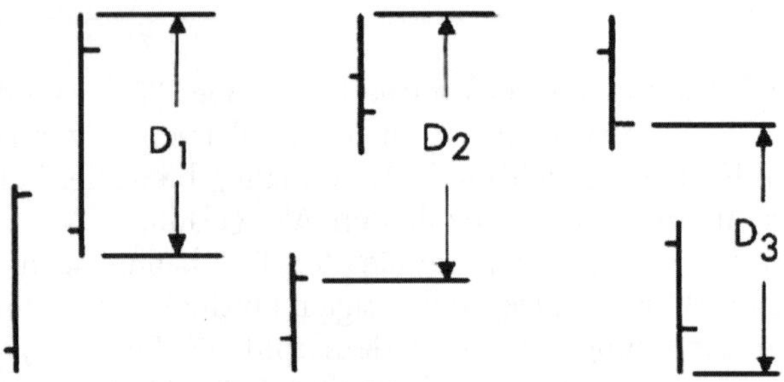

Fig. 3.3

Formel

True $High_{(t)}$ = Max($High_{(t)}$, $Close_{(t-1)}$)
True $Low_{(t)}$ = Min($Low_{(t)}$, $Close_{(t-1)}$)
True $Range_{(t)}$ = True $High_{(t)}$ - True $Low_{(t)}$
Oder:
True $Range_{(t)}$ = Max(($High_{(t)}$ – $Low_{(t)}$) , ($High_{(t)}$ – $Close_{(t-1)}$) , ($Close_{(t-1)}$ – $Low_{(t)}$))

Wilder erreicht mit diesen Bedingungen, dass die Spanne in der Berechnung der wahren Handelsspanne berücksichtigt wird. Ansonsten würde die Spanne aufgrund von Kurssprüngen verloren gehen, weil sie aus nicht messbaren Zwischenräumen besteht. Besonders in stark volatilen Märkten macht dies einen gravierenden Unterschied zur einfachen Handelsspanne aus.

Um die Average True Range (ATR) zu erhalten, wird die True Range mit einer Glättung versehen. Damals gab es einerseits die simple arithmetische Durchschnittsberechnung oder einige andere mathematische Tricks, um Daten zu glätten. Im Normalfall wird die ATR heute mit einem Simple Moving Average geglättet. Als Parameter ist also nur eine Periodenvorgabe für die Glättung zu treffen. Diese richtet sich ganz nach dem Verwendungszweck. Die ATR beträgt in der Regel zwischen 5 und 30 Tagen.

Darstellungsvarianten

Keine andere Darstellung aber eine erweiterte Berechnungsmethode habe ich anzubieten. Für TradeSignal enterprise steht eine ATR-Variante als Download auf www.tradesignalonline.com zur Verfügung, deren Glättungsmethode frei wählbar ist. Es stehen 9 Möglichkeiten zur Verfügung. Damit Sie sehen können, welchen

Unterschied die Berechnung der ATR im Vergleich zur normalen High Low Range erzeugt, können beide Werte überlagert dargestellt werden. Hierbei gilt für beide Berechnungen die gleiche Glättungsmethode, um das Ergebnis vergleichbar zu gestalten. In Abb. 56 sehen Sie einen Chart mit diesem Indikator.

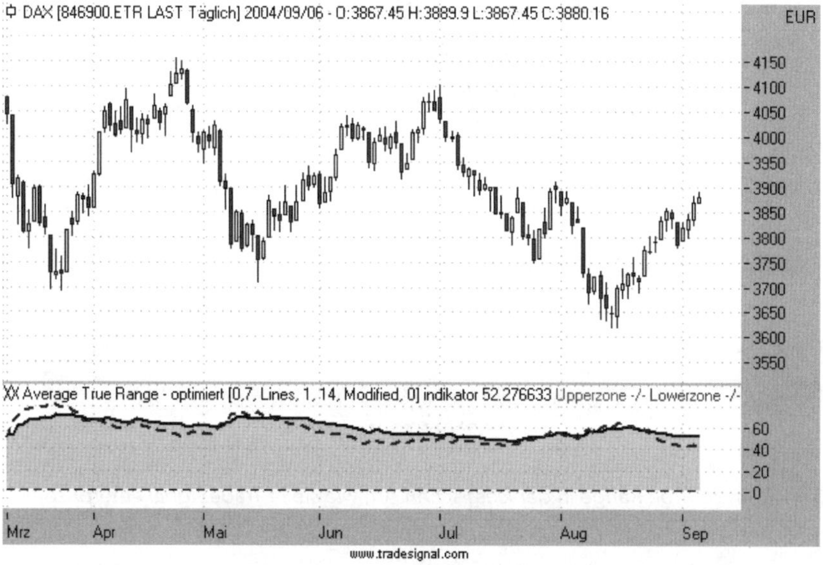

***Abb. 56** – DAX mit Average True Range; modifiziert mit verschiedenen Glättungsmethoden.*

Zum Vergleich sehen Sie in Abb. 57 die Standardversion aus TradeSignal enterprise.

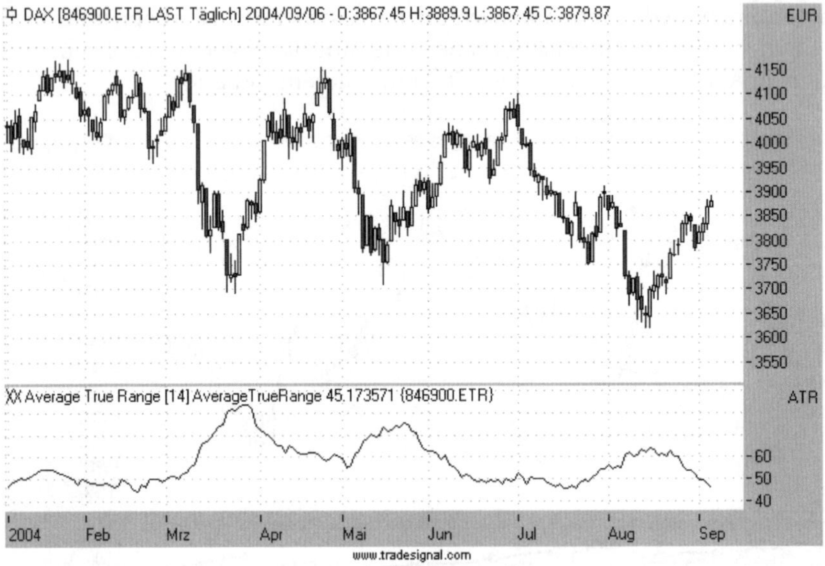

Abb. 57 *– Average True Range in der klassischen Art, wie sie in TradeSignal enterprise verwendet wird.*

Interpretation

Welche Informationen liefert uns nun die True Range bzw. die Average True Range? Einerseits zeigt sie uns die wahre Handelsspanne eines Basiswertes oder eines Marktes, womit wir ein Maß für die Volatilität erhalten. Da in der ATR auch auftretende Kurslücken berücksichtigt werden, zeichnet sie uns ein sehr genaues Abbild der Marktaktivität. Hohe Handelsspannen sprechen für viel Bewegung im Basistitel, kleine Spannen für Trägheit und Ruhe. Wenn Sie einmal einen Chart mit eingezeichneter ATR betrachten, werden Sie sehen, dass beginnende Trendbewegungen fast immer mit steigenden Handelsspannen einhergehen und dass abflachende, „sterbende" Trends sich in kleiner werdenden ATR-Werten niederschlagen.

Ähnlich wie der ADX aus dem Directional Movement-Konzept, das ebenfalls von W. Wilder stammt, ist es mit dem ATR möglich, eine Aussage über Trendaktivität und Stärke zu treffen. Jedoch ist es nicht möglich, eine Aussage über die Bewegungsrichtung im Markt zu treffen. In Abb. 58 sehen Sie ATR und ADX in einem Chart kombiniert. Beide Indikatoren fungieren als Volatilitätsindikatoren.

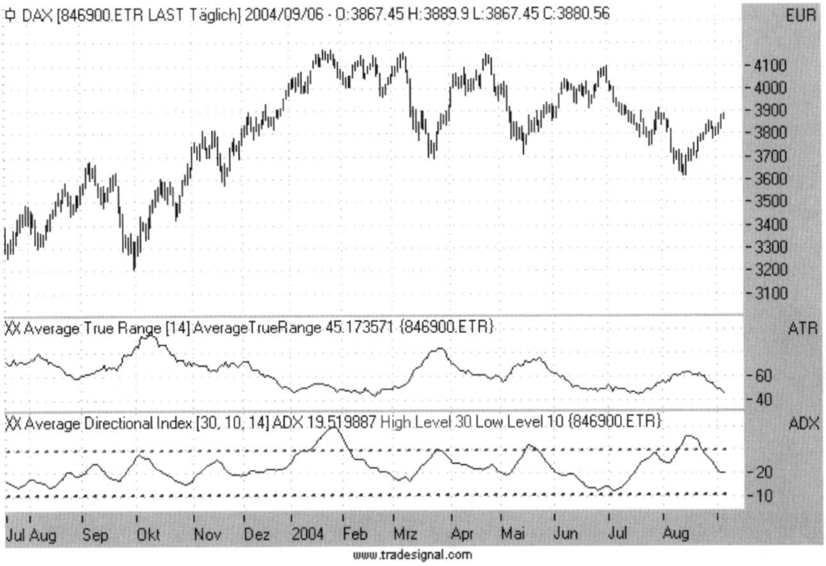

***Abb. 58** – Average True Range (ATR) und Average Directional Index (ADX) im Vergleich. Beide Indikatoren können als Volatilitätsmaß verwendet werden.*

Die ATR kann, wie auch andere Volatilitätsindikatoren, in Handelssystemen eingesetzt werden. Für die Berechnung und Darstellung verschiedener volatilitätsbasierter Bänder und Kanäle kann ebenfalls die ATR - multipliziert mit einem Faktor (meist zwischen 1.5 bis 3) - verwendet werden. Zu nennen wäre hier die Hull Range-Bänder und ATR-Regressionskanäle, sowie Keltner Channel. Abb. 59 zeigt einen Keltner Channel, dessen Breite von der ATR bestimmt wird, ebenso wie die Breite der in Abb. 60 zu sehenden Hull Range-Bänder.

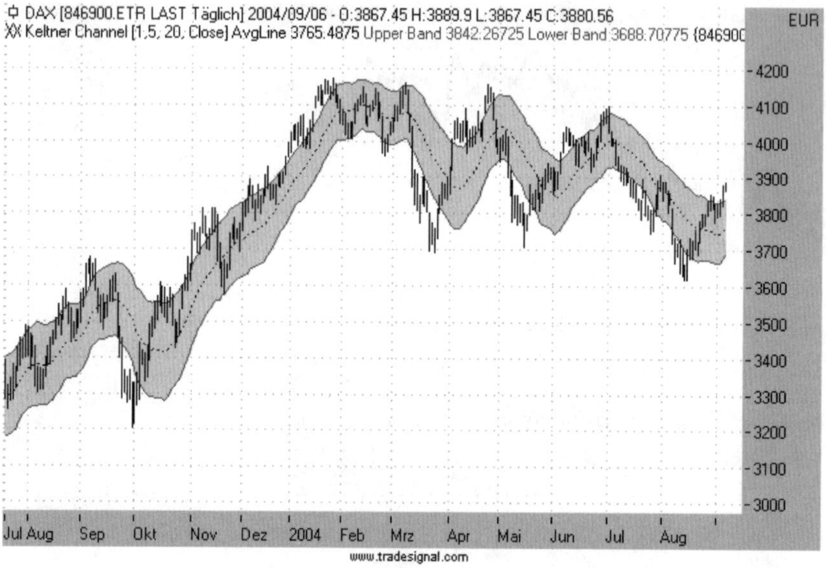

***Abb. 59** – Keltner Channel, dessen Breite von der Average True Range bestimmt wird.*

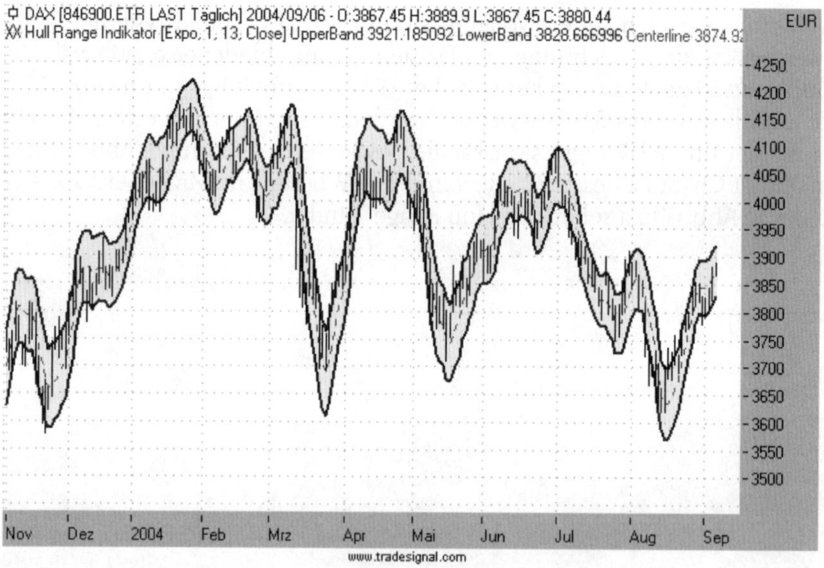

***Abb. 60** – Hull Range, dessen Bänder von der Average True Range bestimmt werden.*

Ein anderes und wichtiges Einsatzgebiet der ATR ist die Festlegung von Stopp- und Trailingstopp-Marken. Zu eng gesetzte Risikostopps werfen Positionen aus dem Markt, die möglicherweise profitabel gewesen wären. Hier kann die ATR ein Maß für die vorherrschende Schwankungsbreite des Marktes liefern, an der Stopp-Marken ausgerichtet werden sollten.

Im Einsatz als Trailingstopp verhindert die ATR, das laufende Positionen durch die täglichen, unbedeutenden Schwankungen des Basistitels zu früh geschlossen werden und das der Trader sich von diesen Schwankungen psychisch negativ beeinflussen lässt. Er überträgt damit dem Markt die Entscheidung über Fortbestehen oder Beendigung eines Investments. Für TradeSignal enterprise steht seit kurzem ein „professionelles" Stop-Loss-Modul zur Verfügung, das ebenfalls die ATR als eine Möglichkeit der Stoppgenerierung enthält. Näheres dazu finden Sie im Forum von www.tradesignalonline.com.

Als Anwendungsbeispiel dazu möchte ich einen Ausschnitt aus einem Handelssystem in Abb. 61 zeigen. Die punktierten Linien zeigen die Lage des Stop -Loss-Levels. Die schwarzen Kreuze zeigen den nachgezogenen Trailing Stop-Level. In Phasen großer Aktivität befindet sich der Stopp weit vom Kurs entfernt. Lässt die Trendstärke nach, was in der Regel auch kleinere Handelsspannen bedeutet, wandert der Stopp-Level näher an die Kursmarken heran.

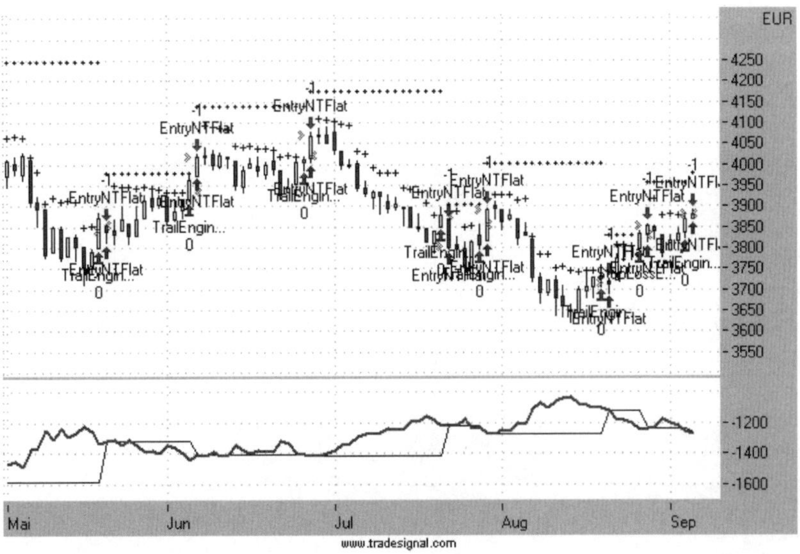

Abb. 61 – *Stop-Loss Level und Trailing Stopps, die von der ATR bestimmt werden, das heißt die Volatilität hat Einfluss auf die Lage der Stopps.*

Eine weitere Verwendung der True Range und ihrer geglätteten Variante, der Average True Range (ATR), ist der Einsatz in anderen Indikatorkonzepten als Teil von Berechnungen. Hier wären das Directional Movement-Konzept und der Volatility Index von Wilder und die William's Accumulation Distribution zu nennen.

Quellen

Wilder, Welles: New Concepts in Technical Trading Systems
Yamanak, Sharon: Average True Range. In: TAS&C V.2

Bollinger Bands

Grundlagen

„Den Markt fragen was los ist, scheint die bessere Wahl, als ihm sagen zu wollen, wo es lang geht". So ähnlich klingen die Worte von J. Bollinger, mit denen sein 1992 erschienener Artikel in TAS&C überschrieben ist. Bollinger geht in diesem Artikel noch einmal genau auf die Ursprünge der Tradingbänder im Allgemeinen und die der Bollinger Bänder im Speziellen ein. Ich möchte die in diesem Artikel zur Verfügung stehenden Informationen bündeln, um Ihnen das nötige Wissen zur Entstehung, zum Aufbau und zur Nutzung der Bollinger Bänder zu vermitteln.

Die Ursprünge der Bänder und ihr Platz in der Geschichte

Die Bollinger-Bänder reihen sich in eine große Zahl an Tradingbändern ein, deren Ursprünge in den sechziger -Jahren liegen. Ziel der Konstruktionen war es, Indikatoren zu finden, die den Trends der Preisbewegungen folgen, diese sichtbar zu machen und vor allem von unbedeutenden Schwankungen zu befreien. Außerdem sollten die Bänder sinnvolle Unterstützungs- und Widerstandsebenen kennzeichnen. Ausgehend von bewährten Techniken wie dem Zeichnen von Trendlinien und von Unterstützungs- und Widerstandslinien in Aktiencharts, wurden diese weiterentwickelt über diverse Trendkanäle hin zu den ersten per Hand gezeichneten Kursbändern, die jeweils über die Hoch- und Tiefpunkte eines Charts gelegt wurden.

Ihnen allen gemeinsam war das Ziel, Ebenen zu kennzeichnen, an denen die Kurse als „hoch" bezeichnet werden konnten, genauso wie Ebenen, an denen die Kurse als „niedrig" galten. Dabei umschließen die Bänder einen Kursbereich, in dem sich die zu erwartenden, normalen Bewegungen abspielen, denen keine besondere Bedeutung zukommt.

Einen großen Einfluss auf die Entwicklung der technischen Indikatoren hat die Verbreitung der Personal Computer ab etwa Anfang der achtziger Jahre. Endlich wurde es möglich, bestimmte Rechenoperationen durchführen zu lassen und die Ergebnisse grafisch darzustellen. So war es möglich, automatisch gleitende Durchschnitte zu berechnen, die als Basis für die Tradingbänder dienten.

Die bekannten „Oldtimer" unter ihnen, die Envelopes, sind im Prinzip parallel verschobene, gleitende Durchschnitte, die um einen bestimmten Faktor, meist eine bestimmte Prozentzahl des Basiswertes, nach oben und unten von einer Mittellinie verschoben werden. Sie folgen dem Kursverlauf und markieren durch ihre oberen und unteren Begrenzungslinien Unterstützungs- und Widerstandslevels, deren Bruch als Handelssignal verwendet werden kann.

Chaikins Innovation

Hier sind die fast unbekannten Bomar Bands zu nennen. M. Chaikin, Mitarbeiter von Bomar Securities, entwickelte diese Bänder unter der Maßgabe, dass die Bandbreite nicht mehr willkürlich oder zufällig gewählt wird, sondern sich an den vorherrschenden Marktbedingungen orientiert. Seine Bänder erfüllten zum Teil diese Bedingungen. Da ich kein brauchbares Quellenmaterial gefunden habe, und Bollingers Aussagen zu diesen Bändern für eine genaue Beschreibung nicht reichen, will ich es bei der Namensnennung belassen.

Bollingers Brainstorm

Bollinger, der sich bereits in den siebziger Jahren mit dem Handel von Optionen und Optionsscheinen beschäftigte, suchte nach einer Möglichkeit, Preistrends und Volatilität in einem Indikator zu vereinen. Er experimentierte mit einigen Methoden, bis er sich für die Verwendung der Standardabweichung als statistisches Maß für die Verteilung von Daten entschied.

Berechnung und Parameter

Bei der Standardabweichung handelt es sich um ein statistisches Maß, das die Verteilung von Daten um ihren Mittelpunkt herum beschreibt. Die Größe der Standardabweichung ist somit eine direkte Beschreibung der Volatilität im Markt. Schwankt unser Basiswert nur geringfügig um seinen Mittelwert, ist die Standardabweichung klein, schwankt er sehr stark ist auch die Standardabweichung groß. Um eine möglichst große Menge an Daten mit der Standardabweichung beschreiben zu können, wird diese meist mit einem Faktor multipliziert. Bollinger verwendet hier den Faktor zwei, weist aber darauf hin, dass die Werte für den Faktor individuell eingestellt werden können. Die einfache Standardabweichung beschreibt ca. 70 Prozent der vorliegenden Daten, das heißt, dass im Bereich von minus einer Standardabweichung bis plus einer Standardabweichung entfernt vom Mittelwert 70 Prozent der Kurse liegen werden. Mit einem Faktor von zwei erreichen wir immerhin, dass 95 Prozent der Kurse beschrieben werden können, was uns ausreichen sollte.

Die Standardabweichung reagiert sehr schnell und sensibel auf Veränderungen in der Datenbasis, also auch sehr gut auf Richtungsänderungen oder Volatilitätsschwankungen unserer Kurse. Mit der Standardabweichung hat Bollinger die Volatilitätskomponente also festgelegt. Für die Trendkomponente, die den Mittelwert für die Standardabweichung definieren soll, wählte er einen einfachen gleitenden Durchschnitt. Somit bilden sich die Bollinger-Bänder wie folgt:

- Konstruktion eines gleitenden Durchschnitts als Mittellinie.
- Standardabweichung berechnen und mit Faktor multiplizieren.
- Ergebnis oberhalb und unterhalb der Mittellinie abtragen.

Wir erhalten also drei Linien, innerhalb derer sich die Kurse bewegen. Wie schon beschrieben, wählte Bollinger für die Mittellinie einen einfachen arithmetischen Durchschnitt aus, was uns nicht hindert, auch andere Methoden zu testen. Darauf werde ich am Ende des Artikels eingehen und dazu einen Indikator für TradeSignal enterprise vorstellen. Zunächst bleiben wir bei den „original" Bollinger-Bändern, wie sie sowohl im Standardpaket von TradeSignal express als auch im TradeSignal enterprise enthalten sind.

Welche Kurse werden für die Berechnung der Bänder verwendet? Bollinger beschränkt sich bei seinen detaillierten Ausführungen auf die Schlusskurse, um eine allgemeine Verwendbarkeit zu gewährleisten. Er empfiehlt aber auch den „typischen Kurs" und den „gewichteten Schlusskurs" zu verwenden. Diese errechnen sich wie folgt:

Typicale Price:
$TP_{(t)} = (High_{(t)} + Low_{(t)} + Close_{(t)}) / 3$
Weighted Close:
$WTC_{(t)} = (High_{(t)} + Low_{(t)} + (g*Close_{(t)})) / 2 + g$
g= Gewichtungsfaktor (in der Regel = 2)

Beide Varianten sollen ein besseres Abbild des Tagesgeschehens liefern, das somit in einem einzigen Kurs reflektiert wird. Das mittlere Band ist ein gleitender Durchschnitt der Schlusskurse:

$Avg_{(t)} = Sum_{(n)}(Close) / n$
n = Berechnungsperiode des Durchschnittes

Standardabweichung s:

$$s = \sqrt{\frac{1}{n-1}\sum_{i=1}^{n}(X_i - \bar{X})^2}$$

n = Berechnungsperiode der Standardabweichung

Das obere Band wird im Abstand von zwei Standardabweichungen über dem mittleren Band abgetragen:

$UpperBand_{(t)} = Avg_{(t)} + 2 * s$

$$LowerBand_{(t)} = Avg_{(t)} - 2 * s$$

Fast in allen Tradingapplikationen werden die Bollinger-Bänder auf einen 20-Perioden-SMA aufgebaut. Der Faktor für die Standardabweichung ist in der Regel 2. Beide Parameter sind jedoch frei konfigurierbar. Bollinger selbst empfiehlt die Parametereinstellung für die Mittellinien an den Chartverlauf anzupassen. Der gleitende Durchschnitt sollte den Chartverlauf gut wiedergeben. Bollinger schildert im Detail die Anpassung des GD's an eine Bodenformation. Nach einem ersten Up Move von einer Bodenformation sollte der GD für die Korrektur dieses Moves als Unterstützung gelten. Wird er durchbrochen, ist die Periode zu kurz gewählt, endet die Korrektur weit entfernt vom GD, ist die Periode zu lang gewählt. Gleiche Vorgehensweise gilt auch für eine Topformation.

Generell kann gesagt werden, dass die Bänder so eng wie möglich an den Kursen liegen sollen, ohne jedoch zu oft durchbrochen zu werden. Die Mittellinie sollte viel öfter eine Unterstützungslinie sein, als dass sie durchbrochen wird. Drei Standardeinstellungen sind in der Literatur zu finden:

- 10 Perioden MA + 1.5 Standardabweichungen
- 20 Perioden MA + 2 Standardabweichungen
- 50 Perioden MA + 2.5 Standardabweichungen

Darstellungsvarianten

Für TradeSignal enterprise habe ich eine erweiterte Version anzubieten. Die Standardversion der Bänder wird auf einem einfachen arithmetischen Durchschnitt aufgebaut. Meine geänderte Version stellt Ihnen neun Methoden für die Durchschnittsberechnung zur Verfügung. Außerdem besteht die Möglichkeit, die Original-Bänder mit den erweiterten zu überlagern, um die Veränderungen bewerten zu können. J. Bollinger hat zu den Bändern noch zwei weitere Indikatoren vorgestellt, den Bandbreite-Indikator und einen Oszillator, der die Lage der Kurse relativ zu den Bändern abbildet. Zu diesen beiden Indikatoren können Sie in den entsprechenden Beiträgen Informationen finden.

Die Berechnung dieser beiden Indikatoren ist bereits im Indikator für TradeSignal enterprise enthalten. Da sich die Werteskala jedoch stark von der Kursskala unterscheidet, können sie nicht im Hauptchartfenster dargestellt werden. Hierzu dient ein eigenes Anzeigemodul Namens „Power Oszillator". Abb. 62 zeigt die erweiterten Bollinger-Bänder und den daraus berechneten Oszillator.

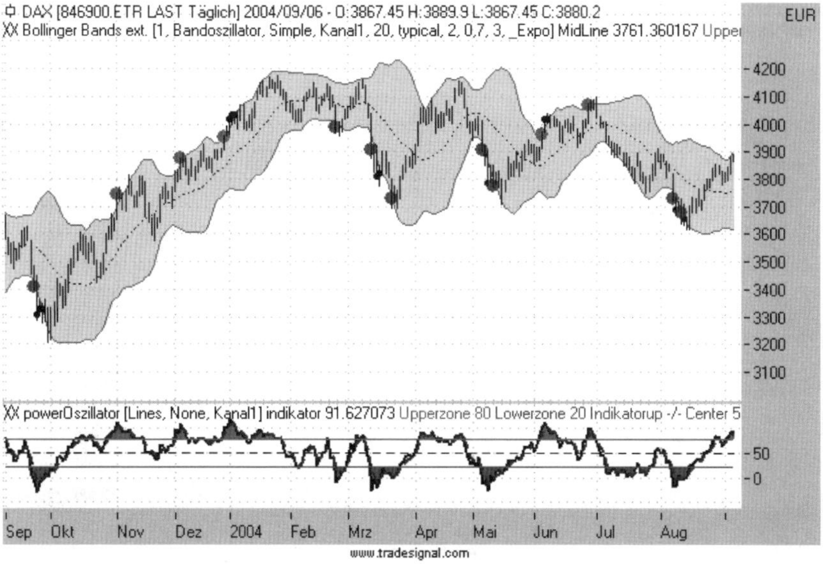

Abb. 62 *– Der Oszillator unten zeigt an, wann der Schlusskurs oberhalb bzw. unterhalb der Bollinger Bänder liegt.*

Alle benötigten Programme können Sie wie immer von der Seite www.tradesignal-online.com downloaden. Möchten Sie näheres über von mir verwendete Equilla-Programme und Funktionen wissen, lesen Sie bitte die Artikel im Bereich Lexikon / Equilla: Programmierung und Anwendung.

Interpretation

John Bollinger sagt: „Tradingbänder liefern keine konkreten Handelssignale, sondern ein Rahmenwerk, in dem unsere Entscheidungen verankert werden müssen". In Abb. 63 sehen Sie die Original-Bollinger-Bänder.

***Abb. 63** – Bollinger Bänder des DAX Index*

In trendlosen Phasen bilden die Bollinger-Bänder Unterstützungs- und Widerstandslevels. Erreicht der Kurs eines der Bänder, kann davon ausgegangen werden, dass der Kurs sich zurück zum entgegenliegenden Band bewegt. Jetzt sind die Bänder nützlich für die Kurszielbestimmung.

Treten Breakouts auf, sind diese als Extremereignisse zu werten, die schnell korrigiert werden. In Abb. 64 habe ich einen Bereich im DAX-Tageschart markiert, indem die Bänder als Unterstützungs- und Widerstandszonen fungieren. Wie ein Gummiball springt der Kurs zwischen ihnen umher.

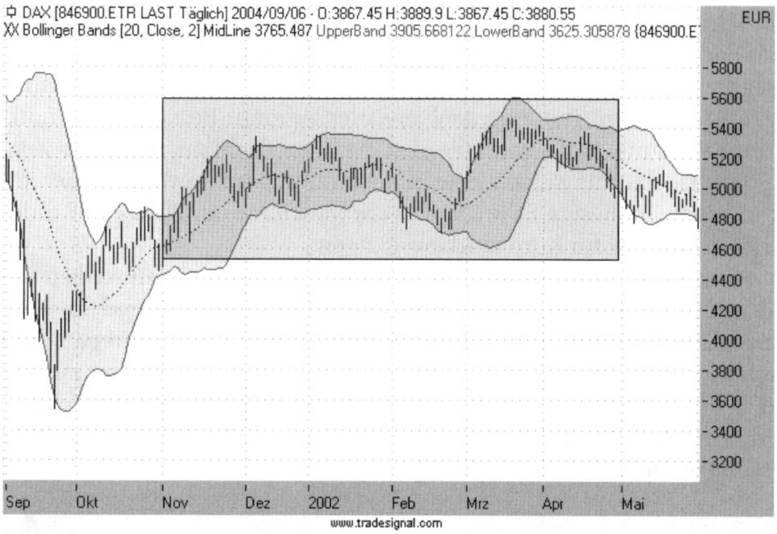

Abb. 64 *– Bollinger Bänder fungieren als Unterstützungs- und Widerstandszone. Hier gut zu sehen innerhalb des markierten Bereichs.*

In trendstarken Phasen können die Kurse die Bänder durchbrechen und / oder sehr lange an ihnen entlang laufen. Um diese Phasen von den trendlosen Phasen zu unterscheiden, ist es notwendig, andere Indikatoren zur Hilfe zu nehmen. Abb. 65 zeigt markierte Kursausbrüche.

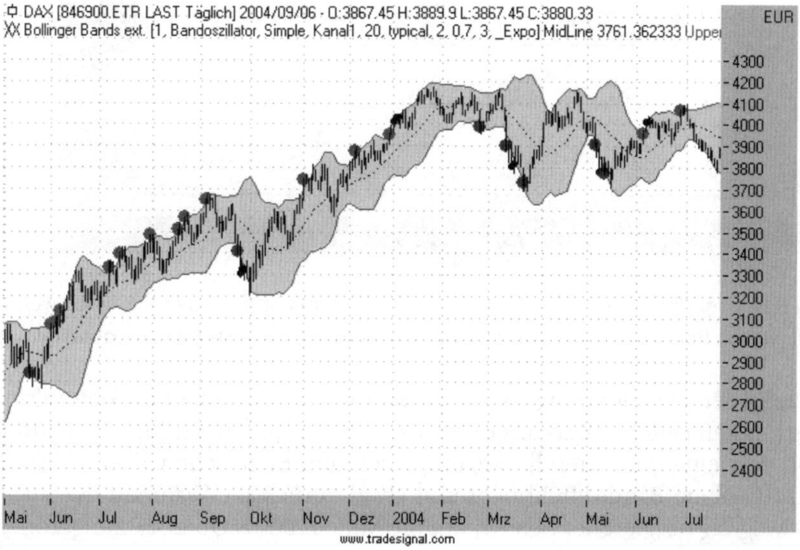

Abb. 65 *– Der Schlusskurs durchbricht das Bollinger Band. Entsprechende Situationen sind im Chart markiert.*

Es werden von Bollinger der RSI, der MACD und das OBV empfohlen, um die Kursausbrüche als trendbestätigend oder trendkehrend zu bewerten. Erreicht der Kurs eines der Bänder oder durchbricht er es sogar, hilft der zusätzliche Indikator, das Ereignis zu bewerten. Bilden sich Divergenzen zwischen Kursverlauf und Indikator heraus, kann ein Trendwechsel erwartet werden. Bestätigt der Indikator jedoch die Bewegung, kann von einem startenden Trend ausgegangen werden, was zur Folge hat, dass die Kurse weiter in die Richtung laufen werden, die sie eingeschlagen haben. In diesem Falle fungiert die Mittellinie der Bollinger-Bänder oft als Unterstützungslevel für Korrekturbewegungen.

Abb. 66 zeigt den Übergang einer schmalen Range in einen starken Trend. Während am Anfang die Kurse noch zwischen beiden Bändern pendeln, wird die Mittellinie zusehends zum Widerstand bei aufwärtsgerichteten Bewegungen. Der Kurs durchbricht mehrfach in dieser Zeit das untere Band, korrigiert bis zur Mittellinie und fällt dann weiter. Am Ausweiten der Bänder und dem starken Anstieg des ADX-Indikators, der die Trendstärke misst, ist schließlich die Kraft des Abwärtstrends zu erkennen.

***Abb. 66** – Aus einer Phase niedriger Volatilität (siehe ADX) bricht der Kurs nach unten weg. Die Mittellinie des Bollinger Bandes wird im Verlauf häufig als Widerstandszone getestet.*

Abb. 67 zeigt den gleichen Vorgang im Aufwärtstrend. Nach einer stärkeren Korrektur nach unten läuft der Kurs ans obere Band, prallt ab, fällt zur Mittellinie und startet von dort eine neue Trendbewegung. Auch hier ist zu sehen, dass der Kurs mehrfach das obere Band durchbricht und etwas zurückfällt. Während der markierten Bewegung fungiert der Bereich um die Mittellinie als Unterstützungszone.

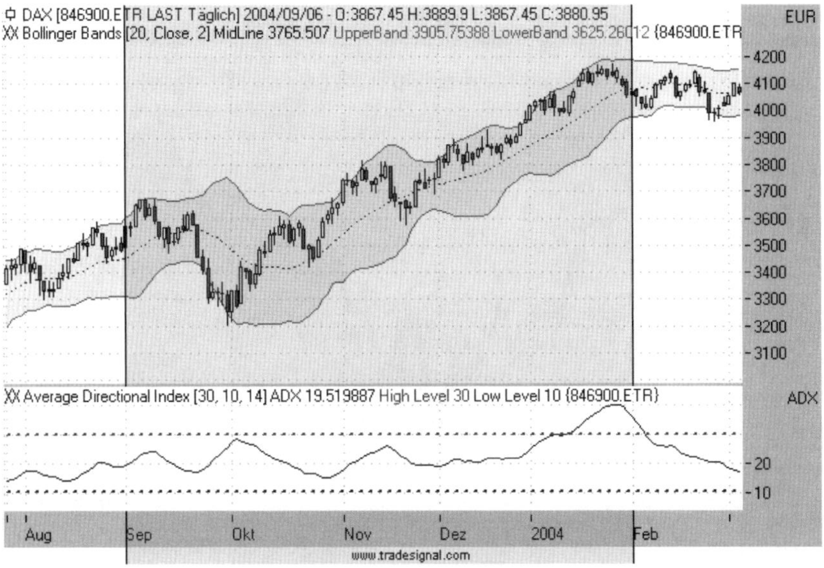

Abb. 67 *– Im langen Aufwärtstrend fungiert die Mittellinie des Bollinger Bandes als Unterstützung. Das Abfallen des ADX und der anschließende Durchbruch durch seine 30-er Linie signalisiert das Ende des Trends.*

Mit Hilfe der Bollinger-Bänder können Top- und Bodenformationen bewertet werden. Bildet sich der erste Schenkel einer Bodenformation außerhalb des unteren Bollinger-Bandes und der folgende Schenkel innerhalb, ist das ein Buy-Setup. Abb. 68 zeigt ein Beispiel.

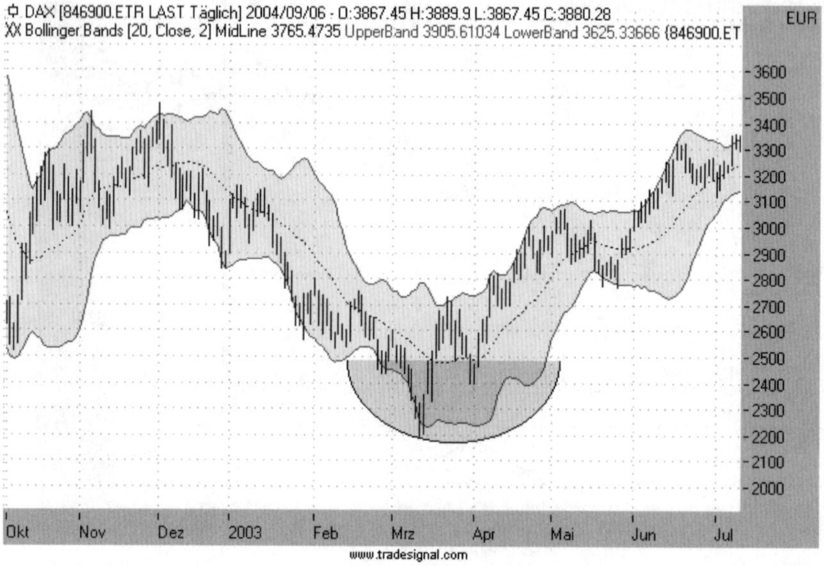

Abb. 68 *– Die Bodenbildung im DAX beginnt mit einer Schenkelbildung des Kursverlaufes außerhalb des Bollinger Bandes. Ein zweiter Schenkel bleibt mit seinen Tiefkursen innerhalb des Bollinger Bandes. Beides zusammen ist ein Hinweis auf eine bedeutendere Trendwende.*

Bildet sich der erste Schenkel einer Topformation außerhalb des oberen Bollinger-Bandes und der folgende zweite Schenkel innerhalb der Bänder, ist dies ein Sell-Setup. Abb. 69 zeigt ein Beispiel. Die Lage der beiden Extrempunkte zueinander ist dabei nicht entscheidend.

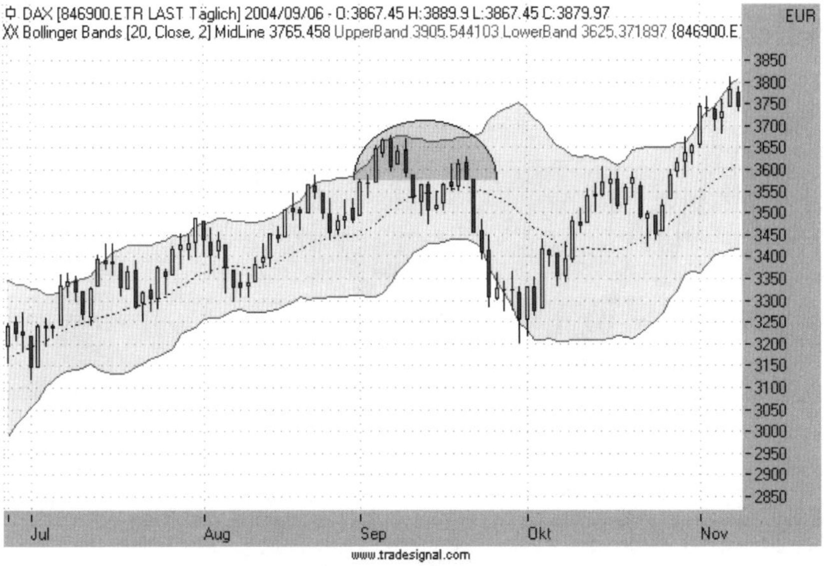

***Abb. 69** – Hier ein ähnliches Bild wie in Abb. 68, nur hier als Top-Bildung.*

Der dritte wichtige Aspekt bei der Interpretation der Bollinger-Bänder ist die Bandbreite. Hier müssen wir wieder zwischen trendlosen und trendstarken Phasen unterscheiden. In trendlosen Phasen zeigen schmale Bänder geringe Marktaktivität, also Volatilität, an. Je länger dieser Zustand anhält, um so größer wird die Wahrscheinlichkeit einer bevorstehenden starken Kursbewegung. Die Bänder sind nicht in der Lage, Anhaltspunkte für die Richtung der Kursbewegung zu liefern. Hierzu müssen andere Mittel der technischen Analyse zur Hilfe genommen werden.

Breite Bänder zeigen Phasen starker Schwankungen an, wie sie am Beginn von Konsolidierungszonen oft vorkommen. In Trendmärkten kann die Bandbreite ebenfalls gering sein, wenn die Kurse sich längere Zeit gleichmäßig in eine Richtung bewegen. Abb. 70 zeigt einen Bereich extremer Volatilität, die Bänder haben sich stark geweitet.

***Abb. 70** – Hier ein Beispiel für eine Phase mit hoher Volatilität und entsprechend „weiten" Bollinger Bändern*

Abb. 71 zeigt einen Bereich mit niedriger Volatilität, die Bänder sind sehr schmal. Es ist schön zu erkennen, wie mit Beginn der Abwärtskorrektur die Bandbreite stark ansteigt.

***Abb. 71** – Hier ein Beispiel, bei dem sich anfangs aus einem engen Band heraus (geringe Volatilität) der nächste Trend entwickelt; hier ein Abwärtstrend.*

Kurz gefasst:

- Die Kurse laufen von einem Band zum anderen, dadurch wird eine Kurszielberechnung ermöglicht.
- Liegt kein Trend vor, sind die Bänder als Widerstands- und Unterstützungszonen anzusehen, Ausbrüche sind als Wendemarken zu werten.
- Liegt eine bestätigte Trendwende vor und wird eines der Bänder erreicht, kann von einer Trendfortsetzung ausgegangen werden; Ausbrüche sind dann als trendbestätigend zu werten.
- In Trendmärkten bewegen sich die Kurse längere Zeit an einem der Bänder entlang, die Mittellinie fungiert dann als Unterstützungs- oder Widerstandslinie.
- Die Bandbreite liefert ein Maß für die Schwankungsbreite der Kurse.
- Schmale Bänder geben Hinweise auf bevorstehende starke Kursbewegungen, aber keinen Hinweis auf die Richtung der Bewegung
- Schmale Bänder in trendstarken Märkten können diese Aussage nicht treffen.

Kritische Würdigung

Die Bollinger-Bänder sind ein tolles Hilfsmittel. Aber allein betrachtet bieten sie viel Interpretationsspielraum. Es ist deshalb notwendig, andere technische Hilfsmittel und Analyseverfahren einzusetzen, um Signale zu erzeugen.

Wichtiger Hinweis: Im Forum von www.tradesignalonline.com existiert ein wunderbarer Thread, der sich mit dem Handel der Bollinger-Bänder beschäftigt. Zu finden mit Hilfe der Suchfunktion unter dem Namen „Bollinger Bands“.

Quellen

Bollinger, John: Using Bollinger Bands. In: TAS&C V.10
Evens, Stuart: Bollinger Bands. In: TAS&C V.17
Murphy, John J.: Technische Analyse der Finanzmärkte
Schwager, Jack D.: Schwager on Futures
www.stockcharts.com

Bollinger Bandweite

Grundlagen

Zuerst möchte ich Ihnen empfehlen, den entsprechenden Artikel über die Bollinger-Bänder zu lesen. Das Verständnis der Bänder ist Grundlage für das Verständnis dieses Indikators. Wir erinnern uns, dass die Breite der Bollinger-Bänder ein Ausdruck der Schwankungsbreite des Basistitels ist. Sie ist ein Maß für die vorherrschende Volatilität. Sie errechnet sich aus der Standardabweichung, einem statistischen Maß für die Streuung von Daten um ihren Mittelwert. Somit ist der Bandwidth-Indikator ein Volatilitätsindikator. Ein Vergleich mit dem VHF-Indikator zeigt den ähnlichen aber weicheren Verlauf des Bandbreite-Indikators. Dieser weichere Verlauf ergibt sich aus dem Aufbau der Bollinger-Bänder, die auf einem gleitenden Durchschnitt aufgebaut werden. Somit ist unser Bandwidth-Indikator also ein geglätteter Volatilitätsindikator.

Berechnung und Parameter

Als ersten Schritt, müssen wir die Bollinger-Bänder errechnen, aus denen dieser Indikator abgeleitet wird. Welche Kurse werden für die Berechnung der Bänder verwendet? Bollinger beschränkt sich bei seinen detaillierten Ausführungen auf die Schlusskurse, um eine allgemeine Verwendbarkeit zu gewährleisten. Er empfiehlt aber auch den „typischen Kurs“ und den „gewichteten Schlusskurs“ zu verwenden. Diese errechnen sich wie folgt:

Typical Price:

$$TP_{(t)} = (High_{(t)} + Low_{(t)} + Close_{(t)}) / 3$$

Weighted Close:

$$WTC_{(t)} = (High_{(t)} + Low_{(t)} + (g*Close_{(t)})) / 2 + g$$

g= Gewichtungsfaktor (in der Regel = 2)

Beide Varianten sollen ein besseres Abbild des Tagesgeschehens liefern, das somit in einem einzigen Kurs reflektiert wird. Das mittlere Band ist ein gleitender Durchschnitt der Schlusskurse:

$$Avg_{(t)} = Sum_{(n)}(Close) / n$$

n = Berechnungsperiode des gleitenden Durchschnittes

Standardabweichung s:

$$s = \sqrt{\frac{1}{n-1}\sum_{i=1}^{n}(X_i - \bar{X})^2}$$

n = Berechnungsperiode der Standardabweichung

Das obere Band wird im Abstand von zwei Standardabweichungen über dem mittleren Band abgetragen:

$$UpperBand_{(t)} = Avg_{(t)} + 2 * s$$

Das untere Band wird im Abstand von zwei Standardabweichungen unter dem mittleren Band abgetragen:

$$LowerBand_{(t)} = Avg_{(t)} - 2 * s$$

Als Parameter müssen die grundlegenden Parameter für die Berechnung eines Bollinger-Bandes angegeben werden. Also zum einen eine Periodenangabe für die Berechnung des mittleren Bandes, sowie eine Angabe für den Multiplikator der Standardabweichung.
Das mittlere Band ist in der Regel ein gleitender Durchschnitt der Schlusskurse oder des typischen Kurses der letzten 20 Tage. Der Abstand der beiden Begrenzungsbänder beträgt in der Regel 2 Standardabweichungen nach oben und nach unten vom mittleren Band. Nun folgt die Berechnung des Bandwidth-Indikators:

$$BBW_{(t)} = (UpperBand_{(t)} - LowerBand_{(t)}) / Avg_{(t)}$$

Darstellungsvarianten

Für TradeSignal enterprise habe ich eine erweiterte Version der Bollinger-Bänder und ihrer Derivate anzubieten, die ebenfalls die Berechnung des Bandwidth-Indikators enthält. Die Standardversion der Bänder wird auf einem einfachen arithmetischen Durchschnitt aufgebaut. Meine geänderte Version stellt Ihnen neun Methoden für die Durchschnittsberechnung zur Verfügung. Zur Darstellung des Bandwidth-Indikators dient der Power Oszillator. Abb. 72 zeigt einen Chart mit den erweiterten Indikatoren. Wie immer können Sie dieses Beispiel als „ArbBer.1" von www.tradesignalonline.com downloaden. Zahlreiche weiterführende Informationen zu allen Bollinger-Indikatoren finden Sie auch im dortigen Forum.

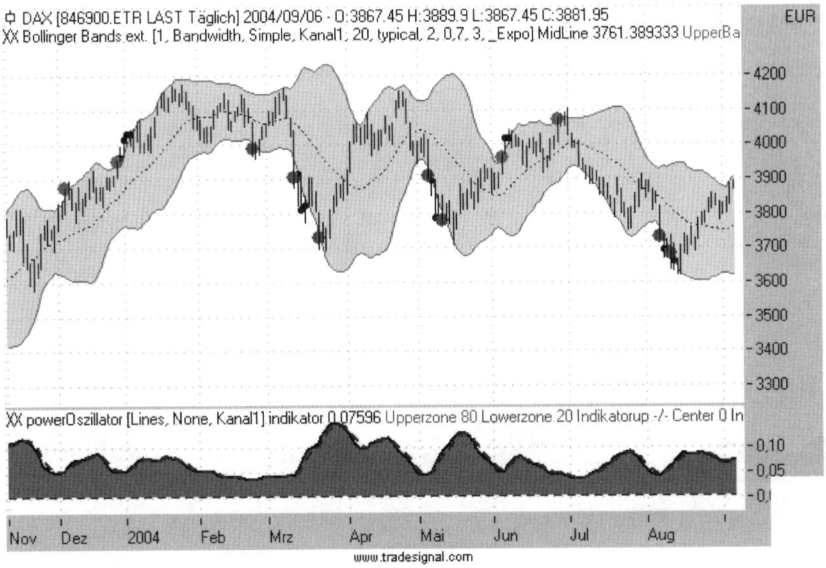

Abb. 72 *– Der Bollinger Bandwith-Indikator zeigt die Breite der Bollinger Bänder an. Gerade nach Übertreibungsphasen, bei denen hohe Indikator-Werte auftreten, lässt sich das Ende eines Trends erkennen.*

Interpretation

Ausgehend von der Beobachtung, dass sich an den Märkten Phasen mit wenig Bewegung und Phasen mit viel Bewegung ablösen, hilft uns der Bandwidth-Indikator, diese Phasen zu unterscheiden. Niedrige Werte zeigen schwache Marktaktivitäten an. Je länger diese Phasen anhalten, um so wahrscheinlicher wird eine heftige Kursbewegung. Hohe Werte zeigen, dass viel Bewegung im Basiswert vorherrscht. Abb. 73 zeigt eine Marktphase mit starken Kursschwankungen und breiten Bollinger Bands.

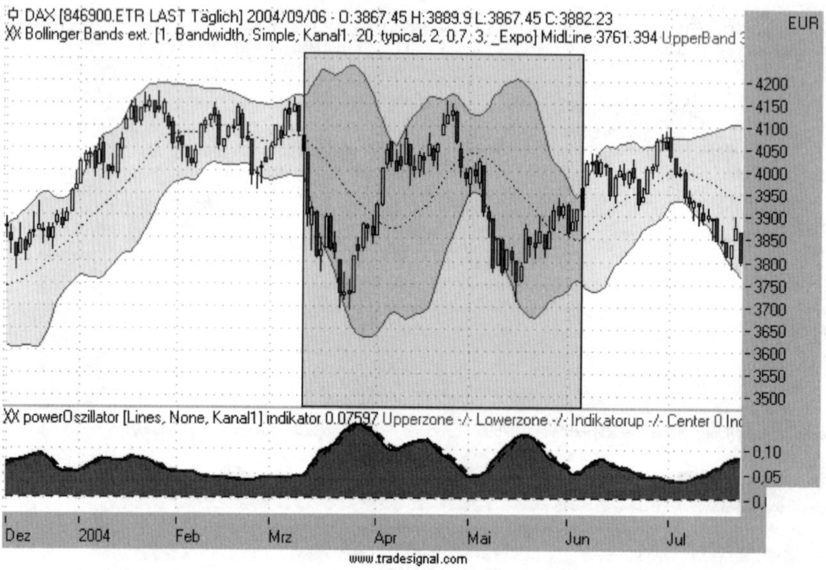

***Abb. 73** – Oft kommt es gerade dann zu Trendwenden, wenn der Bollinger Bandwidth-Indikator besonders hohe Werte anzeigt. Im markierten Ausschnitt sind die beiden unteren Trendwendepunkte gut auszumachen.*

Abb. 74 zeigt eine Phase mit geringen Kursschwankungen und schmalen Bollinger Bands, wie sie in flachen Aufwärtstrends oft zu finden ist.

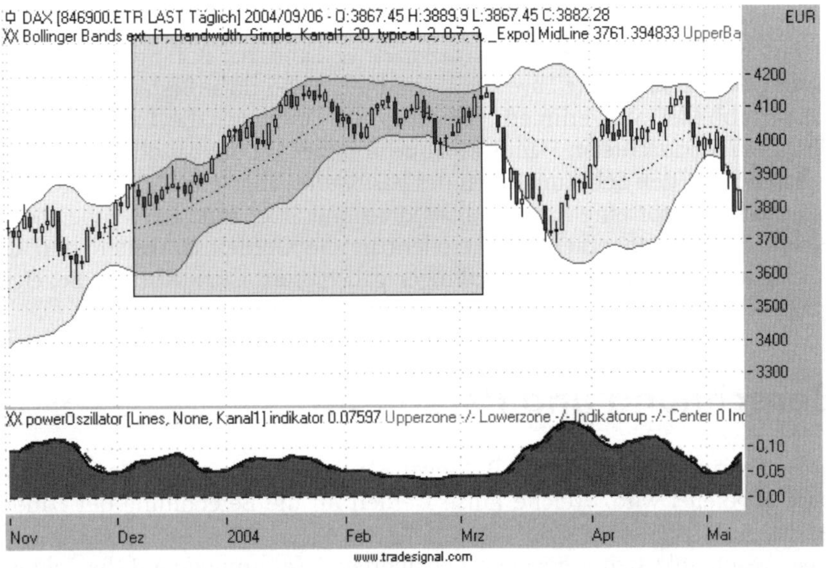

***Abb. 74** – Bei schwacher Volatilität zeigt auch der Bollinger Bandwidth-Indikator niedrige Werte.*

Der Indikator kann uns zwar auf bevorstehenden Kursbewegungen vorbereiten aber er kann nicht die Richtung dieser Bewegungen vorhersagen. Hierfür ist der Einsatz anderer technischer Analyseinstrumente notwendig. Der Indikator signalisiert uns die Stärke des vorherrschenden Kauf- bzw. Verkaufsdrucks.

Quellen

Bollinger, John: Using Bollinger Bands. In: TAS&C V.10
Evens, Stuart: Bollinger Bands. In: TAS&C V.17
Murphy, John J.: Technische Analyse der Finanzmärkte
Schwager, Jack D.: Schwager on Futures
www.stockcharts.com

Bollinger Oszillator

Grundlagen

Angelehnt an die Formel der Stochastic nach G. Lane, hat Bollinger hier einen Oszillator entwickelt, der die Lage der Kurse innerhalb und außerhalb der Bollinger-Bänder abbildet. Wir erinnern uns, dass die Stochastic die Lage der Kurse innerhalb einer betrachteten Handelsspanne abbildet. Da die Bandbreite der Bollinger-Bänder von den Schwankungen des Basiswertes abgeleitet wird, ist der Bollinger Band-Oszillator eine Art volatilitätsadjustierte Stochastic. Ein Vergleich mit der Slow Stochastic in einem Chart offenbart die Gemeinsamkeiten und die Unterschiede beider Indikatoren. Bollinger gab diesem Oszillator die Bezeichnung %B.

Berechnung und Parameter

Als ersten Schritt, müssen wir die Bollinger Bänder errechnen, aus denen dieser Indikator abgeleitet wird. Welche Kurse werden für die Berechnung der Bänder verwendet?
Bollinger beschränkt sich bei seinen detaillierten Ausführungen auf die Schlusskurse, um eine allgemeine Verwendbarkeit zu gewährleisten. Er empfiehlt aber auch den „typischen Kurs“ und den „gewichteten Schlusskurs“ zu verwenden. Diese errechnen sich wie folgt:

Typical Price:
$TP_{(t)} = (High_{(t)} + Low_{(t)} + Close_{(t)}) / 3$
Weighted Close:
$WTC_{(t)} = (High_{(t)} + Low_{(t)} + (g{*}Close_{(t)})) / 2 + g$
g= Gewichtungsfaktor (in der Regel = 2)

Beide Varianten sollen ein besseres Abbild des Tagesgeschehens liefern, das somit in einem einzigen Kurs reflektiert wird. Das mittlere Band ist ein gleitender Durchschnitt der Schlusskurse:

$Avg_{(t)} = Sum_{(n)}(Close) / n$
n = Berechnungsperiode des gleitenden Durchschnittes
Standardabweichung s:

$$s = \sqrt{\frac{1}{n-1}\sum_{i=1}^{n}(X_i - \bar{X})^2}$$

n = Berechnungsperiode der Standardabweichung

Das obere Band wird im Abstand von zwei Standardabweichungen über dem mittleren Band abgetragen:

$$UpperBand_{(t)} = Avg_{(t)} + 2 * s$$

Das untere Band wird im Abstand von zwei Standardabweichungen unter dem mittleren Band abgetragen:

$$LowerBand_{(t)} = Avg_{(t)} - 2 * s$$

Als Parameter müssen die grundlegenden Parameter für die Berechnung eines Bollinger-Bandes angegeben werden. Also zum einen eine Periodenangabe für die Berechnung des mittleren Bandes, sowie eine Angabe für den Multiplikator der Standardabweichung. Das mittlere Band ist in der Regel ein gleitender Durchschnitt der Schlusskurse oder des typischen Kurses der letzten 20 Tage. Der Abstand der beiden Begrenzungsbänder beträgt in der Regel 2 Standardabweichungen nach oben und nach unten vom mittleren Band. Nun folgt die Anwendung der Stochastic-Formel. Die betrachtete Handelsspanne liefern uns hier die Bollinger-Bänder selbst. Sie wird definiert aus der Spanne zwischen oberen und unteren Band.

$$\%B_{(t)} = (Close_{(t)} - LowerBand_{(t)}) / (UpperBand_{(t)} - LowerBand_{(t)}) * 100$$

Darstellungsvarianten

Für TradeSignal enterprise habe ich eine erweiterte Version der Bollinger-Bänder und ihrer Derivate programmiert, die ebenfalls die Berechnung des %B-Indikators enthält. Die Standardversion der Bänder wird auf einem einfachen arithmetischen Durchschnitt aufgebaut. Meine geänderte Version stellt neun Methoden für die Durchschnittsberechnung zur Verfügung. Wenn Sie beide Indikatoren gemeinsam nutzen wollen, kann diese erweiterte Version nützlich sein. Eine Verwechslung von Parametern ist nicht möglich, da die Berechnung beider Indikatoren in einem Code erfolgt.

Zur Darstellung des %B-Indikators dient der Power Oszillator. Abb. 75 zeigt einen Chart mit den erweiterten Indikatoren, im unteren Bereich ist der %B zu sehen. Der auf www.tradesignalonline.com zum Download angebotene Chart (ArbBer.1) enthält alle benötigten Programme und zusätzliche veränderte Indikatoren zu diesem Thema.

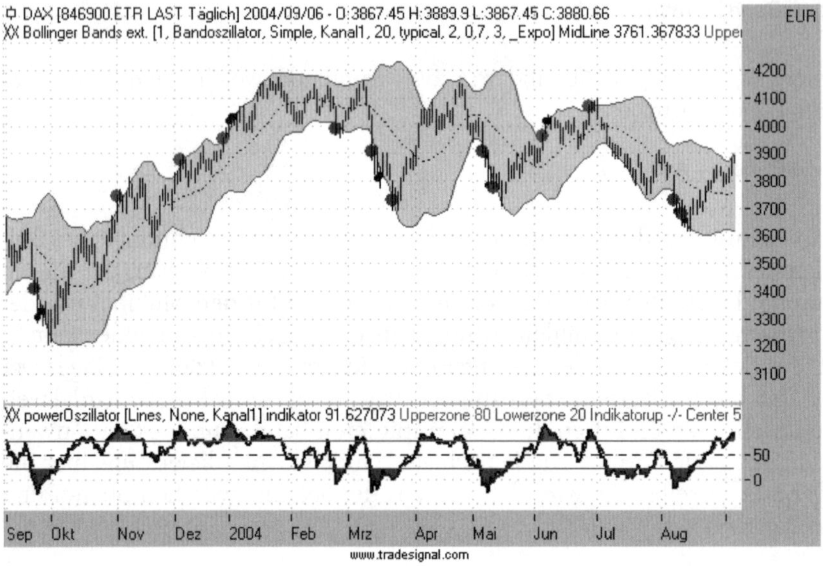

***Abb. 75** – Der Bollinger %B (unten) zeigt an, wenn die Schlusskurse außerhalb des Bollinger Bandes (im Chart oben zu sehen) liegen.*

Möchten Sie näheres über von mir verwendete Equilla-Programme wissen, lesen Sie bitte auf www.tradesignalonline.com im Bereich Lexikon / Equilla: Programmierung und Anwendung nach. Dort habe ich die verwendeten Funktionen beschrieben.

Interpretation

Der BB-Oszillator (%B) bildet die Lage des aktuellen Schlusskurses innerhalb oder außerhalb der Bollinger-Bänder ab. Seine Skalenbreite reicht von Null bis Eins, lässt aber auch Extremwerte darüber oder darunter zu. Befindet sich der aktuelle Kurs innerhalb der Bänder, liegt der Indikator zwischen Null und Eins. Befindet sich der Kurs genau am oberen Band, hat der Indikator den Wert Eins, liegt der Kurs über dem oberen Band hat der Indikator Werte über Eins und zeigt damit einen Ausbruch aus dem Bollinger-Band an. Befindet sich der aktuelle Kurs am unteren Bollinger-Band, hat der Indikator den Wert Null, ist er unter das untere Bollinger Band ausgebrochen, hat der Indikator Werte kleiner Null.

Wir verwenden den Indikator ähnlich wie andere Oszillatoren auch zum Erkennen überdehnter Marktsituationen. Der Indikator lässt uns Situationen erkennen, in denen die Kurse weit überdehnt und somit korrekturanfällig sind. Bricht der Indikator in eine der Extremzonen aus, wird unterstellt, dass diese Bewegung korrigiert wird. Somit gelten Bewegungen in die Extremzonen als Handelssignale. Der Eintritt oder der Austritt des Indikators in / aus eine(r) Extremzone kann als Signal gewertet werden. Ein solcher Ausbruch ist eine andere Darstellung des Kursausbruches aus den zu Grunde liegenden Bollinger-Bändern.

Durch anlegen einer Signallinie können Richtungsänderungen im Indikatorverlauf in Handelssignale umgewandelt werden. Schneidet der Indikator seine Signallinie nach oben, gilt dies als Kaufsignal, schneidet er sie nach unten, gilt dies als Verkaufssignal. Zusätzlich kann die Mittellinie als Trennung zwischen dem „nur Kaufsignale"-Bereich und dem „nur Verkaufssignale"-Bereich verwendet werden.

Kritische Würdigung

Der %B liefert sehr gute Signale. Vor allem wesentlich früher als dies zum Beispiel die Slow Stochastic kann. Jedoch schießt er oft übers Ziel hinaus und liefert Signale zu früh. Sein Verlauf ist sehr unruhig, weshalb die Verwendung einer Signallinie erschwert wird. Es entstehen zu viele Schnittpunkte.

Quellen

Bollinger, John: Using Bollinger Bands. In: TAS&C V.10
Evens, Stuart: Bollinger Bands. In: TAS&C V.17
Murphy, John J.: Technische Analyse der Finanzmärkte
Schwager, Jack D.: Schwager on Futures
www.stockcharts.com

Center of Gravity Oszillator

Grundlagen

J. Ehlers ist sicher nicht vielen Lesern bekannt. Wer allerdings Leser des Magazins „Technical Analysis of Stocks & Commodities“ (TAS&C) aus den USA oder Leser seiner sehr speziellen Bücher ist, weiß, was vom hier beschrieben Indikator zu erwarten ist. Ehlers, der als Ingenieur der Elektrotechnik eigentlich in der Forschung und Entwicklung auf diesem Gebiet tätig war, kam im Verlaufe seiner 10 jährigen Traderkarriere auch zur technischen Analyse. Er versucht seit Jahren, Themen aus seinem Fachgebiet in die technische Analyse zu übertragen und hat dabei zahlreiche Filter, Indikatoren und Analysemethoden entwickelt.

Eines seiner Hauptgebiete, das Ihnen Stefan Mohr auf der Website www.tradesignalonline.com ausführlich näher bringen kann, ist die Entwicklung von effektiven Rauschfiltern, die es erlauben, Daten zu glätten ohne zeitliche Verzögerungen in die Bewegungsmuster dieser Daten einzuschleusen. In einigen Beiträgen von mir sind Ihnen diese Filter schon unter die Augen gekommen. Ich verwende z. B. den Butterworth-Filter, um Indikatoren zu glätten. In diesem Beitrag stelle ich Ihnen einen Indikator vor, der an ein Prinzip aus der Physik angelehnt ist.

Der Center of Gravity Oszillator (CG) versucht mit Hilfe relativ einfacher Berechnungen den Gleichgewichtspunkt der Kurse des betrachteten Zeitraumes zu ermitteln. Als Gleichgewichtspunkt ist der Punkt zu verstehen, an dem sich alle wirkenden Kräfte gegenseitig aufheben. Als Beispiel nennt Ehlers ein Lineal, das auf dem Finger balanciert wird. Handelt es sich um ein 30cm langes Lineal, befindet sich der Gleichgewichtspunkt genau am 15cm-Strich. Legen Sie das Lineal genau an dieser Markierung auf Ihren Zeigefinger, wird es in der waagerechten Lage verharren. Erst wenn Sie an einem Ende des Lineals eine zusätzliche Last auflegen, zum Beispiel eine Euro-Münze, wird sich der Gleichgewichtspunkt in diese Richtung verschieben. Sie müssen jetzt den Auflagepunkt verändern, um das Lineal weiter balancieren zu können.

Ähnlich diesem Beispiel, versucht Ehlers mit dem CG den Gleichgewichtspunkt der Kurse im Berechnungszeitraum zu finden. Dieser Gleichgewichtspunkt wird in Zeiten ohne Trend relativ nahe in der Mitte der Skala zu finden sein. Herrscht ein starker Trend vor, wird sich der Gleichgewichtspunkt in eine der beiden Trendrichtungen verschieben. Der Oszillator ist dadurch in der Lage, Wendepunkte in den Kursbewegungen relativ gut zu signalisieren. Im Vergleich mit der Slow Stochastic zeigt er ein besseres Verlaufsmuster und an Punkten mit scharfen Richtungsänderungen auch eine schnellere Reaktion.

Berechnung und Parameter

Der CG Oszillator wurde von Ehlers aus dessen Ehlers-Filter abgeleitet. Der Balance-Punkt wird berechnet aus der Summe der Produkte aus Kurs und Position im Betrachtungszeitraum, dividiert durch die Summe der Kurse im Betrachtungszeitraum. Die Mathematische Formel lautet so:

$$CG = \frac{\sum_{i=0}^{N} (x_i + 1) * Price_i}{\sum_{i=0}^{N} Price_i}$$

Da sich der so berechnete Balance-Punkt in die entgegen gesetzte Richtung der Kursbewegungen entwickelt, wird der CG invertiert. Wichtig für die Verwendung ist es, dass Sie die Berechnungsperiode an den Basiswert und dessen zu analysierende Zyklen anpassen. Liegen Sie mit der Berechnungsperiode schief, resultiert daraus ein völlig unbrauchbares Ergebnis. Ich habe für den DAX die 10-Tageseinstellung aus den Programmbeispielen meiner Quellen übernommen. Ehlers empfiehlt, die Berechnungsperiode jeweils an die Hälfte des im Basiswert dominanten Zyklus anzupassen. Der CG bewegt sich je nach Periodeneinstellung in einer Skalenbreite, die dieser Periodeneinstellung entspricht. Deshalb ist es mit normalen Mitteln nicht möglich, eine feste Mittellinie und Extremzonenbereiche festzulegen. Abb. 76 zeigt den CG zusammen mit dem DAX.

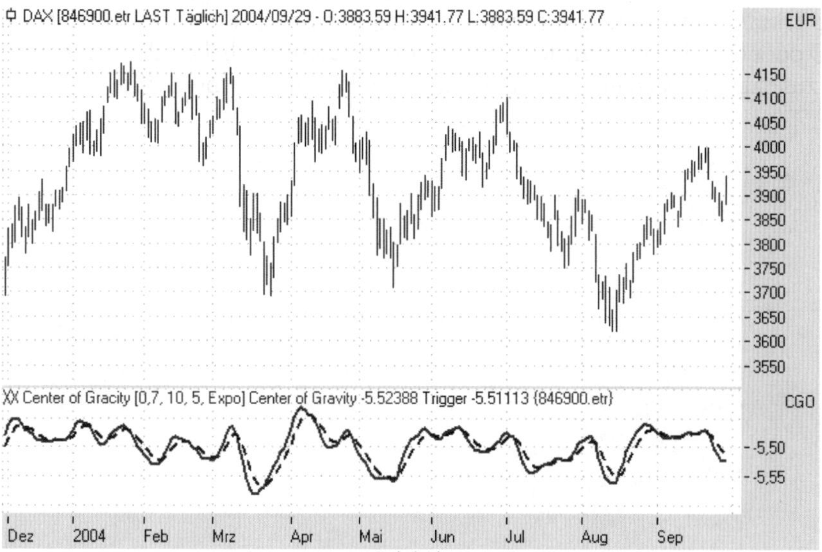

***Abb. 76** – Center of Gravity Oszillator im DAX Index.*

Darstellungsvarianten

Der CG und zwei Derivate aus diesem können Sie als „ArbBer.1“ auf www.tradesignalonline.com unter Lexikon € Indikatoren downloaden. Das erste Derivat ist das Momentum des CG. Dabei wird nach klassischer Momentumformel vorgegangen. Vorteil ist ein kleiner zeitlicher Vorsprung der Wendesignale.

$CGMom_{(t)} = CG_{(t)} - CG_{(t-n)}$
n = Berechnungsperiode Momentum

Zweites Derivat ist das CG-Histogramm. Hierbei wird auf den CG eine Signallinie berechnet. Dabei handelt es sich um einen gleitenden Durchschnitt variablen Typs. Im Originalindikator ist diese auch enthalten. Das Histogramm stellt den Abstand zwischen Indikator und Signallinie dar. Es versucht so die Tendenzen in der Änderung der Bewegungsrichtung des CG optisch sichtbar zu machen.

$MA_{(x)} = Sum_{(x)}(CG) / x$
$CGHist_{(t)} = CG_{(t)} - MA_{(x)(t)}$
x = Berechnungsperiode der Signallinie

Vom Wert des Indikators wird der Wert der Signallinie abgezogen. Dies ist das klassische Prinzip der Berechnung eines Moving Average Oszillators, bekannt vom MACD oder dem Price Oszillator. Alle drei Indikatoren beinhalten die Berechnung einer zusätzlichen Signallinie. Abb. 77 zeigt die Familie in einem Bild.

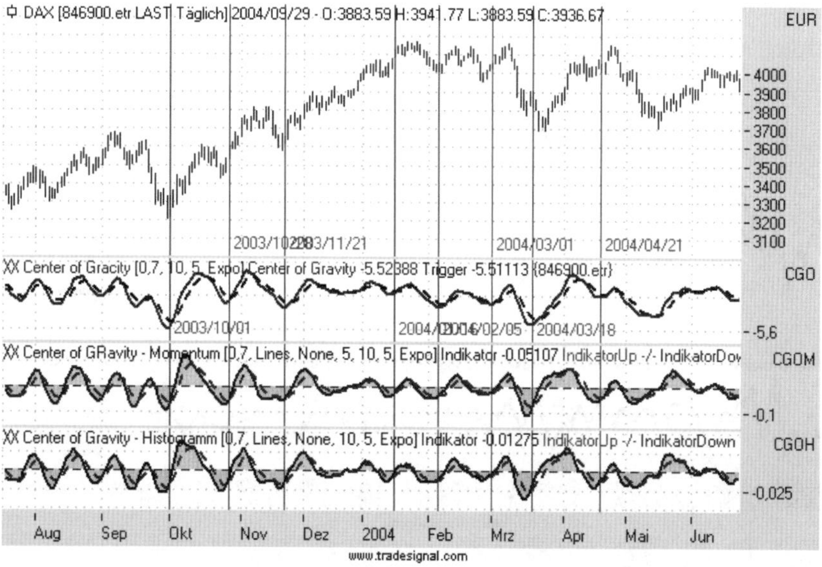

Abb. 77 – Variationen des Center of Gravity

Interpretation

Der CG ist ein Oszillator, der je nach Länge des Berechnungszeitraumes eine mehr oder weniger ausgeprägte Glättungskomponente enthält. Liegt man mit der Periodeneinstellung nicht zufällig daneben, erkennt der CG jeden Kurswendepunkt im Chart. Durch Anlegen einer Signallinie können diese Wendepunkte in Signale umgewandelt werden. Wir verwenden den Schnitt des Indikators über die Signallinie als Kaufsignal und den Schnitt des Indikators unter die Signallinie als Verkaufssignal.

Wird ein zusätzlicher Trendfilter verwendet, kann die Anzahl der Fehlsignale deutlich reduziert werden. Abb. 78 zeigt ein einfaches Beispiel aus Kaufmanns Adaptivem Moving Average (KAMA), der die Funktion des Trendfilters ausübt und dem CG als Signalgeber. Solange der Kurs des Basiswertes über dem KAMA liegt, gelten nur die Kaufsignale des CG und sonst nur die Verkaufssignale.

Abb. 78 *– Center of Gravity und KAMA (Kaufmanns Adaptive Moving Average). Beide lassen sich zu einem Handelssystem kombinieren.*

Kritische Würdigung

Trotz der ausgeklügelten Mathematik hinter dem CG sind keine wirklich wesentlichen Vorteile gegenüber anderen Oszillatoren zu erkennen. Abb. 79 zeigt einen Vergleich von CG und Slow Stochastic. Sie können deutlich erkennen, dass sich die zeitlichen Unterschiede der Wendesignale in der Summe nahezu aufheben. Der CG kann lediglich an Punkten mit scharfen Richtungswechseln im Kurs die Slow Stochastic deutlich übertreffen.

Abb. 79 *– Vergleich des Center of Gravity mit der Slow Stochastic.*

Quellen

Ehlers, John: The Center of Gravity Oszillator. In: TAS&C V.20

Chaikin Oszillator

Grundlagen

Mit dem Chaikin Oszillator (CHO) betrachten wir einen Momentum-Indikator, der die Veränderungen in der Accumulation Distribution Line in Oszillatorsignale umsetzt. Das grundlegende Konzept der A/D Line sollte Ihnen vertraut sein, wenn Sie diesen Indikator anwenden möchten. In Kurzform ausgedrückt, handelt es sich bei der A/D Line um einen Indikator, der Preisänderungen und Volumen miteinander gewichtet und abbildet. Verwechseln Sie bitte nicht die Accumulation Distribution Line mit der Advance / Decline Line, für die oft die Bezeichnung A/D Line verwendet wird.

Ausgehend von Chaikins Aussagen, dass das Volumen der Treibstoff für trendgerichtete Kursbewegungen ist, werden Kursänderungen unter niedrigem Volumen weniger stark beachtet als Kursbewegungen unter hohem Volumen. Dadurch wird es möglich, frühzeitig Stärken und Schwächen in Trends zu erkennen. Die A/D Line betrachtet die Lage des Schlusskurses relativ zur Mitte der maximalen Tagesspanne. Schließt der Basiswert über der Mitte, bezeichnet Chaikin das als Accumulation, das heißt es herrscht Kaufdruck vor. Je höher der Schlusskurs und je weiter entfernt vom Mittelpunkt, um so größer der Kaufdruck. Schließt der Basiswert unter der Mitte der maximalen Range, herrscht Verkaufsdruck vor; als Distribution bezeichnet. Je weiter der Basiswert von der Mittellinie entfernt ist, um so größer ist der Verkaufsdruck.

Der Chaikin Oszillator soll die Veränderungen im Momentum der A/D Line frühzeitig erkennbar machen und in Form von zwei Arten von Signalen markieren. Es handelt sich im Prinzip um einen MACD-Indikator, der auf die A/D Line berechnet wird und deshalb können auch die gleichen Methoden wie beim MACD angewendet werden.

Berechnung

Auf die A/D Line werden zwei unterschiedlich lange exponentielle, gleitende Durchschnitte berechnet, deren Werte dann voneinander subtrahiert werden. Gleichermaßen wird vorgegangen bei der Berechnung eines normalen MACD-Indikators auf einen Basiswert. Daher auch die ähnlichen Anwendungsmöglichkeiten. Der Indikator schwingt um die Nulllinie und hat eine nach beiden Seiten offene Skala. So berechnet sich die zu Grunde liegende A/D Line:

$$CLV_{(t)} = ((Close_{(t)} - Low_{(t)}) - (High_{(t)} - Close_{(t)})) / (High_{(t)} - Close_{(t)})$$
$$ADL_{(t)} = ADL_{(t-1)} + (CLV_{(t)} * Volume_{(t)})$$

Berechnung des CHO

$$EmaX_{(t)} = Ema_{(x)}(ADL)$$
$$EmaY_{(t)} = Ema_{(y)}(ADL)$$
$$CHO_{(t)} = EmaX_{(t)} - EmaY_{(t)}$$
x = Berechnungsperiode kurz
y = Berechnungsperiode lang

Als Standardeinstellung für die beiden EMA's werden 3 und 10 Tage verwendet. Periodeneinstellungen können Sie selbstverständlich frei verändern, um den Indikator so an jeden Basiswert anzupassen. Achten Sie jedoch darauf, das x stets kleiner als y zu wählen ist. Verdrehen Sie die Einstellungen, erhalten Sie ein unbrauchbares Ergebnis.

Darstellungsvarianten

Den Indikator mit einigen persönlichen Ergänzungen von mir können Sie von www.tradesignalonline.com downloaden. Dieser beinhaltet zusätzlich eine grafische Verschönerungen und die Berechnung einer Signallinie. In den folgenden Abbildungen wird diese Version verwendet.

Interpretation

Der Chaikin Oszillator soll Trends und Trendwechsel in der A/D Line frühzeitig erkennbar machen, sowie auf deren Stärken und Schwächen hinweisen. Er misst direkt das Momentum der Bewegungen in der A/D Line. Da er im Aufbau dem klassischen MACD-Indikator gleicht, können die gleichen Analysemethoden angewendet werden, die für den MACD gelten. In Abb. 80 sehen Sie den Chaikin Oszillator in der Standardeinstellung 10 Tage / 3 Tage.

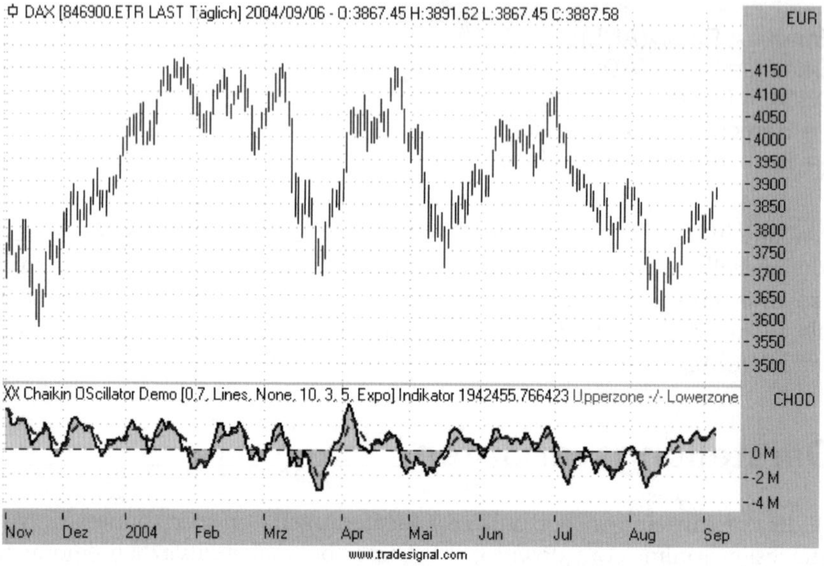

***Abb. 80** – Chaikin Oszillator mit der Standardeinstellung über 3 und 10 Tage.*

Es gibt zwei Möglichkeiten der Signalerzeugung. Zum einen die Suche nach Divergenzen zwischen Kursverlauf und dem Indikatorverlauf, sowie Schnittpunkte mit der Mittellinie oder einer Signallinie. Ein Schnitt der Mittellinie nach oben ist als bullishes Signal zu werten, ein Schnitt der Mittellinie nach unten als bearishes Signal. Die jeweiligen Kreuzungspunkte gelten auch als Trendwechselsignale. Die A/D Line weist an diesen Stellen deutliche Veränderungen in Bewegungsrichtung und Bewegungsdynamik auf. Bitte rufen Sie sich ins Gedächtnis, das der CHO nicht direkt auf den Basiswert, sondern auf die A/D Line des Basiswertes berechnet wird. Einfach ausgedrückt, ist die A/D Line der volumen-adjustierte Verlauf des Basiswertes. Zusätzliche Handelssignale können erzeugt werden, indem ein gleitender Durchschnitt auf den Indikator gelegt wird. Schnittpunkte zwischen Indikator und Signallinie gelten dann als Handelssignale. Abb. 81 zeigt ein Beispiel mit markierten Schnittpunkten.

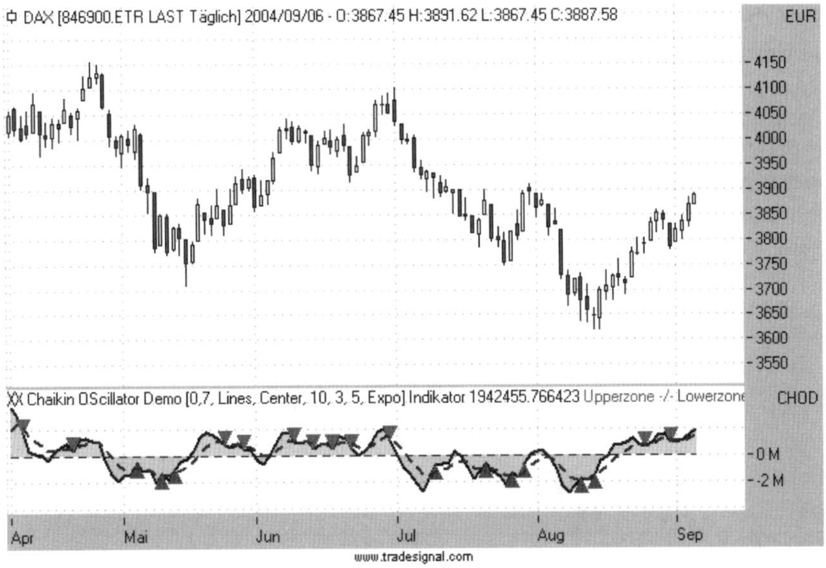

Abb. 81 *– Chaikin Oszillator mit Signallinie. Die Schnittpunkte gelten als Signalgeber, doch sollte dieser Handelsansatz nicht allein verwendet werden.*

In Abb. 82 habe ich die Periodeneinstellungen der beiden verwendeten EMA's verlängert. Sie sehen jetzt ein etwas ruhigeres Bild, das dem MACD stark ähnelt.

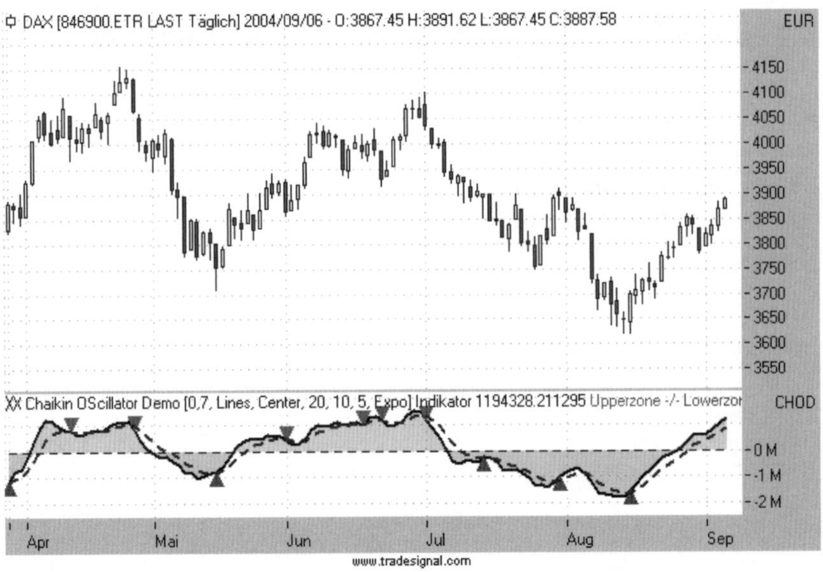

Abb. 82 *– Chaikin Oszillator in der gleichen Konstellation, wie in Abb. 81, hier jedoch mit längerer EMA-Einstellung.*

Wichtigste Anwendung des Oszillators ist jedoch die Suche nach Divergenzen zwischen Oszillator, A/D Line und Basiswert. Hier gelten die üblichen Lesarten der Divergenzanalyse. Liegt ein ungleicher Verlauf von Indikator und Basiswert vor, kann es sich um einen Hinweis auf Schwächen im Trend des Basiswertes handeln. Der Oszillator zeigt uns an, ob Geld in den Wert hinein fließt oder bereits wieder abgezogen wird. Diese Geldströme können Trendbewegungen etablieren, verstärken oder verenden lassen. In Abb. 83 ist eine ausgeprägte bearishe Divergenz markiert. Sie markiert das Ende des langen Aufwärtstrends seit März 2003 und den Übergang in eine lange Seitwärtsphase.

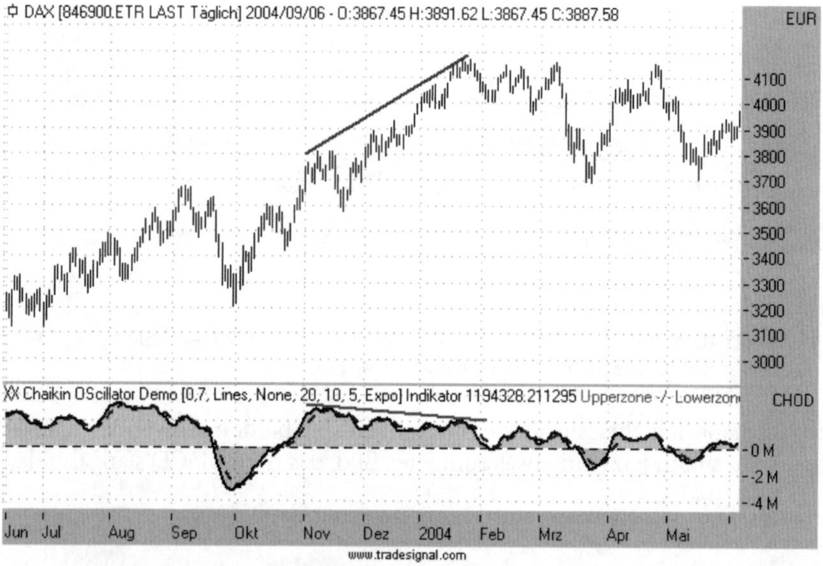

***Abb. 83** – Chaikin Oszillator mit bearisher Divergenz zum DAX.*

In Abb. 84 ist eine ausgeprägte bullishe Divergenz markiert. Sie läutete die lange Aufwärtsphase seit März 2003 ein.

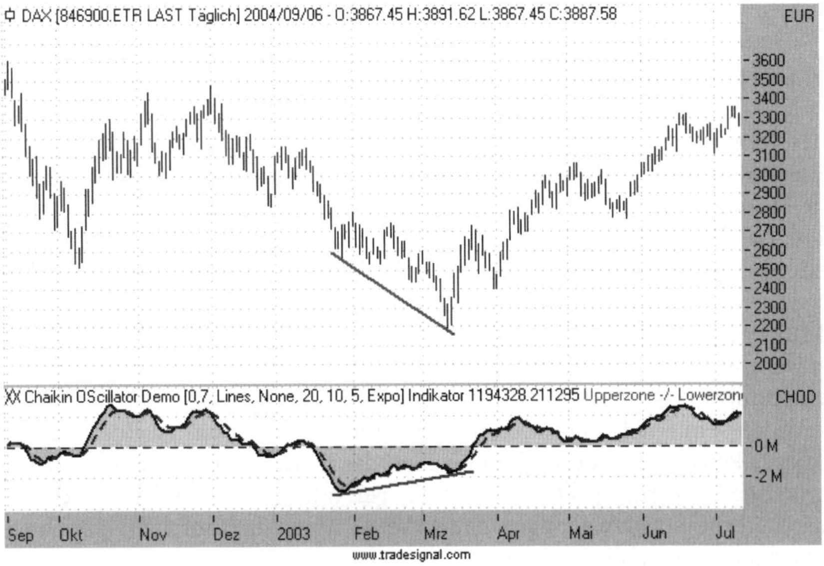

***Abb. 84** – Chaikin Oszillator mit bullischer Divergenz zum DAX.*

Besonders wichtig ist eine der Divergenzanalyse vorgeschaltete Trendanalyse. Divergenzen haben nur in definierten Trends eine Aussagekraft. Je länger die zeitliche Ausdehnung der Divergenz zwischen Indikator und Basiswert ist, um so stärker ist die Aussagekraft der Divergenz.

Kritische Würdigung

Der Chaikin Oszillator ist ein Indikator, der auf einen Indikator berechnet wird. Zudem werden Glättungsmethoden angewendet, um den Indikator zu konstruieren. Daher ist eine zeitliche Verzögerung in den Signalen und Bewegungsmustern des Indikators zu erwarten. Sein Verlauf ist teilweise sehr unruhig, was die Interpretation erschweren kann.

Quellen

www.stockcharts.com
Ehrlich, Karl Friedrich. Using Oszillators with OBV. In: TAS&C V.18

Chaikin's Money Flow

Grundlagen

Chaikin's Money Flow (CMF) ist einer der wirklich interessanten, relativ unbekannten Indikatoren. Obwohl vor fast 10 Jahren präsentiert, ist er nur in wenigen Software-Produkten zu finden. M. Chaikin, der bereits mehrere interessante Indikatoren entwickelt und veröffentlicht hatte, wollte mit diesem Indikator hinter die Kulissen des Marktes blicken um die Kräfte zu messen, die hinter den Kursbewegungen stehen. Ausschlaggebend für einen Handel an der Börse ist das Interesse eines Marktteilnehmers und dessen Entschluss, Geld zu investieren. Also sind es die Geldströme hunderttausender Investoren, die für die Kursbewegungen in den Märkten verantwortlich sind.

Wer in diesem Spiel mitspielen und gewinnen will, hat ein großes Interesse daran, diese Geldströme zu untersuchen. Sind die Kräfte, die hinter einer Kursbewegung stehen, stark genug, diese weiter zu tragen oder geht ihnen bald schon die Luft aus? Sind die Kursbewegungen eines Wertes überhaupt durch zielgerichtete Aktivität oder durch Zufall entstanden?

Um all diese Fragen zu beantworten, ist es wichtig, nicht alleine nur die Kurse, deren Bewegungsmuster und Bewegungsspannen zu untersuchen, sondern es ist wichtig, das Handelsvolumen in die Analyse mit einzubeziehen. Unter Handelsvolumen verstehen wir die Summe der gehandelten Aktien multipliziert mit deren Kurs. Mit anderen Worten, die Menge des Geldes die in einem Wert bewegt wurde. Unseren Überlegungen liegt die Annahme zu Grunde, dass großes Interesse am ehesten an großen Geldströmen zu erkennen ist. Eine starke Kursbewegung alleine kann uns kräftig in die Irre führen. Sie kann aus rein zufälligen Gründen zu Stande gekommen sein. Erkennen wir jedoch, dass viel Geld in einem Wert bewegt wird und dies möglicherweise über längere Zeit, ist dies ein Zeichen für großes Interesse vieler Marktteilnehmer – die Basis für einen starken Trend.

Chaikins Indikator misst nun den „echten" Kauf- oder Verkaufsdruck, indem er zuerst feststellt, ob Accumulation oder Distribution vorherrscht. Im Allgemeinen werden die beiden Begriffe wie folgt übersetzt:

- „Accumulation" – Ansammlung oder Kaufinteresse, Kaufdruck, in der Regel mit steigenden Kursen verbunden.
- „Distribution" – Zerstreuung oder Verkaufsinteresse, Verkaufsdruck, in der Regel mit fallenden Kursen verbunden.

Im Indikator wird dieses definiert durch die Lage des Schlusskurses über oder unter dem Mittelpunkt der betrachteten Handelsspanne. Multipliziert mit dem Handelsvolumen erhalten wir nun ein Abbild vom wirklichen Interesse am Basiswert. Große Kursbewegungen bei hohen Volumina zeigen großes Interesse, kleine Kursbewegungen bei niedrigen Volumina zeigen kleines Interesse. Außerdem sind Schieflagen zu erkennen. Etwa leicht steigende Kurse bei fast negativem

Money Flow sollten als Warnhinweis betrachtet werden und nicht als Kaufgelegenheit. Übrigens kennen wir die oben genannte Berechnung auch von Chaikin's Accumulation Distribution Line (A/D Line).

Berechnung und Parameter

Zunächst wird, wie oben beschrieben, festgestellt ob der Schlusskurs des Basiswertes über oder unter dem Mittelpunkt der Handelsspanne liegt. Chaikin nennt dieses Verhältnis „Closing Location Value“ (CLV). Die grafische Darstellung sieht so aus:

$$\left(\frac{((C-L)-(H-C))}{(H-L)}\right) = CLV$$

$CLV_{(t)} = ((Close_{(t)} - Low_{(t)}) - (High_{(t)} - Close_{(t)})) / (High_{(t)} - Low_{(t)})$

Dieser Wert wird nun mit dem Volumen multipliziert. Es wird also eine Gewichtung des Volumenanteils mit der Stärke der Kursbewegung durchgeführt. Um den Indikator zu erhalten, wird dieser Wert, dessen fortlaufend aufsummiertes Ergebnis die oben erwähnte A/D Line ist, durch das Handelsvolumen des Tages dividiert.

Formel

$CMF_{(t)} = (CLV_{(t)} * Volume_{(t)}) / Volume_{(t)}$

Um eine Glättung der Werte zu erreichen und Fehlsignale zu reduzieren, werden die Eingangswerte der Division vorher aufsummiert. Das heißt, sowohl Dividend als auch Divisor werden aufsummiert. Chaikins Standardeinstellung für diese Summierung sind 21 Tage.

$CMF_{(t)} = Sum_{(n)}(CLV * Volume) / Sum_{(n)}(Volume)$
n = Periodeneinstellung der Summierung

Er hat damit einen Monat an Daten im Indikator erfasst und damit genug, um zufällige Schwankungen zu filtern. Kürzere Einstellungen machen den Indikator reaktionsfähiger aber auch unruhiger, was zu Fehlinterpretationen führen kann. Längere Einstellungen können wichtige Bewegungen verzerren und überdecken, helfen aber die großen Trends zu erkennen. Der Indikator schwingt um seine Nulllinie und hat einen Wertebereich der zwischen 1 und -1 liegt. In Abb. 85 sehen Sie den Indikator in der Standardeinstellung mit 21 Tagen.

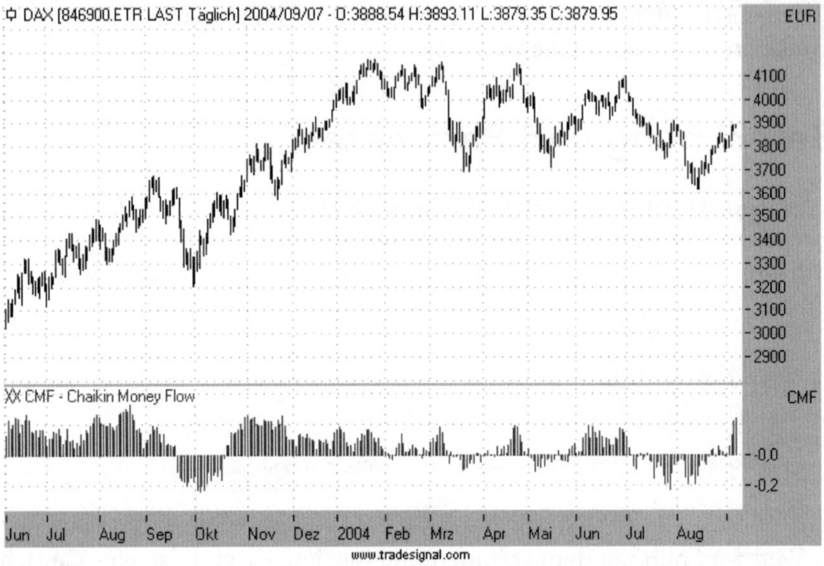

***Abb. 85** – Chaikin's Money Flow als Histogramm über 21 Tage.*

In Abb. 86 sehen Sie den Indikator mit einer Einstellung von 13 Tagen und in Abb. 87 mit 36 Tagen. Der Indikator kann auch in anderen Zeitrahmen wie Wochen- oder Monatscharts verwendet werden. In den höheren Zeiteinstellungen sollte die Berechnungsperiode reduziert werden.

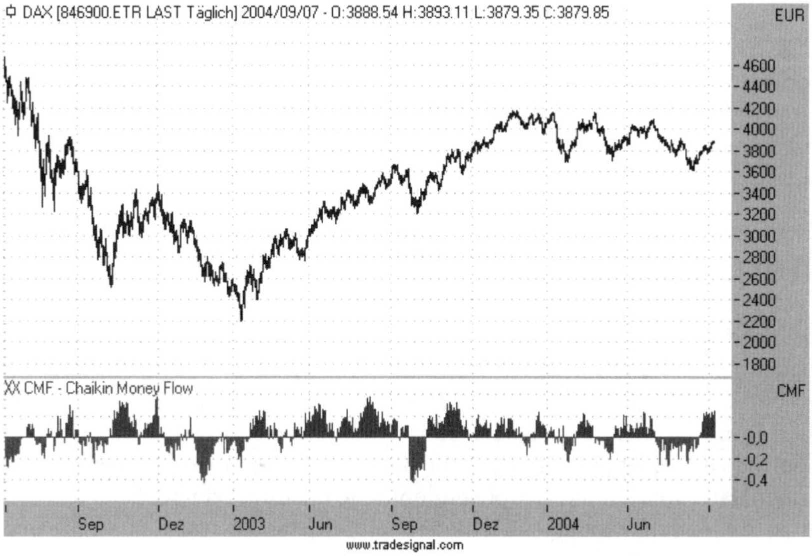

Abb. 86 *– Chaikin's Money Flow über 13 Tage berechnet.*

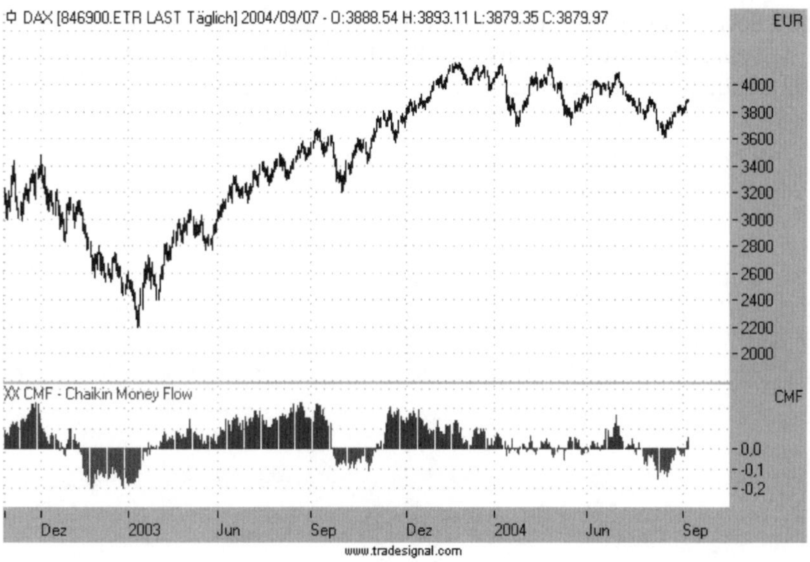

Abb. 87 *– Chaikin's Money Flow über einen längeren Zeitraum von 36 Tagen berechnet.*

Darstellungsvarianten

In Abb. 85 sehen Sie die verbreitete Darstellungsform des Indikators. Er wird als Forest oder auch Histogramm dargestellt. Andere Anwendungen zeigen den Indikator als gefüllte Fläche. Die farbliche Hervorhebung der negativen und positiven Werte hilft bei der Interpretation der Werte. Der Indikator ist für TradeSignal enterprise zum Download auf www.tradesignalonline.com erhältlich.

Interpretation

Wie wir bisher gelesen haben, misst der CMF die Geldströme, die in einen Wert hinein oder aus diesem Wert heraus fließen. Wenn wir diese Information mit den Mustern der Kursbewegung kombinieren, erhalten wir sehr wertvolle Informationen über Trendstärke und mögliche Trendwendepunkte. In Abb. 87 ist gut zu erkennen, dass in der längeren Einstellung die mittelfristigen Trends begleitet werden können. Hier werden die Hauptwendepunkte erkannt. Wie bei fast allen Indikatoren ist es jedoch wichtig, verschiedene Parameter zu testen und diese an Basiswert und Verwendungszweck anzupassen.

Die Lage zur Nulllinie entscheidet ob der Indikator bullish oder bearish ist. Liegt er darüber, zeigt er an, dass Kaufinteresse am Basiswert vorherrscht. Liegt er unter der Nulllinie herrscht eher Verkaufsinteresse vor. Dies alleine ist schon eine wichtige Information, denn nicht immer bedeutet es, dass die Kurse bereits das gleiche zeigen. Der Chart der Deutschen Post in Abb. 88 zeigt bereits ab September 2002 deutlich zunehmendes Kaufinteresse, obwohl die Kurse noch fallen.

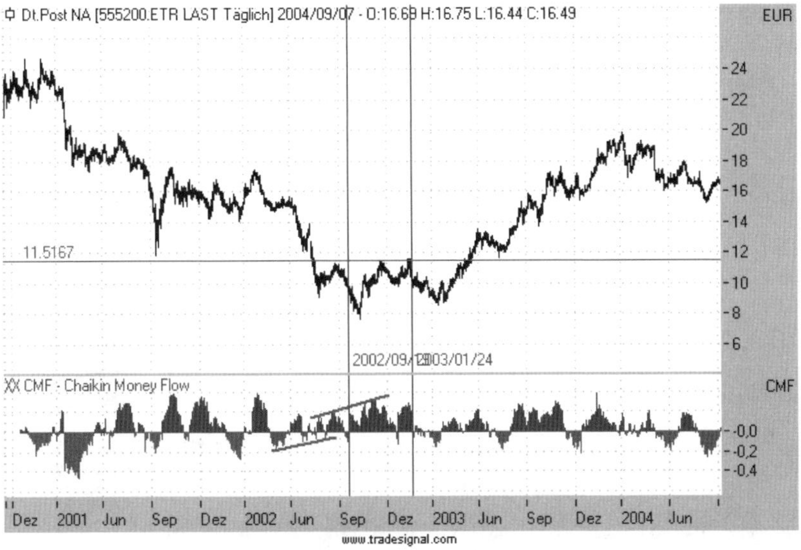

***Abb. 88** – Divergenzen Anfang September 2002 deuten bereits auf einen Trendumschwung bei der Deutsche Post-Aktie hin.*

Wir wissen, dass ein gesunder Trend von steigendem Interesse der Marktteilnehmer oder von steigenden Ängsten der Marktteilnehmer begleitet wird. Also sollten Kurse und Handelsvolumina dieselbe Richtung anzeigen. Treten hier Differenzen auf, ist zur Vorsicht gemahnt. Steigende Kurse bei negativem Money Flow sind ein Warnhinweis auf ein mögliches Ende der Aufwärtsbewegung. Fallende Kurse bei positivem Money Flow zeigen ein mögliches Ende der Abwärtsbewegung an. Die mögliche Bedeutung einer Widerstandslinie oder einer Unterstützungslinie kann unter Zuhilfenahme des Money Flows viel besser beurteilt werden. Steigt der CMF deutlich im positiven Bereich, während sich eine Aktie einem Widerstand nähert, nährt das die Hoffnung, diesen überwinden zu können. Fällt der CMF jedoch in der gleichen Situation ins negative Terrain, wird die Kraft fehlen, die Widerstandslinie zu überwinden.

Zuletzt will ich noch die Suche nach Divergenzen zwischen Kursbewegung und Indikatorbewegung anregen. Hier können ähnliche Muster wie bei Momentum-Indikatoren gefunden werden. Wir unterscheiden positive und negative Divergenzen. Unter einer positiven Divergenz verstehen wir eine Diskrepanz zwischen Kursmustern des Basiswertes im Abwärtstrend und den Mustern, die der Indikator dabei ausbildet. Fällt der Basiswert auf ein tieferes Tief, das unter dem vorherigen Tiefpunkt liegt, ohne dass der Indikator diese Bewegung nachvollzieht, sprechen wir von einer positiven Divergenz. In Abb. 89 zeigt Fresenius Medical Care eine solche positive Divergenz.

***Abb. 89** – Die tiefsten Werte hat der Chaikin's Money Flow Indikator bereits im August 2002 gesehen, während der Kurs von Fresenius erst Wochen später seinen Tiefpunkt erreicht. Diese positive Divergenz macht auf den bevorstehenden Trendwechsel frühzeitig aufmerksam.*

Eine negative Divergenz sehen Sie in Abb. 90, ebenfalls bei FMC. Der Kurstrend zeigt zwar nach oben, der Indikator bildet jedoch deutlich fallende Hochpunkte aus und erreicht sogar negative Werte. Der Aufwärtstrend bei FMC könnte beendet sein. Allerdings soll die Suche nach Divergenzen bei der Verwendung des Indikators nicht im Vordergrund stehen. Der CMF soll als globaler Filter im Vordergrund stehen.

***Abb. 90** – Eine negative Divergenz bei Fresenius im Juni 2004 signalisiert das vorläufige Ende der Aufwärtsbewegung.*

Abb. 91 zeigt, das auch die Schnittpunkte mit der Nulllinie einige brauchbare Signale geben können. Besonders die Korrekturbewegungen im DAX, innerhalb der großen Trends, sind gut erkannt worden. Der CMF kann als alleiniger Signalgeber aber nicht verwendet werden. Andere Indikatoren oder charttechnische Hilfsmittel müssen hinzugezogen werden, um konkrete Handelssignale zu erzeugen. In Verbindung mit Trendlinien, Widerstands- und Unterstützungslinien können Kursausbrüche erkannt werden.

Abb. 91 – Auch die Schnittpunkte des Chainkin Money Flow mit seiner Nulllinie markieren häufig Trendwechsel im Kurs; wie hier beim DAX Index.

Als Trendfilter kann der CMF die Handelsrichtung anderer Indikatoren bestimmen. Ist der CMF über längere Zeit positiv, können bullishe Signale anderer Indikatoren gehandelt werden, bearishe Signale werden ausgelassen. Ist der CMF längere Zeit negativ, werden nur bearishe Signale gehandelt. Als Signalgeber bieten sich Oszillatoren wie Momentum, Stochastic oder auch Systeme aus gleitenden Durchschnitten an.

Kritische Würdigung

Der CMF bezieht Kurslücken nicht mit in die Berechnung ein. Das kann sowohl negative als auch positive Vorteile haben. Eine so genannte Erschöpfungslücke am Ende eines Trends wird dadurch zum Beispiel nicht überbewertet, auch wenn sie unter hohem Volumen zu Stande gekommen ist.

Quellen

Narcouzi, Christopher: Chaikin's Money Flow. In: TAS&C V.18

Chaikins Volatility (CVO)

Grundlagen

In technischen Indikatoren werden verschiedenste Konzepte verwendet, um ein Maß für die Beweglichkeit der Kurse, für deren Schwankungsbreite und Intensität zu finden. Die Bollinger-Bänder von J. Bollinger nutzen statistische Berechnungen, um dieses Maß zu finden. Über die Standardabweichung kann die Streuung der Kurse um einen Mittelwert bewertet werden. Andere Indikatoren nutzen die True Range bzw. deren Veränderung, um die Schwankungsbreite zu messen. Wieder andere berechnen die Standardabweichung auf logarithmische Kursänderungen.

Mark Chaikin verwendet in seinem Indikator Chaikin's Volatility (CVO) die Differenz zwischen Tageshoch und Tagestief, um die Volatilität zu beschreiben. Er unterstellt grundsätzlich, dass bei steigender Volatilität die Differenz zwischen den Tageshöchstkursen und den Tagestiefstkursen zunimmt, während bei nachlassender Volatilität diese Spanne kleiner wird.

Für konkrete Handelsaussagen ist der Indikator wenig geeignet, da sich das Volatilitätsverhalten von Aktien oder Futures nur in eine Richtung klar definieren lässt. Bei Kursabschwüngen ist fast immer eine ansteigende Volatilität zu beobachten, während dies bei Kurssteigerungen nicht zwingend der Fall ist. Ein Vergleich mit einem Dackel kann dies verdeutlichen. Während dieser bergab mit seinen kurzen Beinchen in großen Sprüngen ansehnlich vorankommt, dauert das Erklimmen eines größeren Hügels wesentlich länger und erfordert viel mehr Schritte. Seine abwärtsgerichteten Bewegungen verlaufen also sprunghafter als seine aufwärtsgerichteten Bewegungen.

Berechnung und Parameter

Die Berechnung des Indikators ist recht einfach und ließe sich sogar mit einem Taschenrechner bewerkstelligen. Uns jedoch reicht es zu wissen, das der Indikator im Standardpaket von TradeSignal enterprise enthalten ist und wir ihn mit einem einzigen Mausklick einsetzen können. Zunächst wird die Differenz von Tageshöchstkurs und Tagestiefstkurs gebildet. Auf diesen Wert wird ein gleitender Durchschnitt berechnet. Auf diesen Durchschnittswert wird jetzt eine Rate of Change (ROC) berechnet. Das Endergebnis ist ein recht „zappeliger" Indikator, der um seine Nulllinie schwingt.

Formel

Mark Chaikin empfahl die Verwendung von zehn Tagen sowohl für die Glättung durch den gleitenden Durchschnitt als auch für die Berechnung der Rate of Change. In den TradeSignal-Indikatoren können Sie beide Parameter frei bestimmen.

$$Range_{(t)} = High_{(t)} - Low_{(t)}$$
$$AvgRange_{(t)} = Sum_{(n)}(Range) / n$$
$$CVO_{(t)} = 100 * (AvgRange_{(t)} / AvgRange_{(t-n)})$$
$$n = \text{Berechnungsperiode}$$

Die Werteskala umfasst Werte von 100 bis -100. Der Indikator schwingt dabei um seine Mittellinie. Der CVO kann sowohl mit Tages- als auch mit Wochen- oder Monatsdaten verwendet werden. Möglicherweise eignet er sich in den längerfristigen Zeitskalen als sekundärer Trendfilter.

Interpretation

Für konkrete Handelsentscheidungen ist der Indikator nicht geeignet. Er liefert ein viel zu unruhiges Bild. Außerdem stehen wir bei der Interpretation vor dem Problem, dass Kursverluste fast immer mit steigender Volatilität einhergehen, Kursgewinne aber nicht zwingend von ansteigender Volatilität begleitet werden.

Grundsätzlich ist dem Indikatorwert zu entnehmen, ob die Volatilität steigt oder fällt. Liegt der Indikator über seiner Nulllinie, steigt die Volatilität an, liegt er darunter fällt sie. Mark Chaikin schreibt, dass der Indikator durch einen schnellen, starken Anstieg das Ende eines Bärenmarktes bzw. eines kurzen Kurssturzes anzeigen kann, weil in diesen Fällen fast immer eine stark ansteigende Volatilität, besonders in den Sell Off's zu beobachten ist. Ein Blick auf den Chart in Abb. 92 zeigt uns, dass fast jeder Kursabschwung von stark ansteigender Volatilität begleitet wird. Wobei einige der lang anhaltenden Kurssteigerungen von stark fallender Volatilität begleitet wurden.

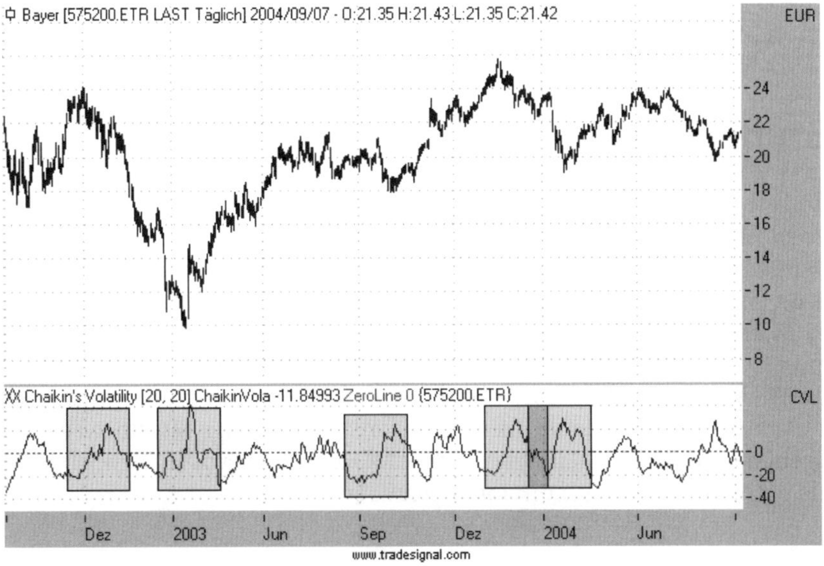

Abb. 92 *– Chaikin's Volatility im Chart von Bayer. Der Indikator ist ein Hilfsmittel, um die Volatilität beurteilen zu können.*

Mark Chaikin schrieb dazu, dass nach längeren oder stärkeren Kurssteigerungen eine deutlich nachlassende Volatilität von einer Topbildungsphase zeugt, die im Gange ist. E. Florek schreibt, dass der Indikator in volatilen Marktphasen hilft, den Status des Marktes einzuschätzen. Er weist ihm eine nützliche Position als zusätzlichen Filter in Handelssystemen zu.

Kritische Würdigung

Die Signale des CVO sind wegen dessen unruhigem Verlaufsmuster schwer zu verwenden. Als Maßangabe für die vorherrschende Volatilität im Basiswert ist er gut brauchbar. Auch begleitet er Kursabschwünge mit immer ähnlichen Verlaufsmustern. In die Gegenrichtung jedoch liefert er kaum gute Signale.

Quellen

Florek, Erich: Neue Tradingdimensionen. FinanzBuch Verlag, München

Chande Momentum Oszillator (CMO)

Grundlagen

T. Chande stellte diesen Momentum-Indikator in seinem Buch „The New Technical Trader" vor, das er zusammen mit S. Kroll 1994 veröffentlichte. Er wollte einen Momentum-Indikator entwickeln, der vielseitig verwendbar ist und vor allem ein möglichst genaues Abbild der Marktaktivität liefert. Da der CMO sich ebenso wie andere Momentum-Indikatoren aus den Schlusskursen berechnet, ist sein Verlaufsmuster dem anderer Indikatoren ähnlich. Die deutlichste Ähnlichkeit ist zum RSI von W. Wilder zu erkennen. Außerdem werden im Berechnungsvorgang keinerlei Glättungsprozesse durchlaufen, so dass auch kurzfristige Marktbewegungen gut abgebildet werden. Es ist möglich, den CMO zu glätten, was ihn jedoch seiner Vorteile gegenüber anderer Indikatoren berauben würde.

Berechnung und Parameter

Zunächst werden die aufwärtsgerichteten Kursbewegungen summiert und ebenso die abwärtsgerichteten Kursbewegungen. Danach werden beide Summen voneinander subtrahiert, was den Dividend ergibt. Dieses Ergebnis wird dann durch die Summe der ersten beiden Teilsummen dividiert. Das Ergebnis der Division wird noch mit 100 multipliziert, um die übliche Skalenbreite zu erhalten.

Formel

Für die Berechnung des CMO ist die Angabe einer Berechnungsperiode nötig. Diese wird in der Regel mit 10, 14 oder 20 Tagen angegeben. Aber auch in längeren Einstellungen, wie z. B. 90 Tagen, ist der Indikator bei der Divergenzanalyse sehr wertvoll.

Wenn $Close_{(t)} > Close_{(t-1)}$ dann $Up_{(t)} = Close_{(t)} - Close_{(t-1)}$
Sonst $Up_{(t)} = 0$
Wenn $Close_{(t)} < Close_{(t-1)}$ dann $Down_{(t)} = Close_{(t-1)} - Close_{(t)}$
Sonst $Down_{(t)} = 0$

$SumUp_{(t)} = Sum_{(n)}(Up)$
$SumDown_{(t)} = Sum_{(n)}(Down)$

$CMO_{(t)} = 100 * (SumUp_{(t)} - SumDown_{(t)}) / (SumUp_{(t)} + SumDown_{(t)})$

Darstellungsvarianten

Der Indikator ist im Standardpaket von TradeSignal enterprise enthalten. In Abb. 93 sehen Sie den CMO in der Originalvariante.

***Abb. 93** – Chande Momentum Oszillator des DAX Index.*

Ich habe im Internet zwei zusätzliche Berechnungsmethoden gefunden. Die erste bildet einen Durchschnitt aus drei verschiedenen Indikatorwerten. Der Indikator wird dazu mit drei unterschiedlich langen Periodeneinstellungen berechnet und dann der Durchschnitt gebildet. In Abb. 94 sehen Sie diese Variante. Die Formel dazu lautet:

$CMOcomp_{(t)} = (CMO_{(x)(t)} + CMO_{(y)(t)} + CMO_{(z)(t)}) / 3$
x,y,z = Berechnungsperioden der zu Grunde liegenden CMO-Indikatoren

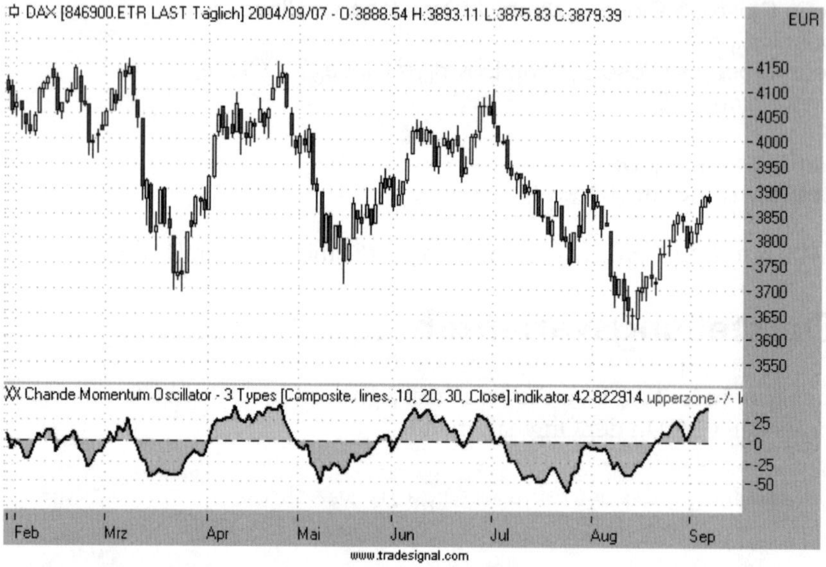

Abb. 94 *– Chande Momentum Oszillator als Durchschnitt dreier Einzelindikatoren. Dadurch wird der CMO etwas geglättet.*

Die zweite Berechnungsvariante bezieht die Standardabweichung der Indikatorwerte mit ein. Dadurch werden volatile Bewegungsphasen im Indikator stärker betont als bewegungsarme Phasen. In Abb. 95 sehen Sie die zweite Variante. Die Formel dazu lautet für die Standardabweichung:

$$s = \sqrt{\frac{1}{n-1}\sum_{i=1}^{n}(X_i - \bar{X})^2}$$

$Sx_{(t)} = S_{(x)}(CMO_{(x)})$
$Sy_{(t)} = S_{(y)}(CMO_{(y)})$
$Sz_{(t)} = S_{(z)}(CMO_{(z)})$

$CMOvola_{(t)} = (Sx_{(t)} * CMO_{(x)(t)}) + (Sy_{(t)} * CMO_{(y)(t)}) + (Sz_{(t)} * CMO_{(z)(t)}) / (Sx_{(t)} + Sy_{(t)} + Sz_{(t)})$

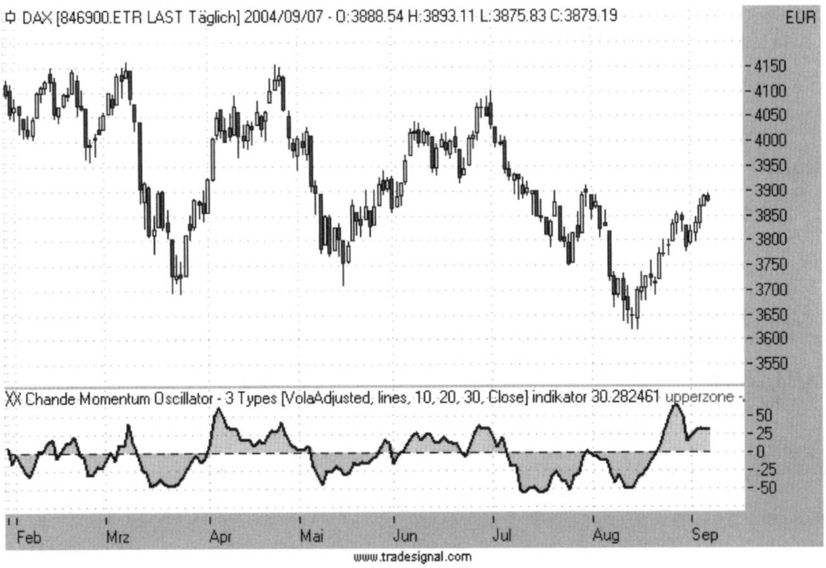

Abb. 95 *– Chande Momentum Oszillator unter Einbeziehung der Volatilität in die Berechnung des Indikators.*

Als weitere Variation des CMO habe ich eine geglättete Version entwickelt. Zur Glättung wird ein Rauschfilter verwendet. Freunde der Arbeiten von John Ehlers wissen was gemeint ist. Der Rauschfilter erfordert die Angabe eines Schwellenwertes, der die Glättungseigenschaften bestimmt. Hier können stark unterschiedliche Werte ansehnliche Ergebnisse liefern. Diese Variante ist in Abb. 96 zu sehen.

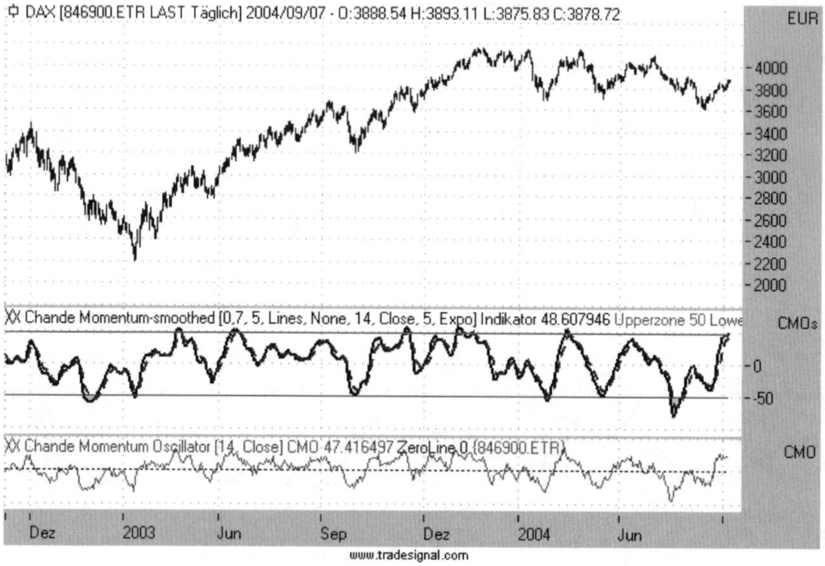

***Abb. 96** – Hier ist der Chande Momentum Oszillator mit einem „Rauschfilter" von John Ehlers geglättet. Im Vergleich ganz unten die Originalversion des CMO.*

Durch den weicheren Verlauf wird die Verwendung einer Signallinie ermöglicht, die zusätzliche Handelssignale liefern kann. Alle drei Varianten können Sie von der Webseite www.tradesignalonline.com im entsprechenden Artikel von mir zu diesem Indikator downloaden.

Interpretation

In den folgenden Abbildungen wird nur noch die geglättete Version des Indikators verwendet. Es gibt mehrere Möglichkeiten den Indikator zu verwenden. Zum einen wurden von T. Chande zwei Extremwerte vorgeschlagen. Einmal die Zone ab 50 Punkten, welche als Überkauft-Zone gilt. Dementsprechend wird die Überverkauft-Zone bei minus 50 Punkten gezeichnet. Befindet sich der Indikator über der Marke 50, gelten die Kurse als überhitzt. Befindet sich der Indikator in der unteren Zone, also unter der Marke von minus 50, so gelten die Kurse als extrem niedrig und überdehnt. Hier gelten die gleichen Interpretationen wie bei anderen Oszillatoren auch, das heißt Extremzustände werden als korrekturanfällige Situationen angesehen, in denen eine Gegenbewegung einsetzen sollte.

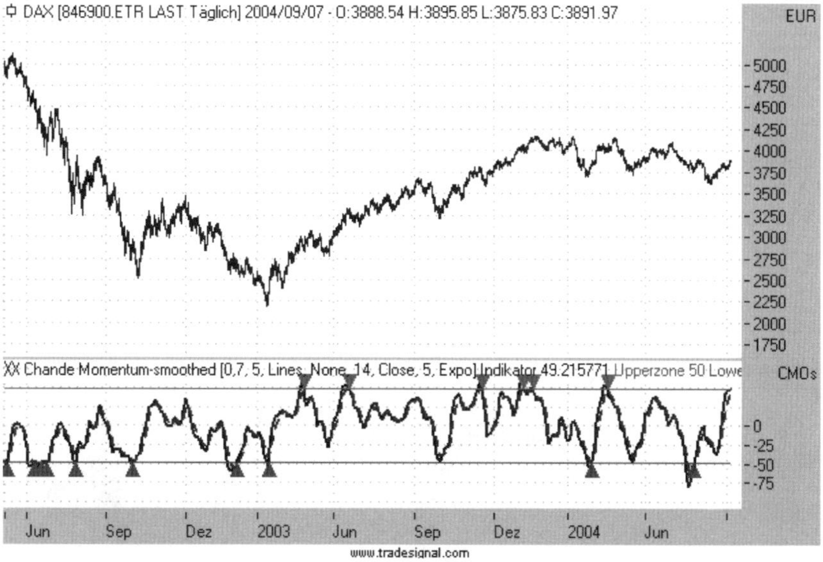

***Abb. 97** – Extremzonen von +50 und -50 sind laut Chande häufig Zeitpunkte, an denen sich der Trend erschöpft hat. Hier sind diese Situationen im Indikator markiert.*

Als nächste Möglichkeit, die ebenfalls aus vielen anderen Indikatoren bekannt ist, bietet sich die Berechnung einer Signallinie an. Chande empfiehlt bei einer Periodeneinstellung des Indikators von 20 Tagen eine Signallinienperiode von 9 Tagen zu verwenden. Sicherlich ergeben sich bei unterschiedlichen Indikatoreneinstellungen und verschiedenen Basiswerten viele Möglichkeiten der Variation. Als Kaufsignal gilt ein aufwärtsgerichteter Schnitt des Indikators über die Signallinie. Ein Verkaufssignal ist der abwärtsgerichtete Schnitt unter die Signallinie. Diese Schnittpunkte können zusätzlich einer Filterung durch die Skalenlage des Indikators unterzogen werden. Hier kann die Mittellinie als Trennung zwischen Kauf- und Verkaufssignalen verwendet werden oder auch die beiden Extremzonen.

Wird der CMO als Überkauft / Überverkauft-Oszillator verwendet, ist es dringend notwendig, eine Trendbestimmung vorzunehmen. Handelssignale sollten dann nur in Trendrichtung genutzt werden. In Abb. 98 sind die Schnittpunkte zwischen Indikator und Signallinie markiert.

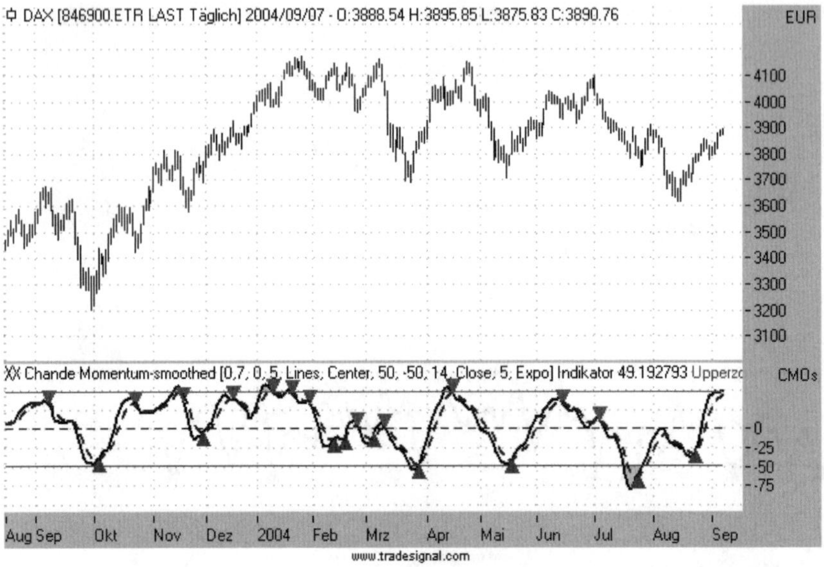

***Abb. 98** – Der geglättete CMO mit einer Signallinie*

Der CMO kann als Trendstärke Indikator verwendet werden. Werte über der Nulllinie lassen steigende Kurse erwarten, je weiter über dieser Linie der Indikator steht, um so ausgeprägter ist die trendgerichtete Bewegung. Werte unter der Nulllinie lassen fallende Kurse erwarten und je niedriger der CMO dabei steht, um so stärker ist die abwärtsgerichtete Bewegung.

Die nächste Möglichkeit ist die Suche nach Divergenzen zum Basiswert. Hier kommen die gleichen Muster zur Geltung, wie sie auch vom RSI, der Slow Stochastic oder dem CCI bekannt sind. Bildet der Basiswert einen neuen Hochpunkt innerhalb eines Aufwärtstrends aus und der Indikator bleibt hinter seinem letzten Hochpunkt zurück, besteht eine negative (bearishe) Divergenz. In Abb. 99 ist eine bearishe Divergenz markiert.

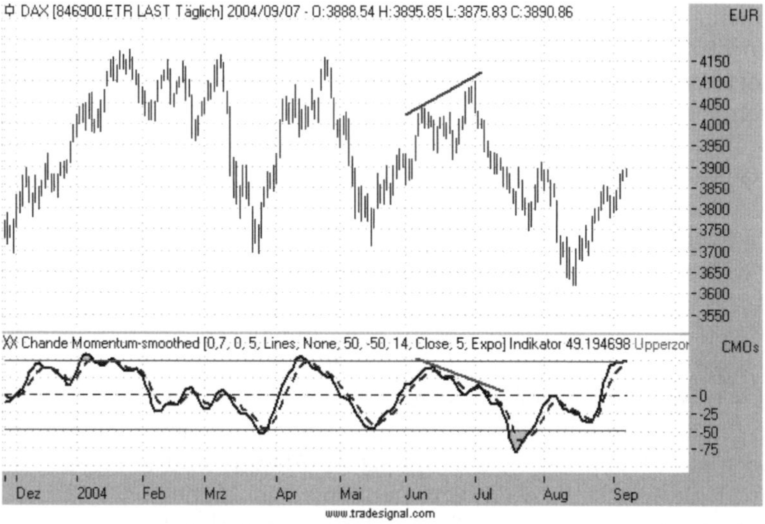

***Abb. 99** – Eine bearishe Divergenz im Chart des DAX deutet die Trendwende an.*

Bildet der Basiswert einen neuen Tiefpunkt innerhalb eines Abwärtstrends und der Indikator bleibt über seinem letzten Tiefpunkt zurück, so ist das eine positive (bullishe) Divergenz. Eine bullishe Divergenz trat nur wenige Wochen nach der oben markierten bearishen Divergenz auf und ist in Abb. 100 markiert.

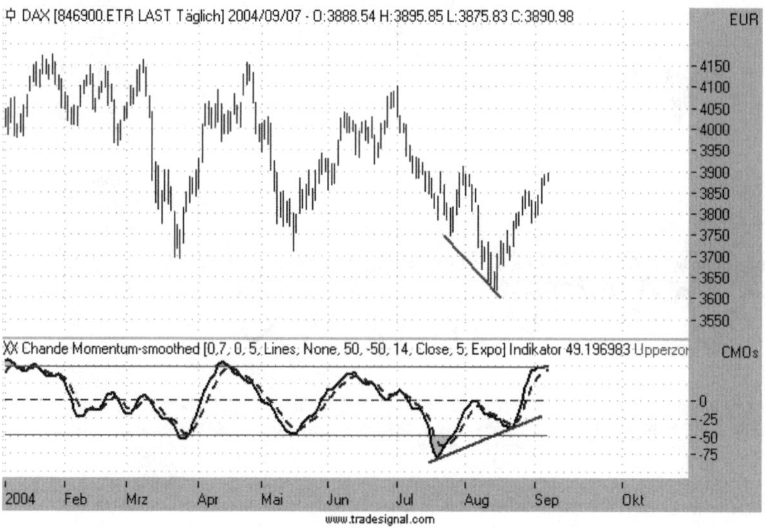

***Abb. 100** – Eine bullishe Divergenz im Chart des DAX macht auf den bevorstehenden Trendwechsel aufmerksam.*

Divergenzen können uns auf bevorstehende Trendänderungen hinweisen und darauf, dass die Kraft, die hinter den Kursbewegungen steht, zu klein geworden ist, um diese „am Laufen“ zu halten. Eine mächtige Kombination aus Divergenzen und Signallinien möchte ich auch noch erwähnen. Diese ist eigentlich von anderen Indikatoren bekannt, sollte aber auch beim CMO funktionieren. Ein Kaufsignal durch aufwärtskreuzen des Indikators über seine Signallinie bekommt zusätzliches Gewicht, wenn der Indikator vorher eine bullishe Divergenz zum Basistitel ausgebildet hat.

Ein Verkaufssignal bekommt dementsprechend zusätzliches Gewicht, wenn der Indikator vorher eine bearishe Divergenz zum Basistitel ausgebildet hat. Wichtig zu beachten ist, dass auch der Divergenzanalyse eine Trendbestimmung vorgeschaltet werden sollte. In trendschwachen oder trendlosen Märkten haben Divergenzen keine oder nur sehr wenig Aussagekraft.

Letzte Möglichkeit, den CMO zu nutzen, ist das Anlegen von Trendlinien. Diese werden genau wie in Aktiencharts auch von Tiefpunkt zu Tiefpunkt im Aufwärtstrend oder von Hochpunkt zu Hochpunkt im Abwärtstrend gezogen. Die Interpretation ist die gleiche, wie die von Trendlinien in Aktien- oder Future-Charts. Der Bruch einer abwärts verlaufenden Trendlinie gilt als Kaufsignal, der Bruch einer aufwärts verlaufenden Linie gilt als Verkaufssignal. Beispiele sind in Abb. 101 markiert.

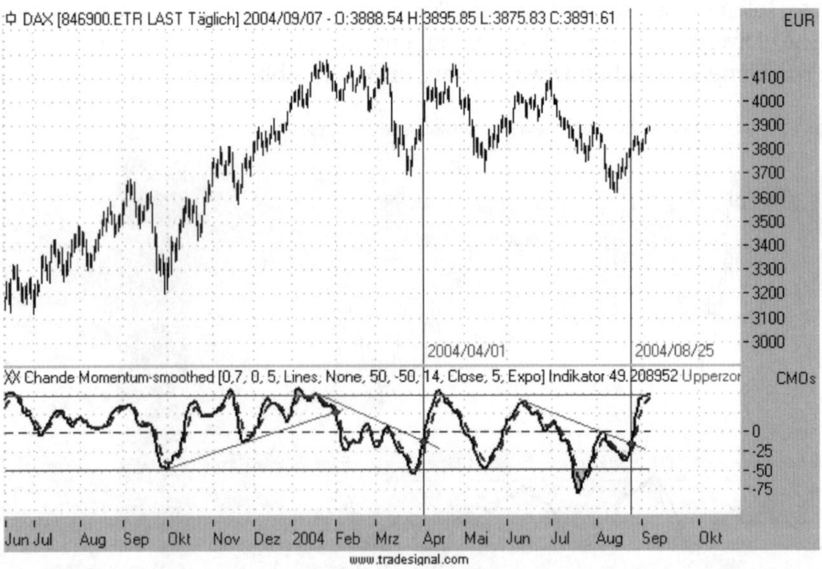

***Abb. 101** – Trendlinien im Indikator können als Handelssignale verwendet werden.*

Kritische Würdigung

E. Florek erwähnt in seinem Buch „Neue Tradingdimensionen“ zwei Nachteile, die der CMO mit dem RSI gemeinsam hat. Zum einen lassen viele Hakenschläge im Indikatorverlauf Raum für Interpretationen und zum anderen läuft er in starken Trends nicht immer in eine der beiden Extremzonen hinein und bleibt damit im Zweifelsfalle ein Signal schuldig. Abhilfe schafft hier teilweise die geglättete Variante für TradeSignal enterprise.

Quellen

Florek, Erich: Neue Tradingdimensionen. FinanzBuch Verlag, München
Chande, T., Kroll, S.: The New Technical Trader

Commodity Channel Index (CCI)

Grundlagen

Donald Lambert, ein Rohstoffhändler aus den siebziger und achtziger Jahren, entwickelte den Commodity Channel Index (CCI) aus der Erkenntnis heraus, das sich viele Rohstoffe in relativ gleichmäßigen Zyklen bewegen. Lambert, der gerade den programmierbaren Taschenrechner für sich entdeckt hatte, wollte einen Indikator entwickeln, der die neuen technischen Möglichkeiten ausnutzte. Er sah das ganze auch als programmiertechnische Herausforderung an.

Als Ergebnis seiner Entwicklung entstand ein Indikator, der bereits Anfang der achtziger Jahre Standard in den ersten Tradingsoftwarepaketen geworden ist. Der CCI hat diese Beliebtheit bis heute nicht verloren. Im Laufe der Zeit wurden weitere von Lamberts ursprünglicher Verwendung abweichende Methoden entwickelt, den CCI einzusetzen. Der CCI wird verwendet, um Beginn und Ende von Kurstrends, von saisonalen Trends und Zyklen zu erkennen. Auch hat sich das Einsatzgebiet des Indikators deutlich verbreitert. Er kann im Prinzip in allen Kurscharts, angefangen bei Bonds, Aktien, Futures, Indizes und innerhalb aller Zeitrahmen verwendet werden. Es existieren Handelsansätze in Fünf-Minuten-Charts ebenso wie in Monatscharts.

Berechnung und Parameter

Die Berechnung des CCI erfolgt in mehreren Schritten und weicht teilweise deutlich von der Berechnung herkömmlicher Indikatoren ab. Im ersten Schritt wird der so genannte signifikante Kurs (Typical Price) ermittelt, indem Tageshoch, Tagestief und Tagesschluss addiert und dann durch drei dividiert werden.

Typical Price:

$$TP_{(t)} = (High_{(t)} + Low_{(t)} + Close_{(t)}) / 3$$

Als nächstes wird ein einfacher, gleitender Durchschnitt (SMA) dieses signifikanten Kurses errechnet.

Average Typical Price :

$$Avg_{(t)} = Sum_{(n)}(TP) / n$$

Im dritten Schritt wird die durchschnittliche Abweichung des signifikanten Kurses von seinem gleitenden Durchschnitt errechnet. Damit wird ein Maß für die täglichen Schwankungen der Kurse ermittelt.

Average Deviation:
$sAvg_{(t)} = Sum_{(n)}(abs(TP - Avg)) / n$

Im vierten Schritt folgt die endgültige Berechnung des CCI:

$CCI_{(t)} = (TP_{(t)} - Avg_{(t)}) / (0.015 * sAvg_{(t)})$
n = Berechnungsperiode

Durch den Faktor 0,015 erreichte Lambert, dass ein Grossteil der Indikatorwerte innerhalb der Skalenwerte 100 Prozent bis -100 Prozent liegen. Alle diese Werte können laut Lambert als unbedeutendes Rauschen abgetan werden. Erst Indikatorwerte darüber oder darunter sind für den trendfolgenden Trader interessant.

Für den CCI ist ein wählbarer Parameter vorhanden. Dabei handelt es sich um die Berechnungsperiode. Diese wird sowohl für die Berechnung des gleitenden Durchschnittes als auch für die Berechnung der durchschnittlichen Abweichung verwendet. Die Parameterwahl für die Berechnungsperiode steht Ihnen frei. Als Standard sind in den meisten Softwarepaketen 20 Tage eingestellt. Der Indikator ist sowohl im Paket von TradeSignal express als auch im Standardpaket von TradeSignal enterprise enthalten. In beiden liegt die Grundeinstellung bei 20 Tagen. Die obere Extremzone liegt bei 100 Prozent, die untere Extremzone bei -100 Prozent.

Sollte der CCI tatsächlich für die Zyklenanalyse in Basiswerten verwendet werden, so wird empfohlen, die Parametereinstellung an diese Zyklen anzupassen. B. Starr schlägt in ihrem Artikel in TAS&C vor, jeweils ein Drittel der zu erwartenden Zyklenlänge als Periodeneinstellung für den CCI zu verwenden. Eine stark abweichende Periodeneinstellung ist bei Colby und Meyers zu finden. Diese verwendeten einen 90-Wochen-CCI als Basis für ein Trendfolgesystem. Generell gilt bei der Periodenwahl: Je kürzer die Berechnungsperiode, um so mehr Fehlsignale wird es geben. Je länger die Berechnungsperiode, um so mehr profitable Bewegungen werden verpasst, bevor ein Signal generiert wird. Den CCI in der Standardversion von TradeSignal enterprise sehen Sie in Abb. 102.

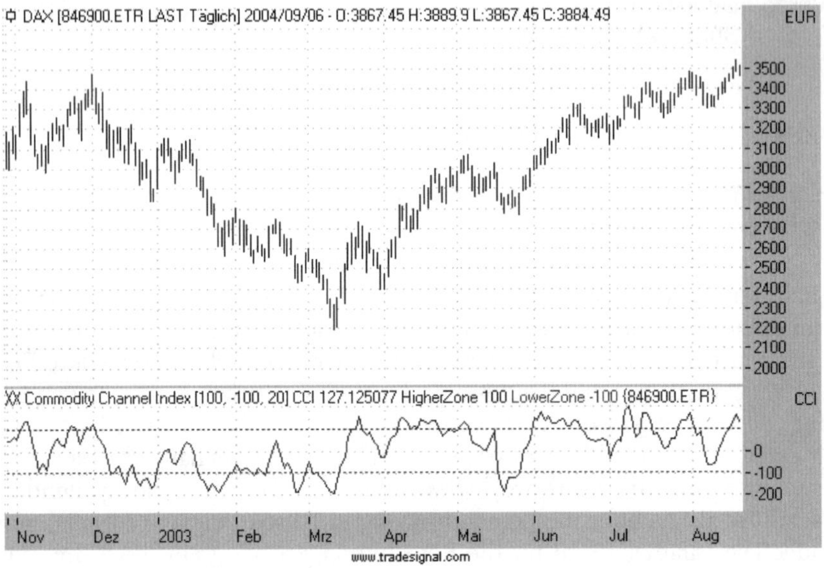

***Abb. 102** – Der Commodity Channel Index in seiner Originalversion, hier am Beispiel des DAX.*

Darstellungsvarianten

Ich habe zwei Varianten des CCI für TradeSignal enterprise programmiert. Zum einen eine optisch veränderte Version. Es werden überkaufte und überverkaufte Indikatorenwerte optisch hervorgehoben und eine Signallinie ist bereits „eingebaut". In der zweiten Variante habe ich dem CCI eine Glättung gegeben. Variante eins ist in Abb. 103 zu sehen. Variante zwei ist in Abb. 104 zu sehen.

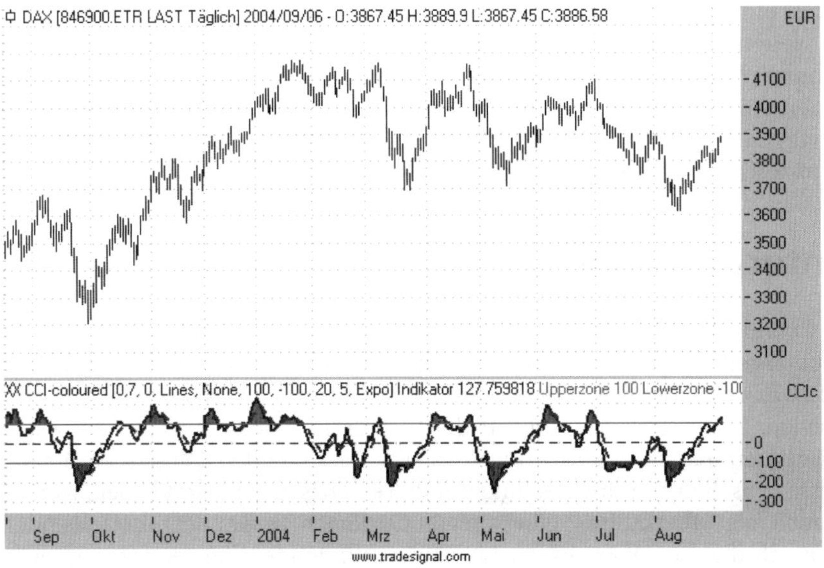

***Abb. 103** – Der CCI mit einer Signallinie sowie optisch hervorgehobenen Überkauft- bzw. Überverkauft-Zonen.*

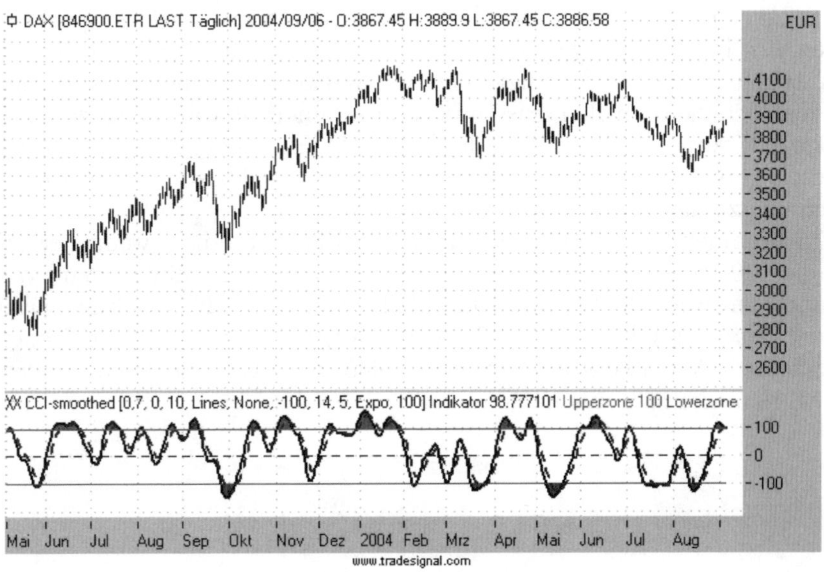

***Abb. 104** – Der CCI in einer geglätteten Version.*

Die Glättung des CCI erfolgt mit Hilfe eines Rauschfilters von John Ehlers. Als Parameter ist ein Schwellenwert anzugeben. Dieser ist nicht mit der Periodenangabe eines gleitenden Durchschnittes vergleichbar. Probieren Sie verschiedene auch sehr hohe Werte durch, um die optimale Glättung zu erzielen. Diese Variante reduziert die zeitliche Verzögerung der Indikator-Bewegungen, die durch die Glättung eingeschleust wird, auf ein Minimum. Beide Indikatoren können Sie von www.tradesignalonline.com im entsprechenden Artikel downloaden.

Interpretation

Der CCI bildet das Verhältnis der Kursbewegung zu ihrem Durchschnitt ab. Dabei wird unterstellt, dass ein gewisser Prozentsatz dieser Bewegungen rein zufälliger Natur ist. Erst eine Bewegung über diesen Wert hinaus wird als beginnender Trend angesehen. In diesem Falle fungiert der CCI als Trendfolgeindikator. Soweit die Standardinterpretation nach Lambert. Da sich im Laufe der Zeit jedoch die Verhältnisse zwischen Trendphasen und trendlosen Phasen verändert haben, wird der CCI auch als Überkauft / Überverkauft-Oszillator verwendet. Im folgendem möchte ich die einzelnen, in der Literatur zu findenden Verwendungsmöglichkeiten erläutern:

Lamberts Breakout- Indikator

Die Kurse schwanken um ihre Mittelwerte. Ein Großteil dieser Schwankungen kann nicht als trendgerichtete Bewegung bezeichnet werden, es sind zufällige Schwankungen, die als durchschnittliche Abweichung vom Mittelwert gemessen werden. Erst Kursbewegungen über diese Abweichung hinaus gelten als Beginn eines starken Trends. Lambert hat hierzu die Skalierung des Indikators so angepasst, dass sich die normalen Kursschwankungen innerhalb von 100 Prozent bis -100 Prozent vom Mittelwert, hier durch die Nulllinie repräsentiert, abspielen. Statistisch gemessen sind dies zwischen 70 und 80 Prozent aller Kurse des Betrachtungszeitraumes.

Ein beginnender starker Aufwärtstrend wird angenommen, wenn der CCI über die 100 Prozent Marke steigt. Ein beginnender starker Abwärtstrend wird angenommen, wenn der CCI unter die -100 Prozent Marke fällt. Der Trend gilt als beendet, wenn der Indikator in die Zone zwischen 100 Prozent und -100 Prozent zurückkehrt. In Abb. 105 habe ich einige der Signale markiert, die durch Lamberts Original-Handelsansatz entstanden wären.

***Abb. 105** – Der CCI mit Signalen beim Zurückkehren in die beiden Zonen von +100 Prozent und -100 Prozent. In diesem Fall gilt der vorhergehende Trend als beendet.*

Überkauft / Überverkauft-Oszillator

Resultierend aus den sich verändernden Marktbedingungen, wurde die ursprüngliche Methode der CCI-Verwendung zunehmend durch die übliche Oszillatorinterpretation ersetzt. Hierbei wird der CCI in gleicher Weise verwendet, wie Lanes Stochastic oder Wilders RSI. Die beiden Extremzonen gelten nicht als trendbestätigende Marken, sondern als Marken, an denen mögliche Trendwechsel stattfinden.

Der Indikator wird jetzt verwendet, um überkaufte und überverkaufte Kursregionen zu identifizieren. Fällt der Indikator unter die untere Skalenbegrenzung, wird die danach folgende Überkreuzung über die -100 Prozent-Marke als Kaufsignal gewertet. Steigt er über die obere Skalenabgrenzung, wird die folgende Unterkreuzung unter die 100 Prozent-Marke als Verkaufssignal gewertet. In trendlosen Phasen oder breiten Tradingranges funktioniert diese Methode gut. In trendstarken Phasen liefert sie vermehrt Fehlsignale, wie dies bei fast allen Oszillatoren der Fall ist. Deshalb ist es ratsam, einen Trendfilter vorweg zu schalten und nur in die von diesem angezeigte Richtung zu handeln. In Abb. 106 sind alle Signale markiert, die durch das Verlassen der Extremzonen erzeugt werden.

***Abb. 106** – Der CCI mit Signalen beim Verlassen der Extremzonen.*

Es gibt in einigen Veröffentlichungen den Handelsansatz in Kombination mit einem zweiten, längerfristig eingestellten CCI Indikator, der als Trendfilter verwendet wird. Hierbei werden nur die Signale gehandelt, die in Trendrichtung des zweiten CCI Indikators weisen.

Crossover

Bei dieser Methode werden entweder zwei CCI Indikatoren mit unterschiedlicher Berechnungsperiode verwendet oder auf einen CCI Indikator ein gleitender Durchschnitt konstruiert. In beiden Fällen gelten die Schnittpunkte der beiden Linien als Handelssignale. Hierbei kann die Lage der Schnittpunkte in der Werteskala als zusätzlicher Filter verwendet werden. Signale werden also nur über / unter der Mittellinie oder nur oberhalb / unterhalb der beiden Extremzonen gewertet. Abb. 107 zeigt einen Chart, in dem alle Handelssignale – gefiltert durch die Mittellinie – markiert sind.

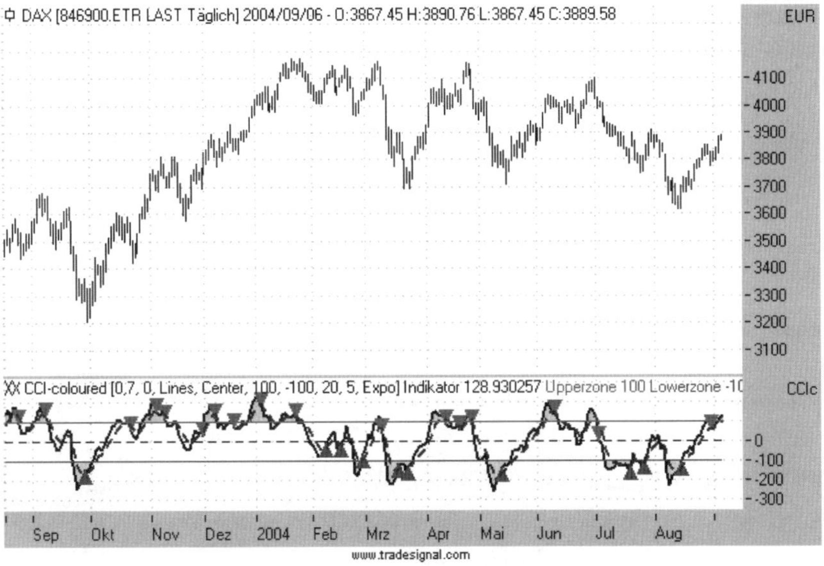

***Abb. 107** – CCI mit Signallinie und markierten Schnittpunkten oberhalb bzw. unterhalb der Mittellinie.*

Divergenzanalyse

Hierbei werden der Kursverlauf des Basistitels und der des Indikators miteinander verglichen. Dabei ist zu beachten, dass Divergenzen in trendlosen Phasen weniger starke bis keine Bedeutung haben. Bewegt sich der Basistitel auf einen neuen Hoch- oder Tiefpunkt zu, ohne dass der Indikator dieser Bewegung folgt, handelt es sich um eine Divergenz. Diese Divergenzen können auf mögliche Änderungen in Trendbewegungen hinweisen. In Abb. 108 habe ich eine bullishe und eine bearishe Divergenz markiert.

***Abb. 108** – Bullishe und bearishe Divergenzen zwischen DAX Index und CCI*

Die linke Divergenz wird als bullish bezeichnet. Während der Basistitel auf neue Tiefpunkte fällt, bildet der Indikator steigende Tiefpunkte aus. Ein Zeichen, dass die Bewegungsdynamik im Trend nachlässt. Die rechte Divergenz wird als bearishe Divergenz gewertet. Der DAX steigt auf neue Hochpunkte, währen der Indikator leicht fallende Hochpunkte bildet. Auch hier erkennt man an der Divergenz, dass die Dynamik der Kursbewegungen nachgelassen hat.

Trendlinienanalyse

Auf den CCI Indikator können Trendlinien konstruiert werden, indem seine Hoch- und Tiefpunkte mit Linien verbunden werden. Schnittpunkte über oder unter diesen Linien werden als Handelssignale verwendet. In Abb. 109 sind einige Beispiele markiert.

Abb. 109 – CCI mit Trendlinien als Signalgeber

Bewegungskonvergenz mehrerer CCI Indikatoren:

Hierbei werden zwei oder mehr CCI Indikatoren mit verschiedenen Berechnungsperioden übereinander gelegt und betrachtet. Handelssignale entstehen, wenn alle Linien gleichzeitig bestimmte Muster in bestimmten Skalenregionen bilden, Signale werden ausgelassen, wenn nur eine oder zwei der Linien diese Muster bilden. In Abb. 110 ist ein Beispiel zu sehen. Als markante Ereignisse gelten die Situationen, in denen alle drei Indikatoren in einer der Extremzonen verlaufen. Im diesem Beispiel habe ich Periodeneinstellungen von 11-, 22-, und 33-Tagen verwendet.

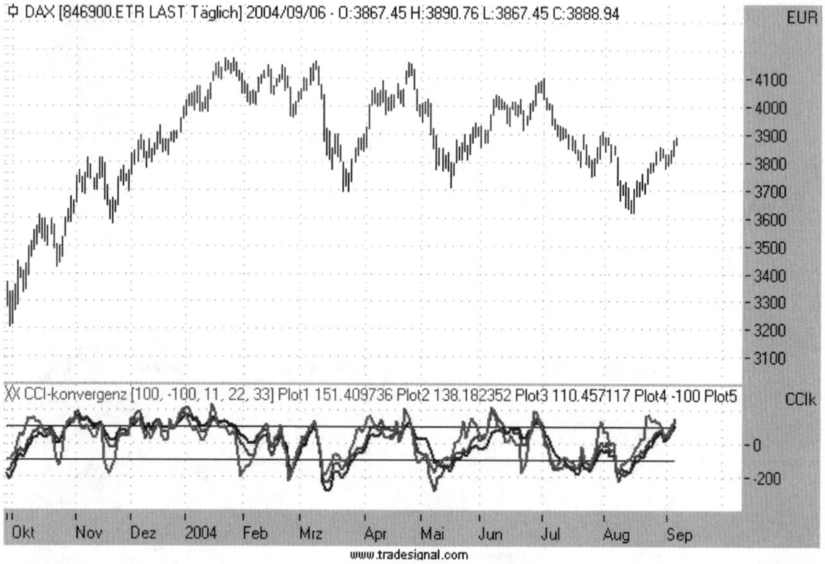

***Abb. 110** – Mehrere CCI-Indikatoren mit unterschiedlichen Periodenlängen. Befinden sich alle drei Varianten in den Extremzonen, verstärkt dieses die Aussagekraft des Indikators.*

Kritische Würdigung

Kann ein solch beliebter Indikator Kritikpunkte aufweisen? Ja, kann er durchaus. Was auf den ersten Blick auffällt, ist der unruhige Linienverlauf. Durch die vielen Hakenschläge, die der Spur eines Hasen auf der Flucht vor dem Jäger gleichen, wird die Interpretation erschwert. Besonders die Verwendung einer Signallinie wird dadurch behindert.

Quellen

Colby, Robert W., Meyers, Thomas A.: The Enzyclopedia of Technical Market Indicators

Davis, D. W.: Defining the CCI. In: TAS&C V.13

Florek, Erich: Neue Trading Dimensionen. FinanzBuch Verlag, München

Schwarz-Young, Jeanette: The CCI revisited. In: TAS&C V.13

Starr, Barbara: The CCI. In: TAS&C V.10

Coppock Line Indicator (CPI)

Grundlagen

Die Coppock Line (CPI) wurde 1962 im Barrons Magazine vorgestellt. Ihr Entwickler, E. S. Coppock, wollte die emotionale Beschaffenheit der Märkte in einem Indikator abbilden, indem er die prozentualen Kursänderungen verschiedener langfristiger Periodeneinstellungen miteinander verglich. Da die Marktbewegungen in dieser Zeit und den folgenden 20 Jahren noch relativ ruhig und gerichtet verliefen, bewährte sich der Indikator lange Zeit als grundlegendes Barometer für die Trendbestimmung.

Da in Bärenmärkten emotionsgesteuerte Bewegungen wesentlich heftiger und ausladender verlaufen als in Bullenmärkten, resultiert daraus die wichtigste Eigenschaft des Coppock-Indikators. Er kann Marktböden anzeigen, versagt aber in den meisten Fällen bei Markttops. Hier liefert er vermehrte Fehlsignale und sollte, wenn überhaupt, für die Divergenzanalyse verwendet werden. Der Coppock-Indikator liefert ein langfristiges Abbild der Momentumveränderungen eines Index. In den meisten Quellen wird er als Barometer für den Gesamtmarkt eines Landes oder einer Volkswirtschaft verwendet, der meistens durch einen Hauptindex repräsentiert wird.

Berechnung und Parameter

Der ursprünglich vorgestellte Indikator wurde mit Monatsdaten berechnet. Es wurden zwei Rate Of Change-Indikatoren (ROC) mit verschiedenen Periodeneinstellungen berechnet. Bei der ROC handelt es sich um die Berechnung von prozentualen Kursänderungen. Ähnlich dem Momentum Indikator, der eine absolute Kursänderung abbildet, werden hier lediglich die relativen, also prozentualen Veränderungen, abgebildet. Die beiden ROC-Werte werden addiert und mit einem gewichteten gleitenden Durchschnitt geglättet. Diese Linie ist die Coppock Line.

Im Prinzip handelt es sich um eine Art Vorgängerversion des KST von M. Pring, in dem ebenfalls mehrere ROC Werte gewichtet, summiert und geglättet werden. Die grundlegenden Parameter können Sie bereits der Grafik entnehmen. Um den schneller gewordenen Märkten Rechnung zu tragen, kann es angebracht sein, von Monatsdaten auf Wochendaten oder gar Tagesdaten umzusteigen. Der Coppock-Indikator behält jedoch immer die grundlegende Eigenschaft, ein Barometer von längerfristigen Trends zu sein, das Bodenformationen zuverlässiger erkennt als Topformationen.

Formel

$RocX_{(t)} = 100 * (Close_{(t)} / Close_{(t-x)})$
$RocY_{(t)} = 100 * (Close_{(t)} / Close_{(t-y)})$
$RocSum_{(t)} = RocX_{(t)} + RocY_{(t)}$
$CPI_{(t)} = WMA_{(n)}(RocSum)$

x, y = Berechnungsperiode der beiden Rate Of Change-Teilindikatoren
n = Berechnungsperiode des gewichteten gleitenden Durchschnittes

Darstellungsvarianten

Der Indikator ist Bestandteil der Standardpakete TradeSignal express und TradeSignal enterprise. Für TradeSignal enterprise habe ich zwei technisch leicht veränderte Versionen programmiert. Die erste beinhaltet die Berechnung einer Signallinie. Diese Version sehen Sie in Abb. 111. Auch die grafische Darstellung habe ich etwas verbessert.

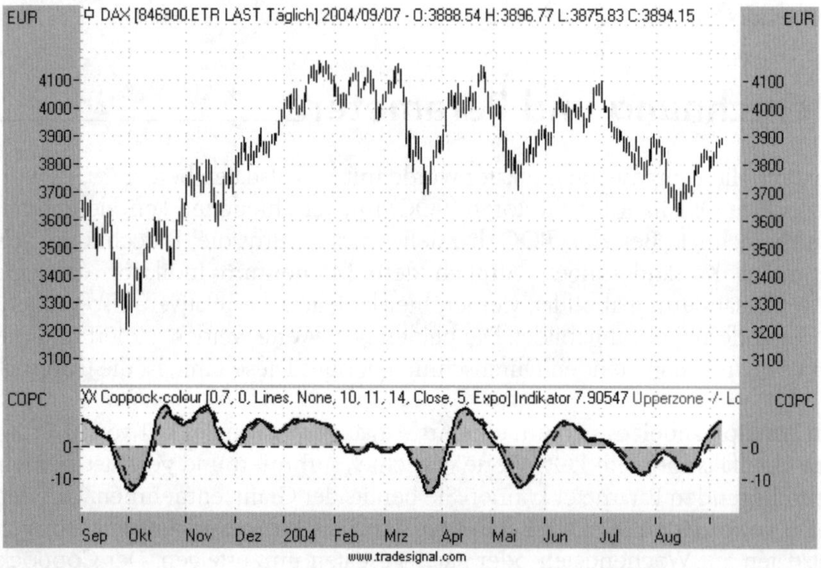

Abb. 111 – *Coppock Indikator mit einer zusätzlichen Signallinie*

Die zweite Version misst die Bewegungsdynamik der Coppock Line. Dadurch können einige Richtungsänderungen im Basiswert des Indikators eher erkannt werden. Die Formel dafür lautet:

$$CPIMom_{(t)} = CPI_{(t)} - CPI_{(t-n)}$$

n = Berechnungsperiode des Momentums

Das CPI-Momentum sehen Sie in Abb. 112. Beide Indikatoren stehen Ihnen zum Download auf www.tradesignalonline.com im entsprechenden Fachartikel zur Verfügung.

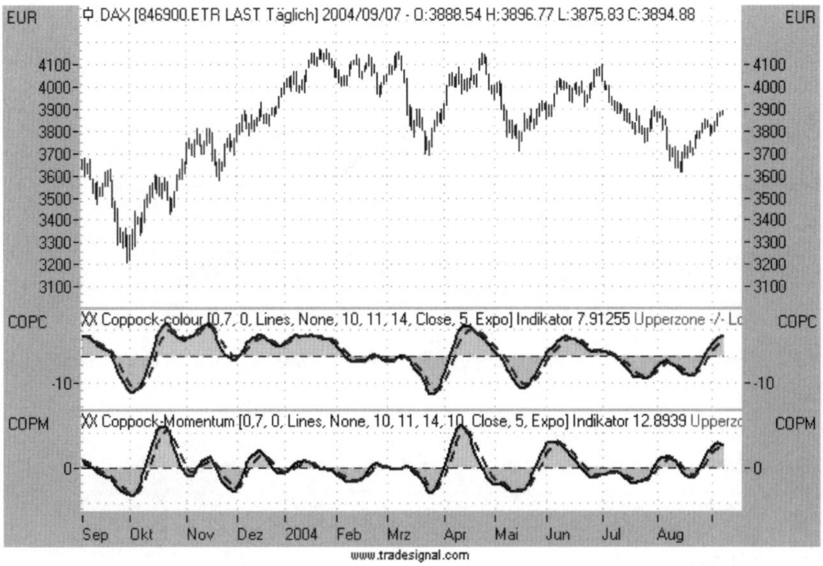

***Abb. 112** – Coppock Indikator und darunter als Momentum-Indikator*

Interpretation

Generell kann der Coppock-Indikator wie jeder andere Oszillator verwendet werden. Auf Grund seiner langfristigen Einstellung eignet er sich jedoch mehr als Kompass für die allgemeine Sicht der Dinge. Als Kaufsignal gilt, wenn der Indikator unter der Nulllinie nach oben dreht, also eine positive Steigung annimmt. Durch Anlegen eines gleitenden Durchschnittes als Signallinie kann auch der Schnitt beider Linien unterhalb der Nulllinie als Signal verwendet werden. Analog gilt ein Abdrehen nach unten oberhalb der Nulllinie als Verkaufssignal, ebenso der Schnitt einer Signallinie nach unten.

In seiner trendfolgenden Eigenschaft zeigt er über der Nulllinie liegend einen Aufwärtstrend an und unter der Nulllinie liegend einen Abwärtstrend. Abb. 113

zeigt einen langfristigen Wochenchart des DAX. Hier eignet sich der Coppock-Indikator als Trendfilter. Gleiches gilt für Abb. 114, wo der Indikator auf Monatsdaten berechnet wird.

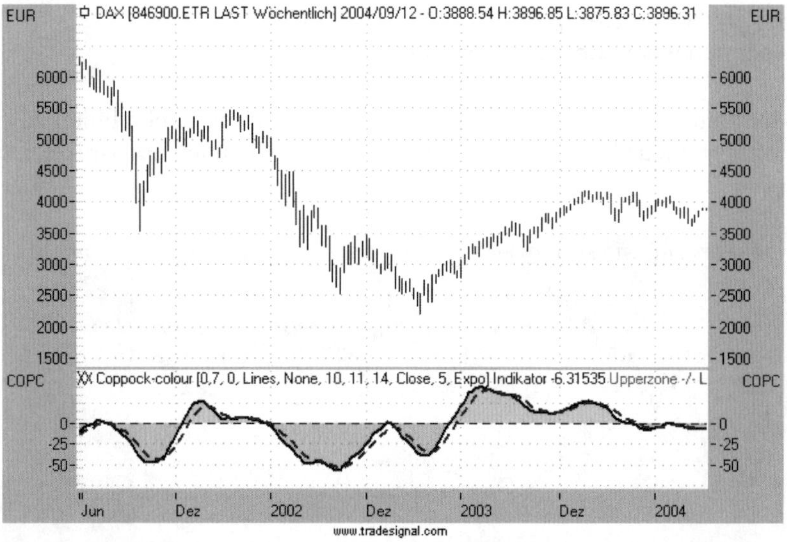

***Abb. 113** – Wochenchart des DAX mit Coppock Indikator. Hier eignet sich der Indikator als Trendfilter*

***Abb. 114** – Coppock Indikator auf Monatsbasis für langfristige Betrachtungen.*

Da es sich um einen Momentum-Indikator handelt, kann er auch wie ein Momentum-Indikator zur Divergenzanalyse verwendet werden. Besonders schöne Divergenzen zeigen sich auf Wochenbasis.
Hier kann die Beschaffenheit des beobachteten Marktes gut erforscht werden. In Abb. 115 habe ich zwei aussagekräftige Divergenzen markiert.

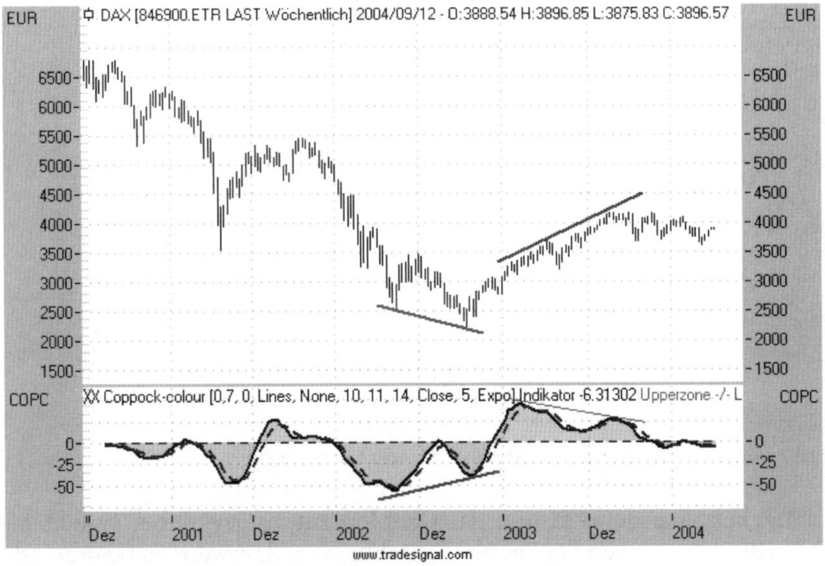

***Abb. 115** – Divergenzen im Coppock Indikator, wie hier im Wochenchart des DAX, zeigen bedeutende Trendwenden sehr gut an.*

Im Vergleich mit dem KST von Martin Pring zeigt er ähnliche Eigenschaften wie dieser. Er zeigt die Hauptzyklen der Märkte an. Im Monatschart eines großen Aktienindex wird dies deutlich sichtbar. Abb. 116 zeigt einen Vergleich beider Indikatoren im DAX-Tageschart.

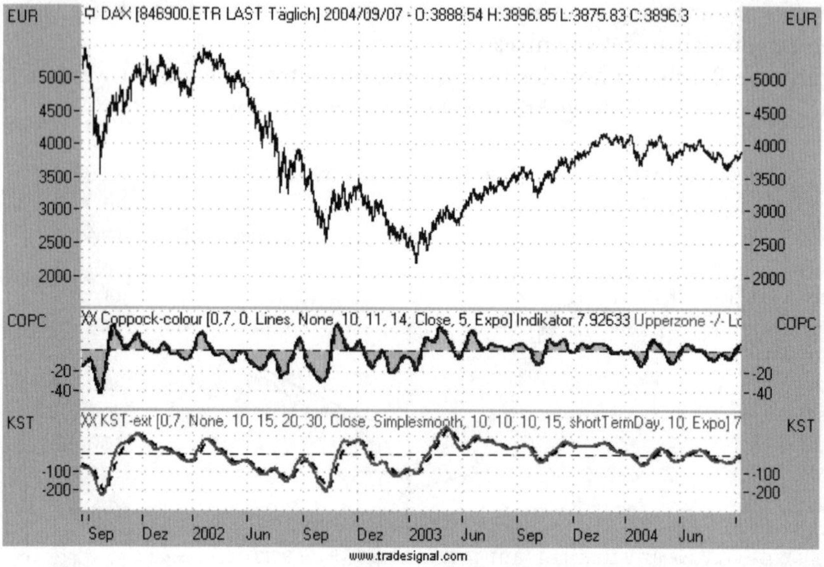

***Abb. 116** – Vergleich des Coppock mit dem KST von Martin Pring.*

In Abb. 117 habe ich den CPI und das CPI-Momentum gegenüber gestellt. Sie sehen, dass die Änderungen der Bewegungsrichtung im Basiswert der beiden Indikatoren vom CPI-Momentum eher erkannt werden. Hier können die Schnittpunkte mit der Signallinie wertvolle Handelssignale sein. Es empfiehlt sich, einen Trendfilter zu verwenden und die Signale der Indikatoren nur in Trendrichtung zu handeln. Die Verwendung als Oszillator ist jedoch nur als Nebensache zu sehen. Der CPI dient hauptsächlich als Trendfilter und Trendfolger und das besonders in höheren Zeitebenen.

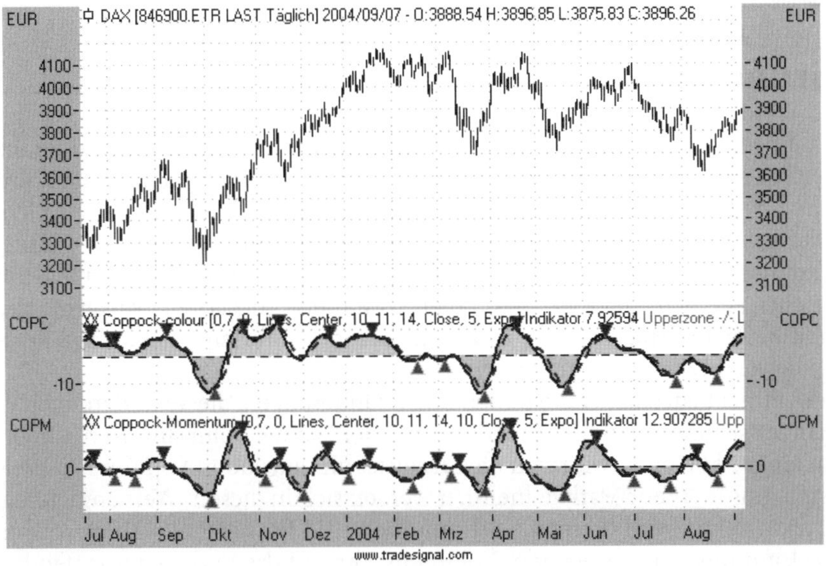

***Abb. 117** – Coppock und Coppock-Momentum jeweils mit einer Signallinie und mit markierten Schnittpunkten dieser Linie.*

Kritische Würdigung

Als „Trendfolger der alten Generation" hat der Coppock-Indikator seinen Platz in der Technischen Analyse zwar noch nicht verloren, aber er wird verdrängt von anderen Indikatoren. Der Vergleich mit dem KST zeigt deutliche Vorteile auf Seiten des KST.

Quellen

Hayes, Tim: The Coppock Guide. In: TAS&C V.11:3
Middleton. Elliot: The Coppock Curve. In: TAS&C V.12:11

Demand Index

Grundlagen

James Sibbets Demand Index wird in der Literatur geradezu mystifiziert. Fast alle Quellen (das sind nicht viele) überbieten sich mit Lobpreisungen über die Komplexität der Berechnung. Ich möchte mich diesem „Spielmannszug" nicht anschließen. Der Demand Index ist ein Momentum-Indikator der Kursveränderungen, Kursspannen und das Handelsvolumen in die Berechnung mit einbezieht. Ähnlich anderer bekannter Volumen-Indikatoren versucht der Demand Index diejenigen Kräfte zu identifizieren, die für eine zukünftige Kursbewegung verantwortlich sein können.

Zum einen betrachtet er die reinen Kursveränderungen, die Veränderungen in den Handelsspannen und die Veränderungen der Handelsvolumina. Ist das Interesse an einer Aktie groß, wird sich dies als erstes an steigenden Volumina feststellen lassen. Immer mehr Marktteilnehmer werden sich in diesem Wert engagieren. Wenn nicht sofort, wird dieser Geldstrom doch bald für steigende Kurse sorgen. Ebenso kann uns ein versiegender Volumenstrom auf das Ende einer laufenden Bewegung hinweisen. Um das Handelsvolumen beiden Seiten der Marktteilnehmer zuordnen zu können, wird ein komplexer Gewichtungsfaktor berechnet.

Berechnung und Parameter

Der Demand Index errechnet sich aus dem Verhältnis von Kaufdruck zu Verkaufsdruck. Sibbet definiert diese beiden Werte an Hand des Handelsvolumens wie folgt:

- Kaufdruck: An Tagen mit gestiegenem Schlusskurs wird das Handelsvolumen des Tages als Maß für den Kaufdruck verwendet. An Tagen mit gefallenem Schlusskurs wird der Kaufdruck mit einem gewichteten Anteil des Volumens gemessen.
- Verkaufsdruck: An Tagen mit gefallenem Schlusskurs wird das Handelsvolumen des Tages als Maß für den Verkaufsdruck verwendet. An Tagen mit gestiegenem Schlusskurs wird ein gewichteter Anteil des Handelsvolumens als Verkaufsdruck verwendet.

Formeln

Wenn $Close_{(t)} > Close_{(t-1)}$ dann $KD_{(t)} = Volume_{(t)}$ und $VD_{(t)} = Volume_{(t)}/PVRatio_{(t)}$
Wenn $Close_{(t)} < Close_{(t-1)}$ dann $KD_{(t)} = Volume_{(t)}/PVRatio_{(t)}$ und $VD_{(t)} = Volume_{(t)}$
$PVRatio_{(t)} = Price_{(t)} - Volatility - Ratio_{(t)}$, der Gewichtungsfaktor für das Volumen

Um die PVRatio berechnen zu können, brauchen wir einige Werte. Zuerst berechnen wir die prozentuale Kursveränderung des heutigen Schlusskurses zum gestrigen; in der Formel als „P" bezeichnet. Diese wird multipliziert mit der durchschnittlichen Schwankungsbreite der Kurse, über 10 Tage gemessen, und in der Formel als Volatility Average bezeichnet.

$$P_{(t)} = (Close_{(t)} - Close_{(t-1)} / Close_{(t-1)}) * 100$$
$$HH_{(t)} = Max(High_{(t)}, High_{(t-1)})$$
$$LL_{(t)} = Min(Low_{(t)}, Low_{(t-1)})$$
$$Volatility_{(t)} = HH_{(t)} - LL_{(t)}$$
$$VAverage_{(t)} = Sum_{(n)}(Volatility) / n$$
$$PVRatio_{(t)} = (Close_{(t)} * 3) / VAverage_{(t)}$$

P = prozentuale Kursveränderung zum Vortag
HH = höchster Kurs der letzten beiden Tag
LL = niedrigster Kurs der letzten beiden Tage

Volatility = Handelsspanne der letzten beiden Tage
VAverage = Durchschnittlicher Wert von Volatility
n = Berechnungszeitraum des Volatility Average

Der Gewichtungsfaktor für das Handelsvolumen ist also an die aktuelle Kursveränderung angepasst, die zusätzlich mit der durchschnittlichen Schwankungsbreite der vergangenen Tage gewichtet wurde. Der Demand Index wird (siehe unten) in zwei Versionen geliefert. Die eine zeichnet je eine Linie für KD = Kaufdruck und VD = Verkaufsdruck. In der zweiten Version wird das Verhältnis aus KD und VD berechnet und als Oszillator dargestellt. Der von mir verwendete EasyLanguage-Code von TradeStation weicht ein wenig von der beschriebenen Berechnung ab. Er verwendet statt der Schlusskurse einen gewichteten Kurs; als Weighted Close bekannt. Sie können den Code auf www.tradesignalonline.com im entsprechenden Artikel einsehen.

$$WTC_{(t)} = (High_{(t)} + Low_{(t)} + (g*Close_{(t)})) / 2 + g$$
g = Gewichtungsfaktor, in der Regel = 2

Es sind noch andere kleine Unterschiede zur vorgestellten idealtypischen Berechnung zu finden. Sollten Sie also den Code des Indikators studieren wollen, erschrecken Sie nicht wegen der komplexen Konstruktion. Für unsere Zwecke reicht die von mir vorgestellte Berechnung voll aus.

Darstellungsvarianten

Der Demand Index in Abb. 118 besteht aus zwei Werten. Der erste Wert, als helle Linie gezeichnet, stellt den Verkaufsdruck dar, der zweite Wert als dunkle Linie gezeichnet, stellt den Kaufdruck dar. Beide Linien werden in einem Indikatorenfenster dargestellt.

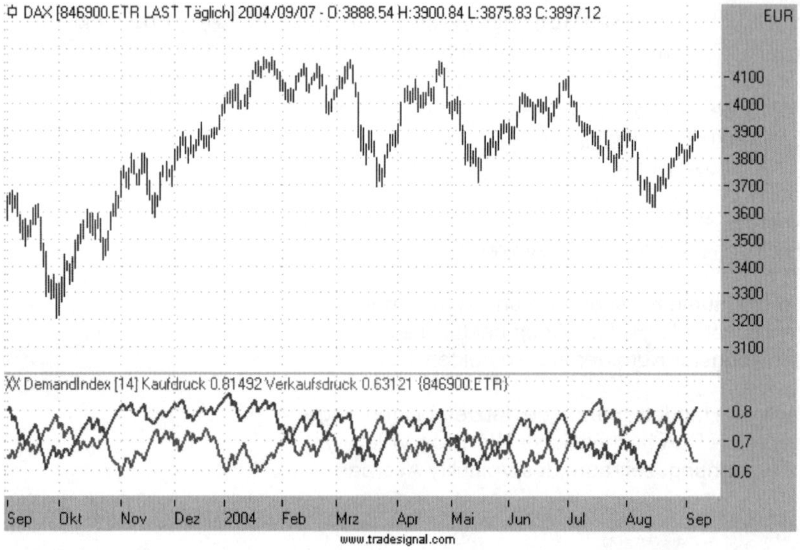

***Abb. 118** – Demand Index in seiner Ursprungsform*

Als abgewandelte Version des Indikators sehen Sie in Abb. 119 die Oszillatorversion des Demand Index. Er erlaubt einen etwas anderen Blick auf das Marktgeschehen.

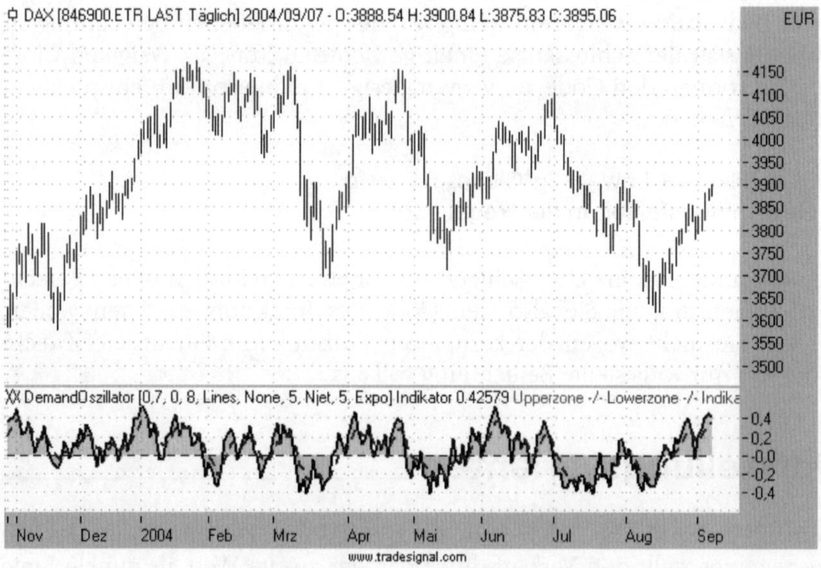

***Abb. 119** – Demand Index als Oszillator*

In dieser Version ähnelt der Demand Oszillator (DMO) einer zerklüfteten Felsenküste in Südafrika. Die Verwendung einer Signallinie ist so nicht möglich. Abb. 120 zeigt deshalb die durch einen Rauschfilter geglättete Version des DMO.

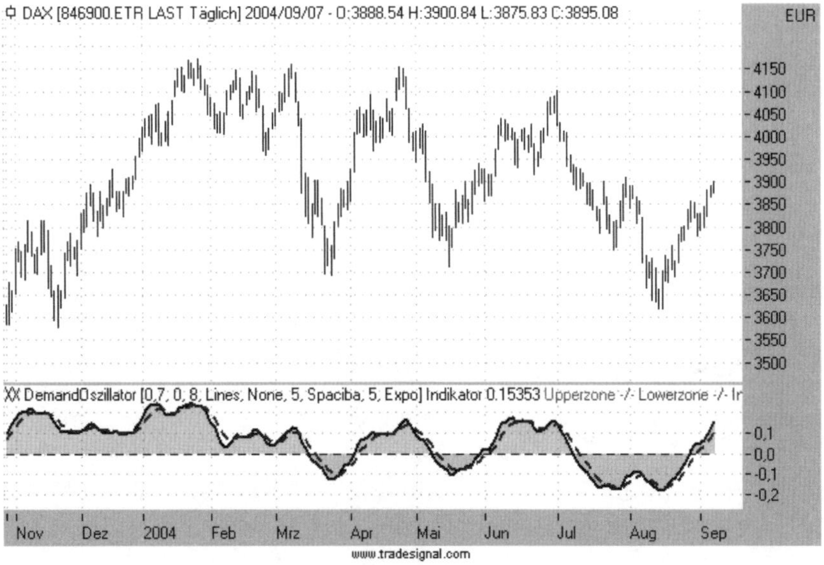

***Abb. 120** – Demand Oszillator mit dem „Rauschfilter" von Ehlers geglättet und mit einer Signallinie ausgestattet.*

Interpretation

Der Indikator bildet das Verhältnis von Kaufdruck und Verkaufsdruck ab. Ich beschränke mich dabei auf die in Abb. 120 zu sehende Oszillatorversion. Einfachste Lesart ist die Interpretation der Lage zur Mittellinie der Skala. Liegt der Indikator über der Mittellinie, ist der Kaufdruck stärker als der Verkaufsdruck. Liegt der Indikator unter der Mittellinie, ist der Verkaufsdruck stärker als der Kaufdruck.

Ein anderes wichtiges Gebiet der Analyse ist die Suche nach Divergenzen zwischen den Bewegungsmustern des Basistitels und des Indikators. Wir unterscheiden in der Divergenzanalyse grundsätzlich zwei Arten von Divergenzen. Die eine nennen wir bullishe Divergenz. Sie tritt im Abwärtstrend auf. Der Basistitel formt neue Tiefpunkte aus, während der Indikator keine neuen Tiefpunkte ausformt. Eine „saubere", bullishe Divergenz zeigt im Basistitel fallende Tiefpunkte und im Indikator steigende Tiefpunkte. Der Indikator zeigt uns damit an, dass die Kräfte, die für fallende Kurse im Basistitel verantwortlich sind, an Macht verlieren. Eine solche kraftlose Abwärtsbewegung droht zu versiegen. Eine Trendwende könnte die Folge sein. In Abb. 121 ist eine solche bullishe Divergenz markiert.

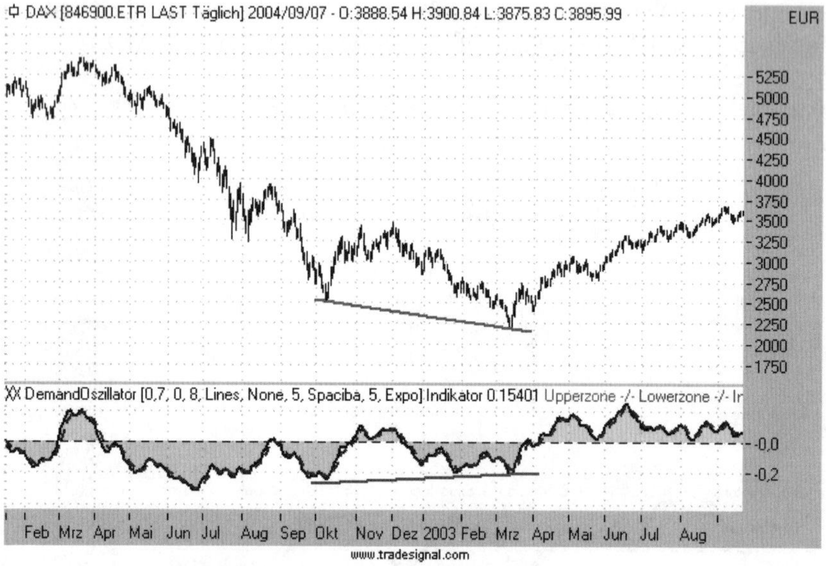

***Abb. 121** – Demand Oszillator mit bullisher Divergenz im DAX Index*

Die andere Art von Divergenz tritt im Aufwärtstrend auf. Sie heißt bearishe Divergenz, weil sie eine Rückkehr der Bären ankündigt. Der Basistitel des Indikators steigt auf neue Hochpunkte, während der Indikator keine neuen Hochpunkte ausbildet. Eine typisch bearishe Divergenz zeigt im Basistitel steigende Hochpunkte und im Indikator fallende Hochpunkte. Der Indikator zeigt uns, dass die Bullen an Kraft verlieren und möglicher Weise von den abwärts strebenden Kräften überrannt werden könnten. Abb. 122 zeigt ein Beispiel dafür.

***Abb. 122** – Demand Oszillator mit bearischer Divergenz im DAX Index.*

Einer der wenigen Autoren, die den Demand Index beschreiben, ist John Murphy. Murphy schwört auf die Trendlinienanalyse des Indikators. Durch die Berechnungsmethode des Indikators bildet diese bestimmte Bewegungsmuster eher aus, als dies im Basistitel zu sehen ist. Das bedeutet auch, dass eine in den Indikator eingezeichnete Trendlinie viel eher gebrochen wird, als dies nachher im Basistitel nachvollzogen wird.

In Abb. 123 habe ich die Markierung der Schnittpunkte zwischen DMO und Signallinie eingeschaltet. Hier werden Handelssignale erzeugt, wie es auch von anderen Oszillatoren her bekannt ist. Schneidet der DMO die Signallinie nach oben, gilt dies als Kaufsignal. Schneidet der DMO die Signallinie nach unten, gilt dies als Verkaufssignal. Im Beispiel wird die Mittellinie als Signalfilter verwendet.

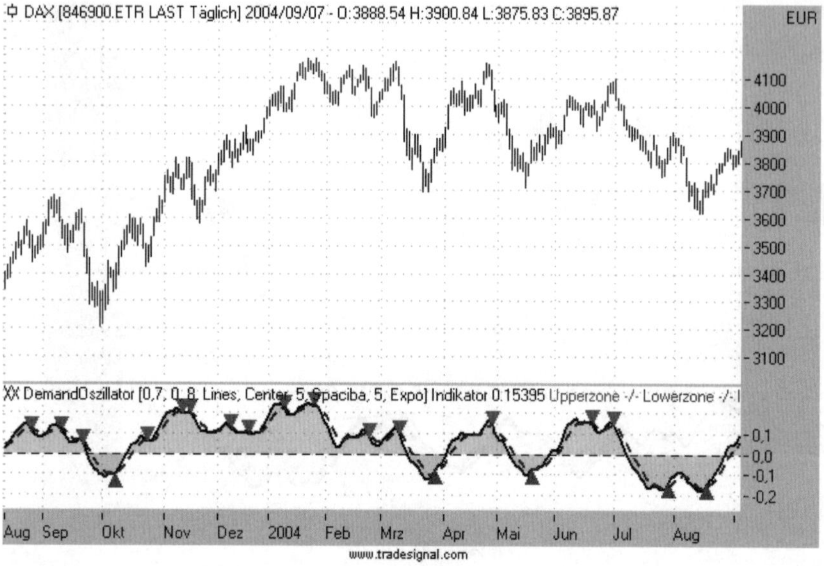

***Abb. 123** – Demand Oszillator mit Signallinie und Markierung der Schnittpunkte. Dabei wird die Mittellinie als Filter eingesetzt, das heißt Kaufsignale / Verkaufssignale dürfen nur unterhalb / oberhalb dieser Linie auftreten.*

Kritische Würdigung

Der Demand Index sticht aus der Masse der Indikatoren dadurch hervor, dass er vielfältige Informationen nutzt. Die komplexe Berechnung des Demand Index lässt sich zwar für staunende Leser interessant aufbereiten, aber ein Mehrwert an Nutzen ist trotz des Aufwandes nicht zu erkennen. Der Indikator bildet ein sehr unruhiges Verlaufsmuster aus, was die Interpretation erschwert. Die geglättete Version bietet zwar mehr fürs Auge, aber keine besseren Signale als andere Indikatoren.

Quellen

Asprey, Thomas E.: Finetuning the Demand Index. In. TAS&C V.4
Colby, Robert W., Meyers, Thomas A.: The Enzyclopedia of Technical Market Indicators
Murphy, John J.: Technische Analyse der Finanzmärkte. FinanzBuch Verlag, München

Directional Movement Index (DMI)

Grundlagen

Der Directional Movement Index ist seit fast 30 Jahren bekannt und wird seit der Publizierung durch Welles Wilder als wichtiger und vor allem vielseitig einsetzbarer Indikator verwendet. Ungewöhnlich an diesem Indikator ist, dass er nicht nur eine Trendrichtungsbestimmung, sondern gleichzeitig auch eine Bestimmung der Trendstärke ermöglicht, was ihm vielfältige Einsatzmöglichkeiten eröffnet. Der Indikator liefert mehrere Einzelwerte, die kombiniert oder einzeln für verschiedene Analysezwecke genutzt werden können. In Verbindung mit anderen Indikatoren liefert er gute Ergebnisse in Handelssystemen und wird vor allem in diskretionären Tradingansätzen als Trendstärkeindikator verwendet. Das Konzept der gerichteten Bewegung basiert auf wenigen Grundbedingungen, die Wilder formulierte. Er trifft zunächst die einfache Aussage, dass in einem Aufwärtstrend das Hoch des aktuellen Tages über dem Hoch des vorherigen Tages liegt und im Abwärtstrend das Tief des aktuellen Tages unter dem Tief des vorherigen Tages liegt. Damit ist die Grundlage für eine Trendbestimmung gegeben, die Wilder in seiner Berechnung verwendet.

Berechnung

Das Directional Movement System liefert drei einzelne Indikatoren, die als Positive Directional Index (+DI), Negative Directional Index (-DI) und Directional Movement Index (DMI) bezeichnet werden. Da der DMI sehr unruhig im Verlauf ist, wird in der Regel die geglättete Variante, der Average Directional Movement Index (ADX) verwendet. Die Berechnung der DMI Werte erfolgt in mehreren Schritten, die ich im Folgenden detailliert beschreiben werde. Die Berechnung des ADX und vor allem eine detaillierte Beschreibung finden Sie in einem separaten Beitrag.

Im ersten Schritt muss die gerichtete Bewegung des Handelstages festgestellt werden. Sie wird in zwei Variablen gespeichert, die wir Positive Directional Movement (+DM) und Negative Directional Movement (-DM) nennen. Sie dienen nur als Hilfsgrößen in der Berechnung und tauchen im Indikator selbst nicht auf.

Um zu ermitteln, welche gerichtete Bewegung in die Berechnung einzufließen hat, wird die heutige Handelsspanne mit der gestrigen verglichen. Liegt das heutige Hoch über dem gestrigen, liegt eine positive Kursänderung vor. Im einfachsten Falle kann also die Differenz vom gestrigen Hoch zum heutigen als +DM verrechnet werden; -DM ist in diesem Fall Null. Befindet sich das heutige Tief unter dem gestrigen Tief, liegt eine negative Kursänderung vor. Die Differenz von gestrigen Tief und heutigem Tief kann also als -DM verrechnet werden; +DM ist in diesem Falle Null.

Was aber, wenn ein Outside Tag vorliegt, die heutige Handelsspanne also sowohl ein höheres Hoch, als auch ein tieferes Tief als die gestrige herausgebildet hat? In diesem Fall wird der jeweils größere überlappende Wert verwendet. Ist also die Differenz Hoch heute minus Hoch gestern größer als die Differenz Tief gestern minus Tief heute, wird eine positive Veränderung angenommen, und umgekehrt entsprechend eine negative. An Tagen, an denen weder ein höheres Hoch noch ein tieferes Tief herausgebildet wird, werden beide Werte auf Null gesetzt. Bekannt ist diese Situation als Inside Day.

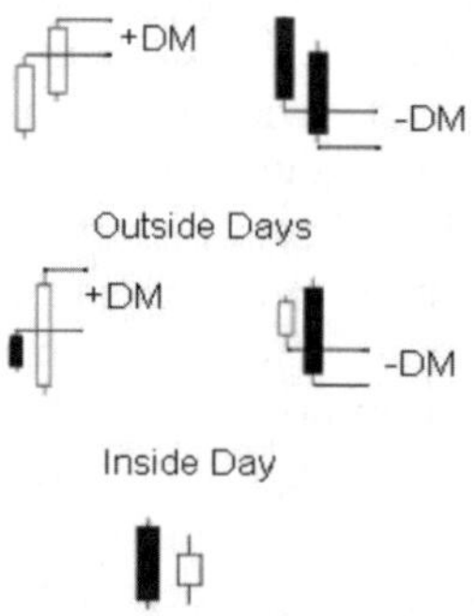

Vereinfachte Formel

Wenn $High_{(t)} > High_{(t-1)}$ dann $+DM_{(t)} = High_{(t)} - High_{(t-1)}$
Sonst $+DM_{(t)} = 0$
Wenn $Low_{(t)} < Low_{(t-1)}$ dann $-DM_{(t)} = Low_{(t-1)} - Low_{(t)}$
Sonst $-DM_{(t)} = 0$

True Range

Als nächsten Berechnungsschritt müssen wird die True Range (TR) ermitteln. Das ist die „echte“ Handelsspanne, eine Variante, die Kurslücken in der Berechnung berücksichtigt.

- Liegt das heutige Hoch über dem gestrigen Close und ist die Spanne heutiges Hoch – heutiges Tief kleiner als die Spanne heutiges Hoch – gestriges Close, wird letztere verwendet; es liegt ein Aufwärtsgap vor.
- Liegt das heutige Tief unter dem gestrigen Close und ist die Spanne heutiges Tief – heutiges Hoch kleiner als die Spanne heutiges Tief – gestriges Close wird letztere verwendet; es liegt ein Abwärtsgap vor.
- Ist die Spanne heutiges Hoch – heutiges Tief größer als die beiden Sonderfälle, wird diese verwendet.

$$True\ High_{(t)} = Max(High_{(t)}, Close_{(t-1)})$$
$$True\ Low_{(t)} = Min(Low_{(t)}, Close_{(t-1)})$$
$$True\ Range_{(t)} = True\ High_{(t)} - True\ Low_{(t)}$$
Oder:
$$True\ Range_{(t)} = Max((High_{(t)} - Low_{(t)}), (High_{(t)} - Close_{(t-1)}), (Close_{(t-1)} - Low_{(t)}))$$

True Range (TR)

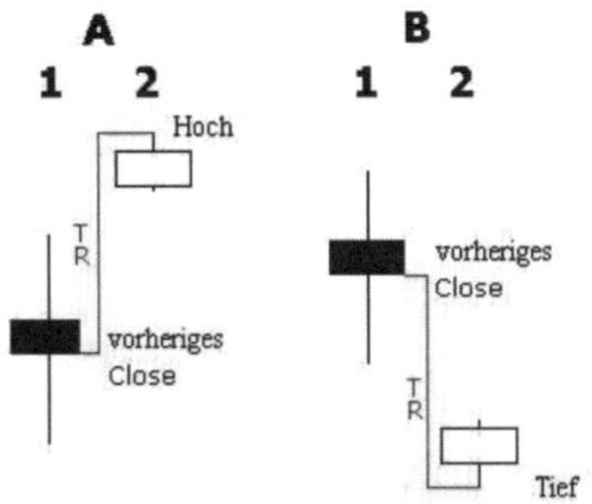

Im dritten Schritt werden die beiden Directional-Indikatoren berechnet. Sie sind definiert als Verhältnis von Directional Movement und True Range. Der +DI Indikator errechnet sich also aus dem Verhältnis +DM und True Range, der -DI Indikator errechnet sich aus dem Verhältnis -DM und True Range. Da die beiden Indikatoren in dieser Form zu unruhig sind, verwendet Wilder eine einfache arithmetische Glättung in seiner Berechnung. Abschließend werden beide Werte mit 100 multipliziert.

Die beiden Directional-Indikatoren

$$+DI_{(t)} = (Sum_{(n)}(+DM) / n) / (Sum_{(n)}(True\ Range) / n) * 100$$
$$-DI_{(t)} = (Sum_{(n)}(-DM) / n) ((Sum_{(n)}(True\ Range) / n) * 100$$
n = Berechnungsperiode

Nun möchte ich auf eine Besonderheit bei TradeSignal express hinweisen und auf die Schwierigkeiten, etwas über die Glättungsmethode zu erfahren. Im TradeSignal express werden eine einfache und eine exponentielle Glättung wahlweise verwendet. Die beiden Varianten sind einmal als Wilder-Version und einmal als Reuters-Version bezeichnet.

Ein Vergleich mit dem DMI-Indikator aus TradeSignal enterprise fördert zu Tage, dass der als Reuters-Version bezeichnete TradeSignal express-Indikator mit exponentieller Glättung arbeitet, da beide Indikatoren gleiche Werte aufweisen. Also scheint der im TradeSignal express als Wilder-Version bezeichnete Indikator derjenige mit einfacher Glättung zu sein. Im TradeSignal enterprise sowie vielen anderen Software Produkten wird nur die exponentielle Glättung verwendet.

Wenn man mehrere Quellen zu diesem Indikator durcharbeitet und dazu die Indikatoren verschiedner Softwareprodukte vergleicht, wird man schnell ziemlich verwirrt sein. Es existieren zahlreiche abweichende Angaben zu den Glättungsmethoden. Abschließend kann man hier kein Richtig oder Falsch festlegen. Einziger Unterschied ist eben bei all den verschiedenen Varianten die Glättung innerhalb der Berechnung.

Uns fehlt noch der DMI als dritter Wert des Systems. Der DMI ist der absolute Wert der Differenz des +DI und des –DI, dividiert durch die Summe der beiden +DI und –DI Werte. Abschließend wird das Ergebnis noch mit 100 multipliziert.

Formel DMI

$$DMI_{(t)} = abs(+DM_{(t)} - -DM_{(t)}) / (+DM_{(t)} + -DM_{(t)}) * 100$$

Dieser Indikator wird in der Regel nur geglättet verwendet und ist in dieser Version als Average Directional Movement Index bekannt. Darüber können Sie im entsprechenden Beitrag genaueres erfahren. Wilder verwendet als Periodenangabe für die Berechnung 14 Tage. Das hat damit zu tun, dass die von ihm gehandelten Rohstofffutures einem 28-Tage-Zyklus unterlagen. Er berechnete den Indikator also in der halben Zykluslänge. Es ist Ihnen natürlich freigestellt, mit anderen Werten zu experimentieren. Mit längeren Einstellungen kann der DMI als langfristiger Trendfilter verwendet werden. Konkrete Handelssignale sollten dann aus anderen Signalquellen kommen. Die beiden Teilindikatoren +DI und –DI bewegen sich innerhalb einer Werteskala von 0 – 100.

Interpretation

Der DMI wird in vielen verschiedenen Handelsansätzen und Analysemethoden verwendet. Die hauptsächliche Verwendung der beiden +DI- und –DI-Linien liegt in der Bestimmung des vorherrschenden Trends im Basistitel. Da es sich bei den Linien um eine geglättete Summierung der Kursänderungen nach oben und nach unten handelt, entscheidet ihre Lage zueinander über die Aussage zur Trendrichtung. Liegt die +DI über der -DI wird ein Aufwärtstrend angenommen. Liegt die -DI Linie über der +DI Linie wird ein Abwärtstrend angenommen.

Die absolute Lage der Linien innerhalb ihrer Werteskala spielt bei der Trendbestimmung keine Rolle. Je größer der Abstand der beiden Linien voneinander ist, um so stärker trendgerichtet verläuft die zugrunde liegende Bewegung. In Abb. 124 sehen Sie einen DAX-Tageschart mit dem DMI Indikator. Um die Aussagen der beiden Einzelindikatoren besser sichtbar zu machen, habe ich einen kleinen Demonstrationsindikator geschrieben. Dunkle Flächen bedeuten, dass die +DI

Linie über der -DI Linie liegt, helle Flächen bedeuten das Gegenteil. Die Übergänge von hell zu dunkel und von dunkel zu hell können als Trendwechsel bezeichnet werden, es handelt sich dabei um die Schnittpunkte der beiden Indikatorlinien. Diese können als konkrete Handelssignale verwendet werden.

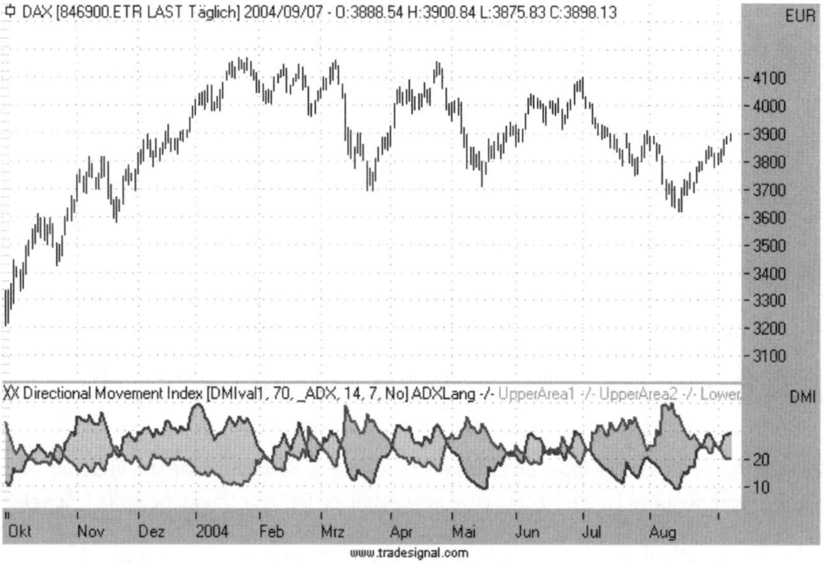

Abb. 124 *– Directional Movement Index, bestehend aus der +DI Linie und der -DI Linie.*

Eine weitere Möglichkeit ist es, verschiedene Periodeneinstellungen des gleichen Indikators zu kombinieren, um die Signale gegenseitig zu filtern. Abb. 125 zeigt diese Kombination an einem Beispiel. Es werden hierbei die Originalindikatoren aus dem Lieferumfang von TradeSignal enterprise verwendet. Als Trendphasen werden nur solche Abschnitte gewertet, die von beiden Indikatoren bestätigt werden.

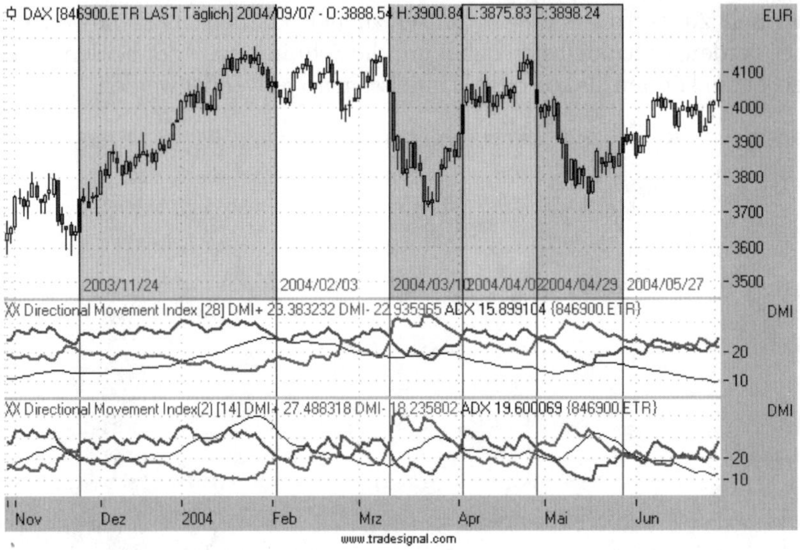

***Abb. 125** – DMI über 28 und 24 Tage. Im Chart sind diejenigen Bereiche markiert, in denen ein positiver Trend vorherrscht (dunkle Fläche) bzw. ein negativer Trend vorherrscht (helle Fläche).*

Kritische Würdigung

Da sich die Beschaffenheit der Märkte und ihrer Trends in den letzten Jahren dramatisch geändert hat, wird ein reines +DI / -DI Signalsystem ein teures Vergnügen sein. Die Volatilität in den Märkten hat derart zugenommen, dass es den älteren Trendfolgeindikatoren schwer fällt, brauchbare, alleingültige Signale zu liefern. Inzwischen ist es absolut notwendig, mehrere Signalgeber oder Filter zu kombinieren, um profitable Systeme zu erstellen. Heutige Trends sind viel öfter durch Seitwärtsphasen und scharfe Korrekturen unterbrochen, als zu Zeiten Wilders, so dass diese Indikatoren vermehrt Fehlsignale liefern. Oftmals erscheinen die Trendwechselsignale des DMI erst, wenn der Trend in eine Korrekturphase mündet. Abhängig von der Berechnungsperiode erkauft man sich mehr Fehlsignale bei kürzeren Periodeneinstellungen oder mehr Zeitverzögerung der Signale bei längeren Periodeneinstellungen.

Quellen

Evens, Stuart: Directional Movement. In: TAS&C V17
Florek, Erich: Neue Tradingdimensionen. FinanzBuch Verlag, München
Hartle, Tom: The Average Directional Movement Index. In: TAS&C V9
Summers, Jim: Wilders Directional Movement System. In: TAS&C V6

Donchian Channel

Grundlagen

1970 erschien ein kleines Buch „Traders Notebook“, in dem die damals gängigen Commodity-Tradingsysteme mittels eines Computers getestet wurden. Die besten Ergebnisse lieferte die Vier-Wochen-Regel, die R. Donchian entwickelt und vorgestellt hatte. Der daraus entwickelte Channel ist immer noch Grundlage verschiedenster Tradingkonzepte. Und obwohl der Channel mit oder ohne seinem Namen weit verbreitet und sein Prinzip allseits bekannt ist, ist es fast unmöglich, schriftliche Aufzeichnungen zu diesem Indikator zu finden. Ich beschränke mich deshalb auf eine einfache und bündige Beschreibung des Indikators. Als Quellen standen mir einige Internetseiten von Chartsoftwareherstellern sowie einige Internetforen zur Verfügung.

Der Donchian Channel ist ein vielseitig verwendbares Instrument, das einerseits Bestandteil von Handelssystemen und andererseits Bestandteil von Stop-Loss- oder Trailingstopp-Logiken ist. Donchian wurde 1983 erster Preisträger des „Most Valuable Performer Award“ der Zeitschrift „Managed Accounts Report“.

Berechnung und Parameter

Die Berechnung des Channels ist sehr einfach. Es werden für die angegebene Berechnungsperiode die höchsten und niedrigsten Kurse festgestellt. Dann wird eine Linie jeweils für den höchsten Wert und eine jeweils für den niedrigsten Wert gezeichnet. So lange diese Werte nicht über- bzw. unterboten werden, werden die Linien waagerecht weiter gezeichnet. Tritt eine Veränderung ein, also ein neuer Höchst- oder Tiefstkurs, werden die Linien entsprechend weiter oben oder weiter unten gezeichnet. Der so entstehende Kanal reflektiert also die Extremkurse der letzten n-Perioden. Abb. 126 zeigt den Channel mit einer Periodeneinstellung von 40 Tagen.

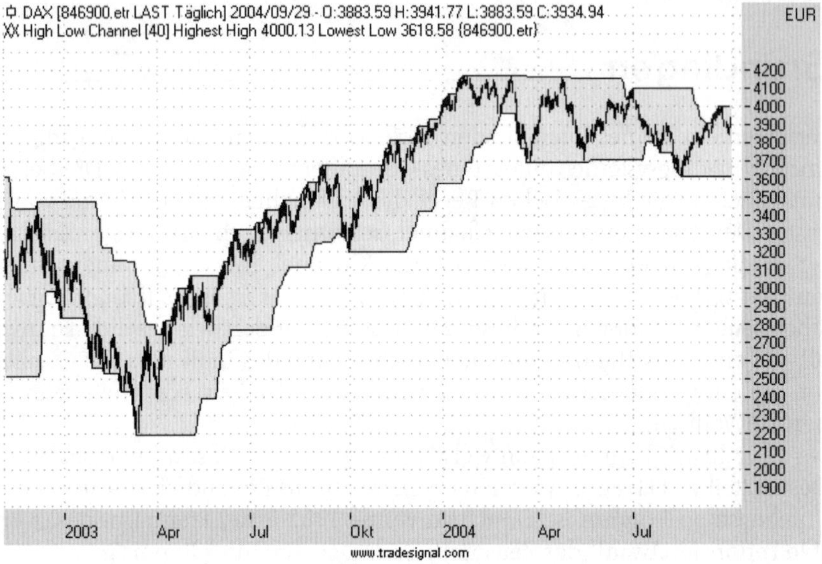

Abb. 126 *– Donchian Channel am Beispiel des DAX.*

Ich denke, eine grafische Darstellung der Berechnung, ist zu diesem Indikator nicht notwendig. An jedem Kursstab wird der jeweils höchste und tiefste Kurs des eingestellten Betrachtungszeitraumes ermittelt. Dann werden die beiden Linien des Channels an diesen Level weitergezeichnet. Ursprünglich wurde der Channel in Wochencharts verwendet. Daher stammt auch der Begriff der „Vier-Wochen-Regel". Das heißt, in Tagesdaten bietet sich eine Einstellung von 20 Tagen an. Für die Berechnung der Werte sollten Höchst- und Tiefstkurse verwendet werden. Liegen diese nicht vor, können auch Schlusskurse verwendet werden.

Interpretation

Der Donchian Channel diente als Basis für ein Handelssystem. Grundeinstellung sind vier Wochen oder 20 Tage, wie oben schon erwähnt. Kursausbrüche aus den Kanalbegrenzungen wurden als Handelssignale verwendet. Dieses System ist ein trendfolgendes Handelssystem. Bricht der Kurs aus dem oberen Band aus, gilt dies als Kaufsignal. Bricht er aus dem unteren Band aus, gilt dies als Verkaufssignal. Ausbruch ist vielleicht nicht das richtige Wort. Wird am heutigen Kursstab ein Kurs festgestellt, der niedriger als der gestrige Wert des niedrigsten Kurses der Handelsspanne ist oder höher, als der gestrige Wert für den höchsten Kurs der Handelsspanne ist, dann gilt dies als Signal.

Solche Ausbrüche waren Jahrzehnte lang profitable Handelssignale, die den Beginn oder eine weitere Welle eines laufenden Trends anzeigten. Ich habe von statistischen Untersuchungen gelesen, dass das Verhältnis von Ausbrüchen, die tatsächlich einen Trend bestätigen oder einleiten, zu Fehlausbrüchen deutlich gekippt ist. Daraus dürfte die Schlussfolgerung zu ziehen sein, das eine einfache „Vier-Wochen-Regel" nicht mehr profitabel zu handeln ist.

Ein zweites Anwendungsgebiet für den Channel ist das Vermitteln von Stoppmarken. In vielen Handelssystemen und Stopplogiken wird der Channel genutzt, um Marken für Risiko- und Gewinnsicherung zu bilden. Dabei werden die jeweils entgegen gesetzten Kanalbegrenzungen als Stop Level für Stop-Loss oder Trailing Stopp verwendet. Soll eine Longposition abgesichert werden, gilt das jeweilige Tief der Handelsperiode als Marke, also die untere Kanalbegrenzung. Soll eine Shortposition abgesichert werden, gilt das jeweilige Hoch als Marke, also die obere Kanalbegrenzung. Meist werden hier kürzere Einstellungen verwendet, wie zum Beispiel drei bis fünf Tage.

Quellen

www.paritech.com

Double Smoothed Stochastic Blau

Grundlagen

Eine der effektivsten und deshalb beliebtesten Weiterentwicklungen klassischer Indikatorentechnik ist die Einführung der einfachen und der doppelten Glättung von einzelnen Berechnungsschritten. Dabei werden die Eingangswerte einer Indikatorenberechnung einem oder mehreren Glättungsdurchläufen unterzogen, um das Ergebnis der Berechnung von unbrauchbaren Hakenschlägen und Zackenmustern zu bereinigen. W. Blau stellte seine Version der doppelt geglätteten Stochastic 1991 im Januar-Heft von TAS&C vor.

Als Basis für die Berechnung des Indikators dient die Original-Stochastic-Formel von G. C. Lane. Dessen Indikator beschreibt die Lage des aktuellen Schlusskurses innerhalb der maximalen Handelsspanne des Betrachtungszeitraumes. Lane's Indikator soll überkaufte und überverkaufte Situationen erkennen helfen und entsprechende Handelssignale liefern. Der als %K bezeichnete Grundindikator bewegt sich in einer Spanne zwischen 0 und 100. Wird der Basiswert des Indikators am höchsten Kurs des Betrachtungszeitraumes gehandelt, steht der Indikator bei 100, wird der Basiswert am niedrigsten Kurs des Betrachtungszeitraumes gehandelt, befindet sich der Indikator bei 0. Als Extremzonen sind 80 für den überkauften Bereich und 20 für den überverkauften Bereich vorgegeben.

Bereits Lanes Version wurde in der Regel mit einer einfachen Glättung versehen, um den sehr unruhigen Verlauf des Indikators zu bändigen und handelbare Signale zu erhalten. Nachteil des Original-Indikators sind die oft heftigen und hektischen Reaktionen auf Kursbewegungen, was die Interpretation erschwert. W. Blau machte sich an die Arbeit, die bereits gute Signalausprägung der Stochastic zu verbessern. Er bearbeitete die Eingangswerte der Stochastic-Berechnung in zwei aufeinander folgenden Durchgängen, jeweils mit einer gleitenden exponentiellen Glättung. W. Blau gibt für die Periodeneinstellung der Glättungsdurchläufe keine Standardwerte vor. Er überlässt es dem Anwender, eigene Einstellungen zu testen. Kombinationen von kurzen und langen Periodeneinstellungen sollen helfen, optimale Ergebnisse zu erzielen und die Nachteile in Form zeitlicher Verzögerung, die jeder Glättungsdurchgang erzeugt, zu minimieren.

In den TradeSignal-Softwareprodukten ist die Parameterwahl etwas eingeschränkt. Während in TradeSignal express der Glättungsparameter intern vorgegeben ist und nicht verändert werden kann, wird in TradeSignal enterprise ein einzelner Wert für beide Periodeneinstellungen verwendet. Abhilfe schafft ein geänderter Indikator für TradeSignal enterprise, der Ihnen als „ArbBer.1" auf www.tradesignalonline.com im entsprechenden Artikel zum Download angeboten wird. Hier sind die Periodeneinstellungen für die beiden Glättungsdurchläufe getrennt verfügbar.

Ziel der doppelten Glättung ist es, den Interpretationsspielraum der Indikatorsignale so weit wie möglich zu reduzieren, indem der Verlauf des Indikators von irritierenden oder nicht handelbaren Bewegungsmustern befreit wird. Die Anzahl der falschen Signale, die durch Hakenschläge der Stochastic erzeugt wurden, sollte deutlich reduziert werden. Die Glättungskomponenten sind so gewählt, dass die zeitliche Verzögerung der Signale gegenüber einer ungeglätteten Version des Indikators möglichst gering gehalten wird. Besonders die Kombination einer langen und einer kurzen Glättungsperiode reduziert die auftretende Verzögerung auf ein erträgliches Maß.

In Abb. 127 sehen Sie einen Vergleich von Original-Stochastic und dem DSS nach W. Blau. Es sind fast keine Unterschiede zu erkennen. Als Berechnungsperiode für die Stochastic ist für beide Indikatoren ein Wert von 5 Tagen eingestellt. Als Wert für die Glättung sind 3 Tage eingestellt.

Abb. 127 – *Vergleich der Original-Stochastic von Lane (mitte) mit der Double Smoothed Stochastic von W. Blau (unten).*

In Abb. 128 erkennen wir nun den Einfluss der doppelten Glättung bei der Blau-Version. Dieser wird erst sichtbar, wenn der Wert für die Glättung vergrößert wird. Eingestellt sind jetzt 8 Tage für die Stochastic-Berechnung und 5 Tage für die Glättung.

***Abb. 128** – Double Smoothed Stochastic wie in Abb. 127; jetzt allerdings mit einer längeren Periode und damit einem weicheren Verlauf.*

Sie sehen, dass einige der kleinen Hakenschläge in der Blau-Version nicht mehr zu finden sind. Wenn sie außerdem die im „ArbBer.1“ enthaltene Version verwenden, können sie in Ruhe die verschiedensten Kombinationen für die beiden zur Verfügung stehenden Periodeneinstellungen der Glättung testen. Sie werden interessante Effekte beobachten. In Abb. 129 habe ich 10 Tage für die erste Glättung und 5 Tage für die zweite Glättung verwendet. Das Ergebnis ist ein noch weicherer Verlauf

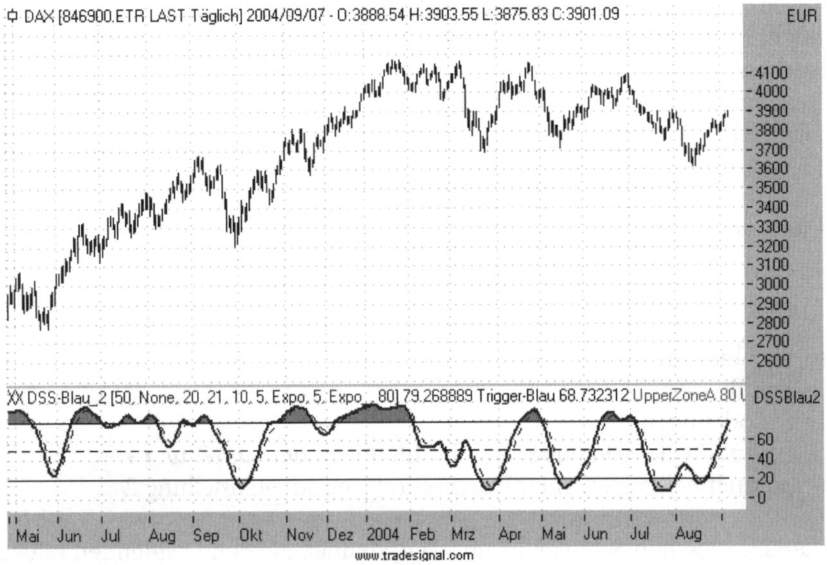

Abb. 129 *– Hier ist der DSS noch stärker geglättet. Zudem sind die Flächen der Extremzonen hervorgehoben.*

Berechnung und Parameter

Zur Berechnung des Indikators ist es zunächst wichtig, die Original-Stochastic-Berechnung zu kennen. Diese werde ich kurz erläutern: Die Stochastic-Berechnung basiert auf einem Vergleich der Differenz von Schlusskurs und dem Periodentief mit der maximalen Spanne zwischen höchsten und tiefsten Kurs des Betrachtungszeitraumes. Als Ergebnis gibt uns der Indikator ein Maß für die Lage des Schlusskurses innerhalb der betrachteten Kursspanne.

Formel Stochastic

Die grundlegende Formel der Stochastic-Berechnung liefert den als Fast-Stochastic bezeichneten Oszillator %K.

$$\% K = \frac{C - L_n}{H_n - L_n} * 100$$

Close = Schlusskurs
L(n) = Periodentief
H(n) = Periodenhoch

Am meisten Verwendung findet eine geglättete Variante des Oszillators, der als Slow %K bezeichnete Slow Stochastic Oszillator. Für die Glättung wird in der Regel ein einfacher Durchschnitt der letzten drei bis fünf Indikatorwerte verwendet. Die Slow Stochastic wird in der Standardeinstellung auf 5 Tage berechnet. Blau's geänderte Berechnung finden Sie in der folgenden grafischen Darstellung aus dessen Originalartikel:

$$\text{DS - stochastic}_{a,y,z} \equiv 100\left[\frac{E_z\left(E_y\left(C - L_a\right)\right)}{E_z\left(E_y\left(H_a - L_a\right)\right)}\right]$$

Close = Schlusskurs
L(a) = Periodentief
H(a) = Periodenhoch
E(y) = exponentieller gleitender Durchschnitt Periodeneinstellung 1
E(z) = exponentieller gleitender Durchschnitt Periodeneinstellung 2

Die Differenz zwischen Schlusskurs und Periodentief, die den Dividenden bildet, wird einer exponentiellen Glättung unterzogen und dieses Ergebnis noch einmal geglättet. Gleichermaßen wird mit der Differenz zwischen Periodenhoch und Periodentief verfahren, die den Divisor bildet. Erst nach den Glättungsdurchläufen erfolgt also die Division. Die Multiplikation des Ergebnisses mit 100 dient der Skalierung des Indikators. Innerhalb der Skala werden noch zwei Bereiche abgeteilt. Der obere Extrembereich wird bei 80 festgelegt. Befinden sich die Kurse in dieser Region, gelten sie als überkauft. Der untere Extrembereich wird bei 20 abgetrennt. Befinden sich die Kurse in dieser Region, gelten sie als überverkauft. In Blau's Artikel wird in einigen Beispielen für die erste Glättungsperiode ein Wert von sieben Tagen angegeben und für die zweite Glättungsperiode ein Wert von drei Tagen. Jedoch ist es abhängig von Zeitrahmen und Basiswert wichtig, verschiedene Parametersätze zu testen. Die richtige Kombination der Glättungsparameter hat einen deutlichen Einfluss auf die Signalqualität und die zeitliche Verzögerung der Signale, die durch die Glättung entstehen kann.

Darstellungsvarianten

Die in „ArbBer.1" auf www.tradesignalonline.com enthaltene Version weicht etwas von der Standardversion der TradeSignal-Produkte ab. Zum einen sind farbliche Hervorhebungen zu sehen, wann immer der Indikator in einer der Extremzonen verläuft; Abb. 129 zeigt dafür ein deutliches Beispiel. Weiterhin sind alle Berechnungsparameter getrennt verfügbar. Und als wichtigster Punkt ist die Berechnung der Signallinie bereits im Indikator enthalten. Es stehen dafür verschiedene Methoden der Glättung zur Verfügung. Diese Version wird ab jetzt in allen Abbildungen verwendet.

Interpretation

Für die Double Smoothed Stochastic nach W. Blau (DSS Blau) ergeben sich die gleichen Verwendungsmöglichkeiten, die auch für das Original von George Lane gelten. Wir können zwei wichtige Gebiete unterscheiden:

Beurteilung des Basiswertes

Befindet sich der Indikator in seiner unteren Extremzone, gilt der Basiswert als überverkauft. Befindet sich der Indikator in seiner oberen Extremzone, gilt der Basiswert als überkauft. In beiden Fällen wird zunächst unterstellt, dass Extremzustände vom Markt korrigiert werden. Als Signal gilt in dieser Lesart das Verlassen der Extremzone. Abb. 130 zeigt ein Beispiel mit markierten Signalen.

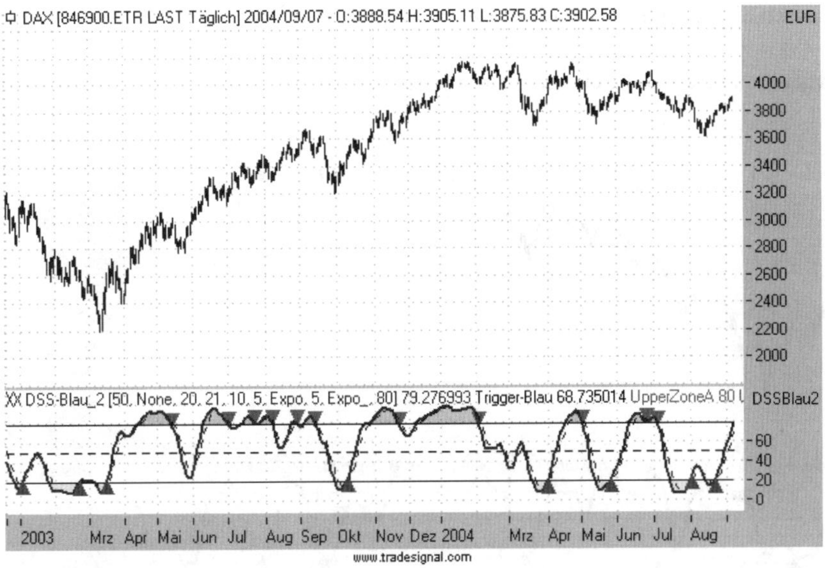

Abb. 130 – *Die Situationen, in denen der DSS aus den Extremzonen wieder in den „neutralen" Bereich eintritt, sind hier mit Dreiecken markiert.*

Eine Andere Möglichkeit ist die Verwendung der Schnittpunkte zwischen Indikator und Extremzonenbegrenzung bereits beim Eintritt in die Extremzone. Schneidet der Indikator die Linie bei 80 Prozent nach oben, kann dies als Verkaufssignal verwendet werden. Schneidet der Indikator die Linie bei 20 Prozent nach unten, kann dies als Kaufsignal verwendet werden. Allerdings ist diese Variante sehr gefährlich, da in starken Trends der Indikator längere Zeit in einer Extremzone verlaufen kann, während der Kurs des Basiswertes den Trend fortsetzt.

Signalerzeugung durch Schnittpunkte mit der Signallinie

Hier verwendet man einen gleitenden Durchschnitt des Indikators als Signallinie. In der Regel wird dazu ein einfacher oder ein exponentieller gleitender Durchschnitt auf den Indikator berechnet. Schneidet der Indikator die Signallinie von unten nach oben, gilt dies als Kaufsignal. Schneidet der Indikator die Signallinie nach unten, gilt dies als Verkaufssignal. Die Lage der Indikatorlinie innerhalb der Skala kann als Filter für die Schnittsignale verwendet werden. Dabei kann gelten, dass Verkaufssignale nur zugelassen werden, wenn sich der Indikator im überverkauften Bereich über 80 Prozent befindet. Für Kaufsignale gilt, dass sie nur zugelassen werden, wenn sich der Indikator in der überverkauften Zone unter 20 Prozent befindet. Eine Abwandlung dieser Regel kann die Mittellinie als Trennung zwischen Kauf- und Verkaufssignalen verwenden. Abb. 131 zeigt ein Beispiel mit markierten Signalen. Die Mittellinie wird in diesem Fall als Signalfilter verwendet.

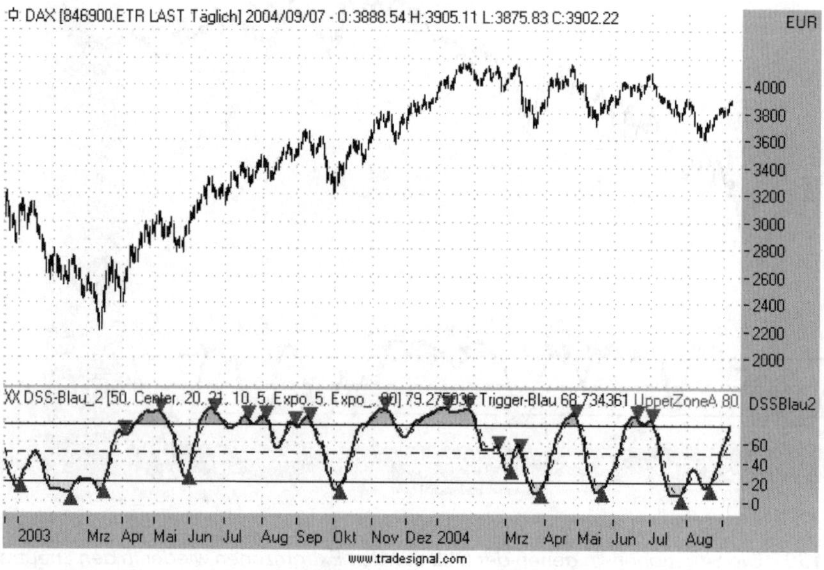

Abb. 131 – *Schnittpunkte mit der Signallinie, die in den Extremzonen auftreten, sind hier mit Dreiecken markiert.*

Grundsätzlich zeigt uns der Indikator, wo im Vergleich zur gesamten betrachteten Handelsspanne sich der Schlusskurs des Basiswertes befindet. Befindet er sich im oberen Teil dieser Spanne, wird der Indikator über einem Wert von 50 liegen. Befindet sich der Kurs des Basiswertes im unteren Teil der Handelsspanne, wird der Indikator unter 50 liegen. Ein Wert von 100 zeigt, dass der Basiswert am höchsten Kurs der betrachteten Spanne gehandelt wird. Ein Wert von 0 zeigt, dass der Basiswert am tiefsten Kurs der betrachteten Spanne gehandelt wird.

Eine intensive Analyse von Trendstärke und Trendrichtung im Basiswert kann vor Schaden bewahren. In starken Trendbewegungen wird der Basiswert längere

Zeit entweder am oberen oder am unteren Ende der betrachteten Handelsspanne liegen, da er sich kontinuierlich in eine Richtung bewegt. Der Indikator wird deshalb permanent in einer seiner beiden Extremzonen verharren und möglicherweise mehrfach Signale in die Gegenrichtung liefern. Eine Kombination mehrerer Analysemethoden oder Indikatoren kann also Fehlsignale verringern und vor Verlusten bewahren.

Als letzte Möglichkeit möchte ich die Suche nach Divergenzen zwischen Basiswert und Indikatorverlauf ansprechen. Wobei durch die Glättung und die begrenzte Skalierung nur wenige brauchbare Divergenzen zu finden sind. Zwei Arten von Divergenzen werden hauptsächlich beobachtet: Die bullishe Divergenz, tritt im Abwärtstrend auf. Der Basiswert bildet fallende Tiefpunkte aus. Der Indikator jedoch bildet keine neuen Tiefpunkte aus; ein Hinweis auf die schwindende Kraft in der Kursbewegung des Basiswertes. In Abb. 132 habe ich eine solche markiert.

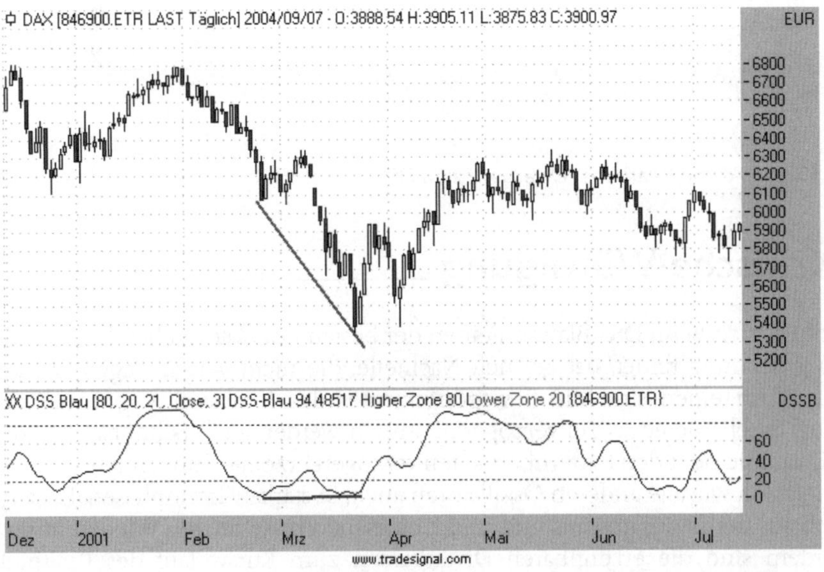

Abb. 132 – *Teilweise lässt sich der DSS auch für die Divergenzanalyse nutzen; hier am Beispiel des DAX mit einer bullischen Divergenz*

Eine bearishe Divergenz tritt im Aufwärtstrend auf. Während der Basiswert weitere Hochpunkte ausbildet, bleibt der Indikator hinter dieser Bewegung zurück. Meist bildet er sogar fallende Hochpunkte aus. In Abb. 133 habe ich eine bearishe Divergenz markiert.

***Abb. 133** – DAX mit bearischer Divergenz zum DSS*

Kritische Würdigung

Obwohl es sich beim DSS-Blau um einen der besten Oszillatoren handelt, der zur Zeit Verwendung findet, hat er auch Nachteile, die nicht verschwiegen werden sollten. Zum einen sind die Bewegungsmuster des Indikators gegenüber der Original Stochastic etwas zeitverzögert. Dadurch werden auch Schnittsignale mit der Signallinie oder den Extrembereichen verzögert erzeugt. Zum anderen versagt der Indikator, wie alle anderen Oszillatoren auch, in starken Trendphasen. Er steigt zu früh aus der Bewegung aus und findet oft keinen brauchbaren Wiedereinstieg. Außerdem sind die erkennbaren Divergenzen zum Kursverlauf des Basistitels weniger deutlich als bei anderen Indikatoren. Grund hierfür ist hauptsächlich die fest begrenzte Skalierung.

Quellen

Blau, William: Double Smoothed Stochastics. In: TAS&C V.9
Florek, Erich: Neue Tredingdimensionen. FinanzBuch Verlag, München
Kaufmann, Perry J.: Trading Systems and Methods.
Luisi, Joe: The Stochastic Oszillator. In: TAS&C V.15
Takano, Mike: Stochastic Oszillator. In: TAS&C V.7

Double Smoothed Stochastic Bressert

Grundlagen

W. Bressert stellte seine Version der doppelt geglätteten Stochastic einige Zeit nach W. Blau vor. Wie wir sehen werden, handelt es sich um zwei nicht sehr verschiedene Indikatoren, die zwar die Stochastic als Basis und eine mehrfache Glättung der Werte als Erweiterung nutzen, aber intern auf etwas anderem Wegen berechnet werden. Beide Indikatoren werden als Double Smoothed bezeichnet. Diese Bezeichnung ist für die Bressert-Version zwar nicht falsch, aber sie stellt meiner Meinung nach den falschen Aspekt der Berechnung in den Vordergrund. Bressert berechnet eine Original-Stochastic, glättet das Ergebnis und berechnet darauf erneut eine Stochastic. Ein Blick auf das Ergebnis zeigt dann auch deutliche Unterschiede zur Version von Blau.

Das Original beider Indikatoren stammt von G. C. Lane. Dieser hatte seinen Stochastic-Indikator in den siebziger Jahren publik gemacht und damit einen „Dauerbrenner" auf den Weg geschickt. Grundlage bildet die Beobachtung der Lage des aktuellen Schlusskurses innerhalb der maximalen Handelsspanne des Beobachtungszeitraumes. Der Indikator soll nach oben oder unten überdehnte Kursbewegungen lokalisieren und entsprechende Handelssignale in Gegenrichtung zur Verfügung stellen.

Was W. Bressert mit seinem Indikator verändert, ist die Signalqualität und das Verlaufsmuster des Indikators. Durch die zweifache Stochastic-Berechnung wird eine Beschleunigung im Verlaufsmuster erreicht, dieses aber gleichzeitig wesentlich glatter gehalten, als im Original-Indikator. Der Indikator reagiert sensibler auf kleinere Kursbewegungen und erzeugt wesentlich mehr Signale als die Version von W. Blau. Ein Vergleich der beiden Indikatoren in Abb. 134 zeigt die Unterschiede auf. Sie sehen, dass die Bressert-Version wesentlich deutlicher in die Extremzonen eintaucht als die Blau-Version.

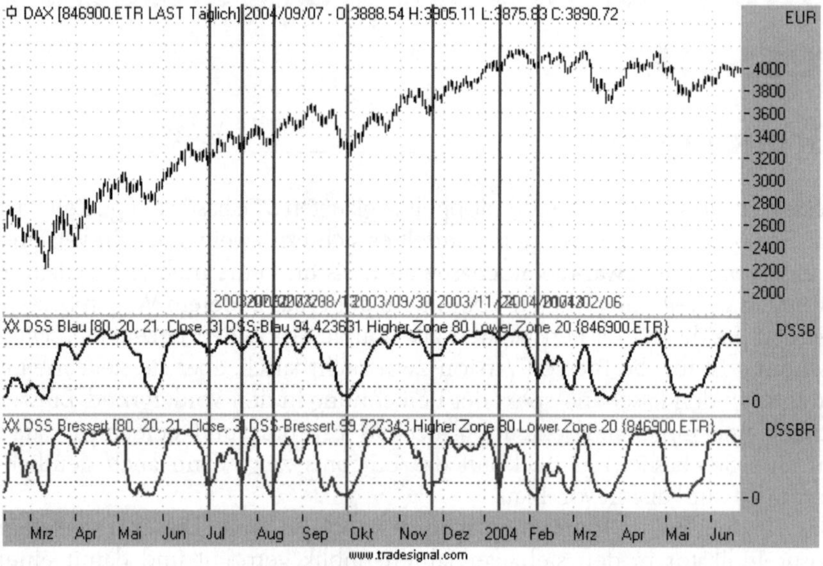

***Abb. 134** – Double Smoothed Stochastic von Blau (mitte) und von Bressert (unten) im Vergleich.*

In Abb. 135 ist die Berechnungsperiode für die Stochastic-Berechnung verkürzt. Dadurch treten die Unterschiede zwischen beiden Indikatoren deutlicher hervor. Außerdem ist eine leichte Verzögerung der Bewegung der Blau-Version im Vergleich zur Bressert-Version zu erkennen. Als Gemeinsamkeit kann der wunderbar weiche Verlauf beider Indikatoren betont werden.

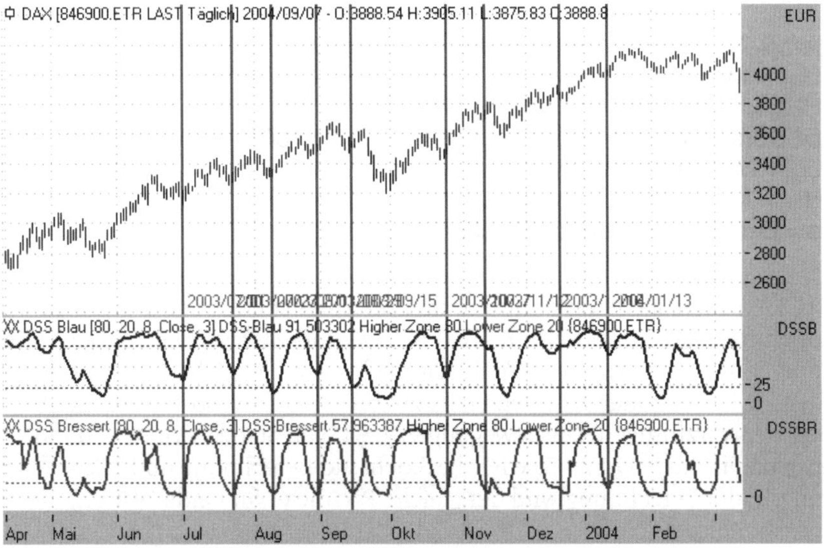

Abb. 135 *– Beide DSS-Indikatoren von Blau und Bressert mit einer kürzeren Periodeneinstellung.*

Berechnung und Parameter

Zur Berechnung des Indikators ist es zunächst wichtig, die Original-Stochastic-Berechnung zu kennen. Diese können Sie im Beitrag zur Version von W. Blau bzw. im Beitrag zur Stochastic selbst nachlesen.

W. Bressert führt zunächst die einfache Stochastic-Berechnung durch. Das Ergebnis wird geglättet und danach erst mit 100 multipliziert. Für die Glättung wird ein exponentieller gleitender Durchschnitt verwendet. Nun folgt der für die Signalausprägung entscheidende Schritt. Auf den Stochastic-Wert wird erneut die Stochastic-Berechnung angewendet. Jetzt werden nicht mehr die Kurse des Basiswertes zu Grunde gelegt, sondern die Werte des ersten Berechnungsschrittes.

Das Ergebnis wird erneut mit einem exponentiellen gleitenden Durchschnitt geglättet und danach mit 100 multipliziert. Die Grundeinstellung der Berechnungsparameter ist entscheidend für die Signalausprägung. Wird die Stochastic-Periode kurz gewählt, werden viele gute Signale geliefert. Der Indikator reagiert sehr sensibel auch auf kleinere Kursbewegungen. Teilweise reagiert er aber etwas zu sensibel. Den perfekten Oszillator hat auch W. Bressert nicht erschaffen.

Formel DSS-Bressert:

$$temp_{(t)} = (Close_{(t)} - LL_{(t)}) / (HH_{(t)} - LL_{(t)}) * 100$$
$$LL_{(t)} = Min(Low_{(t)} \dots Low_{(t-n)})$$
$$HH_{(t)} = Max(High_{(t)} \dots High_{(t-n)})$$
$$DSSBressert_{(t)} = (temp_{(t)} - Lt_{(t)}) / (Ht_{(t)} - Lt_{(t)}) * 100$$
$$Lt_{(t)} = Min(temp_{(t)} \dots temp_{(t-n)})$$
$$Ht_{(t)} = Max(temp_{(t)} \dots temp_{(t-n)})$$
$$n = \text{Berechnungsperiode Stochastik}$$

In Abb. 136 sehen Sie den Indikator in drei verschiedenen Periodeneinstellungen. Von oben nach unten sind dies 8 Tage, 13 Tage und 21 Tage. Die Periode für die Glättung ist auf 3 Tage gesetzt. Es ist natürlich auch möglich, den Indikator auf Wochen-, Monats- oder Stundendaten zu berechnen. Wobei seine Stärke im Bereich der kurzfristigen Kursbewegungen liegt. Die Standardeinstellung in den TradeSignal-Produkten ist 21 Tage für die Stochastic-Berechnung und 3 Tage für die Glättung. In der Berechnung wird der gleiche Parameter für beide Glättungsdurchläufe verwendet.

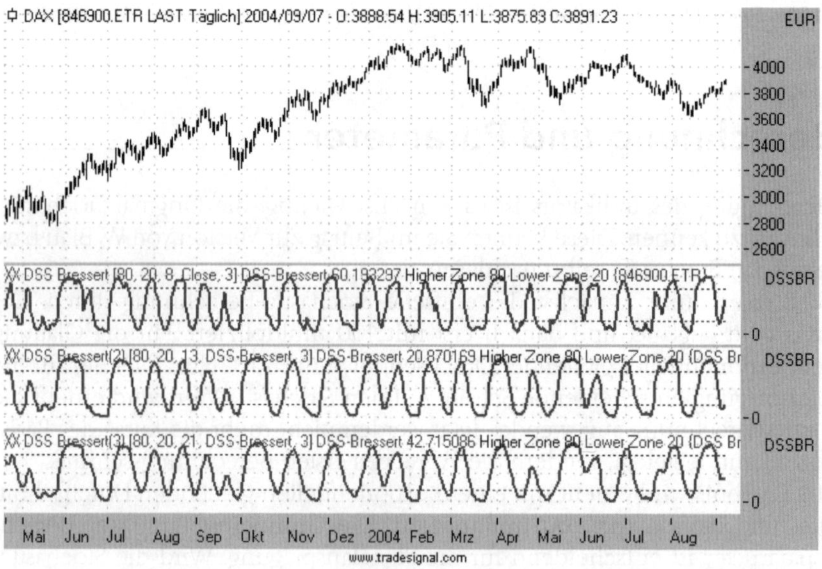

***Abb. 136** – DSS von Bressert über 8, 13 und 21 Tage.*

Der Indikator bewegt sich in einer Skala von 0 bis 100. Für die Extremzonen gelten die gleichen Werte wie bei Lanes Original-Stochastic sowie der Blau-Version. Der obere Extrembereich wird bei 80 und der untere Extrembereich bei 20 festgelegt. Diese Werte können variiert werden. Es kann oft sehr profitabel sein, die

Extremzonen zu verändern. Für diverse Anwendungen ist es sinnvoll, eine zusätzliche Linie als Mittellinie bei 50 einzuzeichnen.

Die Glättung hat in Bresserts Version nicht die herausragende Bedeutung wie bei W. Blau. Das soll heißen, das der Aufwand zum Auffinden der optimalen Einstellung gering gehalten werden kann. Bei der Blau-Version ist es wichtiger, verschiedene Parameter zu testen, da diese sich gegenseitig stark beeinflussen.

Darstellungsvarianten

Auf www.tradesignalonline.com im entsprechenden Beitrag liefere ich Ihnen als „Arb.Ber1" eine Version zum Download, die etwas von der Standardversion der TradeSignal-Produkte abweicht. Zum einen sind farbliche Hervorhebungen zu sehen, wann immer der Indikator in einer der Extremzonen verläuft. Weiterhin sind alle Berechnungsparameter getrennt verfügbar. Und als wichtigster Punkt ist die Berechnung der Signallinie bereits im Indikator enthalten. Es stehen dafür verschiedene Methoden der Glättung zur Verfügung. Außerdem können die Schnittsignale mit der Signallinie automatisch markiert werden. In Abb. 137 und allen weiteren Abbildungen ist diese Version zu sehen.

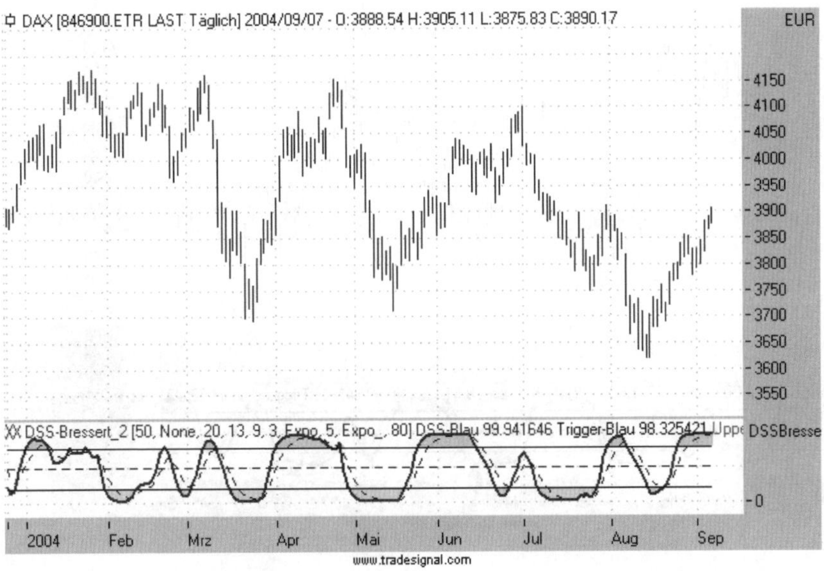

***Abb. 137** – DSS von Bressert in einer speziellen Version, die Sie auch auf www.tradesignal-online.com im gleichnamigen Beitrag downloaden können.*

Interpretation

Hier gilt das gleiche, was auch zu Lanes Original-Stochastic und Blau's Double Smoothed Stochastic geschrieben wurde. Bitte lesen Sie dort nach. Da der Indikator ein nahezu „abgerundetes" Verlaufsmuster bildet, bieten sich für die Signallinie eng anliegende Varianten, wie der Adaptive Moving Average Kaufmann (KAMA), der Weighted Moving Average (WMA) oder ein anderer, sehr reagibler Durchschnitt an. Die Gefahr von ungewollten Überkreuzungen ist bei diesem Indikator sehr gering. Als Signale werden die Schnittpunkte mit der Signallinie verwendet. Schneidet der Indikator die Signallinie nach oben, gilt dies als Kaufsignal, schneidet er sie nach unten als Verkaufssignal.

Mit Hilfe der Mittellinie oder den Extremzonen können die Signale zusätzlich gefiltert werden. Bullishe Signale können nur dann verwendet werden, wenn sie unter der Mittellinie oder in der unteren Extremzone entstehen. Bearishe Signale werden dann nur verwendet, wenn sie in der oberen Extremzone oder über der Mittellinie entstehen. Welche Variante die bessere ist, muss nach Basiswert entschieden und getestet werden. In Abb. 138 sind die Schnittpunkte mit der Signallinie markiert. Die Mittellinie dient hier als Signalfilter.

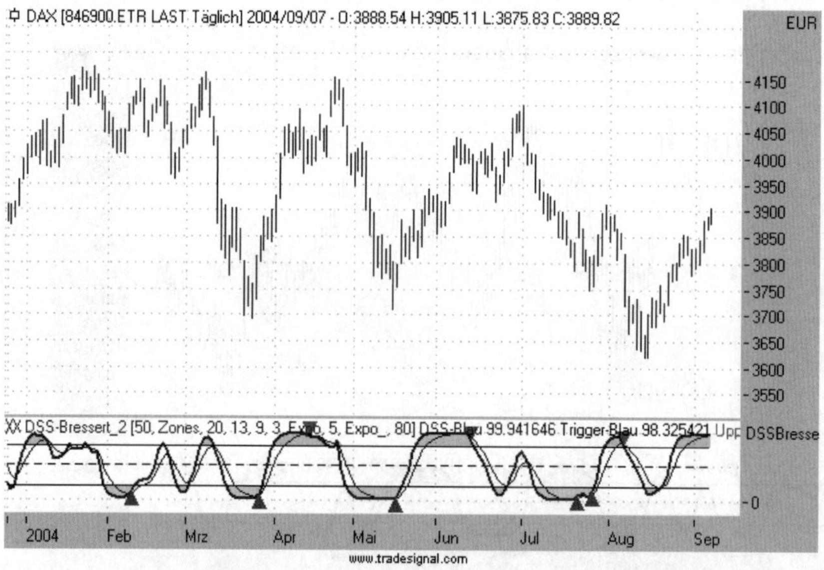

***Abb. 138** – Schnittpunkte des DSS mit seiner Signallinie in den Extremzonen können als Handelssignale verwendet werden.*

Eine andere Variante der Signalerzeugung ist die direkte Bewegung des Indikators in eine Extremzone hinein oder aus ihr heraus. Dies ist als Signal zu werten. Läuft der Indikator aus der unteren Überverkauft-Zone heraus, kann dies als Kaufsignal gelten, läuft er aus der oberen Überkauft-Zone heraus, gilt das als Verkaufssignal. In trendstarken Phasen läuft dieser Indikator relativ oft die entgegen gesetzte Extremzone an und liefert so brauchbare Signale. Das liegt an der beschleunigenden Wirkung der doppelten Stochastic-Berechnung.

Kritische Würdigung

Für den DSS Bressert gelten die gleichen nachteiligen Verhaltensweisen wie bei fast allen anderen Oszillatoren auch. In starken Trendphasen steigt der Indikator zu früh aus einer laufenden Bewegung aus. Er liefert zwar relativ oft Widereinstiegssignale, jedoch verpasst er einen Teil der Trendbewegung. Außerdem gilt, dass durch längere Einstellungen der Glättungsparameter die zeitliche Verzögerung der Handelssignale vergrößert wird.

Quellen

Florek, Erich: Neue Trading Dimensionen. FinanzBuch Verlag, München

Dynamic Momentum Index

Grundlagen

Noch ein RSI-Derivat, werden Sie sich fragen. Ja, die Grundlagen sind auch hier der Relative Strength Index (RSI), seine Berechnung und seine Unvollkommenheit. Im Verlaufe meiner Autorentätigkeit habe ich zahlreiche Derivate des RSI behandelt. Eines davon, der Stochastic RSI (StochRSI), hat sich bisher als echte Bereicherung herausgestellt. Mit dem Dynamic Momentum Index (DMOM) steht ein zweites Derivat des RSI auf dem Papier, dass seine Nützlichkeit zum Teil zumindest beweisen kann.

Der RSI ist uns sicher allen bekannt. Er wurde von W. Wilder in den siebziger Jahren vorgestellt. Ungeachtet einiger kleiner Abwandlungen existiert er in dieser Form also schon fast 30 Jahre. Der RSI soll die innere Stärke einer Kursbewegung messen und abbilden. Dazu ermittelt er die Dynamik der aufwärtsgerichteten Kursbewegungen und die Dynamik der abwärtsgerichteten Kursbewegungen. Das Verhältnis beider Werte ergibt den RSI.

Ein großer Nachteil des RSI ist, dass er relativ lange zwischen seinen beiden Extremzonen hin und her pendelt aber nur selten in diese eintritt. Aber gerade diese Signale sind es, nach denen viele Trader Ausschau halten, um die Stärke oder Schwäche einer Kursbewegung und daraus folgende Trendwechsel zu bewerten. Der RSI bleibt oft über Monate ein solches Signal schuldig. Der schon genannte StochRSI hat dieses Problem durch die Kombination des RSI-Konzeptes mit dem Stochastic-Konzept hervorragend gelöst. Er signalisiert sehr zuverlässig jeden Extremzustand im Basiswert.

T. Chande und S. Kroll, aus deren Feder der Stochastic RSI stammt, versuchten einen weiteren Weg zu finden, die Signalqualität des RSI zu verbessern. Ihre Beobachtung der Zyklenlänge von Märkten zeigte, dass diese Zyklen zwar vorhanden sind, aber natürlich bestimmten Schwankungen unterworfen sind. Hinzu kommt, dass in Zeiten ruhiger Marktbewegungen seltener Extremzustände erreicht werden, als in hoch volatilen Phasen. Ein Indikator, der eine feste Berechnungsperiode verwendet, wird also eher zufällig die Extrempunkte des Marktes treffen. Also muss die Berechnungsperiode des RSI irgendwie an die Schwankungen des Marktes angepasst werden.

Chande und Kroll suchten also nach einer Möglichkeit, die Schwankungsintensität des beobachteten Marktes zu messen. Wenn Sie den Beitrag über die Bollinger Bänder gelesen haben, wissen Sie jetzt schon, welches statistische Maß den beiden hier behilflich war. Sie verwenden die Standardabweichung der Kurse als Maß für die Volatilität.

Die Standardabweichung gibt an, wie stark die Kurse um einen Mittelwert gestreut sind. In Zeiten starker Marktbewegungen wird sie also einen hohen Wert aufweisen, in Zeiten ruhiger Bewegungen ein niedrigeres Maß. Mit Hilfe der Standardabweichung wird ein Volatilitätsfaktor errechnet, durch den die Berechnungsperiode des RSI dividiert wird. Ist die Volatilität hoch, verkürzt sich dadurch die Berechnungsperiode des RSI. Ist nur wenig Bewegung im Markt, verlängert sich die Berechnungsperiode des RSI, so dass mehr Daten auf dessen Berechnung Einfluss finden.

Berechnung und Parameter

Wir erinnern uns zunächst an die Berechnung des RSI. Es wird die Summe der aufwärtsgerichteten Kursbewegungen ermittelt und die Summe der abwärtsgerichteten Kursbewegungen. Schematisch lässt sich das folgendermaßen ausdrücken:

wenn: $Close_{(t)} > Close_{(t-1)}$ -> $Up_{(t)} = Close_{(t)} - Close_{(t-1)}$ und $Down_{(t)} = 0$
wenn: $Close_{(t)} < Close_{(t-1)}$ -> $Up_{(t)} = 0$ und $Down_{(t)} = Close_{(t-1)} - Close_{(t)}$

$SumUp_{(t)} = Sum_{(n)}(Up)$
$SumDown_{(t)} = Sum_{(n)}(Down)$

$AvgSu_{(t)} = Sum_{(n)}(SumUp) / n$
$AvgSd_{(t)} = Sum_{(n)}(SumDown) / n$

$RS_{(t)} = AvgSu_{(t)} / AvgSd_{(t)}$
$RSI_{(t)} = 100 - (100/ 1+ RS_{(t)})$
n = Berechnungsperiode, Standardeinstellung nFix = 14 Tage

Jetzt kümmern wir uns um dieses „n“. Genau das ist der Ansatzpunkt des DMOM. „n“ wird ab jetzt variabel gestaltet. Dazu benötigen wir die Standardabweichung:

$$s = \sqrt{\frac{1}{n-1}\sum_{i=1}^{n}(X_i - \bar{X})^2}$$

Wir berechnen die Standardabweichung der Schlusskurse des Basistitels über 5 Tage:

$StdVal_{(t)} = S_{(5)}$

Wir berechnen nun einen Durchschnitt der Standardabweichung über 10 Tage:

$AvgS_{(t)} = Sum_{(10)}(s) / 10$
n = Berechnungsperiode des Durchschnittes, Standardeinstellung = 10 Tage

Der Volatilitätsfaktor ergibt sich aus:

$$Fakt_{(t)} = S_{(t)} / AvgS_{(t)}$$

Die Berechnungsperiode n der RSI-Berechnung wird nun wie folgt berechnet:

$$n_{(t)} = int(nFix / Fakt_{(t)})$$

Damit wäre die Berechnung der variablen Berechnungsperiode für den RSI erfolgreich abgeschlossen. Es existieren zwei Grenzwerte für die variable Periode. Maximaler Wert sind 30 Tage und minimaler Wert sind 5 Tage. Die Standardeinstellung des RSI ist 14 Tage. Die Parameter für den Volatilitätsfaktor sind, wie oben schon zu sehen war, 5 Tage für die Standardabweichung und 10 Tage für deren Durchschnitt.

Darstellungsvarianten

Der Dynamic Momentum Index ist für TradeSignal enterprise erhältlich. Dazu können sie den mit „ArbBer.1" betitelten Chart von www.tradesignalonline.com downloaden. Alle beschriebenen Parameter lassen sich verändern. In den Einstellungen der Eigenschaften dieses Indikators finden Sie einen Schalter, der eine grafische Darstellung der jeweils errechneten RSI-Berechnungsperiode ermöglicht. Als Mittellinie dieser Darstellung wird jeweils die als nFix bezeichnete Standardeinstellung des RSI verwendet. Man sieht so sehr schön, wann die ermittelte variable Berechnungsperiode kürzer oder länger ist. In Abb. 139 sehen Sie den DMOM in Funktion.

***Abb. 139** – Dynamic Momentum Index am Beispiel des DAX.*

***Abb. 140** – Vergleich zwischen Original-RSI und DMOM.*

Interpretation

Das interessante Konzept der variablen Berechnungsperiode kann den RSI tatsächlich etwas verbessern. Besonders durch die zahlreichen Kombinationsmöglichkeiten der einzelnen Berechnungsparameter lassen sich interessante Ergebnisse erzielen. Ein großes Manko des RSI ist, dass er sehr selten nur in eine der beiden Extremzonen einläuft und daher zu wenige Signale über extreme Marktsituationen liefert. Durch die variable Berechnungsperiode wird genau bei diesem Aspekt eine Verbesserung erzielt.

Der DMOM kann seine Funktion als Überkauft- / Überverkauft-Oszillator wesentlich besser erfüllen als der RSI. Er läuft öfter die Extremzonen an. Es wird unterstellt, dass extreme Kursbewegungen vom Markt wieder auf ein normales Maß korrigiert werden. Läuft der DMOM in eine seiner Extremzonen ein, signalisiert er genau einen solchen Extremzustand. Er kann als Kontratrend-Indikator verwendet werden, indem ein Erreichen der Extremzone als Signal für die Gegenrichtung gewertet wird. Er kann aber auch trendkonform verwendet werden, indem Signale nur in Trendrichtung gehandelt werden. Liegt ein Aufwärtstrend im Basistitel vor, gilt der Eintritt in die untere Extremzone als Kaufsignal. Liegt ein Abwärtstrend vor, gilt der Eintritt in die obere Extremzone als Verkaufssignal.

Der Indikator kann ebenso wie der RSI zur Divergenzanalyse verwendet werden. Bitte lesen Sie im Beitrag zum RSI die Ausführungen über „Failure Swings" genau durch. Diese Informationen gelten hier auch. Wir finden zwar keine zeitlich stark ausgeprägten Divergenzen im RSI und seinen Derivaten, dafür aber gut ausgeprägte Divergenzen über wenige Handelstage bis zu einigen Wochen. Wir unterscheiden dabei Divergenzen, die im Aufwärtstrend auftauchen und bearishe Divergenzen genannt werden und Divergenzen, die im Abwärtstrend auftauchen und bullishe Divergenzen genannt werden. Eine ideal geformte bullishe Divergenz zeigt sich durch fallende Tiefpunkte im Basistitel des Indikators, während der Indikator selbst steigende Tiefpunkte ausbildet. Ein Zeichen für die deutliche Verringerung der Bewegungsdynamik im Abwärtstrend. In Abb. 141 habe ich eine bullishe Divergenz markiert.

***Abb. 141** – Bullische Divergenz zwischen Kursverlauf und Dynamic Momentum Index.*

Eine ideal geformte bearishe Divergenz zeigt sich durch steigende Hochpunkte im Basistitel des Indikators, während der Indikator selbst fallende Hochpunkte bildet. Ein Zeichen für das deutliche Nachlassen der Aufwärtsdynamik im Kurstrend. In Abb. 142 habe ich eine bearishe Divergenz markiert

***Abb. 142** – Bearishe Divergenz zwischen Kursverlauf und Dynamic Momentum Index*

Eine weitere Möglichkeit, den DMOM zu verwenden, ist die charttechnische Analyse mit Trendlinie, Kanälen, Widerstands- und Unterstützungslinie. Hier gelten die bekannten Regeln der Chartanalyse.

Kritische Würdigung

Der Dynamic Momentum Index kann nur einen Aspekt des RSI, die Funktion als Überkauft- / Überverkauft-Oszillator, verbessern. Das unruhige Verlaufsmuster ändert sich nicht. Vielleicht währe eine Kombination mit der doppelten Glättung aus dem True Strength Index (TSI) eine sinnvolle Ergänzung.

Quellen

Chande, Tushar; Kroll, Stanley: Stochastic RSI and Dynamic Momentum. In: TAS&C V.11

Ease of Movement

Grundlagen

R. W. Arms meinte manchmal Aktien zu sehen, die die Antigravitation entdeckt hatten und andere Aktien, die der Schwerkraft eines schwarzen Loches ausgesetzt schienen. Die einen schossen in die Höhe, mit kleinen Volumina und sich ausweitenden Handelsspannen, so als ob nichts am Markt sie bremsen könnte. Die anderen fielen in die Tiefe bei kleinen Volumina und ohne jeden Anschein eines Widerstands. Andere Werte hingegen quälen sich gen Norden mit kleinen Handelsspannen und unter riesigem Volumen, täglich mit zahlreichen Widerständen konfrontiert und langsam wie Schnecken.
Wo sind die Zusammenhänge zu suchen, die es möglich machen, diejenigen Preisbewegungen zu finden, die uns schnelle Profite in kurzer Zeit versprechen? R. W. Arms hatte die Lösung längst vorgestellt. Er entwickelte die Equivolume Charts. Eine Art der Chartdarstellung, die nicht nur die täglichen Handelsspannen abbildete, sondern außerdem die beteiligten Volumina mit einbezog. Da er die gleichen Informationen, die in der Equivolume Darstellung enthalten waren, auch in Indikatorenform verwenden wollte, entwickelte er den Ease of Movement Indikator (EOM). Dieser ist in der Lage diejenigen Kursbewegungen zu filtern, die mit großen Handelsspannen und unter geringen Volumina zu Stande kommen.

Berechnung und Parameter

Die Berechnung des Indikators erfolgt in mehreren Schritten. Zunächst muss festgestellt werden, wie groß die Handelsspanne ist. Dies geschieht, indem vom Tageshöchstkurs der Tagestiefstkurs subtrahiert wird.

$$Range(t) = High(t) - Low(t)$$

Als nächstes interessieren uns die Richtung und das Ausmaß der Bewegung im Vergleich zum Vortag. Dazu wird die mittlere Bewegung ermittelt. Diese erhalten wir, indem wir vom Mittelwert der heutigen Handelsspanne den entsprechenden Wert von gestern subtrahieren. Liegt die Mitte der heutigen Handelsspanne über der von gestern, erhalten wir einen positiven Wert, liegt sie unter der Mitte der gestrigen Handelsspanne, einen negativen.

$$MedChange_{(t)} = (High_{(t)} + Low_{(t)} / 2) - (High_{(t-1)} + Low_{(t-1)} / 2)$$

Nun ist die so genannte Boxrange an der Reihe. Das ist die Ratio aus Volumen und Handelsspanne des Tages.

$$BoxRange_{(t)} = Volume_{(t)} / Range_{(t)}$$

Werden Basiswerte mit hohem Volumen, wie etwa ganze Aktienindizes beobachtet, müssen wir das Volumen durch einen geeigneten Faktor dividieren, um ein darstellbares Ergebnis zu erhalten. Die Größe des Faktors ist relativ unwichtig. Sie sollte nur groß genug sein, um den endgültigen Indikatorwert in eine Werteskala zu bringen, die unsere Chartsoftware auch darstellen kann.
Den Indikatorwert erhalten wir nun, indem die mittlere Bewegung durch die Boxrange dividiert wird. Die zu sehende Linie dürfte für den typischen Trader noch nicht verwendbar sein, denn sie ist einfach zu unruhig und „zerklüftet". Mr. Arms verwendete deshalb einen 13 Tage gleitenden einfachen Durchschnitt, um die Werte zu glätten. Wir können allerdings auch andere Glättungsmethoden verwenden. Die Formel für den Indikator sieht somit wie folgt aus:

$EOM_{(t)} = Sum_{(n)}(MedChange / BoxRange) / n$
n = Berechnungsperiode der Glättung

Darstellungsvarianten

In den TradeSignal-Produkten wird leider keine Glättung des Indikators vorgenommen. Für TradeSignal enterprise habe ich eine neue Version des Indikators geschrieben, die eine Glättung enthält. Um die Zeitverzögerung so gering wie möglich zu halten und den Glättungseffekt trotzdem zu erzielen, habe ich eine doppelte Variante verwendet. Auf die Indikatorwerte wird die lineare Regression angewendet und diese durch einen T3 Average geglättet. Danke an J. Larsen, einem User auf www.tradesignalonline.com, für die Grundlagenarbeit dazu. In Abb. 143 finden Sie eine Darstellung des Original-Indikators von TradeSignal enterprise und meiner veränderten Version. Sie können die veränderte Version des EOM im gleichnamigen Beitrag von www.tradesignalonline.com downloaden.

***Abb. 143** – Ease of Movement als Originalversion und geglättet als Variante.*

Interpretation

Der Indikator soll uns diejenigen Kursbewegungen hervorheben, die unter geringen Widerständen und mit möglichst wenig Aufwand (Volumen) zustande kommen. Liegt der Indikator über seiner Mittellinie, zeigt er uns steigende Kurse an. Je weiter er dabei von der Mittellinie entfernt ist, um so weniger Volumen ist an den Kursbewegungen beteiligt und um so größer sind die Handelsspannen. Umgekehrt zeigt der Indikator unter der Mittellinie fallende Kurse an. Je weiter er von der Mittellinie entfernt ist, um so weniger Volumen ist an den Kursbewegungen beteiligt und um so größer sind die Handelsspannen.

Hohe Handelsspannen und wenig Volumen zeigen Nachfrage oder Abgabebereitschaft an, der wesentlich weniger Abgabebereitschaft oder Nachfrage entgegensteht. Somit sind große Kurssprünge möglich, an denen relativ wenige Marktteilnehmer beteiligt sind. Als Signale werden die Schnittpunkte mit der Mittellinie verwendet. Kreuzt der Indikator die Mittellinie nach oben, gilt das als Kaufsignal, kreuzt er sie nach unten, gilt das als Verkaufssignal. Da der Indikator sehr wenig aussagekräftige, dafür aber sehr viele ungenaue Signale liefert, sollten Methoden angewendet werden, die bevorstehende Kursausbrüche erwarten lassen können. In Abb. 144 sind vier Signale markiert, die eine starke Kursbewegung nach oben versprechen.

***Abb. 144** – Schnittpunkte mit der Nulllinie können schnelle Kursbewegungen erwarten lassen. Hier im Indikator sind einige Beispiele für Aufwärtsbewegungen markiert.*

Kritische Würdigung

Das Verlaufsmuster des Indikators ist sehr unruhig. Es fällt schwer, konkrete Signale herzuleiten. Auch eine Glättung verspricht da keine wesentliche Besserung. Der Indikator springt zu oft um die Nulllinie, so dass ein alleiniges Verwenden des Indikators als Signalgeber unmöglich erscheint. Außerdem spricht die Verwendung des Indikators genau entgegen der üblichen Interpretation von Volumen- und Kursentwicklung.

Quellen

Arms, Richard W.: Ease of Movement. In: TAS&C V.8

Envelopes

Grundlagen

Die Urgetüme der Trading Bänder stammen noch aus den Zeiten von Bleistift und Millimeterpapier. Grundidee für die Entwicklung der Envelopes war die Annahme, dass Kurse einer Aktie, eines Indizes oder eines Futures sich stets um einen Mittelwert bewegen. Dabei schwingen sie in relativ gleichmäßigen Abständen um diesen Mittelwert herum. Ziel war es also, einen Umhüllungsindikator zu entwerfen, der diese Kursbewegungen einfängt und gleichzeitig eine Prognose der zukünftigen Kursbewegungen sowie eine Bewertung des gegenwärtigen Kurses erlaubt. Hierbei wird unterstellt, dass die Kurse im Normalfall innerhalb einer gewissen Bandbreite verharren. Somit fungieren die Bänder als Widerstands- und Unterstützungsbereiche. Werden die Bänderbegrenzungen verletzt, gibt es zwei Möglichkeiten, dies zu werten. Um dies zu bewerkstelligen, sollten weitere Analysehilfsmittel benutzt werden.

Berechnung und Parameter

Für die Berechnung der Envelopes ist es zunächst notwendig, einen Mittelwert zu definieren. Dazu wird ein gleitender Durchschnitt auf den Basiswert konstruiert, der sowohl Stärke als auch Richtung der Kursbewegung abbildet. Die Wahl der Berechnungsmethode ist Ihnen überlassen, in moderner Chartsoftware sind meistens mehrere Methoden verfügbar. Hierzu ist zu bemerken, dass verschiedene Berechnungsmethoden der Mittellinie auch verschiedene Interpretationsmöglichkeiten der Bänder eröffnen.

Formel

Für die Berechnung der Envelopes ist eine Periodeneinstellung für die Mittellinie erforderlich. Hierbei ist es Ihnen freigestellt, eine lange, mittlere oder kurze Periode zu wählen. Dies wird maßgeblich vom verwendeten Tradingansatz bestimmt. Als zweiten Parameter muss die Bandbreite bestimmt werden, hier als „Faktor“ bezeichnet.

$Avg_{(t)} = Sum_{(n)}(Close) / n$
$UpperBand_{(t)} = Avg_{(t)} + Faktor$
$LowerBand_{(t)} = Avg_{(t)} - Faktor$
n = Berechnungsperiode gleitender Durchschnitt

Im Normalfall wird hier die Verschiebung der Begrenzungslinien um einen festen Prozentwert vom Basistitel eingestellt. Üblich sind hier 2 Prozent bis 4 Prozent. Jedoch sind auch feste Werte möglich, wie zum Beispiel eine feste Punktzahl eines

Indexes. In Abb. 145 sehen Sie Envelopes auf den DAX Index berechnet, mit einem Abstand der Begrenzungslinien von je drei Prozent.

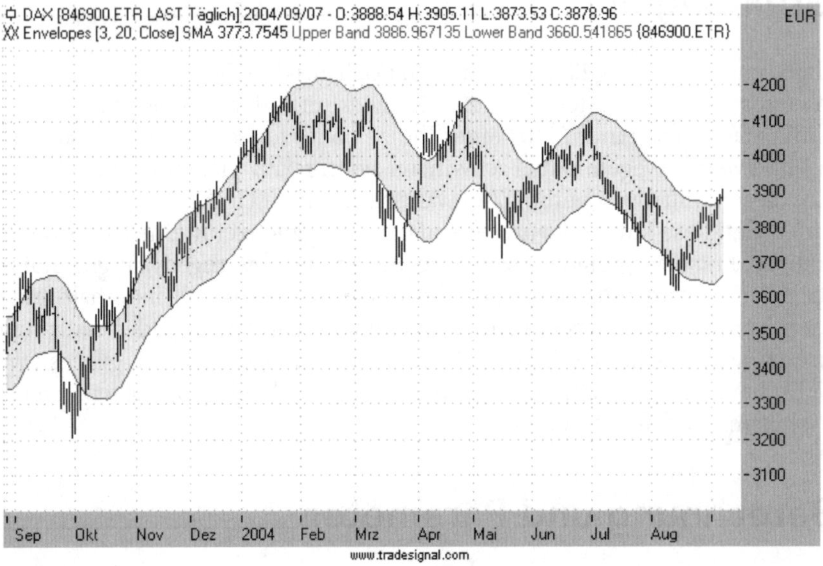

***Abb. 145** – Envelopes auf den DAX mit einer Bandbreite von 3 Prozent.*

Interpretation

Die Standardinterpretation habe ich weiter oben bereits angerissen. Es wird unterstellt, dass Kurse sich innerhalb relativ gleichmäßiger Abstände zum Mittelwert bewegen. Ausreißer aus diesen Normalbereichen können auf zwei verschiedene Arten interpretiert werden. Zunächst gelten die Begrenzungen der Bänder als Widerstand (oberes Band) und als Unterstützung (unteres Band). Erreichen die Kurse eines der beiden Bänder, wird davon ausgegangen, dass sie die Richtung ändern und zum entgegenliegenden Band zurückkehren. Diese Methode wird auch „Handel innerhalb der Bänder" genannt. Zu diesem Zweck sollte die Bandbreite eher großzügig gewählt werden. In Abb. 146 habe ich die Bandbreite auf vier Prozent erhöht.

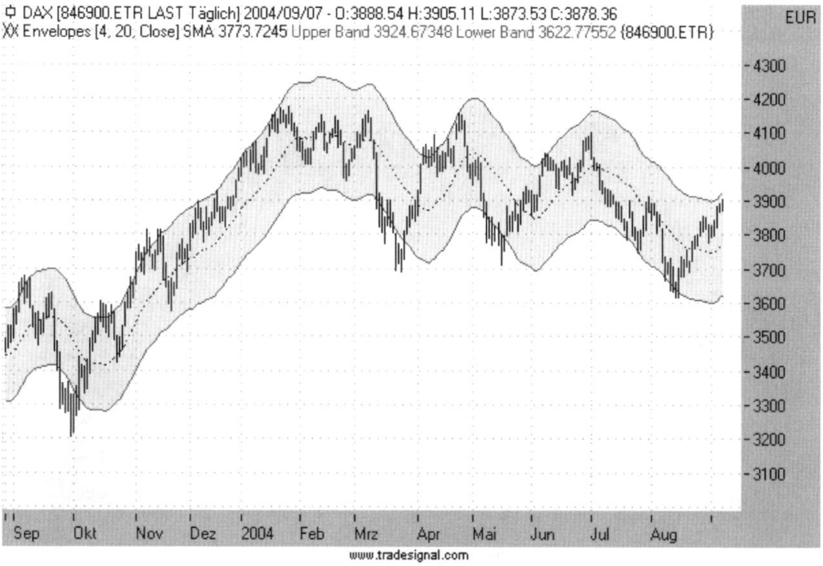

***Abb. 146** – Envelopes auf den DAX mit einer Bandbreite von 4 Prozent. Damit findet ein Großteil der Kursbewegung innerhalb des Bandes statt.*

Der andere Fall wäre ein Bruch eines der Bänder. Hier kann zum einen eine Extremsituation unterstellt werden. Extrem überdehnte Kurse werden oft schnell und drastisch korrigiert. Bricht also der Kurs über das obere Band, kann eine schnell einsetzende und starke Gegenbewegung erwartet werden. Weisen uns andere technische Analyseverfahren jedoch auf die Etablierung eines neuen Trends hin, ist der Bruch eines der Bänder als trendbestätigend einzustufen. Ein Bruch des oberen Bandes wäre dann ein Kaufsignal, der Bruch des unteren Bandes ein Verkaufssignal. Hierbei handelt es sich um einen „Handel außerhalb der Bänder", eine trendfolgende Strategie. Hier können eher kleine Werte für die Bandbreite verwendet werden. In Abb. 147 ist die Bandbreite auf zwei Prozent reduziert.

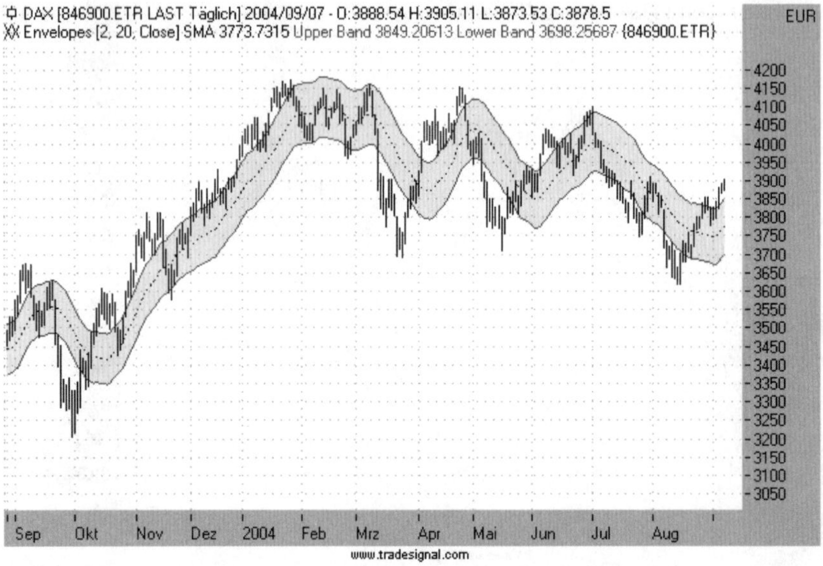

***Abb. 147** – Envelopes mit einer Bandbreite von nur 2 Prozent. Ausbrüche aus dem Band können als „trendbestätigend" gewertet werden.*

Eine Möglichkeit, die beiden Szenarien zu unterscheiden, ist, den Bewegungsmustern der Linien an sich zu verfolgen. Liegt eine deutliche Richtungsänderung der Bänder vor, kann ein Bruch der Kurse als Etablierung eines neuen Trends gewertet werden. Bewegen sich die Bänder bereits längere Zeit in eine einheitliche Richtung, kann davon ausgegangen werden, dass ein Bruch der Kurse aus den Bändern heraus schnell korrigiert wird

Letztendlich existieren für die Envelopes zahlreiche Handelsansätze, die dazu noch untereinander kombinierbar sind. Schließlich lassen sich die Envelopes auch als Trendfilter verwenden. Mit einer längeren Berechnungsperiode für die Mittellinie und einer kleinen Bandbreite gelten Kurse über den Envelopes als Aufwärtstrend und Kurse unter den Envelopes als Abwärtstrend.

Quellen

Murphy, John: Technische Analyse der Finanzmärkte.

Finite Volume Element

Grundlagen

Markos Katsanos, Autor und Trader, schreibt seit Jahren Artikel für das US Magazin „Technical Analysis of Stocks and Commodities“. Er beschäftigt sich darin intensiv mit der Entwicklung von technischen Indikatoren, die fast ausschließlich das Handelsvolumen als Berechnungsbasis verwenden. Seiner Meinung nach werden das Handelsvolumen, und vor allem dessen gezielte Analyse, von vielen Marktteilnehmern vernachlässigt. Die Geldströme, die zum Steigen oder Fallen von Aktien, Futures oder ganzen Indizes führen, geben deutliche Hinweise auf zu erwartende Kursbewegungen. Im Heft 06/2004 stellte er einen langfristig orientierten Volumenindikator vor, der als Trendanalyseinstrument verbesserte Signale gegenüber herkömmlichen Volumenindikatoren liefern soll. Dieser Indikator ist dazu geeignet Trends und Trendwenden zu erkennen. In seinem Artikel geht er auf die Schwächen der bekannten Volumenindikatoren ein und analysiert die Ursachen dafür. Dabei teilt Katsanos die Volumenindikatoren in zwei Gruppen auf:

Gruppe 1 - Intraday Money Flow Indikatoren:

Diese beurteilen die Volumendaten und deren Veränderungen auf Grund von Intraday-Kursänderungen. Es wird der Schlusskurs mit dem Eröffnungskurs verglichen oder der Schlusskurs hinsichtlich seiner Lage in der Tageshandelsspanne beurteilt. Diese Indikatoren lassen Kursänderungen vom gestrigen zum heutigen Schlusskurs völlig außer Acht. Zu dieser Gruppe zählt Marc Chaikins CMF oder Williams WAD.

Gruppe 2 - Interday Money Flow Indikatoren:

Diese beurteilen die Volumendaten auf Grund der Schlusskurs-zu-Schlusskurs-Differenzen. Meist wird das Volumen als positives Volumen verrechnet, wenn der heutige Schlusskurs über dem gestrigen liegt und als negatives Volumen, wenn er darunter liegt. Zu dieser Gruppe zählen das OBV und der MFI.

In zwei vorangegangenen Artikeln aus dem Jahre 2003 beschäftigte Katsanos sich ausführlich mit den Schwachpunkten all dieser Indikatoren und entwickelte davon ausgehend einen Indikator, der diese umgehen sollte. Dabei handelt es sich um den Finite Volume Element Indikator (FVE). Einsatzgebiet ist die Divergenzanalyse, und die Suche nach bevorstehenden Kursausbrüchen. Katsanos legt in seinen beiden Artikeln ausführlich dar, wie der FVE zum Erkennen von Kursausbrüchen auf Tagesbasis sowie Intraday verwendet werden kann.
Als ersten Schwachpunkt erkennt er, dass die beiden oben genannten Gruppen jeweils nur die Intraday- oder nur die Interday-Kursänderung verwenden, um die Kapitalströme zu beurteilen. Hieraus ergeben sich oft divergierende Signale. Er

umgeht diesen Schwachpunkt, indem er in die Berechnung des FVE beide Versionen der Kursveränderung einfließen lässt. Zum anderen führte er einen Schwellenwert ein, der Kursbewegungen unterhalb dieses Wertes ignoriert. Damit soll verhindert werden, dass minimale Kursschwankungen auf die Berechnung Einfluss haben. Während er für Tagesdaten einen festen Schwellenwert verwendet, wird im Intradaybereich ein flexibler Schwellenwert berechnet. Und schließlich wird der FVE über eine feste Berechnungsperiode ermittelt und normalisiert. Dadurch schwingt er um die Nulllinie, was den Interpretationsspielraum etwas verkleinert und die Lesbarkeit verbessert.

Berechnung und Parameter

Ich werde auf die Unterschiede der Berechnung zwischen End of Day-Version und Intraday-Version im Verlaufe dieses Abschnittes hinweisen. Ein Teil der Berechnungen findet in beiden Versionen gleichermaßen statt. In der Intraday-Version findet sich zusätzlich eine Volatilitätsberechnung der ermittelten Kursveränderungen.

Zuerst brauchen wir die Entscheidungsgrundlage, die uns hilft, das Handelsvolumen den Bullen oder den Bären zuschreiben zu können. Der Indikator ermittelt dafür sowohl die Intraday-Kursänderung, als auch die Interday-Kursänderung. Die Intraday-Veränderung wird ermittelt, indem der Schlusskurs mit dem Mittelpunkt der Tageshandelsspanne verglichen wird. Die Interday-Kursänderung ergibt sich aus der Subtraktion des gestrigen typischen Kurses vom heutigen. Beim typischen Kurs handelt es sich um einen Mittelwert aus Tageshöchstkurs, Tagestiefstkurs und Schlusskurs. Die Kursdifferenz aus der ersten Berechnung und die der zweiten werden addiert. Beide festgestellten Kursdifferenzen werden addiert.

Der so ermittelte Wert, genannt Money-Flow, entscheidet über die Zuordnung der Volumendaten zur Bullen- oder Bärenseite. Ist die Kursdifferenz größer als der Schwellenwert und positiv, wird das Volumen der Handelsperiode den Bullen zugeschrieben, ist die Kursdifferenz negativ und kleiner als der Schwellenwert, wird es das Volumen den Bären zugeschrieben. Ist die Kursdifferenz kleiner als der Schwellenwert, wird das Volumen auf Null gesetzt.

In der End of Day-Version des Indikators wird ein fester Schwellenwert verwendet, in der Intraday-Version wird der Schwellenwert an die vorherrschende Schwankungsintensität der Berechnungsperiode angepasst. Hierzu verwendet Katsanos den Logarithmus der Kurse. Er berechnet mit dem Logarithmus zunächst wieder die Intraday-Kursänderung sowie die Interday-Kursänderung. Von beiden Werten wird die Standardabweichung ermittelt. Multipliziert mit jeweils 0,1 ergibt die Summe der beiden Werte den Schwellenwert für die Verwendung des Money Flows. Nach diesen Berechnungen ist also entschieden, ob Geld in einen Wert hinein fließt oder abgezogen wird.

Als nächstes wird das Handelsvolumen für die angegebene Berechnungsperiode aufsummiert. Entsprechend des festgestellten Money Flows wird ein positiver Wert, ein negativer Wert oder Null verwendet. Das Ergebnis der Summierung wird durch den einfachen arithmetischen Durchschnitt des Volumens geteilt, wodurch eine Normalisierung der Indikatorwerte erreicht wird. Der Indikator schwingt um die Nulllinie, was seine Interpretation erleichtert. Herr Katsanos liefert mit dem Artikel eine Formel:

$$FVE = \sum_{1}^{t} \left(\frac{\left[\frac{+V, -V, 0}{MA(V, t)} \right]}{t} \right) * 100$$

Wie Sie sehen können, ist diese stark vereinfacht. Folgende Parameter werden von Katsanos vorgegeben: Als erstes wird die Länge des Betrachtungszeitraumes benötigt. Hier wird für beide Varianten ein Wert von 22 vorgegeben. In der End of Day-Version entspricht das einem Monat - in Handelstagen gerechnet. Die Berechnungsperiode kann frei variiert werden. Als nächstes brauchen wir Werte für den Schwellenwert der ermittelten Kursveränderungen. Für die End of Day-Variante ist dieser mit 0,3 Prozent fest vorgegeben. Markos Katsanos bezeichnet diesen Wert als universell. Für die Intraday-Version sind lediglich zwei Multiplikatoren anzugeben, mit denen die errechneten Volatilitätswerte multipliziert werden. Diese Werte werden mit 0,1 angegeben und ebenfalls als universell bezeichnet. Universell bedeutet, dass Markos Katsanos diese in unzähligen Tests ermittelt hat und als die besten Werte für alle Märkte und Zeiträume bezeichnet.

Als letzten Wert benötigen wir einen Parameter für eine Signallinie. Katsanos verwendet einen exponentiellen gleitenden Durchschnitt über 50 Tage. Alle Werte können Sie frei verändern und somit Ihren Bedürfnissen anpassen.

Um die Häufigkeit von Fehlsignalen im Intraday-Bereich zu reduzieren, hat Markos Katsanos eine Veränderung der Berechnungsperiode im Verhältnis zum Zeitrahmen vorgeschlagen. Dafür brauchen wir zunächst die Anzahl an Minuten pro Bar. Im Stundenchart sind dies 60. Dann brauchen wir die Anzahl der Minuten pro Handelstag. Das sind in Deutschland 8,5 Stunden á 60 Minuten also 510 Minuten. Nun wird die Berechnungsperiode der End of Day-Variante (also 22) mit der Quadratwurzel der Handelsminuten multipliziert und durch die Anzahl der Minuten je Chartintervall dividiert. Das ergibt für den Stundenchart 41 Bars für die Berechnungsperiode. Abb. 148 zeigt die Interday-Version. Abb. 149 zeigt die Intraday-Version im Stundenchart des DAX.

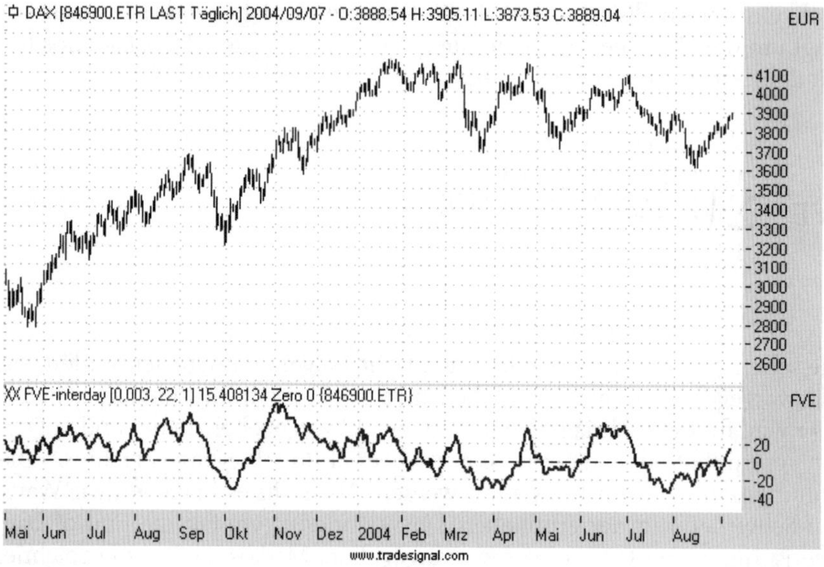

__Abb. 148__ – Tages-Chart des DAX und FVE.

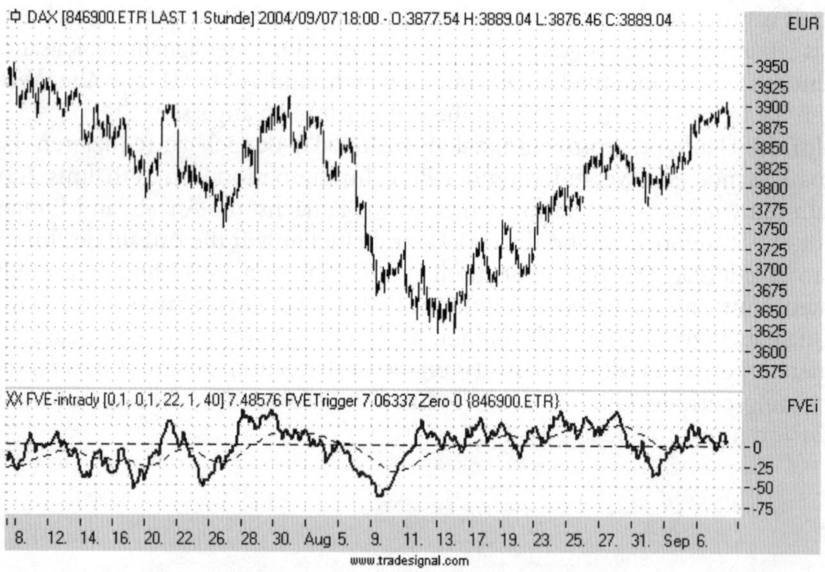

__Abb. 149__ – Stunden-Chart des DAX und FVE.

Darstellungsvarianten

Beide Versionen sind für TradeSignal enterprise als Download auf www.tradesignalonline.com erhältlich. Markos Katsanos verwendet keine Glättung in seinen Indikatoren. Ich habe diese Möglichkeit zusätzlich eingebaut. Wird der entsprechende Parameter auf Werte größer als eins gestellt, dann wird der Indikator mit einem exponentiellen Durchschnitt geglättet. Besonders bei der Suche nach Divergenzen macht dieser Schritt einen Sinn. Abb. 150 zeigt die Interday-Version mit einer Glättungsperiode von 10 Tagen.

***Abb. 150** – Geglättete Version des FVE im Tages-Chart des DAX.*

Interpretation

Beide Varianten des Indikators werden hauptsächlich für die Divergenzanalyse und zum Aufspüren von Kursausbrüchen verwendet. Mit der End of Day-Variante wäre auch ein trendfolgender Einsatz denkbar. Werte des Indikators über der Nulllinie würden einen Aufwärtstrend anzeigen, Werte darunter einen Abwärtstrend.

Um Kursausbrüche aufzuspüren stehen mehrere Möglichkeiten zur Verfügung. Entscheidend für deren Anwendung ist, ob wir per Auge oder mittels eines mechanischen Systems arbeiten wollen. Betrachten wir zunächst die Suche per Augenschein. Wir können uns drei Methoden zunutze machen. Die erste Methode wäre der Vergleich vom Kursverlauf des Basiswertes mit dem des Indikators. Laufen beide in verschiedene Richtungen, liegt eine Divergenz vor. Ein fallender Indikator bei steigenden Kursen deutet auf einen abfließenden Geldstrom aus dem Basiswert heraus hin, welcher in Kürze auch zu fallenden Kursen führen kann. Ein steigender Indikator bei fallenden Kursen zeigt, dass zunehmend Geld in den Basiswert hinein fließt, was in Kürze zu steigenden Kursen führen sollte. Auf Kurs und Indikator können Trendlinien angelegt werden. Divergenzen sind dann noch deutlicher zu erkennen, und ein Bruch der Trendlinie im Kurschart wäre gleichzeitig ein Handelssignal. In Abb. 151 habe ich einige Divergenzen markiert.

Abb. 151 – Divergenzen zwischen DAX und FVE.

Als dritte Möglichkeit können wir uns die lineare Regression zunutze machen. Wir zeichnen in Kurs und Indikator jeweils eine lineare Regressionslinie ein und vergleichen deren Steigung. Ist die Steigung der einen negativ und die der anderen positiv, liegt eine Divergenz vor und vice versa.

Für die automatische Suche nach Ausbrüchen gibt es ebenfalls mehrere Möglichkeiten. Der Schnitt der Nulllinie nach oben kann als bullishes Signal verwendet werden, der Schnitt der Nulllinie nach unten als bearishes Signal. Eine andere Möglichkeit besteht in der Kombination zweier Indikatoren mit verschiedenen Berechnungsperioden. Schneidet der kurze den langen nach oben, gilt dies als bullishes Signal, schneidet der kurze den langen nach unten, gilt dies als bearishes Signal.

Eine komplexe Möglichkeit der Suche nach Divergenzen besteht im Anlegen von Bollinger Bändern sowohl auf den Kurs als auch den Indikator. Über eine Berechnung der Lage von beiden Werten innerhalb der Bollinger Bänder kann eine Divergenz erkannt werden.

Kursausbrüche aus Chartformationen lassen sich mit dem FVE gut bewerten. Entsteht in einem Chart eine Formation, die auf einen Kursausbruch hoffen lässt, so kann der FVE einen Hinweis auf Erfolg oder Misserfolg des bevorstehenden Ausbruchs geben. Abb. 152 zeigt, dass der Bruch der Widerstandslinie bei starkem

Interesse der Marktteilnehmer erfolgt und zu einer Rally führt. Der FVE befindet sich deutlich über der Nulllinie und steigt, was einen zunehmenden Money Flow signalisiert.

***Abb. 152** – Die Interpretation von Chartformationen kann mittels FVE unterstützt werden. Laden Sie diesen Chart von www.tradesignalonline.com aus dem gleichnamigen Artikel und schauen Sie sich die markierten Bereiche genauer an.*

Abb. 153 zeigt ein ähnliches Bild. Der FVE durchbrach seine Nulllinie nach oben und steigt, während gleichzeitig eine fallende Widerstandslinie im Chart gebrochen wurde. Der Kursausbruch ist also von ausreichend Interesse der Marktteilnehmer begleitet und führt ebenfalls zu einer Rally.

***Abb. 153** – Ein Trendlinienbruch im Kurs fällt hier zeitlich zusammen mit einem Durchbruch des FVE durch die Mittellinie und bestätigt somit den Trendlinienbruch.*

Quelle

Katsanos, Markos: Finite Volume Element. In: TAS&C V.21

Force Index

Grundlagen

Elder sagt: „Wenn der Markt höher schließt, zeigt er uns, dass die Bullen die Schlacht gewonnen haben; schließt er tiefer, haben die Bären einen Sieg errungen. Die erreichte Kursspanne vom gestrigen Schlusskurs zum heutigen ist die Beute des Siegers". Der Force Index soll also die Kraft der jeweiligen Marktteilnehmer messen. Elder fährt fort: „Das Handelsvolumen ist die Masse, die die Lawine am Rollen hält und dem heutigen Sieger auch den nächsten Sieg versprechen kann." Dr. Elders Idee war es, diese Aussagen in einem Indikator zu kombinieren, um verwertbare Handelssignale zu erhalten. Er entwickelte deshalb den Force Index, den er in seinem Buch „Trading for a Living" vorstellte.

Das Volumen ist seinen Aussagen zu Folge eine wichtige Bewertungsgröße für Kursbewegungen. Die Höhe des Volumens reflektiert den Grad des Engagements der Marktteilnehmer in der aktuellen Kursbewegung. Je höher dieses Engagement ist, um so größer scheint die Wahrscheinlichkeit zu sein, dass sich die Bewegung fortsetzt. Lässt die Beteiligung der Marktteilnehmer an einer ausgeprägten Kursbewegung nach, läutet das einen Machtwechsel ein, der den Trend beenden und umkehren könnte. Der Force Index nutzt drei wichtige Informationen für seine Berechnung. Die Richtung der Kursänderung, ihr Ausmaß und das Volumen, das dahinter steht. So lässt sich ein klares Bild über die Machtverhältnisse am Markt zeichnen und in Handelsregeln einbetten.

Berechnung und Parameter

Die Berechnung ist einfacher als man denkt, nach dieser hochlobenden Einleitung. Es wird das Eintages-Momentum der Schlusskurse ermittelt, in dem der gestrige Schlusskurs vom heutigen subtrahiert wird. Damit sind bereits Richtung und Ausmaß der Kursbewegung festgelegt. Dieser Wert wird mit dem heutigen Handelsvolumen multipliziert. Um zu hohe Indikatorwerte zu vermeiden, empfiehlt Dr. Elder die Division durch den letzten Volumenwert.

Ähnlich wie aus einem Ast erst eine Flöte wird, in dem der Ast ‹ wird, ist auch der „unbehandelte" Force Index noch nicht für das musizieren am Markt geeignet. Da der „unbehandelte" Force Index sehr unruhig und zerklüftet ist, wird er in der Regel mit einer Glättung versehen. Dr. Elder schlägt hierzu zwei Werte vor. Einen exponentiellen gleitenden Zweitages-Durchschnitt und einen exponentiellen gleitenden 13-Tage-Durchschnitt. Die beiden verschiedenen Einstellungen sollen einmal für kurzfristiges Trading verwendet werden und in der längeren Einstellung für mittelfristiges Trading.

Formel

$$FOI_{(t)} = Ema_{(n)}((Close_{(t)} - Close_{(t-1)}) * Volume_{(t)})$$
EMA = exponentieller Durchschnitt
n = Berechnungsperiode Ema

In Abb. 154 sehen Sie den Vergleich des kurzen und langen Force Index.

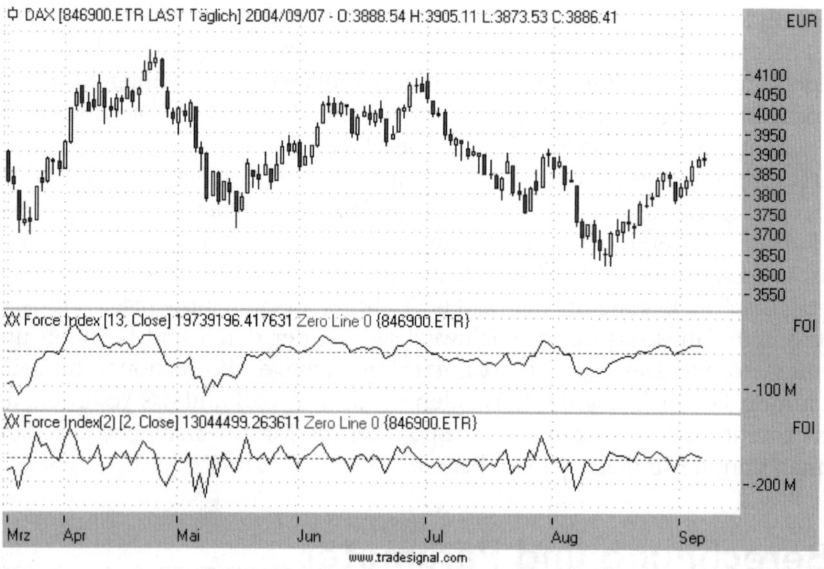

***Abb. 154** – Force Index in der langen (mitte) und kurzen (unten) Einstellung.*

Interpretation

Wenn der Force Index ein neues Bewegungshoch markiert, zeigt das die Dominanz der Bullen an. Markiert der Force Index ein neues Bewegungstief, sitzen die Bären am Ruder und geben den Kurs vor. Allgemein zeigen Werte über der Nulllinie, dass steigende Kurse zu erwarten sind und Werte unter der Nulllinie, dass weiter fallende Kurse zu erwarten sind. Dr. Elder hat für den Force Index mehrere Handelsregeln definiert, die er in kurzfristige und mittelfristige Varianten unterteilt.

Kurzfristiger Handel mit dem Force Index:
Grundlage für den Handel mit dem Force Index, besonders beim kurzfristigen Handel, ist eine Trendbestimmung, da Dr. Elder ausschließlich in Trendrichtung handelt. Als Trendfilter wird hier ein exponentieller gleitender 13-Tage-Durchschnitt (EMA) auf den Kurs des Basiswertes berechnet. Entweder wird jetzt die Steigung des EMA als Richtungsdefinition verwendet oder die Lage der Schlusskurse zum EMA. Liegen die Kurse unter dem EMA, herrscht ein Abwärtstrend vor. Liegen sie darüber, so liegt ein Aufwärtstrend vor. Der kurzfristige Force Index soll die Pullbacks innerhalb des Trends markieren.

- Trendrichtung Long: Kauf, wenn der Force Index unter die Nulllinie fällt
- Trendrichtung Short: Verkauf, wenn der Force Index über die Nulllinie steigt

Das bedeutet nichts anderes, als in der Schwäche zu kaufen und in die Stärke hinein zu verkaufen. Dr. Elder empfiehlt mit Stop Buy Orders zu arbeiten. Er schlägt vor, für den Kauf eine Order über dem Hoch des Tages zu platzieren und für den Verkauf unter dem Tief des Tages. Sollten die jeweiligen Pullbacks anhalten, werden diese Orders entsprechend angepasst.

Eine weitere Möglichkeit für den Einsatz des kurzfristigen Force Index ist das Nachkaufen von Future-Positionen. Als Ausstiegslevel für die kurzfristigen Positionen dient die jeweils gegenüberliegende Seite der Indikatorskala. In Abb. 155 habe ich einige Beispiele zu diesen Regeln markiert.

***Abb. 155** – Pullbacks an der Nulllinie des Force Index werden zum Einstieg bzw. Nachkauf verwendet, solange der Kurs über seinem Durchschnitt verläuft.*

Handel mit dem mittelfristigen Force – Index:

Der mittelfristig geglättete Force Index weist uns auf die Machtverhältnisse innerhalb des Marktes hin. Befindet sich der Force Index über der Nulllinie, sind die Bullen am Ruder, liegt er darunter, so steuern die Bären. Wichtiges Einsatzgebiet ist die Divergenzanalyse, um die Hauptwendepunkte des Marktes zu erkennen. Flattert der Force Index um die Nulllinie herum, ist eine trendlose Marktphase angezeigt und trendfolgende Handelsmethoden sollten ausgesetzt werden.

Beginnende Trends sind oft von stark anziehendem Volumen und sich ausweitenden Handelsspannen begleitet. Der mittelfristig geglättete Force Index kann diese Trendbewegungen bestätigen, in dem er neue Hoch- oder Tiefpunkte markiert. Nachlassende Trendintensität wird durch ein Abfallen oder Ansteigen des Force Index angezeigt.

Als starke Handelssignale gelten Bewegungsdivergenzen zwischen Indikator und Basiswert. Als Kaufsignal gilt deshalb eine bullishe Divergenz. Das heißt, dass der Kurs ein Bewegungstief unter dem vorherigen Bewegungstief markiert und der Indikator sein letztes Bewegungstief nicht mehr unterbieten kann. Das Verkaufsvolumen unterstützt in diesem Fall die Abwärtsbewegung nicht mehr. In Abb. 156 ist eine bullishe Divergenz markiert.

***Abb. 156** – Divergenzen sind auch mit dem Force Index ein lohnendes Investment, wie hier beim DAX.*

Als Verkaufssignal gilt, wenn der Basiswert ein neues Bewegungshoch über seinem letzten Bewegungshoch markiert, der Indikator jedoch unter seinem letzten Bewegungshoch zurückbleibt. Der Kursanstieg im Basiswert ist nicht mehr von ausreichender Nachfrage unterstützt, eine bearishe Divergenz tritt auf. In Abb. 157 ist eine solche Divergenz markiert.

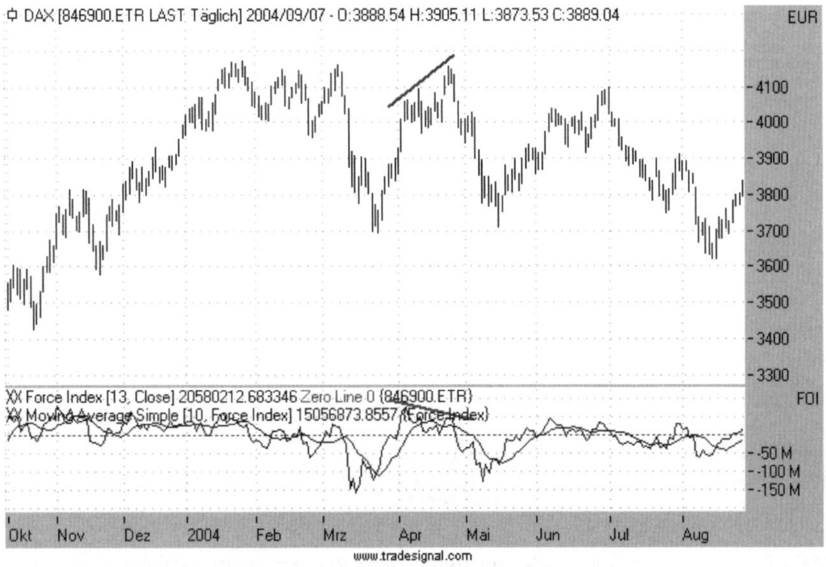

***Abb. 157** – eine negative Divergenz beendet den Aufwärtstrend im DAX.*

Bewegungskonvergenzen hingegen gelten als trendbestätigend. Das heißt, ein Hoch im Kurs wird von einem neuen Hoch im Indikator bestätigt und lässt auf weiter steigende Notierungen hoffen. Ein Tief im Kurs, das durch ein neues Tief im Indikator bestätigt wird, gilt als Bestätigung des Abwärtstrends und weist auf weiter fallende Kurse hin.

Aus meiner Beobachtung heraus, dass der Force Index wesentlich deutlichere Bewegungen unter die Nulllinie ausführt als über die Nulllinie, kann auch ein gleitender Durchschnitt für die Erzeugung von Kaufsignalen getestet werden. In Abb. 158 sind einige Signale markiert.

***Abb. 158** – Kaufsignale im Force Index entstehen, sobald dieser seine Signallinie unterhalb der Nulllinie nach oben schneidet.*

Um den Force Index etwas zu verbessern, habe ich ihn mit einem Rauschfilter von John Ehlers versehen. Abb. 159 zeigt ein Beispiel. Der Verlauf ist weicher und die Interpretationsspielräume schmelzen dahin. Vor allem ermöglicht diese Version eine klare Entscheidung, ob eine Kreuzung der Nulllinie nun erfolgt ist oder ob der Index um die Nulllinie „flattern" wird.

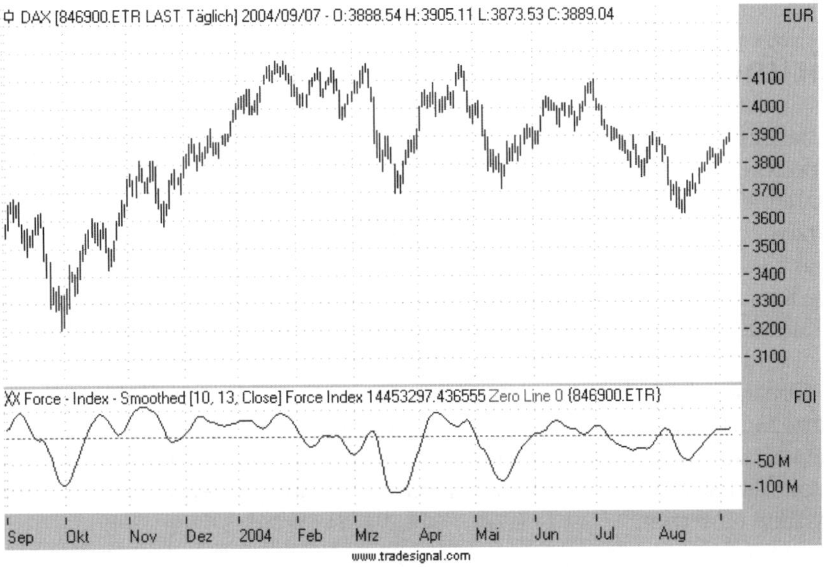

***Abb. 159** – Hier der Force Index als geglättete Variante, die durch Verwendung des Rauschfilters von John Ehlers wesentlich ruhiger verläuft.*

Kritische Würdigung

Der Force Index erscheint im Original sehr zerklüftet, besonders in den von Dr. Elder empfohlenen Einstellungen. Die Signalausprägung ist deshalb undeutlich und lässt viel Raum für Fehler und Unsicherheit. Da das Konzept jedoch interessant erscheint, sollten Sie ein wenig experimentieren oder die verbesserte Version verwenden.

Quellen

Elder, Dr. Alexander: Trading for a Living
Sarkett, John A.: The Force Index. In: TAS&C V.13

Gopalakrishnan Range Index

Grundlagen

Jeder Trader hat sich im Laufe der Jahre einen Tradingstil angeeignet, der stark auf seine persönlichen Eigenschaften und Fähigkeiten zugeschnitten ist. Dazu kommen zahlreiche Handelssysteme, in denen sich dieser Tradingstil mehr oder weniger stark wieder findet. Während einige nur wenige Trades in der Woche machen, handeln andere mehrmals täglich. Während die einen in Märkten aktiv sind, die geringe Kursschwankungen aufweisen, suchen die anderen gerade die Märkte, die hohe Kursausschläge aufweisen. Um diese Märkte voneinander unterscheiden zu können, sind technische Instrumente nötig, die uns diese Arbeit abnehmen können. J. Gopalakrishnan hat ein solches Instrument vorgestellt. Sein GAPO genannter Index misst die Schwankungsbreite der Kurse in einem festen Zeitraum und ermittelt daraus einen relativen Indexwert. Durch die relative Berechnung des Indikators lässt sich dieser hervorragend zum Screening ganzer Indizes, Sektoren oder Märkte einsetzen.

Berechnung und Parameter

Die Berechnung des GAPO ist relativ einfach. Gopalakrishnan misst die Schwankungsbreite der Kurse im Betrachtungszeitraum, in dem er den höchsten und den tiefsten Kurs in diesem Zeitraum feststellt. Um die Vergleichbarkeit verschiedener Instrumente zu gewährleisten, wird der Logarithmus der Werte verwendet. Der GAPO oszilliert sehr stark und bewegt sich in einer Skalenbreite von etwa -4 bis 4.

$HH_{(t)} = Max(High_{(t)} \ldots\ldots High_{(t-n)})$
$LL_{(t)} = Min(Low_{(t)} \ldots\ldots Low_{(t-n)})$
$GAPO_{(t)} = Log(HH_{(t)} - LL_{(t)}) / Log(n)$
n = Berechnungsperiode des Indikators

Darstellungsvarianten

Ich habe den Indikator in Equilla nachprogrammiert. Gerade wenn kurze Periodeneinstellungen verwendet werden, erweckt der GAPO den Eindruck, eigentlich das Bild eines seismischen Aufzeichnungsgerätes zu sein. Um dieses Problem etwas zu mildern, kommt ein Ehlers-Filter, der Butterworth, zum Einsatz. Dabei handelt es sich nicht um eine Durchschnittsrechnung herkömmlicher Art, sondern um einen Frequenzfilter, der bestimmte Schwankungen aus dem Indikatorverlauf filtert. Abb. 160 zeigt einen Vergleich zwischen gefilterter Version und ungefilterter Version.

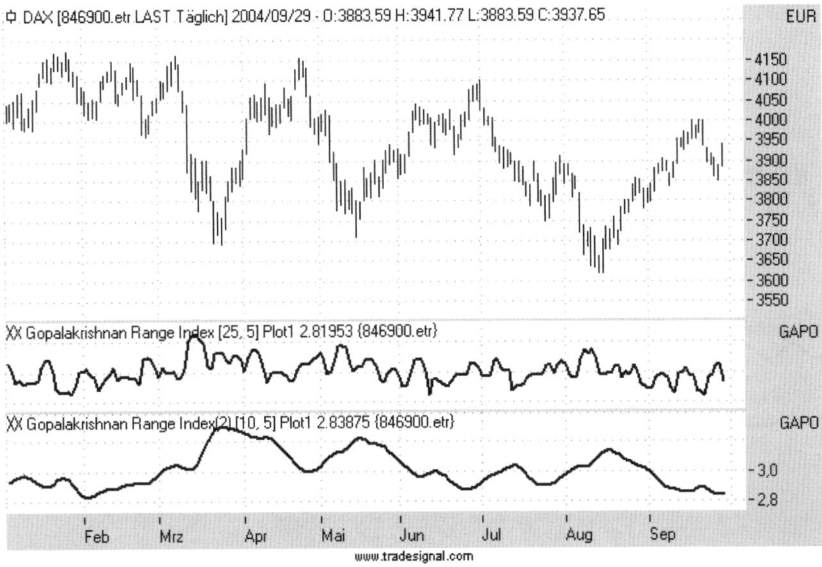

***Abb. 160** – Gopalakrishnan Range Index als Originalversion (mitte) und mit dem Butterworth-Filter von John Ehlers geglättet (unten).*

Neben der Periodeneinstellung für die Indikatorberechnung ist zusätzlich der Schwellenwert für den Butterworth-Filter anzugeben. Wenn Sie den GAPO per Augenschein verwenden wollen, ist es sinnvoll, einige Tests durchzuführen. Beachten Sie, dass es sich beim Schwellenwert des Butterworth-Filter nicht um eine Periodenangabe handelt. So können auch hohe Werte für den Filter verwendet werden, ohne eine zeitliche Verzögerung zu erzeugen, wie diese bei einer herkömmlichen Durchschnittsrechnung der Fall wäre. Abb. 161 zeigt den GAPO mit einer Schwellenwerteinstellung von 10 und darunter 50.

***Abb. 161** – GAPO mit 10 und 50 Tagen Glättung via Butterworth-Schwellwert.*

Die Periodeneinstellung für beide Indikatoren liegt bei fünf Tagen. Damit der GAPO auch als Filter im Market Scanner von TradeSignal enterprise einsetzbar ist, habe ich die gesamte Berechnung in einer Funktion zusammengefasst.

Interpretation

Der GAPO liefert keine Handelsanweisungen. Er bietet uns eine Möglichkeit verschiedene Instrumente an Hand ihrer Schwankungsfreudigkeit zu vergleichen. Niedrige Werte im GAPO zeigen an, dass die Kursschwankungen im Betrachtungszeitraum eher gering, dafür aber gleichmäßig verteilt sind. Hohe Werte im GAPO zeigen uns einen Markt, der von starken Schwankungen, vielen Gaps und vielen zufälligen Bewegungen gekennzeichnet ist. Der GAPO liefert uns eine Möglichkeit, verschiedene Märkte oder ganze Indizes nach diesen Kriterien zu untersuchen. Abb. 162 zeigt eine Market Scanner-Tabelle aus TradeSignal enterprise, die alle 30 DAX-Werte enthält. Diese sind von oben nach unten an Hand ihrer Kursschwankungsintensität und -gleichmäßigkeit sortiert.

DAX Xetra

	Name	Last	Periode	GAPO
1	DAX	3851,1800	Tageschart	1,8727
2	SAP	124,2400	Tageschart	0,9749
3	adidas-Salomon	106,8600	Tageschart	0,7959
4	Allianz vNA	80,9900	Tageschart	0,7210
5	Münchener Rück vNA	78,9400	Tageschart	0,5862
6	MAN ST	28,1300	Tageschart	0,5554
7	Siemens NA	56,8400	Tageschart	0,5497
8	Henkel VZ	59,7000	Tageschart	0,5399
9	Dt.Bank NA	57,2000	Tageschart	0,5366
10	Altana	44,5600	Tageschart	0,5152
11	BMW ST	34,5500	Tageschart	0,4931
12	DaimlerChrysler NA	34,7600	Tageschart	0,4884
13	Continental	42,5600	Tageschart	0,4861
14	Volkswagen ST	32,3000	Tageschart	0,4782
15	Dt.Börse AG	39,9400	Tageschart	0,4465
16	Linde	44,6000	Tageschart	0,4412
17	FMC ST	60,6000	Tageschart	0,4229
18	E.ON	58,5000	Tageschart	0,4191
19	BASF	45,0400	Tageschart	0,4006
20	Schering	46,2200	Tageschart	0,3903
21	RWE ST	40,4000	Tageschart	0,3600
22	METRO ST	38,3500	Tageschart	0,3303
23	Bayer	21,5200	Tageschart	0,3005
24	TUI	15,6200	Tageschart	0,2524
25	Thyssen Krupp	15,4700	Tageschart	0,1712
26	Lufthansa vNA	9,8700	Tageschart	0,1548
27	Dt.Post NA	16,4900	Tageschart	0,1506
28	Dt.Telekom NA	14,6500	Tageschart	0,1441
29	Commerzbank	13,8800	Tageschart	0,1420
30	Infineon	8,4500	Tageschart	0,1194
31	HypoVereinsbank	13,9700	Tageschart	0,1099

***Abb. 162** – Market Scanner Tabelle aus TradeSignal enterprise mit den 30 DAX-Werten, die nach GAPO sortiert sind.*

Auf diese Weise können sie sich die Arbeit ersparen, eine große Zahl von Charts zu durchsuchen, wenn sie vorher mit Hilfe des Market Scanners bereits eine Vorauswahl getroffen haben. Demnach ist SAP in Abb. 163 zu sehen ; der Wert mit den größten und unregelmäßigsten Bewegungen und die HVB in Abb. 164 zu sehen; der Wert mit den kleinsten und gleichmäßigsten Bewegungen.

***Abb. 163** – Die Aktie der SAP AG zeigt laut GAPO von allen DAX-Werten die relativ unruhigste Bewegung.*

***Abb. 164** – Im Verhältnis zu anderen DAX-Werten zeigt der Chart der HypoVereinsbank laut GAPO relativ gleichmäßige Kursbewegungen.*

	Name	Last	Periode	GAPO
1	DAX	3851,1800	Tageschart	1,8727
2	SAP	124,2400	Tageschart	0,9749
3	adidas-Salomon	106,8600	Tageschart	0,7959
4	Allianz vNA	80,9900	Tageschart	0,7210
5	Münchener R...	78,9400	Tageschart	0,5862
6	MAN ST	28,1300	Tageschart	0,5554
7	Siemens NA	56,8400	Tageschart	0,5497
8	Henkel VZ	59,7000	Tageschart	0,5399
9	Dt.Bank NA	57,2000	Tageschart	0,5366
12	DaimlerChrysl...	34,7600	Tageschart	0,4884
13	Continental	42,5600	Tageschart	0,4861
14	Volkswagen ST	32,3000	Tageschart	0,4782
15	Dt.Börse AG	39,9400	Tageschart	0,4465
16	Linde	44,6000	Tageschart	0,4412
17	FMC ST	60,6000	Tageschart	0,4229
18	E.ON	58,5000	Tageschart	0,4191
19	BASF	45,0400	Tageschart	0,4006
20	Schering	46,2200	Tageschart	0,3903
21	RWE ST	40,4000	Tageschart	0,3600
22	METRO ST	38,3500	Tageschart	0,3303

***Abb. 165** – GAPO als Filter im Market Scanner, so dass nur noch diejenigen DAX-Werte aufgelistet werden, die einen Index höher als 0,3 aufweisen.*

Quellen

Gopalakrishnan, Jayanthi: The GAPO Index. In. TAS&C V.19

Herricks Payoff Index

Grundlagen

Im Verlaufe meiner Autorentätigkeit habe ich ca. 100 technische Indikatoren beschrieben und programmiert. Einen großen Teil davon konnte ich als Duplikate oder Mehrfacherfindungen enttarnen. Viele der Indikatoren basieren auf gleichen Datenreihen wie Schlusskurs, Höchstkurs und Tiefstkurs, einige beziehen das Handelsvolumen mit in die Berechnung ein.

Jetzt möchte ich Ihnen einen Indikator vorstellen, den ersten dieser Art den ich gefunden habe, der eine zusätzliche Datenreihe benutzt. Der Herrick Payoff Index (HPI) verwendet neben den Kursen auch das Handelsvolumen und das Open Interest. In den meisten deutschen Übersetzungen wird die Bezeichnung „Open Interest" mit übersetzt und klingt dann ein wenig humorvoll „Offenes Interesse". Was können wir uns unter „Offenes Interesse" vorstellen. Ich bemühe J. Murphy, der ein exzellentes Buch über die technische Analyse veröffentlicht hat. Wenn Sie „Technische Analyse der Finanzmärkte" nicht gelesen haben, kann ich Ihnen die Lektüre wärmstens ans Herz legen.

Zunächst müssen wir uns über den Unterschied zwischen Aktien und Futures klar werden. Aktien werden im Auftrag eines Unternehmens von Emissionsbanken unter die Investoren oder direkt an den Markt gebracht. Ein bestimmter Teil des Unternehmenswertes wird dabei als feste Anzahl von Aktien ausgegeben. Diese Anzahl ist unveränderlich und sie existieren, bis sie evtl. vom Unternehmen zurückgekauft werden und im Firmenvermögen aufgehen.

An den Terminmärkten werden Kontrakte angeboten, die bestimmten Spezifikationen unterliegen und eine bestimmte Laufzeit haben, die jedoch nicht als feste Menge vorhanden ist. Ein Kontrakt existiert erst dann real, wenn sich zu einem Verkäufer, der eine Shortposition eröffnet, ein Käufer findet, der gleichzeitig eine Longposition eingeht oder umgekehrt. Erst in diesem Augenblick erblickt ein Kontrakt das Licht der Welt. Das Open Interest erhöht sich in diesem Falle um eins. Ein Kontrakt wird liquidiert, wenn ein Leerverkäufer seine Position decken will und dazu von einem Verkäufer, der eine Longposition schließen will, einen Kontrakt übernimmt. Das Open Interest verringert sich in diesem Fall um eins.

Das Offene Interesse gibt an, wie viele Kontrakte nach Handelsschluss nicht liquidiert worden sind. Es zeigt also, wie viele Investoren ihre Positionen am Terminmarkt beibehalten haben. Es gibt zwei weitere Situationen, die das Offene Interesse unberührt lassen. Wenn ein Verkäufer einer Longposition auf den Käufer einer Longposition stößt, wird kein neuer Kontrakt eröffnet. Wenn der Leerverkäufer eine Position deckt und dabei auf den Verkäufer einer neuen Shortposition trifft, wird ebenfalls kein neuer Kontrakt eröffnet. In beiden Fällen bleibt das Open Interest unverändert.

Davon unabhängig sind die Umsatzangaben eines Terminkontraktes. Diese beziehen sich auf die Gesamtzahl der an diesem Tag in diesem Kontrakt gehandelten Stücke. Und bitte beachten Sie, das hier tatsächlich die Stückzahl angegeben wird und nicht, wie bei Aktien üblich, der Geld mäßige Gegenwert. Im Falle unseres oben gerade geborenen und später wieder liquidierten Kontraktes steht das Offene Interesse bei 0 und der Umsatz bei zwei.

Wir erhalten aus Open Interest und Umsatz wichtige Hinweise auf das Verhalten der Investoren und auf die Stimmungslage in einem Markt. Ähnlich wie das Volumen zur Analyse von Aktienkursen herangezogen wird und dabei eine bestätigende oder eben warnende Funktion erhält, wird auch der Umsatz und das Open Interest für die Analyse von Futureskursen verwendet. Es gelten die gleichen Grundregeln wie in der Kursanalyse bei Aktien. Wird eine starke Kursbewegung, egal ob nach oben oder nach unten, von entsprechend hohen Umsätzen und von entsprechend hohem Offenen Interesse begleitet, gilt diese als gesund. Treten Divergenzen zwischen der Entwicklung des Kurses und der Entwicklung von Umsatz oder Offenen Interesse auf, ist dies als Warnzeichen zu verstehen. Eine solche Kursbewegung gilt als ungesund und anfällig.

Die Interpretation des Open Interest wird in vielen verschiedenen Facetten angegeben. Zum einen gilt: Je größer das Open Interest, um so größer ist das Vertrauen der Kontraktinhaber in die aktuelle Marktentwicklung. Ein anderer Aspekt ist der hohe Absicherungsbedarf großer Portfolios in unsicheren Marktphasen. Hier könnte man sagen, je unsicherer die Aktienmärkte eingeschätzt werden, um so höher wird das Offene Interesse in einem entsprechenden Terminkontrakt sein, der diesen Markt abbildet, weil große Investoren ihre Aktienpositionen mit Positionen am Terminmarkt absichern werden.

Für den HPI gilt, dass er den Fluss des Kapitals in einen Kontrakt hinein oder aus einem Kontrakt heraus abbildet und somit die gleichen Analysemethoden eröffnet wie Money Flow- oder Volumenindikatoren in Aktiencharts.
Achtung: Ich habe auf www.tradesignalonline.com einen Arbeitsbereich mit dem HPI für Sie vorbereitet, den Sie auch downloaden können. Allerdings bieten nicht alle Datenanbieter die Datenreihe Open Interest mit an, was den Indikator in diesem Fall unbrauchbar macht. Ich selbst musste mir die zwei Beispielcharts dieses Beitrages beim Inhaber eines Reuters Accounts besorgen, da ich selbst auch keine Open Interest-Daten zur Verfügung habe.

Berechnung und Parameter

Die Berechnung des HPI ist ziemlich komplex und schwer zu durchschauen. Außerdem weichen die Angaben über die genaue Berechnung und die programmiertechnische Umsetzung etwas voneinander ab. Ich werde deshalb relativ kommentarlos die Berechnung darlegen, in der Hoffnung, dass Sie eben soviel verstehen wie ich. Wir definieren zunächst einige Teilwerte, die in der anschließenden Berechnung verwendet werden. Wir übernehmen zwei Variablen in die Berechnung, die von dieser nicht verändert werden. Das sind zum einen ein Multiplikator M und einen Faktor F.

M = 100
F = 0.1

Nun zur Definition der Teilwerte für die Berechnung und damit als erstes zur absoluten Differenz des Open Interest im Vergleich von Heute zu Gestern:

$$IDiff_{(t)} = 2^* abs(OI_{(t)} - OI_{(t-1)})$$

Der niedrigere Wert des Offenen Interesses von Heute und Gestern:

$$IMin_{(t)} = Min(OI_{(t)} , OI_{(t-1)})$$

Die halbe Handelsspanne des Tages:

$$HalfRange_{(t)} = (High_{(t)} - Low_{(t)}) * 0.5$$

Die Kursveränderung zwischen HalfRange gestern und HalfRange heute:

$$DeltaPrice_{(t)} = HalfRange_{(t)} - HalfRange_{(t-1)}$$

Wir berechnen nun den Money Flow des Tages. Ich bezeichne den Wert so, weil ich meine, dessen Aussage damit zu treffen und weil ich keine andere Bezeichnung in den Quellen finden konnte.

Wenn $DeltaPrice_{(t)} > 0$ Dann:
$K_{(t)} = DeltaPrice_{(t)} * M * Volume_{(t)} * (1 + IDiff_{(t)} / IMin_{(t)})$
Wenn $DeltaPrice_{(t)} < 0$ Dann:
$K_{(t)}\ DeltaPrice_{(t)} * M * Volume_{(t)} * (1 - IDiff_{(t)} / IMin_{(t)})$

Die endgültige Berechnung des HPI sieht so aus. Der Versuch, dass ganze in einfachen Worten zu erklären, muss angesichts der komplexen Berechnung im Chaos enden und wird unterlassen.

$$HPI_{(t)} = HPI_{(t-1)} + ((K - HPI_{(t-1)}) * F)$$

Im HPI wird versucht, eine Gesamtmenge von Kaufdruck oder Verkaufsdruck in Form von Geldströmen zu berechnen, in dem die Anzahl der gehandelten Kontrakte und das Open Interest miteinander kombiniert werden. Diese Gesamtmenge wird mit Hilfe der ermittelten Kursveränderung zum Vortag als Mittelzufluss oder Mittelabfluss gewertet und gewährt so Einblicke in die Stimmungslage und die Erwartungen der Marktteilnehmer zum entsprechenden Terminmarkt. Der HPI schwingt um die Mittellinie und hat eine offene Werteskala. Die beiden Parameter habe ich oben schon erwähnt, andere werden nicht benötigt.

Darstellungsvarianten

Der HPI ist auf www.tradesignalonline.com zum Download von mir bereit gestellt. Sie können ihn aber nur verwenden, wenn Ihr Datenlieferant (z. B. Bloomberg oder Reuters) das Open Interest als Datenreihe im Angebot hat.

Interpretation

Der HPI soll durch Messung von Kurs-, Volumen- und Open Interest-Veränderungen die Geldströme erfassen, die an einem Terminmarkt aktiv sind. Während das Volumen (im Falle von Terminkontrakten die Umsatzzahl) den Grad des Engagements der Marktteilnehmer repräsentiert, steht das Open Interest für das Geldvermögen, was in diesem Kontrakt investiert ist. Veränderungen in Umsatzzahl und Open Interest werden den HPI direkt beeinflussen. Das Ausmaß der ermittelten Kursveränderung wirkt dabei als zusätzlicher Gewichtungsfaktor. Welche Informationen können wir nun dem HPI entnehmen? In Abb. 166 sehen Sie einen Chart des DAX Future September 04 Kontraktes mit HPI.

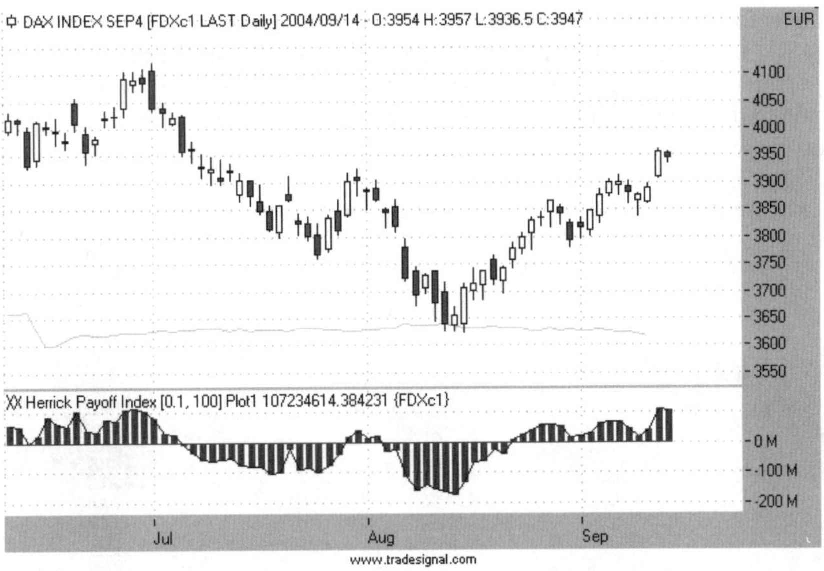

***Abb. 166** – DAX Future mit Herrick Payoff Index.*

Liegt der HPI über der Nulllinie, fließt Geld in den Kontrakt hinein, liegt er darunter, werden Mittel abgezogen. Die Überkreuzungen der Mittellinie gelten als Trendwechsel im Geldfluss und bestätigen den im Kurschart vorhandenen Trend.

Als wichtigstes Anwendungsgebiet gilt auch beim HPI die Divergenzanalyse. Der HPI ist sehr zuverlässig beim Erkennen von Ungereimtheiten zwischen Geldfluss und Kursbewegung. Im Aufwärtstrend sollte ein steigender Geldfluss in Folge von steigenden Umsätzen und steigendem Open Interest den Trend unterstützen. Ein steigender HPI signalisiert ein steigendes Interesse und steigende Geldwerte, die an den Kursbewegungen beteiligt sind. Ähnliches gilt auch für den Abwärtstrend. Fallende Kurse sollten von steigenden oder hohen Umsätzen und steigendem oder großem Open Interest begleitet werden.

Treten Divergenzen zu Tage, zeigt das dem Trader, dass der aktuelle Kurstrend an Unterstützung verliert und möglicherweise beendet wird. Wir finden im Abwärtstrend eine bullish genannte Divergenz, wenn der Kurs des Kontraktes auf neue Tiefpunkte fällt, während der HPI keine neuen Tiefstwerte erreicht. Ein Zeichen, dass sowohl Umsatz als auch Open Interest soweit nachgelassen haben, dass die Fortsetzung des laufenden Trends unwahrscheinlich erscheint. Die Bären verlieren ihre dominierende Stellung.

Im Aufwärtstrend finden wir bearishe Divergenzen, die uns auf einen Macht- und Kraftverlust auf der Bullenseite hinweisen. Der Kurs des Kontraktes steigt auf neue Hochpunkte, was vom HPI nicht nachvollzogen wird. Der Indikator bildet fallende Hochpunkte aus. Ein Warnsignal, dass die Kursbewegung ein baldiges Ende finden kann.

Divergenzen gewinnen an Bedeutung und Prognosekraft, je mehr Zeit bis zur fertigen Ausbildung vergeht. Die meisten Autoren weisen darauf hin, dass der HPI besonders in wöchentlichen Daten gute Ergebnisse liefert, weil er dort weniger Fehlsignale bildet. Es wird empfohlen, die Signale des HPI mit Hilfe anderer kurzfristig agierender Indikatoren genauer zu timen. Abb. 167 zeigt den HPI im Wochenchart des DAX Future. In diesem Chart sind besonders deutliche Divergenzen zwischen Kursverlauf und Indikator zu erkennen.

***Abb. 167** – Wochen-Chart des DAX Future mit Herrick Payoff Index.*

Zweites Anwendungsgebiet ist die Analyse des Indikators mit Hilfe von Trendlinien. Da sowohl Umsatzzahl als auch Open Interest als Vorlaufindikator zum Kursverlauf gelten („volume leads price"), lohnt es sich, eine charttechnische Analyse auch im Indikator vorzunehmen. Trendlinien, die im Indikator gebrochen werden, geben wertvolle Hinweise auf ähnliche Ereignisse im Kurschart des Kontraktes selbst. Der Bruch einer Abwärtstrendlinie gilt als Kaufsignal, der Bruch einer Aufwärtstrendlinie als Verkaufssignal. Aber die Analyse beschränkt sich nicht nur auf Trendlinien, auch Dreiecke, Keile und andere Formationen können verwendet werden.

Kritische Würdigung

Die benötigten Daten zu Open Interest und Umsatzzahl schränken die Möglichkeiten der Nutzung stark ein. Datenfeeds mit Open Interest gehören eher zur oberen Preisklasse.

Quellen

Asprey, Thomas E.: The Payoff Index. In: TAS&C V.6
Elder, Dr. Alexander: Trading for a Living
Murphy, John J.: Technische Analyse der Finanzmärkte

Ichimoku Kinkou Hyo

Grundlagen

Kennen Sie Goichi Hosoda? Nein? Dann sollten Sie diesen Artikel lesen, um etwas von seinem Vermächtnis zu erfahren. Hosoda war Journalist und nannte sich „Ichimoku Sanjin“. Er entdeckte die hier vorgestellte Indikatorentechnik, die lange Zeit vor ihm, bereits vor dem zweiten Weltkrieg, erfunden wurde. Letztendlich wurde dieser Indikator in einem Büchlein im Jahre 1968 publiziert und ist seitdem, zumindest in japanischen Handelsräumen, sehr populär.

Ichimoku Kinkou Hyo bedeutet in etwa „Alles auf einen Blick“. Wenn Sie sich den Chart in Abb. 168 ansehen, werden Sie sicher vermuten, dass ich die Grafik verwechselt habe, da hier nichts auf einem Blick erkennbar scheint.

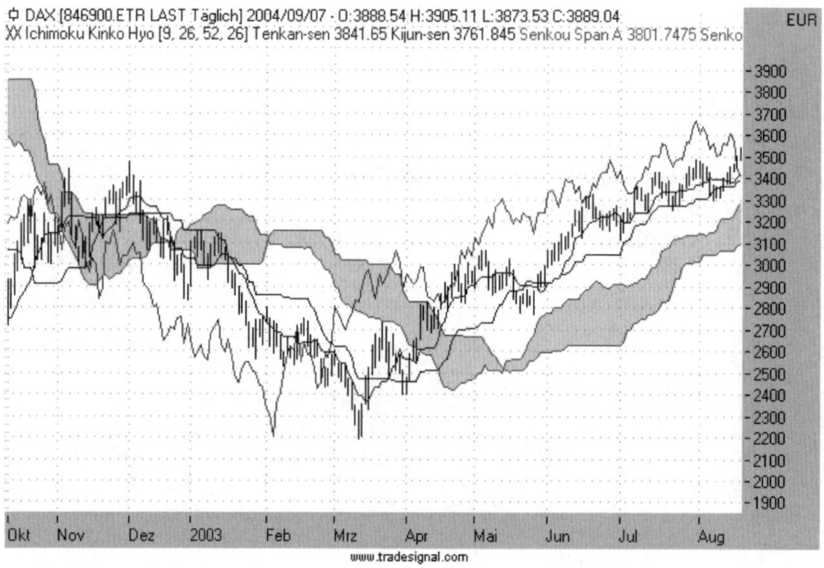

***Abb. 168** – Ichimoku Kinko Hyo am Beispiel des DAX.*

Doch nach einer kurzen Einarbeitung und dem nötigen Verständnis der Hintergründe, klärt sich das Bild auf und das Ziel des Indikators wird klar erkennbar. Er soll einen möglichst umfassenden Überblick über den technischen Zustand eines Marktes oder einer Aktie geben sowie konkrete Handelssignale liefern.

Hosada hat sich viele Jahre mit diesem Indikator beschäftigt, stellte sogar Studenten an, die tausende von Berechnungen durchführten, um die besten Einstellungen zu finden. Denn damals waren weder Computer noch programmierbare Taschenrechner verbreitet. Der Indikator ähnelt stark einem System aus gleitenden Durchschnitten und auch die Signalerzeugung geschieht auf ähnliche Art und Weise.

Jedoch eröffnet uns dieser Indikator nicht nur konkrete Handelsregeln, sondern gibt auch Hinweise auf Unterstützungs- und Widerstandszonen und liefert sogar ein Bewertungsmaß für die Stärke der erzeugten Signale. Er basiert auf der Berechnung von mittleren Handelsspannen einer bestimmten Periode und deren Projektion in Zukunft und Vergangenheit.

Berechnung und Parameter

Der Indikator besteht aus insgesamt fünf Linien. In manchen Analyseprogrammen werden nur vier Linien dargestellt, wobei damit allerdings ein Aspekt, nämlich die Bewertung der Signalstärke, wegfällt. Die fünf Linien werden als Standard-Linie, drehende Linie, verzögerte Linie, vorauseilende Linie-1 und vorauseilende Linie-2 bezeichnet. Um Verwechselungen zu vermeiden, habe ich unten noch einmal eine genaue Auflistung samt Original-Bezeichnungen und englischer Übersetzung aufgeführt. Ich möchte jedoch im Verlauf des Textes bei den deutschen Bezeichnungen bleiben, da diese das Verständnis vereinfachen.

Die Berechnung der Linien erfolgt auf Basis der höchsten und tiefsten Kurse einer bestimmten Betrachtungsperiode. Die ersten beiden Linien bilden ein ähnliches Signalsystem, wie zwei gleitende Durchschnitte, nur werden sie nicht als Durchschnitt einer Datenreihe, sondern als Mittelwert der höchsten und tiefsten Kurse einer bestimmten Betrachtungsperiode ermittelt.

- Kinjun Sen (Standard Line): Die Standard-Linie ist der Mittelwert vom höchsten und vom niedrigsten Kurs der letzten 26 Tage.
- Tenkan Sen (Turning Line): Die drehende Linie ist der Mittelwert vom höchsten und niedrigsten Kurs der letzten neun Tage.
- Chikou Span (Delayed Line): Die verzögerte Linie stellt eine Rückwärtsprojektion des aktuellen Kurses um 26 Tage dar. Sie endet also auch 26 Kursstäbe in der Vergangenheit.
- Senkou Span A (1st preceeding Line): Die erste vorauseilende Linie ist der Mittelwert aus Standard-Linie und drehender-Linie, der 26 Tag in die Zukunft projiziert wird.
- Senkou Span B (2nd preceeding Line): Die zweite vorauseilende Linie schließlich ist der Mittelwert aus höchstem und tiefstem Kurs der letzten 52 Tage, der ebenfalls 26 Tage in die Zukunft projiziert wird.

Formel

Die Parameter für die einzelnen Linien habe ich bereits genannt. Standardmäßig sind vorgegeben:

$$\text{Kinjun} - \text{Sen}(t) = \frac{HH_l\,(t) + LL_l\,(t)}{2}$$

$$\text{Tenkan} - \text{Sen}(t) = \frac{HH_k\,(t) + LL_k\,(t)}{2}$$

$$\text{Senkou} - \text{Span} - A = \frac{\text{Kinjun} - \text{Sen}(t - l + 1) + \text{Tenkan} - \text{Senk}\,(t - l + 1)}{2}$$

$$\text{Senkou} - \text{Span} - B = \frac{HH_m\,(t - l + 1) + LL_m\,(t - l + 1)}{2}$$

$$\text{Chikou} - \text{Span}(t) = C(t + n - 1)$$

mit
l = 26 Tage
k = 9 Tage
m = 52 Tage
n = -26 Tage

... wobei die jeweilige Projektion in Zukunft und Vergangenheit noch beachtet werden muss!

Interpretation

Der Indikator liefert uns mittels der Linien sehr viele Informationen. Zum einen werden die Standard- und die drehende Linie als Signalsystem verwendet. Schneidet die drehende Linie die Standard Linie von unten nach oben, gilt dies als Kaufsignal. Schneidet sie die Standard-Linie von oben nach unten gilt dies als Verkaufssignal. Da es sich beim Ichimoku-Indikator um ein trendfolgendes System handelt, sollten nur die Signale gehandelt werden, die in Trendrichtung zeigen.

Als ersten Anhaltspunkt für eine Trenddefinition wird die verzögerte Linie verwendet. Da es sich um eine rückwärtsgerichtete Projektion des aktuellen Kurses handelt, zeigt uns diese Linie die Veränderung des aktuellen Kurses im Vergleich zum Kurs vor 26 Tagen an.

Wir betrachten die Lage des Kursstabes vor 26 Tagen zur verzögerten Linie: Liegt die verzögerte Linie über diesem Kursstab, sind die Kurse in den vergangenen 26 Tagen gestiegen. Liegt die verzögerte Linie unter dem Kursstab, sind die Kurse seitdem gefallen. Diese Information ist mit einem Blick zu erfassen.
Die nächste Information entnehmen wir den beiden vorauseilenden Linien. Sie werden meistens als gefüllte Fläche dargestellt, die im japanischen als Kumo –

„Wolke" - bezeichnet wird. Bei den beiden Linien handelt es sich zum einen um den Mittelwert von Standard- und drehender Linie, also einen Mittelwert der aktuell betrachteten Zeitspanne. Liegen die Kurse darüber, gilt dieser Mittelwert als Unterstützung; liegen sie darunter, gilt der Mittelwert als Widerstand.

Ausgehend von der These, dass Trends sich eher fortsetzen, als die Richtung zu wechseln, wird unterstellt, dass der jetzige Mittelwert seine Funktion als Widerstand oder Unterstützung auch weiterhin beibehalten wird. Deshalb wird dieser Wert 26 Tage in die Zukunft projiziert. Die zweite vorauseilende Linie ist der Mittelwert aus höchstem und tiefstem Kurs der letzten 52 Handelstage, was einem Zeitraum von zwei Monaten entspricht. Auch dieser Wert wird 26 Tage in die Zukunft projiziert und soll damit einen etwas längerfristigen Vergleich des aktuellen Kurses mit den Mittelwerten des Betrachtungszeitraumes ermöglichen.

Für die Trenddefinition im Ichimoku-System ist nun die Lage des aktuellen Kurses zur Wolke entscheidend. Liegt der Kurs über der Wolke, befindet sich der Basiswert in einem Aufwärtstrend. Die Wolke fungiert in diesem Fall als Unterstützungszone. Liegt der Kurs unter der Wolke, befindet sich der Basiswert in einem Abwärtstrend und in diesem Fall fungiert die Wolke als Widerstandszone. Eine Bewegung von unten, durch die Wolke nach oben, ist als Break Out Signal zu werten; ebenso wie eine Bewegung von über der Wolke nach unten. Die von den beiden Hauptlinien erzeugten Signale sollten also mit den Informationen der Kumo gefiltert werden. Kaufsignale gelten nur, wenn das Signal über der Wolke entsteht und Verkaufssignale gelten nur, wenn das Signal unter der Wolke entsteht. Des Weiteren gelten Kaufsignale, die nicht von der verzögerten Linie bestätigt werden, als schwache Signale und Verkaufssignale dann ebenfalls nur als schwache Signale.

Betrachten wir die verzögerte Linie in Verbindung mit der Kumo, können wir eine Aussage über die Stärke des aktuellen Trends treffen. In einem Aufwärtstrend liegen die Kurse über der Kumo. Dies sollte von der verzögerten Linie dadurch bestätigt werden, dass sie über ihrem Referenzkurs von vor 26 Tagen liegt. Ist dies nicht der Fall, zeigt dies Schwäche im vorherrschenden Trend an. In einem Abwärtstrend liegen die Kurse unter der Kumo. Dies sollte von der verzögerten Linie bestätigt werden, in dem sie unter ihrem Referenzkurs von vor 26 Tagen liegt. Abb. 169 zeigt die Trenddefinition anhand der „Kumo".

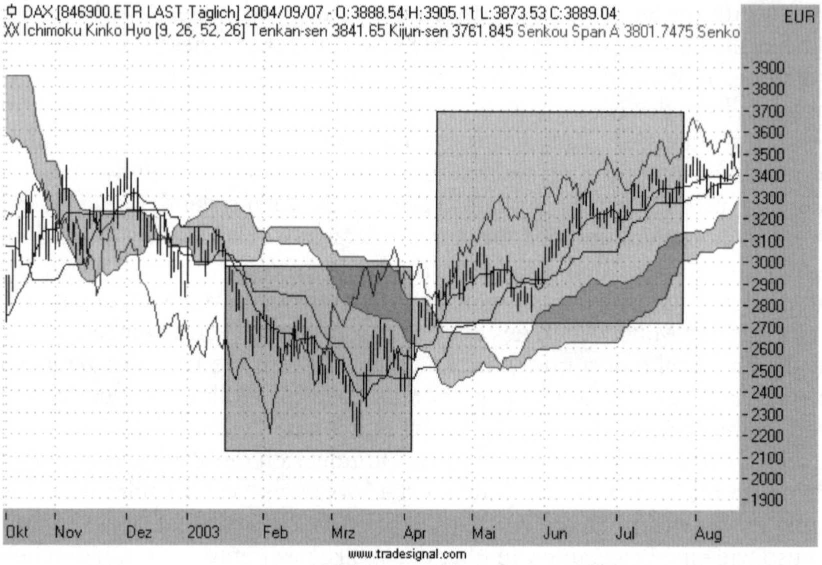

***Abb. 169** – Ichomoku Kinko Hyo mit zwei Trendphasen (markierte Flächen): In der linken Fläche verläuft der Kurs unterhalb der Wolke. Per Definition handelt es sich hier deshalb um einen Abwärtstrend. In der Rechten Fläche verläuft der Kurs oberhalb der Wolke und dokumentiert damit einen Aufwärtstrend.*

In Abb. 170 habe ich ein starkes Handelssignal markiert. Der Kreis markiert ein Verkaufssignal. Die Kurse liegen unter der Wolke; ein Zeichen für einen etablierten Abwärtstrend und die drehende Linie schneidet die Standard-Linie nach unten. Außerdem zeigt auch die verzögerte Linie Schwäche an.

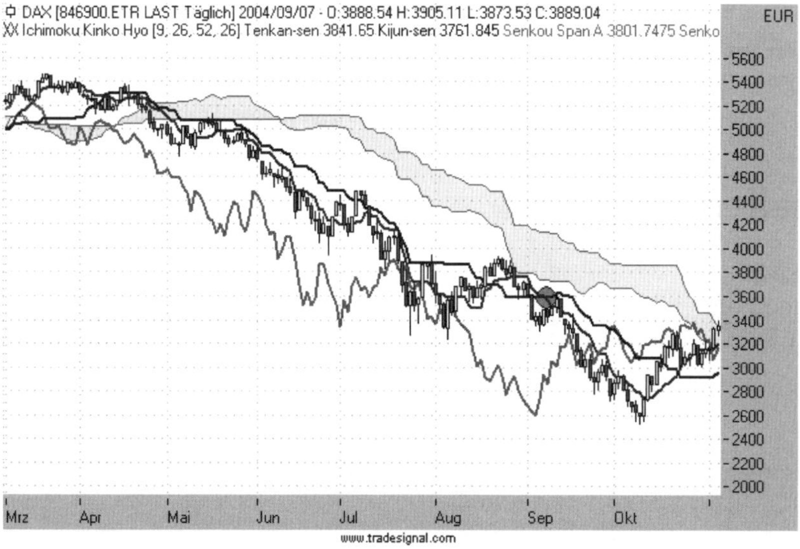

Abb. 170 *– Ichimoku mit starkem Verkaufssignal im September 2004 (markierter Kreis)*

In Abb. 171 habe ich ein starkes Kaufsignal mit einem Kreis markiert. Die Kurse liegen über der Wolke; ein Zeichen für einen etablierten Aufwärtstrend und auch die verzögerte Linie zeigt Stärke an. Als Handelssignal gilt hier der Schnitt der drehenden Linie über die Standard-Linie.

Abb. 171 *– Ichimoku mit starkem Kaufsignal im Juni 2003 (markierter Kreis).*

Kritische Würdigung

Dieser Indikator erscheint auf den ersten Blick so fremdartig, wie vielen von uns die japanische Kultur selbst. Er erfordert einiges an Einarbeitungszeit. Als Trendfolgendes Handelssystem benötigt er Märkte, die ausgeprägte Trends aufweisen.

Quellen

www.fxdealer.com
www.fxstreet.com
Muranaka, Ken: Ichimoku Charts. In: TAS&C V.18

Intraday Momentum Index

Grundlagen

Wenn Sie einen Candlestickchart betrachten, fällt die Farbe und Form der Kerzen als erstes ins Auge. Die Länge der Schatten und die Muster, die die Kerzen bilden, stehen an zweiter Stelle der Betrachtungskette. Vielleicht haben Sie bereits den Beitrag zum Q-Stick-Indikator gelesen. Dort habe ich dessen Funktion, die einfache Messung und Darstellung der Kerzenkörpergröße beschrieben. Eine einfache Darstellung der Kraft und Dynamik, die in der aktuellen Marktphase vorherrschen.

In starken Trends dominieren lange Kerzenkörper und einheitliche Kerzenfarben. Verliert ein Trend an Kraft und Dynamik, werden die Kerzenkörper kleiner und es mischen sich vermehrt „gegnerische Farben unter die Soldaten". Diese „Spähtrupps" der gegnerischen Marktfraktion führen über kurz oder lang zum Kippen der Trendaktivität und zur Etablierung eines neuen Trends, dessen Verlauf von der siegreichen Fraktion der Marktteilnehmer bestimmt wird. Der Q-Stick ist in der Lage, durch Divergenzen frühzeitig auf die Aktivitäten der Spähtrupps hinzuweisen.

Im folgenden Beitrag stelle ich Ihnen einen weiteren Indikator vor, der sich mit Farbe und Größe der Kerzenkörper beschäftigt. T. Chande und S. Kroll stellten ihn in ihrem Buch „The New Technical Trader" vor. Aber auch bei P. Kaufmann findet sich eine Notiz zu diesem Indikator, von Kaufmann „Body Momentum" genannt.

Der Intraday Momentum Index (IMI) misst die Anzahl und Größe der weißen und der schwarzen Kerzen und berechnet daraus einen „Stärkeindex" für die jeweilige Marktfraktion. Er kann uns zeigen, welche Kerzenfarbe dominiert. Weiße Kerzen sind die Soldaten der Bullen. Sind deren Reihen gut gefüllt, kräftig und geschlossen, wird am Markt ein Aufwärtstrend vorherrschen, in dem die Kurse des Basistitels in schwindelnde Höhen klettern. Schwarze Kerzen bilden die Armee der Bären. Die schwarze Armee treibt so manchen Kleinanleger in die Verzweiflung, wenn ihre Dominanz die Kurse der Aktien ins Tal schleudert.

Der IMI erkennt, ob die Reihen der jeweiligen Machthaber geschlossen sind, ob deren Trendaktivität von gesunder Dynamik begleitet ist und ob es Anzeichen für ein „Erstarken" der gegnerischen Fraktion gibt. Angelehnt an die Berechnung des RSI werden zwei separate Summen für die weißen Kerzen und für die schwarzen Kerzen gebildet.

Berechnung und Parameter

Die Berechnung des IMI ist, wie erwähnt, an den RSI angelehnt. Zum RSI existieren zahlreiche Variationen. Unter anderen gibt es verschiedene Varianten der Glättung. Einige verwenden nur die summierten Werte, um die Indexe zu berechnen, andere verwenden gleitende Durchschnitte. Die Art der Durchschnittsbildung variiert zusätzlich. In meiner hier umgesetzten Version verwende ich nur die Summen der weißen und schwarzen Kerzenkörper.

$$\text{Wenn Close}_{(t)} > \text{Open}_{(t)} \text{ dann Up}_{(t)} = \text{Close}_{(t)} - \text{Open}_{(t)}$$
$$\text{Sonst Up}_{(t)} = 0$$

$$\text{Wenn Close}_{(t)} < \text{Open}_{(t)} \text{ dann Down}_{(t)} = \text{Open}_{(t)} - \text{Close}_{(t)}$$
$$\text{Sonst Down}_{(t)} = 0$$

$$\text{SumUp}_{(t)} = \text{Sum}_{(n)}(\text{Up})$$
$$\text{SumDown}_{(t)} = \text{Sum}_{(n)}(\text{Down})$$

Damit sind zwei Summen gebildet, die jeweils das Up-Momentum und das Down-Momentum enthalten. Im nächsten Schritt wird die relative Stärke des Up-Momentums im Verhältnis zur Gesamtsumme des Momentums gemessen. Wir erinnern uns an die Berechnung des RSI. Dort wird die relative Stärker der aufwärtsgerichteten Kursänderungen im Verhältnis zur Gesamtsumme der Kursänderungen gemessen.

$$\text{IMI}_{(t)} = \text{SumUp}_{(t)} / (\text{SumUp}_{(t)} + \text{SumDown}_{(t)})$$
$$n = \text{Berechnungsperiode des Indikators}$$

Für n, die Berechnungsperiode, wird von Chande und Kroll ein Wert von 14 Tagen verwendet. Auch Kaufmann bedient sich dieser Einstellung. Dabei handelt es sich um die halbe Länge eines dominanten Zyklus der Terminmärkte. Zumindest in den wichtigsten Märkten wird ein 28 Tage Zyklus angenommen. Daher stammen für viele Indikatoren die 14-tägigen Periodeneinstellungen.
Der IMI bewegt sich in einer Werteskala von 0 – 100. Ähnlich wie beim RSI werden auch hier zwei zusätzliche Extremzonen eingezeichnet. Die obere Zone, in der die Dominanz der Bullen signalisiert wird, wird bei 70 abgetrennt. Die untere Extremzone, in der die Dominanz der Bären signalisiert wird, wird bei 30 abgetrennt. Zusätzlich tragen wir eine Mittellinie ab, die bei 50 liegt.

Darstellungsvarianten

Der IMI ist für TradeSignal enterprise zum Download auf www.tradesignalonline.com erhältlich. Meine Umsetzung beinhaltet die Berechnung einer Signallinie. Dafür stehen verschiedene Typen zur Verfügung. Wichtiges Feature ist die Verwendung eines Ehlers-Filter zur Glättung der Indikatorwerte. Wer die Signallinie verwenden möchte, wird den Filter zu schätzen wissen. Abb. 172 zeigt den IMI im Tageschart des DAX.

***Abb. 172** – Intraday Momentum Index am Beispiel des DAX.*

Wenn Sie einige der Lexikon-Beiträge auf www.tradesignalonline.com bereits gelesen haben, ist ihnen ein Derivat des RSI sicher bekannt, das weitaus bessere Signale liefert, als der RSI selbst. Ich meine den Stochastic RSI. Um die gleiche Signalqualität zu erreichen, habe ich eine Adaption des IMI an die Stochastic nach Lane vorgenommen. Wir erinnern uns kurz, was die Stochastic für Aussagen liefert. Sie beobachtet die Lage des Schlusskurses innerhalb einer festen Kursspanne von zumeist 5 oder 8 Tagen. Sie liefert zum einen ein Maß für Trendrichtung und Stärke als auch trendkonforme und trendkonträre Handelssignale. Lanes Original-Formel sieht so aus:

$$LLValue_{(t)} = Min(Low_{(t)} \dots Low_{(t-n)})$$
$$HHValue_{(t)} = Max(High_{(t)} \dots High_{(t-n)})$$
$$Stochastic_{(t)} = (Close_{(t)} - LLValue_{(t)}) / (HHValue_{(t)} - LLValue_{(t)})$$

LLValue = niedrigster Kurs im Berechnungszeitraum
HHValue = höchster Kurs im Berechnungszeitraum

Wir tauschen High(t), Low(t) und Close(t), gegen den Wert des IMI aus:

$$LLValue_{(t)} = Min(IMI_{(t)} \dots IMI_{(t-n)})$$
$$HHValue_{(t)} = Max(IMI_{(t)} \dots IMI_{(t-n)})$$

$$IMIStochastic_{(t)} = (IMI_{(t)} - LLValue_{(t)}) / (HHValue_{(t)} - LLValue_{(t)})$$

Die Berechnungsperiode n für die Ermittlung der höchsten und tiefsten Werte ist die gleiche, wie die für die Berechnung des IMI selbst. Der Parameter ist allerdings separat verfügbar. Sie können also die Berechnungsperiode der Stochastic-Berechnung verkürzen. Abb. 173 zeigt den IMI-Stochastic-Oszillator.

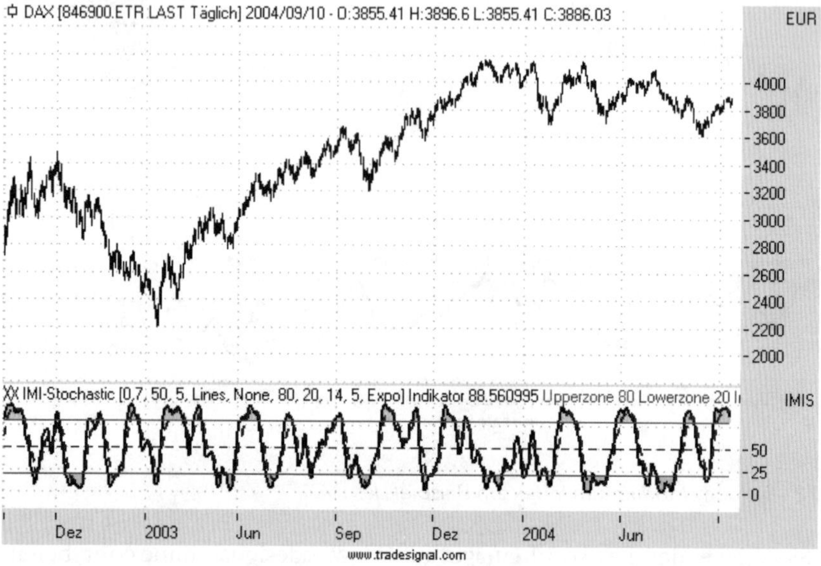

***Abb. 173** – IMI-Stochastic-Oszillator am Beispiel des DAX.*

Interpretation

Wir erinnern uns kurz an die Aussagen des Q-Stick-Indikators, der ein naher Verwandter des IMI ist. Der Q-Stick misst die Länge der Kerzenkörper und zeigt uns deren Veränderungen auf. Lange Kerzenkörper sind in starken Trendbewegungen zu finden, während kurze Kerzenkörper in Konsolidierungs- und Übergangsphasen zu finden sind. Außerdem ist an Hand des Q-Stick zu erkennen, wie gleichförmig die Kerzenfarben verteilt sind. Nimmt der Grad der Vermischung zwischen weißen und schwarzen Kerzen zu, wird sich dies in Divergenzen des Q-Stick zum Kursverlauf ausdrücken. Abb. 174 zeigt einen Vergleich der beiden Indikatoren Q-Stick und IMI.

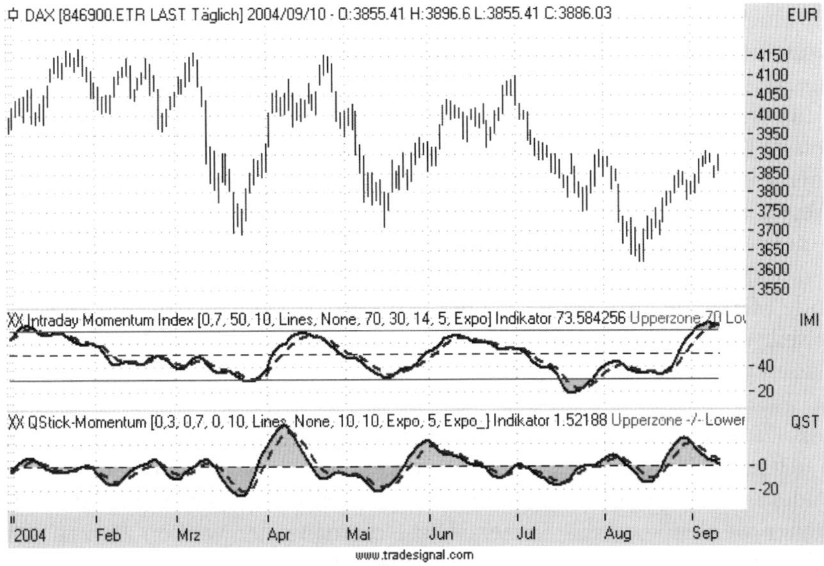

***Abb. 174** – Vergleich des IMI (Mitte) mit dem Q-Stick-Momentum.*

Der IMI taucht etwas tiefer in die Candlestickanalyse ein. Er misst zuerst das Bodymomentum an Aufwärtstagen und das Bodymomentum an Abwärtstagen. Dabei werden zwei Summen gebildet, die jeweils die positiven Werte des Momentums enthalten. Somit ist es möglich, die beiden Summen miteinander zu vergleichen. Das Bodymomentum ist die Größe des Kerzenkörpers, die Differenz zwischen Eröffnungs- und Schlusskurs. Hohe Werte zeigen eine starke Dynamik in den Kursänderungen an, niedrige Werte zeugen von Kraftlosigkeit und Unentschlossenheit. Im IMI wird als „relative Stärke" des Aufwärtsmomentums im Vergleich zur Gesamtsumme des Momentums gemessen.

Wir entnehmen dem IMI zunächst die Information, welche der beiden Fraktionen, Bullen oder Bären, am Markt dominieren. Wenn die Anzahl und Größe der weißen Kerzen die der schwarzen Kerzen übertreffen, wird der IMI über der Mittellinie liegen. Dominieren die schwarzen Kerzen, wird der IMI unter der Mittellinie liegen. Die Mittellinie gilt als Trendwendezone und die Schnittpunkte des IMI mit dieser Mittellinie demzufolge als Trendwendesignale. Tritt der IMI in eine seiner beiden Extremzonen ein, zeugt das von absoluter und unangefochtener Herrschaft einer der beiden Fraktionen.

IMI > 70 = Bullenmarkt
IMI < 30 = Bärenmarkt

Der IMI hat dabei, wie auch der RSI, die Funktion, überkaufte und überverkaufte Marktsituationen zu erkennen. Und genau diese Situationen treten ein, wenn eine der beiden Marktfraktionen ihre uneingeschränkte Herrschaft erreicht hat. Die

Kurse sind dann meistens so überdehnt, das ein Rückschlag zu erwarten ist. Zeigt der IMI einen starken Bullenmarkt an, treten meist kurze Zeit später erste Erschöpfungszustände auf der Bullenseite ein. Der Kaufdruck lässt nach und eine Korrektur des Preisniveaus ist die Folge. Zeigt der IMI einen starken Bärenmarkt an, ist auch dies ein Zeichen nach unten überdehnter Kurse. Meistens führen diese Situationen zu Korrekturbewegungen, weil der Verkaufsdruck nachlässt, das Verkaufsvolumen austrocknet und die Bullen erste Atemzüge wagen.

Wegen seiner „normierten", eingeschränkten Werteskala zeichnet der IMI nicht die gleichen qualitativ hochwertigen Divergenzen wie der Q-Stick. Aber wir können trotzdem einige finden, die zumindest als zusätzliches Zeichen auf bevorstehende Marktereignisse gelten können. Da der IMI ja die Stärke und Dynamik der jeweiligen Intraday-Kursänderungen misst, weisen uns Divergenzen auf ein Nachlassen genau dieser Bewegungsdynamik hin.

In Abb. 175 habe ich einige negative, bearish genannte Divergenzen markiert. Diese treten in Aufwärtstrends auf, eine Trenddefinition ist deshalb wichtig. Trotz steigender Kurse im Basiswert beginnt der Indikator zu fallen, ein Signal für immer schwächer werdende weiße Kerzen. Die Dominanz der weißen Kerzen wird allmählich von den Spähtrupps der Bärenseite unterwandert.

***Abb. 175** – Drei Beispiele für negative Divergenzen zwischen Kursverlauf und IMI weisen auf eine Trendwende hin.*

In Abb. 176 habe ich eine positive, bullish genannte Divergenz markiert. Trotz intaktem Abwärtstrend beginnen die Tiefpunkte des Indikators zu steigen. Er signalisiert ein Nachlassen der Bewegungsdynamik innerhalb der Handelstage und eine langsames Unterwandern der schwarzen Dominanz durch weiße Kerzen.

***Abb. 176** – Eine positive Divergenz zwischen Kurs und IMI kündigt im März 2003 die Trendwende an.*

Im Indikator ist die Berechnung einer Signallinie enthalten. Dafür stehen verschiedene Berechnungsmethoden zur Verfügung. Wollen Sie den Indikator in Originalform verwenden, das heißt ohne den Rauschfilter, empfiehlt es sich, einen trägen Durchschnitt als Signallinie und eine längere Berechnungsperiode zu wählen. Verwenden Sie stattdessen die geglättete Variante, können Sie einen sehr enganliegenden Durchschnitt mit kürzerer Bezeichnungsperiode verwenden.

Die Schnittpunkte des Indikators mit der Signallinie gelten als Handelssignal. Sie signalisieren eine deutliche Veränderung in der Bewegungstendenz des Indikators und damit auch deutliche Veränderungen in der Bewegungsdynamik der Kurse des Basiswertes. Befindet sich der Basiswert in einer Bodenbildungsphase, wird der IMI zu steigen beginnen, wenn die Anzahl und Größe der weißen Kerzen die Anzahl und Größe der schwarzen Kerzen zu übertreffen beginnt. In einer Topbildungsphase wird der IMI fallen, sobald die schwarzen Kerzen an Größe und Anzahl die weißen Kerzen überragen.

Schneidet der Indikator die Signallinie nach oben, gilt dies als Kaufsignal. Schneidet der Indikator die Signallinie nach unten, gilt dies als Verkaufssignal. In Verbindung mit einem Trendfilter liefert der IMI gute, trendkonforme Einstiegssignale. In Abb. 177 habe ich die Markierung der Handelssignale aktiviert, die Mittellinie fungiert dabei als Filter zwischen Kauf- und Verkaufssignalen.

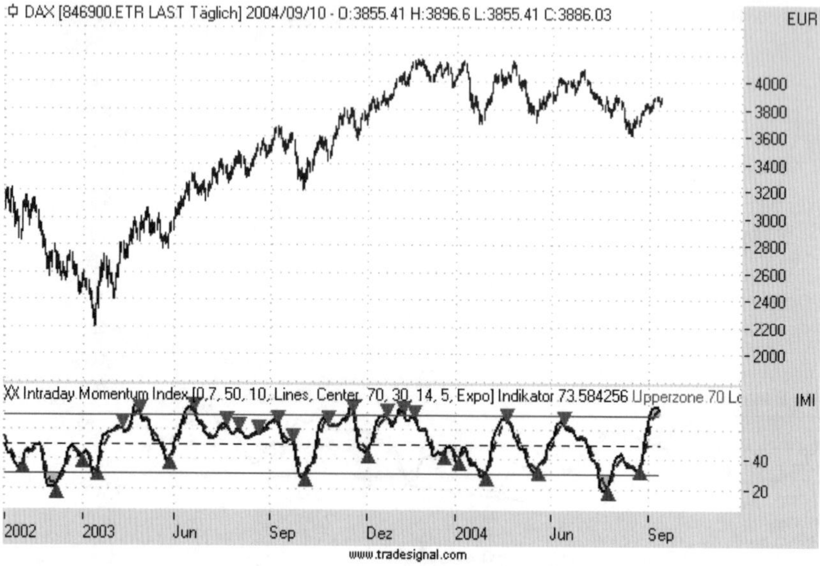

***Abb. 177** – IMI mit Kauf- und Verkaufszeitpunkten, die allerdings noch über eine vorgeschaltete Trendbestimmung gefiltert werden müssten.*

Ich möchte jetzt noch auf die IMI-Stochastic eingehen. Diese liefert wesentlich mehr Signale als der IMI selbst. Die IMI-Stochastic läuft viel öfter eine der beiden Extremzonen an und steigert dadurch wesentlich die Signalqualität. Wird der Rauschfilter zur Glättung verwendet, steigt auch die Anzahl der qualitativ hochwertigen Schnittsignale an der Signallinie. Abb. 178 zeigt einen Vergleich von IMI und IMI-Stochastic.

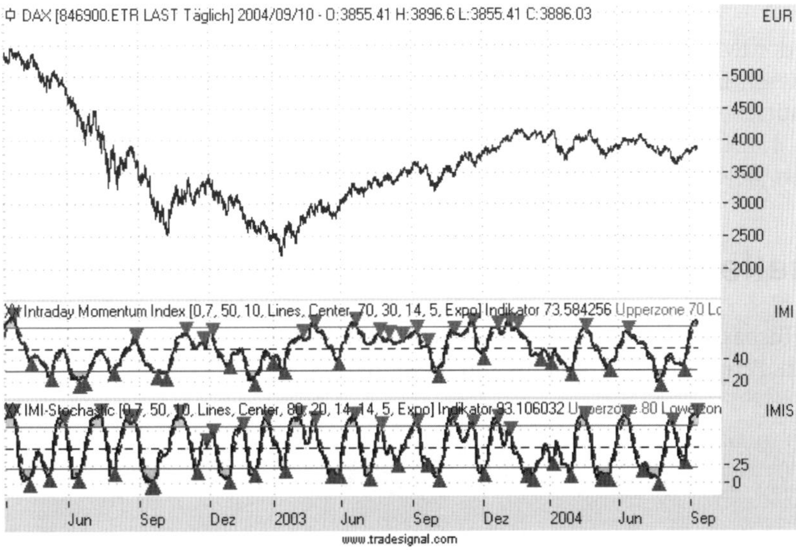

Abb. 178 *– Vergleich zwischen „einfachem" IMI und der IMI-Stochastic.*

In Abb. 179 habe ich die Berechnungsperiode der Stochastic auf 5 Tage verkürzt und den Rauschfilter deaktiviert. Der Indikator reagiert jetzt auch auf kleinste Kursbewegungen mit deutlichen Bewegungsmustern.

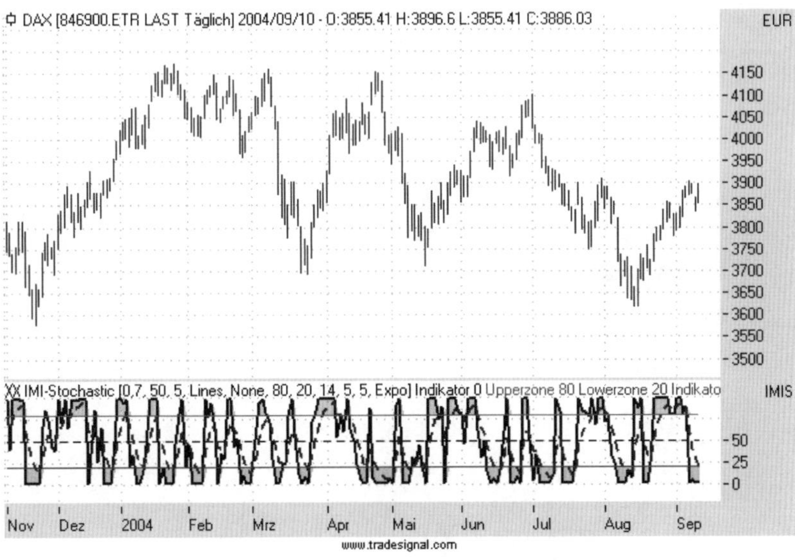

Abb. 179 *– IMI-Stochastic ohne Rauschfilter. Dadurch erhöht sich die Signalhäufigkeit extrem*

Kritische Würdigung

Obwohl der IMI selbst keine wesentliche Verbesserung der Signalqualität gegenüber anderen Indikatoren darstellt, ist er doch eine willkommene Bereicherung der quantitativen Candlestickanalyse. Die IMI-Stochastic wirkt als „Nachbrenner" und Signalverstärker. Aber Vorsicht, mit steigender Anzahl von Handelssignalen steigt auch die Quote der Fehlsignale.

Quellen

Chande, Tushar; Kroll, Stanley: The New Technical Trader
Kaufmann, Perry J.: Trading Systems and Methods

Keltner Channel

Grundlagen

Mit dem Keltner Channel besprechen wir eine Art von Trading Band, die schon seit über 40 Jahren bekannt ist, zeitweise aber in Vergessenheit geraten war. Die legendäre Traderin L. B. Raschke führte sie in den achtziger Jahren des vorigen Jahrhunderts wieder in die Handelsräume ein. Bereits 1960 stellte C. Keltner dieses Analysewerkzeug in seinem Buch „How to make Money in Commodities" vor, das seinerseits als komplettes Trendfolgesystem verwendet wurde.

Der Aufbau des Indikators ist relativ einfach gestaltet und damit sehr ähnlich zu anderen Channel- oder Bandmethoden. Grundsätzlich bestehen Trading-Bänder, Channel-Systeme oder auch einfache lineare Trendkanäle aus zwei Komponenten. Die erste Komponente ist die trendbeschreibende Komponente. Das ist bei den üblichen Channels oder Bändern ein gleitender Durchschnitt der Schlusskurse, ein Durchschnitt von Mittelwerten oder eine fortlaufende Regressionslinie. Dieser Komponente kommt die Aufgabe zu, die Trendrichtung zu beschreiben und gegebenenfalls über die Steigung der Linie auch die Trendstärke. Die zweite Komponente ist die umhüllende Komponente. Ihr kommen meist zwei Aufgaben zu. Zum einen soll sie mögliche Unterstützungs- und Widerstandsbereiche kennzeichnen. Dabei wird angenommen, dass die Kursausschläge eines bestimmten Betrachtungszeitraumes innerhalb einer festen Spanne liegen. Ober- und Unterseite dieser Spanne bilden dann Widerstand und Unterstützung. Die zweite Aufgabe der umhüllenden Komponente ist es, Extrembewegungen der Kurse besonders kenntlich zu machen. Dies geschieht meistens durch Kursausbrüche aus der Umhüllung.

Bei der Interpretation dieser Ausbrüche unterscheidet sich der Keltner Channel deutlich von anderen Channel- und Bandsystemen. Einige der moderneren Channel- oder Bandsysteme, wie Bollinger Bands oder auch der Keltner Channel beinhalten dabei gleichzeitig eine Anpassung der äußeren Begrenzungen an die vorherrschende Schwankungsintensität der Kurse. Das heißt, in Zeiten stürmischer Schwankungen werden die Begrenzungen vom Mittelwert entfernt, in ruhigen Zeiten nähern sie sich diesem an. Damit sind diese Systeme besser an die Marktbedingungen angepasst.

Berechnung und Parameter

Für die Berechnung des Keltner Channels sind mehrere Schritte nötig. Diese richten sich zum Teil nach der gewählten Variante des Keltner Channels. Ursprünglich hat Chester Keltner für die Mittelwertberechnung zunächst den typischen oder auch gemittelten Kurs berechnet. Dies ist die durch drei dividierte Summe aus Tagesschlusskurs, Tageshöchstkurs und Tagestiefstkurs.

$$TP_{(t)} = (High_{(t)} + Low_{(t)} + Close_{(t)}) / 3$$

Viele Software-Produkte verwenden den einfachen Schlusskurs als Grundlage für die weiteren Berechnungen, da die Unterschiede nach der Durchschnittsbildung nicht gravierend sind. Von dieser Basis wird ein einfacher arithmetischer Durchschnitt gebildet und als Mittellinie im Chart dargestellt. Somit haben wir unsere trendbeschreibende Komponente bestimmt und als Linie im Chart eingezeichnet.

$$Avg_{(t)} = Sum_{(n)}(TP) / n$$
n = Berechnungsperiode der Mittellinie

Nun machen wir uns an die Berechnung der Kanalbegrenzungen. Beim Keltner Channel sind diese an die vorherrschende Schwankungsintensität des Basiswertes angepasst. Keltner hat hierfür einen Durchschnitt der täglichen Handelsspanne verwendet. Im Falle der bei uns verwendeten Software TradeSignal express und TradeSignal enterprise wird die Average True Range verwendet. Dabei handelt es sich um eine Methode der Handelsspannenberechnung, die auch Kurslücken zwischen Schlusskurs und nächster Markteröffnung berücksichtigt. Die True Range definiert sich wie folgt:

- Liegt das heutige Hoch über dem gestrigen Close und ist die Spanne heutiges Hoch - heutigesTief kleiner als die Spanne heutiges Hoch und gestriges Close, wird letztere verwendet (Aufwärtsgap liegt vor).
- Liegt das heutige Tief unter dem gestrigen Close und ist die Spanne heutiges Tief - heutiges Hoch kleiner als die Spanne heutiges Tief und gestriges Close wird letztere verwendet (Abwärtsgap liegt vor).

Ist die Spanne heutiges Hoch - heutiges Tief größer als die beiden Sonderfälle, wird diese verwendet.

$$True\ High_{(t)} = Max(High_{(t)} , Close_{(t-1)})$$
$$True\ Low_{(t)} = Min(Low_{(t)} , Close_{(t-1)})$$
$$True\ Range_{(t)} = True\ High_{(t)} – True\ Low_{(t)}$$

Oder:

$$True\ Range_{(t)} = Max((High_{(t)} – Low_{(t)}) , (High_{(t)} – Close_{(t-1)}) , (Close_{(t-1)} – Low_{(t)}))$$
$$ATR_{(t)} = Sum_{(n)}(TR) / n$$
n = Berechnungsperiode Average True Range (ATR)

Näheres zur ATR lesen Sie bitte im entsprechenden Beitrag nach. Ich habe für Abb. 180 einen Vergleich programmiert. Sie sehen den Keltner Channel im Original mit der durchschnittlichen Handelsspanne und darüber gelegt die Version mit der Average True Range. Es sind nur minimale Unterschiede zu erkennen.

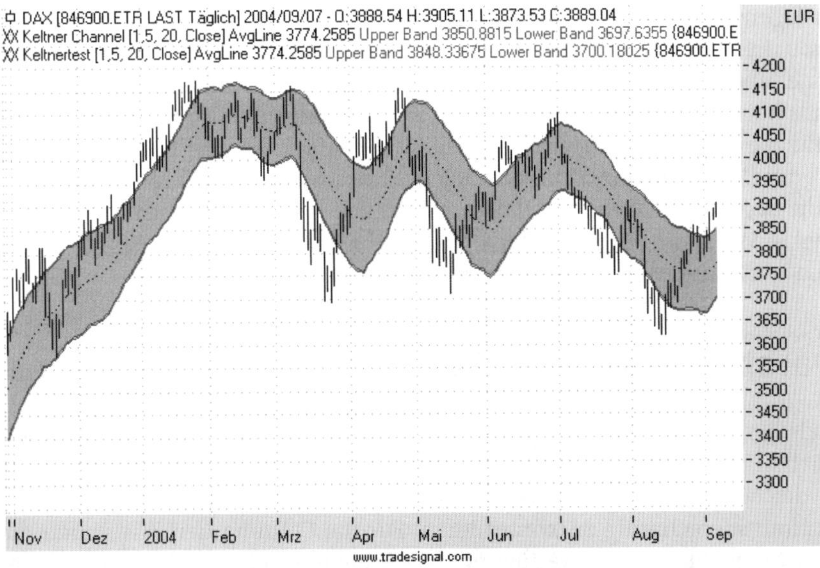

***Abb. 180** – Keltner Channel und Keltner Channel mit Average True Range (Keltnertest). Es sind so gut wie keine Unterschiede erkennbar.*

In richtungslosen Märkten herrschen meistens kleinere Handelsspannen vor, als in trendstarken Märkten, mit starker Nachfrage oder hohem Verkaufsdruck. Das hat zur Folge, dass in trendstarken Phasen der Abstand für die Channelbegrenzung größer wird als in trendschwachen Phasen. Die Weite des Keltner Channels ist also ein Maß für die Volatilität des Basistitels.

Für den Original Keltner Channel ist damit die Berechnung abgeschlossen. Der Wert für die ATR wird jeweils oberhalb und unterhalb der Mittellinie abgetragen, wodurch die beiden Begrenzungslinien entstehen. Üblich ist heute jedoch noch die Verwendung eines Multiplikators, der auf die ATR angewandt wird, bevor diese von der Mittellinie abgetragen wird. In den TradeSignal Softwarepaketen ist dies ein Wert von 1,5. Eine weitere Methode ist die Halbierung des Berechnungszeitraumes der Mittellinie, um den Berechnungszeitraum für die ATR zu erhalten und diese dann mit dem Faktor zwei zu multiplizieren.

$$KCHupperBand_{(t)} = Avg_{(t)} + Faktor * Atr_{(t)}$$
$$KCHlowerBand_{(t)} = Avg_{(t)} - Faktor * Atr_{(t)}$$

Faktor = Multiplikator für die Bandbreite

In TradeSignal express ist der Keltner Channel mit einer Berechnungsperiode von sieben Tagen für die Mittellinie und die Glättung der ATR sowie einem Multiplikator von 1,5 voreingestellt. In TradeSignal enterprise ist die Berechnungsperiode für Mittellinie und Glättung der ATR mit 20 eingestellt und der Multiplikator ebenfalls bei 1,5. Die Periodeneinstellung ist frei wählbar. Wenn Sie den Multiplikator für die ATR-Werte zu groß einstellen, berauben Sie den Keltner Channel seiner grundlegenden Funktion, nämlich der Lokalisierung von Volatilitätsausbrüchen, die beginnende Trends begleiten. Natürlich ist es auch möglich, den Keltner Channel in Wochen-, Monats- oder auch Intraday-Charts zu verwenden. In einem Wochenchart kann er als Trendfilter verwendet werden.

Darstellungsvarianten

Für TradeSignal enterprise habe ich eine erweiterte Version des Keltner Channels geschrieben, die Sie auf www.tradesignalonline.com downloaden können. Sie haben die Möglichkeit die Mittellinie aus neun verschiedenen Methoden der Durchschnittsberechnung zu konstruieren. Für die Glättung der ATR stehen die gleichen Möglichkeiten zur Verfügung. Des Weiteren steht für die Glättung der ATR ein eigener Parameter zur Verfügung. Zum Testen ist es möglich, die neue Variante mit einem Original Keltner Channel zu überlagern. In Abb. 181 sehen Sie den Vergleich zwischen einem Original Keltner Channel und der erweiterten Version darunter. Durch die verschiedenen Glättungsmethoden ist es möglich, den Kanal träger oder auch reaktionsstärker zu machen; je nach Anwendungszweck. Helle Bereiche markieren den Original Keltner Channel, dunkle den Modifizierten. Genauer und farblich voneinander getrennt können Sie dieses Beispiel auf www.tradesignalonline.com betrachten.

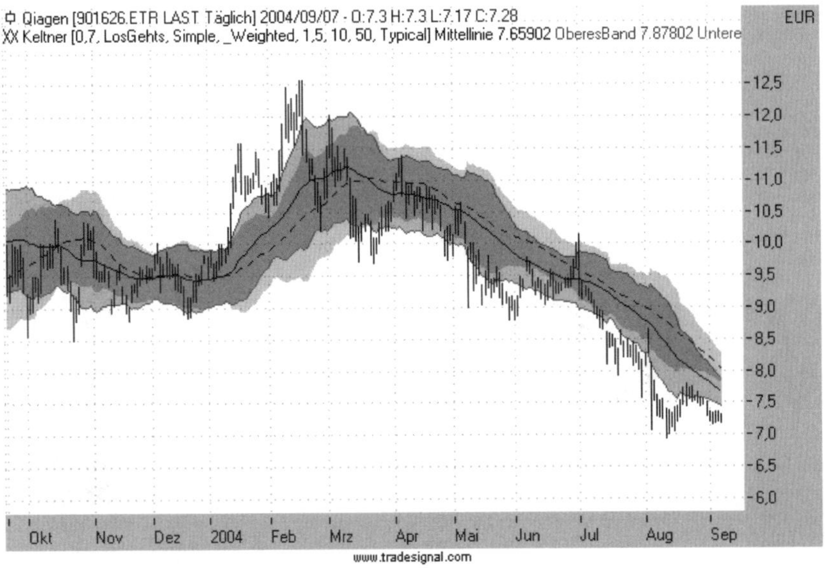

***Abb. 181** – Keltner Channel in verschiedenen Variationen, die Sie für den Einsatz in Trade-Signal enterprise von www.tradesignalonline.com downloaden können.*

Interpretation

Die Interpretation des Keltner Channels weicht stark von den anderen Channel- oder Bandsystemen ab. Während bei diesen Systemen die Funktion der Bänder als Widerstand und Unterstützung im Vordergrund steht, wird beim Keltner Channel ein mehr trendfolgender Ansatz genutzt. Er basiert auf einem sprunghaften Anstieg der Volatilität, wenn eine neue; starke Trendbewegung einsetzt. Die damit einhergehende Ausweitung der Handelsspannen führt zum zeitigen Durchbrechen der Bandbegrenzung, die auf Grund der angewandten Glättung verzögert reagiert. Bricht der Kurs aus dem oberen Band aus, wird das als Kaufsignal gewertet. Bricht er aus dem unteren Band aus, wird das als Verkaufssignal gewertet. Ist der Multiplikator für die ATR zu groß gewählt, erfolgen diese Ausbrüche recht spät und viel von der Trendbewegung bleibt ungenutzt.

Haupteinsatzgebiet für den Keltner Channel sind Trendfolgesysteme. Alternativ kann auch eine Rückkehr von außerhalb der Bänder zurück in die Bänder als Handelssignal verwendet werden. Kommt der Kurs von unten in den Channel zurück, gilt dies als Kaufsignal, kommt er von oben zurück, als Verkaufssignal. In Abb. 182 sehen Sie einen Dow Jones Tageschart mit dem Keltner Channel in der Standardeinstellung. Ich habe Handelssignale markiert, die auf dem trendgerichteten Ausbruch der Kurse basieren.

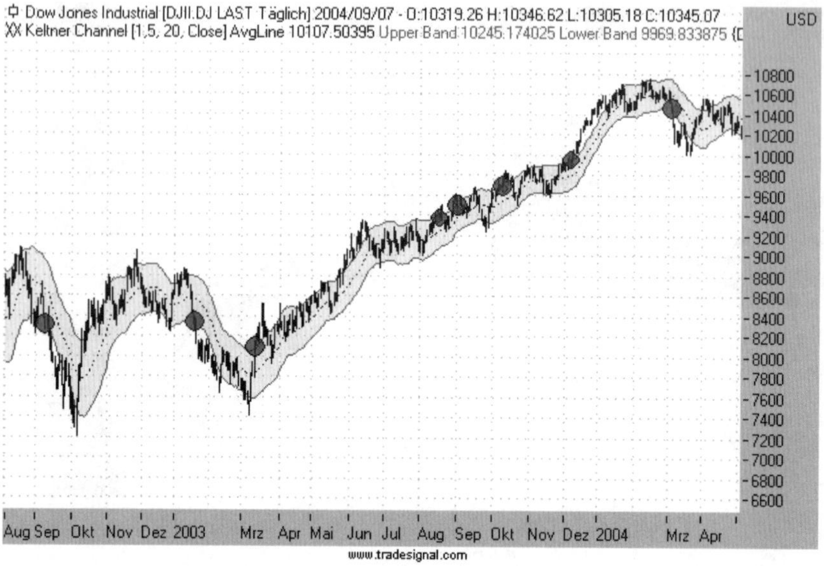

***Abb. 182** – Keltner Channel mit markierten Kauf- und Verkaufspunkten.*

Quellen

Evens, Stuart: Keltner Channels. In: TAS&C V.17
Murphy, John: Technische Analyse der Finanzmärkte
Technical Newsletter 04/2002

Klinger Volume

Grundlagen

Aus dieser Menge der scheinbar identischen Indikatoren scheren diejenigen aus, die zusätzliche Informationen außerhalb der Kurszeitreihen als Input nutzen. Als eine der wichtigsten zusätzlichen Informationen steht dafür das Handelsvolumen zur Verfügung. Es repräsentiert die Menge des Geldes, das in einer Aktie oder einem ganzen Index am Tag umgesetzt wurde. Volumen- und Money Flow-Indikatoren versuchen die wahren Kräfte, die hinter den Kursbewegungen stehen, zu erkennen und den reinen Kursindikatoren damit voraus zu eilen. Erste Versuche waren das On Balance Volume des J. Granville oder diverse Schöpfungen von L. Williams. M. Chaikin und auch A. Elder unternahmen ebenfalls Versuche, Indikatoren zu entwickeln, die mit Hilfe des Handelsvolumens schnellere und bessere Signale liefern.

Die Idee hinter dem Streben ist leicht zu verstehen. Die Analyse des Handelsvolumens und die Kombination von Volumen und Kursdaten können helfen, hinter die Kulissen der Kursbewegungen zu blicken. Sind die aktuellen Kursbewegungen Teil eines ausgeprägten Trends? Ist die Wahrscheinlichkeit hoch, dass dieser Trend weiterläuft? Positionieren sich bereits Marktteilnehmer in die andere Richtung? Wie groß ist diese Fraktion? Kann das zu einer Wende in den Kursbewegungen führen? All diese Fragen lassen sich mit Hilfe der Volumenanalyse besser beantworten, als aus der reinen Kursdatenanalyse.

S. Klinger hat 1997 seinen Beitrag zu diesem Thema geleistet und im US-Magazin TAS&C dokumentiert. Sein Klinger Volume Oszillator (KVO) soll aus der Kombination von Kursbewegungen und Handelsvolumen mögliche Trendwendepunkte erkennen und durch Divergenzen auf Schwächen in Trendbewegungen hinweisen. Klinger bedient sich dabei einer Trendkomponente, einem Gewichtungsfaktor und eben dem Handelsvolumen als „Handelsgut". Um den Oszillator zu erhalten werden zwei gleitende Durchschnitte verwendet, deren Differenz gemessen und dargestellt wird. Damit ähnelt das Ergebnis dem MACD und jedem anderen Oszillator, dem gleitende Durchschnitte zu Grunde liegen.

Berechnung und Parameter

Wir definieren zuerst die Trendkomponente, die innerhalb der Indikatorberechnung für die Zuweisung des Volumenanteils zur Trendrichtung zuständig ist. Klinger bildet hierzu die Summe aus Höchst-, Tiefst- und Schlusskurs.

$TrendSum_{(t)} = High_{(t)} + Low_{(t)} + Close_{(t)}$
Wenn $TrendSum_{(t)} > Trendsum_{(t-1)}$ Dann $Trend_{(t)} = 1$
Sonst $Trend_{(t)} = -1$

Nun wird die VolumeForce, die wahre Kraft hinter den Kursbewegungen, berechnet. Dies geschieht, in dem aus der Tagesspanne und der Summe der trendgerichteten Tagesspannen ein Gewichtungsfaktor errechnet wird und dieser mit dem Tagesvolumen multipliziert wird.

$Range_{(t)} = High_{(t)} - Low_{(t)}$
Wenn $Trend_{(t)} = Trend_{(t-1)}$ Dann $CumRange_{(t)} = CumRange_{(t-1)} + Range_{(t)}$
Sonst $CumRange_{(t)} = Range_{(t-1)} + Range_{(t)}$
$VForce_{(t)} = Volume_{(t)} * abs(2* (Range_{(t)} / CumRange_{(t)}) -1) * Trend_{(t)} * 100$

Klinger verwendet exponentielle gleitende Durchschnitte der VForce, um den Oszillator zu berechnen. Auf diese Weise wird das Momentum, also die Dynamik der Veränderungen in der VForce, sichtbar gemacht.

$EmaX_{(t)} = Ema_{(x)}(Vforce)$
$EmaY_{(t)} = Ema_{(y)}(VForce)$
$KVO_{(t)} = EmaX_{(t)} - EmaY_{(t)}$

EmaX = exponentieller gleitender Durchschnitt kürzere Berechnungsperiode
EmaY = exponentieller gleitender Durchschnitt längere Berechnungsperiode

Der KVO errechnet sich also aus der Differenz der beiden gleitenden Durchschnitte. Klinger verwendet für die kürzere Berechnungsperiode 34 Tage und für die längere Berechnungsperiode 55 Tage. Als Signallinie auf den KVO kann ein weiterer exponentieller gleitender Durchschnitt berechnet werden. Klinger verwendet hier eine Periodeneinstellung von 13 Tagen.

Darstellungsvarianten

Den KVO erhalten Sie für den Einsatz in TradeSignal enterprise zum Download auf www.tradesignalonline.com. Zusätzlich befinden sich dort zwei Derivate des KVO, die ich programmiert habe. Angelehnt sind beide Indikatoren an ähnliche Derivate aus bekannten Oszillatoren. Erstes Derivat ist das KVO Histogramm. Dabei wird der Abstand zwischen KVO und dessen Signallinie wie folgt gemessen:

$KVOHist_{(t)} = KVO_{(t)} - Ema_{(n)}(KVO_{(t)})$
n = Berechnungsperiode der Signallinie

Als Signallinie wird ein gleitender Durchschnitt variablen Typs auf den KVO berechnet. Abb. 183 zeigt das Histogramm in der Mitte.

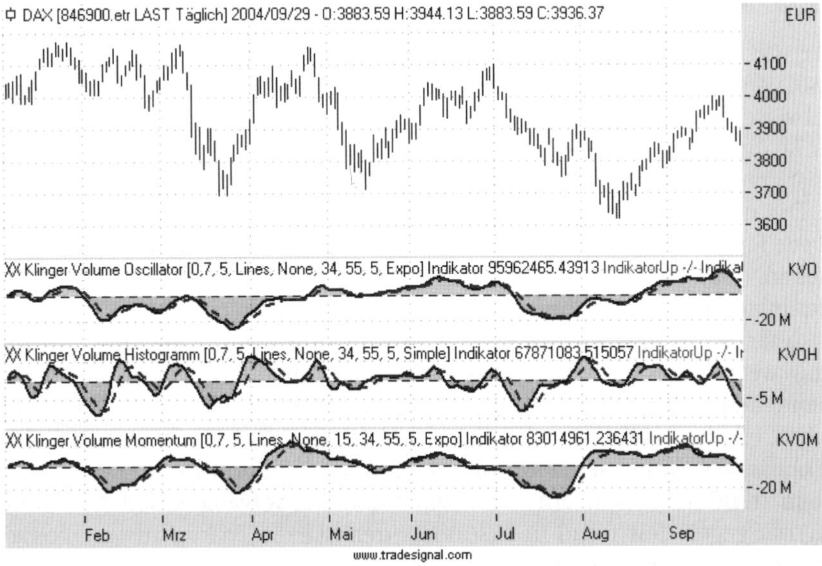

***Abb. 183** – Verschiedene Varianten des Klinger Volume Indikators.*

Zweites Derivat ist das KVO Momentum. Hier wird die Differenz zwischen aktuellem KVO und dem Wert vor n Tagen gemessen. Sie sehen diesen Indikator in Abb. 183 unten.

$$KVOMom_{(t)} = KVO_{(t)} - KVO_{(t-n)}$$

n = Berechnungsperiode Momentum

Die Indikatorwerte des KVO werden intern geglättet. In den Originalveröffentlichungen wird diese Glättung durch einfache Summierung der letzten n Werte oder einen exponentiellen gleitenden Durchschnitt erreicht. Da diese Varianten eine zeitliche Verzögerung produzieren, wähle ich einen anderen Weg. Nachdem S. Mohr, als User „Nordie“ auf www.tradesignalonline.com bekannt, einige Werke von J. Ehlers gelesen und die Ergebnisse daraus in Equilla übersetzt hat, stehen leistungsfähige Signalfilter zur Verfügung. Ich glätte den KVO deshalb mit dem Butterworth-Filter. Als Parameterangabe ist dafür ein Schwellenwert nötig. Testen Sie einige Werte. Das Ergebnis sollte rund und weich sein. Es handelt sich hierbei nicht um die Berechnungsperiode wie bei einem gleitenden Durchschnitt. Daher kann es sein, das große Werte ein ähnliches Ergebnis produzieren wie kleine Werte.

Interpretation

Der KVO ist ein handelsüblicher Oszillator. Wir verwenden ihn deshalb genauso, wie zum Beispiel den MACD oder den Price Oszillator. Der KVO liefert uns auf verschiedenen Wegen Informationen. Wir beginnen mit der einfachsten Art der Analyse.

Liegt der KVO über der Mittellinie, so ist der Kaufdruck stärker als der Verkaufsdruck. Das nach oben gerichtete Bewegungsmoment übertrifft das nach unten gerichtete. Liegt der KVO unter der Mittellinie, beherrscht der Verkaufsdruck das Geschehen. Das nach unten gerichtete Bewegungsmoment dominiert. Die Schnittpunkte mit der Mittellinie gelten als Trendwechsel.

Nächster Schritt der Analyse ist die Verwendung einer Signallinie, um die Richtungswechsel des Indikators in Signale zu wandeln. Klinger verwendet einen exponentiellen gleitenden Durchschnitt. Schneidet der Indikator die Signallinie nach oben, gilt dies als Kaufsignal. Schneidet er die Signallinie nach unten, gilt dies als Verkaufssignal. In Kombination mit einer Trenddefinition kann er dann gute Signale in Trendrichtung liefern. Wird kein Trendfilter verwendet, sollten zumindest Signale gegen den Trend in besonders trendstarken Phasen ausgeschlossen werden. Dazu bieten sich Indikatoren wie der ADX oder der R Squared an.

Klinger beschreibt die Divergenzanalyse als wichtigste Informationsquelle und somit die Divergenz zum Kursverlauf als wichtigstes Signal. Unter Divergenzen verstehen wir unterschiedliche Bewegungstendenzen in Indikator und Basiswert. Wir kennen positive und negative Divergenzen. Beide benötigen eine vorherige Trenddefinition. Liegt kein Trend an, sind Divergenzen ohne Aussagekraft.

Eine positive Divergenz, auch bullische Divergenz genannt, finden wir in einem Abwärtstrend. Der Kurs des Basiswertes bildet nacheinander fallende Tiefpunkte aus. Der Indikator folgt diesen Tiefpunkten nicht nach und bildet im Idealfall sogar steigende Tiefpunkte aus. Wir erhalten mit dieser Divergenz ein deutliches Zeichen, dass die Unterstützung der Kursbewegung durch die Marktteilnehmer an Kraft verliert. Der Trend ist anfällig für eine Wende geworden. In Abb. 184 habe ich eine positive Divergenz markiert.

***Abb. 184** – Divergenzen zwischen DAX und Kinger Volume im August 2004.*

Eine negative Divergenz finden wir im Aufwärtstrend. Negative Divergenzen werden auch bearische Divergenzen genannt. Während der Kurs des Basistitels auf neue nacheinander steigende Hochpunkte steigt, folgt der Indikator dieser Bewegung nicht nach. Er bildet fallende Hochpunkte heraus. Die Kraft der bullischen Marktteilnehmer schwindet und damit auch die Fähigkeit die Kurssteigerungen weiter zu stützen. In Abb. 185 habe ich eine negative Divergenz markiert.

***Abb. 185** – Klinger Volume mit negativer Divergenz im Juni 2004*

Welchen Sinn macht nun die Verwendung der beiden Derivate? Diese versuchen einen kleinen zeitlichen Vorsprung aus den Bewegungen des KVO heraus zu arbeiten. Dies geschieht beim Histogramm-Indikator, in dem der Abstand zwischen Signallinie und dem KVO gemessen wird. Bevor der KVO eine bedeutende Richtungsänderung vollzieht, erhalten wir bereits ein Signal aus dem Histogramm, weil sich der Abstand zwischen KVO und dessen Signallinie verringert oder ausweitet. Das Histogramm reagiert damit auf Veränderungen in der Bewegungsdynamik des Indikators. Ganz ähnlich funktioniert auch der KVO-Momentum-Indikator. Er misst die Differenz zwischen dem aktuellen Wert des Indikators und dem Wert vor n Tagen. Auch auf diese Weise werden Veränderungen in der Bewegungsdynamik des KVO frühzeitig erkannt.

Beide Derivate können auf die gleiche Art und Weise verwendet werden, wie der KVO selbst. Am sinnvollsten ist die Verwendung der Schnittpunkte mit den jeweiligen Signallinien. Beide Indikatoren beinhalten deren Berechnung. Um das Verhalten der drei Indikatoren an markanten Kursniveaus besser beurteilen zu können, habe ich diese Niveaus in Abb. 186 mit senkrechten Linien markiert.

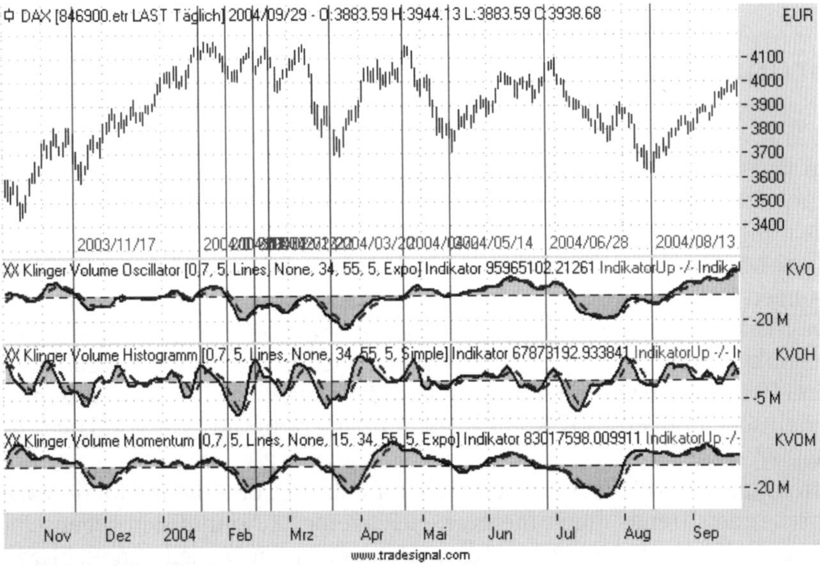

Abb. 186 *– Markante Kursniveaus im DAX und dazu gehörige Situation in den verschiedenen Varianten des Klinger Volume*

Kritische Würdigung

Der KVO bedient sich einer komplexeren Berechnung als andere Indikatoren. Die erreichte Signalqualität unterscheidet sich jedoch kaum von der anderer Indikatoren.

Quellen

Klinger, Stephen: Identifying Trends with Volume Analysis. In: TAS&C V.15

KST

Grundlagen

Martin Pring hat mit seinem KST ein vielseitig verwendbares Instrument sowohl für den kurzfristigen Trading-Einsatz, als auch für die längerfristige Marktanalyse entwickelt. Im kurzfristigen Zeitrahmen ist er hervorragend für konkrete Tradingentscheidungen geeignet, da er auf Grund seiner Berechnungsmethode die wichtigen Momentumänderungen des Basistitels sichtbar macht und zufällige Bewegungen herausfiltert. Im langfristigen Zeitrahmen ist der Indikator sehr gut für die Marktanalyse, das Sichtbarmachen der wichtigen Trends und deren Wendepunkte geeignet. Seine Stärke spielt er insbesondere bei der Kombination mehrerer Zeitebenen ein und desselben Basistitels aus, wo er hilft, das Timing für Handelsentscheidungen im Kontext der übergeordneten Trendverläufe zu steuern.

Sein Indikator basiert auf der praktischen Erfahrung, dass die in einem Markt vorherrschenden Trends durch mehrere, gleichzeitig aktive und sich gegenseitig überlagernde Zyklen beeinflusst werden. Er hat dazu ein Modell vorgeschlagen, das sich an den 4-jährigen Wirtschaftszyklus der westlichen Volkswirtschaften anlehnt. Er geht davon aus, dass immer mehrere Zyklen gleichzeitig wirken, die sich gegenseitig überlagern. Als übergeordneten Hauptzyklus bezeichnet er die Langzeittrends, die auch als Bullen- oder Bärenmärkte bezeichnet werden. Diese Trends erstrecken sich, laut Prings Aussage in der Regel über einen Zeitraum von ein bis zwei Jahren und sollen damit mehr oder weniger Deckungsgleich mit dem Haupt-Wirtschaftszyklus der industrialisierten Volkswirtschaften sein.

Diese Haupttrends, in Abb. 187 als lange gerade Linien zu erkennen, sind keine geradlinigen Bewegungen, die lange Zeit in dieselbe Richtung verlaufen, sondern werden unterbrochen von kürzeren, mittelfristigen Trends (stärker zerklüftet). Sie werden auch als „primäre Korrekturen“ bezeichnet. Diese Korrekturbewegungen erstrecken sich über Zeiträume von 3 Wochen bis hin zu mehreren Monaten und korrigieren den Haupttrendverlauf um ein bis zwei Drittel seines Umfangs. Sie sind im Chart als dunkle Linien dargestellt. Diese Korrekturbewegungen basieren auf zeitweiligen Stimmungsumschwüngen an den Märkten, die auf veränderte fiskalpolitische oder wirtschaftliche Aussichten zurückzuführen sind. Diese mittelfristigen Korrekturen beeinflussen die Stärke, Dauer und Richtung des Haupttrends. Unterbrochen werden sie von noch kürzeren, sich über wenige Tage bis hin zu drei Wochen erstreckenden, „fast“ zufälligen Kursbewegungen. Diese haben kaum Bedeutung für die generelle Richtung und Stärke des Haupttrends.

***Abb. 187** – Zwei Haupttrends – ein Abwärts und ein Aufwärtstrend – werden durch mittelfristige, „primäre Korrekturen" unterbrochen.*

Berechnung und Parameter

Prings Ziel war es nun, alle Zeitzyklen in einem Indikator zu vereinen und sie dabei gemäß ihrer Bedeutung zu gewichten. Er konstruiert den KST deshalb aus 4 geglätteten Rate of Change-Oszillatoren, die jeweils einem eigenen Faktor gewichtet werden und deren Summe dann den KST-Indikator ergibt. Die Rate of Change misst das relative Momentum der angegebenen Berechnungsperiode; also die Dynamik oder Schwungkraft, mit der sich die Kurse bewegen. Die Gewichtungsfaktoren sind für alle Zeitebenen und Indikatoreinstellungen gleich und betragen 1-2-3 und 4. Das heißt, dass die Teilberechnungen mit den größeren Periodeneinstellungen höher gewichtet werden als die Teilberechnungen mit den kürzeren Periodeneinstellungen; analog zu Prings Aussage, dass die kurzfristigen Marktbewegungen von den langfristigen Trends überlagert werden.

Formel

*KST = (SROC1*w1) + (SROC2*w2) + (SROC3*w3) + (SROC4*w4)*

SROC1 = Smoothed Rate of Change Periode1/Glättung1
SROC2 = Smoothed Rate of Change Periode2/Glättung2
SRCO3 = Smoothed Rate of Change Periode3/Glättung3
SROC4 = Smoothed Rate of Change Periode4/Glättung4
w1 = Gewichtungsfaktor1 = 1
w2 = Gewichtungsfaktor2 = 2
w3 = Gewichtungsfaktor3 = 3
w4 = Gewichtungsfaktor4 = 4

Da Pring den Indikator sowohl auf Tages- als auch Wochen- und Monatsdaten verwendet, hat er verschiedene Parametersätze vorgeschlagen, die Sie der folgenden Tabelle entnehmen können:

Zeitrahmen	ROC1/GD	ROC2/GD	ROC3/GD	ROC4/GD
Kurz Zeit D	10/10	15/10	20/10	30/15
Kurz Zeit W	3/3E	4/4E	6/6E	10/8E
Mittelfristig W	10/10E	13/13E	15/15E	20/20E
Langfristig W	39/26E	52/26E	78/26E	104/39E
Langfristig M	9/6	12/6	18/6	24/9

D-Tagesdaten, W-Wochendaten , M-Monatsdaten, E-exponetiell

Darstellungsvarianten

Der Indikator ist für TradeSignal enterprise auf www.tradesignalonline.com erhältlich. Sie können ihn dort downloaden. Die Parametersätze aus der Tabelle sind bei diesem Indikator aus einem Menü wählbar. Es besteht natürlich trotzdem die Möglichkeit, die Periodeneinstellungen für die Rate of Change und die Glättung frei zu wählen. Als Methode für die Glättung stehen ein einfacher gleitender Durchschnitt und ein exponentieller gleitender Durchschnitt zur Verfügung.

Interpretation

Die Idee hinter dem KST ist es, alle Zeitzyklen, die an den Märkten aktiv sind, abzubilden. Um das Marktzyklenmodell von Martin Pring nachbilden zu können brauchen wir also 3 Charts, je einen mit Tagesdaten, einen mit Wochendaten und einen mit Monatsdaten. Die Abb. 188 bis Abb. 190 zeigen den DAX in der genannten Reihenfolge. Die Pfeile markieren jeweils die Trendwendepunkte.

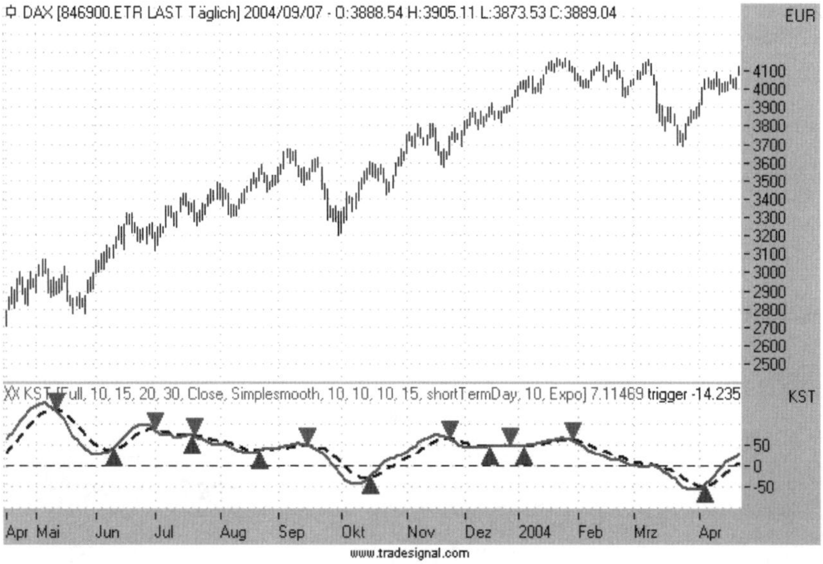

***Abb. 188** – Tages-Chart des DAX mit Trendwendepunkten gemäß KST.*

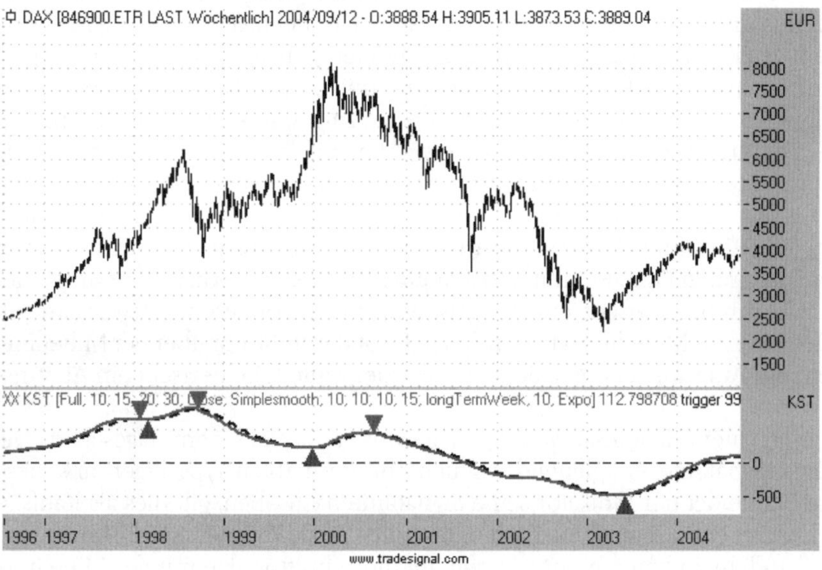

***Abb. 189** – Wochen-Chart des DAX mit Trendwendepunkten gemäß KST.*

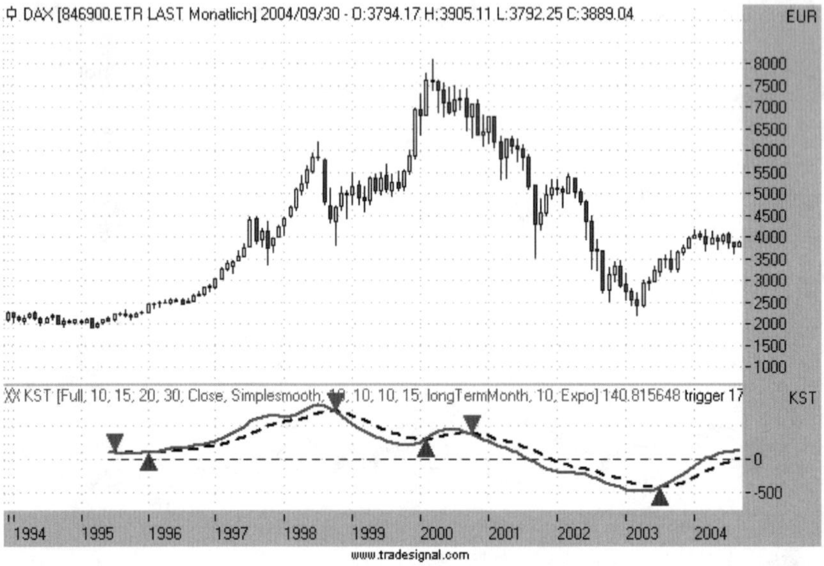

***Abb. 190** – Monats-Chart des DAX mit Trendwendepunkten gemäß KST*

Mit diesem System von Informationen ist es uns nun möglich, alle vorherrschenden Trends im beobachteten Markt zu erfassen. Hierbei liefert uns diese Methode zum einen Filterinformationen und zum anderen genaue Handelsanweisungen. Filterinformationen liefern hauptsächlich die mittel- und langfristigen Periodeneinstellungen in Wochen oder Monatsdaten. Sie zeigen uns die haupt- und mittelfristige Trendrichtung. Profitable Trades werden in der Regel in Trendrichtung entstehen. Die Steigung und Richtung des KST in Wochen- oder Monatsdaten zeigt uns diese Trends an. Vereinfacht kann man die Lage des Indikators zu einer angelegten Signallinie als Trendinformation verwenden. Liegt der Indikator über seinem gleitenden Durchschnitt herrscht ein Aufwärtstrend vor, liegt er unter diesem Durchschnitt herrscht ein Abwärtstrend vor. Besonders im Tageschart gilt auch die Lage zur Mittellinie als Trendfilter. Liegt der Indikator über der Mittellinie herrscht ein Aufwärtstrend vor, liegt er unter der Mittellinie herrscht ein Abwärtstrend vor.

Die genauen Handelsanweisungen gewinnen wir aus dem Tageschart. Die angelegte Signallinie, ein gleitender Durchschnitt variablen Typs, liefert uns diese Signale. Schneidet der Indikator seine Signallinie nach oben, gilt dies als Kaufsignal. Schneidet er die Signallinie nach unten, gilt dies als Verkaufssignal. Um längere Trends handeln zu können, müssen wir auf die Schnittpunkte mit der Mittellinie zurückgreifen. Diese signalisieren uns die übergeordneten Momentumwechsel im Basistitel. Schneidet der Indikator die Mittellinie nach oben, gilt dies als Beginn eines Aufwärtstrends. Schneidet der Indikator die Mittellinie nach unten, gilt dies als Beginn eines Abwärtstrends.

Der Indikator liefert uns weitere Möglichkeiten zur Signalerzeugung. Wie bei anderen Momentum-Indikatoren auch, haben wir beim KST die Möglichkeit deutlich ausgebildete Divergenzen zu finden. Diese sind nicht nur im Tageschart, sondern auch in den längerfristigen Charteinstellungen zu finden. Besonders im Wochenchart liefern sie uns wichtige Hinweise auf die Beschaffenheit der vom Indikator angezeigten Trends. In Abb. 191 ist eine bearishe Divergenz markiert.

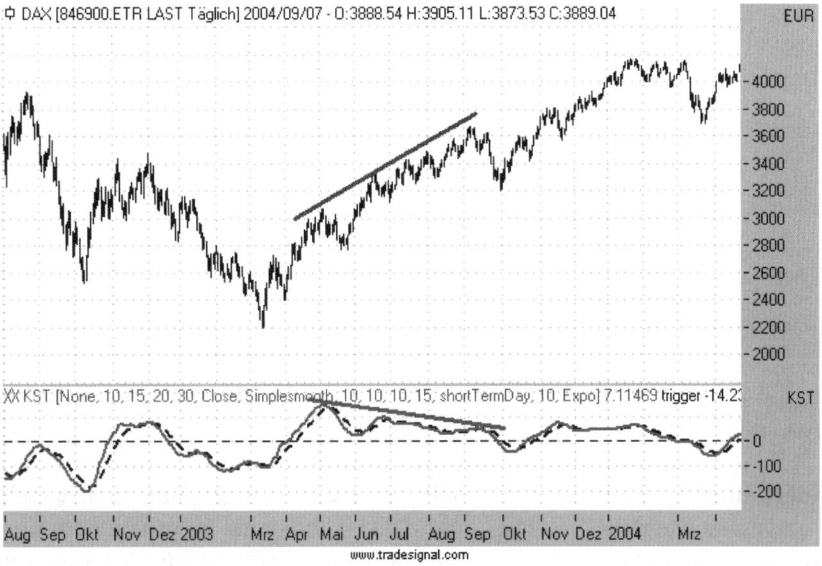

Abb. 191 *– Bearishe Divergenz zwischen DAX und KST*

Positive, bullish genannte Divergenzen, finden wir im Abwärtstrend. Sie signalisieren uns einen Verlust an Abwärtsdynamik, einen Schwächeanfall der Bären. Während der Basistitel auf neue tiefere Tiefpunkte fällt, folgt der Indikator diesen Tiefpunkten nicht mehr nach. In Abb. 192 ist eine bullishe Divergenz markiert.

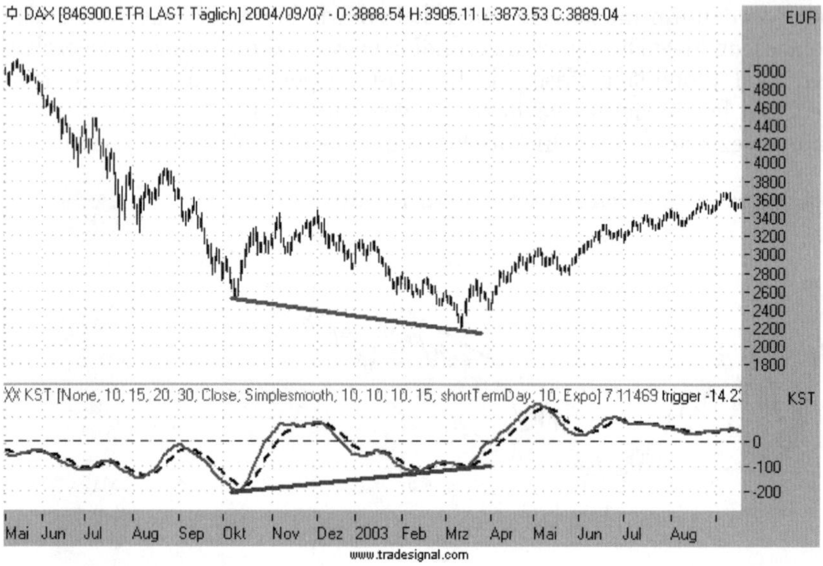

***Abb. 192** – Bullishe Divergenz zwischen DAX und KST*

Besonderheiten: Der KST kann in mehren verschiedenen Zeitebenen gleichzeitig eingesetzt werden. Er liefert uns dabei zahlreiche Informationen über Trendrichtung, Trendstärke und alle Arten von Zyklen, die in den Märkten vorherrschen.

Kritische Würdigung

Durch die eingesetzten Glättungsmethoden wird eine nicht unerhebliche zeitliche Verzögerung in die Bewegungsmuster des Indikators geschleust. Schon im Tageschart ist diese deutlich zu erkennen. Für kurzfristige Tradingaktivitäten über nur wenige Tage ist der Indikator deshalb nicht geeignet.

Quellen

Pring, Martin: Summed Rate of Change. In: TAS&C V.10
Martin Pring Research Center: Understanding the KST

Kurtosis

Grundlagen

Es ist leider nicht festzustellen, auf welchen Autor oder Trader der Kurtosis-Indikator zurückgeht. In der Literatur ist kaum Material darüber zu finden. Der einzige, der etwas auf den Indikator eingeht, ist U. Jensen in seinem Buch „Wie ich mein Geld an der Börse verdreifachte".

Kurtosis ist ein griechisches Wort, das „Ausbuchtung" bedeutet. Welche Ausbuchtung mag wohl gemeint sein? Des Traders liebste Ausbuchtungen sind wohl die von Indikatoren, deren Kurven ihn auf bestimmte handelbare Marktsituationen hinweisen. So ist es also nahe liegend, zu vermuten, dass Kurtosis sich auf die Kurven des Indikators bezieht, genauer genommen auf dessen Geschwindigkeitskurve. Das hinter der Bezeichnung stehende Konzept ist aus der Statistik entliehen und beruht auf der Analyse von Veränderungsraten einer Bewegung. Unter dem Namen sind einige wenige leicht voneinander abweichende Indikatoren zu finden, deren Grundaufbau jedoch gleich ist. Jensen stellt in seinem Buch eine etwas andere Berechnungsvariante vor, als sie der TradeSignal enterprise-Indikator enthält. Ich beziehe mich in dieser Beschreibung auf die TradeSignal enterprise Variante. Bevor ich jedoch die Berechnung detailliert beleuchten werde, ist eine kleine Einleitung nötig:

Erinnern Sie sich noch an den kleinen Dackel aus dem Beitrag „Chaikins Volatility"? Dort zeigte er uns, dass es bergab oft schneller voran geht, als bergan. Diesmal soll er uns etwas anderes demonstrieren. Wir beobachten seine Bewegungen und die Veränderungsrate der Bewegungen. Daraus versuchen wir später Rückschlüsse auf Bedeutung und Aussage des Kurtosis-Indikators zu ziehen.

Stellen Sie sich vor, etwa 20 Meter vor Ihnen steht ein Fressnapf mit einem kleinen Hundeknochen. Ein Griff zum Haken am Halsband befreit den kleinen Flitzer von seiner Leine und gibt den Weg zum Fressnapf frei. Das Dackelchen flitzt mit flatternden Ohren los, hat er den Knochen doch längst erspäht. Auf dem Weg zum Napf wird er irgendwann langsamer und langsamer, bis er, am Napf angelangt, kurz zum Stillstand kommt. Er schnappt sich den Knochen, dreht um und läuft den Weg zu Ihnen zurück, wobei er immer weiter beschleunigt. Wir wenden uns nun dem ersten Teil des Dackellaufs bis zum Napf zu und analysieren diesen genauer.

Wenn wir die Geschwindigkeit des Kleinen messen und als Kurve aufzeichnen, werden wir sehen, dass diese Kurve ansteigt, solange das Dackelchen beschleunigt. Je näher er dem Napf kommt, um so langsamer wird er, ohne jedoch die Bewegungsrichtung zu ändern. Die Geschwindigkeitskurve wird also einen Höhepunkt erreichen und schließlich abfallen. Sie wird im Idealfall eine Glockenform annehmen. Kommt der kurzbeinige Flitzer schließlich am Napf an, wird die Geschwindigkeitskurve die Nullmarke erreichen und schließlich wieder steigen, nachdem unser kleiner Freund die Richtung gewechselt hat und wieder beschleunigt.

Mit dieser ersten Analyse erhalten wir also die Information über eine mögliche bevorstehende Richtungsänderung in der Bewegung des Dackels, bevor dieser umkehrt. Wir haben einen zeitlichen Vorsprung erarbeitet. Nun drängt sich geradezu die Idee auf, diesen zeitlichen Vorsprung zu vergrößern, in dem wir die Veränderungsrate der Geschwindigkeitskurve messen und darstellen. Möglicherweise können wir dieses Spiel noch immer so weiter treiben, bis wir schließlich eine Information erhalten, bevor diese entstanden ist. Albert Einstein hätte die Hände über den Kopf zusammen geschlagen. Nein, ganz so wild geht es doch nicht. Sicher kann man die Veränderungsrate der Veränderungsrate einer Veränderungsrate von irgendetwas messen. Die daraus erhältlichen Informationen sind allerdings nicht mehr sinnvoll verwertbar.

Deshalb beschränken wir uns darauf, die Veränderungsrate der Geschwindigkeitskurve zu messen. Unser so erreichter zeitlicher Vorsprung ist schon ausreichend genug, um daraus Handelsentscheidungen ableiten zu können. Unsere so entstandene Kurtosiskurve, ich nenne sie zunächst so, obwohl ein weitere Schritt noch fehlt, wird also ansteigen, solange die Geschwindigkeitskurve ansteigt. Während die Geschwindigkeitskurve steigt, verlangsamt sich dieser Zuwachs, kommt zum Stillstand und fällt wieder zurück. Unsere Kurtosiskurve wird also ihren Scheitelpunkt erreichen, bevor die Geschwindigkeitskurve ihren Scheitelpunkt erreicht. Mein Gott, vielleicht hilft ein zusätzlicher Blick auf Abb. 193, um meine Ausführungen zu verstehen? Ich hoffe es!

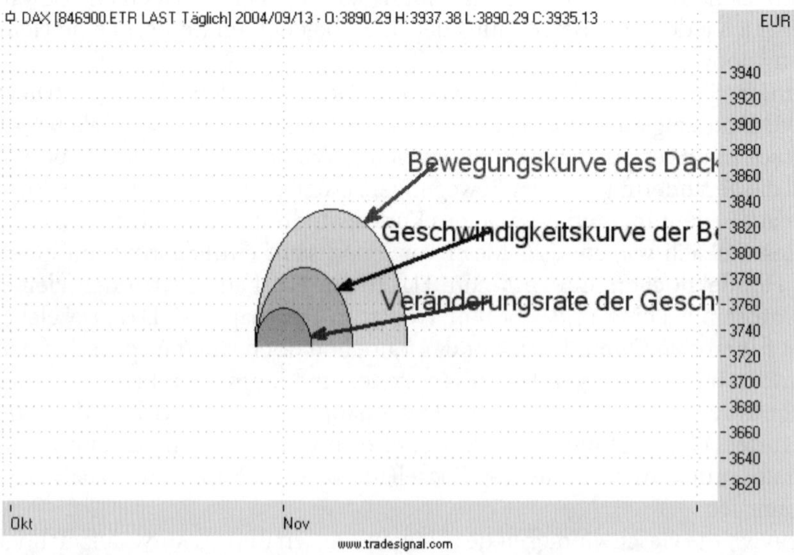

***Abb. 193** – Die größte Kurtusiskurve ist die „Bewegungskurve des Dackels". Die mittlere Kurve zeigt die Geschwindigkeitskurve der vorgehenden Bewegungskurve. Und die kleinste Kurve zeigt die Veränderugnsrate der (mittleren) Geschwindigkeitskurve an.*

Nun fehlt noch der Zusammenhang zwischen dem Lauf des Dackels und unserer Suche nach Handelsgelegenheiten. Wir tauschen den Dackel gegen den DAX Future und analysieren nun dessen Kursbewegungen. Na, wird Ihnen der Zusammenhang jetzt klar? Wir analysieren die Kursbewegung des Basistitels, deren

Geschwindigkeit und die Veränderungsrate der Geschwindigkeit. Somit erhalten wir einige Zeit vor einer Kursrichtungsänderung bereits einen Hinweis auf eben diese, in dem die Indikatorkurve ihren Höhepunkt erreicht und abfällt oder einen Tiefpunkt erreicht und zu steigen beginnt. Ein toller zeitlicher Vorsprung vor den anderen Marktteilnehmern.

Nun, wo ist das Haar in der Suppe? So wäre es wohl zu einfach und unser Ferienhaus auf Mallorca längst gebaut. Je weiter wir versuchen, hinter die Marktbewegungen zu blicken und je feiner dabei unsere Eingriffe werden, um so höher wird die Zahl der falschen Signale sein. Eine Methode, diese falschen Signale zu filtern, ist die Anwendung von Glättungsmethoden auf unseren Indikator. Wir glätten ihn mit einem gleitenden Durchschnitt. Diese Berechnung eliminiert nun leider einen großen Teil unseres erarbeiteten zeitlichen Vorsprungs. Von diesem bleibt nur ein kleiner Rest übrig, der uns immer noch ausreicht, um handeln zu können. Ein Blick auf Abb. 194 zeigt, dass bei geringer Glättung der Kurtosis oft ein bis zwei Perioden vor der Slow Stochastic einen Richtungswechsel signalisiert.

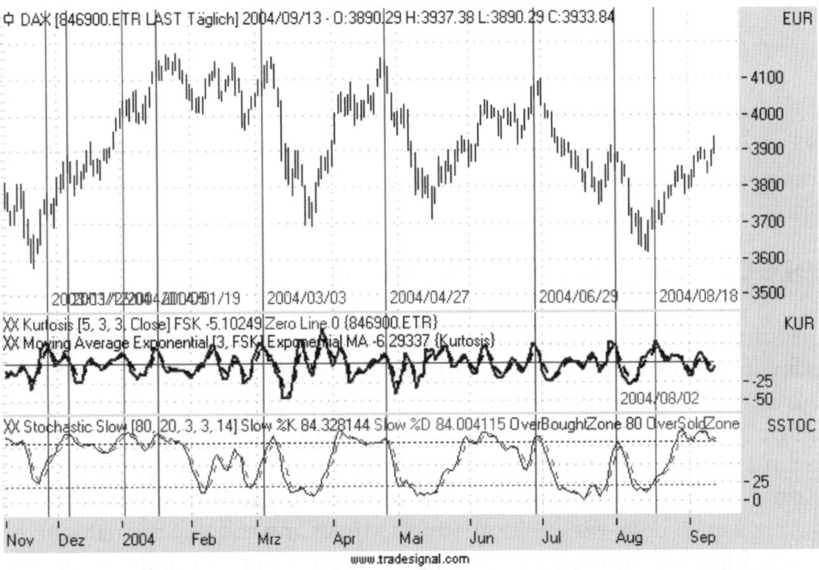

Abb. 194 – *Kurtosis und Slow Stochastic im Vergleich zeigen, dass bei Trendwenden die Kurtosis (hier mit geringer Glättung) etwas früher ein Signal liefert.*

Auffällig ist aber die hohe Frequenz des Indikators. Er zittert geradezu um die Mittellinie herum. Wir können die Bewegungen des Indikators zwar etwas beruhigen, damit machen wir ihn aber langsamer. Abb. 195 zeigt, dass mit zunehmender Glättung ein ähnliches Bewegungsmuster wie das der Slow Stochastic entsteht und der zeitliche Vorsprung der Signale weiter schmilzt. Es gibt also doch keinen heiligen Gral, trotz ausgefeilter Mathematik. Übrigens wird dieses Konzept bereits in anderen Indikatoren verwendet. Das MACD-Momentum nutzt die Messung der Veränderungsraten in zwei Berechnungsdurchläufen.

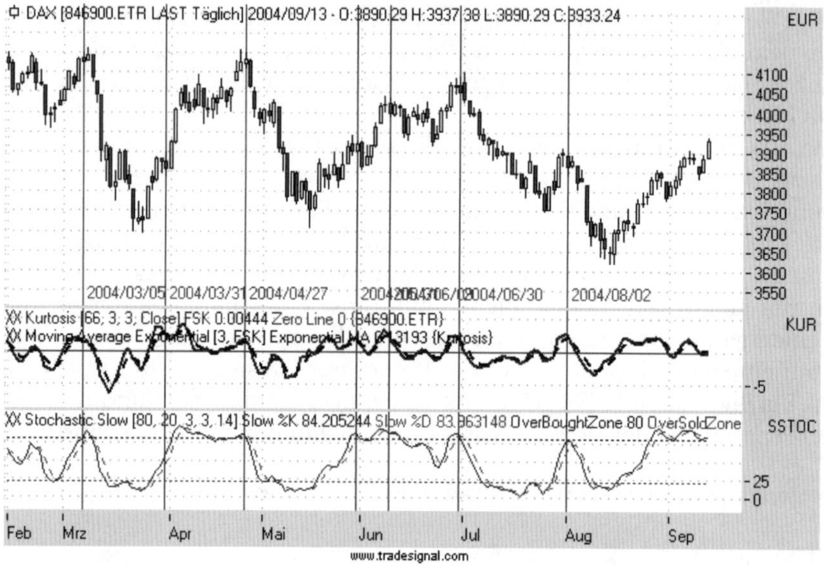

***Abb. 195** – Eine stärker geglättete Kurtosis nähert sich immer weiter der dem Verlauf der Slow Stochastic an und liefert damit keinen Vorteil mehr.*

Berechnung und Parameter

Die Berechnung ist einfacher, als es die Einleitung vermuten lässt. Der erste Schritt, die Geschwindigkeitsmessung an der Kursbewegung des Basistitels, wird mit Hilfe des Momentums realisiert. Hierbei wird die Kursänderung vom aktuellen Schlusskurs einige Kursstäbe rückwärts ermittelt. Die Periodeneinstellung für diesen ersten Schritt liegt zwischen drei und fünf Tagen. Damit haben wir die Geschwindigkeitskurve des Basistitels berechnet. Nun messen wir die Veränderungsrate der Geschwindigkeit, in dem wir das Momentum erneut anwenden. Diesmal messen wir also das Momentum des Momentums. Die Berechnungsperiode ist diesmal auf einen Tag reduziert. Wir messen also die Veränderung des Momentum von gestern zu heute. Damit ist die Rohversion des Kurtosis erschaffen. Abb. 196 zeigt von oben nach unten die Entstehung des Kurtosis. Die beiden unteren Darstellungsschritte zeigen den ersten Glättungsschritt und den zweiten Glättungsschritt.

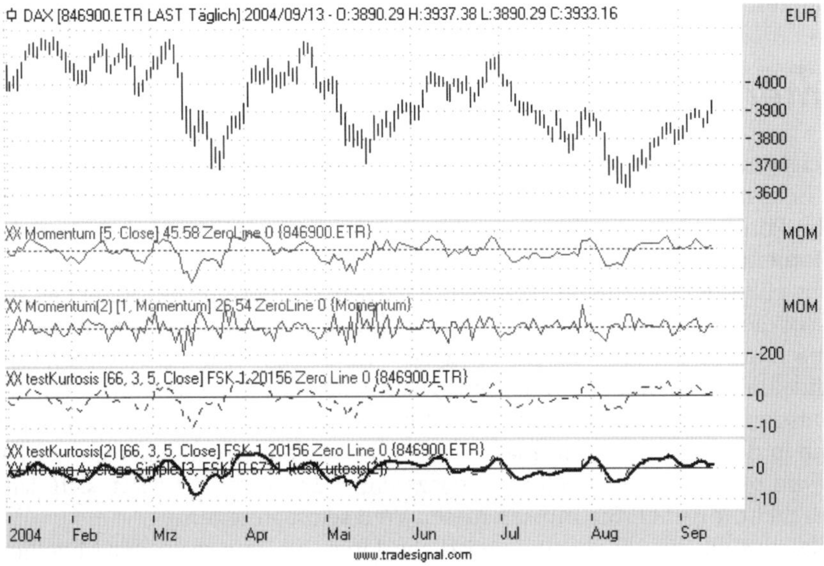

***Abb. 196** – Entstehung der Kurtosis über die Berechnung verschiedener Momentum-Varianten (von oben nach unten)*

Für den ersten wird ein exponentieller gleitender Durchschnitt verwendet, dessen Berechnungsperiode mit 66 Tagen angegeben ist. Wir erinnern uns: Je länger diese Einstellung um so mehr wird der Indikator verzögert. Im zweiten Glättungsdurchlauf wird ein einfacher gleitender Durchschnitt auf das Ergebnis der ersten Glättung angewendet. Periodeneinstellung ist hier drei Tage. Dieser Durchlauf sollte keine weitere Verzögerung erzeugen.

Formel

$Mom_{(t)} = Close_{(t)} - Close_{(t-n)}$
$K_{(t)} = Mom_{(t)} - Mom_{(t-1)}$
$FastK_{(t)} = Ema_{(x)}(K)$
$SlowK_{(t)} = Sma_{(y)}(FastK)$

n = Berechnungsperiode Momentum
x = Periodeneinstellung exponentieller gleitender Durchschnitt
y = Periodeneinstellung einfacher gleitender Durchschnitt

Der als SlowK bezeichnete Kurtosis darf natürlich nicht mit der ebenfalls als SlowK bezeichneten Slow Stochastic verwechselt werden. Der SlowK ist unser fertiger Indikator. Er bewegt sich in einer nach beiden Seiten offenen Skala. Wir fügen ihm noch eine Signallinie hinzu, die uns helfen soll, exakte Handelssignale aus den Schnittpunkten zu erzeugen.

Interpretation

Zunächst verwenden wir den Kurtosis wie jeden anderen Momentum-Oszillator auch. Er signalisiert uns frühzeitig, wann die Dynamik einer Kursbewegung nachlässt. Im Prinzip findet der Kurtosis auf die gleiche Art und Weise Verwendung wie das Momentum selbst.

Mit Hilfe der Signallinie erzeugen wir erste Handelssignale. Schneidet der Indikator die Signallinie nach oben, gilt dies als Kaufsignal. Schneidet er die Signallinie nach unten, gilt dies als Verkaufssignal. Um die Signale etwas zu filtern, kann die Mittellinie verwendet werden. Kaufsignale gelten nur unter der Mittellinie und Verkaufssignale nur über der Mittellinie. Eine zusätzliche Filtermöglichkeit schaffen wir, in dem wir in der Indikatorenskala zwei weitere Linien einzeichnen. Die erste wird oberhalb der Mittellinie eingezeichnet. Ein fester Wert lässt sich dafür jedoch nicht vorgeben. Sie müssen diesen Wert selbst austesten.

Gleiches gilt für die zweite zusätzliche Linie, die unterhalb der Mittellinie gezeichnet wird. Diese beiden Linien trennen zwei Extremzonen ab. Es sollten jeweils nur die besonders ausgeprägten Indikatorbewegungen bis über diese Linien hinausgehen. Somit haben wir zwei Bereiche geschaffen, die uns helfen, überkaufte und überverkaufte Marktsituationen zu lokalisieren. Solche Extremzustände werden oft vom Markt auf ein ausgeglichenes Niveau korrigiert. Ein Trendstärkeindikator kann uns vor Signalen gegen die Trendrichtung warnen, wenn ein eine sehr stark trendgerichtete Bewegung läuft und mit keiner handelbaren Korrektur zu rechnen ist.

Die besten Signale erhält man jedoch immer in Trendrichtung. Deshalb ist die Verwendung eines Trendfilters angebracht. Wir finden zuerst heraus, ob sich der Basiswert in einer Trendbewegung befindet und in welche Richtung. Signale des Kurtosis werden nun nur noch in Trendrichtung gehandelt. Besonderes Augenmerk richten wir auf diejenigen Signale, die in der entsprechenden Extremzone entstehen.

Vom Momentum selbst kennen wir schöne und teilweise sehr ausgedehnte Divergenzen zum Kursverlauf. Diese finden wir beim Kurtosis auch. Seine Stärke liegt dabei jedoch eher auf zeitlich kürzer ausgedehnten Divergenzen, die auf kleinere Korrekturen im Kurstrend des Basistitels hinweisen. Wir unterscheiden, wie bei anderen Indikatoren auch, positive und negative Divergenzen. Abb. 197 zeigt zwei Beispiele für bullische Divergenzen.

Abb. 197 – *Bullishe Divergenzen zwischen DAX und Kurtosis im Oktober 2002 und im März 2003.*

Kritische Würdigung

Mit dem Kurtosis gelingt es uns, einige gute Handelssignale zu erzeugen. Leider ist das Verhältnis zwischen guten und schlechten Signalen nicht besonders gut. Wird die Glättungskomponente verstärkt, geht der zeitliche Vorteil verloren. Mit reichlicher Testarbeit kann vielleicht eine gut brauchbare Parametereinstellung gefunden werden.

Quellen

Jensen, Ulf: Wie ich mein Geld an der Börse verdreifachte

MACD

Grundlagen

Der Moving Average Convergence Divergence Indikator, im Folgenden nur noch MACD genannt, wurde von G. Appel in den späten siebziger Jahren entwickelt. Appel schuf damit einen Indikator, der sowohl Trendrichtung als auch Trendstärke anzeigt und der in der Lage ist, auf Trendwechsel im Basiswert hinzuweisen. Zudem kann der MACD direkt als Signalgeber für Handelssignale verwendet werden.

Der MACD basiert auf zwei gleitenden Durchschnitten, deren Differenz er darstellt. Trotz dieses einfachen Aufbaus ist der MACD heute einer der am meisten verwendeten Indikatoren.

Appel entschied sich für die Verwendung von exponentiellen, gleitenden Durchschnitten, wegen deren besseren und verzögerungsärmeren Glättungseigenschaften. Das Prinzip, welches Appel als Konvergenz und Divergenz bezeichnet, basiert auf der Beobachtung der Lage der beiden Durchschnitte zueinander. Konvergenz bedeutet das aufeinander zulaufen der beiden Linien, was auf eine sich abschwächende Trendbewegung hindeutet. Wenn der kürzere Durchschnitt sich dem längeren annähert, bedeutet dies einen Momentumverlust in der Kursbewegung und eine Abflachung der Bewegung. Divergenz bedeutet das voneinander weglaufen der beiden Linien, was einen Momentumzuwachs in der Trendbewegung bedeutet. Die Richtung der Trendbewegung wird steiler, woraus der größere Abstand zwischen beiden Linien resultiert.

Der MACD vereinigt zwei wichtige Indikatoreigenschaften in sich. Er hat eine starke trendfolgende Komponente, weil er dem Basiswert innerhalb einer Trendbewegung zu neuen Hoch- und Tiefpunkten folgt. In dieser Funktion zeigt er Trendrichtung und Stärke an. Der MACD hat trotzdem auch Oszillator-Eigenschaften, da er um seine Nulllinie schwingt und Divergenzen zum Kursverlauf des Basiswertes aufzeigt. In Verbindung mit seiner Signallinie erzeugt er, ähnlich wie andere Oszillatoren, direkte Handelssignale.

Berechnung und Parameter

Die Berechnung des MACD ist sehr einfach. Es werden zwei unterschiedlich lange exponentielle gleitende Durchschnitte berechnet. Danach wird vom Wert des kürzeren der Wert des längeren abgezogen und das Ergebnis als Linie dargestellt.

Appel hatte ursprünglich verschiedene Parametersätze für Kauf- und Verkaufssignale vorgestellt. Er verwendete für die Verkaufssignale eine längere Einstellung als für die Kaufsignale. Jedoch hat sich ein einziger Parametersatz als Standardeinstellung durchgesetzt und wird in der Literatur auch als solcher angegeben. Für den kurzen Durchschnitt werden 12 Tage verwendet, für den langen 26 Tage. Die Wahl der Parameter basiert unter anderem auf den Zyklen der von Appel beobachteten Märkte. Als dritte und vor allem sehr wichtige Komponente wird auf die

MACD-Linie eine Signallinie mit einer Glättung von 9 Tagen berechnet. Auch für diese Linie verwendet Appel einen exponentiellen gleitenden Durchschnitt. Je nach Verwendungszweck des Indikators kann er auch auf Wochendaten, Monatsdaten oder Intraday berechnet werden.

Formel EMA
$EMA_{(t)} = EMA_{(t-1)} + (SF * (Close_{(t)} - EMA_{(t-1)}))$

Formel MACD
$MACD_{(t)} = EMA1_{(t)} - EMA2_{(t)}$
EMA1 = exponentieller Durchschnitt kürzere Berechnungsperiode
EMA2 = exponentieller Durchschnitt längere Berechnungsperiode

Interpretation

Der MACD kann für verschiedene Analysezwecke verwendet werden. Als Trendfolger oder Trendfilter kommt ihm die Aufgabe zu, die Trendrichtung des Basiswertes anzuzeigen, dessen Trendstärke zu bewerten und auf eventuelle Schwächephasen hinzuweisen. Als Signalgeber in der Art herkömmlicher Oszillatoren kommt ihm die Aufgabe zu, direkte Handelssignale zu erzeugen. In Abb. 198 sehen Sie die markierten Schnittpunkte der MACD-Linie mit der Signallinie. Diese werden als Handelssignale interpretiert. Schneidet die MACD-Linie die Signallinie nach unten, gilt dies als Verkaufssignal, schneidet sie die Signallinie nach oben, gilt dies als Kaufsignal.

Es gibt widersprüchliche Angaben zur Signalqualität in Abhängigkeit von der Lage der MACD-Linie zur Mittellinie. Einige Quellen behaupten, dass ein Handelssignal um so stärker zu werten ist, je weiter entfernt es von der Mittellinie entsteht. Andere Quellen (E. Florek) widersprechen dem ausdrücklich. Floreks Argumentation ist auch leicht nachzuvollziehen. Je weiter die MACD-Linie von der Mittellinie entfernt ist, um so stärker ist der vorherrschende Trend. Das ausschließliche Befolgen eines einzigen Handelssignals in dieser Situation bedeutet also die Spekulation gegen einen starken Trend. Eine sehr gefährliche Sache, meint nicht nur Florek.

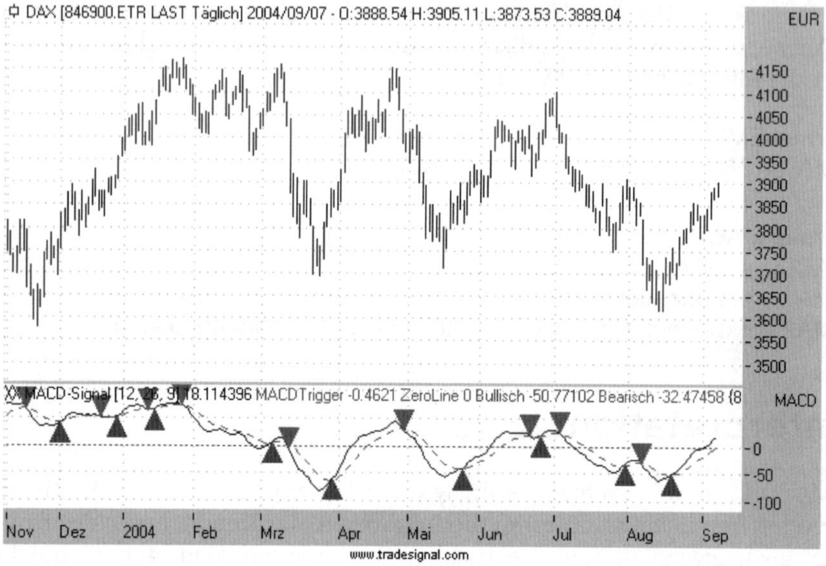

Abb. 198 *– Die Schnittpunkte des MACDs mit seiner Signallinie werden als Handelssignale interpretiert.*

Florek und auch andere empfehlen die Kombination der MACD-Signallinien / Schnittsignale mit anderen Indikator-Signalen. Der Mittellinie kommt eine Filterfunktion zu. Sie kann verwendet werden, um Kauf- und Verkaufssignale in gültige und ungültige Signale zu unterscheiden. J. Murphy weist darauf hin, dass die besten Kaufsignale unter der Mittellinie und die besten Verkaufssignale über der Mittellinie erzeugt werden.

Kommen wir zu einer weiteren Verwendungsmöglichkeit des MACD. Er lässt sich hervorragend zur Divergenzanalyse nutzen. Da er in seiner Eigenschaft als Trendfolger dem Basiswert folgt, vollzieht er auch dessen Hoch- und Tiefpunkte nach. Jedoch ergeben sich in bestimmten Fällen Divergenzen zur Bewegung des Basiswertes. Als negative (bearishe) Divergenz wird eine Situation bezeichnet, wenn der Basiswert im Aufwärtstrend einen neuen Hochpunkt, über seinem vorherigen Hochpunkt ausbildet, der Indikator jedoch unter seinem vorherigen Hochpunkt zurückbleibt. In Abb. 199 ist eine bearishe Divergenz markiert.

***Abb. 199** – Bearishe Divergenz zwischen DAX und MACD*

Das Gegenteil dieser Variante ist eine positive (bullishe) Divergenz. Der Basiswert formt im Abwärtstrend einen neuen Tiefpunkt aus, der unter dem vorherigen Tiefpunkt liegt. Der Indikator jedoch bleibt über seinem letzten Tiefpunkt zurück. In Abb. 200 ist eine bullishe Divergenz markiert.

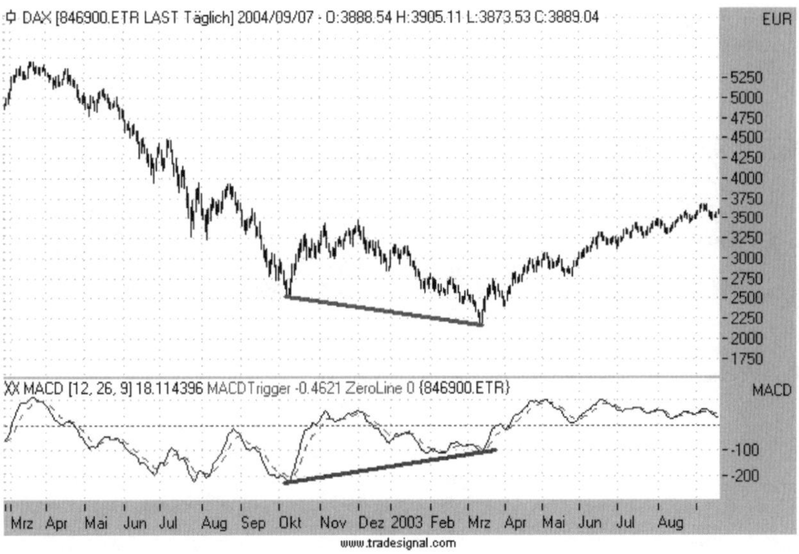

***Abb. 200** – Bullishe Divergenz zwischen DAX und MACD.*

Beide Divergenzen deuten auf eine Schwäche im laufenden Trend hin. Hier bieten sich Kombinationsmöglichkeiten mit vorher beschriebenen Schnittsignalen des MACD an. Es können nur diejenigen Signale verwendet werden, die nach einer ausgeformten Divergenz entstehen.

Zur Verwendung der Schnittsignale mit der Mittellinie gibt es komplett gegensätzliche Angaben in der Literatur. Einige Quellen lassen diese einfach unter den Tisch fallen. Andere sagen, die Schnittpunkte sind nicht als Handelssignal geeignet. Da es sich beim Schnitt der Mittellinie ja genau genommen um den Schnittpunkt der beiden zu Grunde liegenden gleitenden Durchschnitte handelt, kann man daraus sehr wohl auch Handelssignale ableiten. Dann handelt es sich dann um ein einfaches Moving Average Crossover-System. In Abb. 201 und Abb. 202 sehen Sie den MACD einmal im Wochenchart des DAX und einmal im Monatschart des DAX. Hier kann der Indikator als Trendfilter verwendet werden. Ein steigender MACD zeigt einen Aufwärtstrend an, ein fallender MACD einen Abwärtstrend. In Kombination mit den Handelssignalen aus dem Tageschart ergeben sich hier Filtermöglichkeiten. Es können nur diejenigen Signale gehandelt werden, die in Trendrichtung des Wochen- oder Monats-MACD weisen.

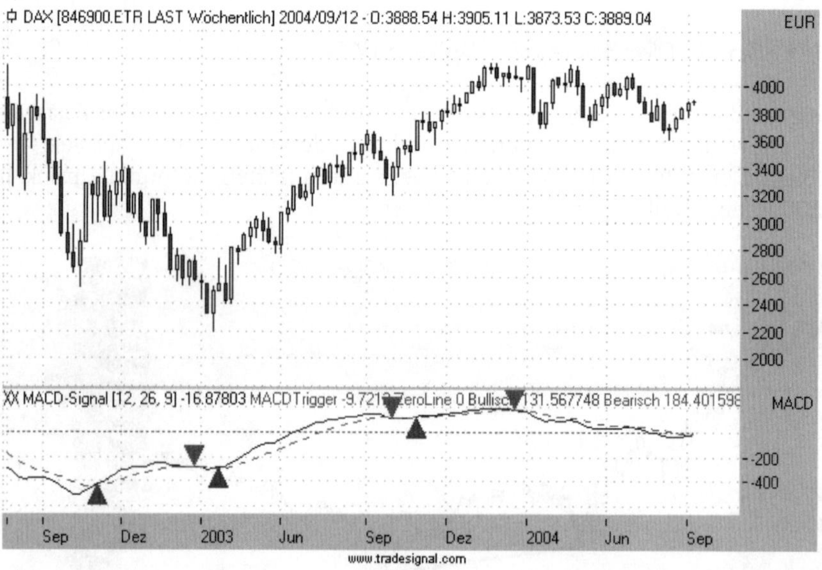

Abb. 201 – Wochenchart des DAX mit Signalen im MACD.

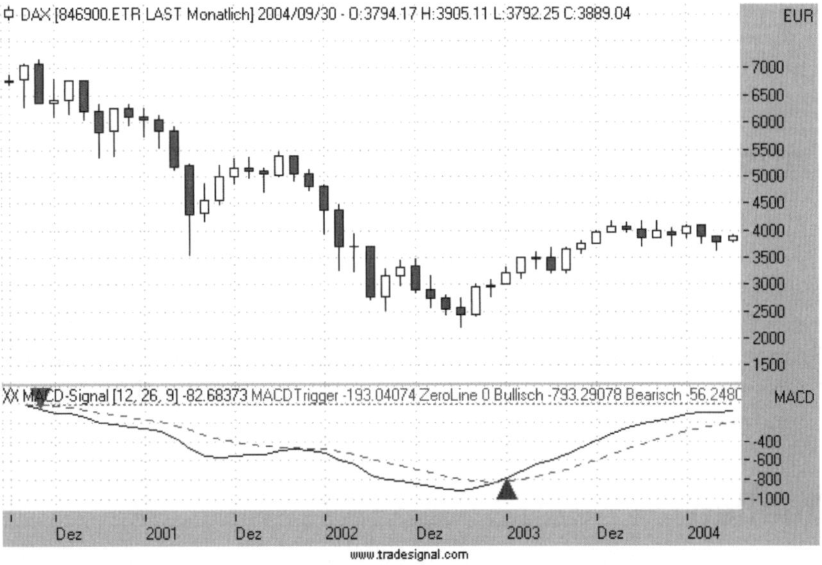

Abb. 202 *– Monatschart des DAX mit Signalen im MACD*

Wesentliche Eigenschaften des MACD sind:

- Trendfolgende Eigenschaften; er vollzieht die Bewegung des Basiswertes samt Hoch- und Tiefpunkten nach.
- Lage zur Mittellinie zeigt den Trend an.
- Entfernung zur Mittellinie ist ein Maß für die Trendstärke.
- Steigender MACD über der Mittellinie zeigt ein steigendes Momentum im Aufwärtstrend an.
- Fallender MACD unter der Mittellinie zeigt eine zunehmende Stärke im Abwärtstrend an.
- Fallender MACD über der Mittellinie zeigt nachlassende Intensität des Aufwärtstrends an.
- Steigender MACD unter der Mittellinie zeigt nachlassende Intensität des Abwärtstrends an.
- Divergenzen zwischen MACD und Kursverlauf weisen auf Schwächen im vorhandenen Trend hin und signalisieren bevorstehende Trendwechsel.
- Schnittpunkte der Mittellinie oder Schnittpunkte mit der Signallinie – möglichst nach vorangegangener Divergenz – gelten als mögliche Trendwechsel.
- Schnittpunkte von MACD und Signallinie oder MACD und Mittellinie gelten als Handelssignal.

Als Besonderheit des MACD ist seine „Zwitterfunktion" zu nennen. Wir haben gesehen, dass er sich einerseits als oszillatorähnliches Wesen zeigt, welches um die Mittellinie schwingt und oszillatortypische Handelssignale erzeugt. Andererseits ist er ein trendfolgender Indikator, der wie ein herkömmlicher gleitender Durchschnitt dem Basiswert folgt und dessen Bewegungsmuster nachformt. Gerade diese Kombination macht ihn zu einem der beliebtesten Indikatoren in der technischen Analyse.

Kritische Würdigung

Die dem MACD zu Grunde liegenden gleitenden Durchschnitte erzeugen eine zeitliche Bewegungsverzögerung im Vergleich zur Bewegung im Basiswert. Die Muster des MACD sowie seine Schnittsignale werden also nie genau ein Markt-Top oder einen Boden anzeigen können. Außerdem liefert der MACD in trendschwachen Phasen sehr viele Fehlsignale. In volatilen Marktphasen liefert der MACD zu viele Fehlsignale, da er ständig gegen den laufenden Trend dreht, ohne dass eine echte Trendwende stattfindet.

Quellen

Asprey, Thomas: Individual Stocks and MACD. In: TAS&C V.7
Ehlers, John: The MACD Revisited. In: TAS&C V.9
Florek, Erich: Neue Tradingdimensionen. FinanzBuch Verlag, München
Hartle, Tom: Moving Average Convergence/Divergence. In: TAS&C V.9
Murphy, J.: Technische Analyse der Finanzmärkte. FinanzBuch Verlag, München
Schwager, J.: Technische Analyse. FinanzBuch Verlag, München

MACD Histogramm

Grundlagen

Das MACD Histogramm, in manchen Software Produkten wie TradeSignal enterprise auch als MACD Forest bezeichnet, ist ein weiterer Schritt der Momentumanalyse in der MACD-Berechnungskette. Der zu Grunde liegende MACD-Indikator ist die Differenz zweier gleitender Durchschnitte. G. Appel hat mit dem MACD-Indikator ein vielseitig verwendbares Instrument der technischen Analyse geschaffen. Der Indikator misst die Beschleunigung und Verlangsamung der Bewegung eines kurzen, gleitenden Durchschnittes im Vergleich mit einem längeren. Bewegt sich der kürzere Durchschnitt vom längeren weg, zeigt das eine zunehmende Trendstärke und einen Zuwachs an Momentum in der Bewegung des Basiswertes an. Bewegt sich der kurze Durchschnitt auf den längeren zu, zeigt das ein Nachlassen der Trendaktivität, einen Verlust vom Momentum an. Diese Aussagen gelten sowohl für Aufwärtstrends als auch für Abwärtstrends.

Der MACD wird in der Regel mit einer zusätzlich auf den Indikator berechneten Signallinie dargestellt. Diese ermöglicht erst die Verwendung des Indikators als Signalgeber. Dabei handelt es sich um einen exponentiellen, gleitenden Durchschnitt des MACD-Indikators. Übrigens verwendet Appel für die dem MACD zu Grunde liegenden Durchschnitte ebenfalls die exponentielle Glättung.

Mit „Fortsetzung der Berechnungskette“ meine ich, dass nach dem gleichen Prinzip, das den MACD hervorbringt, nämlich die Differenz-Analyse zweier gleitender Durchschnitte, nun auch das Histogramm entsteht. Als Basis dient der MACD selbst, der in diesem Falle die Aufgabe des kurzen Durchschnittes übernimmt und seine Signallinie, die als langer Durchschnitt mitwirkt. Das Ergebnis ist nichts anderes als der MACD des MACD. Aus Gründen der Übersichtlichkeit, besonders da einige Programme beide Indikatoren in einem Fenster darstellen, und aus der Tradition heraus, dass Differenzen von 2 gleitenden Durchschnitten als Histogramm dargestellt werden, wird dieser Wert nicht als Linie, sondern eben als Histogramm gezeichnet.

Das MACD Histogramm zeigt also die Trendstärke und Trendrichtung des MACD-Indikators an. Es ist sozusagen der Versuch eines Blicks in die Zukunft. Bewegungsänderungen im MACD-Indikator kündigen sich im Histogramm zuerst an. Das Histogramm verstärkt damit die Signale des MACD und macht die subtilen Veränderungen des Momentums in der zu Grunde liegenden Bewegung des Basiswertes noch eher sichtbar. Das Histogramm ist sozusagen ein Frühwarnsystem oder Feuermelder.

Berechnung und Parameter

Die Berechnung des Histogramms erfordert natürlich zuerst die Berechnung des MACD-Indikators und seiner Signallinie. Das geschieht, in dem zunächst die beiden dem MACD zu Grunde liegenden exponentiellen gleitenden Durchschnitte berechnet werden. Im nächsten Schritt wird der Wert des längeren Durchschnitts vom Wert des kürzeren abgezogen. Der so entstandene Indikator ist der MACD. Auf diesen wird nun erneut ein exponentieller gleitender Durchschnitt als Signallinie berechnet. Appel verwendet die Einstellungen 12 Tage und 26 Tage für die beiden ersten Durchschnitte und 9 Tage für die Signallinie. Nun erfolgt die eigentliche Berechnung des Histogramms, in dem der Wert der Signallinie vom Wert des MACD-Indikators abgezogen wird. Wenn beide Indikatoren einzeln berechnet werden, weil sie als separate Indikatoren angelegt sind, müssen die Parameter natürlich identisch sein, um eine gemeinsame Verwendung zu Analysezwecken zu ermöglichen.

Formel MACD und Histogramm

$$EMA1_{(t)} = EMA_{(x)}(Close)$$
$$EMA2_{(t)} = EMA_{(y)}(Close)$$
$$MACD_{(t)} = EMA\ 1_{(t)} - EMA\ 2_{(t)}$$
$$Trigger_{(t)} = EMA_{(z)}(MACD)$$

$$MACDHist_{(t)} = MACD_{(t)} - Trigger_{(t)}$$

x = kurze Berechnungsperiode
y = lange Berechnungsperiode
z = Berechnungsperiode Signallinie

Interpretation

Das Histogramm wird als zusätzliches Analysehilfsmittel verwendet, ohne jedoch konkrete Handelssignale zu generieren. Gut, man kann natürlich auch konkrete Handelssignale herleiten, zum Beispiel aus dem Schnitt der Mittellinie. Dabei handelt es sich jedoch um die exakt gleichen Signale wie die des zu Grunde liegenden MACD-Indikators. Schneidet der seine Signallinie, dann schneidet das Histogramm seine Mittellinie in dieselbe Richtung. Auch könnte man bereits eine divergierende Richtungsänderung des Histogramms im direkten Vergleich mit MACD oder Basiswert als Signal werten, jedoch bleibt hier sehr viel Spielraum für die Definition der Richtungsänderung. Wann liegt diese vor? Deshalb beschränke ich mich auf die Beschreibung der anderen Eigenschaften des Histogramm-Indikators. Zunächst zeigt er durch seine Lage über oder unter der Mittellinie an, ob der MACD-Indikator positiv oder negativ gerichtet ist. Liegt er über seiner Signallinie, ist das Histogramm ebenfalls positiv, liegt er unter seiner Signallinie, ist das Histogramm negativ.

Die Schnittpunkte des Histogramms mit seiner Mittellinie sind identisch mit den Schnittpunkten des MACD-Indikators und seiner Signallinie. Seine Funktion als Frühwarnsystem basiert darauf, dass durch die Verringerung des Abstandes zwischen MACD und Signallinie das Histogramm bereits zur Mittellinie abfallen kann, während der MACD-Indikator selbst noch ansteigt. Damit ist eine negative Divergenz gegeben, die, wenn nicht gleich zu einer Handelsaktivität, doch wenigstens zur Vorsicht rät. In Abb. 203 sehen Sie einen DAX Tageschart mit MACD-Indikator und Histogramm. Beide Indikatoren sind hier in einem einzelnen Fenster dargestellt. Eine negative Divergenz ist mit einer Linien im Basiswert und im Indikator gekennzeichnet.

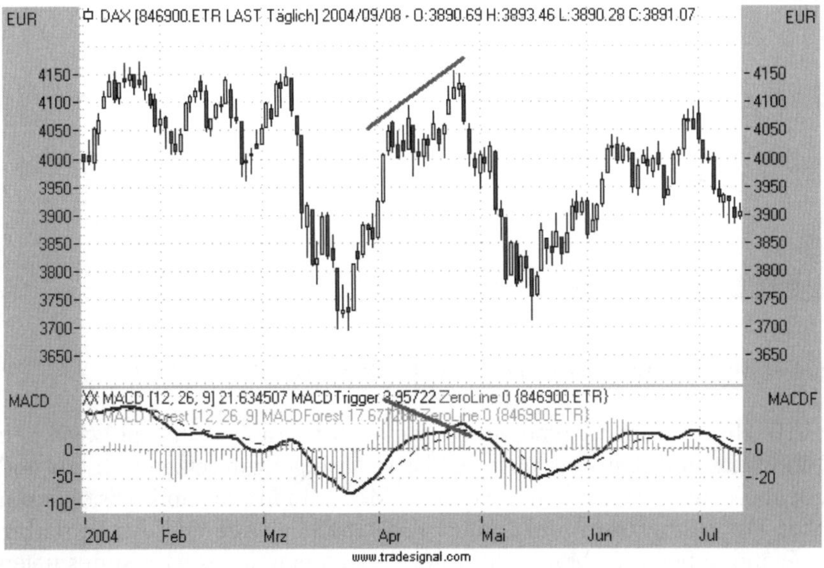

***Abb. 203** – Divergenz zwischen DAX und MACD Histogram.*

Bei fallendem MACD kann das Histogramm beginnen, zur Mittellinie zu steigen, was eine positive Divergenz darstellt. Auch das dient als frühzeitiger Hinweis auf bevorstehende Trendveränderungen im MACD zu Grunde liegenden Basiswert. Das Histogramm ist in der Lage, Momentumveränderungen in der Bewegung des Basiswertes beschleunigt, bzw. verstärkt darzustellen. Das Histogramm offenbart uns also Divergenzen zum Indikatorverlauf des MACD und Divergenzen zum Verlauf des Basiswertes. In Abb. 204 sehen Sie eine positive Divergenz. Übrigens taucht dieser Ausschnitt des Charts in vielen Beiträgen auf. Diese Divergenz läutete die März-Rally 2003 ein und beendete eine drei Jahre dauernde Baisse.

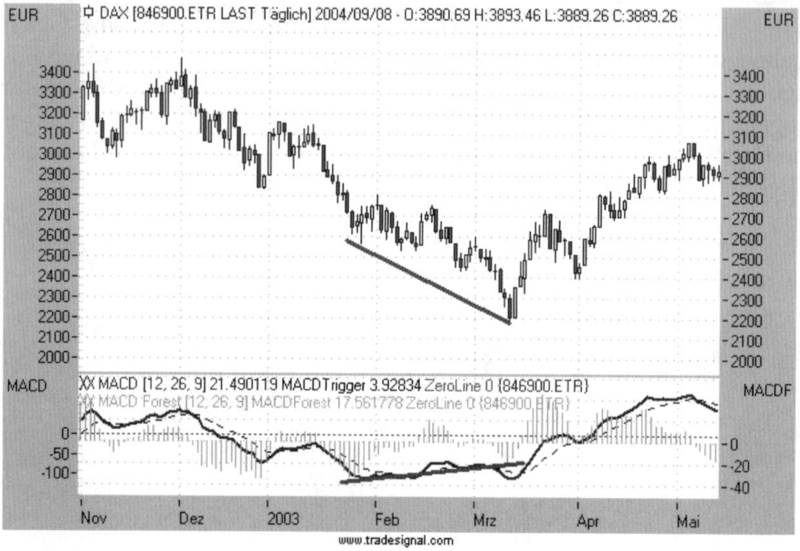

Abb. 204 *– Divergenz zwischen DAX und MACD Histogram im März 2003*

Das MACD Histogramm ist eine Art Verstärker für Divergenzen, die zwischen MACD-Indikator und Basiswert auftreten. Diese Divergenzen setzen sich fort und sind ebenfalls als Divergenzen zwischen MACD-Indikator und Histogramm erkennbar. Das Histogramm funktioniert also tatsächlich wie eine Art Verstärker. Subtile Veränderungen im Momentum der Kursbewegung des Basiswertes treten im Histogramm wesentlich deutlicher zu Tage.

Kritische Würdigung

Das Histogramm unterliegt denselben Problemen wie der MACD-Indikator auch. Auf Grund der mehrfachen Durchschnittsberechnung wird eine zeitliche Verzögerung zwischen Indikatorverlauf und Basiswert eingeschleust. Wobei durch die Berechnung des Histogramms ein Teil der Zeitverzögerung, die der MACD-Indikator erfährt, eliminiert werden kann.

Quellen

Asprey, Thomas: Individual Stocks and MACD. In: TAS&C V.7
Ehlers, John: The MACD Revisited. In: TAS&C V.9
Florek, Erich: Neue Tradingdimensionen. FinanzBuch Verlag, München
Hartle, Tom: Moving Average Convergence/ Divergence. In: TAS&C V.9
Murphy, J.: Technische Analyse der Finanzmärkte. FinanzBuch Verlag, München
Schwager, J.: Technische Analyse. FinanzBuch Verlag, München

MACD Momentum

Grundlagen

Der MACD Momentum-Oszillator ist eine sinnvolle Weiterentwicklung des MACD-Konzepts. T. Aspray hat diese im Jahr 1984 erstmalig auf einer „CompuTrac" Konferenz vorgestellt. Nach anfänglich starker Kritik fanden sich doch auch begeisterte Stimmen. Der Indikator erfordert etwas Zeit zum Verständnis und zur Einarbeitung. Es wird das Momentum des zu Grunde liegenden MACD Histogramm-Indikators gemessen und dargestellt. In den Beiträgen zum MACD und dem daraus resultierenden Histogramm-Indikator habe ich erwähnt, dass durch die zahlreichen Glättungsvorgänge während der Berechnung einiges an zeitlicher Verzögerung in den Indikatorverlauf eingebracht wird. Durch die Berechnung des Histogramm-Indikators aus dem MACD und der nun erfolgenden Momentum-Berechnung darauf, wird ein Teil dieser Verzögerung eliminiert. Das MACD-Momentum wird so zu einem Vorlaufindikator der Warnsignale auf bevorstehende Signale im MACD-Histogramm geben kann. Es ergeben sich zahlreiche Kombinationsmöglichkeiten und Filterkombinationen mit anderen Indikatoren.

Berechnung und Parameter

Es sind mehrere Berechnungsschritte notwendig, da wir zunächst die beiden zu Grunde liegenden Indikatoren berechnen müssen. Zur Wahl der Parameter hat Asprey einiges an Vorarbeit geleistet. Auf Grund seiner Beobachtungen, dass die MACD-Signale in Wochencharts starker Zeitverzögerung ausgesetzt sind, hat er andere Parameter als die üblichen Standardeinstellungen des MACD verwendet. Schließlich hat er als optimale Parameter für die Periodeneinstellung der beiden gleitenden Durchschnitte des MACD 10 und 20 Wochen gefunden. Aus diesen beiden Werten wird der MACD errechnet, in dem vom Wert des kürzeren Durchschnittes der Wert des längeren Durchschnittes abgezogen wird. Auf die so entstandene MACD-Linie wird eine Signallinie mit der Einstellung von 10 Wochen berechnet. Um das MACD-Histogramm zu erzeugen, auf dem das MACD-Momentum basiert, wird der Wert der Signallinie vom Wert der MACD-Linie abgezogen. Das so genannte MACD-Histogramm (in den TradeSignal-Produkten heißt diese Darstellung Forest) wird als senkrechte Balkendarstellung von einer Mittellinie abgetragen. Das erleichtert das Erkennen kleinerer Schwankungen in der Bewegung.

Nun wird auf das entstandene MACD-Histogramm ein 10-Wochen-Momentum berechnet. Wir erinnern uns an die einfache Berechnung des Momentums, bei dem vom aktuellen Kurs der Kurs vor n-Tagen / Wochen abgezogen wird. Der so erzeugte Indikator zeigt uns die Veränderungen der Bewegungsdynamik des MACD-Histogramm-Indikators. Um den Verlauf des Indikators etwas zu zähmen, wird zusätzlich ein einfacher Durchschnitt von 3 Wochen darauf berechnet. Der so entstandene Wert wird dann dargestellt. Durch diese Berechnung, die so ähnlich auch in anderen Indikator-Konzepten Verwendung findet, ist es möglich, frühzeitig Signale zu erzeugen, die im Kurschart des Basiswertes noch lange nicht zu erkennen sind.

Formel MACD und Histogramm

$EMA1_{(t)} = EMA_{(x)}(Close)$
$EMA2_{(t)} = EMA_{(y)}(Close)$
$MACD_{(t)} = EMA1_{(t)} - EMA2_{(t)}$
$Trigger_{(t)} = EMA_{(z)}(MACD)$
$MACDHist_{(t)} = MACD_{(t)} - Trigger_{(t)}$

x = kurze Berechnungsperiode
y = lange Berechnungsperiode
z = Berechnungsperiode Signallinie

Formel MACD-Momentum
$MACDMom_{(t)} = MACDHist_{(t)} - MACDHist_{(t-n)}$
n = Berechnungsperiode Momentum

In der Darstellung fehlt noch die Glättung. Auf das MACD-Momentum wir ein einfacher Durchschnitt mit der Berechnungsperiode 3 Tage / Wochen berechnet, um den Verlauf des Indikators zu glätten.

$MACDMom_{(t)} = Sum_{(n)}(MACDHist_{(t)} - MACDHist_{(t-n)}) / n$
n = Glättungsperiode

Übrigens. Asprey bezieht alle seine Ausführungen zum Indikator auf Wochendaten. Ich verwende in den Abbildungen aber Tagesdaten. Alle MACD-Indikatoren können übrigens auch in noch kleineren Zeitebenen verwendet werden.

Darstellungsvarianten

Das MACD-Momentum kommt meistens als eigenständiger Indikator daher. Sinnvoll ist jedoch die kombinierte Darstellung mit dem MACD-Histogramm gemeinsam in einem Chart. Vergleichen Sie selbst: Abb. 205 zeigt beide Indikatoren in separaten Fenstern. Abb. 206 zeigt sie in einem gemeinsamen Fenster. Wo kann man Divergenzen in den Signalen besser erkennen?

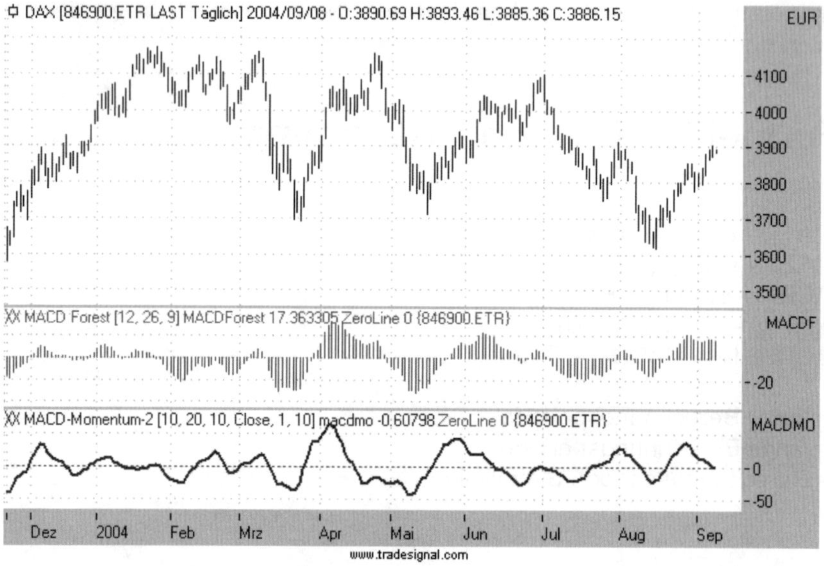

***Abb. 205** – MACD Histogram und MACD Momentum in separaten Untercharts*

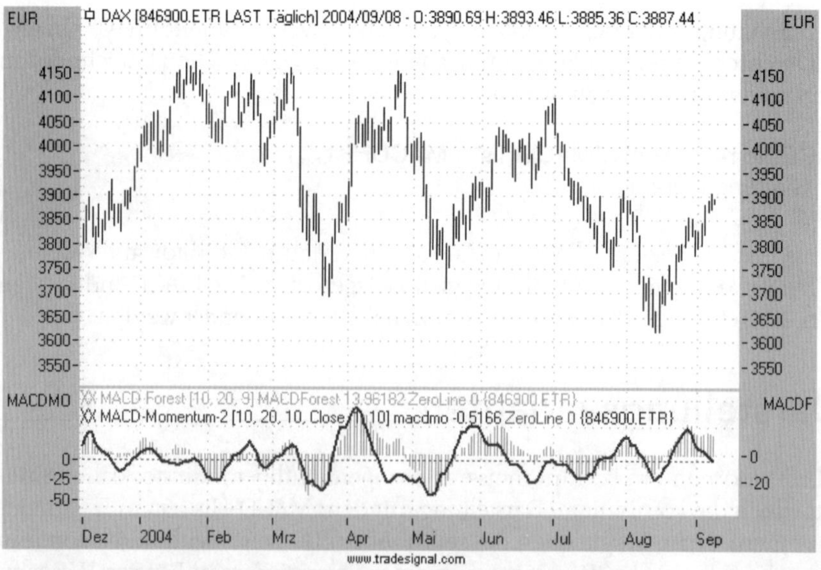

***Abb. 206** – MACD Histogram und MACD Momentum als überlagerte Charts in einem Chartfenster. Bei dieser Darstellung sind Divergenzen zwischen beiden Indikatoren schneller zu erkennen.*

Interpretation

Aspray schildert für seinen Indikator unterschiedliche Verwendungsmöglichkeiten, je nach Zeitfenster, in dem gehandelt werden soll. Hauptsächlich beschäftigte er sich mit Wochencharts von Indizes und Rohstofffutures. Der MACD-Momentum-Indikator gilt als vorlaufender Indikator. Seine Signale weisen auf bevorstehende Signale im MACD-Histogramm hin. Ein im negativen Bereich steigender MACD-Momentum-Indikator weist auf bevorstehende Kaufsignale hin, genau wie ein im positivem Bereich fallender MACD-Momentum-Indikator auf bevorstehende Verkaufssignale hinweist.

Er ist zwar in der Lage, Tops und Böden relativ genau zu erkennen, jedoch liefert er auch Fehlsignale. Asprey nutzt deshalb nur die Signale, die durch das MACD-Histogramm bestätigt werden. Liegen Divergenzen zwischen beiden Indikatoren vor, stehen möglicherweise markante Trendwechsel ins Haus. Besonders längerfristige Divergenzen sind dabei zu beachten.

Im Tageschart muss ein Trendfilter vorgeschaltet werden, um die MACD-Momentum-Signale sinnvoll nutzen zu können. Hier verwendet Aspray sowohl MACD, als MACD-Histogramm auf Wochenbasis. Als saubere Trenddefinition sollten beide Indikatoren dieselbe Lage aufweisen, also über oder unter ihrer Mittellinie. Ist dies nicht der Fall, soll zwar dem Histogramm der Vorzug bei der Trenddefinition gegeben werden, jedoch handelt es sich dann um ein schwaches Signal. Die MACD-Momentum-Signale, die in Trendrichtung entstehen, können nun direkt gehandelt werden. Auch hier gilt wieder, dass die besten Signale diejenigen sind, die durch das Histogramm im Tageschart bestätigt werden. In Abb. 207 sehen sie den MACD samt Histogramm auf Wochenbasis im DAX. Die aktuelle Trendrichtung ist abwärts.

***Abb. 207** – MACD und MACD Histogramm als Überlagerung im Wochenchart des DAX.*

Entsprechend werden die Signale des MACD-Momentums auf Tagesbasis gehandelt, die in Trendrichtung weisen. In Abb. 208 sehen sie einen DAX-Tageschart mit MACD-Momentum. Markiert habe ich nur diejenigen Signale, die vom Wochen-Histogramm bestätigt wurden.

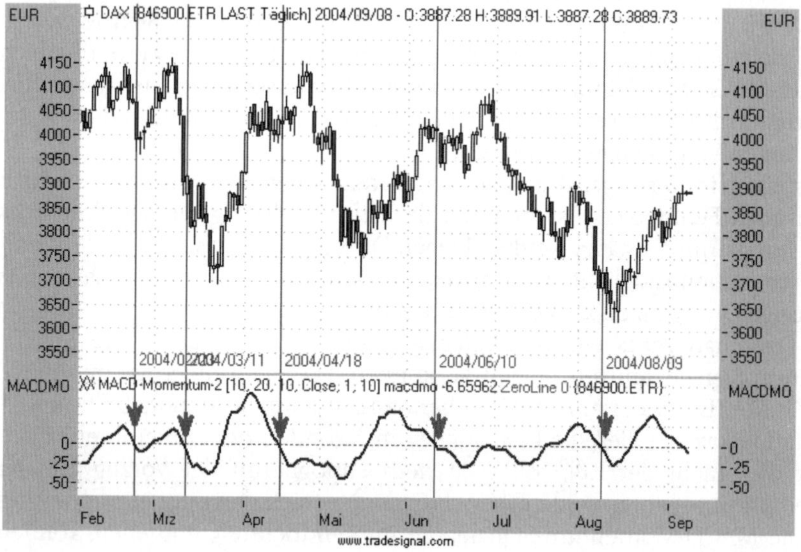

Abb. 208 *– MACD Momentum im Tages-Chart zusammen mit Signalen, die durch den Momentum-Histogramm-Indikator im Wochen-Chart bestätigt wurden.*

Als weitere Kombinationsmöglichkeit beschreibt Asprey den Einsatz von Indikatoren wie dem Demand Index, dem On Balance Volumen oder dem Herrick Pay Off Index, wobei diese als zusätzliche Filter verwendet werden können. Außerdem beschreibt Asprey auch kurz die Verwendung von Envelopes oder Bollinger Bands. Hier können Ausbrüche aus den Bändern durch den MACD-Momentum-Indikator gefiltert werden. Das MACD-Momentum ist ein Indikator, der auf einem Indikator eines Indikators beruht. Die zu Grunde liegenden Kursdaten des Basiswertes werden also mehrfach geglättet, bevor das MACD-Momentum sichtbar wird. Daraus ergeben sich Verzögerungen im Indikatorverlauf, sowie Verzerrungen, die in Fehlsignalen resultieren können.

Kritische Würdigung

Der Indikator ist auch, wie andere Indikatoren, nicht unfehlbar. Er produziert für sich genommen Fehlsignale, die nur durch Kombination mit anderen Signalgebern und Trendfiltern gemindert werden können.

Quellen

Asprey, Thomas: Individual Stocks and MACD. In: TAS&C V.7
Asprey, Thomas: MACD Momentum 1 + 2. In: TAS&C V.6
Ehlers, John: The MACD Revisited. In: TAS&C V.9
Florek, Erich: Neue Tradingdimensionen. FinanzBuch Verlag, München
Hartle, Tom: Moving Average Convergence / Divergence. In: TAS&C V.9
Murphy, J.: Technische Analyse der Finanzmärkte. FinanzBuch Verlag, München
Schwager, J.: Technische Analyse. FinanzBuch Verlag, München
Starr, Barbara: The MACD Momentum Oszillator. In: TAS&C V.12

Mass Index

Grundlagen

Laut D. Dorsey wird die Untersuchung der täglichen Handelsspannen und deren Muster von vielen technischen Analysten vernachlässigt. Zwar existieren zahlreiche Indikatoren, die sich der gemessenen Handelsspannen bedienen, die vordergründig aber andere Informationen liefern. Die Beobachtung der Handelsspannen kann zu mindest in einigen Situationen wichtige Hinweise auf Trendverlauf und mögliche Trendwendepunkte liefern. Die Spanne zwischen dem höchsten und dem tiefsten Kurs des Tages liefert uns ein Maß für das Interesse der Marktteilnehmer am Basiswert. Vereinfacht können wir drei Situationen unterscheiden:

Haben die bullishen Marktteilnehmer die Oberhand, steigt der Kurs des Basiswertes. Je größer das Interesse ist, man könnte auch die Gier ins Spiel bringen, um so weiter entfernt über dem Eröffnungskurs wird der Schlusskurs des Tages liegen. Haben die Bären das Ruder des Marktes in der Hand, wird der Kurs des Basiswertes fallen. Je stärker die Bären sind, je größer die Menge der Leerverkäufe, die Menge der Gewinnmitnahmen oder gar die Menge der Panikverkäufe ist, um so tiefer wird sich der Schlusskurs vom Eröffnungskurs entfernen.

Die dritte Situation ist eine Gleichgewichtssituation. Hier wird die Kraft der einen Seite von der anderen Seite absorbiert. Das perfekte Bild einer solchen Pattsituation ist in der Candlesticklehre als Doji bekannt. Ein Kursstab, dessen Eröffnungskurs und dessen Schlusskurs nahezu auf gleichem Niveau liegen. Dabei kann es im Verlaufe der Handelsperiode durchaus zu gewissen Machtverschiebungen auf einer oder der anderen Seite gekommen sein. Im Endeffekt aber haben sich alle Kräfte an einem Gleichgewichtspunkt getroffen. Allgemein gilt für die dritte Situation, dass die Spanne zwischen Eröffnungs- und Schlusskurs eher klein und das umgesetzte Volumen auch eher klein sind. Keine der beiden Seiten konnte sich durchsetzen oder keine der beiden Seiten hatte ein besonderes hohes Interesse. Eine solche Situation tritt oft am Ende eines Trends ein, wenn eine Seite sich verausgabt hat und der Markt gespannt auf eine Entscheidung über Fortbestand oder Ende des Trends wartet.

Der Mass Index wurde von D. Dorsey entwickelt, um genau dieses unterschiedliche Verhalten der Handelsspannen zu messen und die daraus resultierenden Muster nutzbar zu machen. Aus meinen Beobachtungen heraus muss man dem Mass Index eine wichtige Einschränkung zuweisen. Seine Signale am Ende eines Aufwärtstrends sind wesentlich undeutlicher als die Signale am Ende eines Abwärtstrends. In einem Satz erklärt: „Angst ist stärker als Gier!“

Berechnung und Parameter

Der Mass Index macht sich das gleiche Prinzip von Konvergenz und Divergenz zwischen gleitenden Durchschnitten zu Nutze, wie der bekannte MACD Oszillator und andere Moving Average Oszillatoren auch. Es wird die Differenz oder die Ratio zwischen zwei gleitenden Durchschnitten gemessen. In der Regel werden dazu ein kurzer Durchschnitt, also mit kleinerer Berechnungsperiode, und ein langer Durchschnitt mit längerer Berechnungsperiode verwendet. Bewegungen im Basiswert werden vom kurzen Durchschnitt eher nachvollzogen, als vom langen Durchschnitt, der erst mit etwas Zeitverzögerung reagiert. Dadurch steigt oder fällt die Differenz zwischen beiden Linien, die als Indikatorwert dargestellt wird.

Im Mass Index wird ein exponentieller gleitender Durchschnitt aus der Spanne zwischen höchstem und tiefstem Kurs des Handelstages berechnet. Um den zweiten, den längeren Durchschnitt zu erhalten, wird dieser Wert erneut mit einem exponentiellen Durchschnitt geglättet. Dorsey versäumte es in seinem kurzen Artikel leider, genaue Periodenangaben für diese Durchschnittsberechnungen zu liefern. Ich verwende deshalb 25 Tage; wie in der folgenden Berechnung auch.

Der Mass Index ergibt sich nun aus der Summierung der Ratio aus kurzem und langem Durchschnitt über 25 Tage. Weitet sich die Handelsspanne aus, wird diese Ratio größer als 1 sein, weil der Wert des kurzen Durchschnittes größer als der Wert des langen Durchschnittes ist. Der Mass Index wird über 25 steigen. Wird die Handelsspanne wieder kleiner, wird auch die Ratio wieder kleiner, der Mass Index wird sich wieder nach unten bewegen.

$$\text{Range}_{(t)} = \text{High}_{(t)} - \text{Low}_{(t)}$$

$$\text{EMA-X} = \text{EMA}_{(x)}(\text{ Range})$$
$$\text{EMA-Y} = \text{EMA}_{(y)}(\text{ EMA-X })$$
$$\text{Mass Index}_{(t)} = \text{Sum}_{(n)}(\text{ EMA-X / EMA-Y })$$

EMA-X = kurzer Durchschnitt
EMA-Y = langer Durchschnitt
n = Berechnungsperiode

Die Berechnungsperiode für die gleitenden Durchschnitte und der Summierung ist gleich. Dorsey hat für die Summierung 25 Tage angegeben. Da er ansonsten keine exakten Angaben zur Länge der Durchschnitte machte, habe ich ebenfalls 25 Tage verwendet. Ein kleiner Test mit kürzeren Einstellungen der exponentiellen Durchschnitte hat ergeben, dass der Indikatorverlauf unruhiger wird. An der Grundaussage ändert sich allerdings nichts.

Darstellungsvarianten

Ich habe den Indikator nach einigen Verwirrungen für TradeSignal enterprise programmiert. Die EasyLanguage-Variante, die ich eigentlich als Vorlage verwenden wollte, war fehlerhaft. Ich richte mich streng nach den Vorgaben aus Dorseys Artikel. Zugegeben, das Erscheinungsbild des Indikators ist ungewöhnlich, aber ich bin sicher, das er korrekt programmiert ist. Abb. 209 zeigt den fertigen Indikator, der auch auf www.tradesignalonline.com zum Download bereitgestellt wird.

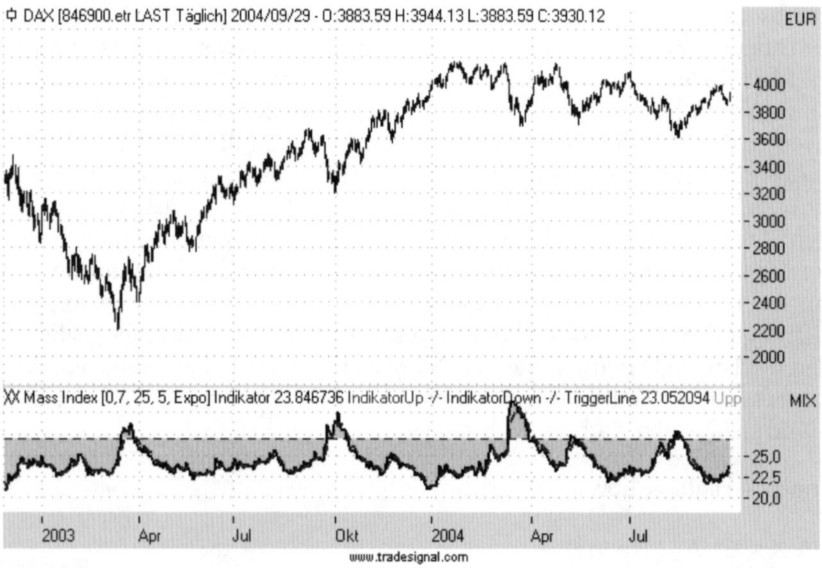

***Abb. 209** – Mass Index und DAX.*

Interpretation

Dorsey hat eigentlich nur ein einziges Muster als Signal definiert; Reversal-Bulge genannt. Es signalisiert das Ende eines Trends. In Abb. 210 habe ich einige dieser Signale markiert. Sie sind wie folgt definiert: Der Indikator steigt über 27 und fällt danach wieder unter 27 zurück. Damit soll der starke Anstieg der Handelsspannen über einen längeren Zeitraum erkannt werden. Wenn Sie den Chart mit dem Indikatorverlauf vergleichen, fällt Ihnen sicher auf, dass diese Ereignisse fast ausschließlich nach starken Kursabschwüngen eintreten. Anscheinend sind nur dann die Veränderungen der Handelsspannen so ausgeprägt, das der Indikator ein Signal ausbildet.

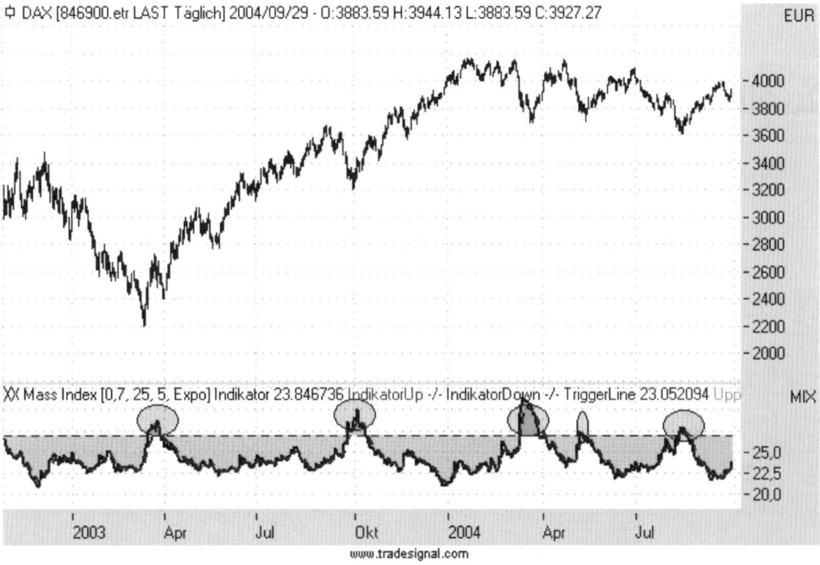

Abb. 210 *– In diesem Beispiel liefert der Mass Index immer dann ein Signal, wenn er über 27 steigt und anschließend wieder unter diese Linie fällt.*

Allgemein kann der Mass Index als Volatilitätsindikator gelten. Mit etwas gutem Willen kann der Mass Index auch als Trendstärkeindikator für Abwärtstrends gelten. Läuft der Basistitel nach unten und der Mass Index steigt, zeigt das eine deutliche Ausweitung der Handelsspannen an, ein Zeichen für hohe Kraft und Dynamik hinter den Kursverlusten.

Um einen Reversal-Bulge zu nutzen, empfiehlt Dorsey die Verwendung von zwei weiteren gleitenden Durchschnitten. Diese sollen die Trendrichtung der aktuellen Kursbewegung anzeigen. Dabei werden auch hier ein kurzer und ein langer Durchschnitt verwendet. Liegt der kürzere über dem längeren Durchschnitt, gilt das als Zeichen für einen Aufwärtstrend. Liegt der kürzere unter dem längeren Durchschnitt, gilt dies als Abwärtstrend im Basistitel. Tritt ein Reversal-Bulge auf, soll eine Position in die Gegenrichtung eingenommen werden. Dorsey mahnt dabei an, die Stop-Loss Order nicht zu vergessen.

Kritische Würdigung

Googelt man ein wenig im Internet, findet man ca. 4.700.000 Seiten zum Thema Mass Index. Die allermeisten beschäftigen sich leider mit dem Body Mass Index, der eher die Bauchspannweite misst und nicht die Kursbandbreite eines börsengehandelten Instrumentes. Ich habe eigentlich nur eine einzige weitere Quelle gefunden, in der überhaupt der Mass Index erwähnt wird. Mir scheint, der Mass Index findet einen guten Platz auf der Liste der „Indikatoren die keiner braucht“.

Sollte ich mich hier irren, würde ich mich über eine Nachricht freuen. Ich werde zur nächsten Auflage dieses Buches dann den Artikel korrigieren.

Quellen

Dorsey, Donald: The Mass Index. In: TAS&C V.10

Midpoint Oszillator

Grundlagen

Gespannt und interessiert blätterte ich in einigen Artikeln des US-Magazins TAS&C, „The Midpoint Oszillator". Mir stockte der Atem, ein Indikator aus der Feder von T. Chande. Der bekannte Autor zahlreicher Artikel und Bücher ist für seine hervorragenden technischen Entwicklungen bekannt. Sein Buch „The New Technical Trader" ist die Bibel der technischen Analyse und enthielt einiges an Neuentwicklungen auf dem Gebiet der technischen Indikatoren. Ich las den Artikel also etwas genauer durch. Angekommen im Abschnitt der Berechnung und nachdem ich die üblichen Zahlenspielereien durchschaut hatte, beschlich mich ein Gefühl, nennen wir es Déjà-vu. Entweder ich hatte das alles schon einmal gelesen oder mein Gehirn spielt mir einen Streich.

Etwas Recherche in meinen Unterlagen förderte dann auch den Grund meines Stockens zu Tage. W. Blau: „Stochastic Momentum Oszillator". Blau, bekannt für seine Veröffentlichungen zum Thema der doppelten Datenglättung und bekannt wegen einiger sehr guter Indikatoren aus seiner Feder, stellte mit dem SMI einen Momentum Indikator vor, der einer Abwandlung der Stochastic-Berechnung nach Lane entsprach.

Nach dem ich wieder und wieder die Berechnungsschritte der beiden Indikatoren verglichen hatte, war mir klar, das beide Autoren das gleiche entwickelt hatten. Blau allerdings unterzog seinen Indikator mehreren Glättungsdurchläufen, was ein weicheres und runderes Erscheinungsbild erzeugte. Schaltet man die Glättung jedoch ab, so sind beide Indikatoren der Midpoint Oszillator (%M) und der Stochastic Momentum Oszillator (SMI) bis auf Nuancen identisch. Sehen Sie selbst, Abb. 211 zeigt einen Vergleich.

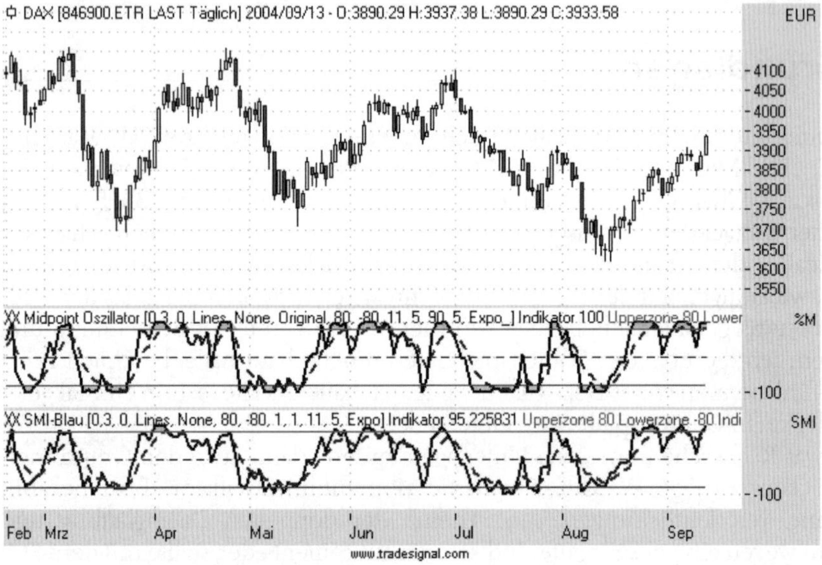

***Abb. 211** – Midpoint Oszillator von T. Chande und der SMI von Blau zeigen im Vergleich einen fast identischen Verlauf.*

Chande war mit seinem Indikator allerdings zwei Jahre früher in der Fachpresse erschienen. Ich möchte hier natürlich nicht unterstellen, das Blau von Chande abgeschrieben hat. Bei der Entwicklung von Indikatoren stehen nicht viele unterschiedliche Daten zur Verfügung und somit sind die Berechnungswege vieler Indikatoren sehr ähnlich. Um das zu verdeutlichen, habe ich noch einen dritten Indikator in den Vergleich mit einbezogen: Die Double Smoothed Stochastic Blau (DSSBlau). Abb. 212 zeigt diesen Vergleich. Bis auf die unterschiedliche Skalierung sind alle drei Indikatoren gleich. Da ihre Autoren aber unterschiedliche Parameter für Berechnung und Glättung verwenden, sehen wir meistens unterschiedliche Bilder in den Charts.

***Abb. 212** – Auch der DSS von Blau (ganz unten) zeigt im Vergleich mit dem Midpoint Oszillator und dem SMI ein nahezu identisches Bild.*

Chande bezeichnet seinen Indikator als reinen Überkauft -Überverkauft-Oszillator. Er vergleicht die Lage des aktuellen Schlusskurses innerhalb der Kursspannbreite eines festen Zeitraumes mit eben dieser Spannbreite. Der %M misst dabei die Bewegungsdynamik der Kurse des Basistitels und liefert ein Maß für deren Stärke. Chande entschied sich für seinen Berechnungsweg unter anderem deshalb, weil er einen Indikator haben wollte, der positive und negative Werte aufweist.

Berechnung und Parameter

Vielleicht erinnern Sie sich noch an den entsprechenden Abschnitt aus dem Artikel zum SMI von Blau? Wenn nicht, werde ich die Berechnung noch einmal detailliert erläutern. Der %M ist ein Momentum Indikator. Er misst die Bewegungsdynamik der Kurse und vergleicht diese mit deren maximaler Spannbreite im Berechnungszeitraum. Im ersten Schritt wird der Mittelpunkt der Berechnungsperiode benötigt. Dieser errechnet sich wie folgt:

$$MP_{(t)} = (HH_{(n)} + LL_{(n)}) / 2$$

Nun berechnen wir die Differenz aus aktuellem Schlusskurs und dem Mittelpunkt der Handelsspanne, womit wir die Momentum Komponente erhalten:

$$MOM_{(t)} = Close_{(t)} - MP_{(t)}$$

Liegen die Kurse über dem Mittelpunkt der Handelsspanne, ist MOM positiv. Liegen die Kurse unter dem Mittelpunkt der Handelsspanne, ist MOM negativ. Damit ist die Bewegungsrichtung der Kurse erfasst. Um nun noch die Stärke der Kursänderungen richtig bemessen zu können, wird das ermittelte MOM durch den halben Wert der Handelsspanne dividiert:

$$\%M_{(t)} = 100 * MOM_{(t)} / ((HH_{(n)} - LL_{(n)}) * 0.5)$$

n = Berechnungsperiode der Kursspanne

Der Indikator bewegt sich somit in einer maximalen Skalenbreite von -100 bis 100. Zwei Extremzonen werden benötigt, damit er seine Funktion als Überkauft-Überverkauft-Oszillator wahrnehmen kann. Chande empfiehlt, die einfache Standardabweichung des Indikators zu messen und die Werte für die Extremzonen daran zu orientieren. Wir erhalten Werte zwischen 60 und 80 für die obere Extremzone und Werte zwischen -60 und -80 für die untere Extremzone. Sie sollten hier ruhig etwas herumprobieren um die für Sie am stimmigsten wirkenden Werte zu finden.

Chande verwendet in seinen Charts zum Artikel verschiedene Periodeneinstellungen und arbeitet immer mit wöchentlicher Charteinstellung. In seinen Berechnungsdarlegungen sind 5 Tage als Zeitraum für den Indikator angegeben. In einigen Charts verwendet er 26 Wochen. Dazu berechnet er eine Signallinie auf den Indikator mit einer Periodeneinstellung von neun Wochen. Als Signallinie eignen sich verschiedene Typen von gleitenden Durchschnitten, Chande verwendet einen exponentiellen Durchschnitt.

In welchem Zeitfenster Sie den Indikator betreiben, ist natürlich abhängig von Ihrem Handelsstil. Sofern ausreichend Daten zur Verfügung stehen, kann der Indikator in allen Zeitfenstern betrieben werden. Sicherlich werden wöchentliche Chartanalysen heute weniger für das Timing als eher für die Trenddefinition verwendet. In den meisten Fällen werden heute tägliche Chartauflösungen für das Timing der Trades verwendet.

Darstellungsvarianten

Der %M ist nicht in den Paketen der TradeSignal Produkte enthalten. Sie können den Indikator im Prinzip mit dem DSSBlau und ausgeschalteter Glättung nachbilden. Sie können auch über www.tradesignalonline.com den Indikator für Tradesignal Enterprise laden und erhalten damit ein eigenständiges Exemplar. Einige zusätzliche Funktionen habe ich im Indikator untergebracht. Zum einen kann zwischen der Original-Berechnung und einer geglätteten Version gewählt werden. Hier verschwimmen wieder die Grenzen zu anderen Indikatoren. Zum anderen habe ich die Möglichkeit geschaffen, die Werte für die Extremzonen dynamisch zu berechnen. Hierbei kommt die Standardabweichung als Maß für die Schwankungsstärke der Indikatorwerte zum Einsatz. Auf den ersten Blick wirken die nun nicht mehr starren Extremzonen etwas komisch. Aber entscheiden Sie selbst, ob Sie damit etwas anfangen können. Die Funktion ist abschaltbar. Die Berechnung der Signallinie ist im Indikator bereits enthalten. Sie können mit verschiedenen Typen experimentieren.

Interpretation

Chande beschreibt seinen Indikator als reinen Überkauft-Überverkauft-Oszillator. Er soll Extremzustände in den Kursniveaus des Basistitels lokalisieren und daraus Handelsendscheidungen ableiten. Der Indikator ist in seinen Mustern fast identisch mit anderen Indikatoren. Ein Vergleich zum Beispiel mit der Slow Stochastic betätigt dies. Deshalb gelten für den %M auch die gleichen Anwendungsregeln wie für die Slow Stochastic. Mit einer Ausnahme. Der %M bildet auf Grund seiner Skalierung weniger Divergenzen aus. Dieses Feld der Analyse scheidet für ihn völlig aus.

Folgende Grundaussagen können wir der Lage des Indikators innerhalb seiner Werteskala entnehmen: Befindet sich der %M über der Mittellinie, herrscht aufwärtsgerichtete Bewegungsdynamik im Betrachtungszeitraum vor. Steigt er in die obere Extremzone, gilt der Basistitel des Indikators damit als überkauft. Befindet sich der %M unter der Mittellinie, herrscht abwärtsgerichtete Bewegungsdynamik im Betrachtungszeitraum vor. Fällt er in die untere Extremzone, gilt der Basistitel des Indikators als überverkauft.

Solche Extremzustände werden irgendwann vom Markt korrigiert und der Basistitel auf ein ausgewogenes Kursniveau gebracht. In starken Trendphasen können solche Extremzustände allerdings lange Zeit anhalten. Abb. 213 zeigt einen Ausschnitt aus dem Jahre 2002, in dem der Indikator längere Zeit in der unteren Extremzone liegt und diese nur in kleinen kurzen Hakenschlägen verlässt.

***Abb. 213** – Bei starken und länger anhaltenden Trends verweilt der Midpoint Oszillator länger in seinen Extremzonen.*

In Abb. 214 ist ein Abschnitt aus dem Jahre 2003 markiert. Der Indikator befindet sich mehrmals längere Zeit in der oberen Extremzone.

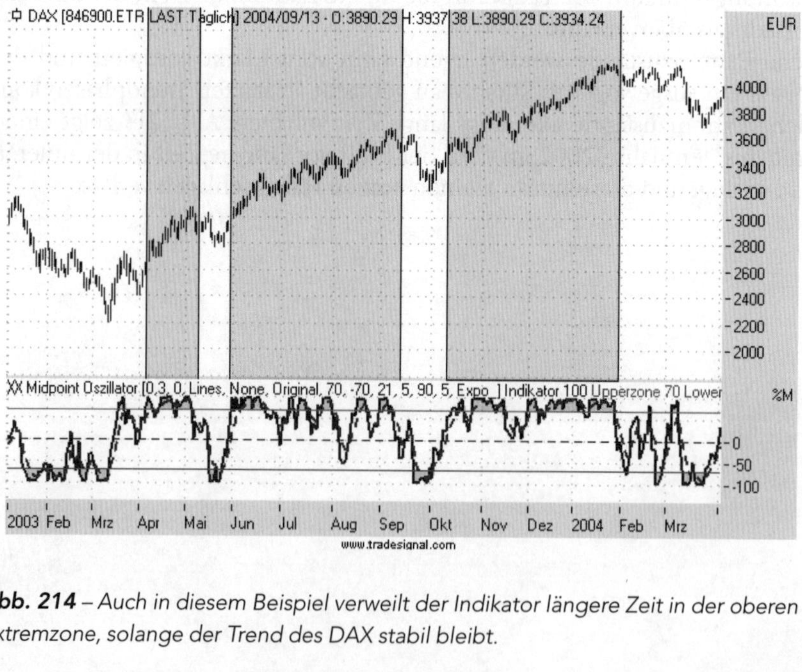

***Abb. 214** – Auch in diesem Beispiel verweilt der Indikator längere Zeit in der oberen Extremzone, solange der Trend des DAX stabil bleibt.*

Allein das Verlassen der Extremzone kann also nicht als Handelssignal verwendet werden. Eine gute Lösung ist wahrscheinlich der Einsatz eines Trendfilters. Handelssignale werden danach nur in Trendrichtung befolgt. Eine Andere Möglichkeit wäre das Messen der Schwankungsbreite der Kurse. Ist diese sehr gering, wird auf den Handel gegen die Trendrichtung verzichtet, da keine größeren Korrekturen zu erwarten sind. Ist die Schwankungsbreite groß, können Signale in jede Richtung gehandelt werden.

Chande verwendet zum Erzeugen der Handelssignale eine schon beschriebene Signallinie. Schneidet der Indikator diese nach oben, gilt dies als Kaufsignal. Schneidet der Indikator die Signallinie nach unten, gilt dies als Verkaufssignal. Die Signale aus diesen Schnittpunkten können zusätzlich durch ihre Lage innerhalb der Werteskala gefiltert werden. Entweder Signale werden nur befolgt, wenn sie in einer Extremzone entstehen oder die Mittellinie wird als Trennlinie verwendet. Hier existieren sicherlich viele Kombinationsmöglichkeiten, die Sie entdecken können.

Kritische Würdigung

Der %M ist nahezu identisch mit einer Reihe anderer Indikatoren. Er liefert keine neuen Informationen. Das Verlaufsmuster ist sehr unruhig, was die Verwendung der Signallinie erschwert.

Quellen

Chande, Tushar: The Midpoint Oszillator. In: TAS&C V.9

Momentum

Grundlagen

Das Momentum ist einer der am meisten verwendeten Indikatoren. Und obwohl es so einfach zu berechnen ist, das man nicht einmal einen Taschenrechner benötigt, ist es keiner anderen technischen Studie bisher gelungen, so populär zu werden. Vielleicht liegt in dieser Einfachheit gerade der Erfolg begründet. Schließlich gibt es nicht umsonst den so genannten KISS Ansatz in der technischen Analyse „Keep It Simple and Stupid"! In jeder noch so veralteten Chartsoftware ist das Momentum als Standardindikator enthalten. Die Verwendungsmöglichkeiten des Indikators sind so vielfältig, dass ich diese wahrscheinlich nur unvollständig wiedergeben werde. Eine der ersten Quellen, die ich zum Thema fand, ist das 1978 erschienen Standardwerk „New Concepts in Technical Trading Systems" von W. Wilder. Das Momentum beschreibt die Beschleunigung und Verlangsamung von Kursbewegungen. Eine einfache Grafik, aus Wilders Buch entliehen, soll dies verdeutlichen.

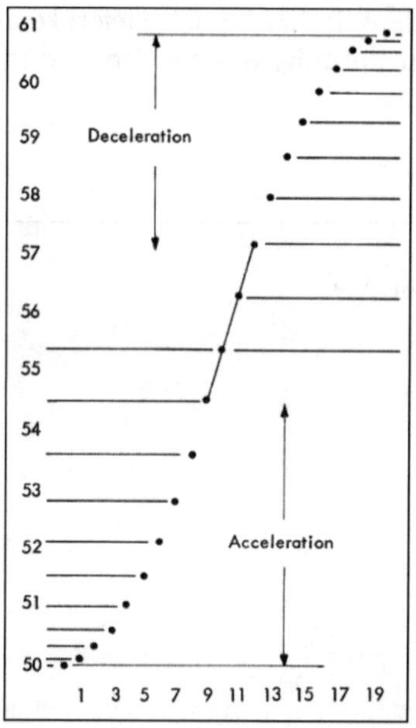

Trendbewegungen in Aktien, Indizes oder irgendeinem anderen gehandelten Wert laufen nicht mit einheitlicher Geschwindigkeit ab. Sie beschleunigen, werden langsamer, erreichen einen Hochpunkt im Aufwärtstrend oder einen Tiefpunkt im Abwärtstrend, beschleunigen wieder und so weiter.

Viele Märkte verlaufen in mehr oder weniger langen und gleichmäßigen Zyklen. Abhängig vom Zeitrahmen, in dem das Momentum ermittelt wird, ist es in der Lage, diese Zyklen zu erfassen, untergeordnete Zyklen sichtbar zu machen oder noch kleinere Kursschwankungen zu messen. In laufenden Trendbewegungen macht das Momentum Schwächen sichtbar, die auf mögliche Wendepunkte hinweisen. Das Momentum-Konzept dient als Basis vieler weiterer Analysemethoden. Eine wichtige Eigenschaft des Momentums ist dessen Vorlaufcharakter. Es erreicht seinen Extremwert sehr oft, bevor der Kurs des Basiswertes einen Extremwert erreicht hat.

Berechnung und Parameter

Die Berechnung des Momentum-Indikators ist so einfach, das einige, die diese noch nicht kennen, an einen Irrtum glauben. Es wird vom aktuellen Schlusskurs der Schlusskurs von vor n Tagen abgezogen.

$$Mom_{(t)} = Close_{(t)} - Close_{(t-n)}$$

Natürlich kann das Momentum auch in anderen Zeitrahmen berechnet werden, angefangen vom Minuten Chart bis hin zu Monatschart. Als Grundeinstellung finden Sie in fast allen Softwarelösungen 10 Einheiten. Es existieren aber auch andere Einstellungen die sehr sinnvoll sind. Zum Beispiel für die Analyse längerfristiger Trends in Wochen- oder Monatscharts bietet sich eine längere Einstellung von 30 oder 40 Kurseinheiten an. Je kürzer die Berechnungsperiode des Momentums ist, desto unruhiger schwingt es um seine Mittellinie. Je länger die Berechnungsperiode gewählt wird, um so stärker wird der trendfolgende Charakter des Indikators betont. Um eine exakte Bestimmung der Berechnungsperiode vorzunehmen, müsste eine Zyklenanalyse des zu beobachtenden Marktes durchgeführt werden. Die Berechnung des Indikators sollte dann etwa auf einen halben Bewegungszyklus erfolgen. Auf diese Art und Weise sind viele der so genannten Standardeinstellungen diverser Indikatoren zu Stande gekommen.

Darstellungsvarianten

In der Regel wird der Momentum-Indikator als durchgezogene Linie, die um ihre Mittellinie schwingt, dargestellt. In Abb. 215 sehen Sie diese herkömmliche Darstellung.

***Abb. 215** – Gewöhnliche Darstellung des Momentums.*

In Abb. 216 sehen Sie das Momentum als farbig gezeichnete Forest-Darstellung. Dabei werden alle Werte, die im Vergleich zum vorherigen Wert gestiegen sind, dunkel dargestellt und alle Werte die im Vergleich zum vorherigen Wert gefallen sind, hell abgebildet. Diese Darstellung hilft, kleinere Schwankungen besser zu erkennen.

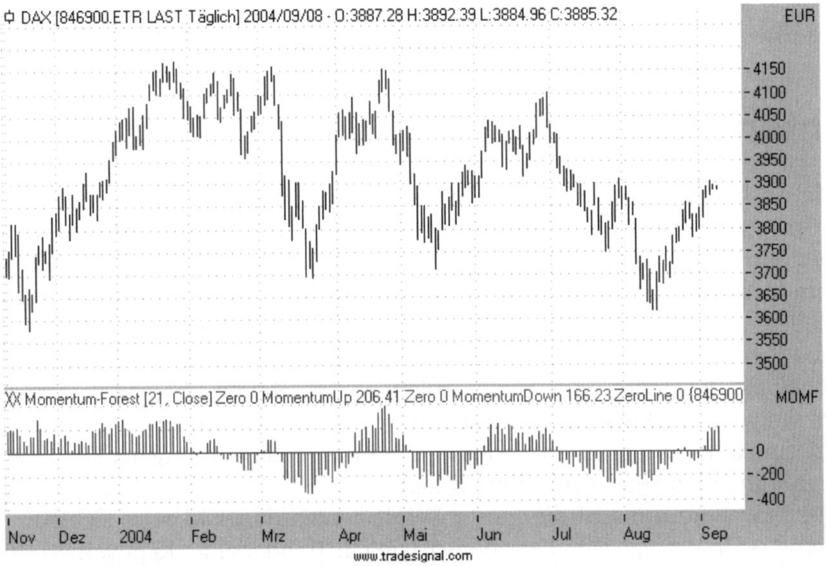

***Abb. 216** – Momentum als Histogramm (Forrest).*

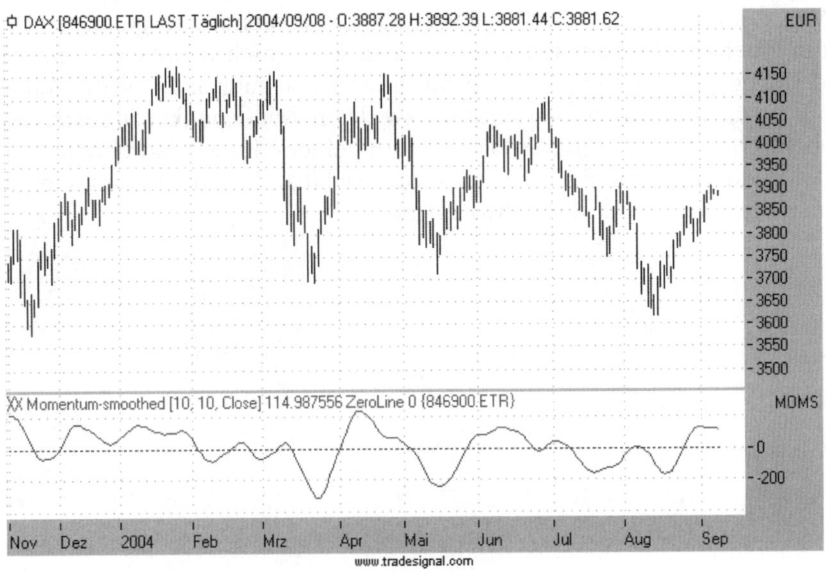

***Abb. 217** – Momentum mit Rauschfilter von J. Ehlers.*

Sollte Ihnen das herkömmliche Momentum zu unruhig sein, schauen Sie sich die Variante in Abb. 217 an! Hier kommt ein Rauschfilter von J. Ehlers zum Einsatz um den Indikatorverlauf ohne Zeitverzögerung zu glätten.

Interpretation

Es gibt zahlreiche Möglichkeiten, mit dem Momentum-Indikator zu arbeiten. Zuerst möchte ich etwas auf die genaue Aussage des Momentums eingehen. Das Momentum misst die Dynamik, die hinter einer Kursbewegung steckt. Befindet sich ein Markt in einem Aufwärtstrend und das Momentum liegt über der Nulllinie, bedeutet ein weiteres steigen des Indikators, dass die Kurse sich mit zunehmender Beschleunigung bewegen. Gleiches gilt für einen Abwärtstrend: ein unter der Nulllinie liegendes und weiter fallendes Momentum bedeutet, das die Beschleunigung der Kursverluste anhält. Fängt das Momentum in diesem Fall an, zurück zur Nulllinie zu steigen, bedeutet dies eine Verlangsamung der Kursbewegung; mithin einen Verlust an Schwungkraft.

Das Momentum macht die innere Beschaffenheit eines Marktes sichtbar. Ist der Trend gesund, zeigt sich dies ebenso, wie ein Trend, der an Kraft verliert und als anfällig für eine Wende entlarvt wird. Das Momentum läuft dem Kurs voraus. Das heißt, es erreicht seinen Hoch- oder Tiefpunkt, wenn die Kraft, die hinter der Kursbewegung steht, am größten ist. Der Kurs kann noch eine Weile in die gleiche Richtung weiterlaufen, während der Indikator bereits in Gegenrichtung steuert.

Wird das Momentum als Trendfolgeindikator verwendet, so geschieht dies meist in Wochen oder Monatscharts, oder aber im Tageschart mit einer entsprechend langen Berechnungsperiode. Sinn dieser Einstellungen ist es, die mittel- und kurzfristigen Trends zu bestimmen, bzw. deren Wendepunkte zu markieren. In Abb. 218 sehen sie einen DAX-Tageschart mit einem 40-Tage-Momentum. Der trendfolgende Charakter des Indikators wird sichtbar. Die markanten Wendepunkte werden vom Indikator nachvollzogen.

***Abb. 218** – DAX mit einem 40-Tage-Momentum.*

***Abb. 219** – Hier sehen Sie einen Wochenchart des DAX mit einen 20-Wochen-Momentum. Auch hier ist der trendfolgende Charakter deutlich zu erkennen.*

Eines der Hauptanwendungsgebiete des Momentum-Indikators ist innerhalb seiner trendfolgenden Funktion die Suche nach Konvergenz und Divergenz zum Kursverlauf des Basiswertes. Konvergenz bedeutet, dass eine Extrembewegung des Basiswertes durch eine ähnliche Bewegung im Indikator begleitet wird. Steigt der Basiswert auf einen neuen Hochpunkt, sollte der Indikator ebenfalls einen neuen Hochpunkt ausbilden. In diesem Fall ist der zu Grunde liegende Kurstrend des Basiswertes intakt. Divergenzanalyse bedeutet hingegen die Suche nach Kursbewegungen, die nicht vom Indikator bestätigt werden. In Abb. 220 sehen sie einen Chart mit markierter bearisher Divergenz.

***Abb. 220** – Über mehrere Monate erstreckt sich diese bearishe Divergenz zwischen DAX und Momentum.*

Eine positive, bullish genannte Divergenz finden wir in einem Abwärtstrend. Ein neuer Tiefpunkt im Kursverlauf des Basiswertes, der tiefer als der vormalige Tiefpunkt liegt, wird nicht vom Indikator bestätigt. In Abb. 221 sehen Sie einen Chart mit markierter bullisher Divergenz.

***Abb. 221** – DAX mit bullisher Divergenz im Herbst 2002.*

Wichtig ist, dass für die Divergenzanalyse auch eine Trendbestimmung vorgenommen wird. Divergenzen in trendschwachen oder gar trendlosen Phasen haben keinerlei Aussagekraft. Viele Handelskonzepte bauen auf Divergenzen auf, bedienen sich jedoch für die direkte Signalgenerierung noch weiterer Methoden.

Zur direkten Signalerzeugung lässt sich der Indikator vielfältig einsetzen. Die einfachste Art der Signalerzeugung ist die Verwendung der Schnittpunkte mit der Mittellinie. Schneidet der Indikator die Mittellinie von unten nach oben, gilt dies als Kaufsignal: Schneidet er die Mittellinie von oben nach unten, gilt dies als Verkaufssignal. In dieser oszillator-typischen Verwendung liegt die Gefahr, dass regelmäßig gegen einen laufenden Trend gehandelt wird. Besonders bei kürzeren Periodeneinstellungen kommen viele dieser „gefährlichen" Signale zustande. Deshalb ist die Kombination mit anderen Indikatoren oder einem weiteren längerfristig eingestellten Momentum-Indikator als Trendfilter nötig. Momentum-Signale aus der kürzeren Zeitebene sollten nur in die Trendrichtung gehandelt werden, die der Trendfilter vorgibt.

Eine weitere Möglichkeit der Erzeugung von Schnittsignalen eröffnet sich, wenn auf den Indikator eine Signallinie berechnet wird. Dazu wird ein gleitender Durchschnitt variablen Typs verwendet. Abhängig von der Berechnungsperiode des Momentums kann der Durchschnitt auf etwa ein Drittel dieser Periode berechnet werden. Schnittpunkte zwischen Indikator und Signallinie gelten nun als Handelssignal. Auch hier gilt, dass die Verwendung eines eigenständigen Trendfilters sinnvoll sein kann.

Es bietet sich auch die Verwendung zweier weiterer Skalenunterteilungen an. Dazu werden eine Linie über der Mittellinie und eine Linie unter der Mittellinie zusätzlich im Indikator eingezeichnet. Da das Momentum einen offenen Wertebereich hat, besteht die Schwierigkeit darin, die Werte für diese Linie zu bestimmen. Entweder wird dies per Augenschein getan oder der Trader macht sich andere Möglichkeiten zu Nutze; zum Beispiel aus der Mathematik. Statistisch ermittelte Werte erhält man durch die Berechnung eines Vielfachen der Standardabweichung. Dabei handelt es sich um eine statistische Größe, die die Schwankungsbreite der zu Grunde liegenden Daten bemisst. Die bekannten Bollinger Bands bieten sich damit als Hilfsmittel an. Sie können auf den Indikator angewendet werden, um dynamisch berechnete Extremzonen zu erhalten. In Abb. 222 sehen sie einen Chart samt Indikator, der diese dynamisch erzeugten Bänder nutzt. In Abb. 223 sehen sie eine Version mit starren Begrenzungslinien. Es existieren jetzt derart viele Möglichkeiten, diese zusätzlichen Markierungen zu nutzen, dass ich nur einige anschneiden möchte.

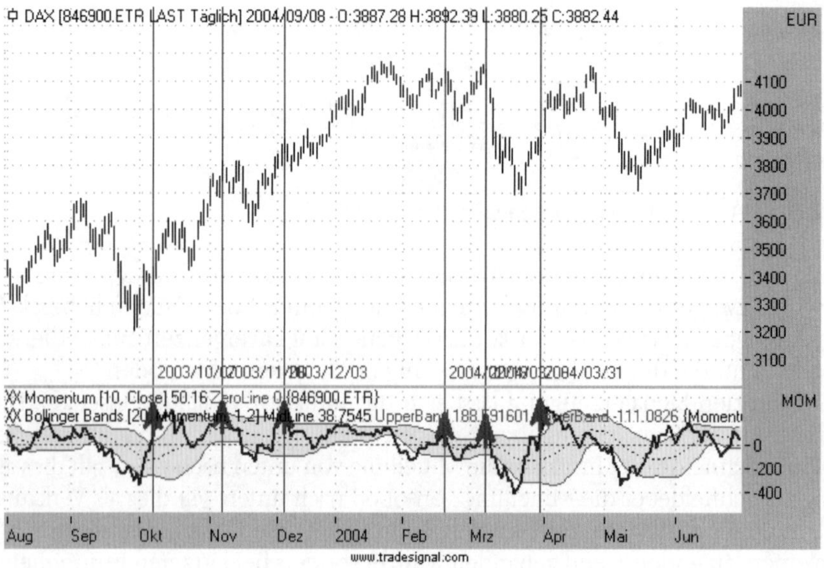

Abb. 222 – Bollinger-Bänder auf dem Momentum ermöglichen Handelssignale.

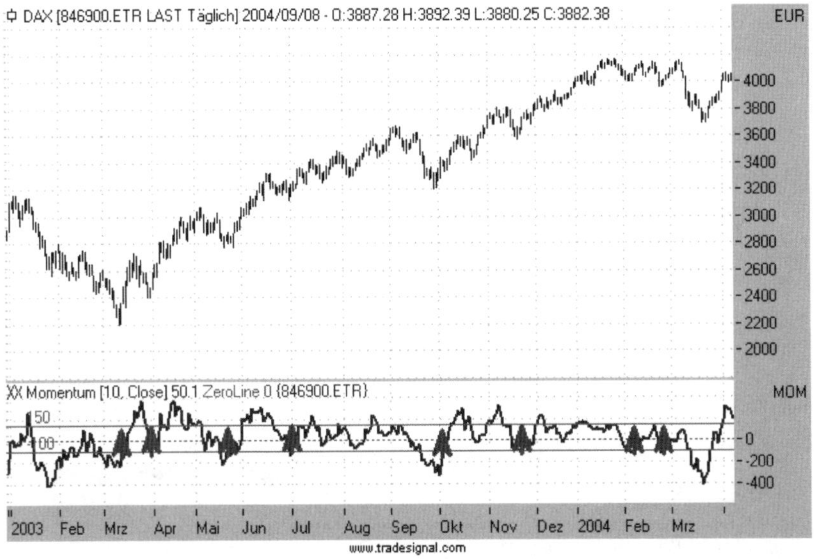

Abb. 223 *– Feste Zonen dienen hier dem Momentum als Signalgeber.*

Je nach Tradingansatz kann der Eintritt des Indikators in die abgegrenzte Zone von außen nach innen als Handelssignal gewertet werden oder der Austritt des Indikators aus der abgegrenzten Zone von innen nach außen. Beide Ansätze haben gewisse Vorteile, aber auch Nachteile. Vorteil der ersten Methode ist es, dass ein größerer Teil einer neuen Trendbewegung verwertet wird, weil der Einstieg frühzeitiger erfolgt. Der größer zu wertende Nachteil liegt in der Gefahr, einem Fehlsignal zu folgen. Vorteil der zweiten Variante ist es, das wir in einen bereits laufenden starken Trend einsteigen. Das heißt, die Bewegung ist schon fortgeschritten. Hier besteht die Gefahr, nur den Rest der Bewegung oder gar den Extrempunkt zu erwischen. In beiden zuletzt erwähnten Abbildungen habe ich einige der Signale markiert.

Zusätzliche Möglichkeiten ergeben sich, in dem Signallinie und die zusätzliche Skalenaufteilung kombiniert werden. Schnittsignale zwischen Indikator und Signallinie können nur in bestimmten Skalenbereichen zugelassen werden. Ähnliche Vorgehensweisen kennen Sie sicher vom Stochastic Oszillator.

Die letzte Variante der Momentum-Analyse, auf die ich eingehen möchte, ist das Einzeichnen von Trend-, Unterstützungs- und Widerstandslinien. Diese haben die gleiche Bedeutung wie die entsprechenden Linien in Kurscharts. Es ist sogar möglich, Trendkanäle zu verwenden, was jedoch erst mit längeren Periodeneinstellungen sinnvoll erscheint. Trendlinienbrüche gelten in diesem Falle als Handelssignale. Ein Beispiel finden Sie in Abb. 224. Die entsprechenden Handelssignale sind für Kaufsignal und Verkaufssignal gekennzeichnet.

***Abb. 224** – Trendlinien im Momemtum dienen hier als Signalgeber, sobald sie gebrochen werden.*

Das Momentum erfüllt je nach Berechnungsperiode unterschiedliche Aufgaben. So kann es als Trendfilter, zur Zyklenanalyse sowie zur direkten Signalerzeugung als Oszillator verwendet werden.

Kritische Würdigung

Die Berechnung des Originals enthält keinerlei Glättungskomponenten. Je kürzer die Berechnungsperiode gewählt wird, um so unruhiger ist der Verlauf des Indikators. Wird der Indikator zur direkten Erzeugung von Handelssignalen verwendet, ist die Verwendung zusätzlicher Filter angeraten. Da der Indikator auf jeweils nur zwei Kurse basiert, besteht die Gefahr, durch kurzzeitige Extremwerte stark verfälschte Indikatorwerte zu erhalten.

Quellen

Florek, Erich: Neue Trading Dimensionen. FinanzBuch Verlag, München
Evans, Stuart: Momentum. In: TAS&C V.17
Kaufmann, Perry: Trading Systems and Methods
Wilder, Welles: New Concepts in Technical Trading Systems
www.Termintrader.com: Das Momentum

Money Flow Index

Grundlagen

Viele technische Indikatoren berechnen sich aus den zu Grunde liegenden Kursen des Basiswertes. Ganz egal, welche Zielsetzung die einzelnen Indikatoren dabei verfolgen, die Berechnungen ähneln sich stark und das Ergebnis somit auch. Beschränkt sich eine Analyse nur auf solche Indikatoren, bleibt eine der wichtigsten Informationen unberücksichtigt: Wie viele Marktteilnehmer waren am Zustandekommen dieses Kurses beteiligt? Waren es sehr viele, vielleicht deutlich mehr als an anderen Handelstagen oder waren es eher wenig? Oder beruht die aktuelle Kursänderung gar nur auf einigen wenigen Trades und kann somit als zufällig bezeichnet werden?

Diese Informationen erhalten wir aus der Analyse des täglichen Handelsvolumens. Dabei handelt es sich nicht einfach nur um die Anzahl der gehandelten Stücke, sondern um das Produkt aus dieser Anzahl und dem jeweiligen Kurs. Wir erhalten also ein Maß dafür, wie viel Geld in diesem Wert an einem Handelstag bewegt wurde. War also viel Geld an der Kursänderung beteiligt oder wenig. Besteht großes Interesse an einer Aktie, werden sich viele Investoren an diesem Wert beteiligen. Es wird also ein reger Handel stattfinden und somit ein großes Handelsvolumen zu Stande kommen.

Beziehen wir dieses Handelsvolumen in unsere Analyse mit ein, erhalten wir ein genaueres Bild von den Aktivitäten am Markt. Es ist auf diese Weise möglich, Kursbewegungen zu gewichten und denjenigen Kursbewegungen mehr Einfluss in der Betrachtung zu geben, die auf großes Interesse der Marktteilnehmer zurückzuführen sind. Ein erster Ansatz dazu war das On Balance Volume (OBV) von J. Granville. Es berechnet eine laufende Summe des Volumens, in dem an Tagen mit positiver Kursänderung das Volumen zur Summe addiert wird und an Tagen mit negativer Kursänderung das Volumen von der Summe abgezogen wird. Nachteil dieser Methode ist, dass den unterschiedlich großen Kursbewegungen nicht auch ein unterschiedlich großes Gewicht bei der Berechnung des Indikators gegeben wird. Weitere Ansätze zu dieser Thematik existieren mit der Accumulation Distribution Line und zahlreichen anderen Volumen- und Money Flow-Indikatoren.

Unter Money Flow verstehen wir die Menge an Kapital, die in einen Wert hinein fließt oder daraus abgezogen wird. Im hier vorgestellten Money Flow-Index (MFI), zu sehen in Abb. 225, findet eine Gewichtung der Kursänderungen mit dem Handelsvolumen statt. Damit wird genau den Aussagen Rechnung getragen, dass Kursänderungen an Bedeutung gewinnen, je größer die Anzahl der Marktteilnehmer ist, die diese unterstützen und je größer das so erzielte Handelsvolumen ist. „Volumen goes with Trend"!

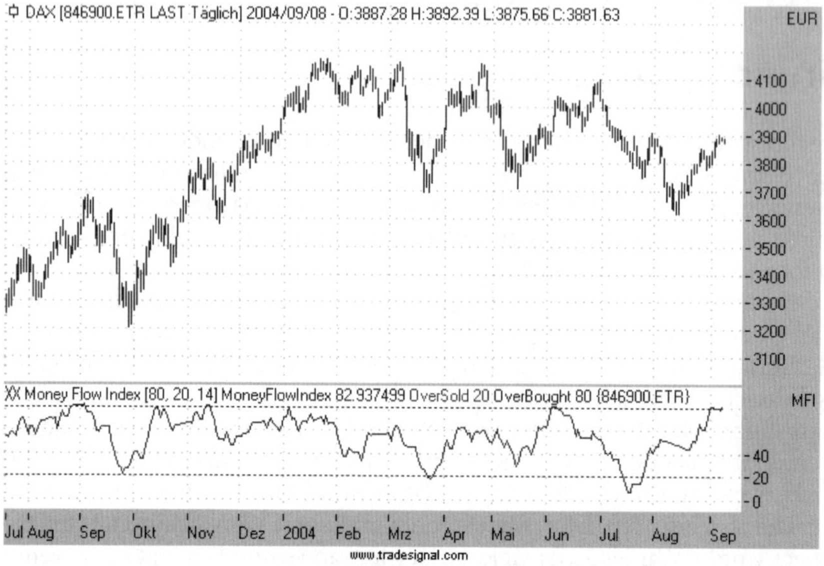

Abb. 225 *Money Flow Index im Chart des DAX.*

Der Money Flow-Index ist gleichzeitig ein Momentum-Indikator. Es wird die Ratio der Volumengewichteten positiven und negativen Kursänderungen gebildet. Hier besteht die größte Ähnlichkeit zum RSI nach Wilder. Somit eignet sich der MFI hervorragend als analytisches Werkzeug zur Generierung von Handelssignalen, zur Suche nach Divergenzen und zur Beurteilung der Trendstärke.

Berechnung und Parameter

Die Berechnung erfolgt in mehreren Schritten, die ich detailliert erläutern werde. Basis unserer Berechnung ist das Handelsvolumen und der so genannte typische oder auch signifikante Kurs. Dieser wird gebildet, in dem Tageshöchstkurs, Tagestiefstkurs und Schlusskurs addiert und dann durch 3 dividiert werden. Das Ergebnis ist somit eine Art Durchschnittskurs der Tagesaktivität. Letztendlich ist in den meisten Fällen der Unterschied zwischen dem einfachen Schlusskurs und dem typischen Kurs nur gering. Nun machen wir uns an die Arbeit, den Money Flow zu ermitteln. Dieser ist definiert als Produkt des typischen Kurses und dem Handelsvolumen:

$$TP_{(t)} = (High_{(t)} + Low_{(t)} + Close_{(t)}) / 3$$
$$Money\ Flow_{(t)} = TP_{(t)} * Volume_{(t)}$$

Nun wollen wir im Indikator unterscheiden, ob der Money Flow am jeweiligen Kursstab positiv oder negativ ist. War die Kursänderung zum Vortageskurs positiv, wird auch der Money Flow der positiven Seite zugeschrieben. War die Kursänderung negativ zum Vortageskurs, so wird der Money Flow der negativen Seite zugeschrieben. Wir summieren also zwei separate Werte. Alle positiven Money Flow Werte innerhalb der Berechnungsperiode in eine Summe und alle negativen Money Flow Werte dieses Zeitraumes in eine zweite Summe. An Tagen mit positivem Money Flow wird zur Summe der negativen Werte Null addiert. An Tagen mit negativem Money Flow wird zur Summe der positiven Werte Null addiert.

Wenn $TP_{(t)} > TP_{(t-1)}$ Dann $UpMF_{(t)} = TP_{(t)} * Volume_{(t)}$ und $DownMF_{(t)} = 0$
Wenn $TP_{(t)} < TP_{(t-1)}$ Dann $DownMF_{(t)} = TP_{(t)} * Volume_{(t)}$ und $UpMF_{(t)} = 0$

$SumUpMF_{(t)} = Sum_{(n)}(UpMF)$
$SumDownMF_{(t)} = Sum_{(n)}(DownMF)$
n = Berechnungsperiode für die Summierung

Aus diesen beiden Summen wird nun die Money-Ratio gebildet, also das Verhältnis des positiven Geldstromes, der in einen Wert hinein fließt zum negativen Geldstrom, der aus diesem Wert herausgezogen wird.

$$MR_{(t)} = SumUpMF_{(t)} / SumDownMF_{(t)}$$

Zum Schluss folgt noch die Skalierung, damit der Indikator im gewohnten Wertebereich zwischen Null und 100 Prozent verläuft.

$$MFI_{(t)} = 100 (100 / 1 + MR_{(t)})$$

Wir kennen diese Formel vom RSI. Die verwendete Berechnungsperiode ist 14 Tage. Sie können den Wert natürlich frei verändern. Kürzere Einstellungen erzielen ein unruhigeres Ergebnis des Indikatorverlaufes, längere Einstellungen betonen dann die trendfolgende Eigenschaft. Ein genaues Maß für die Berechnungsperiode könnte man über die Analyse des dem jeweiligen Markt zu Grunde liegenden Trendzyklus erhalten. Der Indikator sollte dann auf die Hälfte der Zykluslänge berechnet werden. In der Skala werden zwei Extremzonen eingezeichnet. Die obere bei 80 Prozent und die Untere bei 20 Prozent.

Darstellungsvarianten

In Abb. 226 habe ich eine veränderte Version des MFI im Einsatz. Um die Signallinie sinnvoll verwenden zu können ist es nötig, den Indikator vorher zu glätten. Dies geschieht mit einem Rauschfilter von Ehlers. Den veränderten Indikator können Sie auf www.tradesignalonline.com downloaden.

Interpretation

Mit dem Money Flow Index haben wir ein Werkzeug in den Händen, das Kursbewegungen an Hand des beteiligten Handelsvolumens bewertet. Wir haben also einen volumengewichteten Momentum-Indikator vor Augen. Große Ähnlichkeit besteht zu RSI nach Wilder aber auch zum klassischen Momentum! Einen Vergleich der Indikatoren finden Sie in Abb. 226.

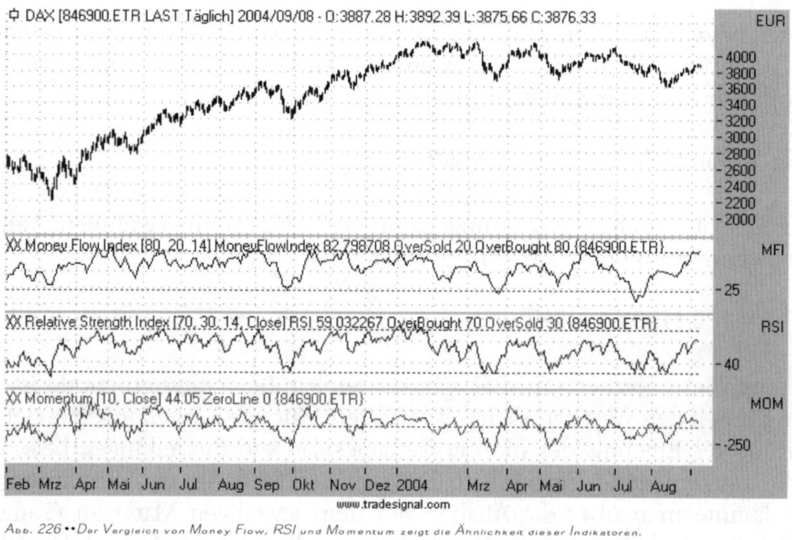

Abb. 226 – *Der Vergleich von Money Flow, RSI und Momentum zeigt die Ähnlichkeit dieser Indikatoren.*

Im Vergleich zum RSI läuft der MFI etwas öfter seine Extremzonen an und gewährt dort die Möglichkeit der Signalerzeugung. Ähnlich wie mit anderen Oszillatoren auch, finden wir drei Interpretationsmöglichkeiten:

Divergenzanalyse zum Basiswert

Die Suche nach Bewegungskonvergenz und -divergenz ist mit dem MFI sehr gut möglich. Besonders, da der MFI eine Volumengewichtung der Kursbewegungen vornimmt, ermöglicht er es, die Beschaffenheit einer Trendbewegung im Basiswert deutlicher zu erkennen und zu beurteilen. Verlieren Trends ihre Bewegungsdynamik und innere Stärke, ist dies am schwindenden Momentum ebenso wie an nachlassenden Umsätzen zu erkennen. Der MFI offenbart uns die Schwächen durch erkennbare Divergenzen zur Bewegung des Basistitels. In Abb. 227 habe ich eine negative Divergenz markiert. Der Kurs des Basiswertes, in diesem Fall der Siemens AG, markiert neue Hochpunkte in seinem Aufwärtstrend, während der MFI gleichzeitig immer weiter abfällt. Der Indikator bestätigt den Aufwärtstrend nicht mehr.

***Abb. 227** – Bearishe Divergenz zwischen Siemens und dem Money Flow Index.*

In Abb. 228 habe ich eine positive Divergenz markiert. Im Chart der Lufthansa AG ist zu erkennen, dass sich seit Januar 2003 eine positive Divergenz herausbildete. Der Kurs der Aktie fällt auf immer neue Tiefpunkte, während der Indikator diese Tiefpunkte nicht mehr nachvollzieht.

***Abb. 228** – Bullishe Divergenz zwischen Lufthansa und dem Money Flow Index.*

Signalerzeugung durch Schnittpunkte der Mittellinie

Hier können die Schnittpunkte mit der Mittellinie oder mit einer angelegten Signallinie verwendet werden. Überschneidet der Indikator seine Mittellinie, verändert sich das Verhältnis von positivem zu negativem Money Flow zur positiven Seite. Unterschneidet der Indikator die Mittellinie, verändert sich das Verhältnis von positivem zu negativem Money Flow zur negativen Seite. Erstes gilt als Kaufsignal, zweites als Verkaufssignal. In Abb. 229 habe ich einige Beispiele markiert. Es ist gut zu erkennen, dass diese Signale nur dann profitabel sind, wenn wirklich längere Trends beginnen. Ziemlich oft erreicht man kurzfristige Bewegungsextreme mit dieser Methode und muss erst eine Korrekturbewegung aushalten.

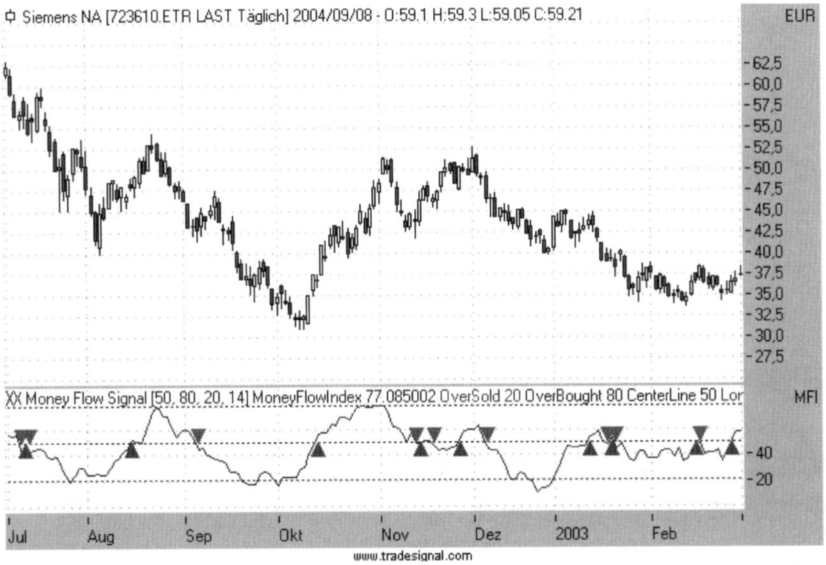

Abb. 229 *– Der Money Flow Index generiert Signale, wenn er seine Mittellinie schneidet.*

Signalerzeugung mittels Signallinie

Als Signallinie kann ein gleitender Durchschnitt variabler Länge auf den Indikator berechnet werden. In der Regel verwendet man dafür etwa ein Drittel der Länge der Berechnungsperiode des Indikators. Nun gelten Schnittpunkte mit der Signallinie als Handelssignale. Schneidet der Indikator diese Linie nach oben, zeigt das eine positive Momentumveränderung im Basiswert an und wir erhalten ein Kaufsignal. Schneidet der Indikator seine Signallinie nach unten, zeigt das eine negative Momentumveränderung an. Wir erhalten ein Verkaufssignal. Als zusätzlichen Filter können Signale nur innerhalb der Extremzonen gewertet werden. In der oberen Extremzone gelten dann nur Verkaufssignale, in der unteren Zone nur Kaufsignale. In Abb. 230 habe ich die Markierung der Signale aktiviert.

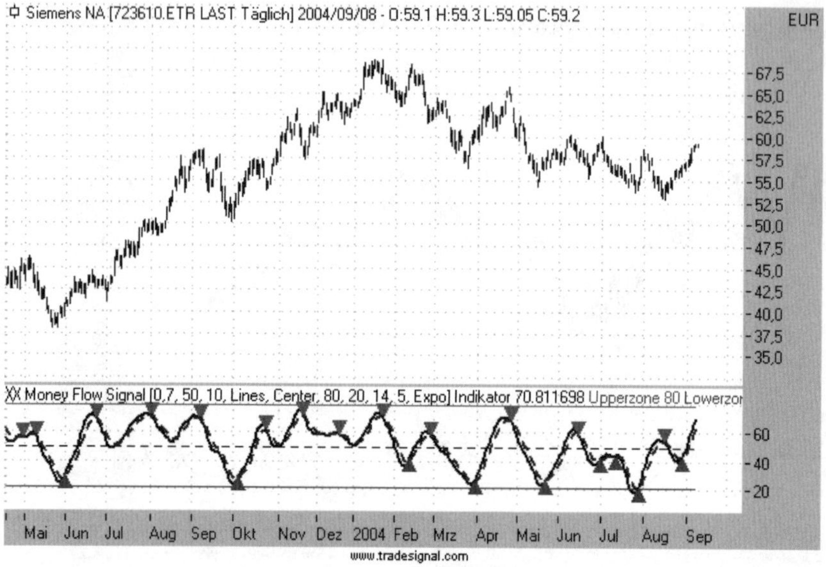

***Abb. 230** – Money Flow Index mit Signallinie. Die Mittellinie dient dabei als Filter, das heißt Kaufsignale kommen nur unterhalb und Verkaufssignale nur oberhalb der Mittellinie zustande.*

Wie in anderen Oszillatoren auch, sollen die beiden Extremzonenbereiche extremer Kursüberdehnung markieren. Die Bewegung des Indikators in eine Extremzone hinein oder aus einer Extremzone heraus kann als Handelssignal verwendet werden. Hier gelten die jeweiligen Schnittpunkte mit den Begrenzungslinien der Extremzonen als Handelssignale.

Der Money Flow-Index errechnet sich aus Kurs- und Volumendaten. Die Kursänderungen werden durch das jeweilige Handelsvolumen gewichtet. Trotzdem sind die Unterschiede zu anderen Momentum-Indikatoren, wie dem RSI nach Wilder oder dem klassischen Momentum Indikator, gering.

Kritische Würdigung

Der MFI im Original enthält keine Glättung. Er schlägt viele Haken, was gerade bei der Verwendung einer Signallinie von Nachteil sein kann.

Quellen

www.stockcharts.com: Money Flow Index
Goldstein, Steven B.; Kahn, Michael N.: Money Flow Analysis. In: TASC V.6

Moving Averages

Grundlagen

Sie halten hiermit den Grundlagenartikel für alle Typen von gleitenden Durchschnitten in den Händen. Ich habe mich entschieden, ähnlich wie beim Thema Advance / Decline-Indikatoren vorzugehen. Zunächst werde ich ausführlich die Funktion und Verwendung aller gleitenden Durchschnitte behandeln. Obwohl es zahlreiche verschiedene Berechnungsvarianten gibt, sind doch die Verwendungsmöglichkeiten nahezu identisch. Die Variationen reichen von verschiedenen Methoden der Datengewichtung, über die Einführung von verschachtelten Durchschnitten, von denen wiederum ein Durchschnitt gebildet wird, bis hin zu variablen Berechnungszeiträumen. Im Anschluss folgen dann einzelne Beiträge mit den Berechnungen und Besonderheiten der einzelnen „Modelle". Das entbindet mich von der Aufgabe, immer wieder die gleichen Aufgabengebiete zu beschreiben.

Der gleitende Durchschnitt ist das Urmodell des technischen Indikators. Seine grundlegende Aufgabe ist mit der eines Wasserfilters vergleichbar. Er soll „Verunreinigungen" in den Kursbewegungen des Basisinstrumentes filtern und somit einen klaren Blick auf Trendverhalten und Trendrichtung der Kursbewegung ermöglichen. Ein gleitender Durchschnitt reduziert den Interpretationsspielraum gegenüber der Betrachtung der Basiszeitreihe. Kurse folgen einem Trend, dieser weist entweder deutlich in eine Richtung oder er weist seitwärts. Ein Blick auf den Chart zeigt uns, dass die Kurse dabei mehr oder weniger stark hin und her pendeln. Diese Pendelbewegung entsteht durch fortwährendes Überdehnen und zurückfedern. Die Gier der Investoren lässt Kurse sprunghaft steigen. In anderen Situationen ist Angst der treibende Faktor, der für starke Kursverluste verantwortlich ist. Die auslösenden Gründe für einzelne tägliche Kursbewegungen sind vielfältig. Sie reichen von politischen und gesellschaftlichen Ereignissen, über Wirtschaftsnachrichten bis hin zu rein systematisch bedingten Handelsentscheidungen von technischen Analysten. In all diesen Kursbewegungen scheint das reine Chaos präsent. Erst die Verwendung eines gleitenden Durchschnittes ermöglicht es uns, die wirkliche Entwicklung der Kursbewegung zu verfolgen. Viele der täglichen Ausschläge werden dabei eliminiert und legen den „Trampelpfad" im Dickicht der chaotisch erscheinenden Kursbewegungen frei.

Der Vorteil einer Durchschnittsrechnung ist dabei auch die meist geschätzte Eigenschaft aller gleitenden Durchschnitte. Sie bilden in weicheren Mustern als der Basiswert selbst dessen Bewegungen nach. Der Hauptnachteil ist dabei die zeitliche Verzögerung der Bewegungsmuster eines gleitenden Durchschnittes gegenüber den Bewegungsmustern des Basistitels. Ein gleitender Durchschnitt ist ein trendfolgendes Instrument. Er reagiert auf die Bewegungen des Basistitels und ist nicht in der Lage, eine Prognose für die zukünftige Entwicklung zu treffen. Dabei ist die Berechnungslänge des Durchschnittes direkt für das Ausmaß der Verzögerung verantwortlich. Je mehr Daten in der Durchschnittsberechnung enthalten sind, um so größer ist die Verzögerung, um so größer ist aber auch der glättende Effekt. Weniger Daten erzeugen deshalb auch eine geringere Verzögerung der Bewegungsmuster, erzeugen aber auch ein weniger glattes Ergebnis. Je länger der Durchschnitt berechnet wird, um so weniger anfällig ist er für kurzfristige Kursbewegungen, um so später reagiert er aber auch auf die wirklichen Trendbewegungen im Basistitel. Je kürzer der Durchschnitt berechnet wird, um so schneller reagiert er auf Bewegungen im Basistitel. Dabei wird er aber auch auf kleinere zufällige Bewegungen reagieren, die keine profitablen Tradingergebnisse erzeugen.

Ein Großteil der Forschungsarbeit, die von tausenden Tradern, Entwicklern und Tüftlern auf diesem Gebiet geleistet wurde, konzentrierte sich deshalb auf die Untersuchung der Berechnungslängen der gleitenden Durchschnitte. Hauptfrage ist dabei, über welchen Zeitraum der Durchschnitt berechnet werden soll, so dass er nicht auf zufällige Ereignisse reagiert, die Hauptbewegungen aber rechtzeitig erkennt und abbildet. Reagiert er zu sensibel auf kleinere Bewegungen, resultieren daraus Handelsentscheidungen, die weniger Profit abwerfen, als Fixkosten entstehen. Mehrere solcher Signale sind in der Lage, ein Konto zu ruinieren. Reagiert der Durchschnitt jedoch zu träge auf eine Kursbewegung, steigt der Trader zu spät in den Trend ein und zu spät wieder aus. Vom anfänglich anständigen Gewinn bleibt wegen des späten Ausstiegs nur ein kleiner Teil oder sogar ein Verlust übrig. Da gleitende Durchschnitte oft in Kombination mehrerer verschiedener Berechnungsperioden eingesetzt werden, wird viel Zeit darauf verwendet, die „optimalen" Kombinationen zu finden.

Im folgenden Abschnitt trage ich Informationen zu den Haupteinsatzgebieten der gleitenden Durchschnitte zusammen. Angefangen von der einfachen Darstellung im Chart des Basistitels bis hin zu versteckten Anwendungen innerhalb anderer Analyseinstrumente sind zahlreiche Anwendungen zu nennen. Dabei werde ich noch keine detaillierte Unterscheidung der einzelnen Typen vornehmen; diese folgt im Anschluss.

Die Grundeigenschaft habe ich bereits beschrieben. Jeder gleitende Durchschnitt ist ein Filter. Er wird über einen begrenzten Zeitraum berechnet und filtert innerhalb dieser Berechnungsperiode Schwankungen und Extremwerte aus den gesammelten Daten heraus. Im einfachsten Fall der Berechnung stellt ein gleitender Durchschnitt den Mittelwert der im Berechnungszeitraum enthaltenen Kurse dar. Bekannt ist diese Variante als arithmetisches Mittel. Gut ist zu sehen, dass die Kurse in mehr oder weniger starken Schwingungen um diesen Mittelwert pendeln. In Abb. 231 sehen Sie einen einfachen gleitenden Durchschnitt über 10 Tage berechnet.

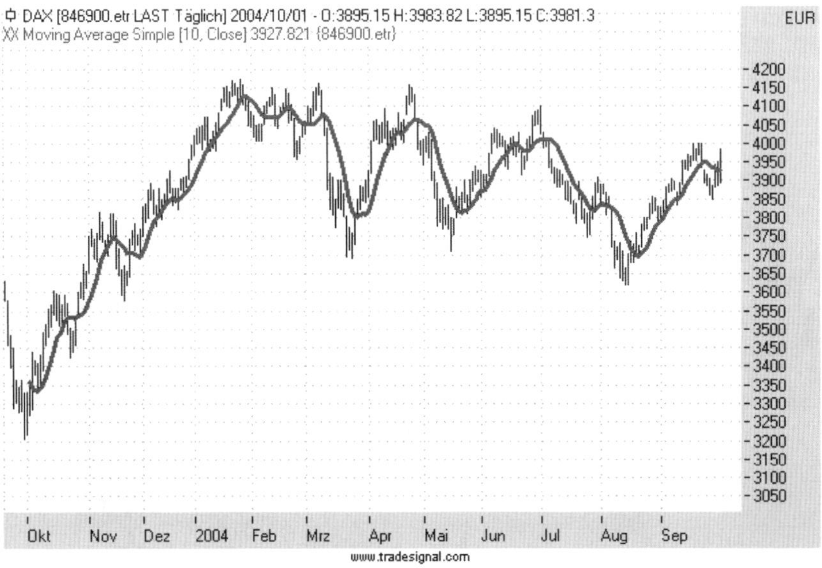

***Abb. 231** – Einfacher gleitender Durchschnitt über 10 Tage im Chart des DAX.*

In den meisten Fällen werden die täglichen Schlusskurse für die Berechnung eines Durchschnittes verwendet. Möglich sind auch die Verwendung des typischen Kurses oder des gewichteten Schlusskurses. Die beiden letzten Varianten sollen eine detailliertere Abbildung des Tagesgeschehens ermöglichen. In den meisten Fällen sind die Unterschiede zwischen „typical price“ und einfachem Schlusskurs oder „weighted close“ und einfachem Schlusskurs so gering, dass auf deren Verwendung verzichtet werden kann.

Typical Price:
$TP_{(t)} = (High_{(t)} + Low_{(t)} + Close_{(t)}) / 3$

Weighted Close:
$WTC_{(t)} = (High_{(t)} + Low_{(t)} + (g^*Close_{(t)})) / 2 + g$
g = 2 als Standardeinstellung

In Abb. 232 sehen Sie einen 10-Tage-Durchschnitt auf Schlusskursbasis, einen auf Basis des typischen Kurses und einer auf Basis des gewichteten Schlusskurses.

***Abb. 232** – Hier sind drei verschiedene Durchschnitte, jeweils über 10 Tage berechnet, überlagert worden. Ob nun der Schlusskurs, der typische Kurs oder ein gewichteter Schlusskurs verwendet wird, macht sich kaum bemerkbar.*

Die Bezeichnung „gleitend" leitet sich aus der Art der Berechnung her. Mit jedem neuen Kursstab, der in die Berechnung einfließt, fällt am Ende ein Kursstab aus der Berechnung heraus. Nicht bei allen Typen von Durchschnitten lässt sich diese Aussage so einfach stehen lassen, zur Erläuterung der Namensgebung reicht sie allerdings aus. Im Ergebnis erhalten wir schließlich einen gleitenden Indikator, der mit mehr oder weniger starker Verzögerung in weichen Bewegungen dem Kurs des Basiswertes folgt.

Welche Anwendungen ergeben sich nun im Detail? Während Sie eine Reihe meiner Beiträge zu technischen Indikatoren gelesen haben, sind Ihnen viele der Anwendungsmöglichkeiten bereits vor Augen geführt worden. Ich versuche möglichst alle der Reihe nach abzuhandeln.

Der Trendfolger, man kann ihn auch Trendfilter nennen, ist am meisten verbreitet und auch Anlegern bekannt, die sonst wenig mit technischer Analyse zu tun haben. Der berühmte 200-Tage-Durchschnitt ist das bekannteste Beispiel. Diese Linie ist in fast allen Aktiencharts zu sehen und wird auch von den einfachsten Charting Tools und Charting Websites angeboten. Dabei ist die Bedeutung des 200-Tage-Durchschnitts genauso oft bewiesen wie auch widerlegt worden. Letztendlich ist hier auch nicht entscheidend, ob wir 200 Tage oder 198 oder 136 oder 250 Tage verwenden. Es gibt sicherlich zahlreiche Möglichkeiten, um die genaue Parametereinstellung für einen langfristigen Durchschnitt zu finden. Vermutlich helfen Zyklusmessungen oder kalendarische Berechnungen dabei. Es gibt Analysten, die schwören auf die Bedeutung gerade des 200-Tage-Durchschnittes als Widerstand und Unterstützung sowie als Zeiger auf den aktuellen Trend. Einige leiten sogar konkrete Handelsanweisungen von diesem ab. Andere bemühen sich mit Eifer, die Beliebigkeit dieser Zahl 200 zu beweisen.

Fakt ist: Ein langfristig eingestellter gleitender Durchschnitt hat die Funktion, als Trendfilter auf den aktuellen Trend hinzuweisen. Entweder die Steigung wird hier als Hinweis auf den Trend verwendet oder aber – und das ist die am meisten verbreitete Variante – die Lage der Kurse zum Durchschnitt wird analysiert. Liegt die Durchschnittslinie unter den Kursen, zeigt das einen steigenden Kurstrend an. Da der Durchschnitt einer Verzögerung unterliegt, die bei 200 Tagen Berechnungslänge nicht unerheblich ist, weist das auf eine stabile Aufwärtsbewegung in den Kursen hin. Steigt dabei der Durchschnitt ebenso steil wie die Kurse selbst, herrscht ein stabiler und langfristiger Trend vor. Abb. 233 zeigt einen Ausschnitt aus dem DAX-Tageschart, in dem ein stabiler Aufwärtstrend vom 200 Tage Durchschnitt bestätigt wird.

***Abb. 233** – DAX mit 200-Tage-Durchschnitt und stetem Aufwärtstrend bis in den Sommer 1998 hinein.*

Liegt der Durchschnitt über den Kursen, weist das auf einen Abwärtstrend hin. Fällt der Durchschnitt mit ähnlichem Gefälle wie die Kurse, kann der Trend als stark und langfristig bezeichnet werden. Abb. 234 zeigt einen entsprechenden Ausschnitt aus dem DAX-Tageschart.

***Abb. 234** – DAX mit 200-Tage-Linie, die einen steten Abwärtstrend anzeigt.*

Solch langfristigen Durchschnitten wird oft auch eine Funktion als Widerstand und Unterstützung zugesprochen. Dabei sollte eine Kursbewegung von unten an den Durchschnitt heran dort auf Widerstand treffen. In Abb. 235 habe ich zwei Beispiele markiert.

***Abb. 235** – Manchmal ist die 200-Tage-Linie als Widerstands- oder Unterstützungslinie zu erkennen.*

Eine Kursbewegung von oben an den Widerstand heran, sollte dort auf Unterstützung treffen. Ich habe in Abb. 236 zwei solcher Ereignisse markiert.

***Abb. 236** – Auch hier zeigt sich die 200-Tage-Linie als Unterstützung.*

In seitwärts verlaufenden Märkten pendeln die Kurse oft längere Zeit um diesen langfristigen Durchschnitt herum, ohne das dieser dabei eine der vielen Richtungswechsel durch einen ähnlichen Richtungswechsel bestätigen kann.

Folgende drei Varianten werden hauptsächlich für die Trenddefinition verwendet. Erstens die Steigung oder das Gefälle des langfristigen gleitenden Durchschnittes. Diese Interpretationsvariante ist sehr subjektiv und lässt sich mechanisch schlecht umsetzen.

Zweite Variante, die ich oben bereits genannt habe, ist die Lage der Kurse zum Durchschnitt. Diese Variante lässt sich leicht programmieren, liefert aber viele Fehlsignale. Die dritte Variante, die auch als Signalsystem verwendet wird, ist die Lage eines kürzeren Durchschnittes, der den Kursverlauf zum langfristigen Durchschnitt glätten soll. Liegt der kurze Durchschnitt über dem langfristigen, ist der Trend aufwärts gerichtet. Liegt der kurze Durchschnitt unter dem langfristigen, ist der Trend abwärts gerichtet. Durch die Verwendung des kurzen Durchschnittes wird die Anzahl der Fehlsignale reduziert, was allerdings zu Lasten der Reaktionsfreudigkeit geht, da aus der Berechnung des kurzen Durchschnittes eine zusätzliche zeitliche Verzögerung resultiert.

Signalerzeugung

Die Signalerzeugung mit Hilfe von gleitenden Durchschnitten ist ein weiteres umfangreiches Themengebiet. Ich werde natürlich dieses Thema nur verkürzt behandeln können. Die Möglichkeiten reichen hier von der Verwendung eines einzelnen gleitenden Durchschnittes bis hin zu Systemen aus mehreren Durchschnitten, die miteinander interagieren. Ich beschränke mich auf die Beschreibung von drei Systemen, die aus der Literatur bekannt und weit verbreitet sind.

Die einfachste Variante ist die Verwendung eines einzelnen Durchschnittes, der im Chart eingezeichnet wird. Handelssignale ergeben sich aus den Schnittpunkten zwischen Kursverlauf und Durchschnittslinie. Schneidet der Kurs die Durchschnittslinie nach oben, gilt dies als Kaufsignal, schneidet der Kurs die Durchschnittslinie nach unten, gilt dies als Verkaufssignal. Ich habe in Abb. 237 einen Chart vorbereitet, der ein solch einfaches Handelssystem enthält. In dieser Form kann allerdings ganz sicher noch kein Geld verdient werden.

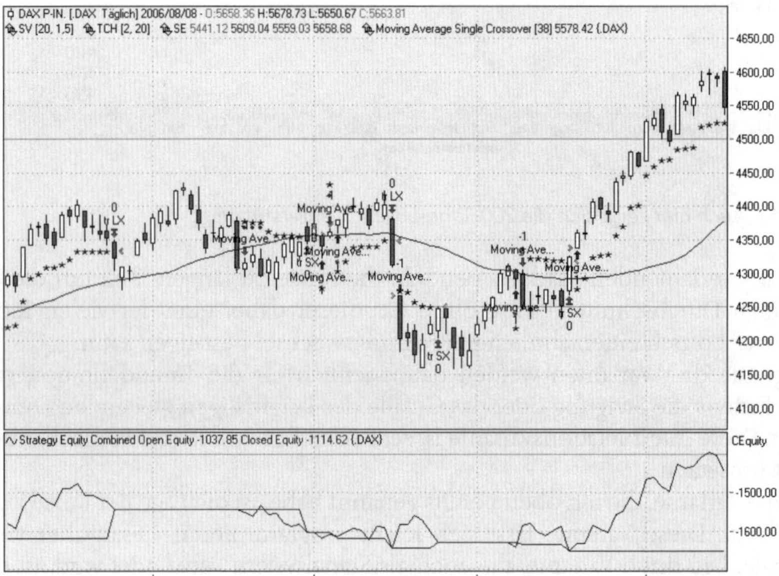

Abb. 237 – *Handelssystem mit einen einfachen Durchschnitt. Hier wird bei Kreuzen des Durchschnitts ein Signal ausgelöst.*

Abhängig von der Periodeneinstellung der Durchschnittsberechnung erhält man hier mittel- bis langfristige Signale oder auch kurzfristige und sogar trendkonträre Signale. Je kürzer der Durchschnitt dabei berechnet wird, um so höher wird die Anzahl der unprofitablen Signale sein. Das unruhige Verlaufsmuster der Kurse wird zu zahlreichen, hintereinander folgenden Überkreuzungen führen, die allesamt nicht profitabel zu handeln sind. Wird der Durchschnitt über längere Zeit berechnet, etwa 90, 136 oder 200 Tage, erhält man zwar weniger Signale, also wahrscheinlich auch weniger Fehlsignale, erkauft sich aber andere Probleme. Je länger der Durchschnitt berechnet wird, um so größer ist die zeitliche Verzögerung, mit der er den Bewegungen des Basistitels folgt. Auf Trendwenden reagiert er sehr spät mit Ein- und Ausstiegssignalen.

Eine erweiterte Variante ist ein System aus zwei gleitenden Durchschnitten. Bekannt wurde es unter anderem durch R. Donchian, dem wir auch ein einfaches Channelsystem zu verdanken haben. Donchian war Rohstoffhändler in den 50er, sechziger und siebziger Jahren. Damals bewegten sich die Kurse vieler Rohstoff- und Aktienmärkte in langsamen und ausgeprägten Trends. Die Verwendung von gleitenden Durchschnitten zur Signalerzeugung war damals die profitabelste Möglichkeit des systematischen Handels. Auch der Donchian Channel war damals das Handelssystem schlechthin. Diese Systeme sind trendfolgend ausgerichtet. Haben sie einen Trend erkannt, liefern sie Signale, die über Monate Bestand haben können.

Die Beschaffenheit der Märkte hat sich allerdings geändert. Die täglichen, wöchentlichen und monatlichen Kursausschläge sind wesentlich intensiver geworden. Trendbewegungen werden viel öfter von Konsolidierungsphasen unterbrochen. J. Ross beklagt dies in seinem Buch „Trading mit Optionen und Futures" und nennt die Hauptursachen dafür. Zum einen ist die rasant gestiegene Informationsmenge und die Geschwindigkeit der Informationsverbreitung hierfür verantwortlich. Wird sie mit dem elektronischen Handel übers Internet und dem Direktbroker kombiniert, sorgt sie für mehr Bewegung an den Börsen. Als weitaus gewichtigeren Grund nennt er aber die mechanischen Handelssysteme von Banken und Investorenpools, die durch ihre Handelsaktivität für extreme Kursausschläge und verkürzte Trendbewegungen sorgen.

Statistiken zeigen, dass diese Systeme ca. 30 Prozent des derzeitigen Handelsvolumens an den Börsen bewegen. Stellvertretend für alle möglichen Kombinationen aus zwei gleitenden Durchschnitten habe ich in Abb. 238 das von Donchian 1961 vorgestellte 5/20er System nachgebildet.

Abb. 238 *– In den 60-er-Jahren war dieses einfache, von Donchian vorgestellte System, bestehend aus zwei Moving Averages, eines der am häufigsten eingesetzte Handelssystem.*

Das System besteht aus einem längeren Durchschnitt, der den Kursverlauf glättet und dadurch dem Haupttrend folgt und einem kürzeren Durchschnitt, der den kürzeren Kursbewegungen innerhalb des übergeordneten Trends folgt. Handelssignale entstehen an den Kreuzungspunkten beider Durchschnittslinien. Schneidet der kurze den langen Durchschnitt nach oben, gilt dies als Kaufsignal. Schneidet der kurze Durchschnitt den langen nach unten, gilt dies als Verkaufssignal. In Abb. 238 habe ich ein Stop-Loss von 100 Punkten und ein Profitziel von 400 Punkten eingesetzt. Welche Parametereinstellungen verwendet werden ist Bestandteil zahlreicher Abhandlungen und Untersuchungen. Es gibt mit absoluter Sicherheit keine „optimale" Einstellung. Sparen Sie sich die Arbeit, hier wochenlang nach den besten Ergebnissen zu suchen. Der Erfolg eines Handelssystems hängt nur zu einem recht geringen Teil von den Einstiegssignalen ab. Oft werden Zahlen aus der Fibonacci-Zahlenreihe für die Parametereinstellung der Durchschnittsberechnung verwendet. Daraus ergeben sich dann Kombinationen wie 21/55 oder 34/89.

Nächste Kombinationsmöglichkeit ist die Verwendung von drei gleitenden Durchschnitten. Vorgestellt wurde diese von R. C. Allen in einem Buch das 1971, meinem Geburtsjahr erschien. Hierbei werden ein 9-Tage-Durchschnitt, ein 18-Tage-Durchschnitt und ein sehr kurzer 4-Tage-Durchschnitt verwendet. Die primären Handelsanweisungen entstehen aus den Schnittpunkten der beiden längeren Durchschnitte. Schneidet der 9-Tage-Durchschnitt den 18-Tage-Durchschnitt nach oben, gilt dies als Kaufsignal. Schneidet der 9-Tage-Durchschnitt den 18-Tage-

Durchschnitt nach unten, gilt dies als Verkaufssignal. Der 4-Tage-Durchschnitt fungiert dann als Signalgeber für Ausstieg und Wiedereinstieg in den laufenden Trend. So lange der 9-Tage-Durchschnitt über dem 18-Tage-Durchschnitt liegt, werden alle Kaufsignale gehandelt, die der 4-Tage-Durchschnitt generiert. Liegt der 9-Tage-Durchschnitt unter dem 18-Tage-Durchschnitt, werden alle Verkaufssignale gehandelt, die der 4-Tage-Durchschnitt erzeugt. In Abb. 239 habe ich dieses System nachgestellt.

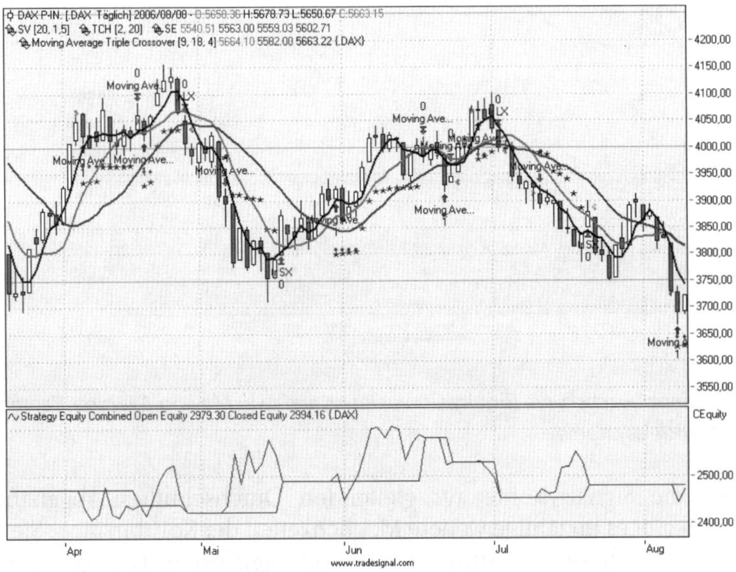

Abb. 239 *– Gewinnzuwachskurve (Equity Curve) des aus drei Moving Averages bestehenden Handelssystems.*

Die letzte Kombination, die ich vorstellen möchte, ist die aus zwei Paaren von gleitenden Durchschnitten bestehende Kombination. Dabei verwende ich im Beispiel ein 5/20er Paar als Signalgeber und ein 21/89er Paar als Trendfilter. Der Trendfilter gibt einen Aufwärtstrend vor, wenn der 21-Tage-Durchschnitt über dem 89-Tage-Durchschnitt liegt und einen Abwärtstrend, wenn der 21-Tage-Durchschnitt unter dem 89-Tage-Durchschnitt liegt. Im ersten Fall werden nur die Kaufsignale des 5/20er Paares gehandelt im zweiten Fall nur die Verkaufssignale. Als Kaufsignal gilt eine Überkreuzung des 5-Tage-Durchschnittes über den 20-Tage-Durchschnitt und als Verkaufssignal eine Kreuzung des 5-Tage-Durchschnitt unter den 20-Tage-Durchschnitt. In Abb. 240 habe ich das System nachgestellt.

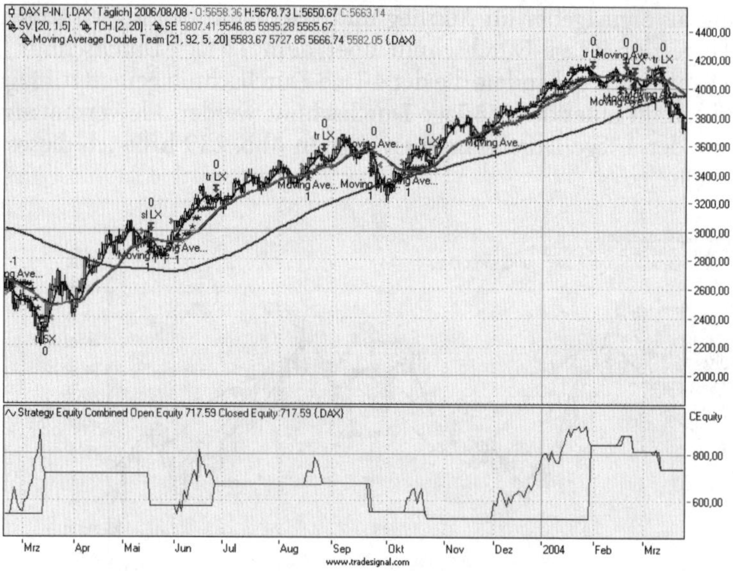

Abb. 240 – Gewinnzuwachskurve (Equity Curve) eines aus zwei Moving Average-Paaren bestehenden Handelssystems.

Damit wären die Signalsysteme aus gleitenden Durchschnitten abgehandelt. Wahrscheinlich gibt es unzählige weitere Möglichkeiten der Kombination. Sie sind herzlich eingeladen, diese im Forum auf www.tradesignalonline.com vorzustellen und weiter zu entwickeln.

Bisher haben wir die gleitenden Durchschnitte als eigenständige technische Indikatoren betrachtet. Ihr zweites übergeordnetes Einsatzgebiet liegt in der Konstruktion von Trading Bändern und Channel. Diese Analyseinstrumente bestehen aus einer Mittellinie und zwei Begrenzungsbändern. Innerhalb dieser Konstruktionen haben die gleitenden Durchschnitte meist die Funktion der Mittellinie. Sie sollen der Haupttrendrichtung folgen und das entsprechende Tradingband im Haupttrend fixieren. Die meisten Bandsysteme sind auf einem einfachen gleitenden Durchschnitt aufgebaut. Wir kennen hier bereits die wichtigsten Vertreter. In Abb. 241 habe ich die bekannteste Variante, die Bollinger Bands abgebildet.

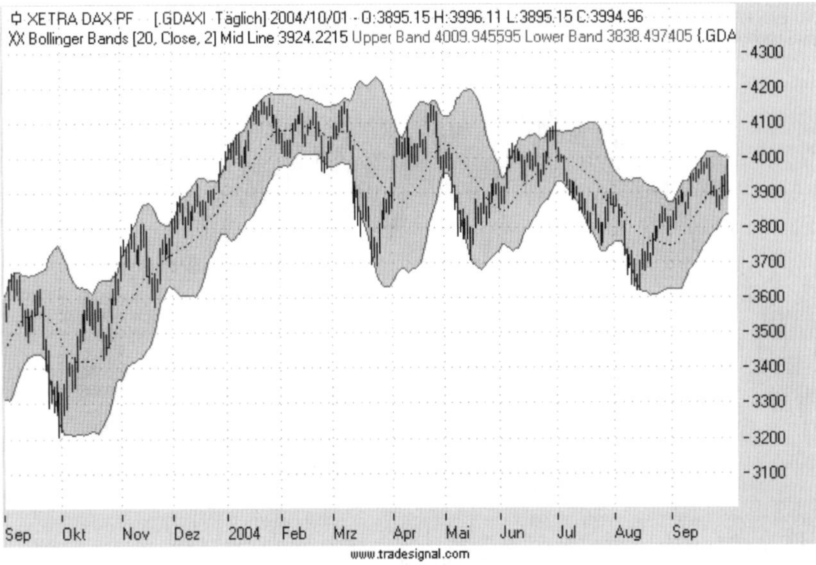

Abb. 241 *– Auch Bollinger Bands nutzen Moving Averages.*

Als Mittellinie wird hier ein 20-Tage-Durchschnitt der Schlusskurse verwendet. Er bildet die Haupttrendrichtung des Basistitels ab. Die Begrenzungen werden an Hand der Schwankungsintensität der Kurse errechnet. Innerhalb der Bänder hat die Mittellinie nicht nur die trendfolgende Funktion, sondern bildet in starken Trendbewegungen auch Widerstands- und Unterstützungslinien. In Abb. 242 ist der Keltner Channel zu sehen.

Er wird ebenfalls auf einem 20-Tage-Durchschnitt aufgebaut. Chester Keltner verwendete allerdings nicht die Schlusskurse sondern den „Typical Price" als Basis für die Durchschnittsberechnung. Die Begrenzungen des Keltner Channels ergeben sich aus der durchschnittlichen Handelsspanne der vergangenen 10 Tage. Somit sind auch diese Begrenzungen an die Schwankungsintensität der Kurse angepasst.

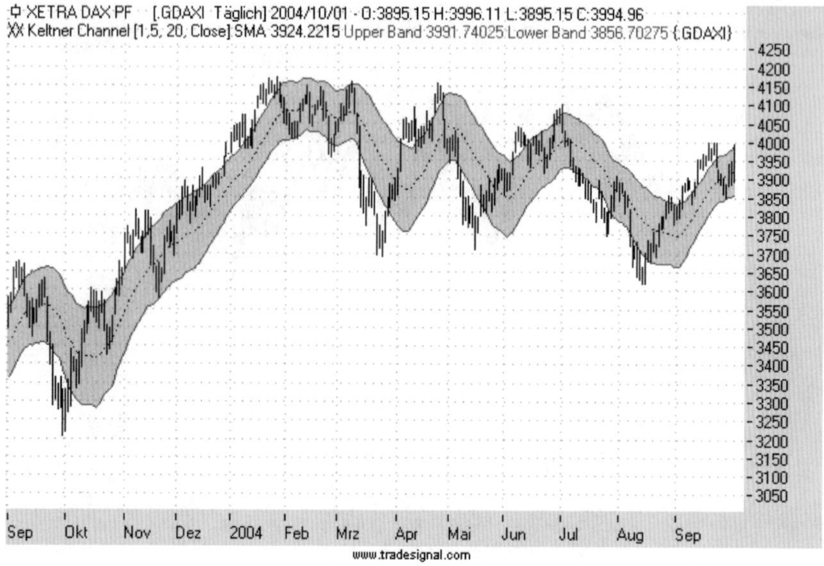

Abb. 242 *– Der Keltner Channel hat ebenfalls als Basis einen Moving Average.*

Der Keltner Channel liefert seine Signale aus den Ausbruchsszenarien, die im Chart deutlich zu sehen sind. Die Mittellinie hat hier ebenfalls hauptsächlich eine trendfolgende Funktion, während die Begrenzungsbänder einen „neutralen Bereich" umschließen. Ausbrüche aus den Bändern sollen den Beginn eines neuen Trends anzeigen. Die ältesten bekannten Trading Bänder sind die Envelopes. Sie bestehen ebenfalls aus einer Mittellinie die aus einem einfachen gleitenden Durchschnitt der Schlusskurse gebildet wird und zwei Begrenzungsbändern, deren Abstand meist durch eine einfache Verschiebung um einen fixen oder prozentualen Betrag entsteht. Abb. 243 zeigt die Envelopes mit einem 90-Tage-Durchschnitt und 5 Prozent Abstand der Begrenzungsbänder von der Mittellinie.

***Abb. 243** – Als Envelopes werden Bänder bezeichnet, die von ihrem Moving Average aus einen bestimmten (prozentualen) Abstand nach beiden Seiten hin abtragen.*

Während die Bollinger Bands und der Keltner Channel meistens mit den Standardeinstellungen verwendet werden, existieren für die Envelopes zahlreiche verschiedene Kombinationsmöglichkeiten. Die Länge der Durchschnittsberechnung für die Mittellinie richtet sich dabei nach dem Verwendungszweck. Die Envelopes können als reiner Trendfilter, als Signalgeber in Ausbruchssystemen und als Widerstands- und Unterstützungsebenen verwendet werden. Mit den Envelopes möchte ich dieses Themengebiet abschließen. Es existieren zahlreiche weitere Variationen, wie Starc Bands, Hull Range Bands, Acceleration Bands, die ebenfalls auf gleitenden Durchschnitten aufbauen und zu denen Sie Beiträge von mir finden können.

Viele technische Indikatoren errechnen sich aus dem Kursverlauf des Basistitels und werden in einem eigenständigen Fenster unter dem Chart dargestellt. Den meisten Anwendern dieser Instrumente ist oft nicht klar, welche genauen Berechnungen sich hinter diesen Indikatoren verbergen und wissen deshalb auch nicht, auf welch oft banaler Basis ein Indikator entsteht.

Hier finden wir das dritte große Anwendungsgebiet von gleitenden Durchschnitten. Diese dienen als Basis von Berechnungen in Indikatoren. Oft ist es dem Indikator selbst nicht anzusehen, dass er auf Grundlage eines oder mehrerer gleitender Durchschnitte entstanden ist. Ich möchte Ihnen die bekanntesten Vertreter aufzählen und knapp erläutern, welche Funktion der oder die Durchschnitte in diesem Indikator haben. Ein großer Teil der so genannten Oszillatoren entsteht durch die Messung und Darstellung des Abstandes zwischen zwei gleitenden Durchschnitten. Der populärste Vertreter ist sicher der MACD. Diesem liegen in der Grundeinstellung zwei exponentiell gewichtete gleitende Durchschnitte mit 12 Tagen und 26 Tagen Berechnungslänge zu Grunde. Der Indikator selbst stellt den Abstand zwischen diesen beiden Durchschnittslinien dar. Die dritte verwendete Linie ist dann eine Signallinie, die es erlaubt, aus den Bewegungsmustern des Indikators konkrete Handelssignale abzuleiten. In Abb. 244 habe ich den MACD nachgestellt. Ich verwende nicht den Einzelindikator, sondern ein Modul, das es erlaubt mit einigen Mausklicks verschiedene Indikatoren zu konstruieren.

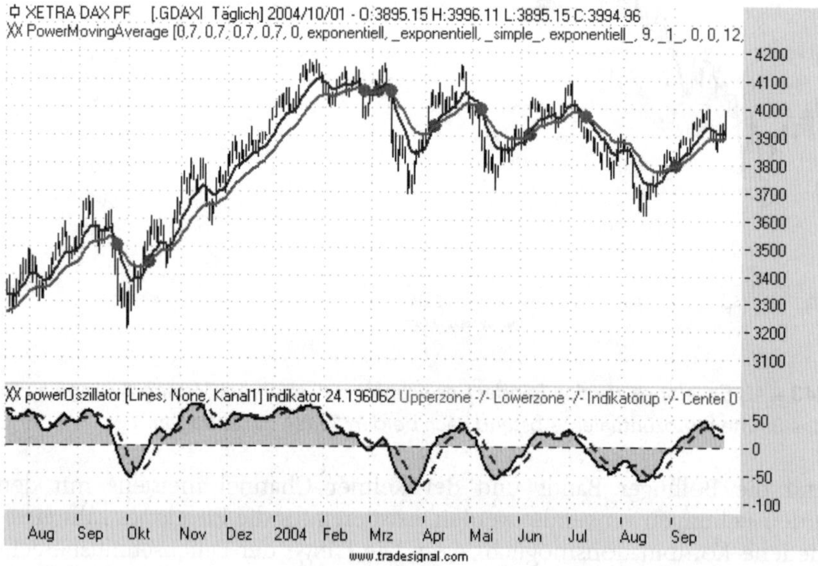

***Abb. 244** – Der MACD (unteres Chartfenster) hat als Grundlage verschiedene, exponentiell geglättete Durchschnitte.*

Für den MACD ist die Verwendung von exponentiell gewichteten Durchschnitten vorgegeben. Die Art der Berechnung der Durchschnitte lässt sich natürlich beliebig variieren. Wir kennen den Price Oszillator, dem einfache arithmetische Durchschnitte zu Grunde liegen, der ansonsten aber auf dem gleichen Prinzip basiert. In Abb. 245 habe ich einen Price Oszillator mit einer sehr kurzen Einstellung von 5 und 10 Tagen berechnet.

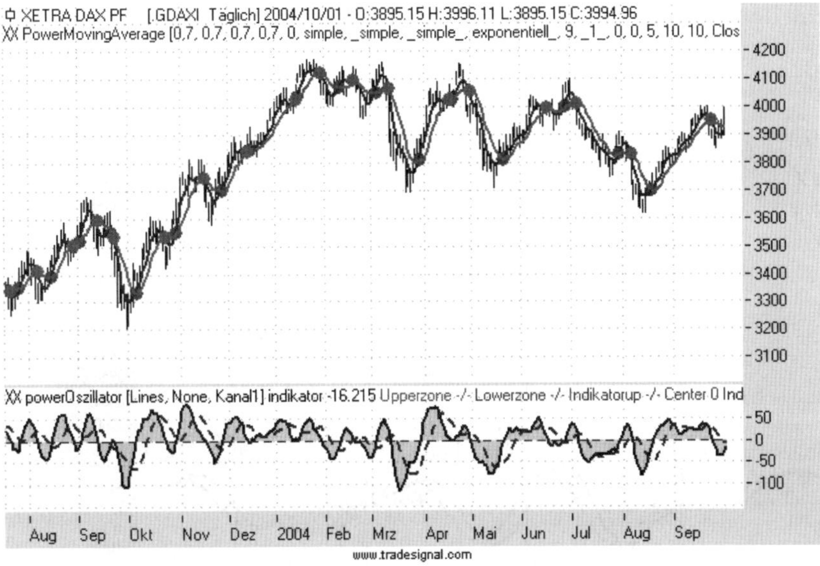

***Abb. 245** – Einem Price Ozsillator (unteres Chartfenster), wie hier im DAX, liegt ein einfacher Durchschnitt zu Grunde.*

Die Periodeneinstellung hängt dabei vom Einsatzzweck ab. Wir können einen solchen Differenz-Oszillator zum Trendfilter machen, in dem wir sehr lange Berechnungsperioden verwenden. Der Oszillator zeigt uns dann durch seine Lage zur Mittellinie einen Aufwärtstrend oder einen Abwärtstrend an. Hauptsächlich werden die Moving Average Oszillatoren jedoch als reine Momentum-Indikatoren verwendet. Hierbei wird das Prinzip der Konvergenz und Divergenz zwischen den beiden Basislinien verwendet, das auch für die Namensgebung des MACD verantwortlich ist. Dieses basiert auf der Trägheit der Durchschnittsberechnungen. Der längere Durchschnitt übernimmt hierbei die Funktion des Trendfolgers. Der kürzere Durchschnitt, dessen Verzögerung gegenüber der Kursbewegung geringer ist, als die des längeren Durchschnittes, signalisiert Veränderungen in der Dynamik der Kursbewegungen des Basiswertes. Steigt die Dynamik in der Kursbewegung des Basistitels an, entfernt sich der kurze Durchschnitt vom längeren. Steigen die Kurse mit zunehmender Dynamik, wird der kurze Durchschnitt deutlich über den längeren steigen. Fallen die Kurse mit zunehmender Dynamik, wird der kurze Durchschnitt deutlich unter den längeren Durchschnitt fallen. In beiden Fällen vergrößert sich der Abstand zwischen beiden Linien mit zunehmender Bewegungsdynamik und verringert sich der Abstand mit nachlassender Bewegungsdynamik. Handelssignale ergeben sich dann aus Schnittpunkten des Indikators mit einer Signallinie oder durch Überkreuzen der Mittellinie. Im zweiten Fall handelt es sich um nichts anderes als um eine andere Darstellung der Kreuzungspunkte der beiden dem Indikator zu Grunde liegenden Durchschnittslinie. Vergleichen

Sie in Abb. 246 mal die Schnittpunkte der beiden Durchschnittslinien im oberen Chart mit den Überkreuzungen des unteren Indikators und seiner Mittellinie.

***Abb. 246** – Ob als Moving Average im Kurs-Chart selbst oder als Oszillator in einem separaten Chartfenster – die Interpretation ist gleich. Vergleichen Sie einmal die Schnittpunkte der beiden Moving Averages oben mit dem Schnittpunkt der Mittellinie im durchgezogenen Oszillator unten.*

Da es hunderte technische Indikatoren gibt, können Sie sich sicher vorstellen, dass es auch dutzende Möglichkeiten gibt, gleitende Durchschnitte innerhalb der Berechnung dieser Indikatoren zu verwenden. Ich möchte im Anschluss noch einige Beispiele nennen, ohne jedoch auf die genauere Berechnung und Interpretation einzugehen. In Abb. 247 sehen wir den CCI, der ebenfalls sehr oft verwendet wird. Er benutzt intern ebenfalls den Abstand der Kurse zu einem gleitenden Durchschnitt.

Abb. 247 – *Der CCI benutzt ebenfalls einen Moving Average, und verwendet intern den Abstand zwischen Kurs und Average.*

Als weiteres bekanntes Beispiel ist der TRIX zu nennen. Dieser verwendet mehrere verschachtelte Durchschnitte und errechnet sich aus der Differenz zwischen aktuellem Indikatorwert und einem mehrere Tage zurückliegenden Indikatorwert. Abb. 248 zeigt den TRIX.

Abb. 248 – *Bekannt ist auch der TRIX, der ebenfalls einen Moving Average in seiner Berechnung verwendet.*

Damit will ich dieses Thema eigentlich beenden, da das wichtigste dazu geschrieben ist. Anzumerken wäre, dass das Prinzip der Moving Average Oszillatoren nicht nur auf die Kurse selbst angewendet werden kann, sondern auf jede beliebige Datenreihe, die uns zur Verfügung stellt. In Abb. 249 sehen Sie den Chaikin Oszillator, der auf Basis zweier gleitender Durchschnitte der Accumulation Distribution Line berechnet wird. Der CHO misst die Bewegungsdynamik dieser A/D Linie.

***Abb. 249** – Der Chaikin Oszillator verwendet zwei Durchschnitte der „Accumulation Distribution Line" in seiner Berechnung.*

***Abb. 250** – Hier sehen Sie den Volume Oszillator. Hier werden die beiden Durchschnitte auf die Datenreihe des Handelsvolumens berechnet. Der VO stellt also die Veränderungen im Handelsvolumen dar.*

Damit will ich dieses Thema endgültig abschließen und zu einem weiteren Einsatzgebiet kommen, dass ebenfalls innerhalb von Berechnungen zu finden ist. Die Datenglättung mittels Durchschnittsberechnungen wird sehr oft verwendet, um stark schwankende Ausgangsdaten oder stark schwankende Berechnungsergebnisse zu glätten. Viele Indikatoren liefern ein zerklüftetes von Haken und Ecken gezeichnetes Verlaufsmuster. Der Einsatz einer Signallinie oder die allgemeine Interpretation des Indikators wird dadurch stark erschwert. Oft werden deshalb kurze Durchschnitte der Indikatorwerte berechnet und statt des Indikators selbst dargestellt. Manche Indikatoren können überhaupt erst verwendet werden, nachdem eine Glättung der Berechnungsergebnisse durchgeführt wurde.

In Abb. 251 sehen die die Stochastic nach George Lane. Im oberen Indikatorfenster ist die als Fast Stochastic bekannte Version zu sehen. Verwendet wird jedoch meistens die Slow Stochastic, die im unteren Indikatorfenster zu sehen ist. Die Slow Stochastic entsteht durch die Berechnung eines 3-Tage-Durchschnittes der Fast Stochastic. Sie sehen, dass die Bewegungsmuster im unteren Indikator wesentlich weicher sind als die im oberen Indikator.

***Abb. 251** – Die Slow Stochastic (unten) ist eine einfache Glättung der Fast Stochastic (Mitte).*

Der Interpretationsspielraum im unteren Indikator, der Slow Stochastic ist wesentlich geringer. Somit sinkt auch die Gefahr, falsche Entscheidungen zu treffen oder falsche Signale zu verwenden. Eine Weiterentwicklung der einfachen Glättung des Endergebnisses ist die doppelte Glättung der Ausgangsdaten. Zwei bekannte Stochastic Derivate benutzen diesen Weg, um noch bessere Indikatormuster zu erhalten. Hier werden bereits die Ausgangsdaten mehrfach geglättet, bevor die Berechnung des Indikators durchgeführt wird. In Abb. 252 sehen die die beiden Double Smoothed Derivate der Stochastic. Zum Vergleich ist im oberen Indikatorfenster die Slow Stochastic abgebildet.

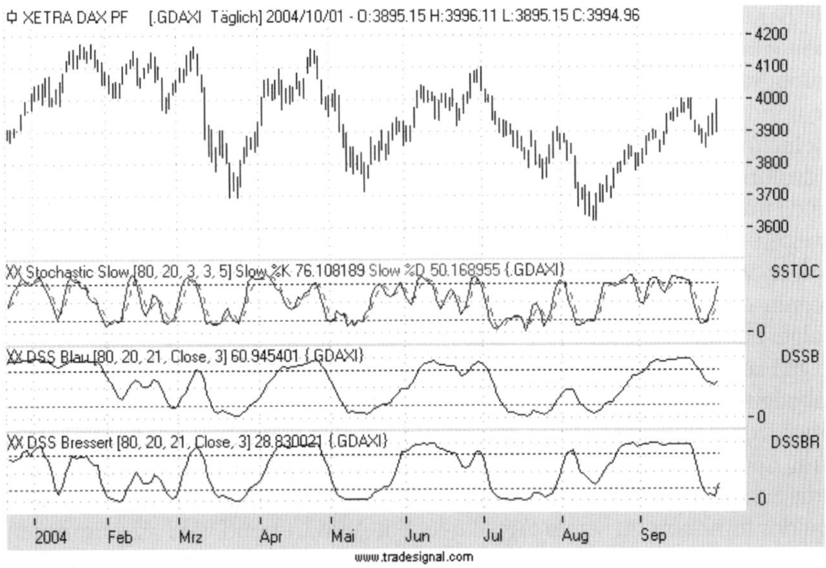

***Abb. 252** – Slow Stochastic und zwei Double Smoothed-Varianten von Blau und Bressert, die jeweils den Moving Average als Glättung in ihrer Berechnung einsetzen.*

Durch gezielte Anpassung der Berechnungsperioden der beiden Glättungsdurchläufe, kann ein noch besseres Ergebnis erzielt werden, als dies im Bild zu sehen ist. Zahlreiche Indikatoren verwenden ebenso zahlreiche Berechnungsvariationen, in denen Durchschnitte von Datenreihen verwendet werden. Die Average True Range entsteht, in dem vereinfacht dargestellt ein Durchschnitt auf die täglichen Handelsspannen berechnet wird. Im Volume Flow Index wird die Veränderung des täglichen Handelsvolumens mit dem durchschnittlichen Handelsvolumen einer bestimmten Anzahl von Handelstagen verglichen. Ich könnte diese Aufzählung noch weiter ausdehnen, denke aber, dass alles Wichtige geschrieben ist. Als Leser meiner Beiträge fallen Ihnen sicher selbst zahlreiche Beispiele dazu ein.

Als letzte Verwendungsmöglichkeit, möchte ich den Einsatz eines gleitenden Durchschnittes als Signallinie eines Indikators nennen. Diese Signallinie verfolgt Sie durch fast alle Beiträge, die ich zu technischen Indikatoren geschrieben habe. Meistens habe ich die genaue Verwendung beschrieben und die dahinter stehende Bedeutung entsprechender Muster. Da es sich an dieser Stelle um den Grundlagenartikel zum Thema gleitende Durchschnitte handelt, werde ich trotzdem noch einmal weit ausholen.

Fast alle technischen Indikatoren verwenden eine solche Signallinie. Diese hat mehrere Funktionen, die zum Teil von der Aufgabe des Indikators selbst abhängen. Wir unterscheiden ganz grob zwei Arten von Indikatoren. Da sind zum einen die trendfolgenden Indikatoren und zum anderen die Oszillatoren. Grundsätzlich handelt es sich bei jeder Signallinie um einen gleitenden Durchschnitt, der auf die

Werte des Indikators berechnet wird. Dabei hängen die Wahl des Berechnungstyps und die Berechnungslänge von den Bewegungsmustern des Indikators und dem Aufgabengebiet des Indikators ab. Auf beide Problematiken werde ich im folgenden Abschnitt noch eingehen.

Die trendfolgenden Indikatoren, wie es auch die gleitenden Durchschnitte selbst sind, berechnen sich aus Kursen, Kursen plus Handelsvolumen oder nur dem Handelsvolumen. Aufgabe dieser Trendfolger ist es, die Hauptbewegungsrichtung des Kurstrends im Basistitel sichtbar zu machen und auf mögliche Trendwendepunkte hinzuweisen. Dabei sind Trendfolger Indikatoren, die nur reagieren. Echte Trendfolger werden oft auf längere Zeitabschnitte berechnet, als dies bei den Oszillatoren der Fall ist, die oft nur Daten von wenigen Handelstagen benutzen. Trendfolger beobachten die Bewegungsdynamik im Kurstrend des Basistitels und versuchen an Hand der Veränderungen dieser Bewegungsdynamik Trendwendepunkte von unbedeutenden Kursschwankungen zu trennen. Einer Signallinie kommt im Falle eines Trendfolgers fast immer die Aufgabe zu, eine Richtungsänderung oder die Änderung in der Bewegungstendenz des Indikators in ein Signal zu wandeln. Dabei gelten die Schnittpunkte mit der Signallinie als Trendwendepunkte. Wichtig ist auch die Lage des Indikators zu seiner Signallinie. Ein Aufwärtstrend wird angenommen, wenn der Indikator über seiner Signallinie liegt. Ein Abwärtstrend wird angenommen, wenn der Indikator unter seiner Signallinie liegt. Als Beispiel für einen Trendfolger wäre hier der KST zu nennen. Abb. 253 zeigt ein Beispiel.

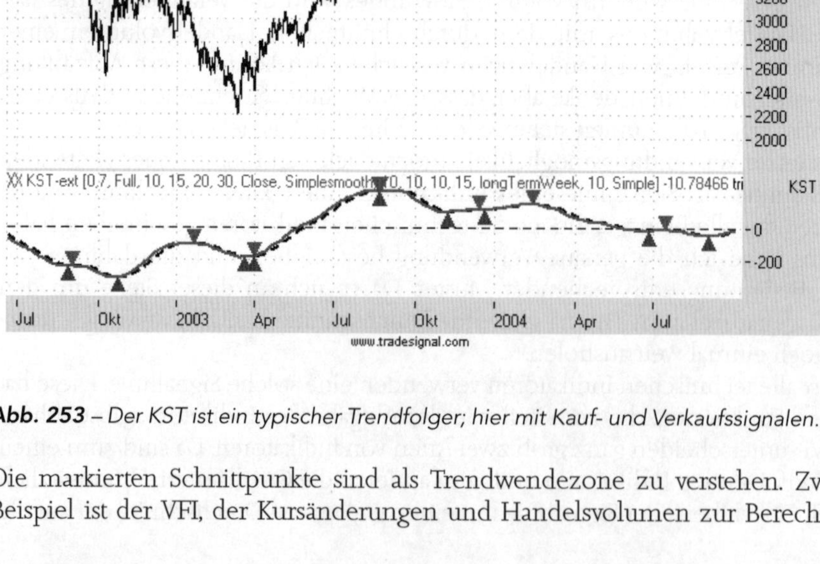

***Abb. 253** – Der KST ist ein typischer Trendfolger; hier mit Kauf- und Verkaufssignalen.*

Die markierten Schnittpunkte sind als Trendwendezone zu verstehen. Zweites Beispiel ist der VFI, der Kursänderungen und Handelsvolumen zur Berechnung verwendet. Auch hier wird mit Hilfe der Signallinie eine Trendbestimmung vorgenommen. Abb. 254 zeigt den VFI im Wochenchart des DAX.

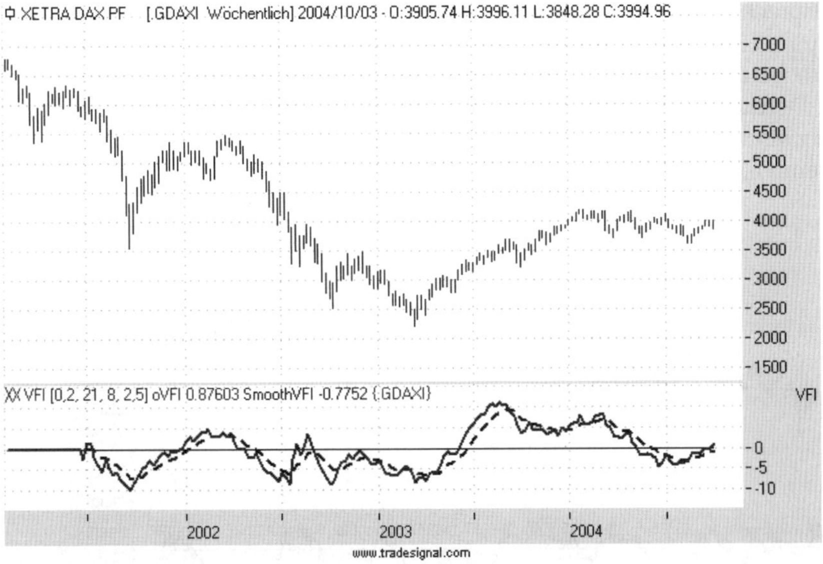

Abb. 254 – *VFI Indikator im Wochen-Chart des DAX. Schnittpunkte mit der gestrichelten Signallinie ergeben Handelssignale.*

Jetzt offenbart sich auch das größte Problem, bei der Verwendung von Signallinien und Indikatoren. Je unruhiger die Verlaufsmuster des Indikators sind, um so schwieriger wird die Verwendung der Signallinie. Für den Einsatz in mechanischen Systemen, die dem Anwender in der Regel die gesamte Arbeit der Signalerzeugung und Interpretation abnehmen, wird der programmiertechnische Aufwand enorm erhöht. Zahlreiche „sinnlose" Überkreuzungen von Indikator und Signallinie sorgen für ebenso zahlreiche Fehlsignale oder überlassen dem Anwender zu viel Interpretationsspielraum. Für die Trendbestimmung mit Hilfe eines trendfolgenden Indikators kann es deshalb nützlich sein, die Berechnungslänge und den Berechnungstyp der Signallinie so zu gestalten, dass diese etwas träger reagiert. Damit werden zahlreiche Überkreuzungen vermieden. Die zusätzliche zeitliche Verzögerung, die auf diese Weise in die Bewegungen der Signallinie eingeschleust wird, fällt bei der Trendbestimmung weniger ins Gewicht.

Bei den so genannten Oszillatoren hat die Signallinie die Aufgabe, konkrete Handelssignale zu erzeugen. Auch hier handelt es sich um nichts anderes als einen gleitenden Durchschnitt des Indikators selbst. Dadurch, dass die Bewegung der Signallinie den Bewegungen des Indikators um einige Zeit hinterherhinkt, kommt es bei Richtungsänderungen des Indikators zu Überkreuzungen mit der Signallinie. Genau diese Überkreuzungen sind es, die als Handelssignal verwendet werden. Ein Indikator, der die Bewegungsdynamik der Kurse des Basiswertes misst, wird bei Veränderungen der Bewegungsdynamik beginnen, seine Bewegungsrichtung zu ändern. Sobald es zur Überkreuzung mit der Signallinie des Indikators kommt, wird die Änderung der Bewegungsdynamik als signifikant betrachtet und ein entsprechendes Handelssignal erzeugt.

Populäre Vertreter sind hier alle möglichen Stochastic-Derivate und auch die Slow Stochastic selbst. In Abb. 255 habe ich die weiter oben schon gezeigten Stochastic-Derivate noch einmal verwendet. Diesmal ist die Markierung der Schnittpunkte zwischen Indikator und Signallinie aktiviert. An Hand der Dreiecke können Sie erkennen, wo die Signallinie ihrem Namen gerecht wird.

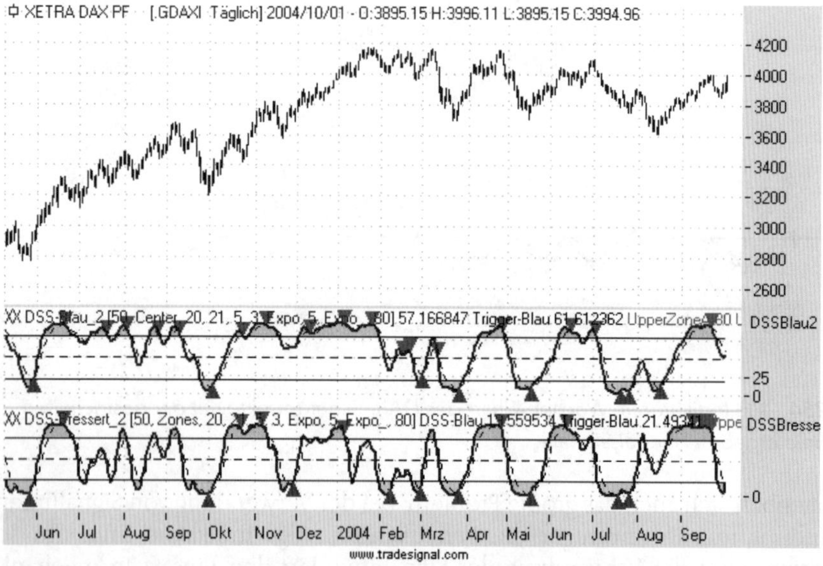

***Abb. 255** – DSS von Bressert und Blau, jeweils mit Signallinie. Die Schnittpunkte oberhalb bzw. unterhalb der beiden Extremzonen dienen als Handelssignale; im Chart als Dreieck eingezeichnet.*

Indikatoren mit weichem Verlauf eignen sich besonders gut für die Verwendung einer Signallinie. Für die beiden abgebildeten Indikatoren, die beide eine doppelte Datenglättung verwenden, kann die Berechnungsperiode der Signallinie zu dem sehr kurz gehalten werden. Im Beispiel sind dies 3 Tage. Im Ergebnis liegt die Signallinie dadurch sehr eng am Indikator und reagiert sehr schnell auf dessen Richtungsänderungen. Im Beispiel wird ein exponentiell gewichteter Durchschnitt verwendet, der etwas reagibler ist als einfache arithmetische Indikatoren, die ein sehr unruhiges Verlaufsmuster mit vielen Haken und Kanten bilden, machen die Verwendung der Signallinie nahezu unmöglich. Ein Vertreter, der Midpoint Oszillator, ist in Abb. 256 zu sehen. Die Signallinie ist hier auf 10 Tage berechnet und es wird ein einfacher Durchschnitt verwendet, der träger reagiert.

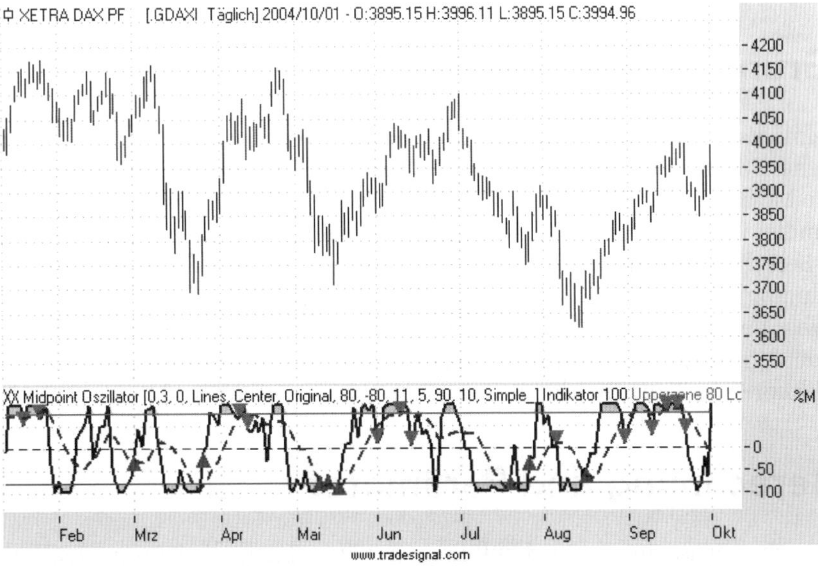

***Abb. 256** – Der Midpoint Oszillator reagiert sehr heftig und macht es deshalb einer Signallinie schwer, gute Handelssignale zu liefern.*

Grundsätzlich gilt: Je ruhiger und weicher die Bewegungen des Indikators verlaufen, um so kürzer und reagibler darf die Signallinie sein. Je unruhiger die Muster des Indikators sind, um so länger muss der Durchschnitt berechnet werden und um so träger muss der Berechnungstyp gewählt werden.

Quellen

Arrington, George R.: The Basics of Moving Averages. In: TAS&C V.10
Chande, Tushar; Kroll, Stanley: The New Technical Trader
Ehlers, John: Moving Averages. In: TAS&C V.6
Elder, Dr. Alexander: Trading for a Living
Florek, Erich: Neue Tradingdimensionen. FinanzBuch Verlag, München
Glazier, Jason S.: Moving Average Myths. In: TAS&C V.8
Kaufmann, Perry J.: Trading Systems and Methods
Murphy, John J.: Technische Analyse der Finanzmärkte
Schwager, Jack: Schwager on Futures

Moving Average Simple (SMA)

Grundlagen

Die einfachste Variante, einen Durchschnitt zu berechnen, ist auch als arithmetisches Mittel bekannt. In der technischen Analyse wird dieser Typ schlicht Simple Moving Average (SMA) bezeichnet. Der SMA ist schon aus Zeiten bekannt, als Händler ihre Charts noch mit der Hand auf Millimeterpapier malten und einfache Berechnungen mit dem Bleistift ausführten. Dabei hat die Einfachheit der Berechnung nichts mit der Qualität und dem Nutzen des Ergebnisses zu tun. Der SMA wird heute genau so oft verwendet, wie andere Typen von gleitenden Durchschnitten. Er wird als Bestandteil von Handelssystemen verwendet, als Signallinie in Indikatoren und zur Trendbestimmung in Aktien-, Future- und Indexcharts.

Berechnung und Parameter

Die Berechnung ist einfach durchzuführen. Es wird schlicht die Summe der Kurse oder Indikatorwerte des Berechnungszeitraumes durch die Anzahl an Handelstagen im Berechnungszeitraum geteilt.

$SMA_{(t)} = Sum_{(n)}(Close) / n$
n = Berechnungsperiode

Anstelle des Schlusskurses können auch andere zur Verfügung stehende Daten eingesetzt werden. Es könnte das durchschnittliche Handelsvolumen berechnet werden, die durchschnittliche Handelspanne oder ein durchschnittlicher Indikatorwert. Je länger der Berechnungszeitraum gewählt wird, um so größer wird die zeitliche Verzögerung, mit der die Durchschnittslinie dem Kurs oder dem Indikator folgt. In Abb. 257 sehen Sie einen Durchschnitt der Schlusskurse über 10 Tage.

***Abb. 257** – DAX mit einem Simple Moving Average über 10 Tage.*

Sie sehen deutlich, dass die Richtungsänderungen in den Kursbewegungen von der Durchschnittslinie mit einer Verzögerung abgebildet werden. Dafür ist der Verlauf der Durchschnittslinie wesentlich weicher und lässt sich somit für alle möglichen Anwendungen besser verwenden. In Abb. 258 sehen sie die „berühmte" 200-Tage-Linie. Diese wird in der Regel auch als einfacher Durchschnitt berechnet.

***Abb. 258** – DAX mit 200-Tage-Linie, die in der Regel auch als Simple Moving Average dargestellt wird.*

Auf diesen Typ an Durchschnitt trifft auch die Bezeichnung „gleitend" exakt zu. Mit jedem neuen Handelstag wird ein neuer Kurs in die Berechnung aufgenommen und der letzte Kurs des Zeitraumes fällt aus der Berechnung heraus.

Kritische Würdigung

Der SMA ist unter den Durchschnitten mit fester Berechnungslänge derjenige mit der größten Trägheit. Alle Abwandlungen mit anderen Berechnungsmethoden versuchen genau diese Trägheit in den Bewegungen zu reduzieren. In der Literatur wird oft der Begriff „Lag" dafür verwendet. Zweiter Nachteil ist die gleiche Gewichtung aller Daten innerhalb des Berechnungszeitraumes. Der neueste Kurs wird mit demselben Gewicht im Ergebnis wirken wie der letzte Kurs im Berechnungszeitraum. Fällt ein besonders stark abweichender Kurs aus der Berechnung heraus, kann es sein, das der SMA von einem Tag zum nächsten größere Abweichungen aufweist.

Quellen

Florek, Erich. Neue Tradingdimensionen. FinanzBuch Verlag, München
Murphy, John J.: Technische Analyse der Finanzmärkte

Moving Average Exponential (EMA)

Grundlagen

Der exponentiell gewichtete Durchschnitt kann als Weiterentwicklung des einfachen und des linear gewichteten Durchschnittes betrachtet werden. Der einfache Durchschnitt, auch als arithmetisches Mittel bekannt, ist dabei der älteste aller Typen von Durchschnitten. Er geht auf die Zeit kurz nach dem zweiten Weltkrieg zurück, als Durchschnittsberechnungen erstmalig in Verbindung mit der Analyse von Aktienkursen verwendet wurden.

Jede Durchschnittsberechnung erzeugt neben dem gewollten Glättungseffekt einen Verzögerungseffekt. Die Bewegung der Basisdaten wird von der Durchschnittslinie mit einem gewissen Anteil an zeitlicher Verzögerung nachvollzogen. Alle gleitenden Durchschnitte zählen deshalb zu den Trendfolgeindikatoren. Diese reagieren auf Kursbewegungen und folgen dabei dem Kurstrend ihrer Basiswerte, das heißt sie laufen den Kursen immer hinterher. Die oft ungeliebte Eigenschaft der Bewegungsverzögerung kann auf verschiedene Arten reduziert, aber nie ganz eliminiert werden. Erste Weiterentwicklung war die Einführung von Gewichtungsfaktoren für die Basisdaten innerhalb der Durchschnittsberechnung. Damit wurde erreicht, dass die aktuellen Daten ein größeres Gewicht im Ergebnis erhielten als die zurückliegenden Daten. Unter anderem wurde damit verhindert, dass sich das Ergebnis einer Berechnung von einem Tag zum nächsten ungewollt sprunghaft verändert, weil ein markanter Kurs aus der Datenreihe heraus fällt. Der linear gewichtete Durchschnitt war das Ergebnis dieser Entwicklung. Seine Berechnung ist noch recht einfach zu durchschauen und lässt sich bequem mit dem Bleistift auf einem Stück Papier erledigen.

Einen Schritt weiter hinsichtlich Komplexität und Rechenaufwand geht der exponentiell gewichtete Durchschnitt, der als Exponential Moving Average (EMA) bekannt ist. Während für die beiden zuerst genannten Varianten gilt, dass mit jedem neuen Kurs, der in die Berechnung einfließt, am Ende der Datenreihe ein Kurs aus der Berechnung heraus fällt, gilt dies für den EMA nicht mehr. Er wird fortlaufend berechnet, in dem zum Wert des gestrigen Durchschnittes ein gewichteter Anteil des heutigen Schlusskurses addiert wird. Dadurch sind im Prinzip alle Daten der gesamten Datenreihe im aktuellen Durchschnittswert enthalten. Durch die exponentielle Gewichtung der hinzukommenden Daten „verblassen" die älteren Daten mit jedem Tag.

Durch die exponentielle Gewichtung entsteht ein noch reagiblerer Durchschnitt als der WMA. Die Glättungseigenschaft bleibt vollständig erhalten, während die Verzögerung der Bewegung gegenüber den Kursbewegungen des Basistitels abermals etwas kleiner wird. Der EMA liegt dichter an den Kursen als der SMA und schlägt in dieser Hinsicht oft auch den WMA. In Abb. 259 habe ich einen Vergleich der drei Typen abgebildet.

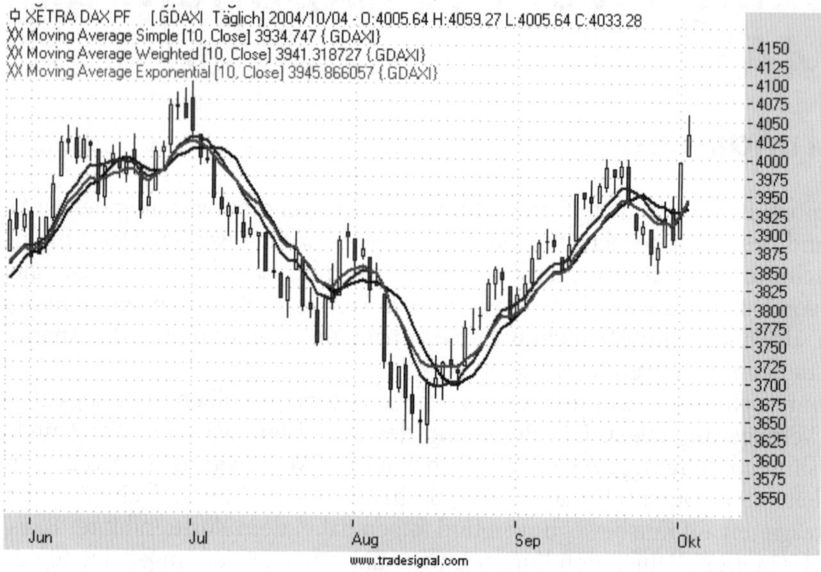

***Abb. 259** – Vergleich der drei Moving Average-Arten „Simple", „Weighted" und „Exponential"*

Oft wechseln sich EMA und WMA hinsichtlich der Vorteile in den Bewegungsmustern ab. Über einen längeren Zeitraum betrachtet dürften sich kaum „echte" Vorteile für einen der beiden gewichteten Durchschnitte herauskristallisieren, obwohl der EMA in der Literatur öfter verwendet wird als der WMA.

Berechnung und Parameter

Die Berechnung eines EMA ist um einiges komplexer als die der anderen beiden genannten Vertreter der gleitenden Durchschnitte. Zunächst sollten Sie wissen, dass es zwei verschiedene Bezeichnungen für einen EMA gibt. Besonders in älteren Quellen ist die prozentuale Bezeichnung zu finden. Dort lesen wir von einem 5-Prozent-EMA oder einem 10-Prozent-EMA. Dabei ist mit der Angabe des Prozentwertes bereits die Größe des Gewichtungsfaktors genannt. Gebräuchlicher ist jedoch die Angabe einer Berechnungsperiode, also 10-Tage-EMA oder 5-Tage-EMA. Diese Variante ist in allen modernen Analyseprogrammen enthalten. Etwas irreführend ist die Angabe der Periode für den uninformierten User sicherlich, denn diese suggeriert ja, dass die Kurse der letzten 10 Tage für einen 10-Tage-EMA verwendet werden. Richtig ist jedoch, dass mit Hilfe der Periodenangabe der Gewichtungsfaktor berechnet wird.

Es existieren zahllose Varianten der Berechnung des Gewichtungsfaktors. Allerdings sind in den Standardindikatoren der gängigen Softwarepakete nur zwei Varianten zu finden. Die ältere Variante berechnet sich wie folgt:

$Ew_{(t)} = 1 / n$
n = Berechnungsperiode

Die in den verbreiteten Analyseprogrammen verwendet Variante der Berechnung des Gewichtungsfaktors sieht jedoch so aus:

$Ew_{(t)} = 2 / (n + 1)$
n = Berechnungsperiode

Welchen Unterschied dies im fertigen Indikator ausmacht, sehen Sie in Abb. 260. Die dem Kursverlauf enger folgende Linie verwendet die Variante zwei zur Berechnung des Gewichtungsfaktors.

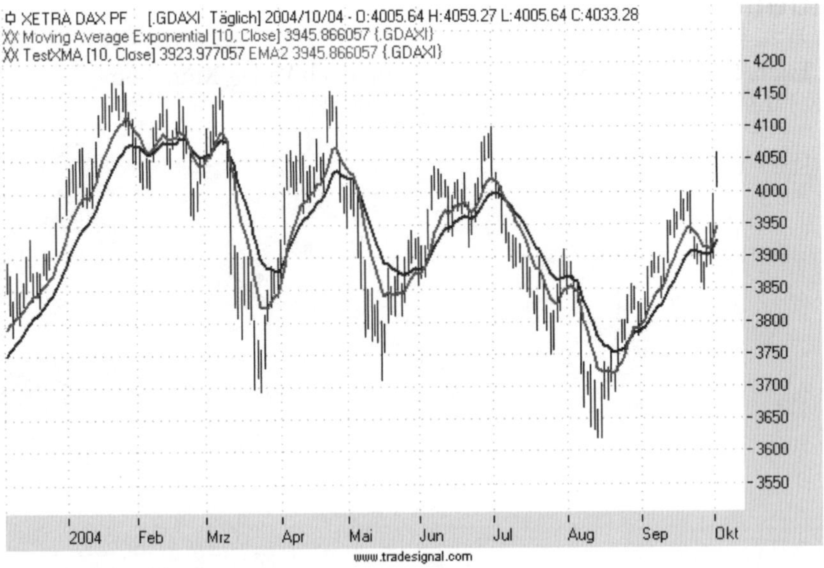

Abb. 260. *– Hier sehen Sie zwei Beispiele mit unterschiedlichem Gewichtungsfaktor in der EMA-Formel. Abhängig davon, welcher Gewichtungsfaktor in die Berechnung des exponentiellen Moving Averages einfließt, reagiert der Durchschnitt schneller.*

Steht der Gewichtungsfaktor fest, erfolgt die Berechnung wie in den nächsten Schritten zu sehen

$$EMA_{(t)} = ((Close_{(t)} - EMA_{(t-1)}) * Ew_{(t)}) + EMA_{(t-1)}$$

Die Differenz aus aktuellem Schlusskurs und gestrigem Wert des Durchschnittes wird mit dem Gewichtungsfaktor multipliziert. Anschließend wird das Ergebnis zum gestrigen Wert des Durchschnittes addiert. Für eine Periodenangabe von 10 Tagen ergibt sich ein Gewichtungsfaktor von 18,18 Prozent. Für eine Periodenangabe von 5 Tagen ergibt sich ein Gewichtungsfaktor von 33,33 Prozent. Sollten Sie auf die Angabe eines Prozentwertes stoßen, so können Sie diesen in der oberen Berechnung direkt verwenden. Ein 10-Prozent-EMA berechnet sich also wie folgt:

$$EMA_{(t)} = ((Close_{(t)} - EMA_{(t-1)}) * 0.1) + EMA_{(t-1)}$$

Das Ergebnis entspricht einem 19 Tage EMA, weil 2 / 19 +1 = 0,1 oder 10 Prozent ergibt. Ein exponentiell gewichteter Durchschnitt unterscheidet sich in der Verwendung nicht von Durchschnitten anderen Berechnungstyps. Der bekannte MACD Indikator basiert auf zwei EMA's und stellt die Differenz aus kürzerem und längerem EMA dar.

Quellen

Florek, Erich. Neue Tradingdimensionen. FinanzBuch Verlag, München
Murphy, John J.: Technische Analyse der Finanzmärkte

Moving Average Weighted

Grundlagen

Wir haben über den einfachen arithmetischen Durchschnitt (SMA) gelernt, dass er die Summe aller Werte des Berechnungszeitraumes durch die Anzahl der Handelstage im Berechnungszeitraum dividiert. Die einfachste und am schnellsten zu erledigende Art der Durchschnittsbildung. Die Art der Berechnung – und das gilt für jeden Typ von gleitendem Durchschnitt – erzeugt eine zeitliche Verzögerung, mit der die Durchschnittslinie ihren Basisdaten folgt. Sie läuft den Kursen immer hinterher. Ihre glättende Eigenschaft ist dabei sehr geschätzt, während die verzögernde Eigenschaft nicht immer erwünscht ist.

Weiterentwicklungen des einfachen gleitenden Durchschnittes versuchen deshalb, die glättende Eigenschaft zu erhalten und die zeitliche Verzögerung, also den Nachlauf zu reduzieren. Eine Möglichkeit, dies zu erreichen, ist die Gewichtung der einzelnen Daten innerhalb der Berechnung. Die Logik sagt uns, dass die neueren Daten im Berechnungszeitraum ein größeres Gewicht im Ergebnis erhalten sollten, als die älteren Daten. Die Einführung einfacher linear gewichteter Durchschnitte (WMA) in der technischen Analyse war die daraus folgende Konsequenz.

Unter linearer Gewichtung verstehen wir eine gleichmäßige Veränderung des Gewichtungsfaktors vom Anfang bis zum Ende der Datenreihe, auf die die Durchschnittsberechnung durchgeführt werden soll. Der aktuelle Kurs in der Berechnung erhält das höchste Gewicht und der letzte Kurs in der Reihe das niedrigste Gewicht. Die Veränderung der einzelnen Gewichtungsfaktoren geschieht gleichmäßig, also linear. Diese lineare Gewichtung erzeugt einen ebenso weichen Verlauf wie der einfache arithmetische Durchschnitt; die gewichtete Durchschnittslinie liegt dabei allerdings enger am Kursverlauf des Basistitels an.

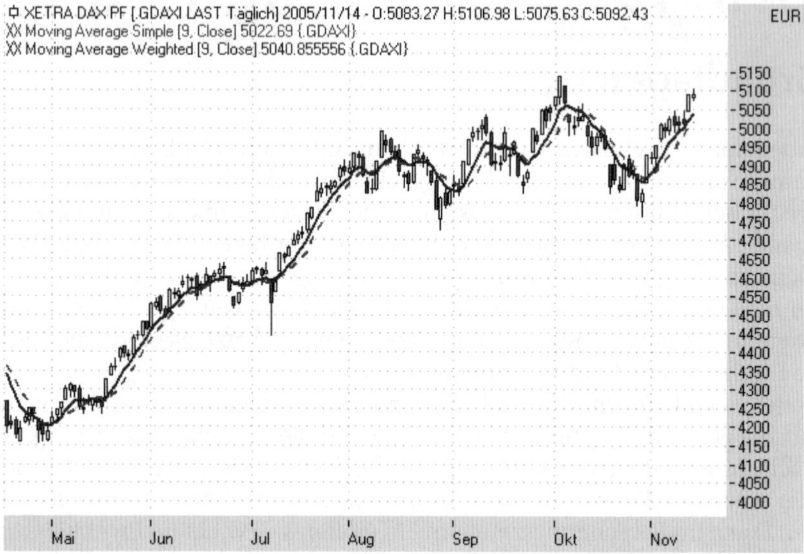

***Abb. 261** – Simple (gestrichelt) und Weighted Moving Average (durchgezogen) über 9 Tage berechnet.*

Schauen Sie auf Abb. 261. Sie sehen einen einfachen gleitenden Durchschnitt als grüne Linie und einen gewichteten gleitenden Durchschnitt als blaue Linie. Es ist gut zu erkennen, dass der gewichtete Durchschnitt enger am Kursverlauf liegt als der einfache Durchschnitt. Die Wendepunkte der Kurse werden vom gewichteten Durchschnitt eher nachvollzogen als vom einfachen Durchschnitt.

Berechnung und Parameter

Die Berechnung des linear gewichteten gleitenden Durchschnittes ist ebenso einfach, wie die Berechnung des einfachen arithmetischen Durchschnittes. Wir überlegen zuerst, über welchen Zeitraum der Durchschnitt berechnet werden soll. Wir nehmen als Beispiel 7 Tage. Nun wissen wir auch schon, wie hoch der größte Gewichtungsfaktor in der Berechnung ist. Er hat den Wert 7, der niedrigste Gewichtungsfaktor hat den Wert 1.

WMA(t) = Sum(n)(W * Close) / Sum(n)(W)

n = Berechnungszeitraum
W(t) = n, W(t-1) = n-1 ....W(n) = 1

Es wird also der aktuelle Schlusskurs mit dem Faktor 7 multipliziert, der Kurs des Vortages mit dem Faktor 6 und der Kurs vor 7 Tagen mit 1. Die Summe dieser Multiplikationen wird durch die Summe der Gewichtungsfaktoren dividiert. In unserem Beispiel wird die Summe der gewichteten Schlusskurse durch 28 dividiert.

Welchen Nutzen haben wir nun aus dieser etwas komplexeren Berechnungsmethode? Der WMA liegt enger am Kursverlauf als ein einfacher arithmetischer Durchschnitt. Die Verzögerung der Bewegungsmuster wird also auch geringer sein als beim arithmetischen Durchschnitt. Als Anwendungsgebiet erschließt sich deshalb der Einsatz als Signalgeber in einem System aus mehreren Durchschnitten oder als Signallinie eines Indikators. Der WMA stellt einen guten Kompromiss zwischen Glättung und Reagibilität dar. Er vollzieht Richtungswechsel in den Basisdaten schneller nach als ein SMA, weist aber trotzdem ein weiches Verlaufsmuster auf, was wichtig im Hinblick auf die Anzahl von Fehlsignalen ist.

***Abb. 262** – Linear Regression Oszillator; einmal mit einem Simple Moving Average und einmal mit einem Weighted Moving Average als Signallinie.*

In Abb. 262 habe ich zweimal den gleichen Indikator in einem Chart. Der obere verwendet als Signallinie einen einfachen arithmetischen Durchschnitt, der untere einen gewichteten Durchschnitt. Besonders bei Indikatoren mit weichem Verlauf ist der WMA als Signallinie zu empfehlen. Er folgt dem Indikator sehr eng, was bedeutet, dass er auf Richtungswechsel schnell reagiert. Für Indikatoren mit sehr unruhigem Verlauf ist der WMA als Signallinie dagegen nicht geeignet, er würde mehr Fehlsignale produzieren als eine trägere Signallinie.

Quellen

Zhang, Peter G.: Weighted Moving Averages.
Florek, Erich: Neue Tradingdimensionen. FinanzBuch Verlag, München.

Moving Average Adaptive nach Kaufmann (KAMA)

Grundlagen

P. Kaufman widmet in seinem Buch „Trading Systems und Methods“ ein ganzes Kapitel den adaptiven Ansätzen in der Indikatorenentwicklung. Dabei stellt er am Anfang seinen Adaptive Moving Average (KAMA) vor.

Ziel aller adaptiven Indikatoren ist es, die Berechnungslänge oder Gewichtung des Indikators an den vorherrschenden Marktbedingungen auszurichten. Ein starr eingestellter Indikator kann nicht auf sich verändernde Bedingungen im Markt reagieren. Er wird in allen Marktphasen, also hektischen und ruhigen, mit der gleichen Periodeneinstellung oder den gleichen Gewichtungsfaktoren berechnet. Er reagiert in allen Phasen mit der gleichen unveränderlichen Trägheit auf Ereignisse. Wünschenswert wäre eine Anpassung an die vorherrschende Schwankungsintensität der Kurse oder an die Effizienz der vorherrschenden Trendbewegung. Zahlreiche Ansätze wurden dazu in der Fachliteratur publiziert. Als Basis einiger Indikatoren ist die Anpassung der Berechnungslänge an die Schwankungsintensität bereits bekannt.

Wichtigste Beispiele sind hier der Dynamic Momentum Index und auch der Variable Index Dynamic Average (VIDYA). Beide berechnen intern die Schwankungsintensität der Kurse des Basistitels und skalieren an Hand dieser die Berechnungs- bzw. Gewichtungseinstellung der Indikatoren. Ziel dieser Anpassung ist es, die Reagibilität der Indikatoren proportional zur Veränderung der Schwankungsintensität der Kurse zu gestalten. Nimmt die Schwankungsintensität zu, sollen beide Indikatoren schneller reagieren und Kursbewegungen eher nachvollziehen. Nimmt die Schwankungsintensität ab, sollen die Indikatoren langsamer reagieren und den Kursbewegungen mit größerer Trägheit folgen. Im Falle des VIDYA wird der Gewichtungsfaktor eines exponentiellen Durchschnittes so verändert, dass in Phasen mit hektischen Kursbewegungen ein höherer Faktor verwendet wird, was den aktuellen Kursen ein höheres Gewicht in der Berechnung verleiht. Der Durchschnitt reagiert schneller auf Bewegungen im Basiswert. In Phase ruhiger Kursbewegungen wird der Gewichtungsfaktor reduziert, was bewirkt, dass die aktuellen Kurse ein niedrigeres Gewicht in der Berechnung erhalten. Der Durchschnitt reagiert mit größerer Verzögerung.

Kaufmans Konzept orientiert sich an der Effizienz der Kursbewegung in einem festen Zeitraum. Damit erzeugt Kaufman ein genau gegenteiliges Verhalten seines Durchschnittes im Vergleich zum VIDYA. Auch dem KAMA liegt ein exponentieller Durchschnitt zu Grunde. Kaufmann wollte allerdings einen echten Trendfilter erhalten, was bedeutet, dass in Phasen mit hektischen Kursbewegungen die Reaktionszeit des Indikators verlängert wird, in dem der Gewichtungsfaktor der exponentiellen Durchschnittsberechnung reduziert wird. In Phasen ruhiger und gleichmäßig gerichteter Bewegung wird die Reaktionszeit verkürzt, in dem der Gewichtungsfaktor vergrößert wird. Der KAMA reagiert auf Richtungswechsel innerhalb eines ausgeprägten Trends schneller als auf Richtungswechsel in volatilen Seitwärtsphasen. In Abb. 263 sehen Sie den Vergleich zwischen VIDYA und KAMA mit ungefähr gleichen Parametereinstellungen. Der VIDYA folgt besonders in Seitwärtsphasen den Kursbewegungen viel intensiver als der KAMA. Dieser verläuft fast waagerecht und zeigt damit das Nicht-Vorhandensein einer ausgeprägten Trendbewegung an.

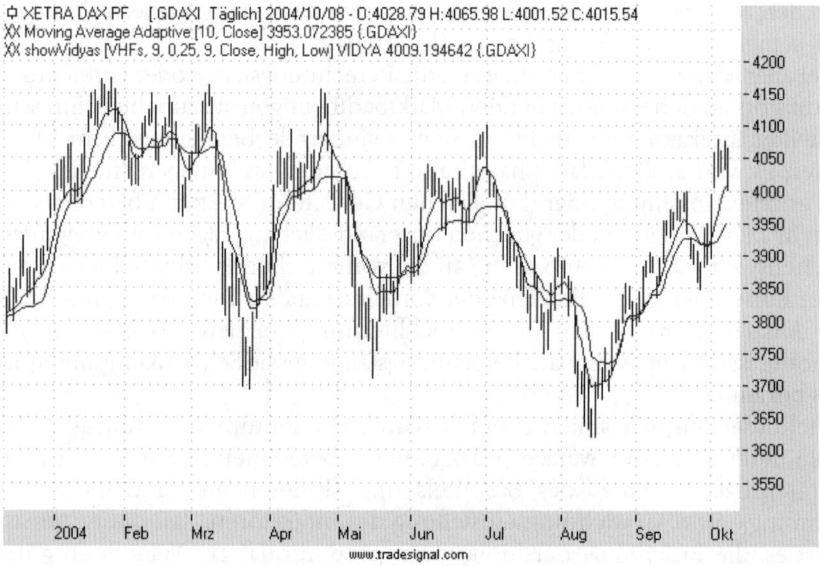

***Abb. 263** – KAMA und VIDYA im Vergleich. Der KAMA von Perry Kaufmann folgt den Kursbewegungen nicht ganz so schnell.*

Für die Skalierung des Gewichtungsfaktors wird die Efficiency Ratio berechnet. Diese stellt das Verhältnis zwischen Netto- und Bruttokursbewegung dar. Unter Nettokursbewegung versteht man die absolute Kursänderung im Betrachtungszeitraum, also die Differenz zwischen erstem und letztem Tag im Betrachtungszeitraum. Die Bruttokursbewegung ist die Gesamtsumme aller Kursänderungen im Betrachtungszeitraum.

Die Efficiency Ratio soll feststellen, wie effizient eine Kursbewegung über mehrere Tage abgelaufen ist. Haben sich die Kurse geradlinig in eine Richtung bewegt, wird das Verhältnis aus Netto- zu Bruttokursbewegung nahe 1 liegen. Haben sich die Kurse stark volatil verhalten, ist das Verhältnis zwischen Netto- und Bruttokursbewegung wesentlich kleiner. Die Efficiency Ratio schwankt zwischen den maximalen Werten 0 und 1.

Berechnung und Parameter

Der KAMA wird auf ähnliche Weise berechnet wie der VIDYA von T. Chande. Als Grundlage dient eine exponentielle Durchschnittsberechnung. Wie ich in meinen Beiträgen zum EMA und zum VIDYA bereits erwähnt habe, existieren zwei Möglichkeiten, die Parameter für den EMA anzugeben. Die selten verwendet Angabe eines Prozentwertes für den Gewichtungsfaktor ist aus älteren Publikationen bekannt. Hier finden sich oft 10 Prozent oder 5 Prozent für den EMA.

Geläufiger und in den meisten Softwarepaketen genutzt, ist die Angabe einer Berechnungsperiode. Diese stellt die Vergleichbarkeit zu Durchschnittsvarianten mit festem Berechnungszeitraum her. Da ein exponentieller gleitender Durchschnitt allerdings keinen festen Berechnungszeitraum verwendet, wird aus diesem Parameter über folgende Umrechnung der Gewichtungsfaktor ermittelt:

$$Ew_{(t)} = 2 / (n + 1)$$

Mit diesem können wir nun den exponentiellen Durchschnitt berechnen:

$$EMA_{(t)} = ((Close_{(t)} - EMA_{(t-1)}) * Ew_{(t)}) + EMA_{(t-1)}$$
n = Berechnungsperiode des exponentiellen Durchschnittes

Um Kaufmans adaptiven Ansatz in diese Formel einzubinden, müssen wir die Berechnung des Gewichtungsfaktors noch einmal ausklammern und separat behandeln. Die Grundformel für den KAMA sieht wie folgt aus:

$$KAMA_{(t)} = a_{(t)} * (Close_{(t)} - KAMA_{(t-1)}) + KAMA_{(t-1)}$$

Machen wir uns nun an die Berechnung des variablen Gewichtungsfaktors. Dazu benötigen wir zuerst die Efficiency Ratio.

$$Nettodiff_{(t)} = Abs(Close_{(t)} - Close_{(t-n)})$$
$$Bruttodiff_{(t)} = Sum_{(n)}(abs(Close_{(t)} - Close_{(t-1)}))$$
$$ER_{(t)} = Nettodiff_{(t)} / Bruttodiff_{(t)}$$

Wie schon beschrieben, bewegt sich die ER innerhalb einer Bandbreite von 0 bis 1. Werte nahe 1 zeigen eine hohe Trendeffizienz an, die Kurse haben sich im Betrachtungszeitraum geradlinig in eine Richtung bewegt. Werte nahe 0 zeigen eine niedrige bzw. keine Trendeffizienz an. Die Kurse haben sich entweder sehr volatil in eine Richtung bewegt oder aber sie haben sich letztendlich nur seitwärts bewegt. Kaufman begrenzt den Berechnungszeitraum des KAMA mit einem Minimalwert und einem Maximalwert. Die ER skaliert den Gewichtungsfaktor der KAMA-Berechnung anhand dieser beiden Werte. Kaufman setzt den kleinsten Wert auf zwei Tage und den größten Wert auf 30 Tage. Beide Werte müssen zunächst in die exponentiellen Gewichtungsfaktoren übersetzt werden:

$$Fastest_{(t)} = 2 / (x + 1)$$
$$Slowest_{(t)} = 2 / (y + 1)$$

x = minimaler Wert für die Berechnungsperiode
x = maximaler Wert für die Berechnungsperiode

Bleiben wir bei Kaufmans Standardeinstellungen, ergeben sich für Fastest(t) = 0,666 und für Slowest(t) = 0,0645. Um nun den endgültig verwendeten Gewichtungsfaktor für die Berechnung des KAMA zu erhalten, wird die ER wie folgt verwendet:

$$a_{(t)} = \text{Power}((\ ER_{(t)} * (Fastest_{(t)} - Slowest_{(t)}) + Slowest_{(t)}\ ))$$

Das Produkt aus ER und der Differenz zwischen den beiden Gewichtungsfaktoren ist um so größer, je höher die Trendeffizienz im Basistitel ist. Die Funktion „Power" quadriert das Endergebnis der Berechnung. Daraus resultiert eine Begrenzung des Parameterbereiches in der KAMA-Berechnung von minimal 2*2 = 4 bis maximal 30*30 = 900. Der Gewichtungsfaktor a(t), der letztendlich für die Reagibilität oder Trägheit des KAMA verantwortlich ist, wird sehr hoch sein, wenn eine hohe Trendeffizienz gemessen wird. Daraus ergibt sich ein besonders schnell reagierender KAMA. Wird eine niedrige Trendeffizienz gemessen, wird auch der Gewichtungsfaktor kleiner ausfallen, was sich in einer größeren Trägheit des KAMA ausdrückt.

In Abb. 264 sehen Sie einen Ausschnitt aus dem DAX-Tageschart. Es ist gut zu erkennen, dass in Phasen mit seitwärts laufenden Kursen der KAMA fast waagerecht verläuft und sich auch durch stärkere Kursschwankungen nicht aus der Ruhe bringen lässt. Sobald sich eine Trendbewegung herausgebildet hat, reagiert der KAMA mit einem entsprechenden Richtungswechsel.

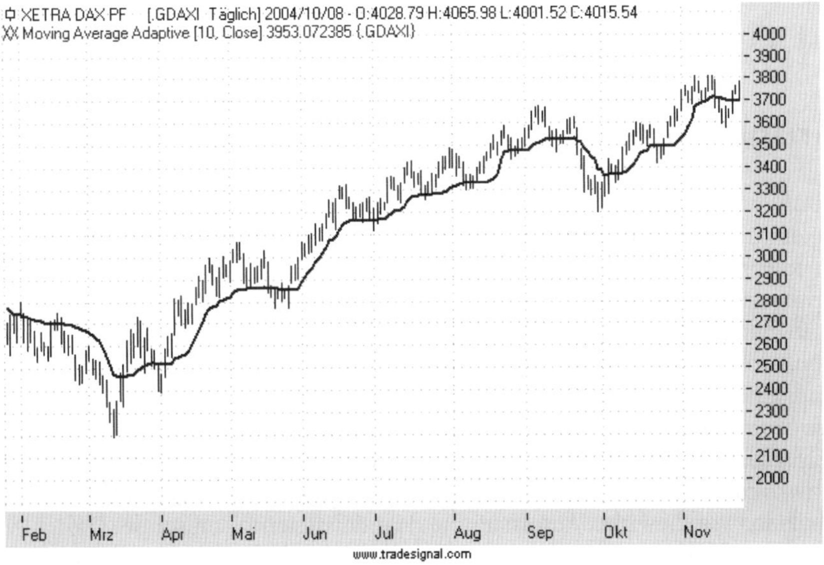

***Abb. 264** – Während der KAMA in Seitwärtsphasen kaum reagiert und eher waagerecht verläuft, reagiert der KAMA in Trendphasen sehr schnell.*

Natürlich unterliegt auch der KAMA einer gewissen zeitlichen Verzögerung, wie dies bei allen gleitenden Durchschnitten der Fall ist. Von allen bisher beschriebenen Typen eignet sich der KAMA am besten als Trendfilter, wie ich es im Basisartikel zu den gleitenden Durchschnitten beschreiben habe. Ich bedanke mich an dieser Stelle bei S. Schmidt, der eine besonders gute und lesenswerte Quelle für diesen Beitrag geliefert hat.

Quellen

Schmidt, Sebastian: KAMA als Grundlage der adaptiven Stochastic.
Auf: www.tradesignalonline.com
Kaufman, Perry J.: Trading Systems and Methods

Moving Average Variable Index Dynamic (VIDYA)

Grundlagen

Viele bisher besprochene gleitende Durchschnitte verwenden fest vorgegebene Parameter für die Durchschnittsberechnung. Die Bewegungsmuster in Aktienkursen folgen aber keinem festen Schema und keinen starren Gesetzen. Die Kursbewegungen werden beeinflusst von zahllosen Informationen, von Veränderungen in der politischen Situation, von Veränderungen in der wirtschaftlichen Situation, von saisonalen Einflüssen, von gesellschaftlichen Einflüssen, von massenpsychologischen Phänomenen und von technischen Faktoren.

Die Verbreitung des Internet und damit der erleichterte Zugang zu den Finanzmärkten hat eine Beschleunigung der Handelsaktivität, eine Vergrößerung der Schwankungsbreite und eine damit einhergehende größere Unsicherheit in der Marktanalyse bewirkt. Automatische Handelssysteme, tausende Daytrader, hunderttausende Kleinanleger sorgen dafür, dass die täglichen und wöchentlichen Kursbewegungen in nahezu chaotischen Mustern verlaufen. Zeiten mit ruhigem Verlauf wechseln sich mit ziellosen Pendelbewegungen in endlos langen Tradingranges ab, mit explosionsartigen Kursbewegungen, die durch einzelne Nachrichten oder durch technische Faktoren ausgelöst werden.

Trader, die mit den herkömmlichen Indikatoren arbeiten, kennen das Problem der fixen Berechnungsparameter nur zu gut. In manchen Marktphasen arbeitet ein Indikator oder ein System aus Indikatoren gut und bringt Profit, in anderen Marktphasen häufen sich die Fehlsignale und der Erfolg bleibt aus. Zahlreiche Entwickler haben versucht, das Problem der festen, starren Berechnungsmuster zu lösen. Erste Ansätze waren die Kombination mehrere Indikatoren mit verschiedenen Berechnungslängen, die sich aber als wenig brauchbar erwiesen. Konsequent weiterentwickelt tauchten Ansätze auf, die nicht nur die Generierung von Handelssignalen dem Marktgeschehen übertrugen, sondern die auch die komplette Adjustierung der Berechnungen vom Marktgeschehen abhängig machten. Dabei wurde meist die Schwankungsintensität der zu Grunde liegenden Kurse verwendet um die Berechnungslängen der Indikatoren zu verändern.

T. Chande und S. Kroll stellten ihre Version der flexiblen Berechnungslänge in ihrem Buch „The New Technical Trader" vor. Angewendet auf einen exponentiellen gleitenden Durchschnitt sollten deutliche Vorteile der dynamisch veränderten Berechnungslänge gegenüber dem mit fixer Berechnungslänge ermittelten Durchschnitt erzielt werden. Chande und Kroll stellten insgesamt drei Varianten vor, die auf Basis von bekannten Indikatoren ein Volatilitätsmaß errechnen. Mit Hilfe dieses Volatilitätsmaßes wird der Glättungsfaktor des verwendeten exponentiellen Durchschnittes variiert.

Berechnung und Parameter

Zunächst möchte ich die Berechnung eines exponentiellen Durchschnittes (EMA) darstellen, um dann die Veränderungen von Chande und Kroll zu erläutern. Der EMA wird fortlaufend berechnet, an jedem Tag wird zum Indikatorwert des Vortages ein gewichteter Anteil des aktuellen Schlusskurses addiert. Dadurch sind alle Kurse der gesamten Datenreihe im Ergebnis enthalten. Die älteren Kurse „verblassen" dabei hinsichtlich ihres Gewichtes im Endergebnis. Die Berechnung eines EMA sieht wie folgt aus:

$$Ew_{(t)} = 2 / (n + 1)$$

Mit der in den Parametereinstellungen erforderlichen Angabe einer Berechnungsperiode wird der Gewichtungsfaktor errechnet.

$$EMA_{(t)} = ((Close_{(t)} - EMA_{(t-1)}) * Ew_{(t)}) + EMA_{(t-1)}$$

Ein EMA mit der Periodeneinstellung von 5 Tagen gibt dem aktuellen Kurs in der Berechnung ein Gewicht von 33,33 Prozent. Mit der Einstellung von 10 Tagen sinkt das Gewicht auf 18,18 Prozent. Um ein rundes Ergebnis für den Faktor zu erhalten, nehmen wir einen 9-Tage-EMA, dessen Faktor 20 Prozent, also 0,20 ergibt.

Der EMA ist ein starres Instrument. Der einmal eingegebene Berechnungsfaktor wird über die gesamte Datenreihe beibehalten. In Zeiten flacher, langwieriger Seitwärtsphasen reagiert der einmal festgelegte EMA mit der gleichen Agilität oder Trägheit, wie in Zeiten extremer Schwankungen. Chande und Kroll gingen deshalb den Schritt hin zur Anpassung des Gewichtungsfaktors an die Schwankungsintensität des Marktes. Sie führten einen zusätzlichen Multiplikator ein, der mit dem Gewichtungsfaktor des EMA multipliziert wird.

Chande schreibt in seinem Buch, dass als Multiplikator im Prinzip jeder Marktindikator in Frage kommt, der sich zwischen 0 und 1 bewegt. Drei Beispiele werden von den Autoren ins Rennen geschickt. Als klassisches Volatilitätsmaß wird die Standardabweichung verwendet. Sie misst, wie groß die Abweichung einzelner Kurse von deren Mittelwert ist. Hohe Werte zeigen, dass die Kurse breit gestreut sind, niedrige Werte zeigen, dass die Kurse dicht am Mittelwert liegen, ein Zeichen für eine geringe Schwankungsintensität. Chandes Version des EMA sieht so aus:

$$EMA_{(t)} = K_{(t)} * Close_{(t)} + (1 - K_{(t)}) * EMA_{(t-1)}$$

Nach Einführung des zusätzlichen Multiplikators sieht die Formel so aus:

$$VIDYA_{(t)} = Speed_{(t)} * K_{(t)} * Close_{(t)} + (1 - K_{(t)} \cdot Speed_{(t)}) * VIDYA_{(t-1)}$$

Speed = Volatilitätsabhängiger Multiplikator

Dieser Multiplikator ist nun das ganze Geheimnis des Variable Index Dynamic Average (VIDYA). Ein großer Wert für Speed erhöht den Gewichtungsfaktor des

EMA, was einer Verkürzung der Berechnungsperiode gleichkommt. Ein kleiner Wert für Speed verkleinert den Gewichtungsfaktor des EMA, was einer Verlängerung der Berechnungsperiode gleichkommt. Um die Variable Speed mit Hilfe der Standardabweichung zu berechnen, wird die Ratio aus Standardabweichung der Schlusskurse und dem Durchschnitt der Standardabweichung der Schlusskurse über einen längeren Zeitraum gebildet. In Phasen geringer Kursschwankungen wird diese Ratio kleiner als 1 sein, in Phasen mit starken Schwankungen wird sie größer als 1 sein.

$$Avgs_{(t)} = Sum_{(n)}(S) / n$$
$$Speed_{(t)} = s_{(n)} / Avgs_{(t)}$$
s = Standardabweichung über n Tage

Um ein Beispiel zu beschreiben, verwenden wir einen EMA, der mit einer Berechnungsperiode von 9 Tagen definiert ist. Der Gewichtungsfaktor des EMA ergibt sich aus Ew(t) = 2 / (n + 1) also Ew(t) = 2 / (9 + 1) = 0,2. Der aktuelle Kurs erhält in der Durchschnittsberechnung also ein Gewicht von 20 Prozent. Tritt unser Basistitel in eine Phase mit starken Kursschwankungen ein, wird Speed größer als 1 sein, weil die aktuelle Standardabweichung über ihrem Durchschnitt liegt. Daraus ergibt sich ein größeres Produkt aus Speed(t) * K(t). Der Gewichtungsfaktor für die Durchschnittsberechnung wird also größer, was einer Verkürzung der Berechnungslänge entspricht.

Tritt unser Basistitel hingegen in eine ruhige Marktphase ein, wird die Standardabweichung unter ihrem Durchschnitt liegen. Speed ist kleiner als 1. Daraus ergibt sich ein kleineres Produkt aus Speed(t) * K(t). Der Gewichtungsfaktor der Durchschnittsberechnung wird also kleiner, was einer Verlängerung der Berechnungslänge entspricht. Ein Vergleich zwischen einem 9-Tage-EMA und einem VIDYA mit Grundeinstellung 9 Tage in Abb. 265 zeigt die Unterschiede im Verlauf.

***Abb. 265** – Ein 9-Tage-EMA und der VIDYA mit gleicher Periodenlänge. Der VIDYA ist etwas schneller und näher am Kurs.*

In ruhigen Phasen verlaufen beide Varianten nahezu parallel oder sogar deckungsgleich. In Phasen mit erhöhter Marktaktivität liegt der VIDYA näher an den Kursen, er ist dann reagibler als der EMA. Die zweite Anpassungsvariante verwendet den Chande Momentum Oszillator (CMO), einen Momentumindikator, der wie der RSI von Wilder das Verhältnis der aufwärtsgerichteter Bewegungsdynamik zur Summe der Bewegungsdynamik abbildet. Kräftige Kursbewegungen erzeugen starke Ausschläge im Indikator, ein Zeichen für hohe Dynamik. Da der CMO auch negative Werte aufweist, wurden absolute Werte verwendet.

$$Speed_{(t)} = abs(CMO_{(t)})$$

In Abb. 266 sehen Sie den Vergleich EMA und VIDYA auf CMO Basis mit dem darunter liegenden CMO als Indikator.
Die dritte Anpassungsvariante verwendet den Koeffizient „R“ der linearen Regression. Dieser misst, wie gut der Kursverlauf durch eine lineare Regressionsgerade beschrieben werden kann

$$Speed_{(t)} = R\text{-}Squared_{(t)}$$

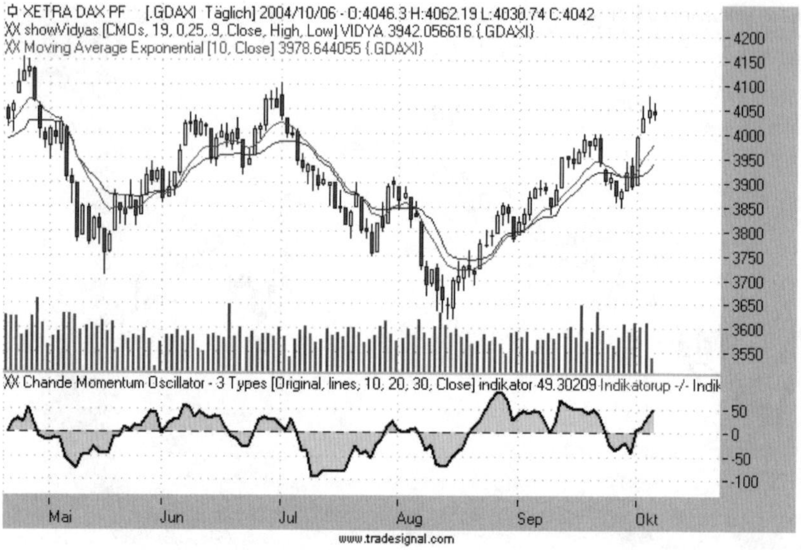

***Abb. 266** – EMA und VIDYA – oben über den Chart gelegt – und der Chande Momentum Oszillator (unten) im Vergleich.*

***Abb. 267** – Hier wird der Gewichtungsfaktor des VIDYA vom Regressionskoeffizienten „R" bestimmt. R (Chartfenster unten) wird immer dann nahe 1 sein, wenn die Kursbewegung einen Trend ausprägt.*

Liegen die Kurse sehr dicht an der Regressionsgerade, was in starken Trendphasen mit gleichförmigen Bewegungen der Fall ist, so wird R nahe 1 liegen. Schwanken die Kurse stärker um die Gerade herum, wird der Koeffizient R-Squared kleiner und nähert sich 0,1 an. Abb. 267 zeigt einen Vergleich dieser Variante mit einem EMA sowie den darunter liegenden Indikator.

Quellen

Chande, Tushar; Kroll, Stanley: The New Technical Trader

Negative Volume Index

Grundlagen

Einer der wenig verwendeten Indikatoren, die trotzdem in jedem Softwarepaket enthalten ist, ist der Negative Volume Index. In neueren Veröffentlichungen zum Thema Volumen-Analyse taucht der Indikator nicht mehr auf. P. Dysart, ein Analyst und Händler in den fünfziger und sechziger Jahren, entwickelte den Indikator für Aktien, die an der New York Stock Exchange gehandelt wurden. Seine Absicht war es eigentlich nicht, diesen Indikator bekannt zu machen. Er selbst hat bereits Mitte der sechziger Jahre festgestellt, dass der Indikator seine beste Zeit hinter sich hatte und hat dies auch immer wieder betont. Auf Grund von Veränderungen in den Märkten und verändertem Verhalten von Investoren und Kleinanlegern sank die Aussagekraft des Indikators deutlich.

Ursprüngliches Ziel Dysarts war es, den Weg des „Smart Money", der gut informierten Marktteilnehmer, der Big Player, zu analysieren. Sein Grundgedanke war dabei, dass diese Investorengruppe eher still und heimlich unentdeckt im Hintergrund agiert, um ihre Positionen zu öffnen oder zu schließen. Es wird gehandelt, bevor Gier oder Panik die Kurse zu treiben beginnen. Tage, an denen das Handelsvolumen gegenüber dem Vortag gefallen ist, sollten solche Zeitpunkte markieren. Es sind weniger Akteure an den Kursbewegungen beteiligt, wobei unterstellt wird, dass es eher diejenigen sind, die gut informiert sind und strategisch agieren, als diejenigen, die sich von kurzfristigen Ereignissen, von Gier oder Panik treiben lassen und den Kursen hinterherlaufen.

Berechnung und Parameter

Die Berechnung des Indikators ist recht einfach. Es werden zunächst nur die Tage berücksichtigt, an denen das Handelsvolumen gegenüber dem Vortag gefallen ist. Ist dies der Fall, wird die prozentuale Kursänderung zum Schlusskurs des Vortages berechnet und zur laufenden Summe des Indikators hinzu addiert. An Tagen, an denen sich das Volumen zum Vortag nicht ändert oder steigt, wird zur laufenden Summe des Indikators 0 addiert.

Parameterangaben sind bei diesem Indikator nicht nötig.

Formel

$$\text{Wenn Volume}_{(t)} < \text{Volume}_{(t-1)} \text{ Dann}$$
$$NVI_{(t)} = NVI_{(t-1)} + \left(\left(Close_{(t)} - Close_{(t-1)}\right) / Close_{(t-1)} \right)$$
$$\text{Sonst } NVI_{(t)} = NVI_{(t-1)}$$

Wird ein gleitender Durchschnitt auf den Indikator berechnet, der als Signallinie verwendet werden soll, gelten 255 Tage oder 50 Wochen als brauchbare Einstellungen für dessen Berechnung.

Interpretation

In der Literatur finden sich nur wenige und vor allem wenig konkrete Anwendungsmöglichkeiten. Die meist genannte Anwendungsmöglichkeit verwendet einen langfristigen gleitenden Durchschnitt auf den Indikator. Schnittpunkte mit dieser Signallinie sind als Handelssignale zu verwenden. Allgemein gilt ein Indikatorwert über der Signallinie als Zeichen für einen Aufwärtstrend und ein Indikatorwert unter der Signallinie als Zeichen für einen Abwärtstrend. Der Indikator kann auch auf Wochen- oder Monatsdaten berechnet werden. In Abb. 268 sehen Sie einen DAX-Tageschart mit Negative Volume Index und dessen Signallinie.

***Abb. 268** – Negative Volume Index mit einer Signallinie (unten).*

Abb. 269 zeigt den DAX in wöchentlicher Auflösung, ebenfalls mit Indikator und dessen Signallinie. In beiden Fällen ist eine deutliche zeitliche Verzögerung der Indikatorsignale gegenüber den erkennbaren Trendwendepunkten zu erkennen. Teilweise sind das bis zu 7 Monate!

Abb. 269 *– Negative Volume Index im Wochen-Chart des DAX.*

Der Negative Volume Index berücksichtigt nur Tage, an denen das Handelsvolumen gegenüber dem Vortag gefallen ist und unterstellt dabei, dass Großinvestoren oder das so genannte „Smart Money" an diesen Tagen besonders aktiv sind. Diese kaufen, bevor die Masse der Anleger im Markt auftritt. Diese Interpretation ist zwar nachvollziehbar, spricht aber der herkömmlichen Volumenanalyse entgegen.

Kritische Würdigung

P. Dysart hat angeblich bereits 1967 diesem Indikator keine Beachtung mehr gegeben. Warum er immer noch in zahlreichen Softwarepaketen enthalten ist, bleibt unklar. In der Literatur sind kaum Anwendungsbeispiele zu finden. Ein bei Colby vorgestelltes System ist unbrauchbar und auch Autoren im US-Magazin TAS&C sprechen dem Indikator seine Verwendbarkeit ab. Ich nehme den NVI deshalb mit auf die „Liste der Indikatoren, die keiner braucht".

Quellen

Holt, Phillip C.: Enhancing OBV and NVI. In: TAS&C V.14
Merill, Arthur A.: Negative Divergence Index. In: TAS&C V.8
Petterson, Dennis D.: Market Breadth: Volume. In: TAS&C V.19
Waxenberg, Howard K.: Technical Analysis of Volume. In: TAS&C V.4

Net Momentum Oszillator

Grundlagen

T. Chande und S. Kroll veröffentlichten 1993 eine ausführliche Diskussion über die Berechnung und Abwandlung des Relative Strength Index (RSI). Gleich mehrere Indikatoren, die den RSI erweitern bzw. verbessern sollen, lassen sich aus dem Text der beiden entnehmen. Der RSI ist ein Momentum Indikator, der die aufwärts- und abwärtsgerichteten Kursveränderungen des Basistitels zueinander ins Verhältnis setzt und daraus die innere Stärke des Kurstrends ermittelt. Schwachpunkte des RSI sind uns bereits einige bekannt. Der RSI läuft zu selten in seine Extremzonen ein, weshalb eine Verwendung als Oszillator erschwert wird. Das Verlaufsmuster des RSI ist sehr unruhig und eine Signallinie lässt sich nicht verwenden. Insgesamt bleibt sehr viel Interpretationsspielraum, wenn der RSI betrachtet wird. Als einzig wirklich gute Signalquelle werden die so genannten Failure Swings genannt, bei denen es sich um bullische oder bearische Divergenzen handelt.

Einige Indikatoren versuchen nun, diese Schwachpunkte durch entweder zusätzliche Glättung, wie der True Strength Index (TSI) nach Blau oder abgewandelte Berechnung, wie der Relative Momentum Index (RMI) oder eben der Net Momentum Oszillator (NMO) zu eliminieren. W. Blau gelingt es mit dem TSI, durch zusätzliche Datenglättung innerhalb der Berechnung das Verlaufsmuster des RSI deutlich weicher zu gestalten. Grundsätzlich sind beide Indikatoren jedoch fast identisch. Der RMI, der von R. Altman ebenfalls 1993 in TAS&C beschrieben wurde, erweitert die Momentum-Komponente des RSI. Er verwendet nicht die Kursänderung zum Vortag, sondern die Kursänderung innerhalb einer festen Betrachtungsperiode. Im Vergleich mit dem RSI läuft der RMI öfter in die Extremzonen ein und bildet weichere Verlaufsmuster aus. Die starke Ähnlichkeit zum RSI bleibt jedoch erhalten.

Der Net Momentum Oszillator (NMO) versucht nun ebenfalls, einige Verbesserungen gegenüber dem RSI zu erreichen. Alle hier genannten Indikatoren haben grundlegende Berechnungsschritte gemeinsam. Es werden zwei verschiedene Summen gebildet. Die erste enthält die Momentum-Werte aller Tage mit positiver Kursänderung, die zweite enthält alle Momentum-Werte der Tage mit negativer Kursänderung. Die verwendeten Momentum-Werte unterscheiden sich dabei in der Länge der Betrachtungsperiode. RSI, TSI und auch NMO verwenden das Ein-Tages-Momentum. Im RMI wird das Momentum über eine Periode von 5 oder 10 Tagen ermittelt. Im NMO wird ebenfalls das Ein-Tages-Momentum verwendet. Lediglich die darauf folgende Verwendung der beiden ermittelten Summen ist anders als beim RSI.

Übrigens gibt es für den RSI verschiedene Berechnungsansätze. Diese unterscheiden sich durch unterschiedliche Methoden der Datenglättung innerhalb der RSI Berechnung. W. Wilder verwendete in seinen Original-Veröffentlichungen eine auf Berechnung per Hand ausgerichtete Methode. In anderen Varianten werden nur die Summen gebildet und am Schluss die Indikatorwerte einer Glättung unterzogen. Und schließlich werden statt einfacher Summen auch verschiedene Varianten gleitender Durchschnitte berechnet, die dann in die RSI Berechnung einfließen.

Wahrscheinlich gibt es in jedem Softwareprodukt zur technischen Analyse eine eigene Berechnungsvariante. Im Endergebnis sind aber nur geringe Unterschiede festzustellen, so dass es nicht nötig ist, jede einzelne der mir bekannten Methoden detailliert zu erläutern. Abb. 270 zeigt den fertigen Indikator.

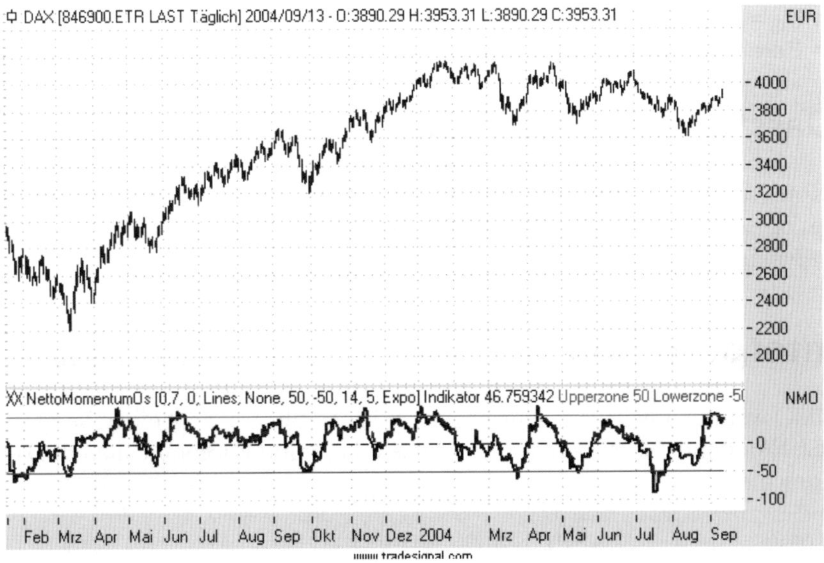

***Abb. 270** – Net Momentum Oszillator im DAX.*

Berechnung und Parameter

Die ersten Schritte auf dem Weg zum NMO sind identisch mit denen auf dem Weg zum RSI. Wir bilden zunächst zwei Summen, die die Kursänderungen an Tagen mit positivem Schlusskurs ermitteln und die Kursänderungen an Tagen mit negativem Schlusskurs ermitteln.

Nun wird die Differenz beider Summen durch die Summe beider Summen dividiert. Das Ergebnis, mit 100 multipliziert, ergibt den NMO. Der Indikator bewegt sich innerhalb einer Skala von 100 bis -100. Seine Extremzonen werden bei 50, für die überkauft Zone und bei -50, für die überverkauft Zone eingezeichnet. Zusätzlich erhält die Skala eine Mittellinie, die bei 0 eingezeichnet wird.

Formel

wenn: $Close_{(t)} > Close_{(t-1)}$ -> $Up_{(t)} = Close_{(t)} - Close_{(t-1)}$ und $Down_{(t)} = 0$
wenn: $Close_{(t)} < Close_{(t-1)}$ -> $Up_{(t)} = 0$ und $Down_{(t)} = Close_{(t-1)} - Close_{(t)}$

$AvgUp_{(t)} = SumUp_{(n)}(Up) / n$
$AvgDown_{(t)} = Sum_{(n)}(Down) / n$

$NMO_{(t)} = 100 * (AvgUp_{(t)} - AvgDown_{(t)}) / (AvgUp_{(t)} + AvgDown_{(t)})$
n = Berechnungsperiode für die Durchschnittsbildung

Darstellungsvarianten

Der NMO steht für TradeSignal enterprise zum Download auf www.tradesignal-online.com zur Verfügung. Er enthält eine Möglichkeit, eine Signallinie aus verschiedenen Typen von gleitenden Durchschnitten zu berechnen.

Interpretation

Der NMO weist deutliche Ähnlichkeit zum TSI auf. Abb. 271 zeigt einen Vergleich von RSI, NMO und TSI. Wegen der Ähnlichkeit dieser Indikatoren ist auch die Verwendung identisch.

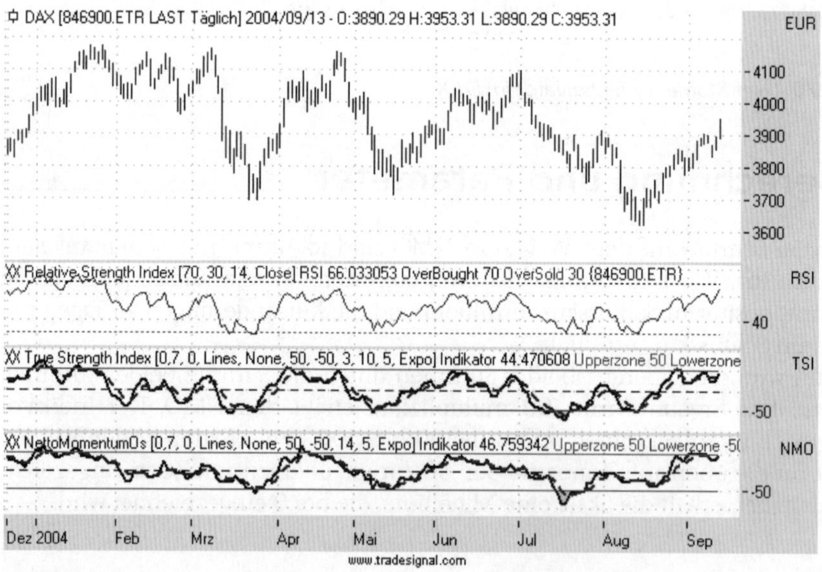

Abb. 271 – *RSI, TSI und NMI im Vergleich.*

Beim Vergleich des Indikators mit dem Kursverlauf seines Basistitels sind Divergenzen zu finden. Diese sind identisch wie die im RSI oder dem TSI zu interpretieren. Wir unterscheiden zwischen bullishen Divergenzen, die im Abwärtstrend auftreten und bearishen Divergenzen, die im Aufwärtstrend zu finden sind. Abb. 272 zeigt eine bullishe Divergenz.

***Abb. 272** – Bullishe Divergenz zwischen DAX und Net Momemtum Oszillator im Frühjahr 2003.*

In einer bearishen Divergenz verfehlt der Indikator neue Hochpunkte, während der Basiswert auf neue Hochpunkte steigt. Auch das ist ein Zeichen auf ein Nachlassen der Bewegungsdynamik im Kurstrend des Basiswertes. Wichtig ist es, zu beachten, dass eine bearische Divergenz nur im Aufwärtstrend eine Bedeutung hat. In Abb. 273 habe ich eine bearische Divergenz markiert.

***Abb. 273** – Bearishe Divergenz zwischen DAX und Net Momentum Oszillator im Herbst 2003*

Dem NMO gelingt es, öfter in eine der beiden Extremzonen einzulaufen, als dem RSI. Daher erhalten wir auf diese Weise mehr verwertbare Signale. Steigt der Indikator in die obere Extremzone, gilt der Basiswert als überkauft. Fällt der Indikator in die untere Extremzone, gilt der Basiswert als überverkauft. Beide Situationen können als Handelssignal verwendet werden. Jedoch ist zu beachten, dass überkaufte und überverkaufte Zustände in starken Trends entweder längere Zeit bestand haben oder zumindest nicht zu einer nutzbaren Reaktion in die Gegenrichtung führen. Die Bewegungen im NMO sind etwas ausgeprägter als die des RSI. Daher reduziert sich auch der Interpretationsspielraum, den der RSI reichlich geboten hat.

Wir können die Lage des NMO zu seiner Mittellinie als Information auf einen Trend im Basiswert verwenden. Liegt der NMO über seiner Mittellinie, ist die Dynamik der aufwärts gerichteten Bewegungen höher als die Dynamik der abwärts gerichteten Bewegungen. Liegt der NMO unter der Mittellinie, ist die Abwärtsdynamik größer als die Aufwärtsdynamik. Ein Schnitt der Mittellinie kann also als Trendwechsel im Basiswert gelten. Die Verwendung der Signallinie ist fast unmöglich. Der NMO bildet ein sehr unruhiges Verlaufsmuster, so dass die zahlreichen Schnittpunkte mit der Signallinie keine verwertbare Aussage liefern.

Kritische Würdigung

Der NMO kann als reines Derivat aus dem RSI gelten. Er enthält eine etwas abweichende Berechnung, die leicht unterschiedliche Muster gegenüber dem RSI erzeugt. Der NMO kann nur wenige Schwachstellen seines Ursprungs Indikators, dem RSI, beseitigen. Die zusätzlichen Signale aus den Extremzonen werden durch den unruhigen, zackigen Verlauf, der eine weitergehende Analyse mit Signallinie verhindert, wieder abgeschwächt.

Quellen

Chande, Tushar; Kroll, Stanley: Stochastic RSI and Dynamic Momentum. In: TAS&C V.11

On Balance Volume

Grundlagen

J. Granvilles On Balance Volume ist einer der bekanntesten Versuche, Kursbewegung und Handelsvolumen in einem trendfolgenden Indikator zu vereinen. Eigentlich müsste dieser Indikator als „trendführend" bezeichnet werden, da er auf dem Handelsvolumen des zu Grunde liegenden Wertes basiert und in der Regel den Kursbewegungen vorauseilende Signale liefert.

Granville wählte eine sehr einfache Berechnung, die zur Not mit der Hand ausgeführt werden kann. Sein Ziel war es, die dem Kurstrend zu Grunde liegenden Kräfte abzubilden, deren Zunahme oder Abnahme auf bevorstehende Änderungen in der Kursbewegung hinweisen können. Er geht davon aus, dass in einem definierten Trend das Handelsvolumen in Trendrichtung größer ist als in die Gegenrichtung. Im Aufwärtstrend sollte das Handelsvolumen an den Tagen mit steigenden Kursen höher sein, als an den Tagen mit fallenden Kursen. In einem Abwärtstrend sollte das Handelsvolumen an Tagen mit fallenden Kursen höher sein, als an Tagen mit steigenden Kursen. Ist dieser Gleichlauf gestört, wird es möglicherweise einen Wechsel im Kurstrend des Basiswertes geben.

Das Handelsvolumen reflektiert die Stärke des Engagements der Marktteilnehmer und damit ihre Emotionen der Gier und der Angst. Steigt in einem Aufwärtstrend das Volumen an schwachen Tagen an und fällt an starken Tagen ab, zeigt dies einen Wechsel in den Emotionen der Marktteilnehmer; Gewinnmitnahmen nehmen zu und Neuengagements nehmen ab. Diese Entwicklung, gepaart mit zunehmender Aktivität von Leerverkäufern, wird dem Aufwärtstrend ein Ende bereiten und den abwärtsgerichteten Kräften freie Bahn nach unten verschaffen.

Berechnung und Parameter

Das On Balance Volume wird durch fortlaufende Aufsummierung des Volumens gebildet. Liegt eine positive Kursänderung im Vergleich zum Vortagesschlusskurs vor, wird zum Indikatorwert das aktuelle Handelsvolumen addiert. Liegt eine negative Kursänderung zum Vortagesschlusskurs vor, wird das Handelsvolumen vom Indikatorwert abgezogen. Parameterangaben sind hierfür nicht nötig. In Abb. 274 sehen Sie einen DAX-Tageschart mit On Balance Volume.

Formel

Wenn $Close_{(t)} > Close_{(t-1)}$ Dann $OBV_{(t)} = OBV_{(t-1)} + Volume_{(t)}$
Wenn $Close_{(t)} < Close_{(t-1)}$ Dann $OBV_{(t)} = OBV_{(t-1)} - Volume_{(t)}$
Wenn $Close_{(t)} = Close_{(t-1)}$ Dann $OBV_{(t)} = OBV_{(t-1)}$

***Abb. 274** – DAX mit On Balance Volume.*

Interpretation

Das On Balance Volume ermöglicht uns einen Blick unter die Motorhaube des Trendvehikels. Von außen schön bunt und mit Spoilern verkleidet, kann ein Blick in den Motorraum schnell Schwächen offenbaren, die eine Weiterreise in die gewohnte Richtung erschweren oder gar unmöglich machen können. Auch einen Blick in den Tank werden wir wagen. Ist genügend Treibstoff vorhanden, der unsere Reise mit dem Trend überhaupt möglich macht? Der Treibstoff von Kursbewegungen ist das Geld der Marktteilnehmer, welches investiert oder abgezogen wird. Versiegt der Treibstoffstrom, wird auch der Trend versiegen und von den Kräften überrollt werden, die in eine andere Richtung wollen.

Das OBV summiert die täglichen Volumina und stellt damit einen Anzeiger für den Füllstand und die Stärke des Treibstoffstromes dar. In Trendrichtung sollte stets genügend Treibstoff vorhanden und stetig frischer Treibstoff nachgefüllt werden. Ein gesunder Trend ist durch starke Handelsvolumina gekennzeichnet. Die

Entwicklung des Volumens läuft mit dem Trend, ein Zeichen für starkes und steigendes Interesse der Marktteilnehmer in Trendrichtung.

Wichtigstes Anwendungsgebiet ist deshalb die Untersuchung von Divergenz und Konvergenz zwischen der Bewegung des Basiswertes und des Indikators. Der Indikator signalisiert einen gesunden Trend, wenn er die Bewegung des Basistitels bestätigt. Divergenzen weisen uns auf ein abschwächen des Treibstoffstromes hin.

Divergenzen helfen uns, die Stärke eines Trends unabhängig von der Stärke einer einzelnen Kursbewegung zu beurteilen. Wir finden negative (bearishe) und positive (bullishe) Divergenzen. Wichtig ist, dass Divergenzen nur in einem definierten Trend eine Aussagekraft haben. In trendschwachen Phasen oder in seitwärtsgerichteten Märkten haben Divergenzen keine Aussagekraft. Liegt kein Trend vor, kann auch keine Trendschwäche erkannt werden.

Im Aufwärtstrend bildet der Basistitel nacheinander steigende Hoch- und Tiefpunkte aus. Der Indikator folgt im gesunden Trend dieser Bewegung, er bildet ähnliche Muster nach. Steigt der Basistitel auf ein neues Hoch, während der Indikator unter seinem vorherigen Hochpunkt zurückbleibt, liegt eine negative Divergenz vor. Die Trendbewegung des Basistitels ist schwächer geworden. Unabhängig von den absoluten Kursbewegungen findet eine Verschiebung der Geldströme statt. Das Handelsvolumen in Trendrichtung wird kleiner, während das Volumen an schwachen Tagen zunimmt. Ein Aufwärtstrend kann so nicht lange am Leben bleiben. Die Divergenz weist uns also auf ein mögliches Ende des Trends hin. Im Abwärtstrend bildet der Basistitel nacheinander fallende Hoch- und Tiefpunkte aus. Ist der Trend des Basistitels gesund, wird der Indikator diese Muster nachbilden. Wir können daran erkennen, dass das Handelsvolumen in Trendrichtung stets höher ist als gegen die Trendrichtung.

Fällt der Basistitel auf ein neues Tief, während der Indikator über seinem letzten Tief zurückbleibt, zeigt dies eine Schwäche im laufenden Abwärtstrend an. Scheinbar steigt das Volumen an Tagen mit aufwärtsgerichteten Kursbewegungen an, während es an Tagen mit abwärtsgerichteten Kursbewegungen nachlässt. Die Bullen melden sich auf dem Parkett zu Worte. So kann ein Abwärtstrend nicht lange am Leben bleiben. Eine solche bullishe Divergenz weist uns also auf ein mögliches Ende des Abwärtstrends hin.

Abb. 275 zeigt den Chart der Siemens AG. Ich habe zwei bearishe Divergenzen markiert. Die Aktie steigt auf neue Hochpunkte, während der Indikator fallende Hochpunkte ausbildet. Die Aussagekraft einer Divergenz steigt proportional zur zeitlichen Ausdehnung. Die zweite Divergenz ist also wesentlich bedeutender als die erste.

Abb. 275 – Divergenzen zwischen DAX und On Balance Volume

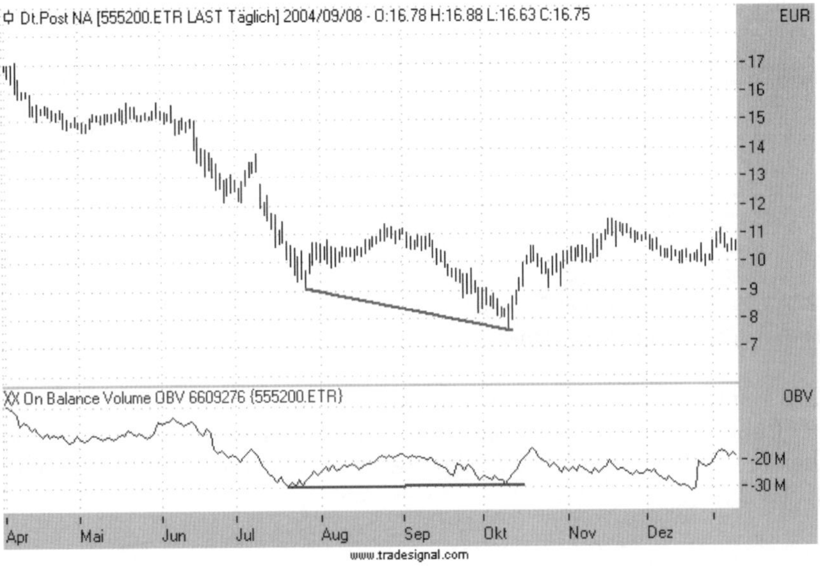

Abb. 276 *– Divergenz im Chart der Deutschen Post. Neue Tiefs werden durch das On Balance Volume nicht mehr bestätigt.*

In Abb. 276 der Deutsche Post World Net ist eine bullishe Divergenz markiert. Die Aktie fällt auf neue Tiefstkurse, während der Indikator leicht steigende Tiefpunkte ausbildet.

Das OBV kann charttechnisch analysiert werden. Es können Trendlinien, Widerstands- und Unterstützungslinien, Kanäle und andere Chartformationen eingezeichnet werden. Durch den vorauseilenden Charakter des Indikators werden die Formationen oft eher aufgelöst als entsprechende Formationen im Chart des Basistitels. Als Handelssignal werden in diesem Falle die Schnittpunkte mit den Linien verwendet. In Abb. 277 ist die Verwendung von Trendlinien zu sehen. Sie sehen, dass in diesem Falle die Trendlinie im OBV einige Tage vor der Trendlinie im Chart der Deutschen Telekom gebrochen wird.

***Abb. 277** – Die Trendlinie im On Balance Volumen wird einige Tage vor dem Bruch der Trendline im Kurs-Chart durchstoßen.*

Abb. 278 zeigt einen Tageschart der TUI AG. Ein Bruch des Widerstandes erfolgt im OBV früher als der Bruch der fallenden Linie im Aktienchart. Das oft deutlich anziehende Volumen vor solchen Ausbrüchen verursacht diese zeitliche Verschiebung.

***Abb. 278** – Auch hier wird die auf das On Balance Volume gelegte Trendlinie früher gebrochen, als die Trendlinie im Kurs-Chart.*

Auf das OBV kann eine Signallinie berechnet werden. Granville hat einen gewichteten gleitenden Durchschnitt vorgeschlagen mit einer Berechnungsperiode von 21 Tagen. Sicher finden sich auch andere Varianten mit anderen Periodeneinstellungen. Schneidet der Indikator die Signallinie nach oben gilt dies als Kaufsignal, schneidet er sie nach unten gilt dies als Verkaufssignal. Zusätzlich kann eine Trenddefinition vorgenommen werden, in dem in einer übergeordneten Zeitebene ebenfalls das OBV eingesetzt wird. Wir können ein OBV im Wochenchart dazu verwenden, eine Trenddefinition zu finden. Anhaltspunkte sind hier die Lage zu einer Signallinie oder Bewegungskonvergenz zum Basistitel. Liegt das OBV im Wochenchart über seiner Signallinie, können wir von einem Aufwärtstrend ausgehen. Handelssignale aus dem Tageschart werden nur Long gehandelt. Liegt das OBV im Wochenchart unter seiner Signallinie, können wir einen Abwärtstrend annehmen. Handelssignale aus dem Tageschart werden nur Short gehandelt.

Besonderheiten: Das OBV kann wegen des unruhigen Verlaufs mit einer Glättung versehen werden. In dieser Form ist es auch als Average Balance Volume bekannt. Da sich an Aussage und Interpretation nichts ändert, reicht diese Randnotiz sicher aus. Abb. 279 zeigt eine geglättete Version, wie sie in TradeSignal enterprise als Indikator vorhanden ist. Einzige Veränderung ist der Parameter für die Glättungsperiode. Voreingestellt sind 14 Tage, im Chart habe ich 5 Tage gewählt. Für den Einsatz mit einer Signallinie eignet sich das ABV wegen seines ruhigeren

Verlaufes besonders gut. Die Anzahl von Fehlsignalen kann reduziert werden. Einen Nachteil hat die Glättung. Sie schleust eine zeitliche Verzögerung in die Bewegung des Indikators, die einen Teil des Vorlaufcharakters dadurch eliminiert.

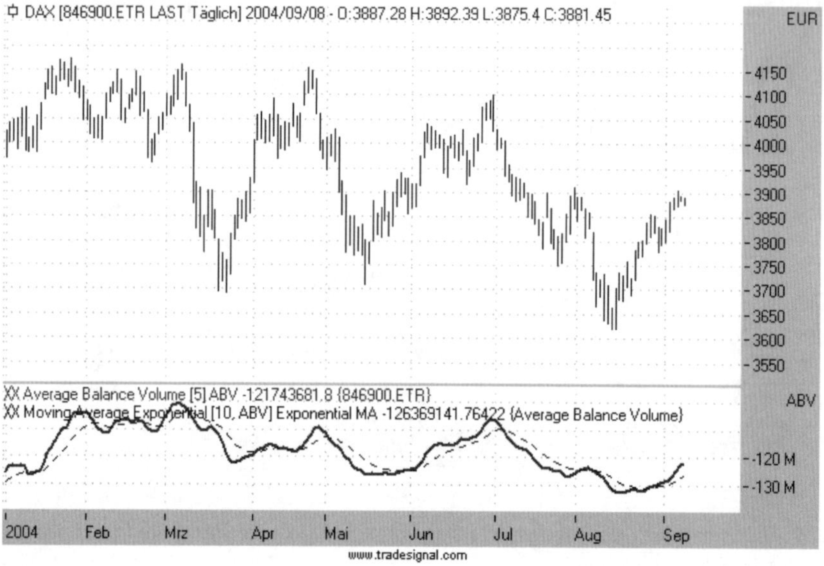

***Abb. 279** – Average Balance Volume mit einem EMA als Signallinie.*

Kritische Würdigung

Das OBV ist ein altgedienter Indikator. Es existieren zahlreiche Handelsansätze. Jedoch gibt es inzwischen Indikatoren, die das Kurs-Volumen-Verhältnis etwas detaillierter betrachten. Im OBV wird der Stärke einer Kursbewegung keinerlei Beachtung geschenkt. Das heißt, dass jede noch so kleine Bewegung im Basistitel die Anrechnung des vollen Volumens auslöst. Andere Indikatoren gewichten den verwendeten Volumenanteil mit der Stärke der Kursbewegung, was ein noch detaillierteres Bild über die Marktaktivität, die Geldströme und die Emotionen der Marktteilnehmer liefert.

Quellen

Asprey, Tom: On Balance Volume. In: TAS&C V.6
Elder, Dr. Alexander: Trading for a Living
Faber, Bruce R.: The Volume Indicators. In: TAS&C V.14
Faber, Bruce R.: On Balance Volume Indicator. In: TAS&C V.12
Paesler, Oliver: On Balance Volume. In: technical newsletter 01/2002

Parabolic SAR

Grundlagen

Dieser Indikator stammt aus Welles Wilder's Buch „New Concepts in Technical Trading Systems", einer Fundgrube für klassische Indikatoren-Konzepte. Wilder, aus dessen Feder der RSI ebenso wie das DMI-Konzept stammt, wollte einen Indikator schaffen, der als Stop and Reverse System Handelsentscheidungen und Risikokontrolle in einem beinhaltet. Dabei entstand ein trendfolgender Indikator, der in aktiven Phasen gute Ergebnisse liefert, in ruhigen trendschwachen Phasen jedoch zu Fehlsignalen neigt.

Ursprünglich nannte Wilder den Indikator Parabolic - Time / Price System, da er sich nicht nur aus den Kursdaten berechnet, sondern auch eine Zeitkomponente verwendet. Da es sich im Prinzip um ein Umkehrsystem handelt, hat sich der Name Stop and Reverse als Bezeichnung durchgesetzt. „Parabolic" beschreibt dabei die Form der Indikatorenkurve im Chart, die einer Parabel ähnelt.

Das Interessante am PSAR ist, dass die Stoppmarke mit fortschreitender Dauer des Trades immer näher an den Kurs gezogen wird. Dadurch soll eine effektive Gewinnsicherung erreicht werden. Nachteil des Indikators ist, dass er bei schnellen Richtungswechseln in Seitwärtsphasen regelmäßig an den Extremkursen einsteigt und mit Verlust die Positionen dreht.

Berechnung und Parameter

Der PSAR braucht eine gewisse Einarbeitungszeit, um die passenden Wendemarken zu finden. Er beginnt mit einer fiktiven Longposition. Zur Berechnung der Marken benötigt der Indikator drei Werte. Einen so genannten Extremkurs, meist als SIP bezeichnet, und einen Wert für den aktuellen Stoppmarke, als SAR bezeichnet.

Im ersten fiktiven Trade sind dies SIP = das Hoch der ersten Kerze im Trade und SAR = das Tief der ersten Kerze im Trade. Der dritte Wert ist der so genannte Beschleunigungsfaktor AF (Acceleration Factor). Seine Funktion ist dabei sehr wichtig. Denn er bestimmt, in welchem Maße die Stoppmarke im Trade nachgeführt wird. Läuft ein Trade in die richtige Richtung, wird der AF mit jedem neuen Höchstkurs im Aufwärtstrend oder Tiefstkurs im Abwärtstrend um einen bestimmten Betrag erhöht, was eine Beschleunigung der Stoppmarke bewirkt. Werden keine neuen Höchstkurse bzw. Tiefstkurse erreicht, bleibt der AF unverändert. Der Extremkurs SIP wird im Aufwärtstrend mit jedem neuen erreichten Höchstkurs an diesen angepasst. Im Abwärtstrend wird der Extremkurs SIP an jeden neuen erreichten Tiefstkurs angepasst.

Die aktuelle Stoppmarke errechnet sich wie folgt: Zur vorherigen Stoppmarke (im ersten Trade das Tief der Kerze) wird das Produkt aus Beschleunigungsfaktor und Differenz zwischen SIP (im ersten Trade das Hoch der Kerze) und der vorherigen Stoppmarke addiert. Die Stoppmarke rückt also mit jedem Tag näher an die Kurse heran.

> $SAR_{(t)} = SAR_{(t-1)} + AF * (SIP_{(t-1)} - SAR_{(t-1)})$
> $SAR_{(t)}$ = aktuelle Stoppmarke
> SIP = höchster Kurs, der im Aufwärtstrend erreicht wurde bzw. tiefster Kurs, der im Abwärtstrend erreicht wurde

Schneidet der Kurs des Basiswertes die Stoppmarke, führt dies zu einem Drehen der Position von Long auf Short oder umgekehrt. Nach dem Drehen der Position muss zuerst ein neuer SAR-Wert und ein neuer SIP-Wert festgestellt werden. Der erste SAR nach dem Drehen wird im Longtrade auf den tiefsten Kurs des zurückliegenden Shorttrades gesetzt. Im Shorttrade wird der erste SAR auf den höchsten im zurückliegenden Longtrade erreichten Kurs gesetzt.

Der erste SIP-Wert ist im beginnenden Longtrade das erste Hoch, im beginnenden Shorttrade das erste Tief. Ein Blick auf Abb. 280 zeigt folgendes: Große Markierungen sind die mitlaufenden Stoppmarken SAR. Kleine waagerechte Markierungen sind die im jeweiligen Trade erreichten Maximalwerte SIP.

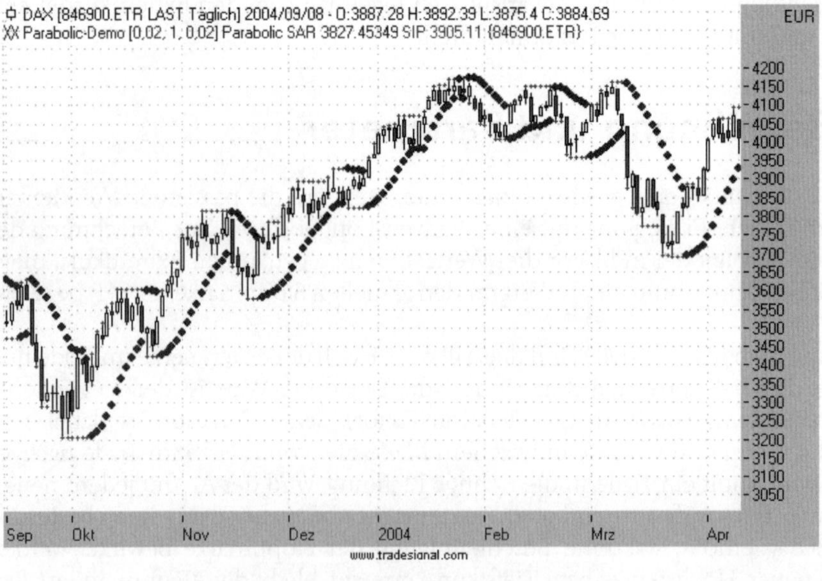

***Abb. 280** – DAX mit Parabolic SAR Indikator*

Standardeinstellung für den AF ist 0,02. Erreicht der Trade neue Höchst- bzw. Tiefstwerte, wird der AF jeweils um 0,02 erhöht, werden keine neuen Höchst- bzw. Tiefstwerte erreicht bleibt der AF gleich. Das bedeutet, dass die Stoppmarke im gut laufenden Trade immer schneller den Kursen nachgezogen wird, im schlecht laufenden Trade aber nur mit gleich bleibender Geschwindigkeit. Wilder hat für den Beschleunigungsfaktor AF einen Maximalwert von 0,20 vorgegeben. Das heißt, der AF wird ab einem Wert von 0,20 nicht weiter erhöht. Als Anwender können Sie mit dem Startwert für den Beschleunigungsfaktor, dem Faktor selbst, als auch mit dessen Maximalwert experimentieren. Höhere Beschleunigungsfaktoren werden die Stoppmarken sensibler machen, niedrigere Werte machen die Stoppmarken träger. Ich fasse noch einmal zusammen:

Wechsel von Short auf Long:

- SIP = Hoch der ersten Kerze, wird mit jedem neuen erreichten Hoch angepasst, ansonsten bleibt der Wert unverändert.
- SAR = Tiefster Kurs (SIP) des vorangegangenen Shorttrades, rückt mit jeder Kerze um einen bestimmten Betrag nach oben, dieser wird durch den Beschleunigungsfaktor AF bestimmt
- AF = Beschleunigungsfaktor, beginnt mit 0,02, wird der SIP Wert erhöht, wird auch der AF je um 0,02 erhöht auf maximal 0,20
- Verläuft der Longtrade positiv, sorgt ein steigender AF Wert für eine immer schnellere Anpassung der SAR Stoppmarke.
- Verläuft der Shorttrade flach oder negativ, bleibt der AF Wert gleich, das heißt die SAR Stoppmarke wird mit gleich bleibender Geschwindigkeit angehoben.

Wechsel von Long auf Short:

- SIP = Tief der ersten Kerze, wird mit jedem neuen erreichten Tief angepasst, ansonsten bleibt der Wert unverändert.
- SAR = Höchster Kurs (SIP) des vorangegangenen Longtrades, rückt mit jeder Kerze um einen bestimmten Betrag nach unten, dieser wird durch den Beschleunigungsfaktor AF bestimmt
- AF = Beschleunigungsfaktor, beginnt mit 0,02, wird der SIP Wert abgesenkt(wir sind schließlich Short), wird auch der AF je um 0,02 erhöht auf maximal 0,20
- Verläuft der Shorttrade positiv, sorgt ein steigender AF Wert für eine immer schnellere Anpassung der SAR Stoppmarke.
- Verläuft der Shorttrade flach oder negativ, bleibt der AF Wert gleich, das heißt die SAR Stoppmarke wird mit gleich bleibender Geschwindigkeit abgesenkt.

Wenn Sie sich vergewissert haben, dass Sie SIP und SAR richtig interpretieren, hilft ein Blick auf Abb. 280, um die Berechnung zu verstehen.

Interpretation

Der PSAR liefert uns lediglich eine Handelsanweisung und die dazugehörigen Stoppmarken. Das heißt, wenn der Kurs des Basiswertes die Indikatormarke nach oben durchbricht, wird der Indikator am nächsten Kursstab auf Long schalten. Das gilt als Kaufsignal, und der erste Indikatorwert als Stop-Loss-Marke. Mit jeder weiteren Kerze im Trade wird die Stoppmarke angehoben; wir erhalten also den Trailing Stop mitgeliefert. Durchbricht der Kurs des Basiswertes die Indikatormarke nach unten, schaltet der Indikator am nächsten Kursstab auf Short. Der erste Indikatorwert ist dann wieder unsere Stop-Loss-Marke, die mit jeder weiteren Kerze nach unten gezogen wird.

Man könnte den PSAR als komplettes Umkehrsystem verwenden, unterliegt aber dann großen Risiken, die sich besonders in Seitwärtsbewegungen bemerkbar machen. Schwingt der Basiswert in einer Range hin und her, bewirkt das häufige Trendwechsel im Indikator. Der erste Risikostopp liegt immer am Extremwert des vorangegangenen Trades; meist also in komfortabler Entfernung vom Einstiegskurs. In einer Tradingrange bedeutet dies allerdings, dass der Long-Einstieg immer am oberen Ende der Range erfolgt, während der Stopp am unteren Ende liegt. Ein Einstieg auf der Short-Seite erfolgt dann am unteren Ende der Range, während der Stopp am oberen Ende liegt.

In einer Seitwärtsphase sind die Kursbewegungen in eine Richtung sehr kurz. Damit ein Trade im Gewinn landet, müsste der Kurs solange in die richtige Richtung laufen, bis die Stoppmarke des Indikators den Einstiegspunkt überschreitet bzw. unterschreitet. Der Faktor Zeit spielt also eine ebenso große Rolle wie das Ausmaß der Kursbewegung selbst. Fehlt die Zeit zum Nachziehen der Stoppmarke, bewirkt das einen Trendwechsel im Indikator, bevor der Trade im Gewinn landen konnte. Wird die Range nicht verlassen, hat der Trade keine Chance im Gewinn zu landen. Abb. 281 zeigt eine Marktphase, in der der PSAR versagt.

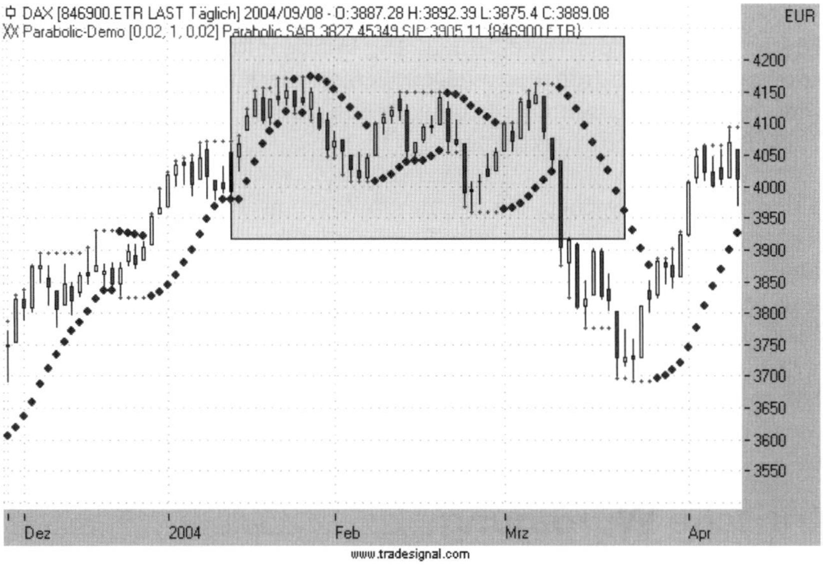

Abb. 281 *– In Seitwärtsphasen wechselt der Parabolic häufig die Trade-Richtung, ohne dass ein lukratives Geschäft abgeschlossen werden kann.*

Abb. 282 *– Je stärker ein Trend ausgebildet ist, um so bessere Ergebnisse liefert der Parabolic Indikator.*

Entwickelt sich jedoch ein Trend, offenbart das System auch Stärken. Der Trade hat Zeit, sich zu entwickeln. Da die erste Stoppmarke meist in größerer Entfernung vom Einstieg liegt, kann der Trade „atmen". Der Indikator folgt einem Großteil der Kursbewegung, ohne zu früh auszusteigen. Verliert die Kursbewegung an Dynamik, wird der Trade verlassen und gedreht. In Abb. 282 ist eine Phase markiert, in der der PSAR hervorragend funktioniert.

Der PSAR offenbart Schwächen, die sich nur in Kombination mit anderen Indikatoren beheben lassen. Meist wird der PASR verwendet, um Ausstiegspunkte für Trades die bereits laufen, zu erzeugen. Die Einstiegs- oder Wendesignale des Indikators werden dann ignoriert. Verschiedene Stop-Loss-Routinen kombinieren den PSAR mit anderen Methoden, um eine komplette Risikoabsicherung zu erzeugen. So wird gewährleistet, dass eine Position auch dann gesichert ist, wenn der PSAR möglicherweise noch auf der Gegenrichtung steht. Das kann vorkommen, wenn die Einstiege aus anderen systematischen Ansätzen stammen.

Kritische Würdigung

Als eigenständiges Handelssystem konzipiert, ist der PSAR in Seitwärtsphasen als Signalgeber nicht geeignet. Es müssen Filter hinzugezogen werden.

Quellen

Aan, Peter: The Parabolic Stop / Reversal. In: TAS&C V.7
Hartle, Tom: The Parabolic Trading System. In: TAS&C V.11
Gresser, Uwe: Parabolic SAR. In: Technical-Newsletter 5/2002
Meyers, Dennis: The Parabolic Trading System. In: TAS&C V.13
Wilder, Welles: New Concepts in Technical Trading Systems

Polarized Fractal Efficiency

Grundlagen

Polarized Fractal Efficiency (PFE) Ist das Fragezeichen in Ihrem Gesicht ähnlich groß wie bei mir, als ich begann, für diesen Beitrag zu recherchieren? Kein Wunder, einige der bekannten Indikatoren-Erfinder wie T. Chande, J. Ehlers oder D. Dorsey sind nicht nur exzellente Trader, sondern auch Physiker, Mathematiker oder Ingenieure. Auch H. Hannula ist Ingenieur und Trader mit über 35 Jahren Erfahrung in den Märkten. Einige seiner Veröffentlichungen und einige Lehrgänge, die er entwickelt hat, beschäftigen sich mit dem Zusammenhang zwischen der fraktalen Geometrie und den Kursbewegungen an den Finanzmärkten.

Die fraktale Geometrie, entwickelt von B. Mandelbrot, beschäftigt sich mit der Beschreibung, Berechnung und Erforschung von chaotischen Systemen. Diese produzieren Bilder, die mit der althergebrachten euklidischen Geometrie der geraden Linien, Dreiecke und Würfel nicht mehr zu beschreiben und erforschen sind. Mandelbrot entwickelte neue Verfahren, um solche fraktalen Muster untersuchen zu können. H. Hannula machte sich an die Arbeit, diese neuen Möglichkeiten für die technische Analyse nutzbar zu machen. Als Ergebnis präsentierte er den PFE im Januarheft 1994 des US-Magazins TAS&C.

Der PFE hat die Aufgabe, die Effizienz einer Kursbewegung zwischen zwei Referenzpunkten zu untersuchen. Als Referenzpunkte gelten dabei der aktuelle Schlusskurs des Basistitels und der Kurs am Beginn der Berechnungsperiode. Ab hier berechnet der PFE die absolute Entfernung zwischen diesen beiden Punkten und als nächstes mit Hilfe der fraktalen Geometrie die Länge des wirklichen Weges, den der Kurs im Betrachtungszeitraum genommen hat. Je weiter dieser zurückgelegte Weg ist, um so weniger effizient war die Bewegung. Je kürzer der zurückgelegte Weg war, um so effizienter war die Bewegung. Dabei wird unterstellt, dass in einer starken Trendbewegung die Kurse sehr effizient von einem Punkt zum nächsten laufen, während sie in schwachen Trendphasen stärker schwanken und somit längere Wege zurücklegen. In Abb. 283 habe ich einen starken Trend markiert. Sie sehen, dass die Kurse sehr zielgerichtet vom Anfangs- zum Endpunkt des Berechnungszeitraumes gelaufen sind.

In Abb. 284 sehen wir eine Seitwärtsphase, in der die Kurse unter starken Schwankungen den Berechnungszeitraum durchlaufen haben. Die Bewegung in Abb. 283 ist wesentlich effizienter als die Bewegung in Abb. 284, weil die Kurse einen kürzeren Weg zurückgelegt haben.

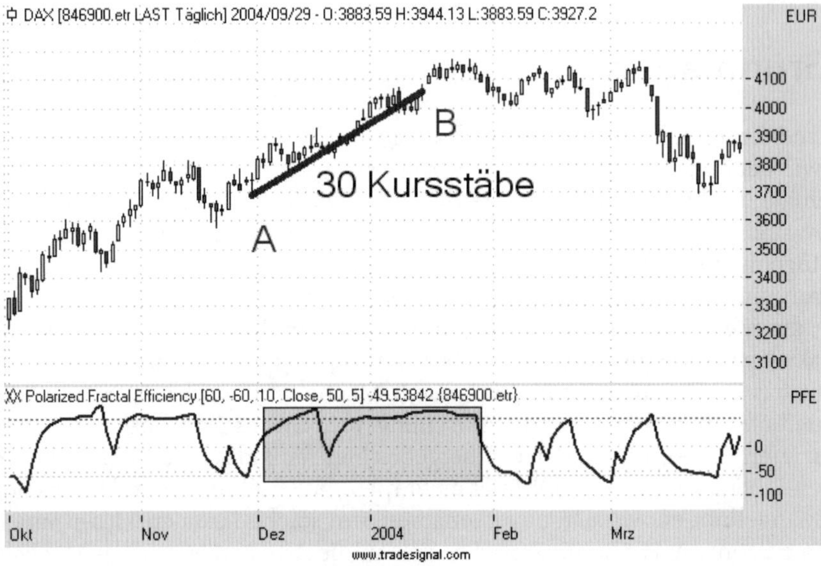

***Abb. 283** – In der eingezeichneten Trendphase laufen die Kurse sehr konstant in eine Richtung.*

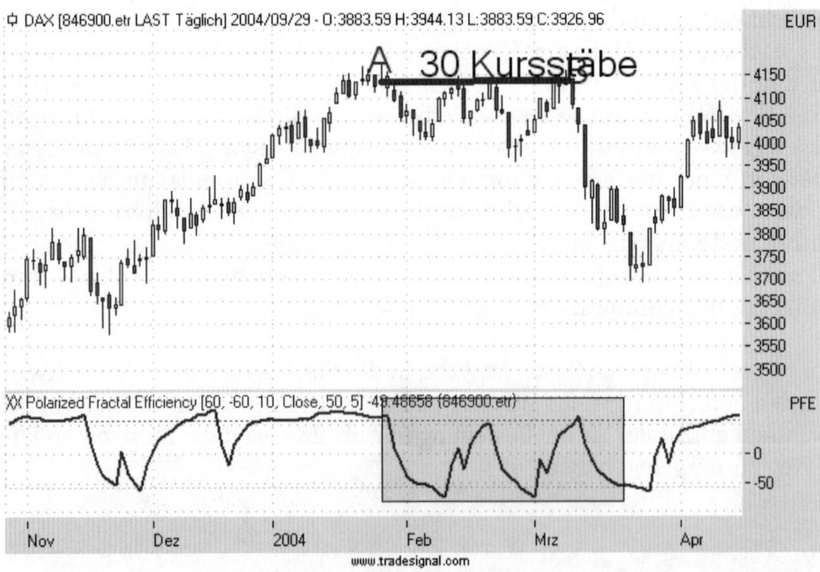

***Abb. 284** – In Seitwärtsphasen „springt" der PFE häufig zwischen seinen Extremzonen.*

Berechnung und Parameter

Die Berechnung erfolgt hauptsächlich mit Hilfe des Satzes des Pythagoras. Die Länge zwischen den beiden Referenzpunkten sowie die Summe der einzelnen Schlusskurs-zu-Schlusskurs-Längen werden mit dessen Hilfe ermittelt. Um die Effizienz der Bewegung zu ermitteln, werden beide Werte zueinander ins Verhältnis gesetzt. Die Formel aus Hannula's Artikel lautet:

$$PFE = \frac{[Sign]\ \sqrt{(Close_n - Close_1)^2 + n^2}}{\sum_{i=2}^{n} \sqrt{(Close_i - Close_{i-1})^2 + 1}}$$

- Sign(Vorzeichen) = positiv, wenn die Kurse im Berechnungszeit raum gestiegen sind
- Sign(Vorzeichen) = negativ, wenn die Kurse im Berechnungszeit raum gefallen sind

Wir brauchen einen Parameter für die Länge des Berechnungszeitraumes. Hannula verwendet hier 10 Tage. Es sind aber auch längere Einstellungen möglich. Der zweite Parameter ist für die Glättung der Indikatorwerte zuständig. Hier werden 5 Tage verwendet. Der Indikator wird mit einem exponentiellen gleitenden Durchschnitt geglättet. Ein dritter Parameter ist für die Skalierung der Indikatorwerte zuständig. Je nach gewählter Berechnungsperiode ist es nötig, diesen Faktor anzupassen.

Der Indikator sollte sich in einer Skalenbreite von 100 bis -100 bewegen. Werte über 40 und Werte unter -40 zeigen jeweils eine hohe Trendeffizienz im entsprechenden Trend an. Werte dazwischen gelten als Niemandsland. Hier herrscht entweder keine trendgerichtete Bewegung vor oder die Kurse laufen in kürzeren Bewegungen als es die Berechnungsperiode erfassen kann.

Interpretation

Der PFE kann als Oszillator, besser aber als Trendfilter eingesetzt werden. Liegt er über der Marke 40, zeigt er einen Aufwärtstrend mit effizienter, also geradliniger Bewegung an. Liegt er unter der Marke von -40, zeigt er einen Abwärtstrend mit effizienter, also geradliniger Bewegung an. Je nach gewählten Parametereinstellungen kann der PFE so wertvolle Dienste leisten. Angebracht ist es dazu, sowohl die Berechnungsperiode als auch die Glättungsperiode ausreichend lang einzustellen.

Soll der PFE als Oszillator eingesetzt werden, müssen diese Periodeneinstellungen kürzer gewählt werden. Leider entwickelt der PFE dann viele kleine

Hakenmuster, die eine Interpretation der Signale erschwert. E. Florek schlägt vor, den PFE als Trailingstop zu verwenden. Eine Position soll solange gehalten werden, bis der PFE seine Extremzone verlässt. In Abb. 283 ist zu sehen, dass der PFE in seiner oberen Extremzone verläuft, während er in Abb. 284 ständig zwischen beiden Zonen pendelt. Abb. 285 zeigt den PFE mit der Einstellung 50/25. Seiner Funktion als Trendfilter wird er so auch im längerfristigen Bereich gerecht.

***Abb. 285** – PFE als Trendfilter mit einer „längeren" Einstellung von 50/25 Tagen.*

Kritische Würdigung

Der PFE pendelt in Seitwärtsphasen sehr oft und schnell zwischen seinen Extremzonen hin und her, was die Interpretation erschwert. Der PFE ist kaum verbreitet; weder finden sich konkrete Handelskonzepte, noch weitergehende Literatur. Trotzdem bin ich nicht sicher, ob er auf die „Liste der Indikatoren die keiner braucht" gehört?!

Quellen

Hannula, Hans. Polarized Fractal Efficiency. In: TAS&C V.12
Florek, Erich: Neue Tradingdimensionen. FinanzBuch Verlag München

Positiv Volume Index

Grundlagen

Der Ursprung dieses Indikators ist nicht leicht zu finden. Meine sicherste Quelle ist ein Artikel aus dem Heft TAS&C April 2003. Dort erwähnt der Autor, dass der Indikator in Norman Fosbacks Buch „Stock Market Logic“ besprochen wird. Dieses liegt mir leider nicht vor. Aus anderen verfügbaren Quellen sind zumindest wichtige Informationen über Sinn und Bedeutung des Indikators zu finden. Er bildet das Gegenstück zum Negative Volume Index.

Beide Indikatoren bilden eine laufende Summe von Kursveränderungen. Beim Negativ Volume Index wird zur Summe die aktuelle prozentuale Kursveränderung addiert, wenn das Volumen des Tages kleiner als das des Vortages ist. Der Positive Volume Index kehrt dieses Prinzip um. Er summiert die Kursveränderungen der Tage, an denen das Handelsvolumen über dem des Vortages lag. Wie ich im Beitrag über den Negative Volume Index bereits geschrieben habe, ist dieser mit Vorsicht zu genießen, oder besser noch, nicht zu verwenden.

Die Theorie hinter dem Negative Volume Index ist, dass gut informierte Anleger Tage mit geringer Handelsaktivität nutzen, um ihre Positionen einzugehen, während die Masse den Kursen nachläuft und somit an Tagen mit hohen Volumina aktiv ist.

Das Problem bei diesem Indikator ist, dass seine Berechnung zwar trendfolgend ausgerichtet ist, seine Aussage aber der herkömmlichen Volumenanalyse entgegen spricht. Diese besagt, dass hohes Volumen einen gesunden Trend begleitet, während niedriges oder fallendes Volumen Trendschwäche anzeigt. Der Positive Volume Index wird genau dieser Aussage gerecht. Der Indikator bildet eine laufende Summe aus den Tagen, an denen das Handelsvolumen über dem des Vortages lag. Er begleitet also die Masse der Anleger auf ihrem Zug mit dem Trend. Somit ähnelt der Indikator der Accumulation Distribution Line von Marc Chaikin oder dem Accumulation Distribution Indikator von Larry Williams.

Berechnung und Parameter

Der Indikator wird nur an Tagen mit höherem Volumen im Vergleich zum Vortag berechnet. An den anderen Tagen wird er einfach unverändert weitergezeichnet. Liegt das heutige Volumen über dem von gestern wird zum Indikatorwert von gestern die prozentuale Kursveränderung von heute addiert. Parameter gibt es bei diesem Indikator nicht zu beachten.

Wenn $Volume_{(t)} > Volume_{(t-1)}$ Dann
$PVI_{(t)} = PVI_{(t-1)} + ((Close_{(t)} - Close_{(t-1)}) / Close_{(t-1)})$
Sonst $PVI_{(t)} = PVI_{(t-1)}$

Interpretation

Über den Indikator ist sehr wenig fundiertes Material zu finden. Systematische Ansätze habe ich gar keine gefunden. Ich möchte deshalb hier auf eine grundlegende Verwendung eingehen und einige Parallelen zu anderen Indikatoren aufzeigen. Die einfachste Verwendung, die in anderen Quellen so auch bestätigt wird, ist dass Anlegen eines gleitenden Durchschnittes als Signallinie. Liegt der Indikator unter der Signallinie, zeigt das einen Abwärtstrend an. Liegt der Indikator über der Signallinie, zeigt das einen Aufwärtstrend an. Die Trefferquote bei diesen Signalen liegt laut Dennis Petterson für Kaufsignale bei etwa 75 Prozent und Verkaufssignale bei nur 50 Prozent. Für mittelfristige Analysen wird eine Periodeneinstellung der Signallinie von 40- bis 50 Tagen vorgeschlagen. Für eine längerfristige Analyse werden 255 Tage verwendet. Abb. 286 zeigt den Indikator mit einem 40 Tage gleitenden Durchschnitt als Signallinie. Abb. 287 zeigt den Indikator mit einem 255 Tage gleitenden Durchschnitt als Signallinie.

Besonderheiten: Der Positive Volume Index ähnelt in seinem Verlauf der A/D Line von Chaikin und Williams A/D. Möglicher Weise ergeben sich auch parallele Verwendungsmöglichkeiten, wie etwa die Suche nach Divergenzen zum Basistitel.

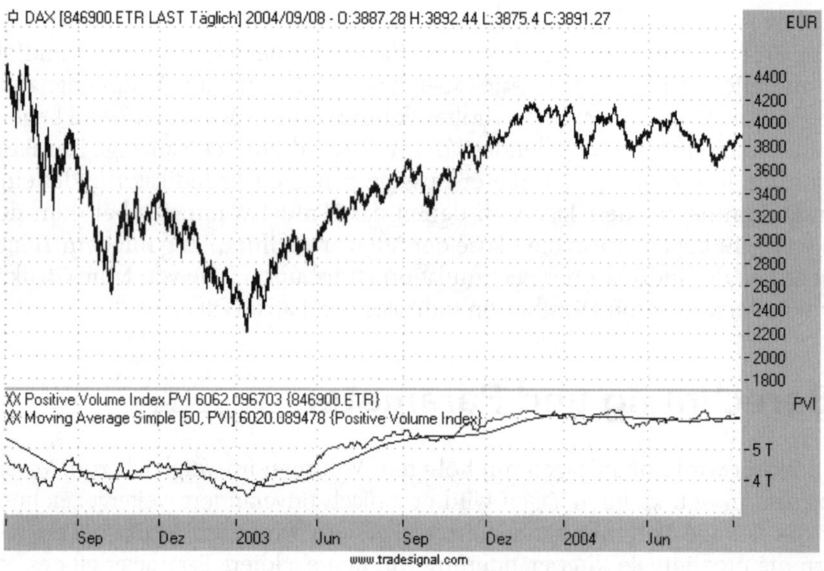

Abb. 286 *– Positive Volume Index mit 50 Tagen und Signallinie.*

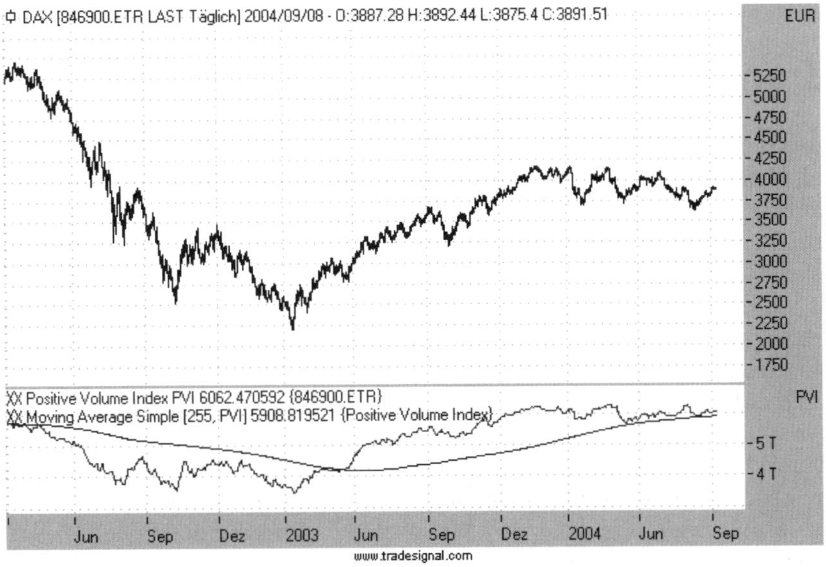

***Abb. 287** – Positive Volume Index mit 255 Tagen und Signallinie.*

Kritische Würdigung

Selbst im angesehenen US-Fachmagazin TAS&C wird sowohl der Positive Volume Index, als auch der Negative Volume Index kaum erwähnt. Für mich landet der Positive Volume Index auf der „Liste der Indikatoren, die keiner braucht".

Quellen

Petterson, Dennis: Positive Volume Index. In: TAS&C 03/2003

Price Oszillator

Grundlagen

Im Laufe der Jahrzehnte sind unzählige Indikatoren entstanden, die teilweise bis auf den Namen völlig identische Berechnungen vornehmen. So ist es nicht verwunderlich, dass aus dem Gebiet der gleitenden Durchschnitte zahlreiche Indikatoren abgeleitet wurden, die alle relativ ähnliche Ergebnisse liefern. Der hier vorgestellte Price Oszillator ist einer davon. Sicher haben Sie den Beitrag zum MACD Indikator bereits gelesen. Im Abschnitt „Berechnung" streichen Sie einfach vor den exponentiellen gleitenden Durchschnitten die Bezeichnung „exponentiell". Ersetzen Sie diese mit dem Wörtchen „einfach". Den Rest des Artikels können Sie nun hier hinein kopieren!

Der MACD Indikator nach Gerald Appel wird aus zwei exponentiellen gleitenden Durchschnitten gebildet. Es wird vom Wert des kürzeren Durchschnittes der längere abgezogen. Beim Price Oszillator werden einfache arithmetische Durchschnitte verwendet. Das ist der ganze Unterschied. Man kann den Price Oszillator etwas verändern, in dem man andere Typen von gleitenden Durchschnitten verwendet. Für TradeSignal enterprise existiert ein Zusatzmodul „PowerMA" auf www.tradesignalonline.com, das genau diese Möglichkeiten bietet. Je nachdem, welche Typen verwendet werden, wird der Indikator dadurch reagibler oder träger, schwingt intensiver um die Mittellinie oder bildet deutlichere Divergenzen aus.

Berechnung und Parameter

Die Berechnung ist einfach. Für die Grundversion des Price Oszillators berechnen wir zwei einfache gleitende Durchschnitte auf den Basiswert. Dafür verwenden wir zwei unterschiedlich lange Berechnungsperioden. Der Oszillator ist die Differenz aus kurzem und langem Durchschnitt.

Formel des Price Oszillators

$$MaValX_{(t)} = Sum_{(x)}(Close) / x$$
$$MaValY_{(t)} = Sum_{(y)}(Close) / y$$
$$PO_{(t)} = MaValX_{(t)} - MaValY_{(t)}$$

x = Berechnungsperiode kurzer Durchschnitt
y = Berechnungsperiode langer Durchschnitt

Die Periodeneinstellung ist natürlich völlig frei wählbar, sollte allerdings eine sinnvolle Kombination ergeben. Wir verwenden einfach 10 Tage für den kurzen

Durchschnitt und 20 Tage für den langen. Abb. 288 zeigt uns den Standardindikator, der einfache gleitende Durchschnitte als Grundlage verwendet.

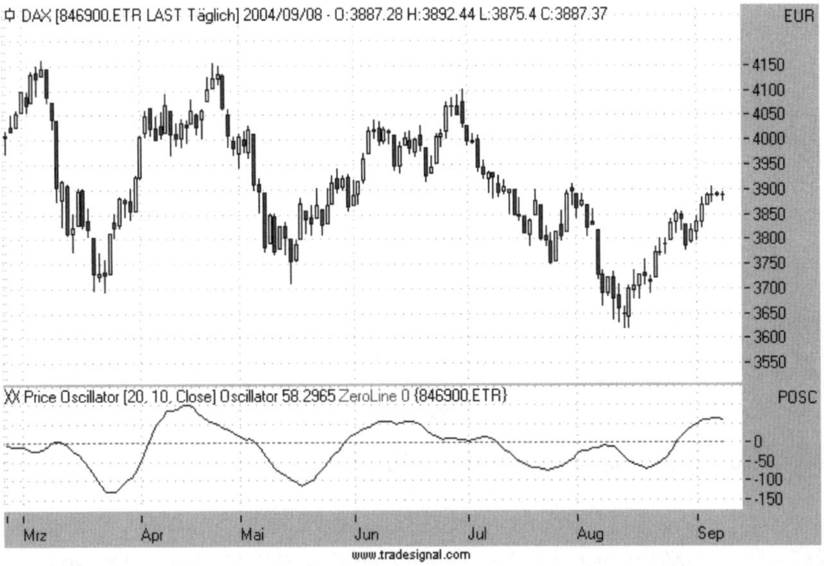

***Abb. 288** – Price Oszillator im DAX Tages-Chart.*

Abb. 289 zeigt das PowerMA-Modul im Einsatz. Im oberen Teil des Charts sind die dem Price Oszillator zu Grunde liegenden gleitenden Durchschnitte zusehen. Im unteren Teil der Indikator selbst. Im PowerMA-Modul können Sie aus 9 Typen von gleitenden Durchschnitten wählen. Sinnvolle Kombinationen ergeben sich aus der Kombination eines reagiblen Typs, wie etwa einem gewichteten Durchschnitt, als Trigger und einem trägen als langsameren Trendfolger.

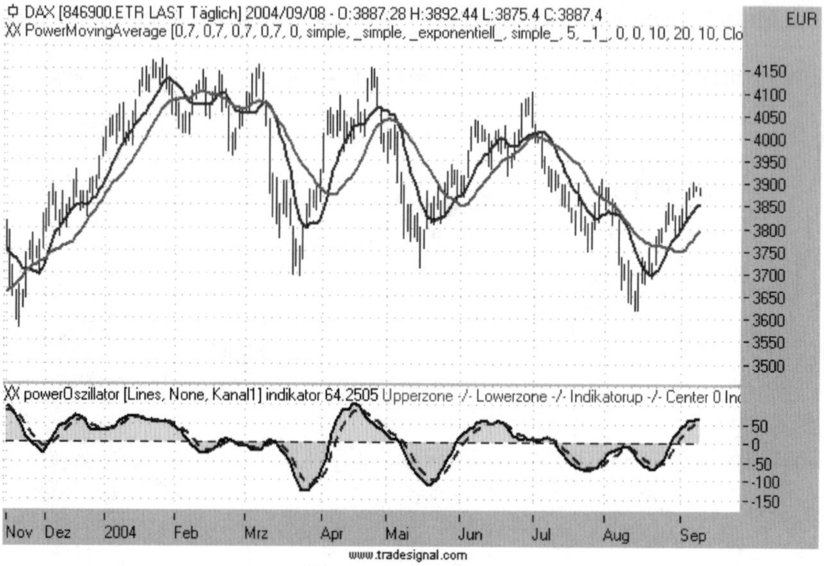

***Abb. 289** – Price Oszillator hier unter Verwendung des PowerMA-Moduls, das Sie von www.tradesignalonline.com downloaden können.*

Das PowerMA-Modul erlaubt es mit minimalem Aufwand verschiedene Kombinationen aus gleitenden Durchschnitten und verschiedene Typen von daraus zu errechnenden Oszillatoren zu testen. Die eben vorgestellten Varianten des Price Oszillators stellen absolute Werte dar. Als leicht abweichende Berechnungsvariante wäre die Differenz aus kurzem und langem Durchschnitt relativ zum kurzen Durchschnitt zu nennen. Es wird der Quotient aus der Differenz der beiden Durchschnitte und dem Wert des kurzen Durchschnittes gebildet und dargestellt. Das Ergebnis ist allerdings fast identisch zur Variante aus Abb. 288. Abb. 290 zeigt einen direkten Vergleich. Nur mit der Lupe sind minimale Unterschiede zu erkennen, weshalb ich auch in den folgenden Zeilen nur auf die Versionen aus Abb. 288 und Abb. 289, die absolute Werte darstellen, eingehe.

Darstellungsvarianten

Der in Abb. 288 zu sehende Indikator, die relative Variante aus Abb. 290 und das PowerMA-Modul aus Abb. 289, gehören nicht zum Standard Paket von Tradesignal Enterprise. Sie können die drei Indikatoren aber im gleichnamigen Artikel auf www.tradesignalonline.com downloaden.

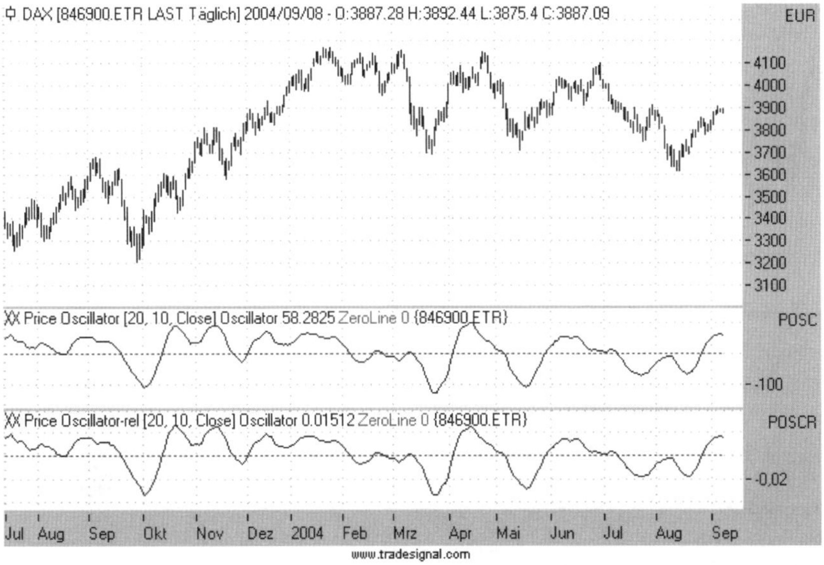

***Abb. 290** – Price Oszillator als Differenz aus kurzem und langem Durchschnitt relativ zum kurzen Durchschnitt (unten). Es zeigt sich kaum ein Unterschied zum „normalen" Price Oszillator".*

Interpretation

Die drei wichtigsten Möglichkeiten der gesamten Indikatorenanalyse können mit dem Price Oszillator genutzt werden. Je nach verwendeten Typen eignet er sich als trendfolgender Indikator für die direkte Trendbestimmung. Werden träge Durchschnitte zur Berechnung verwendet zeigt er über der Mittellinie liegend einen Aufwärtstrend an und unter der Mittellinie liegend einen Abwärtstrend. Die Schnittpunkte mit der Mittellinie gelten als Trendwechsel.

Wie der MACD Indikator auch, stellt der Price Oszillator ebenfalls einen Momentum-Indikator dar. Er misst die Bewegungsdynamik der Kurse. Deshalb gelten auch Interpretationsmöglichkeiten des klassischen Momentums. Ein starker Anstieg des Indikators über die Mittellinie zeigt eine hohe Dynamik und steigende Kurse an. Eine Bewegung unter die Mittellinie zeigt fallende Kurse an, je steiler der Indikator dabei fällt um so größer ist das Momentum der Abwärtsbewegung.

Ein Abflachen der Indikatorkurve oder ein Drehen gegen die Kursrichtung zeigt einen Verlust an Bewegungsdynamik, dem laufenden Trend geht sprichwörtlich die Puste aus. Eine Trendwende könnte die Folge sein. In Abb. 291 sehen Sie den Price Oszillator im Vergleich mit dem klassischen Momentum Oszillator.

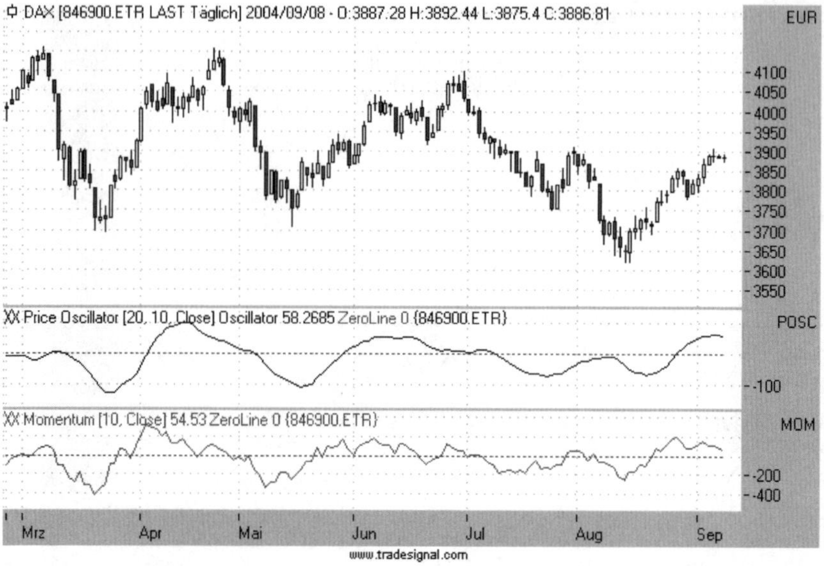

***Abb. 291** – Price Oszillator im Vergleich zum klassischen Momentum Indikator.*

Mit dem Price Oszillator können direkte Handelssignale erzeugt werden. Einfachste Signale sind die Schnittpunkte mit der Mittellinie. Schneidet der Indikator die Mittellinie nach oben, gilt dies als Kaufsignal. Schneidet der Indikator die Mittellinie nach unten, gilt dies als Verkaufssignal. Auf diese Weise werden die Trendwechsel im Basistitel als Signal verwendet. Wahrscheinlich bessere Signale erhält man durch die Verwendung einer Signallinie. Wir berechnen also einen gleitenden Durchschnitt auf den Price Oszillator als Signallinie. Das PowerMA Modul aus Abb. 289 erledigt auch diese Aufgabe für Sie.

Je nachdem wie Sie den Price Oszillator konstruieren, ob als reagiblen Indikator aus sensiblen Durchschnitten oder eher als trendfolgenden Indikator aus trägen Durchschnitten, sollten Sie auch den Typ der Signallinie variieren. Für die reagible Variante nimmt man eine eher träge Signallinie, um unnötige Schnittpunkte zu vermeiden. Für eine trägere Version des Indikators kann man einen reagibleren Typ als Signallinie verwenden, da hier weniger unnötige Überkreuzungen stattfinden. In Abb. 292 sind Handelssignale markiert. Schneidet der PO die Signallinie nach oben, gilt dies als Kaufsignal. Schneidet der PO die Signallinie nach unten, gilt dies als Verkaufssignal. Im Beispiel werden die Handelssignale zusätzlich durch die Lage des Indikators zur Mittellinie gefiltert.

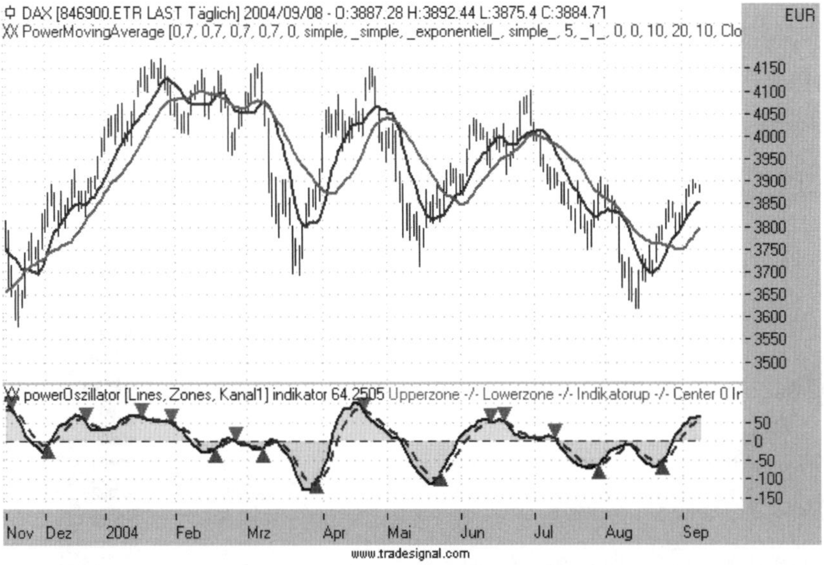

***Abb. 292** – Power Oszillator mit Signallinie. Schnittpunkte gelten als Handelssignale.*

Wie ich oben schon erläutert habe, zeigt ein abflachender Verlauf des Indikators einen Verlust an Bewegungsdynamik im Basistitel an. Dieses Abflachen und der folgende Richtungswechsel erzeugt Schnittpunkte mit der Signallinie. Das heißt, der Indikator liefert die Handelssignale, wenn das Kursmomentum gering ist und zu steigen beginnt oder wenn es hoch ist und abfällt. Schneidet der Indikator seine Signallinie unterhalb der Mittellinie nach oben, bedeutet das einen Verlust an Bewegungsdynamik einer Abwärtsbewegung oder deren Stillstand an. Schneidet der Indikator über der Mittellinie seine Signallinie nach unten, bedeutet das einen Verlust an Bewegungsdynamik in einer Aufwärtsbewegung oder deren Stillstand an.

Dritte Analysemethode ist die Suche nach Divergenzen zwischen Kursbewegung und Indikatorverlauf. Dabei können wir verschiedene Muster als Divergenzen bezeichnen. Die einfachste Variante ist eine Indikatorbewegung, die direkt gegen die Kursbewegung gerichtet ist. Der Indikator fällt über der Mittellinie langsam ab, während der Kurs noch steigt, ein Zeichen für den Dynamikverlust der Aufwärtsbewegung. Ein unter der Mittellinie steigender Indikator bei gleichzeitig fallenden Kursen zeigt einen Verlust an Bewegungsdynamik der Abwärtsbewegung an. Wichtiger sind allerdings zeitlich länger ausgedehnte Divergenzen, die sich über mehrere Hoch- oder Tiefpunkte von Indikator und Kurs erstrecken. Wir unterscheiden dabei positive(bullishe) Divergenzen und negative(bearishe) Divergenzen.

Die Qualität der Divergenzen hängt maßgeblich vom Typ der verwendeten gleitenden Durchschnitte bei der Indikatorberechnung ab. Werden sehr reagible Typen verwendet, sind keine brauchbaren, zu viele, oder stark verzerrte Divergenzen zu finden. Eine Divergenzanalyse mit dem Price Oszillator ist am besten möglich, wenn träge Durchschnitte für die Konstruktion des Indikators verwendet werden. In Abb. 293 habe ich zwei negative Divergenzen markiert. Während der DAX neue Hochpunkte im Aufwärtstrend ausbildet, entstehen im Indikator niedrigere Hochpunkte.

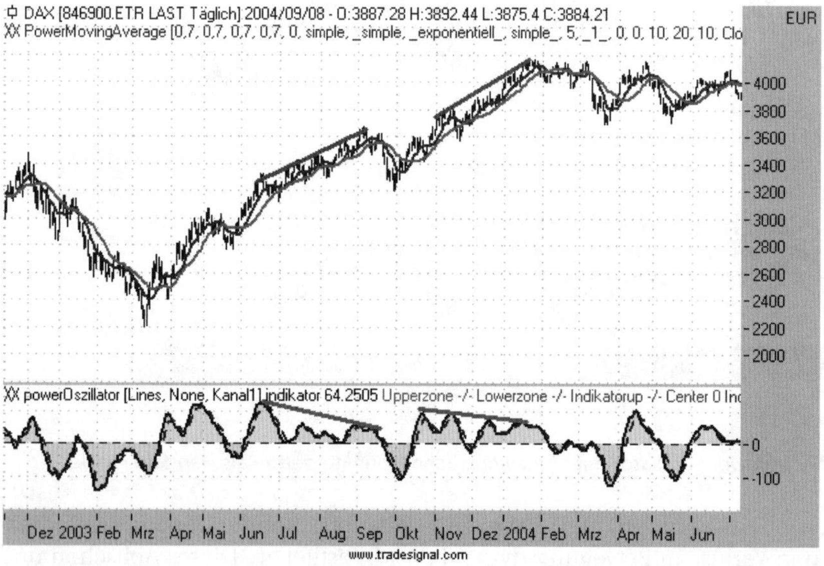

***Abb. 293** – Zwei negative Divergenzen kündigen eine Trendwende an.*

In Abb. 294 habe ich mehrere bullishe Divergenzen markiert. Zwei sind von kürzerer Zeitdauer, die dritte ist beiden kurzen Divergenzen übergeordnet. In allen Fällen ist gut zu erkennen, dass trotz immer neuer Tiefpunkte im DAX die Tiefpunkte im Indikator ansteigen. Mit steigender zeitlicher Ausdehnung gewinnt eine Divergenz an Bedeutung.

Besonderheiten: Der Price Oszillator ist definiert als Differenz aus zwei gleitenden Durchschnitten. Das gibt uns die Möglichkeit, verschiedene Typen an Durchschnitten zu testen und dadurch vielfältige Anwendungsmöglichkeiten zu erhalten.

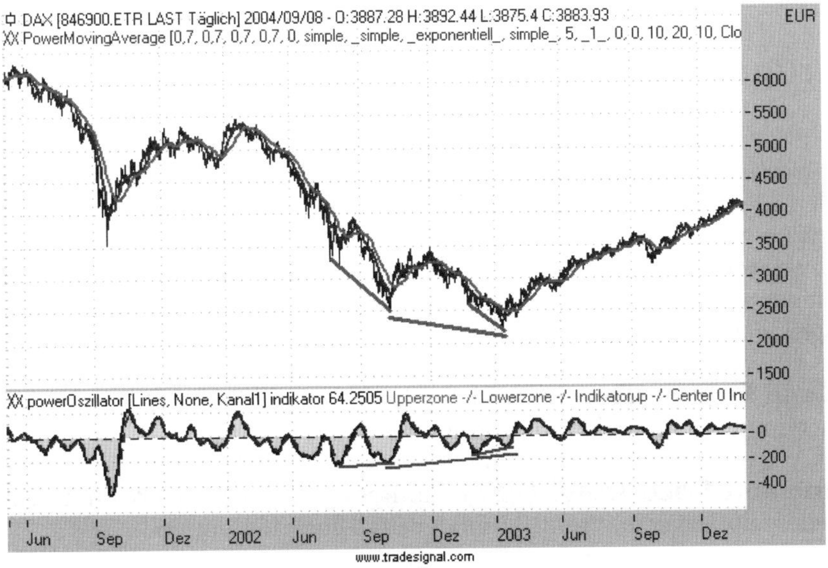

***Abb. 294** – Aufeinander folgende positive Divergenzen kündigen den Umschwung an.*

Kritische Würdigung

Der Price Oszillator ist eine Variante des bekannten MACD Indikators. Somit liefert er uns keine wirklich neuen Informationen. Allerdings kann durch die Kombination verschiedener Typen an Durchschnitte die Signalqualität etwas verbessert werden. Es gibt keinen Oszillator unter den technischen Indikatoren, den man einzeln benutzen darf. Dies gilt auch für den Price Oszillator. Gerade in schwachen Trendphasen oder schmalen Seitwärtsbewegungen erzeugen Systeme aus gleitenden Durchschnitten, und das ist der Price Oszillator eben auch: Viele Fehlsignale. Andere Indikatoren, Analyseinstrumente und höhere Zeitebenen sind nötig, um zusätzliche Filter zu gewinnen.

Quellen

Faber, Bruce R.: The Price Oszillator. In: TAS&C V.12
www.stockcharts.com

Price Volume Trend

Grundlagen

Im Wettbewerb „Wer erfindet die meisten Indikatoren?“ wurde so manches nützliche Analysehilfsmittel erfunden. Manches andere Hilfsmittel wurde mehrfach erfunden oder vergessen und wieder entdeckt. Einige sind derart ähnlich, dass sie sich nur im Namen deutlich unterscheiden. Der hier vorgestellte Indikator wird unter zwei verschiedenen Namen geführt. Leider wird die dahinter stehende Berechnungsmethode auch noch oft vertauscht. Wir finden in zahlreichen Quellen folgende Bezeichnungen:

Price and Volume Trend (PVT): Ein-Tages-Rate of Change (ROC) mit dem Volumen multipliziert und fortlaufend summiert.

Volume and Price Trend (VPT): Ein-Tages-Momentum (MOM) mit dem Volumen multipliziert und gemäß Periodeneinstellung aufsummiert.

Kombinations- oder besser Verwechslungsmöglichkeiten entstehen zusätzlich, wenn man die Methode der Aufsummierung vertauscht. Im Endeffekt möchte ich auf nur zwei Versionen der zahlreichen Kombinationsmöglichkeiten eingehen. Wir erinnern uns, dass Momentum und Rate of Change den gleichen Sachverhalt einmal in absoluten Werten und einmal in relativen Werten darstellen. Wir könne also beide gleich behandeln. Einziger Unterschied ist letztendlich die Aufsummierung, die auch zu unterschiedlichen Verwendungsmöglichkeiten der Indikatoren führt. Wir erhalten durch die fortlaufende Aufsummierung einen trendfolgenden Indikator, der dem OBV von J. Granville oder der A/D Line von M. Chaikin ähnelt.

Durch die begrenzte Aufsummierung über eine eingestellte Periodenlänge erhalten wir einen Momentum Volumen Oszillator. Als Vergleich bietet sich der Force Index von Dr. Elder an. Ob für die Berechnung nun das Kursmomentum oder die Rate of Change verwendet wird, macht keinen Unterschied. Die Muster, die alle Kombinationsmöglichkeiten ausbilden, sind identisch. Zum Beweis habe ich einen Indikator für TradeSignal enterprise geschrieben, der es erlaubt, alle Kombinationen durchzuspielen.

Abb. 295 zeigt den in TradeSignal enterprise enthaltenen Indikator Volume Price Trend. Das ist die ROC mit dem Volumen multipliziert und fortlaufend aufsummiert. Durch die beim Original bis zur Nulllinie gefüllte Fläche wird die Darstellung etwas verzerrt. Die Muster beider Indikatoren sind jedoch identisch.

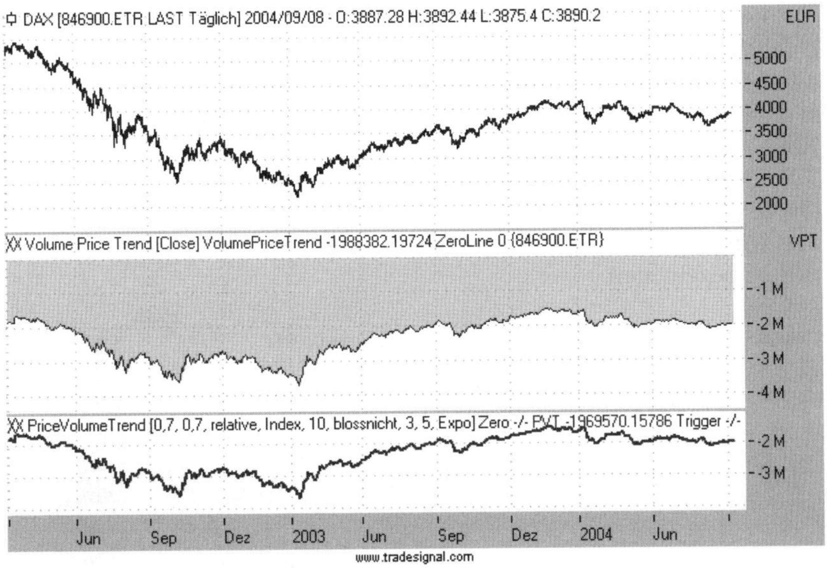

Abb. 295 – *Volume Price Trend und Price Volume Trend werden oftmals verwechselt, haben aber die selben Eigenschaften – wie hier deutlich zu sehen ist*

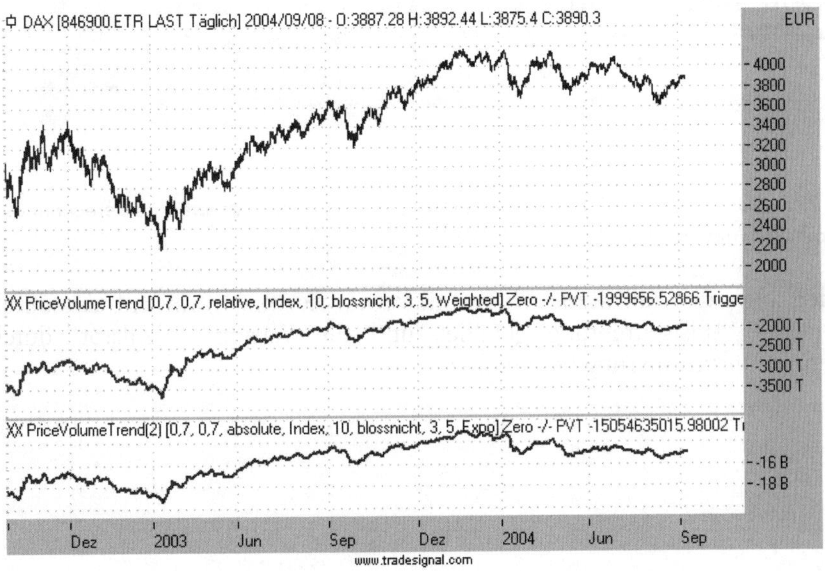

Abb. 296 – *Price Volume Trend einmal mit der Rate of Chance (Mitte) und einmal mit dem Momentum (unten) als Berechnungsgrundlage.*

Abb. 296 zeigt den Indikator einmal mit ROC als Berechnungsgrundlage und fortlaufend aufsummiert und darunter mit MOM als Berechnungsgrundlage und fortlaufend aufsummiert.

Sie sehen, die Muster sind identisch, nur die Werte der Skala unterscheiden sich. Da dieser Indikator nicht über die absoluten Werte gehandelt wird, spielt dies keine Rolle.

Abb. 297 zeigt die gleiche Konstellation wie Abb. 295, nur das nicht fortlaufend summiert wird, sondern nur über die Berechnungsperiode. Diese Version ist als Oszillator zu bezeichnen.

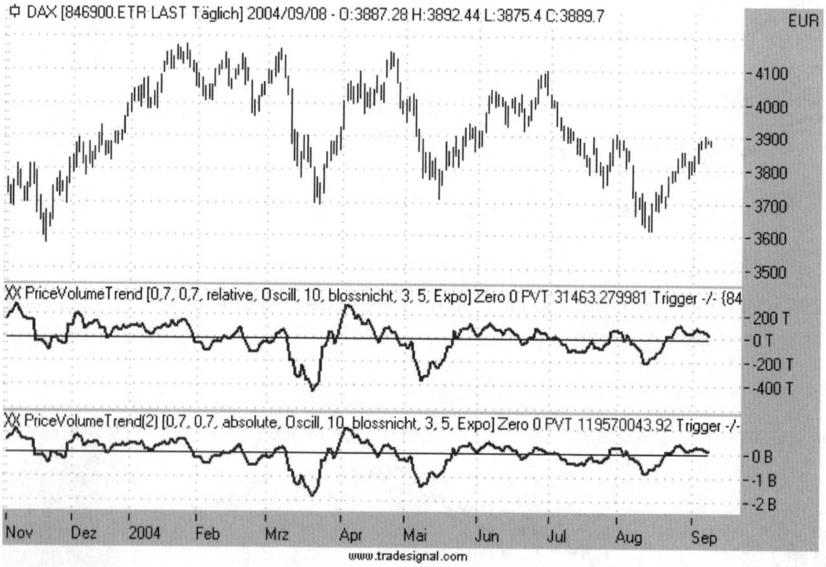

***Abb. 297** – Variante des PVT, bei der nicht fortlaufend, sondern nur über die Berechnungsperiode aufsummiert wird.*

Für den folgenden Teil werde ich also nur noch die Version „Index“, also durch fortlaufende Aufsummierung gebildet, und die Version „Oszillator“ durch begrenzte Aufsummierung beschreiben.

Berechnung und Parameter

Beide Versionen basieren auf dem Momentum der Kursbewegungen. Es wird also ein Maß für die Dynamik und Kraft der Kursbewegungen in die Berechnung einfließen. In den Standard Indikatoren ROC und MOM wird jeweils über einen bestimmten Zeitraum gemessen, in der Regel um die 10 Tage. In unseren hier besprochenen Indikatoren messen wir nur die Kursänderung zum Vortagesschlusskurs. Unsere Varianten beginnen also mit der Messung des Momentums:

absolute Rechnung: $M_{(t)} = Close_{(t)} - Close_{(t-1)}$

relative Rechnung: $M_{(t)} = (Close_{(t)} - Close_{(t-1)}) / Close_{(t-1)}$

die Multiplikation mit dem Volumen ergibt:

$MV_{(t)} = M_{(t)} * Volume_{(t)}$

Nun folgt die Differenzierung der beiden Versionen durch entweder fortlaufende Aufsummierung:

$PVTIndex_{(t)} = MV_{(t)} + PVTIndex_{(t-1)}$ zu sehen in Abb. 298: oberer Indikator

oder durch Aufsummierung der Werte des eingestellten Betrachtungszeitraumes:

$PVTOszillator = Sum_{(n)}(MV)$ zu sehen in Abb. 298: unterer Indikator
n = Berechnungsperiode

Darstellungsvarianten

Alle Kombinationsmöglichkeiten können mit einem Indikator erzeugt werden. Die einzelnen Varianten werden aus einer Liste gewählt. Den Indikator können Sie von www.tradesignalonline.com downloaden. Da der Verlauf des Indikators besonders in der Oszillator Version sehr unruhig ist, habe ich die Möglichkeit der Datenglättung eingebaut. Zum Einsatz kommt ein Rauschfilter von Ehlers. Diese Version sehen Sie in Abb. 299.

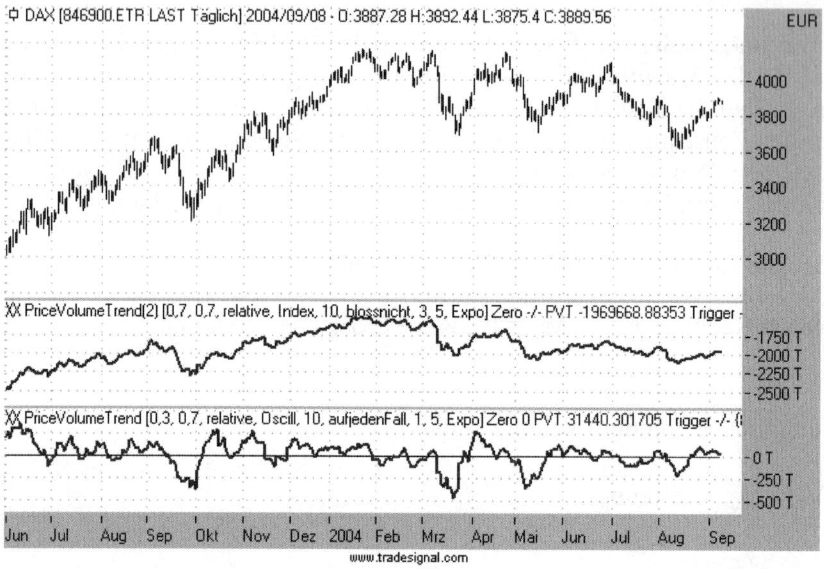

Abb. 298 *– PVT Index (Mitte) und PVT Oszillator (unten)*

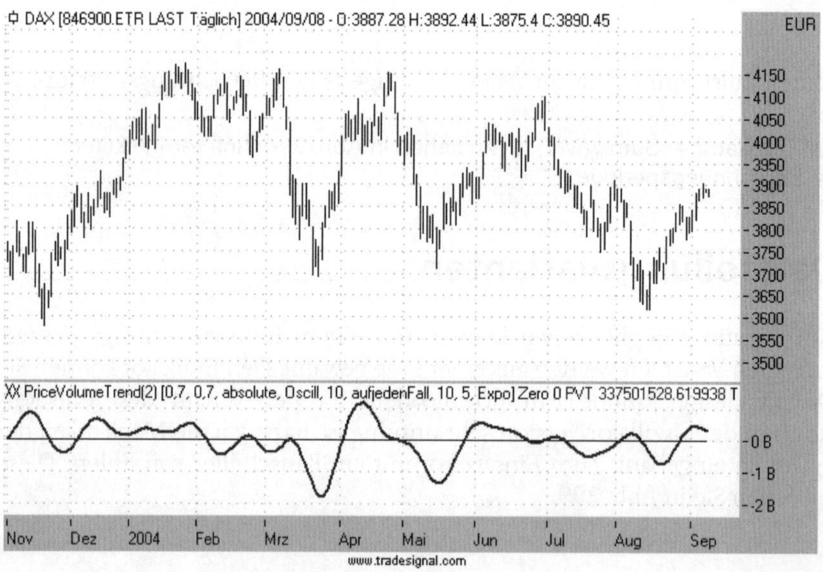

Abb. 299 *– PVT Oszillator mit Glättung durch Einsatz des Rauschfilters von Ehlers.*

Interpretation

In der Interpretation unterscheiden wir zwischen Index-Version und Oszillator-Version. Im Prinzip handelt es sich ja um ein und denselben Indikator nur mit unterschiedlichen Betrachtungszeiträumen. Die Index Version begleitet die längeren Trends des Basistitels, während die Oszillator Version die kurzfristigen Bewegungen im Basistitel misst.

Ich beginne mit der Anwendung der Index Version. Diese hat, wie oben schon beschrieben, große Ähnlichkeit zum OBV und zur A/D Linie. Deshalb ist auch die Verwendung diesen beiden Indikatoren sehr ähnlich. Zunächst fragen wir uns noch einmal, was der Indikator genau macht.

Er gewichtet die täglichen Kursänderungen mit dem täglichen Handelsvolumen. Wir wissen, dass uns das gemessene Momentum Aufschluss über die Kraft und Dynamik der Kursbewegungen gibt. In einem starken Trend ist diese Kraft groß, in einem schwachen Trend oder in einer trendlosen Phase ist diese Kraft klein. Ein hohes Momentum spricht für einen gesunden Trend und eine ungehinderte Fortsetzung der Bewegung. Niedriges Momentum signalisiert uns im laufenden Trend Gefahr. Die Kursbewegung könnte sich umkehren.

Wir kennen neben dem Momentum noch eine zweite Kraft; diejenige die hinter den Kursbewegungen steht und nicht immer sichtbar ist. Ich meine das Handelsvolumen. Es gibt an, wie viel Geld an einem Tag in einer Aktie oder einem ganzen Index bewegt wurde. M. Chaikin bezeichnet das Handelsvolumen als „Fuel", also den Treibstoff, der die Kurse zum Laufen bringt. Viel Treibstoff sollte also für ausgedehnte längerfristige Bewegungen sorgen, während ein versiegen des Geldstromes auch einen Trend versiegen lässt.

Wir gehen davon aus, dass ein gesunder Trend durch stetig steigendes Interesse der Marktteilnehmer, zu erkennen an steigenden Volumina, begleitet wird. Lässt dieses Interesse nach, versiegt der Strom des Geldes der in einen Wert hinein fließt. Die Kursbewegung zeigt uns das noch nicht unbedingt, aber die fallenden Volumina zeigen uns das deutlich. Trendschwäche ist also zuerst am geringer werdenden Volumen zu erkennen. Durch die Kombination von Momentum und Volumen erhalten wir also einen detaillierten Blick unter die Motorhaube. Ein starker Trend ist von hohem Momentum und hohem Volumen begleitet. Schwäche zeigt sich, wenn Momentum und / oder Volumen nachlassen.

Der Index erlaubt uns, den Zustand der längerfristigen Trendbewegungen zu erkennen. Wichtigstes Hilfsmittel sind Divergenzen zwischen Kursverlauf des Basistitels und des Indikators. In Abb. 300 habe ich im Chart der Siemens AG eine ausgedehnte bullishe Divergenz markiert. In Abb. 301 habe ich eine bearishe Divergenz im Chart der Continental AG markiert.

***Abb. 300** – Siemens und der PVT bilden eine über mehrere Monate andauernde Divergenz.*

***Abb. 301** – Bearishe Divergenz im Sommer 2004 bei Continental.*

Der Index kann mit Trendlinien sowie Widerstands- und Unterstützungslinien analysiert werden. Handelssignale entstehen dann durch Bruch dieser Linien. Im Idealfall werden diese Signale einige Tage vor den entsprechenden Signalen im Basistitel sichtbar. Abb. 302 zeigt die Charttechnische Analyse des Indikators mit Linien.

***Abb. 302** – Trendlinien sowie Widerstands- und Unterstützungslinien im Index helfen dabei, Handelszeitpunkte zu ermitteln.*

Der PVT als Oszillator ist besser geeignet, um direkte Handelssignale zu erzeugen. Er beobachtet auf Grund seiner begrenzten Periodeneinstellung kleinere Trendbewegungen. Er zeigt über der Mittellinie liegend einen kurzfristigen Aufwärtstrend an und unter der Mittellinie liegend einen kurzfristigen Abwärtstrend. Die Schnittpunkte mit der Mittellinie gelten als Trendwechsel und können als Handelssignale verwendet werden.

Besonders die geglättete Version des Oszillators ermöglicht uns die Verwendung eines gleitenden Durchschnittes als Signallinie. Dessen Länge sollte etwa ein Drittel der Berechnungsperiode des Oszillators betragen. Richtungsänderungen im Oszillator signalisieren uns eine Veränderung der Kräfteverhältnisse in einem kurzfristigen Trend.

Beginnt der Oszillator unter der Mittellinie zu steigen, signalisiert uns das eine Schwäche im Abwärtstrend und eine mögliche Wende nach oben. Beginnt der Oszillator über der Mittellinie zu fallen, signalisiert uns das eine Schwäche im Aufwärtstrend und eine mögliche Wende nach unten. Die Signallinie hilft uns die Richtungsänderungen des Oszillators in Handelssignale umzuwandeln. Schneidet der Oszillator die Signallinie nach oben, gilt dies als Kaufsignal. Schneidet der

Oszillator die Signallinie nach unten ist dies als Verkaufssignal zu sehen. Abb. 303 zeigt den geglätteten Oszillator mit Signallinie.

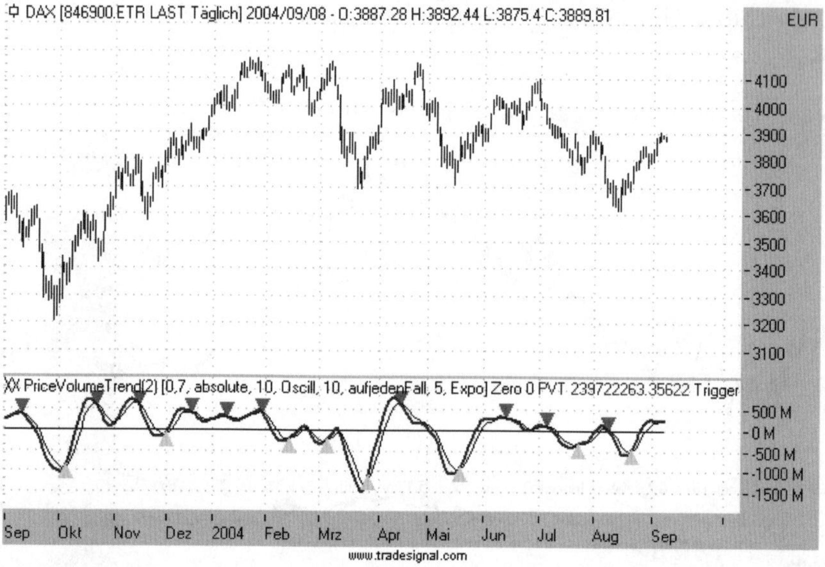

Abb. 303 *– Geglätteter PVT mit Signallinie. Schnittpunkte oberhalb bzw. unterhalb der Mittellinie werden als Verkaufs- bzw. Kaufsignale gewertet.*

Wie es scheint, ist der Oszillator besser für die Divergenzanalyse geeignet als die Index-Version. Es werden zwar nur kürzere Zeiträume analysiert, aber dafür sind die Divergenzen deutlicher erkennbar. Alles was ich bei der Index-Version über Divergenzen geschrieben habe, gilt auch hier. In Abb. 304 habe ich einige Divergenzen markiert.

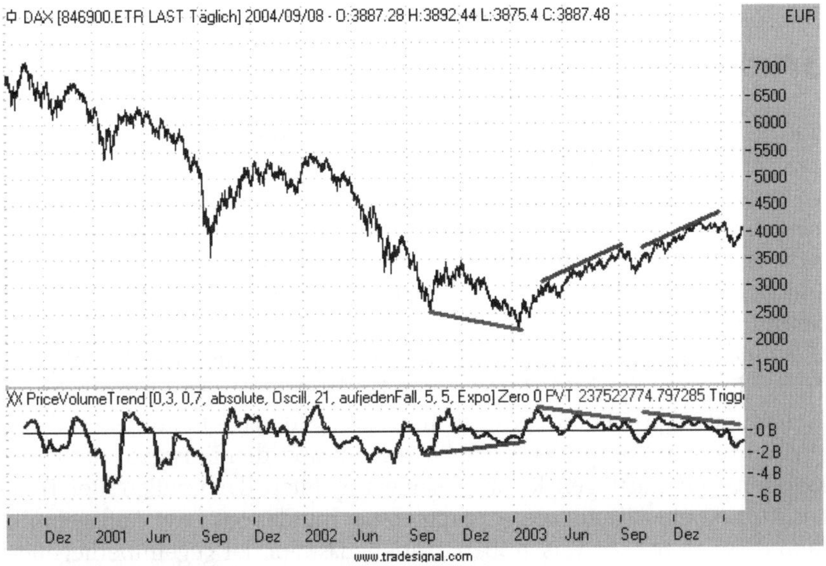

***Abb. 304** – Divergenzen in der Oszillator-Version des PVT.*

Kritische Würdigung

Der Sinn der Indexversion ist zwar klar, aber sie bietet wirklich keinen einzigen Vorteil gegenüber anderen bekannteren Indikatoren. Ich setze den Indikator deshalb auf die Liste der „Indikatoren, die keiner wirklich braucht".

Quellen

www.chartfilter.com
www.incrediblecharts.com
www.market-maker.de

Projection Bands

Grundlagen

Obwohl die Idee hinter den Projection Bands und deren Präsentation im US-Magazin TAS&C wirklich gut sind, habe ich in der Literatur und im Internet keine einzige Quelle gefunden, die deren Anwendung im Tradingalltag beschreibt. Auch ist nach dem Artikel von Dr. M. Widner in TAS&C nie wieder von den Projection Bands die Rede gewesen. Trotzdem möchte ich Ihnen diesen wirklich interessanten Indikator näher bringen. Vielleicht finden ja gerade Sie eine sinnvolle Möglichkeit die Bänder zu handeln.

M. Widner vereinigt in den Projection Bands Eigenschaften von Trendkanälen mit der Analysetechnik der Trading Bänder. Beide, Bänder und Kanäle, bestehen aus zwei Hauptkomponenten. Die erste und wichtigste ist die trendbeschreibende oder -bestimmende Komponente. Sie hat die Aufgabe, den Kurstrend des Basistitels von kleineren, zufälligen Kursbewegungen gefiltert darzustellen. Bei Trendkanälen wird oft eine Trendlinie gezeichnet, die mindestens zwei Auflagepunkte hat. Kann diese so parallel verschoben werden, dass auf der gegenüberliegenden Seite ebenfalls ein oder mehrere Auflagepunkte entstehen, ist ein gültiger Trendkanal gefunden. Trading Bänder werden auf einer gleitenden Mittellinie aufgebaut. Diese ist meistens ein bestimmter Typ von gleitendem Durchschnitt. Es existieren zahlreiche verschieden Berechnungsmethoden für gleitende Durchschnitte. Die meisten bedienen sich rein mathematischer Berechnungen, während bei anderen auch statistische Methoden zum Einsatz kommen.

Die zweite Komponente von Kanälen und Bändern ist die umhüllende Komponente. Beim Trendkanal ist diese mit der parallel verschobenen Trendlinie vervollständigt. Bei einer speziellen Art von Kanälen, den Regressionskanälen, wird zuerst eine Mittellinie gesucht, auf der dann die Begrenzungslinien aufgebaut werden. Bei Trading-Bändern gibt es verschiedene Methoden die Begrenzungslinien zu finden. Meistens werden volatilitätsabhängige Werte verwendet, wie dies beim Keltner Channel und den Bollinger Bands der Fall ist. Die Urgetüme der Bänder, die Envelopes, verwenden meist feste Beträge für den Abstand der Begrenzungsbänder. Mit beiden, Bändern und Kanälen, wird nach Widerstands- und Unterstützungsbereichen, nach Übertreibungsphasen und somit nach Handelsgelegenheiten gefahndet.

Die Projection Bands sind nichts anderes als ein fortlaufend berechneter Regressionskanal, dessen Endpunkte, im Chart eingezeichnet, die Bänder ergeben. Auch hier wird die erforderliche Trendlinie zur Konstruktion der Bänder mit Hilfe der Methode der kleinsten Quadrate gesucht. Diese Methode liefert eine Linie, die den wahren Trendverlauf der Kurse des Betrachtungszeitraumes wiedergibt. Die Kurse sind unterschiedlich stark um diese Linie gestreut.

Berechnung und Parameter

Ich werde zwei Wege hin zu den Projection Bands beschreiben. Der eine ist eher bildlich, um einen schnelle Überblick über das Entstehen der Bänder zu erhalten. Der andere ist die Umsetzung im Programmcode des Indikators. Ich hoffe, dass ich damit einen akzeptablen Kompromiss für Mathematiker, Programmierer und Laien gefunden habe.

Weg eins: Wie stellen wir uns die Entstehung der Bänder vor? Um diesen Abschnitt zu vereinfachen, verwenden wir nur die Schlusskurse des Basistitels. Im zweiten Abschnitt werden die Höchst und Tiefstkurse der betrachteten Handelstage verwendet. Basis unseres virtuellen Trendkanals ist eine lineare Regressionsgerade. Diese wird über die Kurse des Betrachtungszeitraumes berechnet. Mit Hilfe der Methode der kleinsten Quadrate wird diese Gerade so berechnet, dass die im Berechnungszeitraum enthaltenen Kurse so dicht wie möglich an ihr liegen. Diese Linie zeigt die Trendrichtung, also die wahre Bewegungsrichtung der Kurse innerhalb des Betrachtungszeitraumes an. Abb. 305 zeigt eine solche Regressionslinie.

***Abb. 305** – Mit Hilfe der Methode der kleinsten Quadrate konstruierte Regressionsgerade.*

Wir verschieben nun eine Kopie der Linie parallel nach oben, bis alle Kurse unter dieser Linie liegen. Danach verschieben wir eine zweite Kopie der Mittellinie nach unten, bis alle Kurse über dieser Linie liegen. Der in Abb. 306 zu sehende Kanal ist das Ergebnis dieser Arbeit. Alle Kurse des Berechnungszeitraumes werden vom Kanal umhüllt. Der Kanal fängt die Haupttrendrichtung des Berechnungszeitraumes ein.

Abb. 306 *– Ausgehend von der Regressionsgeraden sind zwei Parallelen so konstruiert, dass alle Kurse innerhalb des so entstandenen Trendkanals verlaufen.*

Die beiden kleinen Punkte an den Endpunkten des Kanals sind die ersten Punkte für das obere und untere Projection Band. Um das Ergebnis aus Abb. 307 zu erhalten, müssen wir an jedem Kursstab die gleichen Abläufe wiederholen. Wir erhalten also eine gleitende Darstellung unseres virtuellen Trendkanals, wenn jeweils nur die Endpunkte des Kanals abgebildet werden.

Wie ist die programmiertechnische Umsetzung gelöst? Da wir dem Programm schlecht sagen können „verschiebe eine Trendlinie" müssen wir einen anderen Weg gehen. Wir machen uns zunächst folgendes klar: Der Abstand der beiden virtuellen Begrenzungslinien des Trendkanals richtet sich nach den im Berechnungszeitraum jeweils am weitesten von der Mittellinie entfernten Kursen. Um daraus die Projection Bands am Berechnungstag zu erhalten, müssen wir zunächst diese am weitesten entfernten Kurse des Betrachtungszeitraumes ermitteln.

Wie ist die programmiertechnische Umsetzung gelöst? Da wir dem Programm schlecht sagen können „verschiebe eine Trendlinie" müssen wir einen anderen Weg gehen. Wir machen uns zunächst folgendes klar: Der Abstand der beiden virtuellen Begrenzungslinien des Trendkanals richtet sich nach den im Berechnungszeitraum jeweils am weitesten von der Mittellinie entfernten Kursen. Um daraus die Projection Bands am Berechnungstag zu erhalten, müssen wir zunächst diese am weitesten entfernten Kurse des Betrachtungszeitraumes ermitteln.

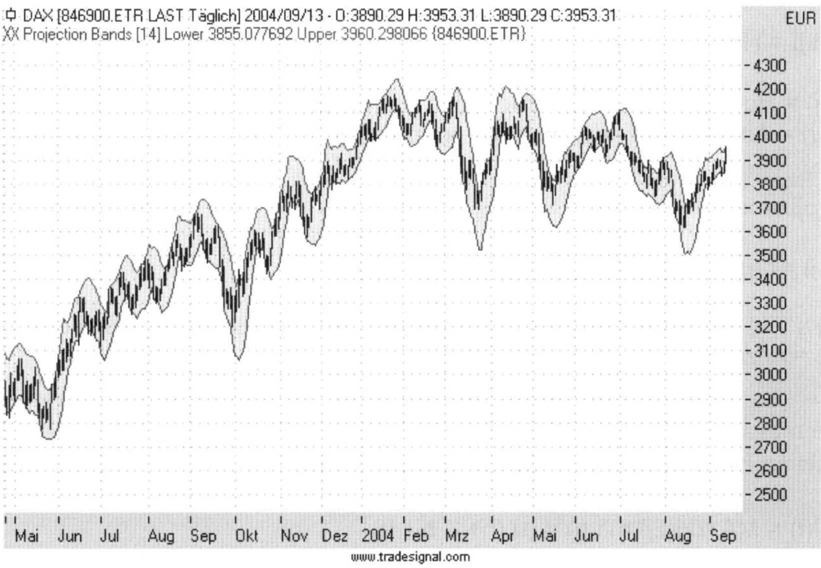

Abb. 307 *– Projection Bands beim DAX.*

M. Widner verwendet für die Berechnung der Projection Bands – wenn möglich – Höchst- und Tiefstkurse der jeweiligen Handelstage. Uns liegen diese Datenreihen vor. Wir berechnen also das obere Band mit den Höchstkursen und das untere Band mit den Tiefstkursen. Die Projektion der ermittelten Höchst- bzw. Tiefstkurse geschieht ganz einfach durch die Multiplikation dieser Kurse mit der Steigung der Mittellinie. Ich verwende ab jetzt die Beschreibung aus M. Widners Beitrag.

Die Regressionslinie für die Berechnung des oberen Bandes wird aus den Höchstkursen des Betrachtungszeitraumes konstruiert. Die Steigung der Linie am Referenztag(t) für den Berechnungszeitraum(n) ist:

$$SH(t,n)$$

Die Regressionslinie für die Berechnung des unteren Bandes wird aus den Tiefstkursen des Berechnungszeitraumes konstruiert. Die Steigung der Linie am Referenztag(t) für den Berechnungszeitraum(n) ist:

$$SL(t,n)$$

Das projizierte Hoch ist:

H(t,j) = H(j) + SH(t,n) * (t-j)

H(j) = Hoch des gerade betrachteten Tages im Berechnungszeitraum
(t-J) = Anzahl der Tage, über die projiziert wird

Das projizierte Tief ist:

L(t,j) = L(j) + SL(t,n) * (t-J)

L(j) = Tief des gerade betrachteten Handelstages im Berechnungszeitraum
(t-j) = Anzahl der Tage, über die projiziert wird

Der Wert des oberen Bandes am Referenztag PU(t) ergibt sich aus dem höchsten projizierten Hoch des Betrachtungszeitraumes(n):

PU(t) = MAX(H(t,j) mit (j) = (t) (n+1) bis (t)

Der Wert des unteren Bandes am Referenztag PL(t) ergibt sich aus dem niedrigsten projizierten Tief des Berechnungszeitraumes(n):

PL(t) = MIN(L(t,j) mit (j) = (t) (n+1) bis (t)

Standardeinstellung für den Berechnungszeitraum (n) ist nach M. Widner 14 Tage. Damit erhalten wir aber recht schmale Bänder. Wenn wir den Zeitraum erheblich verlängern, erhalten wir breitere Bänder. Hier ist es ihnen überlassen, zu experimentieren. Abb. 307 zeigte die Bänder mit 14 Tagen Berechnungszeitraum, Abb. 308 mit 28 Tagen Berechnungszeitraum und Abb. 309 mit 56 Tagen Berechnungszeitraum.

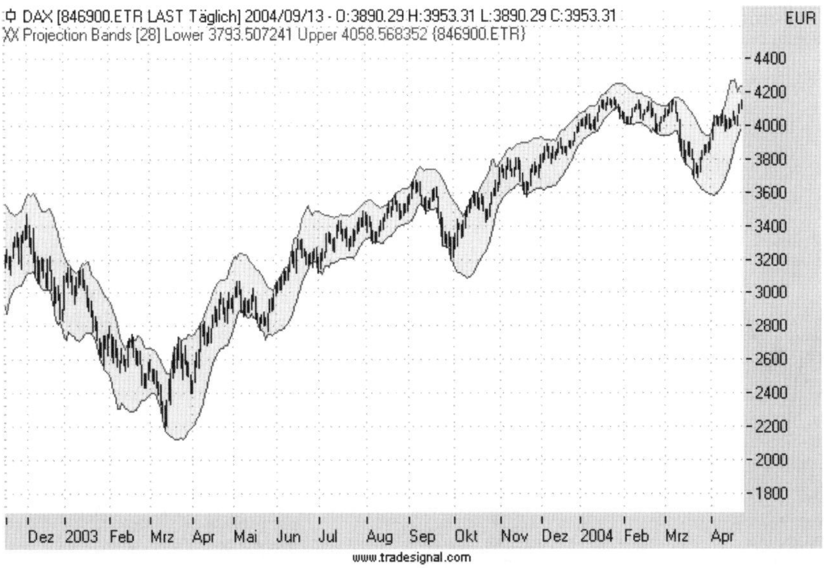

***Abb. 308** – Projection Bands mit einer Periodenlänge von 28 Tagen.*

Darstellungsvarianten

Die Projection Bands sind für TradeSignal enterprise erhältlich. Sie können diese von www.tradesignalonline.com im gleichnamigen Beitrag downloaden.

Interpretation

Die Projection Bands umspannen jeweils den maximalen Kursbereich eines fiktiven Trendkanals. Nähern sich die Kurse dem oberen Band an, kann dies als Übertreibung gesehen werden, ebenso wie eine Annäherung an das untere Band. Übertriebene Kursniveaus werden oft vom Markt korrigiert. Die Projection Bands markieren also Widerstands- und Unterstützungsmarken, an denen eine Kursreaktion in die Gegenrichtung zu erwarten ist. In trendschwachen Phasen kann mit dieser Lesart gut gearbeitet werden. Hier sind deutliche Gemeinsamkeiten mit den Bollinger Bands zu finden. In Abb. 310 habe ich einen Zeitabschnitt markiert, in dem die Kurse beständig zwischen den Bändern pendeln.

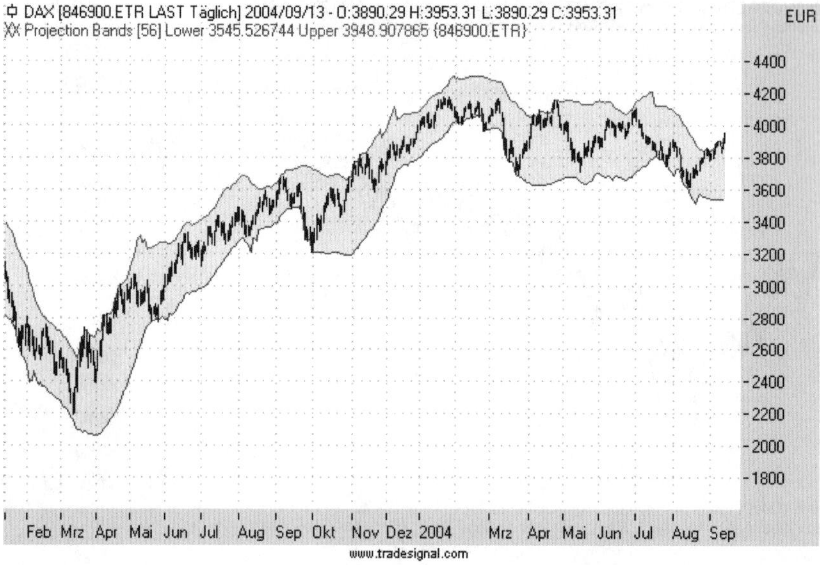

Abb. 309 *– Projection Bands mit einer Periodenlänge von 56 Tagen.*

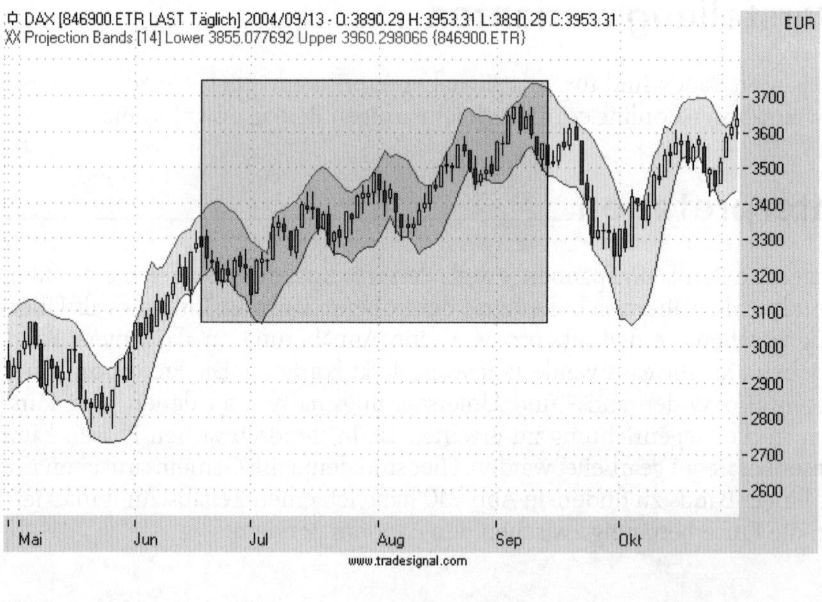

Abb. 310 *– Ähnlich wie bei Bollinger Bändern pendeln die Kurse auch im Projection Band häufig zwischen beiden Außenlinien (siehe markierte Zone), die dann als Widerstands- bzw. Unterstützungsniveaus fungieren.*

In starken Trendphasen werden die Bänder nicht als Widerstand und Unterstützung funktionieren. Sie werden ihre Bewegungsrichtung ändern und den Kursen somit „den Weg frei machen" für eine ausgeprägte Trendbewegung. In Abb. 311 habe ich Phasen markiert, in denen die Kurse an den Bändern entlang rutschen. Die Berührung des unteren Bandes bewirkt keinen Rücklauf an das obere Band.

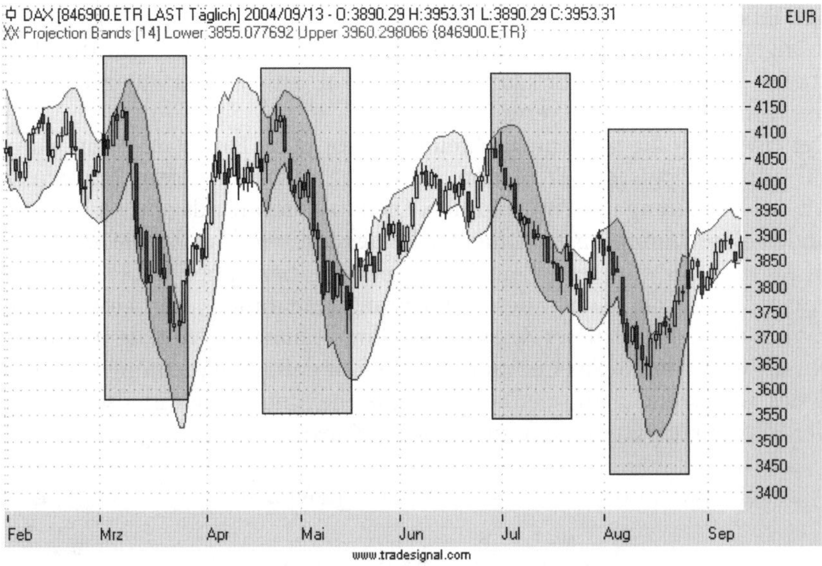

Abb. 311 *– In starken Trends „hangelt" sich der Kurs an einem der Bänder entlang, ohne dass daraus eine Trading-Situation abgeleitet werden kann.*

Die Bewegungsrichtung der Projection Bands zeigt uns die Trendrichtung der zu Grunde liegenden Kurse an. Ein Wechsel der Richtung kann als Trendwechsel im kurzen Zeitrahmen interpretiert werden.

Kritische Würdigung

Trotz des interessanten Berechnungsansatzes haben sich die Projection Bands scheinbar nicht bei Händlern und Analysten durchgesetzt.

Quellen

Widner, Dr. Mel: Signaling Changes with Projection Bands: In: TAS&C V.13
Paesler, Oliver: Lineare Regression in der technischen Analyse

Projection Bandwidth

Grundlagen

Der Projection Bandwidth Indicator (PBW) ist ein Derivat aus den Projection Bands, dass ich Ihnen vorstellen möchte. Während wir aus den Bändern selbst und dem zugehörigen Oszillator direkte Handelssignale ableiten können, gilt dies beim Bandbreite-Indikator nicht. Er kann als Beiwerk, als zusätzlicher Filter für Signale anderer technischer Studien verwendet werden.

Der PBW zeigt die prozentuale Breite der Projection Bands an. Wenn wir uns einmal erinnern, was die Projection Bands für Aussagen liefern, können wir danach der Bedeutung des PBW widmen. Die Projection Bands entstehen aus der gleitenden Berechnung eines virtuellen Regressionstrendkanals. Dieser wird an jedem Kursstab für eine feste Berechnungsperiode berechnet. Dabei wird er so konstruiert, dass alle Kurse des Betrachtungszeitraumes umschlossen sind. Schwanken die Kurse in dieser Zeit stark um ihren Mittelwert, wird der Kanal breiter sein, als wenn die Kurse eher ruhig in eine klar definierte Richtung laufen. Die Breite des Kanals und damit der aus ihm entstehenden Bänder ist also abhängig von der Schwankungsbreite und Intensität der Kurse.

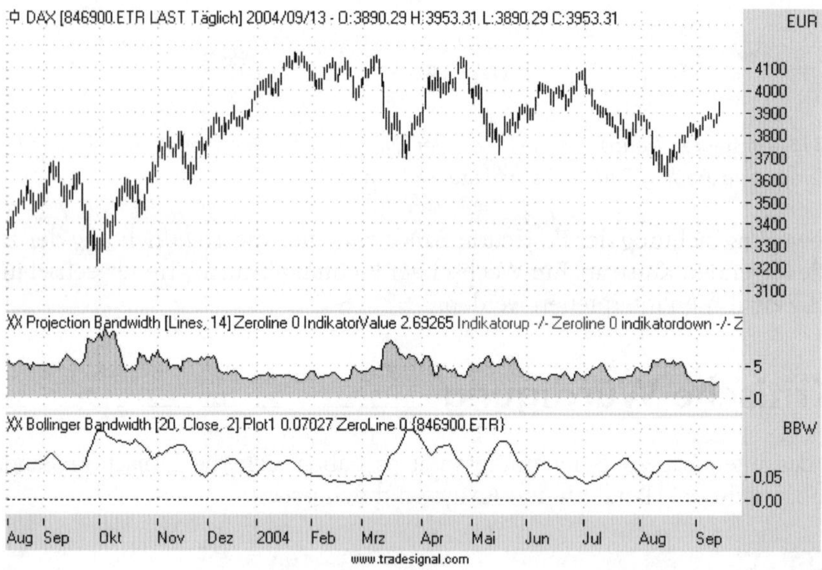

***Abb. 312** – Ein Vergleich zwischen Projection Bandwidth und Bollinger Bandwidth zeigt einen sehr ähnlichen Verlauf.*

Somit können wir die Breite der Projection Bands als ein Maß für die Schwankungsintensität der Kurse des Betrachtungszeitraumes verwenden. Spontan fällt uns dazu der Bandbreite-Indikator der Bollinger Bänder ein. Ein Blick auf Abb. 312 zeigt dann auch, dass beide Bandbreite-Indikatoren ähnliche Muster bilden, und das, obwohl die zu Grunde liegenden Berechnungsmethoden sehr unterschiedlich sind.

Übrigens finde ich die Standardeinstellung der Projection Bands, des Projection Oszillators und des Bandwidth Indicators von 14 Tagen als zu kurz. Meiner Meinung nach sollte mindestens die doppelte Anzahl an Tagen für die Berechnung verwendet werden.

Berechnung und Parameter

Für die Berechnung der Projection Bands lesen Sie bitte im entsprechenden Beitrag nach. Die davon abgeleitete Bandbreite errechnet sich nun wie folgt:

200 * (PU(t) PL(t)) / (PU(t) + PL(t))

Standardeinstellung für den Berechnungszeitraum n, ist nach Widner 14 Tage. Damit erhalten wir aber recht schmale Bänder. Wenn wir den Zeitraum erheblich verlängern, erhalten wir breitere Bänder. Hier ist es ihnen überlassen, zu experimentieren. Abb. 313 zeigt Bänder und Bandweite mit 28 Tagen Berechnungszeitraum und Abb. 314 mit 56 Tagen Berechnungszeitraum.

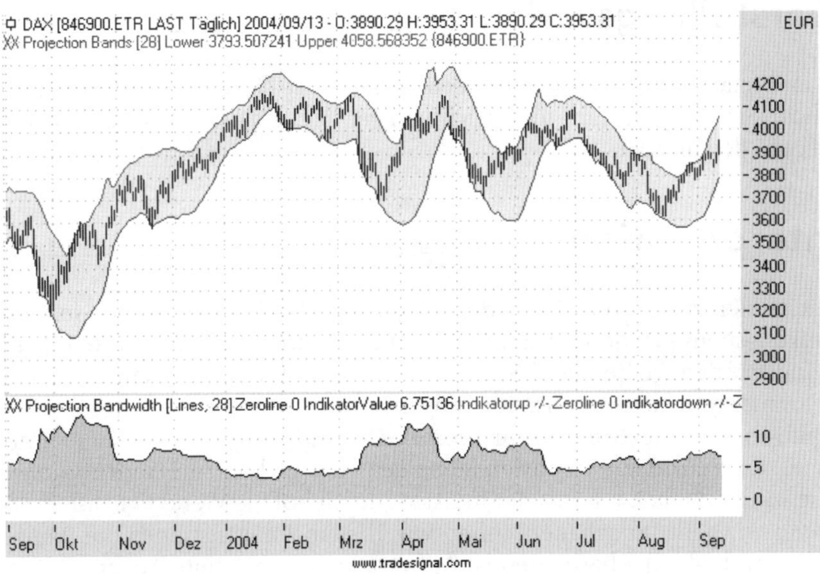

***Abb. 313** – Projection Bands und Bandwidth über 28 Tage berechnet.*

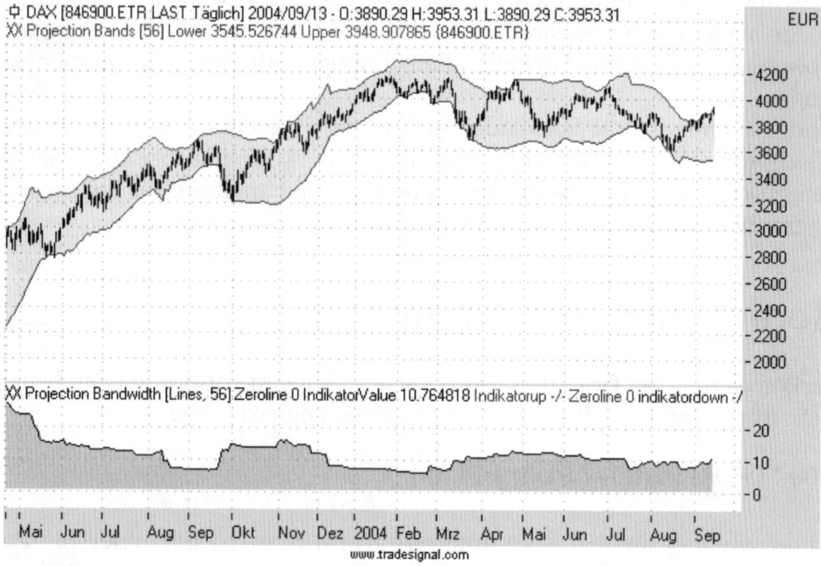

***Abb. 314** – Projection Bands und Bandwidth über 56 Tage berechnet.*

Darstellungsvarianten

Der Bandbreite-Indikator für die Projection Bands ist für TradeSignal enterprise erhältlich. Sie können ihn im gleichnamigen Beitrag von www.tradesignal-online.com downloaden.

Interpretation

Die Breite der zu Grunde liegenden Projection Bands ist abhängig von der Schwankungsintensität der Kurse im Betrachtungszeitraum. Wenn wir den Bandbreite-Indikator einige Zeit beobachten, fallen uns mehrere Dinge auf. In schmalen seitwärts gerichteten Konsolidierungen sowie in starken trendgerichteten Bewegungen sind die Bänder sehr schmal. Der PBW zeigt das durch niedrige Werte an. An markanten Trendwendepunkten und in breiten Handelsspannen sind die Bänder breiter, was uns der Indikator durch höhere Werte signalisiert.

Wenn wir genauer schauen, sehen wir, dass in Aufwärtstrends die Bänder schmaler sind, als in Abwärtstrends. Aufwärtstrends scheinen längere Zeit in sehr ruhigen Bahnen zu verlaufen, während Abwärtstrends sehr viel öfter von scharfen Reaktionen unterbrochen sind. Der PBW kann uns also einen Hinweis auf Trendstärke zumindest im Aufwärtstrend geben. Liegt ein solcher vor und sind die Projection Bands dabei sehr schmal, zeigt das eine gesunde gleichgerichtete Bewegung an.

Es ist möglich, den PBW als Filter für Oszillatorsignale zu verwenden. In Zeiten mit wenig Bewegung, also zum Beispiel in einem langsam steigenden Trend, können diese Signale ignoriert werden. Nimmt die Schwankungsintensität wieder zu, können Signale in Trendrichtung gehandelt werden. Steigt die Schwankungsintensität noch weiter, kann es sich lohnen, Signale auch gegen die Trendrichtung zu handeln.

Da sich an den Märkten Phasen mit wenig Bewegung und Phasen mit viel Bewegung abwechseln, kann die Entwicklung des PBW zur Abschätzung der Entwicklung der gerade herrschenden Marktphase verwendet werden. Notiert der Indikator bereits längere Zeit sehr niedrig, können Handelssignale aus anderen technischen Analyseverfahren höher gewichtet werden, als wenn der Indikator aus einer Phase mit starker Aktivität gerade erst in eine Phase mit niedriger Aktivität übergegangen ist.

Kritische Würdigung

Es ist kaum Literatur zu diesem Indikator vorhanden. Außer dem Artikel von M. Widner, in dem er selbst nur zwei Zeilen zum PBW geschrieben hat, sind nur einige kleine Internetnotizen zu finden. Eine echte Verwendungsmöglichkeit ist nicht zu finden. Da der PBW ähnliche Verlaufsmuster wie der Bollinger Bandwidth Indicator aufweist, wird man vieles von diesem übertragen können. Ich überlasse diese Interpretationsarbeit Ihnen.

Quellen

Widner, Dr. Mel: Signaling Change with Projection Bands. In: TAS&C V.13

Projection Oszillator

Grundlagen

Dr. Mel Widner stellte die Projection Bands und die daraus abgeleiteten Indikatoren im US-Magazin TAS&C vor. Darüber hinaus sind nur sehr wenige Veröffentlichungen zu den Bändern und den anderen beiden Indikatoren zu finden. Die, die ich gefunden habe, gehen direkt auf Widners Artikel zurück. Ich habe also den Eindruck, dass es sich bei den genannten Indikatoren zwar um interessante Ideen, aber trotzdem unbekannte und ungenutzte Materie handelt.

Der Projection Oszillator (PO) ist ein Derivat aus den Projection Bands, das ich Ihnen vorstellen möchte. Und obwohl es sich dabei „nur" um eine andere Betrachtungsweise der Bänder handelt, finde ich diesen Oszillator tatsächlich sehr gelungen. Der PO macht sich die Methode der Stochastic-Berechnung nach G. C. Lane zu Nutze. Wir erinnern uns kurz: Die Stochastic vergleicht den aktuellen Kurs mit der gesamten Spannbreite der Kurse eines festen Betrachtungszeitraumes. Er ist dadurch in der Lage, Kursübertreibungen zu finden und daraus Handelssignale zu erzeugen.

Im PO ist die Berechnung etwas abgewandelt. Da die Bänder für sich ja bereits die Informationen des gesamten Zeitraumes darstellen, nämlich die jeweiligen höchsten und niedrigsten Begrenzungswerte eines fiktiven Trendkanals, entsteht der PO aus dem Vergleich mit dem aktuellen oberen und unteren Band. Dadurch entsteht ein sehr reagibler Oszillator, der auf kleinste Kursspitzen reagiert.

Das interessante am PO ist, dass er als Derivat aus den Projection Bands bereits eine Art Trendfilterung durchlaufen hat. Die Projection Bands zeigen den bereinigten Trend der Kurse des Basiswertes. Ich hoffe, Sie haben den entsprechenden Beitrag gelesen und verstehen, was ich meine. Durch die Kombination aus der abgewandelten Berechnung und der Trendfilterung liefert der Indikator bessere Signale als die Stochastic nach Lane. Abb. 315 zeigt einen Vergleich der beiden Indikatoren. Der obere ist der PO, darunter die Stochastic Fast nach G. C. Lane. Der PO liefert wesentlich mehr Signale und läuft sehr ausgeprägt die Extremzonen an.

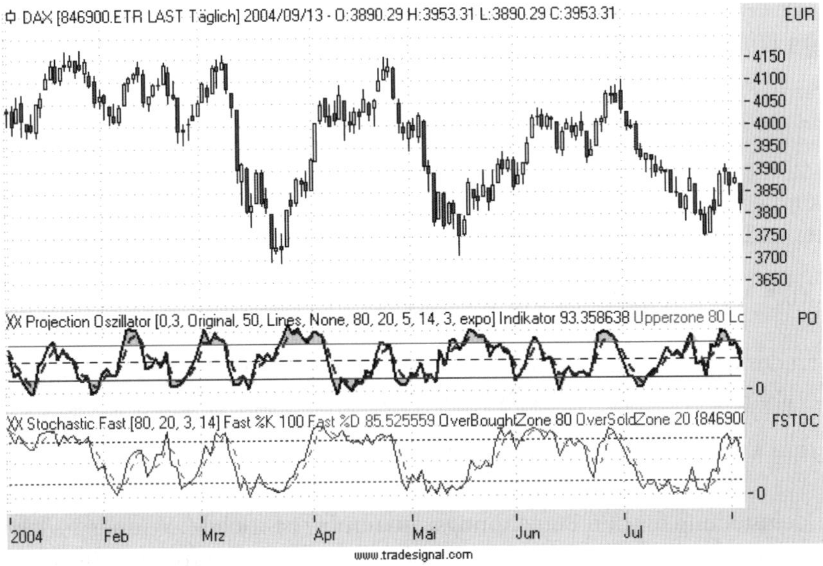

***Abb. 315** – Vergleich zwischen Projection Oszillator und Stochastic Fast.*

Berechnung und Parameter

Die Berechnung der Projection Bands entnehmen Sie bitte dem gleichnamigen Artikel in diesem Buch. Für die Berechnung des Oszillators sind folgende Schritte notwendig: Die Regressionslinie für die Berechnung des oberen Bandes wird aus den Höchstkursen des Betrachtungszeitraumes konstruiert. Die Steigung der Linie am Referenztag(t) für den Berechnungszeitraum(n) ist:

SH(t,n)

Die Regressionslinie für die Berechnung des unteren Bandes wird aus den Tiefstkursen des Berechnungszeitraumes konstruiert. Die Steigung der Linie am Referenztag(t) für den Berechnungszeitraum(n) ist:

SL(t,n)

Das projizierte Hoch ist:

H(t,j) = H(j) + SH(t,n) * (t-j)

H(j) = Hoch des gerade betrachteten Tages im Berechnungszeitraum
(t-J) = Anzahl der Tage, über die projiziert wird

Das projizierte Tief ist:

$$L(t,j) = L(j) + SL(t,n) * (t-J)$$

L(j) = Tief des gerade betrachteten Handelstages im Berechnungszeitraum
(t-j) = Anzahl der Tage, über die projiziert wird

Der Wert des oberen Bandes am Referenztag PU(t) ergibt sich aus dem höchsten projizierten Hoch des Betrachtungszeitraumes(n):

$$PU(t) = MAX(H(t,j) \text{ mit } (j) = (t)\ (n+1) \text{ bis } (t)$$

Der Wert des unteren Bandes am Referenztag PL(t) ergibt sich aus dem niedrigsten projizierten Tief des Berechnungszeitraumes(n):

$$PL(t) = MIN(L(t,j) \text{ mit } (j) = (t)\ (n+1) \text{ bis } (t)$$

Standardeinstellung für den Berechnungszeitraum(n) ist nach M. Widner 14 Tage. Der Projection Oszillator ergibt sich aus der Division der Differenz aus Schlusskurs und unterem Projection Band durch die Spannbreite der Projection Bands am Referenztag.

$$PO_{(t)} = Close_{(t)}\ PL_{(t)}\ /\ PU_{(t)}\ PL_{(t)}$$

Der Unterschied zur Stochastic Berechnung ist hier, dass als Divisor nicht die Spannbreite über einen festen Berechnungszeitraum verwendet wird, sondern nur die Spannbreite der Bänder des aktuellen Tages. Da die Breite der Bänder aber nichts anderes ist als die maximale Bewegungsspanne der Kurse des Betrachtungszeitraumes innerhalb eines fiktiven Trendkanals, enthält die Bandbreite also doch eine zeitliche Komponente.

Der PO bewegt sich in einer Skalenbreite von 0 bis 100 Prozent.Wie bei anderen Oszillatoren auch, werden zwei Extremzonen abgetragen. Die obere, die überkauft Zone, wird bei 80 Prozent gezeichnet. Die untere, die überverkauft Zone, wird bei 20 Prozent gezeichnet. Zusätzlich spendieren wir dem PO noch eine Mittellinie, die bei 50 Prozent abgetragen wird.

Darstellungsvarianten

Der PO ist für TradeSignal enterprise erhältlich. Sie können ihn auf der Webseite www.tradesignalonline.com downloaden. Da mir die Idee des Indikators recht gut gefällt, habe ich ein wenig in der „Ersatzteilkiste der Indikatorenentwicklung“ gekramt. Der PO liefert sehr viele Signale und diese wesentlich zeitiger, als andere Oszillatoren. Es ist deshalb im Indikator eine weitere Berechnungsvariante enthalten. Diese kehrt zurück zur Original-Stochastic-Berechnung. Für den Divisor werden also der höchste Wert des oberen Bandes und der niedrigste Wert des unteren Bandes im gesamten Berechnungszeitraum ermittelt. Diese Spannbreite wird nun weiterverwendet. Damit wird die Bewegung des PO etwas gestreckt und die Anzahl der Signale reduziert. Optional kann für beide Berechnungsmethoden eine Datenglättung eingeschaltet werden. Der Verlauf des Indikators wird dann etwas ruhiger.

Interpretation

Der Projection Oszillator wird als klassischer Überkauft / Überverkauft Oszillator verwendet. Durch Eintritt in eine seiner beiden Extremzonen signalisiert er überdehnte Kursniveaus.

Liegt der PO am oberen Ende seiner Skala, bedeutet das nichts anderes, als das der Kurs des Basistitels am oberen Band der Projection Bands liegt. Erreicht der PO 100 Prozent, berührt der Kurs das obere Band. Liegt der PO nahe 0, befindet sich der Kurs des Basistitels am unteren Band der Projection Bands. Liegt der Indikator genau bei 0, berührt der Kurs des Basistitels das untere Band. Bei Werten ab 80 Prozent gilt der Basistitel als überkauft. Bei Werten unter 20 Prozent gilt der Basistitel als überverkauft.

Der Einsatz als Kontratrend-Indikator erscheint mir auf Grund der vielen Handelssignale, die der PO liefert, zu gefährlich. Er läuft teilweise bei kleinsten Kursbewegungen eine der Extremzonen an. Das führt zu völlig sinnlosen Signalen gegen die Trendrichtung. Deshalb sollte der PO nur in Trendrichtung genutzt werden. Haben wir einen Trend bestimmt, können wir die zahlreichen Signale in Trendrichtung hervorragend verwenden. Wegen des frühen Auftretens der Handelssignale scheint es angebracht, zunächst zu warten, bis der PO die jeweilige Extremzone wieder verlässt. Nutzt man schon den Eintritt des Indikators in die Extremzone als Signal, erwischt man oft noch einen kräftigen Rest der auslaufenden Kursbewegung. Die Zahl der ausgestoppten Positionen wäre wahrscheinlich sehr hoch.

Wie bei den meisten Oszillatoren, ist es auch beim PO möglich eine Signallinie zu berechnen. Es empfiehlt sich dazu die Glättung des Indikators zu aktivieren. In Abb. 316 habe ich die Markierung der Schnittsignale zwischen Indikator und Signallinie aktiviert. Die Mittellinie fungiert hier als zusätzlicher Filter.

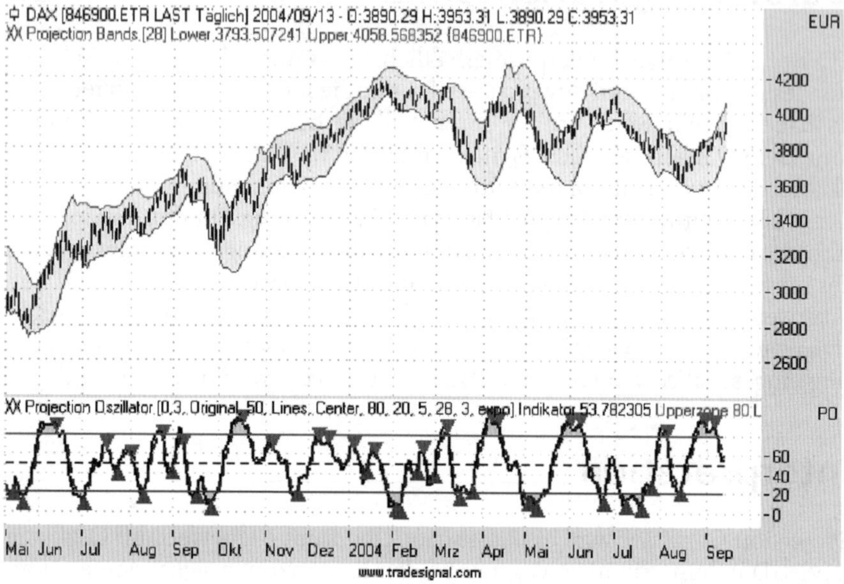

***Abb. 316** – Projection Oszillator mit Handelssignalen beim Schneiden der Signallinie. Kaufsignale werden nur unterhalb, Verkaufssignale nur oberhalb der Mittellinie erzeugt.*

Sinnvoll nutzbare Divergenzen sind im PO nicht zu erkennen. Die wenigen, die man als solche bezeichnen könnte, sind zeitlich zu stark versetzt und deshalb nutzlos.

Kritische Würdigung

Leider findet sich in der Fachliteratur und im Internet keine Quelle, die näher auf die Verwendung des Projection Oszillators eingeht. Deshalb kann ich nur die Allgemein gültigen Verwendungsmöglichkeiten von Oszillatoren beschreiben.

Quellen

Widner, Dr. Mel. Signaling Change with Projection Bands: In: TAS&C V.13
Florek, Erich: Neue Trading Dimensionen. FinanzBuch Verlag, München.

Q-Stick

Grundlagen

Candlestick Charts sind Ihnen sicher wohlbekannt. Inzwischen sind sie weit verbreitet und jeder, der sich intensiver mit technischer Analyse beschäftigt, lernt ziemlich früh diese Art der Chart-Darstellung kennen. Der große Vorteil der Candle's ist es, Informationen sehr plastisch und anschaulich darzustellen. Bereits an der Farbe der Kerze lässt sich die Tagestendenz ablesen. Durch die Konstruktionsweise der Kerzen ist es möglich geworden, zahlreiche Muster zu definieren, die auf einen Blick viele Informationen übermitteln können. Aber nicht nur die visuelle Untersuchung der Kerzencharts hat sich entwickelt, auch die „quantitative", also rein mathematisch / statistische Analyse, hat sich entwickelt und einige interessante Konzepte hervorgebracht.

Viele Programmierer brüten über der Erkennung der Muster selbst. Zahlreiche Anwendungen für die TradeStation, für MetaStock und andere Produkte sind erhältlich. Ich biete übrigens eine Mustererkennung für TradeSignal enterprise auf www.tradesignalonline.com im Forum „Market Scanner Anwendungsbeispiele" an. Aber nicht nur die Erkennung der Muster ist interessant, sondern auch die Auswertung der einzelnen Kerzenbausteine über feste Zeiträume kann sehr interessante Ergebnisse bringen.

T. Chande und S. Kroll, aus deren Feder einige der heute am meisten verwendeten Indikatoren stammen, haben auch zu diesem Thema Nützliches entwickelt. Den ersten Indikator möchte ich Ihnen in diesem Beitrag vorstellen. Dabei handelt es sich auch gleichzeitig um den einfachsten der ganzen Reihe, wenn man nur den Aufbau betrachtet.

Der Q-Stick genannte Indikator misst die Größe des Kerzenkörpers, also die Differenz zwischen Eröffnungs- und Schlusskurs. Der Kerzenkörper ist das wichtigste „Bauteil" einer Kerze. Er zeigt auf den ersten Blick die Marktrichtung und die Stärke der abgelaufenen Kursbewegung an. Vergleicht man die Kerzenkörper einer längeren Periode miteinander, erhält man wichtige Informationen über die Entwicklung der Bewegungsdynamik im Basiswert. Die Länge des Kerzenkörpers ist ein Maß für die Bewegungsdynamik der einen Handelsperiode. Bezieht man weitere Kerzenkörper mit in die Analyse ein, erhält man einen Indikator, der die Veränderung der Intraday-Bewegungsdynamik abbildet.

Berechnung und Parameter

Die Berechnung ist sehr einfach. Wir könnten sie bequem auf dem Papier ausführen. Immer wieder hört man, dass im Zeitalter der hochmodernen Softwareprodukte wie TradeSignal enterprise oder MetaStock, einige Händler tatsächlich noch Charts auf dem Papier zeichnen und dazu wohl auch per Hand Berechnungen ausführen.

$$\text{Q-Stick}_{(t)} = \text{Sum}_{(n)}(\text{Close}_{(t)} - \text{Open}_{(t)}) / n$$

n = Berechnungsperiode der Glättung

Es handelt sich also um den einfachen arithmetischen Durchschnitt der Spanne zwischen Eröffnungs- und Schlusskurs. Die Methode der Glättung ist wahrscheinlich willkürlich gewählt. Andere Methoden werden sicher auch gute Ergebnisse bringen. Der Indikator bewegt sich um die Nulllinie herum und hat dabei einen nach beiden Seiten offenen Wertebereich.

Als Standardeinstellung für die Periode n der Glättung verwendet Chande in seinen Darlegungen 8 Tage. Wie jeder andere Kursindikator auch, kann der Q-Stick in jedem Zeitrahmen eingesetzt werden, vorausgesetzt, es liegen OHCL Daten vor.

Darstellungsvarianten

Der Q-Stick ist für TradeSignal enterprise erhältlich. Sie können ihn und einige Derivate, die ich gleich beschreiben werde, von www.tradesignalonline.com downloaden. Abb. 317 zeigt den Q-Stick in seiner Originalfassung. Übrigens enthalten alle hier vorgestellten Indikatoren die Möglichkeit, einen Rauschfilter zur zusätzlichen Glättung der Werte einzuschalten. Im folgenden Chart können Sie den deutlichen Unterschied erkennen.

Vielleicht sind Sie während der Lektüre einiger Beiträge auch über den Kurtosis-Indikator gestolpert. Ganz sicher ist Ihnen dann der kleine Dackel im Gedächtnis geblieben, der uns die verschachtelte Messung der Bewegungsdynamik mit flatternden Ohren demonstriert hat. Das gleiche Prinzip des Kurtosis Indikators lässt sich auf jeden Momentum-Indikator anwenden. Geschieht dies in der ersten Ebene, sind leichte Verbesserungen in der Signalqualität zu beobachten. Allerdings verschlechtert sich die Qualität der erkennbaren Divergenzen zum Kursverlauf des Basistitels. In Abb. 318 sehen Sie das Momentum des Q-Stick. Wir messen mit diesem Indikator also die Dynamik der Veränderung des Intradaymomentums. Die Berechnung ist ebenso einfach wie die des zu Grunde liegenden Q-Stick Indikators.

$$\text{Q-StickMom}_{(t)} = \text{Q-Stick}_{(t)} - \text{Q-Stick}_{(t-n)}$$

n = Berechnungsperiode des Momentums

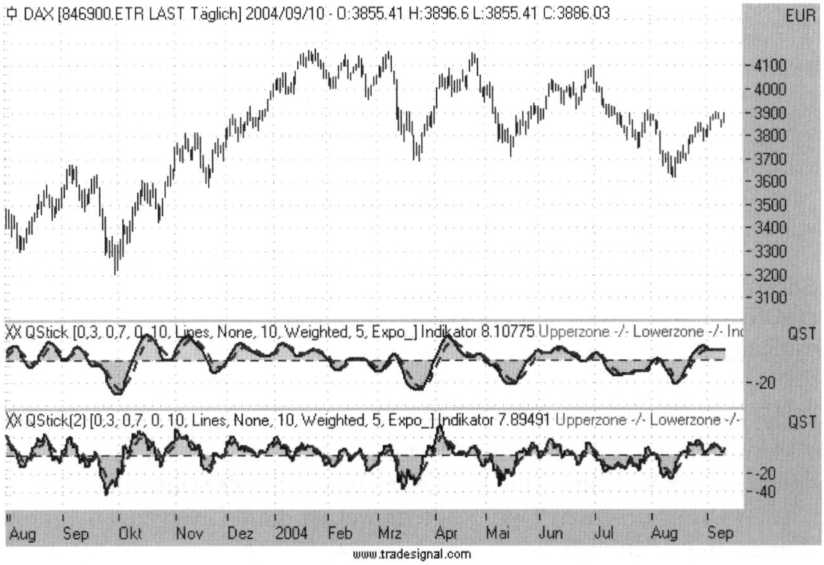

***Abb. 317** – Q-Stick einmal mit und einmal ohne Rauschfilter von Ehlers (unten).*

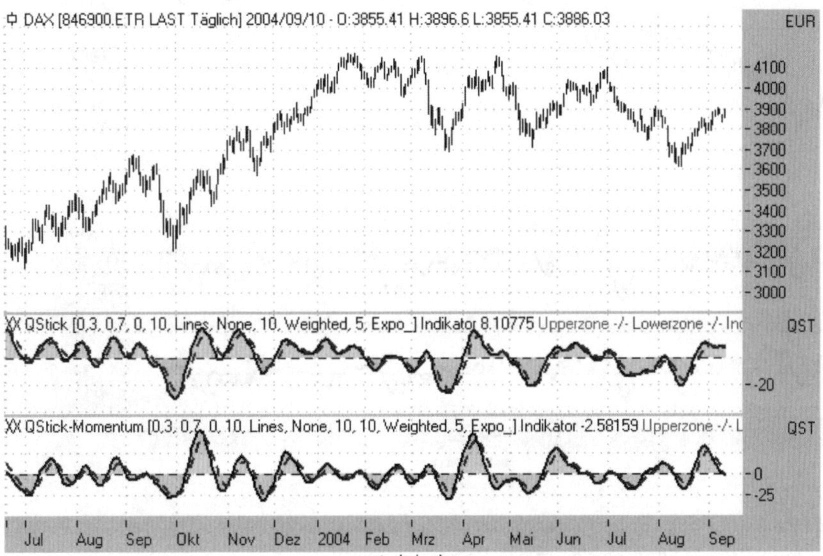

***Abb. 318** – Q-Stick (Mitte) und Momentum des Q-Stick (unten) im Vergleich.*

Das Ergebnis lässt eine höhere Amplitude erkennen, was die Signalqualität zum Teil verbessert. Außerdem werden viele der größeren Trendwechsel bis zu zwei Tage eher als beim Q-Stick selbst signalisiert.

Das zweite Derivat ist die Ratio aus Interday-Momentum und Intraday-Momentum. Diese Version misst also das Verhältnis der Bewegungsdynamik zwischen Schlusskurs und Schlusskurs sowie der Bewegungsdynamik Intraday, die der Q-Stick selbst misst. Schieflagen weisen hier auf Trendschwächen hin und sind in Form von Divergenzen wunderbar deutlich zu erkennen. Abb. 319 zeigt diesen Indikator im unteren Fenster.

$$QStickrel_{(t)} = 100^{*} \, (Close_{(t)} - Open_{(t)}) \; 100$$
$$RateOfChange_{(t)} = 100 \, {}^{*} \, (Close - Close_{(t-1)}) - 100$$
$$MomRatio_{(t)} = RateOfChange_{(t)} \, / \, QStickrel_{(t)}$$

Solange die Trendbewegung im Basistitel gesund und kräftig abläuft, sind die Muster der MomRatio identisch mit den Mustern des Q-Stick selbst. Erst wenn sich Veränderungen im Verhältnis der Kursbewegungen zur Kerzenkörpergröße ergeben, treten Divergenzen zu Tage. Meistens weisen diese Divergenzen auf eine Schwäche im Trend hin.

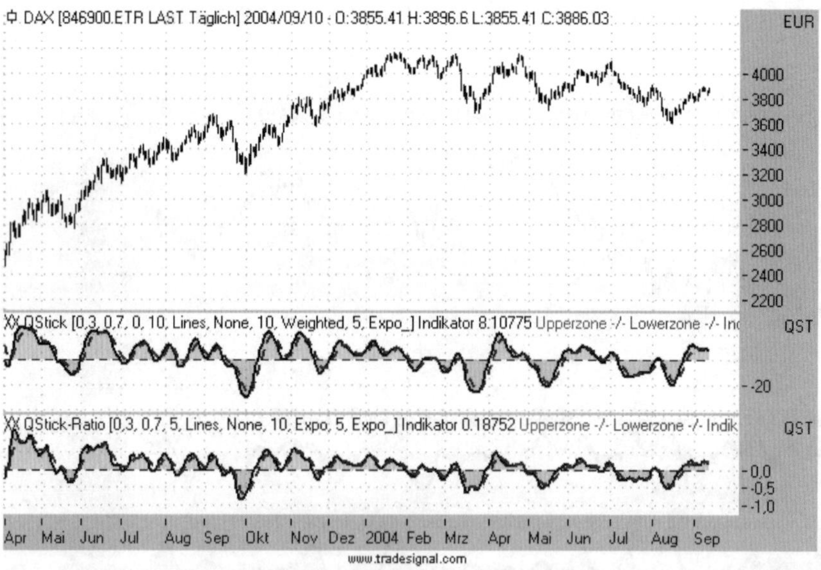

***Abb. 319** – Die Q-Stick Ratio (unten) setzt die Schlusskurs-Schlusskurs-Differenz ins Verhältnis zur Open-Close-Differenz des selben Tages.*

Interpretation

Ich beschränke mich zunächst auf den Q-Stick-Indikator und erläutere dessen Einsatzgebiet. T. Chande verweist darauf, dass der Q-Stick sowohl für die kurzfristige Analyse als auch für langfristige Analysen in Wochencharts geeignet ist. Für die kurzfristige Analyse verwendet er Periodeneinstellungen zwischen fünf und acht Tagen.

Die Grundaussage des Q-Stick ist seiner Lage zur Nulllinie zu entnehmen. Da wir einen geglätteten Indikator verwenden, gilt diese Aussage immer als „relativ". Liegt der Q-Stick über der Nulllinie, sind die Kurse im Berechnungszeitraum gestiegen. Die Eröffnungskurse liegen unter ihren Schlusskursen. Im Chart sollten mehrheitlich weiße Kerzenkörper zu sehen sein. Liegt der Q-Stick unter der Nulllinie, sind die Kurse im Berechnungszeitraum gefallen. Die Eröffnungskurse liegen über ihren Schlusskursen. Im Chart sollten diesmal mehrheitlich schwarze Kerzen zu sehen sein. Lassen Sie sich nicht von einigen „Zeitgenossen" verwirren, die die Farbeinstellungen bei Candlestickcharts stark verändern. Ich habe sogar Charts gesehen, deren Farbgebung komplett umgekehrt war. „Downdays are dark" sollte ausreichen, um die richtigen Farben zu finden.

Der Q-Stick ist als Trendfolgeindikator zu verstehen. Er signalisiert Trendwechsel im Basiswert durch kreuzen der Nulllinie. Kreuzt er diese nach oben, beginnt ein Aufwärtstrend. Kreuzt er die Nulllinie nach unten beginnt ein Abwärtstrend. Selbstverständlich ist die Bezeichnung „Trend" zu relativieren mit dem Wörtchen „möglicher". Ob es ein wirklicher Trend wird, kann der Q-Stick erst zeigen, wenn er sich genügend weit von der Nulllinie entfernt hat.

Da diese Trendwechsel oft recht spät signalisiert werden und in den Bereichen, in denen sie stattfinden, oft eine längere Phase mit ausgewogenen Kräften vorherrschen kann, ist es angebracht, eine Methode der Signalerzeugung zu verwenden, die etwas früher den Startschuss gibt und die Zielglocke läutet, bevor der „letzte Läufer im Ziel ist". Wir nutzen einen gleitenden Durchschnitt des Q-Stick um die Veränderungen in der Bewegungsdynamik des Indikators an Hand der Schnittpunkte mit der Signallinie zu erfassen. War bisher die Originalversion ohne zusätzliche Glättung noch erfolgreich, bekommen wir ab jetzt Probleme durch den teilweise sehr unruhigen Verlauf des Indikators.

Es empfiehlt sich jetzt, den Rauschfilter einzuschalten, der den Indikator, wie ein gutes Dampfbügeleisen unser Hemd, in zartere Formen zwingt. Dabei wird so gut wie keine zeitliche Verzögerung in die Bewegungsmuster des Q-Stick eingeschleust, wie es etwa bei der Verwendung eines einfachen gleitenden Durchschnittes durchaus der Fall wäre.

Achtung: Ab jetzt lohnt es sich, auch die beiden Derivate zu Rate zu ziehen. Wie wir gleich sehen werden, sind diese in der Lage, Schnittsignale mit der Signallinie um bis zu zwei Tage eher zu liefern. Zunächst ein Chart mit Q-Stick und Q-StickMom. In beiden Indikatoren ist die Markierung der Schnittsignale mit der Signallinie aktiviert. Als zusätzlicher Filter dient die Nulllinie. Kaufsignale gelten nur unter der Nulllinie und Verkaufssignal nur über der Nulllinie. Abb. 321 macht den zeitlichen Vorsprung des Q-StickMom an einigen Stellen sichtbar.

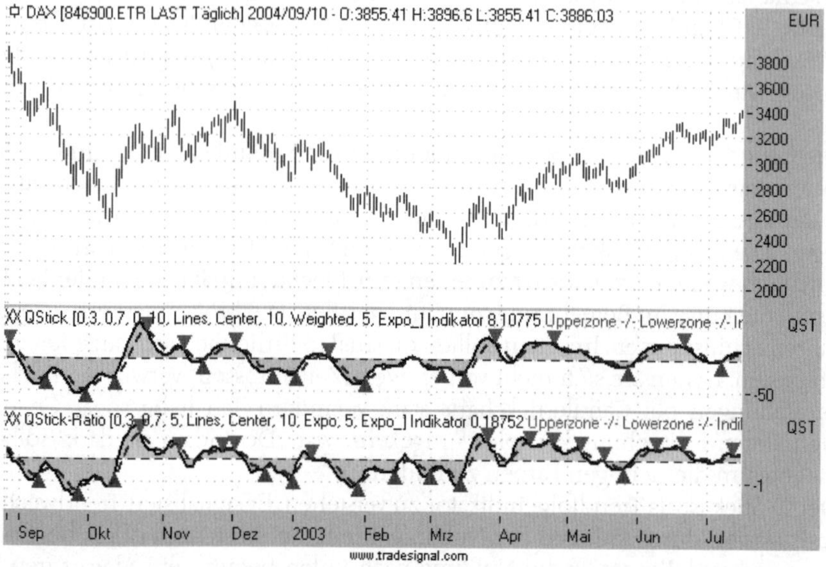

Abb. 320 – *Q-Stick und Q-Stick Ratio mit Signalen im Vergleich.*

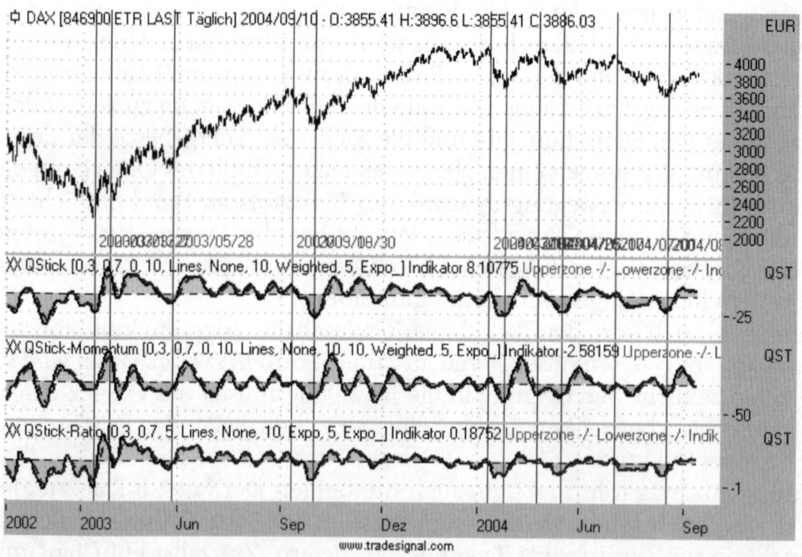

Abb. 321 – *Vergleich zwischen Q-Stick und Q-Stick Momentum (Mitte). Oft werden im Q-Stick Momentum Signale etwas früher gezeigt.*

Aber Vorsicht. Dieses Konzept des Kurtosis-Indikators, das beim Q-StickMom angewendet wird, birgt zahlreiche Risiken. Nicht nur durch die gestiegene Amplitude werden bereits im Q-Stick vorhandene Swings deutlicher nachvollzogen, sondern es kommen auch neue hinzu, die im Q-Stick selbst nicht erkennbar waren. Und in diesen steckt der Teufel. Meist basieren sie auf kleinen Veränderungen in der Bewegungsdynamik des Q-Stick und sind nicht profitabel nutzbar.

Chande erwähnt die Verwendung von zwei Signallinien unterschiedlicher Berechnungslänge, aus deren Schnittpunkten Handelssignale erzeugt werden können. Ich hatte diese Funktion in der ersten Version des Indikators auch integriert, sie später aber entfernt. Ich denke, dass mit der soeben beschriebenen Taktik gleiche oder sogar bessere Signale zu erhalten sind. Besonders die zeitliche Verzögerung, die zwei weitere gleitende Durchschnitte auf jeden Fall produziert hätten, spricht für die von mir beschriebene Verwendung von geglättetem Indikator und einer Signallinie.

Eigentlich der wertvollste Aspekt eines jeden Momentum-Indikators ist die Divergenzanalyse. Die Veränderungen in der Bewegungsdynamik der Kurse können uns wertvolle Hinweise auf den Zustand der aktuellen Marktphase geben. Läuft ein Basiswert bereits seit einiger Zeit in einem starken Trend, können nachgebende Indikatorwerte ein deutliches Warnzeichen für ein mögliches Ende der Party sein. Schlingert der Kurs des Basiswertes jedoch seit längerer Zeit seitlich durch den Chart, kann ein steigender Indikator den Startschuss einer Rallye hörbar machen, der sonst ungehört verhallt wäre.

Abb. 322 zeigt eine bullishe Divergenz. Übrigens weisen viele Autoren darauf hin, dass Handelssignale, wie zum Beispiel der Schnitt einer Signallinie, nach einer ausgeformten Divergenz besonders profitabel sind.

Abb. 322 *– Bullishe Divergenzen zwischen DAX und Q-Stick.*

In Abb. 323 sind zwei kleine bearishe Divergenzen markiert, die beide Male erhebliche Korrekturbewegungen einleiteten.

Abb. 323 *– Bullishe Divergenzen zwischen DAX und Q-Stick, die heftige Reaktionen nach sich ziehen.*

Wenn Sie Interesse an den Q-Stick-Indikatoren haben, vergleiche Sie in Ruhe die Vorteile der einzelnen Indikatoren in den einzelnen Anwendungsgebieten auf www.tradesignalonline.com gegeneinander. Im MomRatio-Indikator treten zum Beispiel besonders gute Divergenzen ans Tageslicht, während der Q-StickMom gute Schnittsignale mit der Signallinie liefert.

Kritische Würdigung

Der Q-Stick reiht sich in die große Zahl der Momentum Indikatoren ein. Seien es das klassische Momentum, der MACD, ein herkömmlicher Price Oszillator oder auch ein RSI. Eine wirklich deutliche Verbesserung der Signalqualität gelingt auch dem Q-Stick nicht.

Quellen

Chande, Tushar; Kroll, Stanley: The New Technical Trader.

Random Walk Index

Grundlagen

Erinnern Sie sich noch an den kleinen Dackel aus dem Beitrag zum Kurtosis-Indikator? Dort half uns die Beobachtung des Dackels, die Bedeutung der Bewegungsdynamik und deren Nutzen in der technischen Analyse zu verstehen. Nachdem ich M. Poulos' Artikel zum Random Walk Index gelesen hatte, kam mir der Gedanke, dass uns der Dackel abermals für das Verständnis eines Indikators von Nutzen sein kann.

M. Poulos war auf der Suche nach einem Indikator, der zwischen Trend und Tradingrange unterscheiden kann, und der nicht auf eine feste Berechnungslänge festgelegt ist. Nachteil vieler Indikatoren ist nach Poulos' Meinung die feste Berechnungsperiode. Dadurch gehen wichtige Informationen, die nur einen Tag außerhalb dieser liegen, verloren. Diese Informationen würden aber möglicherweise zu einem neuen und völlig anderen Bild des Indikators führen. Zweites großes Problem ist, dass verschiedene Marktsituationen, die völlig verschiedene Handelsansätze erfordern, durchaus gleiche Indikatorwerte hervorbringen können.

Poulos' Idee war es, mit dem RWI einen Indikator zu schaffen, der nicht auf eine feste Berechnungsperiode beschränkt ist. Poulos' Lösung für die Unterscheidung zwischen Trend und Tradingrange heißt Random Walk Theorie. Mit dieser wird die erwartete größte zufällige Bewegung innerhalb einer bestimmten Spanne berechnet. Jede Bewegung darüber hinaus lässt einen Trend und somit eine sich etablierende Richtung vermuten.

Ein Beispiel: Sie sind im Park und 20 Meter vor ihnen flitzt der Dackel über die Wiese. Wie man es von Dackeln kennt, werden die Wegpunkte direkt von Maulwurfshügeln und Mäuselöchern gebildet. Diese sind völlig zufällig über die Wiese verteilt. Der Weg des Dackels wird also auch völlig zufällig erscheinen, wollen wir ihm doch nicht unterstellen, systematisch vorzugehen. Wir können also zunächst für die Bewegungen des Dackels einen Bereich eingrenzen, innerhalb dessen er sich bewegt und wahrscheinlich auch weiter bewegen wird. Das ist die gesamte Wiese. Aber sind die Bewegungen des Dackels nun wirklich völlig zufällig verteilt oder folgt er doch einer bestimmten Spur, deren Verlauf uns nicht auf den ersten Blick klar erscheint?

Wir fragen einen Mathematiker, wo der Dackel nach mehreren Runden auf der Wiese ankommen wird. Dieser sagt, er wird wahrscheinlich wieder am Startpunkt ankommen. Denn jede seiner Runden dauert ca. 50 Sprünge, die größte zufällige Entfernung vom Startpunkt beträgt ca. 7 Sprünge, die gerundete Quadratwurzel aus 50. Solange der Dackel sich keine 8 Sprünge vom Startpunkt in eine Richtung entfernt, gilt seine Bewegung als zufällig und somit lässt sich kein sinnvolleres Ziel festlegen als der Startpunkt selbst. Erst wenn einige der Runden, die der Dackel auf der Wiese dreht, diesen Zufallsbereich überdehnen, den Dackel also mehr als 8 Schritte vom Startpunkt entfernt in eine bestimmte Richtung führen, kann von einer wirklichen Bewegung in eine Richtung gesprochen werden. Dann ließe sich auch ein Zielpunkt festlegen, an dem der Dackel am Ende die Wiese verlassen würde.

Der RWI macht sich nun dieselbe Theorie zu Nutze um zu unterscheiden, ob ein Markt trendlos vor sich hindümpelt oder tatsächlich in einer Trendbewegung steckt. Es wird eine Ratio berechnet aus der durchschnittlichen Bewegungsspanne und der größten zu erwartenden Zufallsbewegung. Ist diese Ratio größer als 1, kann von einer Trendbewegung ausgegangen werden. Als Trend wird vereinfacht jede Bewegung über die errechnete Zufallsbewegung hinaus bezeichnet.

Berechnung und Parameter

Wenn man die Berechnung an Hand der Formeln aus Poulos' Artikel darstellt, sieht es recht einfach aus. Der Teufel steckt im Detail und vor allem in der programmiertechnischen Umsetzung. Ich versuche zunächst, die Berechnung zu erläutern und nachher auf die Besonderheiten einzugehen. Der RWI ist definiert als das Verhältnis von gemessener Kursbewegung zu erwarteter zufälliger Kursbewegung. Für den RWI werden zwei Teilindikatoren berechnet. Einer für Höchstkurse und einer für Tiefstkurse. Zunächst benötigen wir die Angaben über die durchschnittlichen Kursbewegungen der Vergangenheit. Hierfür wird die ATR benutzt. Die Average True Range ist der Durchschnitt der Handelsspannen der letzten n Tage.

Die Average True Range:

- Liegt das heutige Hoch über dem gestrigen Close und ist die Spanne heutiges Hoch -heutigesTief kleiner als die Spanne heutiges Hoch - gestriges Close, wird letztere verwendet (Aufwärtsgap liegt vor).
- Liegt das heutige Tief unter dem gestrigen Close und ist die Spanne heutiges Tief - heutiges Hoch kleiner als die Spanne heutiges Tief - gestriges Close, wird letztere verwendet (Abwärtsgap liegt vor).
- Ist die Spanne heutiges Hoch - heutiges Tief größer als die beiden Sonderfälle, wird diese verwendet.

$$\text{True High}_{(t)} = \text{Max}(\text{High}_{(t)}, \text{Close}_{(t-1)})$$
$$\text{True Low}_{(t)} = \text{Min}(\text{Low}_{(t)}, \text{Close}_{(t-1)})$$
$$\text{True Range}_{(t)} = \text{True High}_{(t)} - \text{True Low}_{(t)}$$

Oder:

$$True\ Range_{(t)} = Max((High_{(t)} - Low_{(t)}) , (High_{(t)} - Close_{(t-1)}) , (Close_{(t-1)} - Low_{(t)}))$$

ATR = Sum(n)(True Range) / n
n = Berechnungsperiode der Glättung

Die erwartete zufällige Kursbewegung ist definiert als Produkt von ATR und der Wurzel aus der Anzahl der Berechnungstage.

$$RWIHigh_{(t)} = (High_{(t)} - Low_{(t-n)}) / (ATR_{(t)} * Squrt(n))$$
$$RWILow_{(t)} = (High_{(t-n)} - Low_{(t)}) / (Atr_{(t)} * Sqrt(n))$$

Um das Problem der festen Berechnungsperioden zu umgehen, wird ein offener Berechnungszeitraum verwendet. Dazu werden ein Start- und ein Endpunkt für diesen Zeitraum festgelegt. Für jeden Kursstab im Zeitraum wird die ATR berechnet und daraus die zu erwartende größtmögliche Zufallsbewegung. Als aktueller Indikatorwert gilt immer der höchste Wert, also die größte Abweichung der gemessenen Kursbewegung von der berechneten Zufallsbewegung, der innerhalb des gesamten Zeitraumes festgestellt wird. Damit wird erreicht, dass die gemessene Kursbewegung nicht mit einer willkürlichen Zufallsbewegung am Punkt n verglichen wird, sondern mit der größten berechneten Zufallsbewegung des gesamten Zeitraumes.

Die programmiertechnische Umsetzung arbeitet mit mehreren Schleifen, die für jeden Kursstab im Berechnungszeitraum die Werte für die durchschnittlichen Bewegungsspannen und die erwarteten Zufallsbewegungen ermittelt und dann mit der aktuellen Kursbewegung vergleicht. In diesem Indikator kommt ein Array zum Einsatz, das die Werte zwischenspeichert. Für den RWI werden zwei Parameter für Start und Ende des Berechnungszeitraumes benötigt. Da in Poulos' Artikel nicht genau darauf eingegangen wird, verwende ich 5 und 65. Wird der Startwert auf 1 gesetzt, erhalten wir ein sehr volatiles Verlaufsmuster, das kaum zu verwenden ist.

Darstellungsvarianten

Der RWI ist für TradeSignal enterprise erhältlich. Nach einigen Recherchen ist es mir gelungen, eine funktionierende Vorlage für meine Umsetzung zu finden. Ich möchte mich bei den Boardteilnehmern auf www.tradesignalonline.com bedanken, die mich unterstützt haben. Abb. 324 zeigt den RWI.

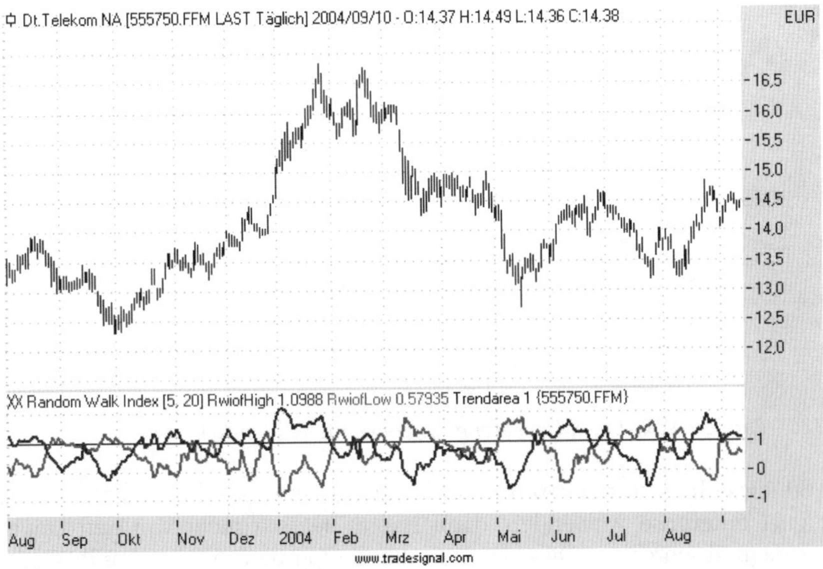

***Abb. 324** – Random Walk Index am Beispiel der Deutschen Telekom.*

Da wir gewohnt sind, Handelsentscheidungen von Oszillatoren abzuleiten, habe ich einen RWI Oszillator geschrieben. Dieser stellt den relativen Abstand der beiden Teilindikatoren dar.

$$RWIO_{(t)} = (RWIHigh_{(t)} - RWILow_{(t)}) \; / = (RWIHigh_{(t)} + RWILow_{(t)})$$

Den RWIO sehen Sie in Abb. 325. Der Oszillator, den Sie von www.tradesignalonline.com downloaden können, kann auf Wunsch auch die beiden Teilindikatoren im gleichen Fenster darstellen. Als Extremzonen werden 1 und -1 in der Skala abgetrennt. Die Werte des RWIO werden mit Hilfe eines Rauschfilters geglättet. Dieser erfordert die Angabe eines Schwellenwertes. Der eingestellte Wert 5 dürfte ausreichend gute Glättung erzeugen.

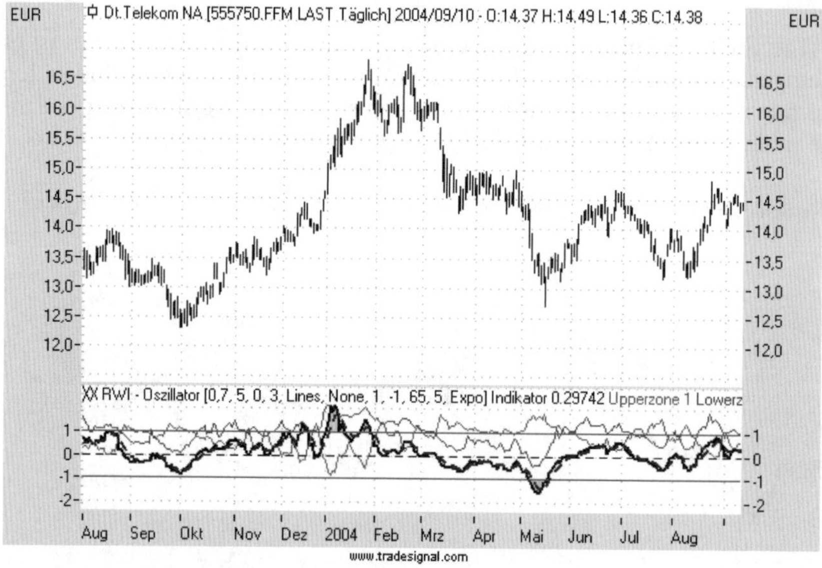

***Abb. 325** – Random Walk Index Oszillator mit einer Glättung (dunkle Linie).*

Wenn Sie diese Indikatoren von www.tradesignalonline.com downloaden und in TradeSignal enterprise verwenden, dann lassen Sie sich nicht von den langen Rechenzeiten abschrecken. Diese können durch Optimierung des Equilla Codes noch verkürzt werden. Aus Zeitgründen werde ich diese Optimierung später durchführen.

Interpretation

Der RWI erscheint auf den ersten Blick wie ein Derivat aus dem Directional Movement Index von Wilder. Auch für den RWI werden zwei Teilindikatoren berechnet. Der erste wird für die Tiefstkurse berechnet, der andere für die Höchstkurse. Beide Teilindikatoren berechnen jeweils die durchschnittliche zufällige Abweichung der Höchst- bzw. Tiefstkurse, die laut Random Walk Theorie zu erwarten ist und das Verhältnis der tatsächlich gemessenen Kursbewegung zu dieser Abweichung.

Je weiter die gemessene Kursbewegung diese errechnete zufällige Abweichung übertrifft, um so größer ist die Trendkomponente im Basiswert. Liegt der RWI-High über dem RWI-Low herrscht eine eher aufwärtsgerichtete Dynamik vor und umgekehrt. Ein starker Trend wird erst unterstellt, wenn einer der beiden Teilindikatoren Werte über eins erreicht. Die genaue Grenze zwischen Tradingmarkt und Trendmarkt liegt zwischen 1 und 1,5. Hier sollten Sie etwas experimentieren.

Die Lage der beiden Teilindikatoren zueinander gibt uns also einen Hinweis auf die vorherrschende Trendrichtung. Die Lage des dominierenden Teilindikators innerhalb der Werteskala gibt uns dazu einen Hinweis auf die Trendstärke im Basistitel. Je höher dieser Teilindikator notiert, um so stärker ist die trendgerichtete Bewegung im Markt.

Der RWIO liefert uns hier ein besseres Bild als der RWI selbst. Er ist definiert als Ratio aus Spanne der Teilindikatoren zur Summe beider Teilindikatoren. Liegt der RW-IHigh über dem RWI-Low wird der RWIO über seiner Nulllinie verlaufen. Je weiter der jeweilige dominierende Teilindikator über dem anderen Teilindikator liegt, um so weiter wird sich der RWIO von der Nulllinie entfernen.

Da sich Kursbewegungen immer um einen Mittelwert abspielen, kann unterstellt werden, dass starke Bewegungen in die eine oder die andere Richtung korrigiert werden. Hohe Werte eines der beiden Teilindikatoren können also einen Hinweis auf das mögliche Ende einer Trendbewegung geben. Der RWIO wird dann in seiner jeweiligen Extremzone eine scharfe Richtungsänderung vollziehen. Mit Hilfe der eingebauten Signallinie lassen sich Entscheidungen präzise timen.

Der RWIO basiert stark auf der Trendstärke-Komponente des RWI. Je dichter die beiden Teilindikatoren beieinander liegen, um so geringer ist die Dynamik der zu Grunde liegenden Kursbewegungen. Erst wenn die Dynamik der Bewegung zunimmt, wird sich der RWIO deutlich von der Mittellinie entfernen und eine der beiden Extremzonen anlaufen. Änderungen der Bewegungsdynamik und Trendwechsel im Basistitel sind durch kreuzen der Signallinie gut zu erfassen. Ein Schnitt der beiden Teilindikatoren gilt ebenfalls als Trendwechsel im Basiswert.

Kritische Würdigung

Die Berechnung und Funktion des RWI ist schwierig zu verstehen und erfordert etwas Einarbeitungszeit.

Quellen

Poulos, Michael: Of Trends and Random Walks. In: TAS&C V.9
Florek, Erich: Neue Tradingdimensionen. FinanzBuch Verlag, München.

Range Action Verification Index (RAVI)

Grundlagen

Ich möchte jetzt zwei klangvolle Bezeichnungen in den Raum werfen und Sie bitten, beide genau zu studieren:

- Rapid Adaptive Variance Index
- Range Action Verification Index

Beide stammen aus der Feder von T. Chande. Erster wurde 1993 im US-Magazin TAS&C vorgestellt. Zweiter stammt aus Chandes Buch „Beyond Technical Analysis". Was ist Ihnen nun aufgefallen? Richtig, die Abkürzung für beide lautet „RAVI". Wir haben also zwei Indikatoren, die als RAVI bekannt sind und deren Aussagen auch noch fast identisch sind. Beide basieren auf der Messung des Marktmomentums. Trotzdem will ich zunächst den „Range Action Verification Index" beschreiben und diesen als RAVI bezeichnen. Der „Rapid Adaptive Variance Index" wird in einem eigenen Beitrag Platz finden müssen. Sherlock Holmes hätte an mir sicher seine Freude gehabt. Was ich eigentlich ausdrücken wollte, ist, dass es eines gewissen detektivischen Gespürs bedurfte, um für die vielen Beiträge über technische Indikatoren zu recherchieren.

Chandes RAVI sollte einen Ersatz für den ADX aus dem Directional Movement Konzept darstellen. Der RAVI findet also als Trendbestimmungsindikator Verwendung. Dabei gelingt es ihm teilweise, den ADX hinsichtlich Signalqualität auszustechen. Der ADX basiert auf der Messung der gerichteten Bewegung von einem Tag auf den nächsten. Weiterhin werden während der Berechnung des ADX zwei Glättungsdurchläufe absolviert. Daraus entstehen dem ADX einige Nachteile. Besonders die zeitliche Verzögerung zwischen Kursbewegungen und ADX Signalen fällt auf und die Unfähigkeit, auf abrupte Kursbewegungen angemessen zu reagieren, stört ebenfalls.

Der RAVI basiert auf der Messung des Abstandes zwischen zwei gleitenden Durchschnitten. Damit ist in der Berechnung des RAVI nur ein Glättungsdurchlauf enthalten. Da der kürzere der beiden verwendeten gleitenden Durchschnitte relativ schnell auf die Marktbewegungen reagiert, ist die zeitliche Verzögerung der Indikatorsignale wesentlich geringer als beim ADX. Beide Indikatoren liefern zwar optisch ein ähnliches Bild, aber der RAVI liefert schnellere und ausgeprägte Signale. In Abb. 326 sehen Sie einen Vergleich.

***Abb. 326** – ADX und RAVI im Vergleich.*

Chande präsentiert in seinem Buch eine Auswertung, wie viele Trendphasen die beiden Indikatoren erkannt werden. Der RAVI lag dabei deutlich vorn.

Berechnung und Parameter

Die Berechnung des RAVI ist ziemlich einfach. Es werden zwei einfache gleitende Durchschnitte berechnet. Der erste mit einer kürzeren Berechnungsperiode als der zweite. Chande empfiehlt, das der erste ca. 1/10 der Länge des zweiten haben sollte. Chandes Standardeinstellungen sind 65 Tage oder 13 Wochen für den längeren Durchschnitt und 7 Tage oder 2 Wochen für den kürzeren Durchschnitt.

Der RAVI berechnet sich als prozentualer Abstand zwischen kurzem und langem Durchschnitt. Da der RAVI ein Trendbestimmungsindikator sein soll, der Aufschlüsse über Trendverhalten und Trendstärke geben soll, werden die absoluten Werte des Indikators verwendet. Denn eine negative Trendstärke kann es ja nicht geben.

$$RAVI_{(t)} = abs\ (\ 100 * (\ MA_{(x)} - MA_{(y)}\ )\ /\ MA_{(y)}\ )$$

$MA_{(x)}$ = gleitender Durchschnitt kürzere Berechnungsperiode
$MA_{(y)}$ = gleitender Durchschnitt längere Berechnungsperiode

Wir benötigen in der Indikatorskala eine Abgrenzung zwischen dem Bereich, in dem der RAVI einen Trend anzeigt und dem Bereich, in dem der RAVI eine Seitwärtsphase anzeigt.

Chandes Standardeinstellung sind hier 3 Prozent. Dieser Wert sollte jedoch an den entsprechenden Basiswert angepasst werden. Wichtig ist dies vor allem bei Rohstoffen, die weniger starke Trends ausbilden oder deren Trendstärke geringer ist. Das könnte zur Folge haben, dass der RAVI immer schön unter der 3 Prozent Marke bleibt, während der Basiswert langsam und kontinuierlich fällt oder steigt.

Interpretation

Wir können dem RAVI nur eine einzige Information entnehmen. Befindet sich der Basistitel des Indikators in einer ausreichend trendgerichteten Bewegung, um von einem Trend zu sprechen, oder befindet er sich in einer Seitwärtsphase? In welche Richtung ein Trend läuft, der als solcher erkannt wurde, lässt sich dem RAVI nicht entnehmen, wie es beim ADX ja auch der Fall ist. Ein steigender RAVI bedeutet nicht steigende Kurse, sondern nur, dass eine Bewegung mit zunehmender Dynamik im Basiswert vorliegt. Ein fallender RAVI bedeutet auch nicht unbedingt fallende Kurse, sondern dass eine Bewegung mit abnehmender Dynamik im Basiswert vorliegt.

Erreicht der RAVI die 3 Prozent Linie und überschreitet sie auch, wird ein starker Trend angenommen. Je höher der RAVI dabei steigt, um so stärker ist die trendgerichtete Bewegung.

Über dieser Marke ausgebildete deutliche Top-Formationen zeigen das Ende eines Trends an und lassen entweder eine Wende vermuten oder zumindest eine deutliche Konsolidierung.

Befindet sich der Indikator unter 1 Prozent oder sogar noch tiefer, bedeutet dies, dass der Basistitel bereits längere Zeit seitwärts läuft. Da sich Phasen mit geringer Dynamik und Phasen mit hoher Dynamik an den Märkten abwechseln, kann vom baldigen Beginn einer Trendbewegung ausgegangen werden. In diesem Falle kann die Kombination des Indikators mit Money Flow Indikatoren und Chartformationen auf der Suche nach potentiellen Kursausbrüchen besonders nützlich sein. Abb. 327 zeigt dieses Zusammenspiel im Chart der Adidas Salomon AG.

Der RAVI kann genutzt werden, um zu entscheiden, welche Art von Handelssystem in der aktuellen Marktphase verwendet werden soll. Je stärker der Trend im Basiswert ist, um so geringer sind die Erfolge von oszillator-basierenden Systemen, die gegen den Trend handeln. Allgemein gilt, dass Oszillatoren in Bewegungen mit nachlassender Dynamik und in trendlosen Phasen besser funktionieren. Je stärker der Trend im Basiswert ist, um so besser funktionieren trendfolgende Handelsansätze. Ab einer bestimmten Trendstärke können Oszillatorsignale gegen die aktuelle Trendrichtung ignoriert werden.

***Abb. 327** – RAVI in Kombination mit einem Money Flow-Indikator*

Kritische Würdigung

Der RAVI liefert zwar bessere Signale als der ADX, erkennt häufiger eine Trendbewegung und hat ausgeprägte Bewegungsmuster, aber er liefert zu viele dieser Signale. Somit entstehen Interpretationsspielräume, die zu Irrtümern führen können.

Quellen

Chande, Tushar: Beyond Technical Analysis.
Florek, Erich: Neue Trading Dimensionen. FinanzBuch Verlag, München.

Range Expansion Index (TD-REI)

Grundlagen

T. DeMark ist Ihnen ganz sicher bekannt. Handelt es sich doch um einen ähnlich geschäftstüchtigen Trader und Autor wie Bollinger und Murphy. T. DeMark ist vor allem für ein ganzes Set an Indikatoren bekannt, die er in jahrelanger Arbeit entwickelt und publiziert hat. Auch als Buchautor ist er wohlbekannt. Viele seiner Entwicklungen suchen herkömmliche Analysemethoden zu verbessern, deren Fehler zu eliminieren und den Nutzen zu verbessern. Neben einigen Preisprojektionen und Signalsystemen finden wir auch einen Oszillator, der als Range Expansion Index bekannt ist. TD-REI ist die gebräuchliche Abkürzung.

T. DeMark suchte mit diesem Oszillator mehrere Steilklippen der herkömmlichen Oszillatorentechnik zu umschiffen. Zum einen störte ihn die herkömmliche Verwendung von zwei oder mehr aufeinander folgenden Kursen, um die Momentum-Komponente des Indikators zu berechnen. Seiner Meinung nach birgt diese Methode die Gefahr, dass kurzfristige Ereignisse, wie Unternehmensnachrichten oder politische Geschehnisse, das Bild des Indikators zu stark beeinflussen. Deshalb wählte er einen etwas größeren Abstand, in dem er einen Tag weiter in die Vergangenheit schaut.

Zweites und viel wichtigeres Problem der meisten Oszillatoren ist, dass sie auf kleinere Trendschübe mit einem deutlichen Sprung in eine Extremzone reagieren. Bereits am Anfang einer starken Bewegung signalisiert der Indikator damit einen überhitzten Zustand und suggeriert, dass eine Korrekturbewegung sehr wahrscheinlich ist. Der TD-REI versucht dieses Problem zu entschärfen, in dem er eine Trendkomponente berechnet. Sobald diese einen Trend erkennt, der kurzfristiger und kräftiger Natur ist, wird der Verlauf des Indikators verlangsamt. Er bewegt sich also in einer Trendphase etwas langsamer und signalisiert somit später als seine Vettern einen überhitzen Zustand. In Abb. 328 habe ich den TD-REI mit einem anderen Oszillator verglichen. Sie können erkennen, dass der TD-REI seltener seine Extremzone anläuft.

Die Trendkomponente besteht aus dem Vergleich mehrere Kursebenen an mehreren Kursstäben. Die genaue Definition folgt weiter unten. Die Funktion der Trendkomponente wird in Abb. 329 demonstriert. Alle Kursstäbe mit dunklen Punkten liegen in einem starken Trend. An diesen Stellen wird der Indikator verlangsamt. Wenn Sie diese Regionen mit den beiden Indikatoren vergleichen, fällt Ihnen auf, dass der TD-REI dort tatsächlich später oder gar nicht seinen „überhitzten“ Zustand erreicht.

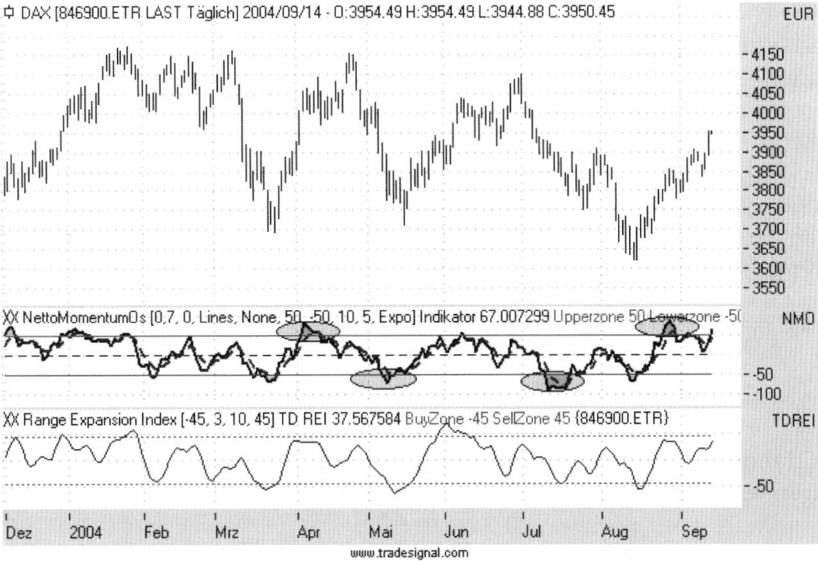

***Abb. 328** – TD-REI im Vergleich mit einer Momentum-Variante. Man sieht, dass der TD-REI seine Extremzonen seltener ansteuert.*

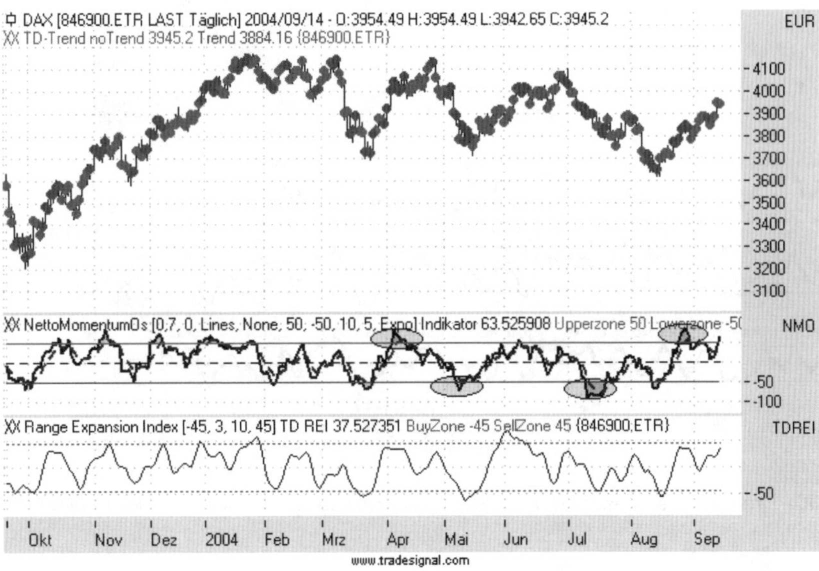

***Abb. 329** – An Stellen mit dunklen Punkten (ganz oben im Kurs-Chart) signalisiert der TD-REI eine starke Trendphase.*

Berechnung und Parameter

Ich möchte zunächst mit der Trendkomponente beginnen. Diese beschreibt einen „langsamen“ Markt. Sind die Bedingungen der Trendkomponente erfüllt, wird der Indikator normal berechnet. Sind die Bedingungen nicht erfüllt, wird der Indikator verlangsamt. Er basiert also auf dem „nicht erkennen“ eines Rangemarktes.

$Cond1_{(t)}$: $(High_{(t)} >= Low_{(t-5)}$ oder $High_{(t)} >= Low_{(t-6)})$
und
$(Low_{(t)} <= High_{(t-5)}$ oder $Low_{(t)} <= High_{(t-6)})$

$Cond2_{(t)}$: $(High_{(t-2)} >= Close_{(t-7)}$ oder $High_{(t)} >= Close_{(t-8)})$
und
$(Low_{(t-2)} <= Close_{(t-7)}$ oder $Low_{(t-2)} <= Close_{(t-8)})$

Unsere Trendkomponente definiert einen Rangemarkt. Wird eine der beiden Bedingungen verfehlt, wird eine kurzfristige starke Bewegung im Basiswert unterstellt.

$Trend_{(t)} = 0$ wenn $(Cond1_{(t)} = 0$ oder $Cond2_{(t)} = 0)$ sonst $Trend_{(t)} = 1$

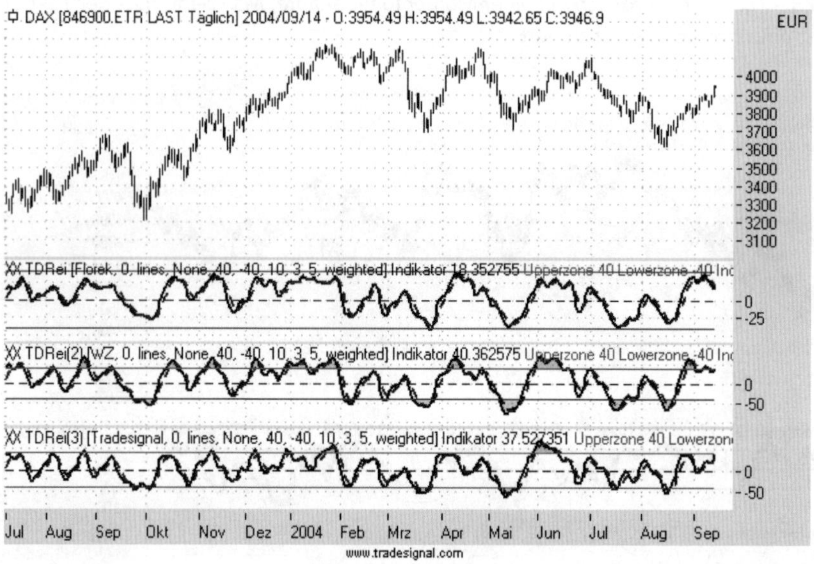

Abb. 330 *– Drei Varianten des TD-REI, die Sie von www.tradesignalonline.com downloaden können.*

Bevor ich die weitere Berechnung erläutere, möchte ich darauf hinweisen, dass es verschiedene Variationen der Berechnung gibt. Ich habe einen erweiterten TD-REI programmiert, der neben einigen zusätzlichen Funktionen drei verschiedene

Berechnungsmethoden enthält. Sie können ihn von www.tradesignalonline.com downloaden. In Abb. 330 sehen sie den Indikator in allen drei Varianten.
Von oben nach unten sind es diese Varianten: Eine Version aus E. Floreks Buch „Neue Tradingdimensionen", eine Version aus dem Banque National (BNP) Newsletter 05/2003 und die Version aus dem Lieferumfang von TradeSignal enterprise. Sie sehen, dass die relativen Muster aller drei Versionen nahezu identisch sind. Aber die absoluten Werte unterscheiden sich schon. Für Version 1 ist es sogar notwendig die Werte für die Extremzonen zu verkleinern.

Nachdem das geklärt ist, möchte ich nun die eigentliche Berechnung des Indikators erläutern. Wie schon erwähnt, basiert er auf dem Vergleich der Kurse des heutigen und des vorgestrigen Tages.

$$DeltaHigh_{(t)} = (High_{(t)} - High_{(t-2)}) * Trend_{(t)}$$
$$DeltaLow_{(t)} = (Low_{(t)} - Low_{(t-2)}) * Trend_{(t)}$$

Sie sehen, dass hier bereits die Trendkomponente verwendet wird. Hat diese einen starken Trend erkannt, wird die aktuelle Kursänderung auf Null gesetzt.

$$DeltaSum_{(t)} = Sum_{(n)}(DeltaHigh+DeltaLow)$$

Damit wäre der erste Teil, die Berechnung des Momentums, abgeschlossen. Wie in vielen Indikatoren, benötigen wir auch hier einen zweiten Teil für eine Division, die es ermöglicht, den Indikator in eine feste Skala mit begrenztem Wertebereich zu „zwängen". Der Divisor wird aus den absoluten Werten der Kursänderungen gebildet.

$$Range_{(t)} = abs(DeltaHigh_{(t)}) + abs(DeltaLow_{(t)})$$
$$RangeSum_{(t)} = Sum_{(n)}(Range)$$
n = Berechnungsperiode des Indikators

Achtung: In der folgenden Zeile ist die Glättung des Indikators durch einen einfachen gleitenden Durchschnitt enthalten.

$$TD\text{-}REI_{(t)} = Sum_{(n)}(DeltaSum_{(t)} / RangeSum_{(t)} * 100) / n$$
n = Periodenangabe für den gleitenden Durchschnitt

Als Ergebnis erhalten wir einen Indikator, der in einem Wertebereich zwischen theoretisch 100 und – 100 liegt. In der Mitte des Wertebereiches liegt nach Adam Riese die Nulllinie. Als zwei Extremzonen werden der Bereich ab 40 und der Bereich ab -40 markiert. Es sind zwei Parameterangaben nötig. Die Erste bezeichnet die Berechnungsperiode des Indikators selbst. die Zweite bezeichnet die Berechnungsperiode für die Glättung des Indikators. T. DeMark besteht übrigens darauf, dass ein Indikator mit einfachen arithmetischen Berechnungen einen Vorteil gegenüber Indikatoren mit exponentiellen Berechnungen hat.

Darstellungsvarianten

Sie finden in den Abbildungen dieses Artikels zwei Varianten des Indikators. Die eine stammt direkt aus dem Lieferumfang von TradeSignal enterprise, die andere stammt aus meinem Indikatorenbaukasten. Zu meiner Variante habe ich weiter oben schon einiges geschrieben. Sie enthält die drei verschiedenen Berechnungsvarianten des TD-REI sowie einige zusätzliche Funktionen und optische Verbesserungen. Alle von mir veränderten Indikatoren beinhalten die Berechnung und Darstellung einer Signallinie, sowie die Markierung der Schnittpunkte zwischen Indikator und Signallinie. Sie können den TD-REI von www.tradesignalonline.com downloaden.

Interpretation

Ich möchte zunächst die allgemeine Verwendung des TD-REI beschreiben und danach auf einige von DeMark entwickelte Methoden eingehen. Zunächst betrachten wir den TD-REI als reinen Momentum-Oszillator. Er beobachtet die Bewegungsdynamik der zu Grunde liegenden Kurse und ermittelt unter Berücksichtigung des Trendverhaltens Bereiche, in denen die Kursbewegungen überdehnt sind. Solche überkauften oder überverkauften Zustände werden als korrekturanfällig bezeichnet und auf ein Kursreversal spekuliert. Der Eintritt des Indikators in eine der beiden Extremzonen wird deshalb als Handelssignal gewertet.

Ab hier setzt DeMark andere Interpretationen an, als dies üblich ist. Er bewertet zum einen die „Stärke" des überdehnten Zustandes, also wie weit der Indikator in die Extremzone eingedrungen ist. Dabei unterscheidet er zwischen moderat überdehnten Zuständen und stark überdehnten Zuständen. Unter moderat versteht er Wert knapp über 40 oder knapp unter -40. Alles was deutlich darüber oder darunter liegt, wird als stark überdehnt bezeichnet.

DeMark geht bei der Analyse des Indikators andere, ungewohnte Wege. Während normalerweise hauptsächlich nach Divergenzen oder nach Schnittpunkten mit der Signallinie gesucht wird, bezeichnet DeMark diese Signale als nebensächlich oder gar falsch. Seine Analysemethode bezieht den Faktor Zeit mit ein, um die Bewegungsmuster des Indikators zu bewerten. Die einfachste Lesart, wie oben beschrieben sieht so aus:

- TD-REI über 40 -› Basistitel ist überkauft
- TD-REI unter -40 -› Basistitel ist überverkauft

DeMark zählt zusätzlich die Anzahl der Tage, die einer der beiden Zustände anhält. Dabei unterscheidet er zwischen kurzfristig überdehnten Zuständen und länger überdehnten Zuständen. Unter kurz überdehnten Zuständen versteht er Indikatorwerte unter -40 oder über 40 an nicht mehr als fünf aufeinander folgenden Tagen. Diese sind gute Signale auf bevorstehende Kursreversals.

Befindet sich der Indikator länger als fünf oder sechs Tage in einer der beiden Extremzonen, sind mögliche Reversalpunkte im Kursverlauf zu ignorieren. In diesem Falle signalisiert der Indikator besondere Stärke im Basistitel, ein Zeichen für einen starken Trend. In diesem Falle wird auf eine Spekulation gegen die zurückliegende Trendrichtung verzichtet.

Erst, wenn der Indikator nach einem Ausflug in die neutrale Zone erneut in die gleiche Extremzone eintritt, wird dies als Signal auf einen möglichen Wendepunkt betrachtet. Somit sollen trendkonträre Spekulationen innerhalb einer starken Trendbewegung vermieden werden. In Abb. 331 habe ich ein Beispiel für eine starke Trendphase markiert.

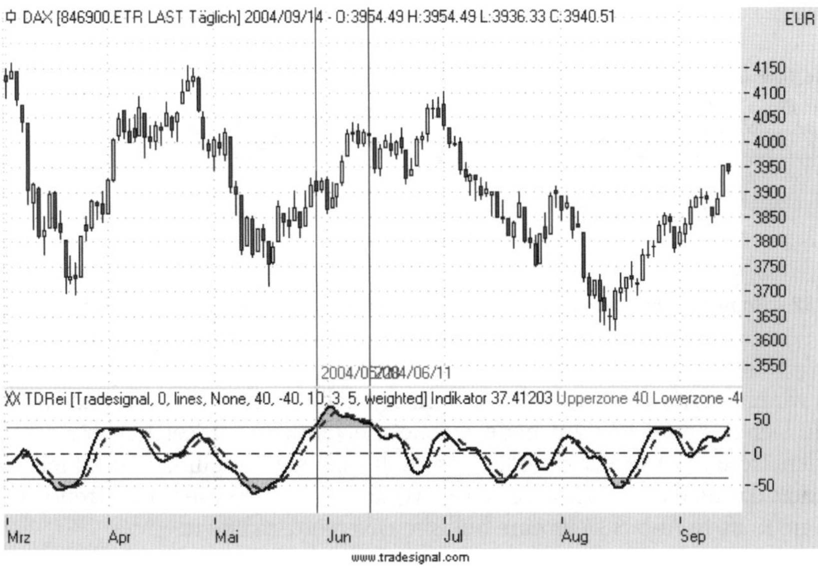

***Abb. 331** – Zwischen diesen beiden Markierungen signalisiert der TD-REI einen starken Trend.*

Obwohl DeMark von Divergenzanalyse nicht viel zu halten scheint, möchte ich diese Variante der Indikatoranalyse nicht verschweigen. Und zwar deshalb, weil einige andere große Autoren der technischen Analyse auf die Divergenzanalyse schwören, als nahezu einzige wirklich gute Signalquelle von Momentum-Oszillatoren.

Wichtigste Vorbereitung der Divergenzanalyse ist eine Trenddefinition. Wir müssen klarstellen, ob sich der Basiswert in einer Trendbewegung oder in einer Seitwärtsphase befindet. Können wir keinen Trend erkennen, hat es keinen Sinn auf etwaige Divergenzen zu achten.

In Abb. 332 habe ich einige Divergenzen markiert. Während der Basiswert des Indikators noch steigende Kursspitzen ausbildet, fällt der Indikator Richtung Nulllinie. In einer gesunden Trendbewegung sollte er jedoch die Kursspitzen durch ähnliche Muster unterstützen und bestätigen.

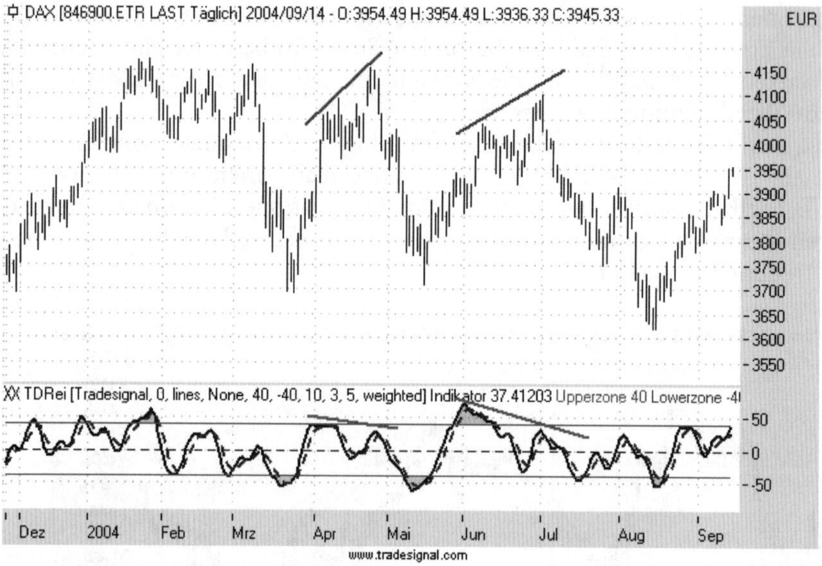

Abb. 332 *– Bearishe Divergenzen zwischen DAX und TD-REI, die zu einer Trendwende führen.*

Haben wir einen Abwärtstrend erkannt, lohnt sich die Suche nach bullishen Divergenzen. Der Basistitel fällt auf neue Kurstiefs, eigentlich ein Zeichen für einen gesunden Trend. Der Indikator jedoch verfehlt es, neue Tiefpunkte zu bilden. Er signalisiert damit, dass die Abwärtsbewegung an Dynamik verliert. Der Trend verliert seine Kraft. In Abb. 333 ist eine bullishe Divergenz markiert.

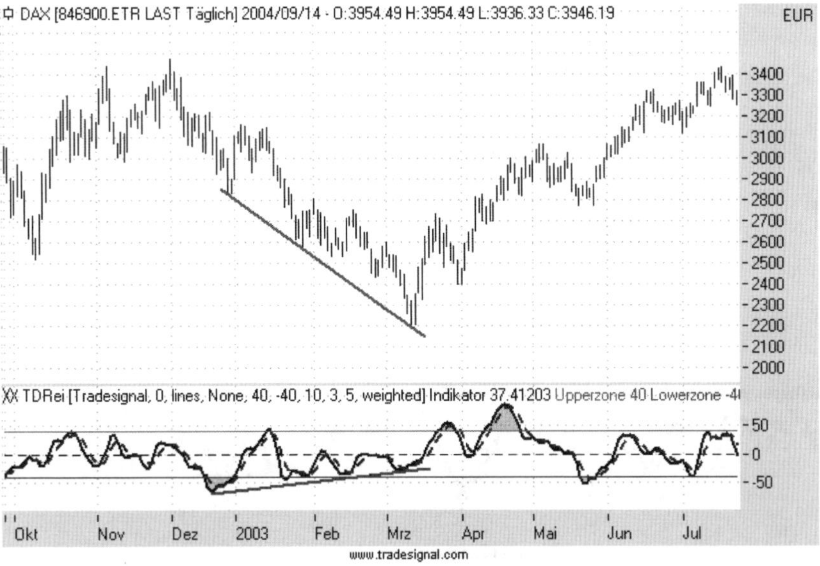

***Abb. 333** – Eine große, lang gezogene Divergenz zwischen DAX und TD-REI löst schließlich im März 2003 den Abwärtstrend im DAX auf.*

Als letzte Möglichkeit, aus dem TD-REI Signale zu erhalten, ist die Verwendung einer Signallinie. In Abb. 334 habe ich die Schnittsignale zwischen Indikator und Signallinie markiert. Dabei fungiert die Mittellinie als zusätzlicher Filter. Schneidet der Indikator die Signallinie unterhalb der Mittellinie nach oben, gilt dies als Kaufsignal. Der Indikator signalisiert damit einen bedeutenden Wechsel in der Bewegungstendenz des Basistitels. Schneidet der Indikator oberhalb der Mittellinie die Signallinie nach unten, gilt dies als Verkaufssignal. Auch hier hat sich eine bedeutende Änderung in der Bewegungstendenz Basistitels ereignet.

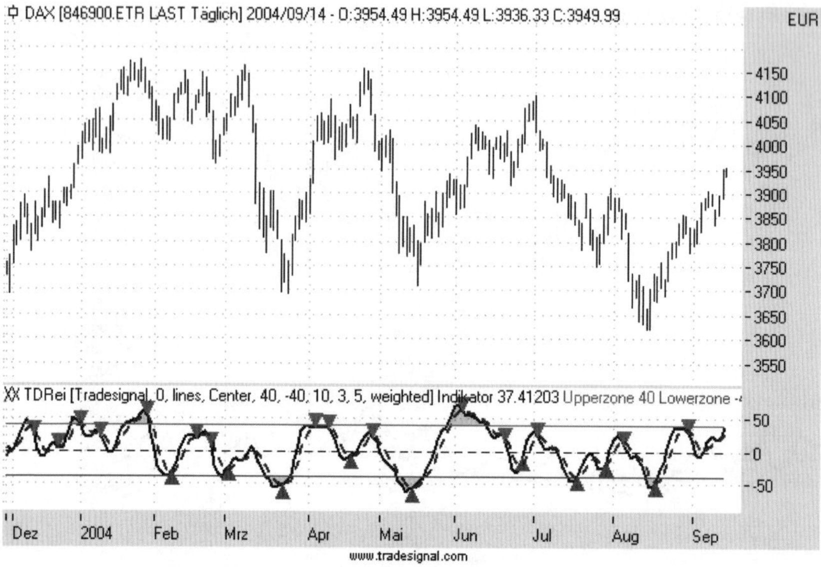

Abb. 334 *– TD-REI mit Signallinie. Schnittpunge über / unter der Mittellinie werden als Verkaufs- / Kaufsignale gewertet.*

Quellen

DeMark, Tom: The Range Expansion Index. In: TAS&C V.15
DeMark, Tom: New Science of Technical Analysis.

Rapid Adaptive Variance Index (RAVI)

Grundlagen

Haben Sie den Beitrag zum RAVI „Range Action Verification Index“ von T. Chande gelesen? Dann wissen Sie bereits, dass es nicht nur diesen einen RAVI gibt. T. Chande hat einen zweiten RAVI mit 4 Jahren Abstand zwischen beiden entwickelt. Vielleicht hatte er einfach vergessen, dass er selbst diese Bezeichnung schon verwendet hatte. Vielleicht war es ihm auch egal. Der eine RAVI stammt aus seinem Buch „Beyond Technical Analysis“ aus dem Jahre 1997. Dieser, den ich Ihnen hier vorstelle, der RAVI „Rapid Adaptive Variance Index“, stammt aus einem Artikel im US-Magazin TAS&C des Jahres 1993. In diesem Artikel konstruiert Chande den VIDYA Moving Average, einen gleitenden Durchschnitt, dessen Berechnungsperiode an die Schwankungsintensität der Kurse des Basistitels angepasst ist. Dadurch ist der VIDYA in der Lage, sich den Marktbewegungen anzupassen.

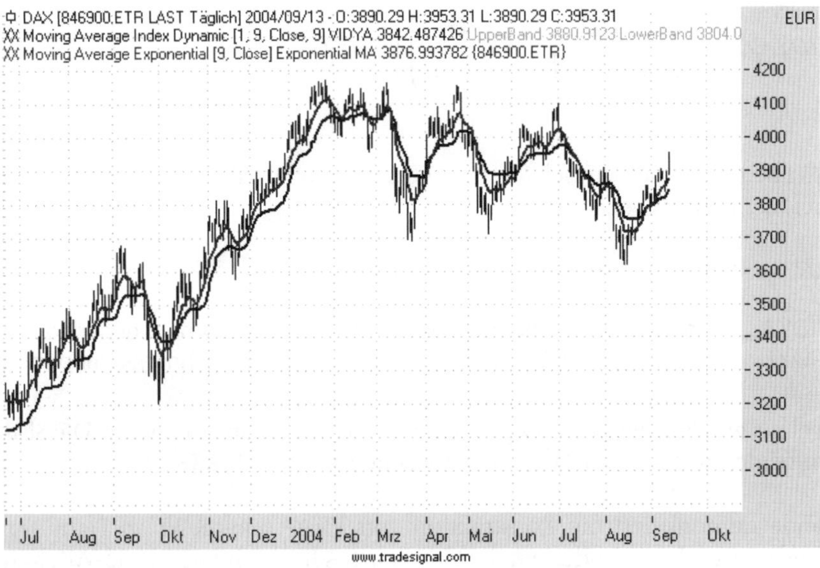

***Abb. 335** – VIDYA (hier als: Moving Average Index Dynamic) und ein „normaler“ Moving Average Exponential im Vergleich; jeweils über 9 Tage. Der VIDYA passt sich besser an den Kursverlauf an und vermeidet häufiges Schneiden.*

Ein Blick auf Abb. 335 zeigt, dass der VIDYA mehr Abstand zu den Kursen hält und somit die Trendbewegungen besser begleitet. Der als hellere Linie gezeichnete gleichlange exponentielle gleitende Durchschnitt kreuzt öfter die Kursbewegung und signalisiert somit Trendwechsel. Für den VIDYA existieren verschiedene Berechnungsvarianten. Ich empfehle Ihnen den entsprechenden Beitrag zu lesen.

Der hier beschriebene RAVI ist nichts anderes als ein Oszillator, der aus zwei verschieden langen VIDYA's berechnet wird. Das Konzept des Moving Average Oszillator und des Moving Average Convergence Divergence (MACD) wird hier auf den VIDYA angewendet. Sie können also Ihr bereits gesammeltes Wissen zu beiden Studien auch hier beim RAVI anwenden. Bei beiden Anwendungskonzepten handelt es sich um bewährte Analyseverfahren, die einerseits direkte Handelssignale generieren und andererseits über Divergenzen zum Kursverlauf Trendwenden und Konsolidierungen vorhersagen können.

Berechnung und Parameter

Ich verzichte hier auf die Erläuterung der Berechnung des zu Grunde liegenden VIDYA. Ich denke, ich habe diese im entsprechenden Beitrag erschöpfend beschrieben. Die Formel nach T. Chande:

$$VIDYA_d = \left(k\frac{\sigma_n}{\sigma_{ref}}C_d\right) + \left(1-\left(k\frac{\sigma_n}{\sigma_{ref}}\right)\right)VIDYA_{d-1}$$

Der RAVI berechnet sich einfach aus der Differenz zweier VIDYA's. Dabei wird vom kürzeren der lange abgezogen.

$RAVI_{(t)} = VIDYA_{(x)} - VIDYA_{(y)}$

$VIDYA_{(x)}$ = Variable Index Dynamic Average kürzere Berechnungsperiode
$VIDYA_{(y)}$ = Variable Index Dynamic Average längere Berechnungsperiode

Als Ergebnis erhalten wir einen Oszillator, der um die Nulllinie schwingt. Die Skala ist nach beiden Seiten offen. Den Indikator sehen Sie in Abb. 336.

T. Chande demonstriert die Konstruktion von VIDYA und RAVI an Hand von Wochendaten und verwendet einen 25-Wochen-VIDYA und einen 13-Wochen-VIDYA. Ich habe dies in Abb. 337 nachgestellt. Hierbei kommt das PowerMA Modul zum Einsatz (auf www.tradesignalonline.com zum Download bereit gestellt). Es ermöglicht die Konstruktion verschiedener gleitender Durchschnitte und deren Kombination zu Oszillatoren.

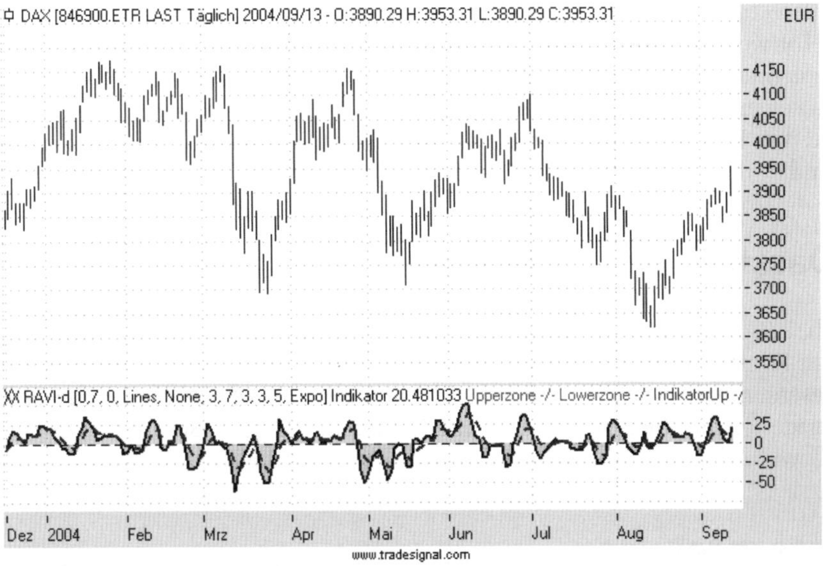

***Abb. 336** – RAVI als Oszillator mit Signalline.*

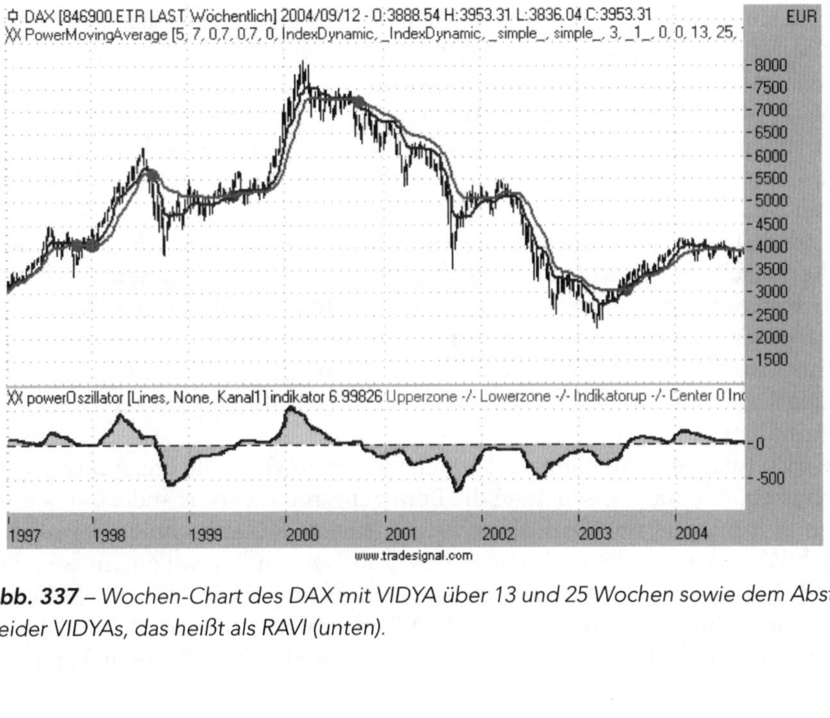

***Abb. 337** – Wochen-Chart des DAX mit VIDYA über 13 und 25 Wochen sowie dem Abstand beider VIDYAs, das heißt als RAVI (unten).*

Bitte Beachten Sie, das die TradeSignal enterprise-Variante des VIDYA die Angabe einer Berechnungsperiode und eines Glättungsfaktors erfordert. Dieser Glättungsfaktor hat wesentlich deutlichere Auswirkungen auf das Verhalten des VIDYA als die Berechnungsperiode, da diese nur für die Messung der Schwankungsintensität der Kurse verwendet wird. Daraus folgt für die folgenden Abschnitte, dass zusätzlich zu den Periodenangaben auch die Angaben eines Glättungsfaktors erforderlich sind.

Darstellungsvarianten

In Abb. 336 sehen Sie den RAVI als Single Indikator. In Abb. 337 sehen Sie den RAVI als Konstruktion mit Hilfe des PowerMA Moduls. Sie können Informationen zu diesem nützlichen Tool im Bereich Equilla des Lexikon-Forums der Seite www.tradesignalonline.com erhalten. Beide Varianten können Sie auf dieser Webseite downloaden.

Interpretation

T. Chande beschreibt die Verwendung des RAVI nur sehr kurz. Er präsentiert zwei statistische Auswertungen der Handelssignale aus beiden oben genannten Konzepten. Diese Auswertungen werde ich nicht weiter dokumentieren. Wichtiger finde ich eine allgemeine Beschreibung der Verwendungsmöglichkeiten des RAVI. Über den Einsatz in systematischen Handelskonzepten können Sie sich mit diesem Wissen bewaffnet selbst Gedanken machen.

Beide oben erwähnten Analysekonzepte sind fast identisch. Der MACD ist nichts anderes als ein Moving Average Oszillator aus exponentiellen gleitenden Durchschnitten, dem zusätzlich eine Signallinie aufgesetzt wird. Bei den herkömmlichen MA-Oszillatoren ist der Berechnungstyp der Durchschnitte nicht vorgegeben. Wenn Sie sich etwas mit dem PowerMA Modul beschäftigen, werden Sie die vielfältigen Kombinationsmöglichkeiten zwischen den verschiedenen Typen von gleitenden Durchschnitten herausfinden. Damit lassen sich sowohl reinrassige Oszillatoren konstruieren, als auch trendfolgende Ansätze darstellen. Als drittes Konzept wäre die Verwendung als Momentum-Indikator zu nennen. Besonders die Suche nach Divergenzen zum Kursverlauf liefert uns hier wertvolle Informationen.

Je nach Parametereinstellungen können wir den RAVI für alle drei Aufgabengebiete nutzen. Allerdings erscheinen die Bewegungsmuster etwas anders, als wenn für die Konstruktion des Oszillators andere gleitende Durchschnitte verwendet werden. Wenn wir den RAVI als reinen Oszillator verwenden wollen, müssen wir die Berechnungsperioden sehr kurz wählen. Einstellungen von 3/2 und 7/3 Tagen bringen hier brauchbare Ergebnisse. Der RAVI erkennt hier die kurzen Trendbewegungen, die innerhalb weniger Tage ablaufen. Schneidet der RAVI seine Nulllinie nach oben, gilt dies als Kaufsignal. Schneidet der RAVI die Nulllinie nach unten, gilt dies als Verkaufssignal.

Da es besonders in starken Trends schwierig ist, gegenläufige Signale zu handeln, kann es von Vorteil sein, Trendfilter zu verwenden. Ein RAVI im Wochenchart des gleichen Basisinstrumentes leistet hier beispielsweise gute Dienste. Liegt dieser über der Nulllinie, gehen wir von einem Aufwärtstrend im Basistitel aus. Liegt er unter der Nulllinie, gehen wir von einem Abwärtstrend im Basistitel aus. Die im Tageschart erzeugten Handelssignale werden nur in Trendrichtung gehandelt. Der RAVI gibt hier recht brauchbare trendkonforme Einstiegssignale. Mit Hilfe eines Trendstärkeindikators oder eines Volatilitätsindikators können die Situationen herausgefunden werden, in denen auch gegen den Trend gehandelt werden kann. Dies sind in der Regel Situationen mit geringer Trendstärke und ausreichend Schwankungsbreite in den Kursbewegungen.

Legen wir an den RAVI einen gleitenden Durchschnitt als Signallinie an, können wir zusätzliche Signale in Form des MACD-Konzeptes erhalten. Als Signallinie eignet sich ein exponentieller gleitender Durchschnitt mit einer Berechnungsperiode zwischen drei und fünf Tagen. Ab hier vermischen sich die Konzepte etwas. Der RAVI misst die Bewegungsdynamik der Kurse des Basistitels. Je größer der Abstand zwischen dem kurzen und dem langen VIDYA ist, um so höher ist die Dynamik der Kursbewegungen im Basistitel. Steigt die Dynamik an, wird sich der kurze VIDYA vom langen VIDYA entfernen, der Abstand wird also größer und somit der Indikatorwert auch. Nimmt die Bewegungsdynamik ab, wird sich der kurze VIDYA dem langen VIDYA wieder annähern, der Abstand nimmt ab und somit der Indikatorwert ebenfalls. Hohe Werte im RAVI zeigen uns ein hohes Momentum in den Kursbewegungen und niedrige Werte im RAVI zeigen uns ein niedriges Momentum in den Kursbewegungen.

Mit Hilfe der Signallinie wandeln wir nun die Veränderung in der Bewegungsdynamik in Handelssignale um. Lässt die Bewegungsdynamik nach, wird der RAVI beginnen, entgegen der laufenden Bewegungsrichtung zu drehen. Ein Schnitt mit der Signallinie ist die Folge. Schneidet der RAVI die Signallinie nach oben, gilt dies als Kaufsignal, weil das ein Nachlassen von abwärtsgerichteter Bewegungsdynamik signalisiert. Schneidet der RAVI seine Signallinie nach unten, gilt dies als Verkaufssignal, weil das ein Nachlassen von aufwärtsgerichteter Bewegungsdynamik signalisiert.

Wird die Nulllinie als Scheidelinie zwischen Kauf- und Verkaufssignalen verwendet, kann die Qualität der Signale verbessert werden. Kaufsignale behalten nur unter der Nulllinie Gültigkeit und Verkaufssignale nur über der Nulllinie. Die Markierung der Schnittsignale habe ich in Abb. 338 aktiviert.

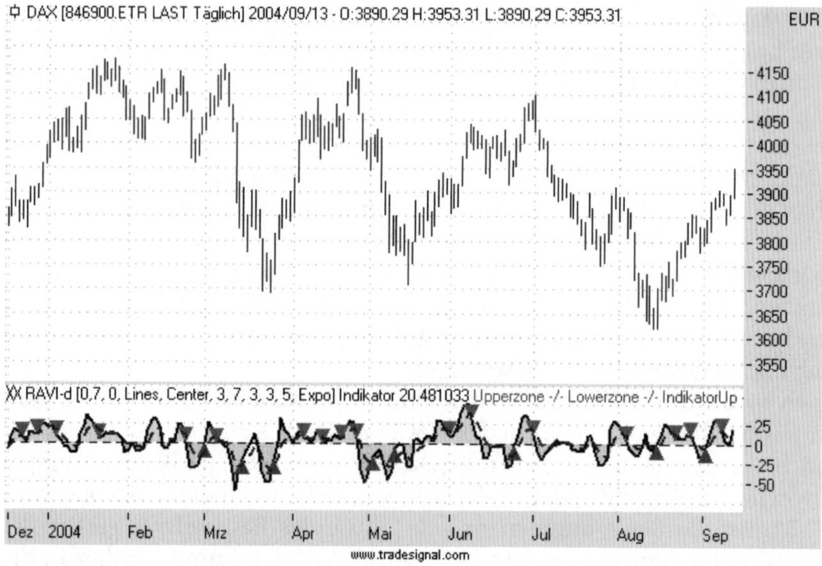

***Abb. 338** – RAVI mit Signallinie. Schnittpunkte oberhalb bzw. unterhalb der Mittellinie gelten als Verkaufs- bzw. Kaufsignale.*

Die Schnittpunkte mit der Signallinie werden im kurzen Zeithorizont bessere Signale liefern als die Schnittpunkte mit der Mittellinie, weil sie eher entstehen. Im längeren Zeithorizont können die Schnittpunkte mit der Mittellinie als Trendwechsel interpretiert werden. Sowohl im Tageschart als auch im Wochen- oder Monatschart können so Trenddefinitionen vorgenommen werden. Damit ist aus dem RAVI ein Trendfilter geworden. Besonders im Wochenchart liefert er uns hier gute Signale. Liegt der RAVI über der Nulllinie, zeigt er einen Aufwärtstrend an. Zusätzlich zeigt die Bewegungsrichtung des Indikators, ob die Dynamik der Kursbewegungen im Trend zunimmt oder nachlässt. Liegt der RAVI unter der Nulllinie, zeigt er einen Abwärtstrend an. Auch liefert uns die Bewegungsrichtung des RAVI einen Hinweis auf die Bewegungsdynamik im Trend.

Der RAVI ist ein Momentum-Oszillator, dass hatten wir weiter oben schon gelesen. Daraus folgt, das wir auf die Suche nach Divergenzen zum Kursverlauf gehen können, um Hinweise auf Marktbeschaffenheit und weiteres Trendverhalten zu finden. Haben wir mit Hilfe eines Trendfilters einen Trend im Basistitel ausgemacht, kann es losgehen. In Abb. 339 habe ich einige Divergenzen markiert.

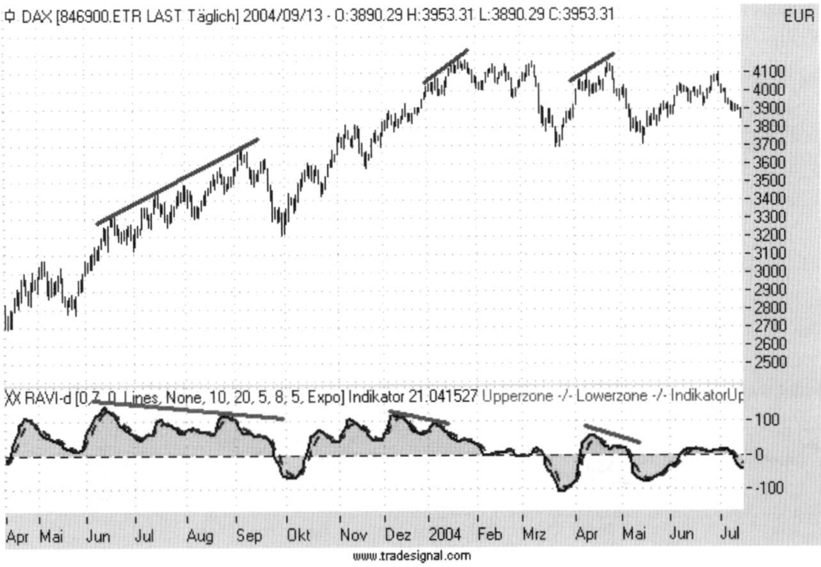

Abb. 339 *– Da der RAVI als Momentum-Oszillator fungiert, können Divergenzen – wie hier drei bearishe Divergenzen – sehr schön abgeleitet werden.*

Haben wir einen Abwärtstrend im Basistitel erkannt, können wir uns auf die Suche nach bullishen Divergenzen machen. Der Kurs des Basistitels fällt auf neue tiefere Tiefs, während der Indikator keine neuen Tiefs ausbildet. In diesem Falle haben wir eine solche positive Divergenz gefunden. Im Idealfall bildet der Indikator steigende Tiefpunkte aus. In Abb. 340 habe ich solche Divergenzen markiert.

***Abb. 340** – Bullishe Divergenzen zwischen DAX und RAVI kündigen die Trendwende an.*

Kritische Würdigung

Auf Grund der Berechnung des zu Grunde liegenden VIDYA erscheinen die Muster des RAVI etwas seltsam. Es fehlen die runden weichen Formen, die wir aus anderen Oszillatoren kennen. Durch die Kombination von zwei Berechnungsparametern ist es zwar möglich, den RAVI sehr flexibel zu gestalten, es wird aber auch schwieriger, die passenden Parameterkombinationen zu finden.

Quellen

Chande, Tushar. Adapting Moving Averages to Market Volatility: In: TAS&C V.10

Rate of Change

Grundlagen

Die Rate of Change wird zwar als eigenständiger Indikator geführt, ein Vergleich mit dem Momentum-Indikator zeigt jedoch schnell, dass das Ergebnis beider Berechnungen gleich ist. Abb. 341 zeigt Ihnen, was ich meine. Lassen Sie sich nicht von der unterschiedlichen grafischen Darstellung verwirren, der Verlauf beider Indikatoren ist identisch. Beide Indikatoren messen die Kraft, die hinter Kursbewegungen steht. Sie sind ein Maß für die Beschleunigung oder Verlangsamung, der die Kursbewegungen unterliegen. Einziger Unterschied zwischen dem Momentum und der Rate of Change ist, dass das Momentum mit absoluten Werten arbeitet, die Rate of Change jedoch mit relativen Werten. Die Rate of Change misst also die prozentualen Kursänderungen im zu Grunde liegenden Basiswert.

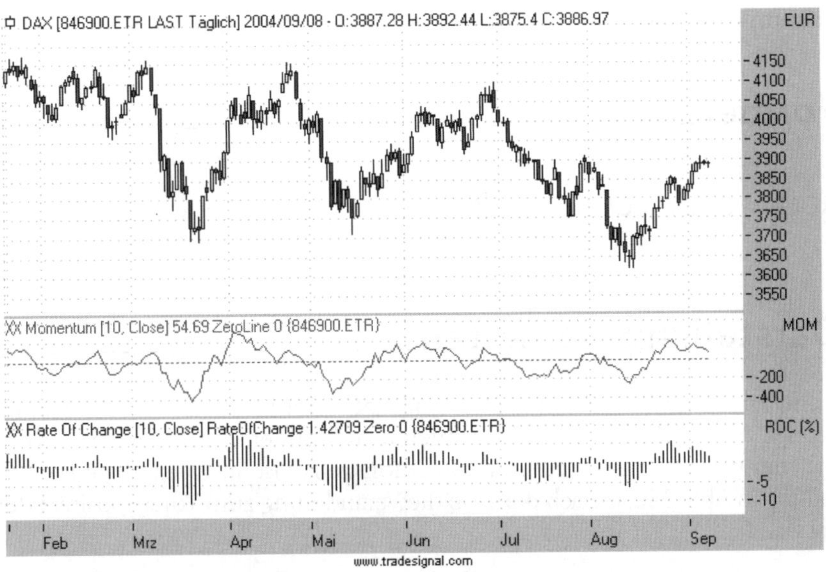

***Abb. 341** – Der Vergleich zwischen Momentum und Rate of Chance zeigt einen identischen Verlauf; einmal als absolute und einmal als relative Kursänderung.*

Die Rate of Change hat damit die gleichen vorauseilenden Signaleigenschaften wie das Momentum. Die Beschleunigungskräfte, die einen Trend in Schwung halten, lassen nach, lange bevor die Trendrichtung eine Schwäche erkennen lässt. Diese Veränderungen werden von der Rate of Change sichtbar gemacht.

Berechnung und Parameter

Die Berechnung gestaltet sich hier ähnlich einfach wie beim Momentum. Der aktuelle Schlusskurs wird durch den Schlusskurs vor n Kurseinheiten dividiert und das Ergebnis anschließend mit 100 multipliziert. Die Multiplikation wird nicht in allen Programmen angewendet, weshalb sich in der Skalierung unterschiedliche Werte zeigen. Der Verlauf der Indikatoren ist aber identisch. Standardeinstellung der Rate of Change sind 10 Tage oder Wochen oder auch Monate. Je nach Verwendungszweck können auch andere Parameter verwendet werden. In höheren Zeitebenen, wie Wochen- oder Monatsebenen, wird die Rate of Change als trendfolgender Indikator eingesetzt. Hier können auch wesentlich längere Berechnungsperioden verwendet werden. Damit ist es dann möglich, die mittel-, lang- oder auch kurzfristigen Trendzyklen eines Marktes zu erfassen.

M. Pring verwendet in vielen seiner Analysen die Rate of Change dazu. Ein von ihm entwickelter Indikator, der KST, basiert ebenfalls auf der Rate of Change. Kurze Periodeneinstellungen machen aus der Rate of Change genau wie aus dem Momentum einen Signalgeber für konkrete Handelsentscheidungen.

Formel

$$ROC_{(t)} = Close_{(t)} / Close_{(t-1)} * 100$$

Darstellungsvarianten

Die TradeSignal enterprise-Version des Indikators wird in der Forrest-Darstellung gezeichnet. Abb. 341 zeigt diese im unteren Indikatoren-Fenster. Etwas augenfreundlicher und mit zusätzlichem Informationsgehalt ist die zweifarbige Forrest-Darstellung in Abb. 342; je nach dem, ob die Veränderung zum Vortag positiv oder negativ war.

Zu erwähnen ist, dass einige Softwarepakete die Rate of Change in einer geglätteten Version als Smoothed Rate of Change anbieten. Hierbei wird ein einfacher- oder exponentieller Durchschnitt auf den Indikator berechnet. In Abb. 343 habe ich eine eigene Version mit Glättung nachgebildet. Es kommt ein Rauschfilter von Ehlers zum Einsatz. Die Version mit zweifarbiger Forrest-Darstellung und die Smoothed Rate of Change können Sie wieder von www.tradesignalonline.com im gleichnamigen Beitrag downloaden.

Abb. 342 *– Rate of Chance als Histogramm (Forrest-Darstellung) mit verschiedenfarbigen Perioden; abhängig von der Kursänderung gegenüber dem Vortag.*

Abb. 343 *– Rate of Change in einer geglätteten (smoothed) Version, die auch auf www.tradesignalonline.com zum Download bereit steht.*

Interpretation

Da sich, wie oben festgestellt, Rate of Change und Momentum gleichen, gelten natürlich die gleichen Ausführungen zum Momentum auch bei der Rate of Change. Ich möchte deshalb die Verwendungsmöglichkeiten hier nur kurz anreißen. Näheres erfahren Sie im Artikel zum Momentum Indikator.

In längerfristigen Einstellungen, und in den höheren Zeitebenen, wird aus der Rate of Change ein trendfolgender Indikator. Sie folgt dem Kursverlauf des Basiswertes und markiert dessen Trendwendezonen recht genau. Je kürzer die Periodeneinstellung gewählt wird, um so stärker schwingt der Indikator um seine Mittellinie und um so schneller reagiert er auf kleinere Kursfluktuationen.

In Abb. 344 sehen Sie die Rate of Change im DAX-Tageschart. Mit einer Periodeneinstellung von 40 Tagen wird ein brauchbarer Trendfilter daraus. Werte über der Mittellinie zeigen einen Aufwärtstrend an, wobei ein fallender Indikator gleichzeitig den Verlust an Dynamik und somit eine beginnende Schwäche im Trend anzeigt. Werte unter der Mittellinie zeigen einen Abwärtstrend an, wobei ein dabei steigender Indikator eine Schwäche im Trend anzeigt.

***Abb. 344** – Rate of Chance im DAX über 40 Tage berechnet.*

Die Rate of Change kann ebenso wie das Momentum oder auch andere Momentum-Oszillatoren zur Divergenzanalyse verwendet werden. Kurz gefasst bedeutet das den Vergleich der Kursbewegung des Indikators und des Basiswertes. Bestätigt der Indikator die Kursbewegung des Basiswertes, gilt dessen Trend als intakt. Bewegt sich der Indikator in eine andere Richtung als der Basiswert oder vollzieht er dessen Muster nicht nach, scheint der Trend nicht mehr gesund zu sein. Dies ist ein Warnsignal auf mögliche Trendwechsel im Basiswert. Genaueres hierzu lesen Sie bitte beim Momentum nach.

Einfachste Möglichkeit für die Signalgenerierung ist die Verwendung der Schnittpunkte zwischen Indikator und Mittellinie. Schneidet der Indikator diese Linie von unten nach oben, gilt dies als Kaufsignal, schneidet er sie von oben nach unten als Verkaufssignal. Diese Signale sollten auf jeden Fall durch eine Trendbestimmung gefiltert werden oder durch andere Indikatoren bestätigt werden. Gerade in kurzen Periodeneinstellungen kommen viele Signale gegen die Trendrichtung zu Stande, was sich als sehr unprofitabel erweisen kann.

Nächste Möglichkeit, die auch von anderen Oszillatoren bekannt ist, ist das Anlegen eines gleitenden Durchschnittes an den Indikator. Die Länge der Berechnungsperiode dieser Signallinie sollte etwa ein Drittel der Berechnungsperiode des Indikators betragen. Schneidet der Indikator die Signallinie nach oben, gilt dies als Kaufsignal, schneidet er sie nach unten, gilt dies als Verkaufssignal.

Die Skala des Indikators kann in Bereiche unterteilt werden. Somit sind neutrale Zonen und Extremzonen denkbar. Hier ergeben sich unzählige Möglichkeiten, das Anlaufen einer Zone durch den Indikator oder das Verlassen einer Zone durch den Indikator als Signal zu werten. Außerdem kann die Verwendung der Signallinie mit der Zonenregelung verknüpft werden.

Im Indikatorchart können ähnliche charttechnische Analysen betrieben werden wie im zu Grunde liegenden Basiswert. Es können Linien, Kanäle und Formationen gezeichnet werden. Signale ergebenen sich dann durch Bruch einer Unterstützungs- oder Trendlinie, durch Verlassen eines Trendkanals oder durch Auflösung eines Chartmusters.

In Abb. 345 sehen Sie die Rate of Change in einem langfristigen Wochenchart. Hier werden die primären Trends des Deutschen Aktienmarktes nachgebildet. Die Wendepunkte sind gut zu erkennen. Für weitere Anwendungsbeispiele schauen Sie bitte unter Momentum nach, diese können Sie eins zu eins übertragen.

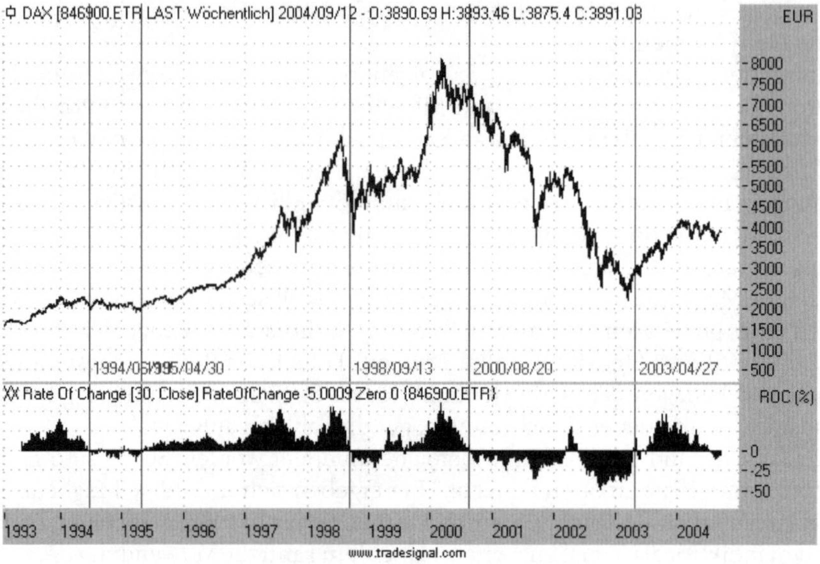

***Abb. 345** – Rate of Change im DAX über einen Zeitraum von 10 Jahren. Teilweise sind die Wendepunkte im Indikator sehr nahe an den Kurswendemarken.*

Die Rate of Change ist im Verlauf identisch mit dem herkömmlichen Momentum Indikator. Zur Besonderheit wir der Indikator erst als Basis in anderen Indikatoren wie dem KST oder dem Accelerator.

Kritische Würdigung

Hier gilt das Gleiche, was an dieser Stelle zum Momentum geschrieben wurde.

Quellen

Evans, Stuart: Momentum. In: TAS&C V.17
Florek, Erich: Neue Trading Dimensionen. FinanzBuch Verlag, München
Kaufmann, Perry: Trading Systems and Methods.
Pring, Martin J.: Rate of Change. In: TAS&C V.10
Wilder, Welles J.: New Concepts in Technical Trading Systems.
www.Termintrader.com: Das Momentum.

Relative Momentum Index (RMI)

Grundlagen

Der Relative Momentum Index (RMI) entspringt einer Arbeit von T. Chande und S. Kroll, die im TAS&C Band 11 vorgestellt wurde. Darin wurden zahlreiche Variationen des Relative Strength Index (RSI) diskutiert. Der RSI ist einer der meist verwendeten Indikatoren in der technischen Analyse. Auf Grund einiger Schwächen ist jedoch der hoch gelobte Nutzen des Indikators anzuzweifeln. Veränderungen und Neuentwicklungen setzen sich jedoch nur sehr langsam durch. Auch andere Indikatoren aus den siebziger oder achtziger Jahren sind längst durch Neuentwicklungen ersetzt bzw. verbessert worden.

Letztendlich basieren alle Momentum-Indikatoren auf den Kursbewegungen ihrer Basiswerte, nutzen also alle die gleichen Informationen. Deutliche Verbesserungen in der Signalqualität sind also nicht durch veränderte Berechnungsmethoden zu erwarten, sondern durch bessere Glättung oder neue Anwendungsmethoden. Es zeigt sich sogar, dass verschiedene Wege der Berechnung oft zu fast identischen Ergebnissen führen. Ein Vergleich von RSI und TSI, dem True Strength Index, macht dies sehr deutlich.

Der RMI ist leider einer der Indikatoren, die nur durch eine leichte Veränderung der Berechnung entstanden sind. So taucht er auch nur selten in Veröffentlichungen auf und wird auch in Internetforen zur technischen Analyse kaum erwähnt. Welche Unterschiede berechtigen mich nun, diesem RMI einen eigenen Beitrag zu widmen?

Zunächst erinnern wir uns an die Berechnung des RSI. Der RSI summiert die jeweiligen Kursänderungen der Betrachtungsperiode. Dabei werden die Veränderungen an Tagen mit positivem Schlusskurs in einer Summe gesammelt und die Veränderungen an Tagen mit negativem Schlusskurs in einer zweiten. Aus diesen beiden Summen wird die innere Stärke der Kursbewegung des Basiswertes berechnet.

Der RMI geht einen kleinen Schritt weiter. Er summiert nicht die Ein-Tages-Kursänderungen, sondern das Momentum einer festgelegten Zeitspanne. Das Momentum ist einfach die Differenz zwischen aktuellem Schlusskurs und dem Kurs vor x Tagen. Die weitere Berechnung des RMI ist identisch mit der Berechnung des RSI. So ergeben sich bei gleichen Berechnungsperioden auch fast identische Verlaufsmuster. Eine kleine Verbesserung ist jedoch auf den ersten Blick zu erkennen. Der RMI verläuft weicher, bildet weniger Zacken und Haken aus. Somit kann man den RMI als Ersatz des RSI betrachten, da das unruhige Verlaufsmuster des RSI einer der großen Kritikpunkte an diesem Indikator ist.

Eine interessante Veränderung ergibt sich im RMI, wenn die Periodeneinstellungen für die Momentum-Berechnung und die für die abschließende RSI-

Berechnung vertauscht werden. E. Florek beschreibt für diese Variante einige interessante Verwendungsmöglichkeiten.

Berechnung und Parameter

Zur Berechnung gibt es anzumerken, dass zahlreiche verschiedene Varianten existieren. Ausgehend von der RSI-Berechnung kennen wir verschiedene Vorgehensweisen. W. Wilders Berechnung enthält eine Glättungskomponente, die auf die Berechnung per Hand ausgerichtet ist. In anderen Versionen werden erst die Ergebnisse der Berechnung mit einem gleitenden Durchschnitt geglättet. Die Unterschiede jedoch sind nur gering, so dass es keinen Sinn macht, auf jeder einzelnen der verschiedenen Varianten gesondert einzugehen.

Zum Verständnis möchte ich die Gemeinsamkeiten zwischen RSI und RMI in einem Satz nennen: Der RSI verwendet das Ein-Tages-Momentum, der RMI das Momentum über einen festgelegten Zeitraum. Der Rest der Berechnung ist identisch.

Im RMI werden zwei separate Summen gebildet. Die eine enthält das Momentum der Tage mit positiver Kursänderung, die andere das Momentum der Tage mit negativer Kursänderung. Das Momentum ist jeweils die Differenz aus aktuellem Schlusskurs und dem vor x Tagen. Ein kleiner Test zeigt die deutliche Ähnlichkeit zum RSI. In Abb. 346 sehen Sie den RMI und darunter der RSI. Für beide sind 14 Tage als Berechnungsperiode eingestellt. Die zweite Berechnungsperiode des RMI, die in der Regel als „Shift“ bezeichnet wird, habe ich auf einen Tag reduziert. Wir erhalten somit völlig identische Bewegungsmuster, da im RMI jetzt auch das Ein-Tages-Momentum verwendet wird.

Erst eine Verlängerung der „Shift“ Periode bringt einige, oben bereits erwähnte, Unterschiede zu Tage, zu sehen in Abb. 347. Ich kann deshalb die mathematische Darstellung der Berechnung direkt aus dem RSI Beitrag übernehmen; mit einer kleinen Veränderung der „Shift“ Periode.

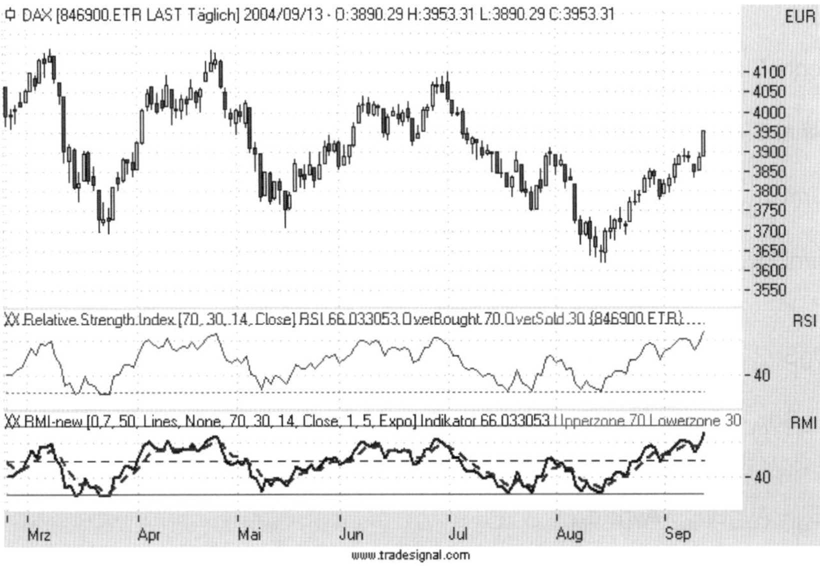

***Abb. 346** – Der Vergleich zwischen RSI und RMI (hier ohne Shift-Periode) zeigt einen identischen Verlauf.*

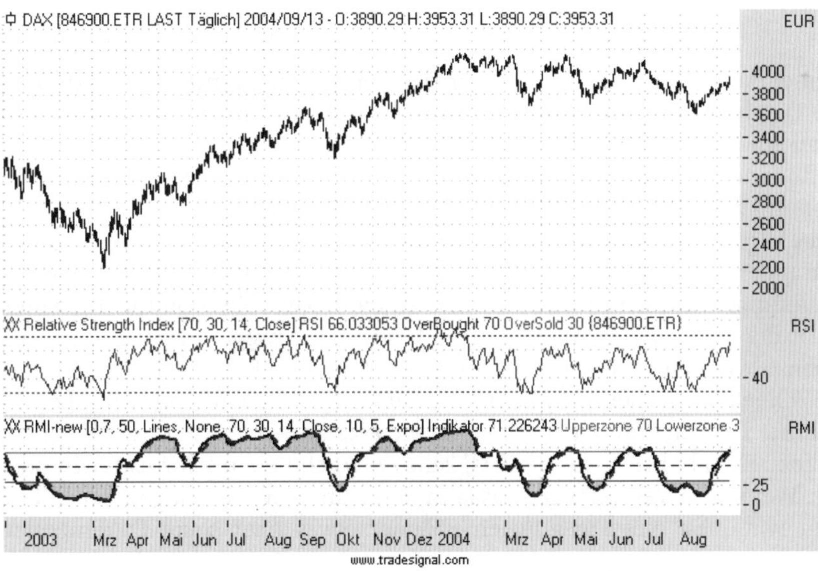

***Abb. 347** – Vergleicht man RSI und RMI, wobei im RMI eine Shift-Periode angegeben wird, treten deutliche Unterschiede auf.*

Formel

wenn: $Close_{(t)} > Close_{(t-1)}$ -> $Up_{(t)} = Close_{(t)} - Close_{(t-x)}$ und $Down_{(t)} = 0$

wenn: $Close_{(t)} < Close_{(t-1)}$ -> $Up_{(t)} = 0$ und $Down_{(t)} = Close_{(t-x)} - Close_{(t)}$

$SumUp_{(t)} = Sum_{(n)}(Up)$

$SumDown_{(t)} = {}_{(n)}(Down)$

$AvgSu_{(t)} = Sum_{(n)}(SumUp) / n$

$AvgSd_{(t)} = Sum_{(n)}(SumDown) / n$

$RS_{(t)}= AvgSu_{(t)} / AvgSd_{(t)}$

$RSI_{(t)} = 100 (100 / 1 + RS_{(t)})$

n = Berechnungsperiode des Indikators
x = „Shift" Periode der Momentum – Komponente die summiert wird

Standardeinstellungen sind 21 Tage für die Berechnungsperiode des Indikators und 10 Tage für die Berechnung des Momentums vor der Summierung. Wenn Sie RMI und RSI vergleichen wollen, setzen Sie n = 14 und x = 1. Ich empfehle jedoch, die Periodeneinstellungen zu reduzieren; auf 5 bis 10 Tage für die Indikator-Berechnung und 3 bis 5 Tage für die Momentum-Komponente.

Nun folgt die eigentliche RSI-Berechnung. Die Summe der aufwärtsgerichteten Kursänderungen wird durch die Summe von aufwärts- und abwärtsgerichteten Kursänderungen dividiert. Wir erhalten, nach einer Multiplikation mit 100 einen Indikator, der sich in einer Skala zwischen 0 und 100 bewegt.

Ebenso wie beim RSI werden auch in die Skala des RMI zwei Extremzonen eingezeichnet. Die obere markiert den Überkauft-Bereich und wird bei 70 gezeichnet. Die untere markiert der Überverkauft-Bereich und wird bei 30 gezeichnet. Bis hier liefert uns der RMI keine wirklich neuen Informationen oder Signale. Wenn x › 1 gesetzt wird, was ja in den Standardeinstellungen der Fall ist, erhalten wir quasi einen geglätteten RSI, der etwas öfter seine Extremzonen anläuft.

Jetzt spielen wir ein wenig mit den beiden Periodeneinstellungen. Wir vertauschen sie einfach. Das heißt n = 10 und x = 21. Es wird also die RMI Berechnung über nur 10 Tage durchgeführt, die Momentum Komponente jedoch über 21 Tage berechnet. Wir sehen in Abb. 348 nun ein wirklich anderes Bild. Ich zeige im oberen Fenster den RMI in Standardeinstellung und darunter mit der eben beschriebenen Veränderung. Aus dem RMI wird in dieser Einstellung ein Trendfilter, der einige brauchbare Signale liefert. Dazu später mehr.

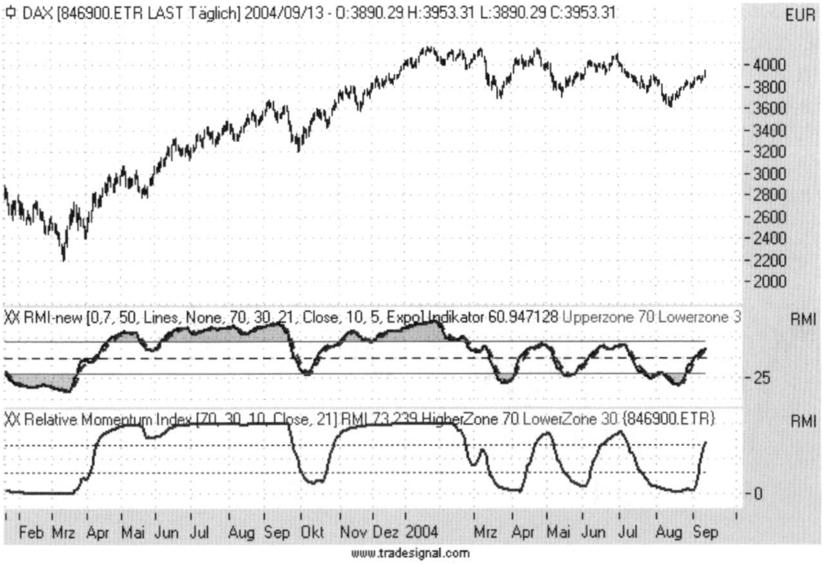

***Abb. 348** – RMI mit „vertauschten" Periodeneinstellungen (unten), das heißt mit RMI-Berechnung über 10 Tage und Momentum-Berechnung über 21 Tage.*

Darstellungsvarianten

Sie sehen in den Charts dieses Beitrages zwei verschiedene Variationen des RMI. Die eine stammt aus dem Lieferumfang von TradeSignal enterprise, die andere habe ich programmiert. Einziger Unterschied ist die veränderte Optik und einige zusätzliche Funktionen. Mein Indikatorenbaukasten erlaubt es nahezu jeden Indikator in eine „Luxus-Variante" umzuwandeln, die optisch besser aussieht und die Berechnung der Signallinie enthält. Außerdem kann die Markierung diverser Schnittpunkte mit der Signallinie aktiviert werden.

Interpretation

Da sich RMI und RSI so sehr ähnlich sind, gelten für den RMI die gleichen Verwendungsmöglichkeiten. Lesen Sie im RSI Beitrag den Abschnitt über die Failure Swings.

Der RMI ermöglicht uns das Auffinden von Divergenzen. Allerdings sind diese nicht so deutlich ausgeprägt wie bei Indikatoren mit offener Skalierung. Der RMI oszilliert, wie der RSI auch, zwischen 0 und 100. Die eingeschränkte Spannbreite verzerrt viele Divergenzen. Trotzdem sind einige brauchbare zu finden. Ein Beispiel habe ich in Abb. 349 markiert.

***Abb. 349** – Auch im RMI lassen sich Divergenzen nutzen.*

***Abb. 350** – RMI mit bullisher Divergenz.*

Im Abwärtstrend finden wir bullish genannte Divergenzen. Der Basiswert fällt auf neue tiefere Tiefpunkte, während der Indikator keine neuen Tiefpunkte ausbildet. In einer ideal geformten bullishen Divergenz bildet der Indikator steigende Tiefpunkte aus. Ein Beispiel habe ich in Abb. 350 markiert.

Der RMI kann also herkömmlicher Oszillator verwendet werden. Hier findet seine Lage innerhalb der Werteskala Beachtung. Liegt der Indikator in der unteren Extremzone, gelten die Kurse des Basiswertes als überverkauft, also negativ überdehnt. Liegt der Indikator in der oberen Extremzone, gelten die Kurse des Basiswertes als überkauft, also nach oben überdehnt. In normalen Marktphasen werden solche überdehnten Zustände fast immer korrigiert. Bewegt sich der Basiswert jedoch in einem starken Trend, können sie längere Zeit Bestand haben.

Eine weitere Möglichkeit eröffnet sich durch die Verwendung einer Signallinie. Dabei handelt es sich um einen gleitenden Durchschnitt, der auf den Indikator berechnet wird. Dadurch, dass die Bewegungen des RMI etwas weicher sind, erhalten wir relativ gute Signale. Schneidet der Indikator seine Signallinie nach oben, gilt dies als Kaufsignal. Ein Zeichen für zunehmendes positives Momentum oder abnehmendes negatives Momentum. Schneidet der Indikator seine Signallinie nach unten, gilt dies als Verkaufssignal. Ein Zeichen für abnehmendes positives Momentum oder zunehmendes negatives Momentum.

Die Signale aus den Schnittpunkten mit der Signallinie können zusätzlich gefiltert werden. Entweder man verwendet nur Kaufsignale, die in der unteren Extremzone entstehen und nur Verkaufssignale, die in der oberen Extremzone entstehen, oder man verwendet die Mittellinie als Trennlinie zwischen Kauf- und

Verkaufssignalen. In Abb. 351 habe ich die Markierung der Schnittsignale aktiviert. Die Mittellinie fungiert als zusätzlicher Filter für die Schnittsignale.

Wie auch beim RSI kann der RMI mit Trendlinien sowie Widerstands- und Unterstützungslinien analysiert werden. Handelssignale entstehen dann durch Schnittpunkte mit diesen Linien.

Ich habe weiter oben bereits eine Veränderung an den Parametereinstellungen des RMI beschrieben. Wir verkürzen die Berechnungsperiode des Indikators und verlängern dafür die der Momentum Komponente. Als Ergebnis erhalten wir einen Indikator, der gut als Trendfilter einzusetzen ist. Liegt der veränderte RMI in einer seiner beiden Extremzonen, zeigt er einen Trend an. In der oberen Extremzone liegend zeigt er einen Aufwärtstrend an, in der unteren Extremzone liegend einen Abwärtstrend. Die Trendwechsel erfolgen sauber und schnell. Abb. 352 zeigt ein Beispiel.

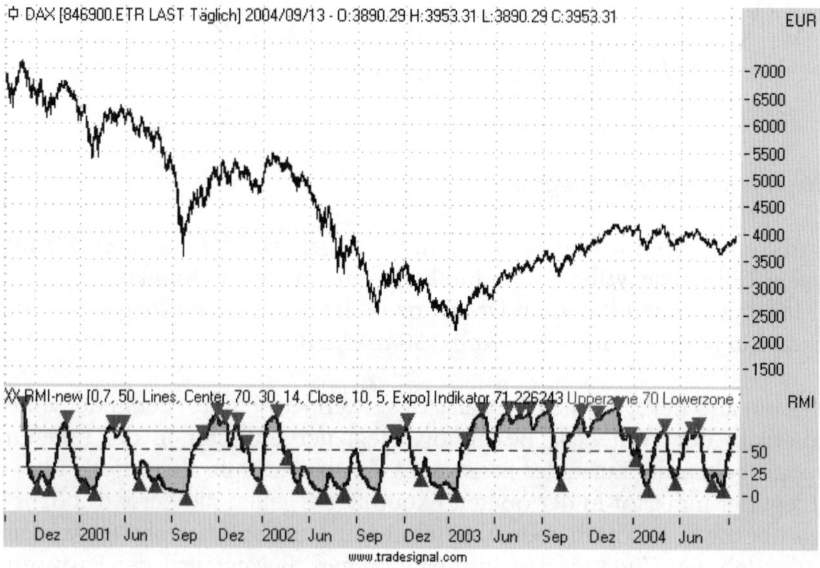

Abb. 351 – *RMI mit Kauf- und Verkaufssignalen die hier unterhalb bzw. oberhalb der Extremzonen ausgelöst werden.*

***Abb. 352** – Der RMI mit „vertauschten" Periodeneinstellungen kann sehr gut als Trendfilter verwendet werden: Liegt er in der oberen Extremzone kann man von einem Aufwärtstrend ausgehen. In der unteren Extremzone wird ein Abwärtstrend markiert.*

Der RMI ist fast identisch zum RSI. Beide Indikatoren bilden in ihrer Standardeinstellung identische Bewegungsmuster aus. Der RMI ist dabei etwas weicher im Verlauf. Erst durch ein Vertauschen der Berechnungsperiode beim RMI erhalten wir ein anderes Ergebnis und eine abweichende Verwendungsmöglichkeit.

Kritische Würdigung

In der Standardeinstellung liefert der RMI keine wesentlich besseren oder mehr Signale als andere Indikatoren, besonders seine Verwandtschaft zum RSI ist deutlich zu erkennen.

Quellen

Altman, Roger. Relative Momentum Index: modifiying the RSI. In: TAS&C V.11
Chande, Tushar; Kroll, Stanley: Stochastic RSI + Dynamic Momentum. In: TAS&C V.11

Relative Strength Index (RSI)

Grundlagen

Aus W. Wilders Feder stammen einige der beliebtesten technischen Indikatoren, die wir kennen. Er hat nicht nur das Directional Movement Konzept, die True Range oder den Volatility Index entwickelt. Auch der Parabolic Stop and Reverse stammt von ihm. In dieser Aufzählung fehlt: der Relative Strength Index (RSI).

Der RSI ist in allen Softwareprodukten für die technische Analyse enthalten und jedes noch so simple Charting Tool im Internet bietet den RSI als Indikator an. Irreführend ist der Name des Indikators. Das als Relative Stärke bekannte Konzept, welches verschiedene Aktien oder Aktien mit Indizes vergleicht, ist in diesem Indikator nicht präsent. Er vergleicht die Stärke von Kursverlusten einer Periode mit den Kursgewinnen und ermittelt dadurch die „innere" Stärke des Basistitels.

Der RSI gilt als Momentum Indikator. In manchen Quellen wird er als Weiterentwicklung des Momentums verstanden. Er arbeitet mit den Kursänderungen einer festen Berechnungsperiode, was ihm die Bezeichnung Momentum-Indikator zu Recht verleiht. Wilder löst mit dem RSI zwei Probleme des klassischen Momentum-Oszillators. Dieser ist sehr anfällig für einzelne Extremwerte im Basistitel. Wird das 10-Tage-Momentum gemessen und vor 10 Tagen gab es einen extremen Kursausschlag, so wird das den aktuellen Momentumwert stark beeinflussen, obwohl dieser Extremkurs längst korrigiert wurde. Das andere Problem war die offene Skala des Momentum-Oszillators. Dadurch wurde der Vergleich mehrerer Aktien nach ihren Momentum-Werten erschwert.

Wilders RSI löst das erste Problem, in dem er eine interne Glättung der verwendeten Summen vornimmt. Das zweite Problem löst die RSI Formel durch Skalierung des Indikators auf eine konstante Bandbreite zwischen 0 und 100. Auf Grund der großen Verbreitung existieren derart viele Anwendungsmöglichkeiten, dass ich hier nur eine Auswahl vorstellen kann. Auf Grund der großen Verbreitung existieren aber auch zahlreiche abweichende Berechnungsvariationen. Ich werde die nach Wilder genau erläutern, die anderen kurz anreißen.

Berechnung und Parameter

Wilder bildet zuerst zwei Summen. Die eine enthält alle Kursänderungen an Tagen mit gestiegenem Schlusskurs. Die zweite enthält alle Kursänderungen von den Tagen mit gefallenem Schlusskurs. Bei der Summierung wird ein fester Zeitraum – Wilder verwendete 14 Tage – benutzt. Nun folgt eine Glättung der Werte, in dem ein einfacher Durchschnitt berechnet wird. Jede der beiden Summen wird durch die Berechnungsperiode dividiert. Im jetzt folgenden Schritt wird die „interne" Stärke von Wilder als relative Stärke bezeichnet ermittelt. Die durchschnittliche Summe der positiven Kursänderungen wird durch die durchschnittliche Summe der negativen Kursänderungen dividiert. Dieser Wert wird nun in die RSI Formel zwecks Skalierung eingefügt.

Formel

wenn: $Close_{(t)} > Close_{(t-1)}$ -> $Up_{(t)} = Close_{(t)} - Close_{(t-1)}$ und $Down_{(t)} = 0$
wenn: $Close_{(t)} < Close_{(t-1)}$ -> $Up_{(t)} = 0$ und $Down_{(t)} = Close_{(t-1)} - Close_{(t)}$

$SumUp_{(t)} = Sum_{(n)}(Up)$
$SumDown_{(t)} = Sum_{(n)}(Down)$

$AvgSu_{(t)} = Sum_{(n)}(SumUp) / n$
$AvgSd_{(t)} = Sum_{(n)}(SumDown) / n$
$RS_{(t)} = AvgSu_{(t)} / AvgSd_{(t)}$

$RSI_{(t)} = 100 (100/ 1+ RS_{(t)})$

Abweichende Berechnungen unterlassen entweder die Glättung oder verwenden eine andere Methode dazu. Im RSI von TradeSignal enterprise wird statt eines einfachen Durchschnittes ein modifizierter exponentieller gleitender Durchschnitt (MEMA) verwendet. Die Skala des RSI wird mit zwei Extremzonen geteilt. Die eine beginnt bei 70 und trennt den Überkauft-Bereich nach oben ab. Die zweite Zone beginnt ab 30 nach unten und wir als Überverkauft-Bereich bezeichnet.

In Abb. 353 sehen Sie einen DAX-Tageschart mit dem RSI Wilder als TradeSignal-Version. Darunter der RSI Classic, also ohne Glättung, und als letztes den RSI Wilder nach der originalen Wilder-Berechnung. Sie sehen, dass die unterschiedliche Glättung der Werte keine großen Differenzen zwischen der TradeSignal-Version und meiner nachprogrammierten Version ganz unten im Chart aufzeigt. Lediglich die Classic-Version in der Mitte sticht deutlich hervor. Sie läuft öfter in die Extremzonen ein. Trotz der Unterschiede werde ich ab hier nur noch den RSI und damit die Wilder-Version besprechen.

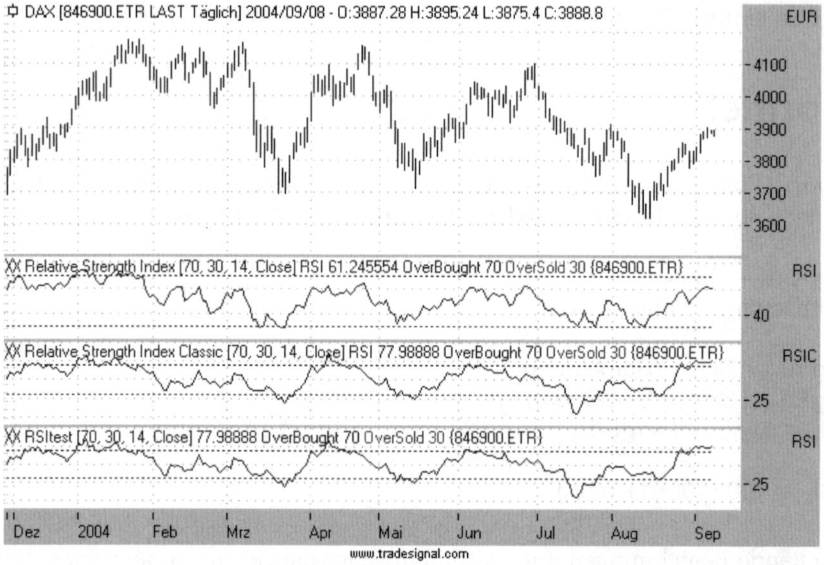

***Abb. 353** – Drei verschiedene Berechnungsarten des RSI führen nahezu zum selben Ergebnis.*

Interpretation

Nachdem wir nun alle Verständnisknoten gelöst haben, bleibt eine Erkenntnis als gesichert im Kopf: Der RSI ist ein Momentum-Oszillator, der, wie andere auch, die immer gleichen Anwendungsmöglichkeiten bietet. Wilder selbst und auch Murphy, der den RSI ausführlich in einem seiner Bücher bespricht, bezeichnen Divergenzen zwischen RSI und Kurs des Basiswertes als wichtigste und sicherste Signalquelle. Wilder bezeichnet die weitläufig als bullishe und bearishe Divergenzen bezeichneten Muster als Bottom Failure Swing und Top Failure Swing.

Der Top Failure Swing den wir als bearishe Divergenz kennen, ist ein Muster, das im Aufwärtstrend des Basistitels erscheint. Während dieser immer neue steigende Hochpunkte bildet, folgt der RSI auf einen neuen Hochpunkt über der Marke von 70 und formt danach aber einen tieferen Hochpunkt aus. Diese Divergenz zeigt uns eine Schwäche im Aufwärtstrend des Basistitels auf. Wilder verwendet die folgende Bewegung des Indikators unter den tiefsten Punkt des Musters als Verkaufssignal. Ein Beispiel aus seinem Buch:

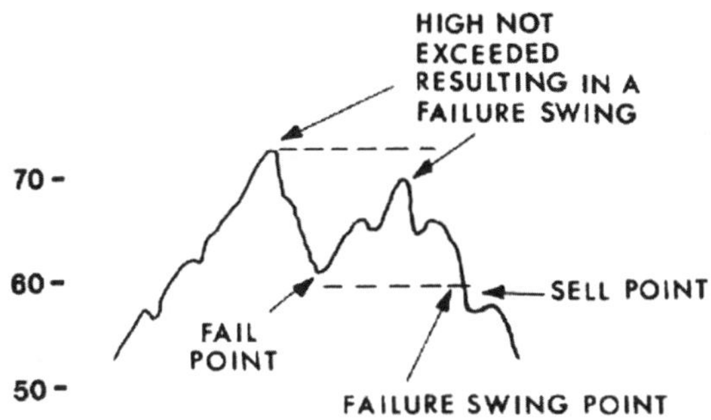

Der Bottom Failure Swing, auch als bullishe Divergenz bezeichnet, ist ein Muster, dass wir im Abwärtstrend des Basistitels beobachten können. Während des Trendverlaufes bildet der Basistitel immer neue tiefere Tiefpunkte aus. Der Indikator folgt dieser Bewegung zunächst auf einen Tiefpunkt in die untere Extremzone. Während der Basistitel weiter fällt, bildet der Indikator aber als nächstes einen höheren Tiefpunkt heraus. Ein Signal, dass der Abwärtstrend an Kraft verliert. Wilder verwendet den folgenden Anstieg des Indikators über den höchsten Punkt des Musters als Kaufsignal. Ein Beispiel aus seinem Buch:

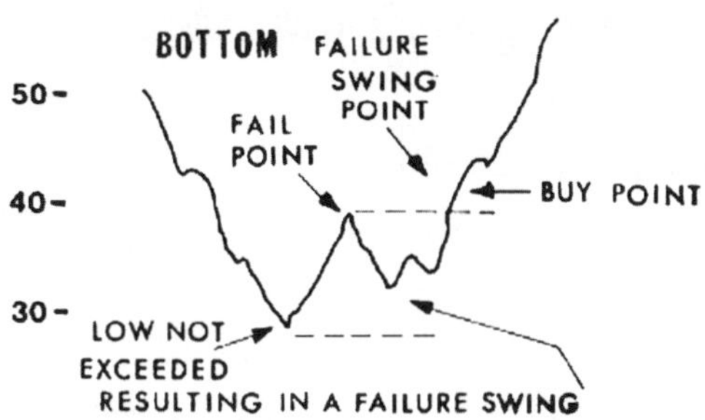

Wichtig ist, dass unser Basistitel in einer Trendbewegung verläuft. In schmalen, seitwärts gerichteten Bewegungsspannen haben Divergenzen keine Aussagekraft. In Abb. 354 habe ich einen Top Failure Swing markiert und in Abb. 355 ist ein Bottom Failure Swing.

Die nächste Signalquelle ist die Lage des Indikators innerhalb der Skala. Befindet sich der Indikator in einer der Extremzonen, gelten die Kurse als überdehnt und korrekturanfällig. Steigt der Indikator in die obere Extremzone über der Marke von 70 und dreht dort nach unten, gilt dies als Verkaufssignal. Fällt der Indikator in die untere Extremzone, also unter der Marke von 30 und dreht dann nach oben, gilt dies als Kaufsignal.

Für den RSI gilt hierbei das gleiche zu beachten, wie für fast alle Oszillatoren. In Phasen geringer Trendstärke, innerhalb von Tradingranges, liefert er gute Signale zum handeln. Steigt die Trendintensität an, ist er mit der daraus resultierenden starken Überdehnung der Kurse überfordert und liefert zu viele Signale gegen die Trendrichtung. Es ist angebracht andere Indikatoren als Filter einzusetzen

Abb. 354 – *Top Failure Swing im Chart von Applied Materials.*

Abb. 355 *– Bottom Failure Swing im Chart von Amgen.*

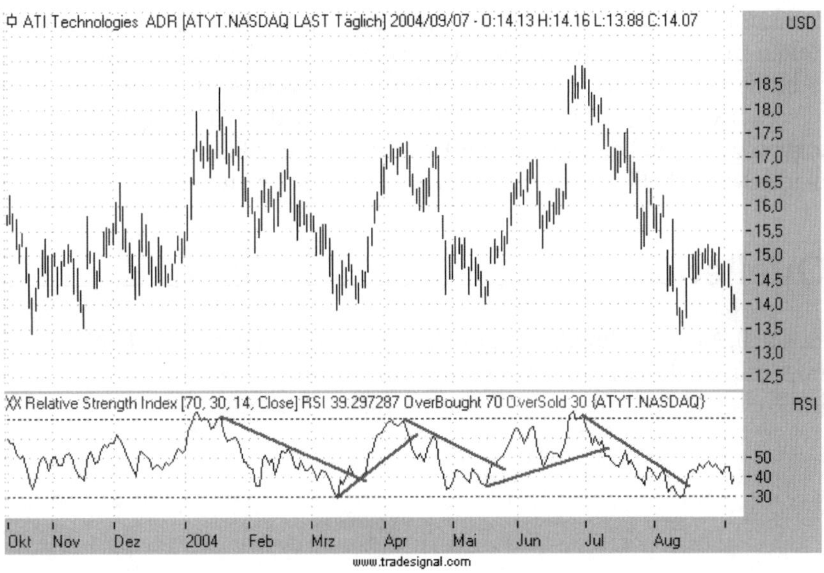

Abb. 356 *– RSI mit Trendlinien*

Der RSI bildet Muster heraus, die wir auch aus herkömmlichen Kurscharts kennen. Wir finden sogar Formationen, die im Chart des Basistitels nur unsauber oder gar nicht vorhanden sind. Wichtiges Hilfsmittel können Trendlinien, Kanäle oder Widerstands- und Unterstützungslinien sein. Diese werden gleich behandelt wie entsprechende Linien im Chart des Basistitels. Handelssignale liefern hier der Bruch von Widerstand und Unterstützung, der Bruch von Trendlinien oder der Bruch von Kanälen.

Es ist möglich, eine Signallinie auf den RSI zu berechnen. Dazu eignet sich jede Art von gleitendem Durchschnitt. Allerdings liefert der RSI durch seine unruhigen Verlaufsmuster sehr viele Schnittsignale, die eine große Gefahr der Fehldeutung beinhalten.

In die Skala des RSI kann eine weitere Linie, eine Mittellinie eingezeichnet werden. Diese liegt dann bei 50. Der Schnitt der Mittellinie kann als Trendwechsel gewertet werden und gilt deshalb auch als Handelssignal. Scheidet der Indikator die Mittellinie nach oben, gilt dies als Kaufsignal, schneidet er die Mittellinie nach unten, gilt dies als Verkaufssignal.

Viele Anwender des RSI experimentieren mit der Periodeneinstellung des Indikators. Je kürzer der Indikator eingestellt wird, um so ausgeprägter werden seine Bewegungen. Ein RSI über 7 Tage läuft öfter die Extremzonen an, als Wilders Original mit 14 Tagen Berechnungsperiode. Andere Werte wie 5 Tage oder 9 Tage sind in vielen Veröffentlichungen zu finden.

Kritische Würdigung

Der Indikator liefert in der Standardeinstellung nur wenige Signale. Er läuft nur sehr selten in eine der Extremzonen ein. Kürzere Periodeneinstellungen können zwar Abhilfe schaffen, bewirken aber noch mehr Unruhe in den Bewegungsmustern. Die Verwendung einer Signallinie wird durch den unruhigen Verlauf fast unmöglich gemacht. Die zahlreichen Hakenschläge des RSI bieten zu viel Raum für Interpretation. E. Florek empfiehlt deshalb, den RSI nicht zu verwenden.

Quellen

Florek, Erich: Neue Tradingdimensionen. FinanzBuch Verlag, München
Murphy, John: Technische Analyse der Finanzmärkte.
Wilder, Welles: New Concepts in Technical Trading Systems.

Relative Volatility Index

Grundlagen

Der Relative Volatility Index (RVI) ist einer der wenigen Indikatoren, die sich aus der großen Masse der Kurs- und Volumen-Indikatoren herausheben. D. Dorsey suchte nach einer Möglichkeit, Handelssignale anderer Indikatoren zu filtern. Da viele der bekannten technischen Indikatoren auf der gleichen Basis funktionieren, entwickelte er etwas Neues. Er war sich sicher, dass es keinen großen Sinn macht, Indikatoren zu kombinieren, die auf der gleichen Berechnungsgrundlage basieren.

Seine Idee war es einen Indikator zu entwickeln, der die Volatilität im Basiswert misst. Der Indikator sollte dabei feststellen, in welche Richtung des Trends die Volatilität größer ist, welche Trendrichtung also zu bevorzugen ist. Dabei ging er davon aus, dass in einem Trend die Kursschwankungen an Tagen mit trendgerichteter Bewegung größer sind, als an Tagen mit gegen den Trend gerichteter Bewegung. Liegt ein Aufwärtstrend vor, wird die Schwankungsbreite der Kurse an den Tagen größer sein, die positiv schließen und an den Tagen kleiner sein, die negativ schließen. Im Abwärtstrend wird die Schwankungsbreite der Kurse an den Tagen größer sein, die negativ schließen, als an Tagen die positiv schließen.

Dorseys Maß für die Volatilität ist die Standardabweichung der Kurse. Die Standardabweichung ist eine statistische Größe, mit der die Streuung von Daten um einen Mittelwert gemessen wird. Ganz einfach ausgedrückt bedeutet eine geringe Standardabweichung, dass die Daten, in unserem Falle sind dies Kurse, sehr eng um ihren Mittelwert verteilt sind. Die Schwankungsbreite ist also gering. Solche Situationen treten oft nach starken Kursbewegungen auf, wenn der Markt noch überlegt, wie es weiter geht.

Eine große Standardabweichung bedeutet also, dass die Kurse weit um den Mittelwert gestreut sind. Es herrscht also viel Bewegung vor. Solche Situation treffen wir oft am Beginn eines Trends oder während starker Korrekturbewegungen.

Die Statistik sagt uns, dass ca. 68 Prozent der von uns beobachteten Daten innerhalb einer Standardabweichung über oder unter dem Mittelwert liegen. Multipliziert man den Wert mit zwei, fängt man bereits 95 Prozent aller Daten ein und die dreifache Standardabweichung beschreibt ca. 99 Prozent aller Daten.

Dazu ein kleines, mathematisch nicht ganz korrektes Beispiel. Der Mittelwert, nehmen wir mal einen gleitenden Durchschnitt des Goldpreises, beträgt am Tag der Berechnung 400 Dollar. Wir wollen wissen wie groß die Standardabweichung des Goldpreises der letzten 20 Tage ist. Der entsprechende Indikator liefert uns den Wert 20. Das bedeutet, dass innerhalb einer Spanne zwischen 380 und 420 Dollar, 68 Prozent der Schlusskurse der letzten 20 Tage lagen. Rund 14 Tage innerhalb der Betrachtungsspanne lag der Goldpreis innerhalb dieser einfachen Standardabweichung. 95 Prozent der Tage im Betrachtungszeitraum liegen innerhalb einer Spanne von 360 bis 440 Dollar, also der zweifachen Standardabweichung. Und mit drei multipliziert sagt uns die Statistik, dass rund gerechnet alle Tage, also 20, einen Goldpreis von wenigstens 340 und maximal 460 Dollar aufwiesen.

Dorseys Indikators zeigt uns also an, in welche Richtung des Kurstrends die Schwankungsbreite der Kurse besonders hoch ist und in welche Richtung eher niedrig. Damit haben wir den Filter gefunden, der uns hilft, Handelssignale etwa von Stochastic, Momentum, von gleitenden Durchschnitten oder anderen beliebigen Signalgebern zu beurteilen.

Berechnung und Parameter

Die Berechnung basiert auf der gleichen Methode wie Wilders Relative Strength Index. Wir haben oben bereits gelernt, dass Dorsey die Standardabweichung der Schlusskurse als Maß für die Volatilität benutzt. Wir könnten jetzt also Wilders RSI-Formel aus dem Gedächtnis holen, statt den Kursen selbst, die Standardabweichung in die Formel eintragen und, voila, da ist der RVI.

Falls Ihnen die Berechnung des RSI nicht geläufig ist, hier das Ganze detailliert. Wir berechnen zuerst zwei Variable. Eine enthält alle Werte, die an Tagen mit steigenden Kursen gemessen werden, an Tagen mit fallenden Kursen wird sie auf Null gesetzt. Die zweite Variable enthält alle Werte, die an Tagen mit fallenden Kursen festgestellt werden. An Tagen mit steigenden Kursen wird sie auf Null gesetzt. Und nicht vergessen, die Werte, die wir in den Variablen unterbringen, sind die jeweils gemessenen Standardabweichungen, nicht die Kurse! Zunächst einmal die Formel der Standardabweichung:

$$s = \sqrt{\frac{1}{n-1}\sum_{i=1}^{n}(X_i - \bar{X})^2}$$

Jetzt die Variablen füllen:

wenn $\text{Close}_{(t)} > \text{Close}_{(t-1)}$ $\text{Up}_{(t)} = s$ und $\text{Down}_{(t)} = 0$
wenn $\text{Close}_{(t)} < \text{Close}_{(t-1)}$ $\text{Up}_{(t)} = 0$ und $\text{Down}_{(t)} = s$

$\text{SumUp}_{(t)} = \text{Sum}_{(n)}(\text{Up})$
$\text{SumDown}_{(t)} = \text{Sum}_{(n)(}\text{Down})$

$\text{AvgSu}_{(t)} = \text{Sum}_{(n)}(\text{SumUp}) / n$
$\text{AvgSd}_{(t)} = \text{Sum}_{(n)}(\text{SumDown}) / n$

$\text{RVI}_{(t)} = \text{AvgSU}_{(t)} / (\text{AvgSu}_{(t)} + \text{AvgSd}_{(t)}) * 100$

In Worten: Es wird ein Durchschnitt der gemessenen Standardabweichungen gebildet, in dem beide Summen jeweils durch die Anzahl der Tage im Betrachtungszeitraum geteilt werden. Dorsey verwendet für die Berechnung der Standardabweichungen einen Zeitraum von 10 Tagen. Für die Berechnung des

Durchschnittes, was nichts anderes als eine Glättung der Werte bedeutet, verwendet Dorsey 14 Tage.

Zum Schluss folgt die Berechnung des Indikatorwertes. Durch diese Formel wird erreicht, dass alle Werte innerhalb einer festen Skala und einer einheitlicher Breite liegen. Die Werteskala kann ebenso wie die des RSI unterteilt werden. Wir zeichnen eine Mittellinie bei 50, eine obere Extremzone ab 70 und eine untere Extremzone ab 30 abwärts ein. Für die langfristige Analyse hat Dorsey eine Abwandlung des RVI eingeführt, die ich nur kurz erwähnen möchte.

Er spaltet die Berechnung auf und berechnet zwei Werte, RVI High und RVI Low. Ganz oben, wo die Variablen gefüllt werden, wird nicht der Schlusskurs „Close" verwendet, sondern es wird der Höchstkurs „High" für die Berechnung des RVI H verwendet und der Tiefstkurs „Low" für die Berechnung des RVI Low. Der abgewandelte RVI ergibt sich dann aus der Summe von RVI H und RVI L, die durch zwei geteilt wird.

Darstellungsvarianten

Der RVI ist nicht im Standardpaket der TradeSignal-Produkte enthalten. Ich habe deshalb den Indikator in Equilla, das heißt für TradeSignal enterprise, programmiert; zu sehen in Abb. 357. Beide von Dorsey vorgestellten Berechnungsvarianten können gewählt werden. Ich konnte allerdings im Endergebnis nur minimale Unterschiede in den Nachkommastellen entdecken. Sie können den Indikator wieder von www.tradesignalonline.com downloaden.

***Abb. 357** – Relative Volatility Index im Chart des DAX.*

Interpretation

Dorsey wollte den RVI nur als Filter für Handelssignale anderer Indikatoren verwenden. Deshalb gilt zuerst eine einfache Trenddefinition. Liegt der Indikator über der Mittellinie, zeigt er einen Aufwärtstrend an, liegt er unter der Mittellinie, zeigt er einen Abwärtstrend an. Kaufsignale anderer technischer Indikatoren sollen also nur befolgt werden, wenn der RVI über der Mittellinie notiert. Verkaufssignale anderer Indikatoren gelten nur, wenn der RVI unter der Mittellinie liegt. Bestehende Longpositionen sollen geschlossen werden, wenn der RVI unter 40 fällt. Bestehende Shortpositionen sollen geschlossen werden, wenn der RVI über 60 steigt.

Da wir die Werteskala des Indikators mit 2 Extremzonen versehen haben, können wir dort zusätzliche Informationen gewinnen. Liegt der Indikator in der oberen Zone, also über 70, kann der Kurstrend des Basistitels als überdehnt und korrekturanfällig bezeichnet werden. Liegt der Indikator in der unteren Extremzone, also unter 30, kann der Kurstrend des Basistitels als nach unten überdehnt bezeichnet werden. Diese Informationen können wir nutzen, um evtl. trendgerichtete Handelssignale nicht mehr zu beachten.

Kritische Würdigung

Der Ansatz des Indikators ist sehr interessant. Jedoch beim Studium der Bewegungsmuster fällt auf, das der Indikator doch sehr stark um seine Mittellinie schwankt und damit zu oft Trendwechsel signalisiert. In Abb. 357 sehen Sie den Indikator mit den oben angegebenen Standardeinstellungen. In Abb. 358 habe ich die Periodeneinstellungen verdoppelt. Das heißt, die Standardabweichung wird über 20 Tage berechnet und die Berechnung der Durchschnittswerte erfolgt über 28 Tage. Eine deutliche Verbesserung der Signalqualität ist auch hier nicht zu erkennen.

***Abb. 358** – RVI mit „Verdopplung" der Standardperiode.*

Quellen

Dorsey, Donald: The Relative Volatility Index. In: TAS&C V.11
Dorsey, Donald: Refining the Relative Volatility Index. In: TAS&C V.13

Shadow Oszillator

Grundlagen

Wenn Sie sich bereits eine Weile mit der technischen Analyse beschäftigen, werden Ihnen Candlestick Charts sicher bekannt sein. Inzwischen sind diese, dank reichlich Literatur, aber vor allem wegen ihrer Vorzüge zum Standard in der Kursdarstellung geworden. Auf Bar Charts kann man meiner Meinung nach weitestgehend verzichten. Liniecharts werden oft verwendet um ein „schnörkelfreies" Bild des Kursverlaufes zu erhalten.

Haben Sie bereits die beiden Artikel über die Indikatoren Q-Stick und Intraday Momentum Index (IMI) gelesen? T. Chande und S. Kroll haben beide Indikatoren in ihrem Buch „The New Technical Trader" der Öffentlichkeit vorgestellt. Aufgabe beider Indikatoren ist es, die subjektive Wahrnehmung der Kerzenkörper und die Veränderung in deren Größen und Farben per Augenschein durch eine quantitative Analyse zu ersetzen. Durch eine Überführung der Candlestickanalyse in ein genormtes Zahlenwerk können objektive Entscheidungen getroffen und jederzeit verglichen werden.

So ist es möglich, die Dynamik der Veränderung der Kerzengrößen, sowie das Verteilungsverhältnis der Kerzenfarben als Zahl und somit als Graph darzustellen. Es lassen sich exakte Grenzwerte, Verteilungsverhältnisse und drüber hinaus Prognosen erstellen. Welche Fraktion der Marktteilnehmer ist an der Macht, wie dominant ist deren Auftreten, welche Voraussagen sind aus diesen Werten zu treffen? Die beiden Indikatoren beschäftigen sich ausschließlich mit den Kerzenkörpern, da diese bereits die wichtigsten Informationen über Kursdynamik und Trendrichtung enthalten.

Ich möchte ihn nun zwei Indikatoren vorstellen, die aus der gleichen Feder stammen, wie die beiden eben erwähnten. Diesmal geht es um die Analyse der Kerzenschatten; Docht und Lunte genannt. Schatten ist der allgemeine Begriff, der sich besonders in der englischsprachigen Literatur verbreitet hat. Docht und Lunte ist oft im deutschsprachigen Raum zu finden. Docht, der obere Schatten und Lunte, der untere Schatten, sind noch plastischere Begriffe für die beiden „Kerzenbausteine". Lassen Sie mich kurz die Definition der beiden Begriffe mathematisch ausdrücken, damit es nicht zu Verwechslungen kommt:

$$\text{Docht}_{(t)} = \text{High}_{(t)} - \text{Max}(\text{Close}_{(t)}, \text{Open}_{(t)})$$

Der Docht ist die Differenz zwischen dem Höchstkurs des Tages und der oberen Kerzenkörperbegrenzung. An Tagen mit positivem Schlusskurs wird die Funktion Max(Close(t),Open(t)) den Schlusskurs Close(t) als Wert zurückgeben, da dieser über dem Eröffnungskurs liegt. Der Docht errechnet sich dann aus Differenz zwischen Höchstkurs und Schlusskurs. An Tagen mit Kursverlusten liegt der Eröffnungskurs über dem Schlusskurs. Die Funktion Max(Close(t),Open(t)) wird den

Eröffnungskurs Open(t) als Wert zurückgeben. Der Docht errechnet sich dann aus Differenz zwischen Höchstkurs und Eröffnungskurs.

$$Lunte_{(t)} = Min(Close_{(t)},Open_{(t)}) - Low_{(t)}$$

Die Lunte ist die Differenz zwischen der unteren Kerzenkörperbegrenzung und dem Tiefstkurs des Tages. An Tagen mit Kursgewinnen wird der Eröffnungskurs unter dem Schlusskurs liegen. Die Funktion Min(Close(t),Open(t)) wird den Eröffnungskurs Open(t) als Wert zurückgeben. Die Lunte errechnet sich dann als Differenz zwischen Eröffnungskurs und Tiefstkurs. An Tagen mit Kursverlusten wird der Schlusskurs unter dem Eröffnungskurs liegen. Die Funktion Min (Close(t),Open(t)) wird den Schlusskurs Close(t) als Wert zurückgeben. Die Lunte errechnet sich dann als Differenz zwischen Schlusskurs und Tiefstkurs des Tages.

Berechnung und Parameter

Die Berechnung der Originalindikatoren, genannt Shadow Oszillator, ist schon erklärt. Es wird einfach die Länge der beiden Schatten gemessen und grafisch dargestellt. Das Ergebnis können Sie in Abb. 359 sehen.

Der obere Indikator misst die Länge des oberen Schattens, der untere die Länge des unteren Schattens. Ich habe bewusst auf eine weitere Bearbeitung verzichtet. Eine Glättung der Werte hätte sicherlich einen etwas weicheren Verlauf erzeugt, aber ich habe zusätzliche Pläne. Meine Idee ist es, eine Vergleichbarkeit zu schaffen zwischen den Schattenlängen an sich, deren Vergangenheitswerten und den Werten von anderen Underlyings. Mit absoluten Rechenergebnissen kommen wir nicht weit.

Eine Aktie, die um die hundert Euro handelt, wird andere Werte für die Länge der Schatten hervorbringen, als ein Index wie der DAX, der bei mehreren tausend Punkten gerechnet wird. Es ist also notwendig, auf relative Werte umzustellen. Ich habe das Problem gelöst, in dem ich die Länge der Schatten relativ zur gesamten Handelsspanne des Tages berechne. Dadurch lassen sich die Schattenlängen besser vergleichen und auch Werte aus der Vergangenheit können nun mit in die Analyse einbezogen werden.

***Abb. 359** – Die beiden Indikatoren zeigen die Länge von Docht (Mitte) und Lunte (unten) eines Kerzenkörpers an.*

$$Range_{(t)} = High_{(t)} - Low_{(t)}$$

$$Docht(t) = (High_{(t)} - Max(Close_{(t)}, Open_{(t)})) / Range(t) * 100$$

$$Lunte_{(t)} = (Min(Close_{(t)}, Open_{(t)}) - Low_{(t)}) / Range(t) * 100$$

Um die Werte etwas zu glätten, habe ich hier einen Durchschnitt angelegt. Wenn Sie den Indikator nachprogrammieren wollen, können Sie sich selbst die passende Methode aussuchen. In meiner Version wird ein exponentieller Durchschnitt der Werte errechnet.

Abb. 360 zeigt den fertigen Indikator. Ich hoffe durch meine Anpassung etwas mehr Klarheit ins Bild gebracht zu haben. Wichtig war es mir, beide Teilindikatoren in einem Fenster zu vereinen. Bitte lassen Sie sich nicht von den negativen Werten verwirren. Die Länge des unteren Schattens ist natürlich nicht negativ, ich invertiere deren Werte nur, um die Darstellung beider Teilindikatoren besser lesbar zu machen.

Gelesen wird der Indikator als Länge der Schatten in Prozent der Handelsspanne. Um eine Unterscheidung zwischen Trend und Tradingrange sowie Top- und Bodenbildungsphase zu ermöglichen, habe ich eine neutrale Zone eingezeichnet. Diese ist im Indikator grau dargestellt. Erst wenn die Schattenlänge den neutralen

Bereich übertrifft, werden die beiden Teilindikatoren eingefärbt. Die Farbgebung der Teilindikatoren sowie die Werte der neutralen Zone sind willkürlich gewählt. Hauptidee hinter der neutralen Zone ist, dass es nur ganz wenige Kerzen ohne Schatten gibt. Die Mehrzahl aller Kerzen hat einen Schatten. Somit ist es sinnvoll, eine bestimmte „kleine" Schattenlänge als normal einzustufen. Alle normalen Werte werden also grau dargestellt. Meine Standardeinstellung sind 20 Prozent Schattenlänge.

Abb. 360 *– Unterer und oberer Schatten eines Kerzenkörpers wird hier in einem Indikator dargestellt. Dabei ist die Länge der Schatten relativ zur gesamten Kerzenlänge berechnet.*

Darstellungsvarianten

Meine Ableitung aus den beiden Original Indikatoren von Chande und Kroll habe ich bereits vorgestellt. Aber mir erscheint es sinnvoll, einen weiteren Indikator ins Konzept mit einzuführen. Wenn wir Candlesticks betrachten, schauen wir nicht nur nach der Länge der Schatten oder der Länge der Kerzenkörper, sondern wir betrachten auch das Größenverhältnis beider Werte. Mein zweiter Indikator, eine echte Eigenkomposition, stellt also das prozentuale Verhältnis der Größe des Kerzenkörpers zur gesamten Spannbreite zwischen den Schatten dar. Diesen Indikator können wir als Trendstärkeindikator verwenden. Sie können ihn von www.tradesignalonline.com downloaden.

Unglücklicherweise liegt es in der Natur der Märkte, dass in starken Abwärtstrends die Kerzenkörper größer und die Schatten kleiner sind als das gleiche Verhältnis in Aufwärtstrends. Der Sinnspruch „Angst ist stärker als Gier" drückt dies treffend aus. Schauen Sie auf Abb. 361, der Range Ratio Index (RRI) signalisiert in Abwärtsbewegungen wesentlich öfter Trendstärke als in Aufwärtsbewegungen

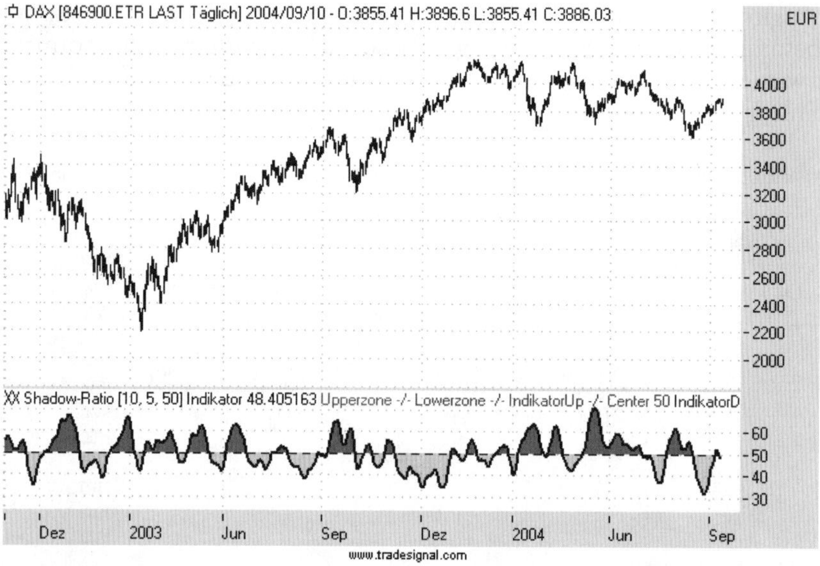

***Abb. 361** – Der Range Ratio Index kann als Trendstärke-Index verwendet werden.*

Übrigens können Sie den Indikator auch in einer Rohversion betrachten. Die Glättung mit einem exponentiellen Durchschnitt kann mittels Schalter deaktiviert werden. Eine Glättung per Rauschfilter bleibt aber dauerhaft aktiv. Die dunkel hervorgehobenen Flächen signalisieren einen „starken" Trend. Die Trennung habe ich bei 50 Prozent festgelegt. Wenn Sie Einzelaktien analysieren wollen, können Sie auch wesentlich höhere Werte verwenden.

Als Parameterangabe erfordert der Indikator nur einen Schwellenwert für den Rauschfilter, der eine weiche Darstellung der Werte bewirkt und, wenn gewünscht, die Periodenangabe für eine zusätzliche Glättung durch einen exponentiellen Durchschnitt. Im In Abb. 361 ist die Glättung aktiv.

Interpretation

Zunächst zum Shadow Oszillator (SHO): Wir wissen aus der Candlestickanalyse, dass die Länge der Schatten ein Maß für die Unsicherheit der Marktteilnehmer und ein Maß für die zeitweilige Schwäche einer bestimmten Fraktion der Marktteilnehmer darstellt. Wenn wir einen Hammer betrachten, der als Bodenumkehrmuster gilt, dann sehen wir einen sehr langen unteren Schatten. Die Kerze hat anscheinend eine starke Unterstützung getroffen, von der aus die Bullen einen Gegenangriff starten konnten. Der lange untere Schatten zeigt uns in diesem Falle, dass den Bären die Kraft fehlte, den Tagestiefstkurs bis zur Schlussglocke zu verteidigen. Ein solches Schwächezeichen lockt weitere Bullen aus dem Lazarett zurück aufs Parkett, was dazu führt, dass aus dem potentiellen Trendwendemuster „Hammer" ein echtes Umkehrsignal mit Bestätigungskerze wird. In Abb. 362 sind gleich zwei Hämmer zu sehen, die einen deutlichen Ausschlag des Indikators für die unteren Schatten bewirken.

***Abb. 362** – Hammer-Formationen, wie hier gezeigt, haben einen extrem langen unteren Schatten; wie auch der Indikator anzeigt.*

Wenn wir im Chart ein wenig zurückrollen, finden wir einen Bereich, in dem die oberen Schatten mehrerer Kerzen besonders lang sind. Ein Zeichen, dass die Bullen nicht in der Lage waren, die erreichten Höchstkurse bis zur Schlussglocke zu verteidigen. Die Bären werden die Honigtropfen riechen und in Scharen aufs Parkett zurückkehren. Abb. 363 zeigt dies an einem Beispiel. Eine ganze Serie langer oberer Schatten zeigt die Dominanz der Bären.

***Abb. 363** – Eine ganze Serie oberer Schatten zeigt hier die Dominanz der Bären.*

Mit dem SHO ist es nicht so sehr wichtig, nach einzelnen oder wenigen Kerzen zu suchen. Viel mehr liefert der SHO einen größeren Überblick über die Kräfteverteilung am Markt.

Zum Ende des Jahres 2003 kündigte sich durch eine große Zahl von Kerzen mit langen oberen Schatten eine Veränderung der Machtverhältnisse an. Die Bullen, die durch den zurückliegenden Aufwärtstrend an Kraft verloren haben, sind über lange Zeit nicht in der Lage, die Höchstkurse zu bestätigen. Dem Trend geht der Atem aus. Abb. 364 zeigt den Zeitabschnitt im Chart:

In Abb. 365 sehen Sie, dass es in den Monaten davor den Bären nicht gelang, zeitweilig erreichte Tiefstkurse zu bestätigen. Eine ganze Serie von sehr langen unteren Schatten macht dies im Chart deutlich sichtbar.

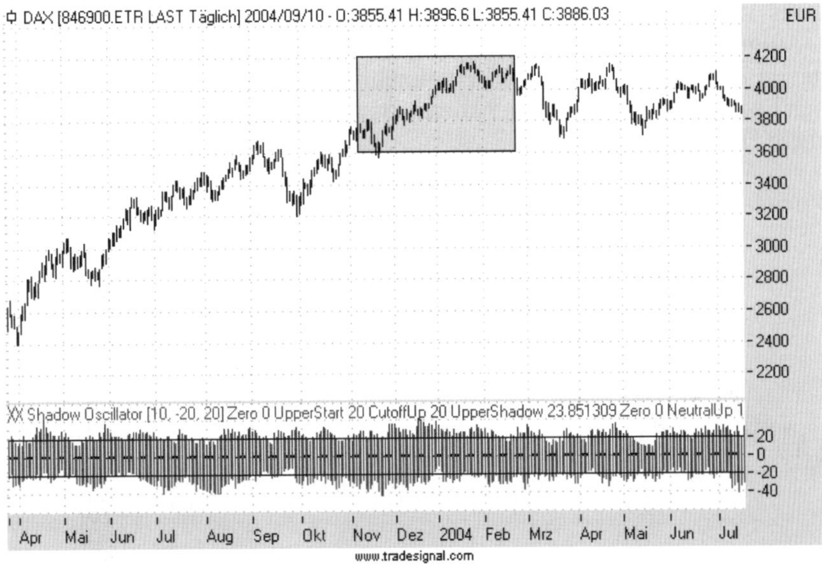

Abb. 364 – *Eine Phase mit verhältnismäßig langen oberen Schatten läutet Anfang 2004 im DAX das Ende des Aufwärtstrends ein.*

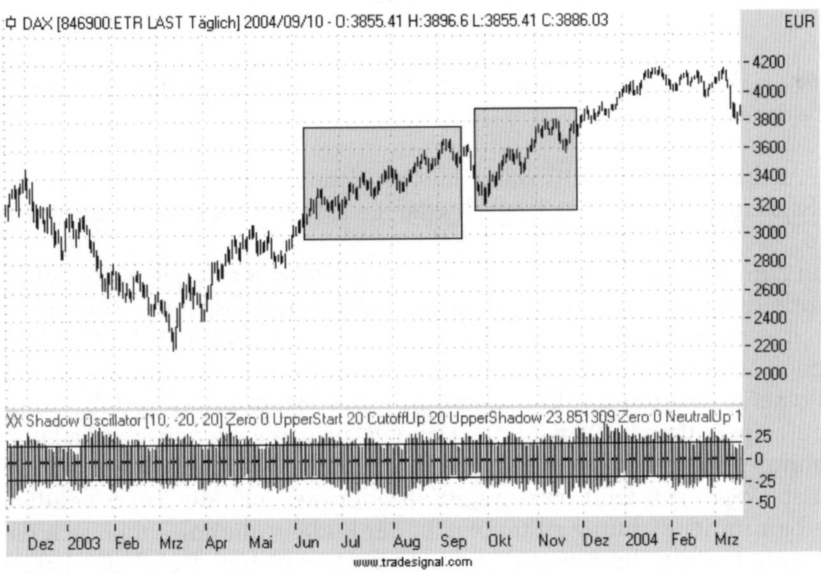

Abb. 365 – *Lange untere Schatten zeigen an, dass der Aufwärtstrend intakt ist.*

Hohe Werte des UpperShadow-Indikators zeigen Widerstand von oben, hohe Werte des LowerShadow-Indikators zeigen Widerstand von Unten (Unterstützung). Ausgeglichene Werte beider Teilindikatoren zeigen Unsicherheit und abwartende Haltung Seitens aller Marktteilnehmer. In der langen Seitwärtsbewegung seit Ende 2003 im deutschen Aktienmarkt ist dies gut zu erkennen. Abb. 366 zeigt diese Phase im Chart.

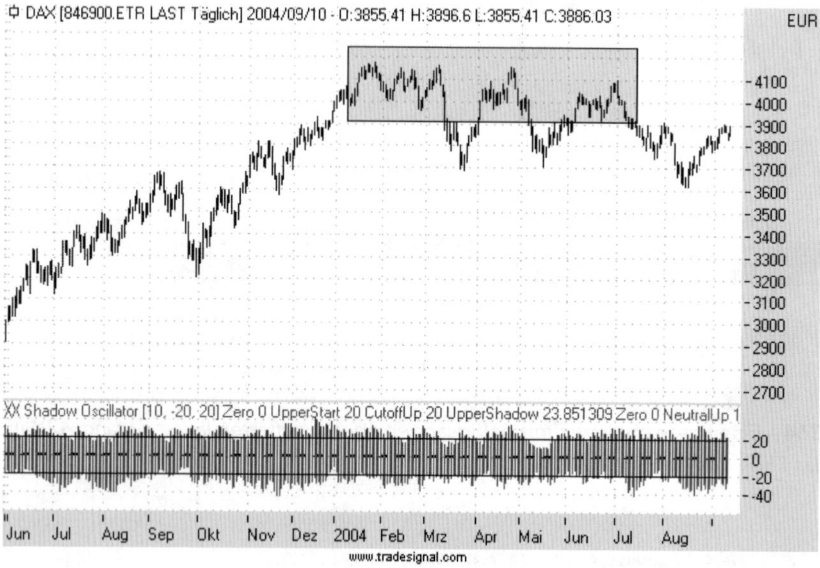

***Abb. 366** – In der Seitwärtsphase finden sich relativ kurze Schatten. Hier ist die Kerzenkörpergröße dominierend.*

Für die Analyse liefert der SHO keine direkten Handelssignale. In mechanischen Handelssystemen wird es eher möglich sein, die absoluten Indikatorwerte einzubinden.

Nun zum RRI. Der Range Ratio Index liefert uns einen Vergleich zwischen der Größe des Kerzenkörpers mit der gesamten Handelsspanne. Wir wissen bereits, dass in starken Trends die Schatten eher klein sind und die Handelsspannen relativ groß sind. Je kürzer die Schatten sind, um so zielstrebiger und entschlossener wurden die Kursänderungen des Handelstages erzielt. Lange Schatten zeigen, dass im Verlauf des Handels auch die gegnerische Fraktion der dominierenden Marktteilnehmer ein deutliches Zeichen gesetzt hat. In Seitwärtsbewegungen fehlt oft der Antrieb oder die Kraft, die Kurse deutlich in eine bestimmte Richtung zu treiben. In der Endabrechnung haben sich die Kurse wenig bewegt, die zeitweilig erreichten Höchst- und Tiefstkurse haben aber lange Schatten erzeugt.

Der RRI wird in Phasen mit langen Schatten und kurzen Kerzenkörpern einen niedrigen Wert aufweisen. Er liefert damit ein Maß für kaum vorhandene Trendstärke. Abb. 367 zeigt ein Beispiel.

Abb. 367 – *Der RRI hier mit einer Phase, in der kaum von Trendstärke gesprochen werden kann.*

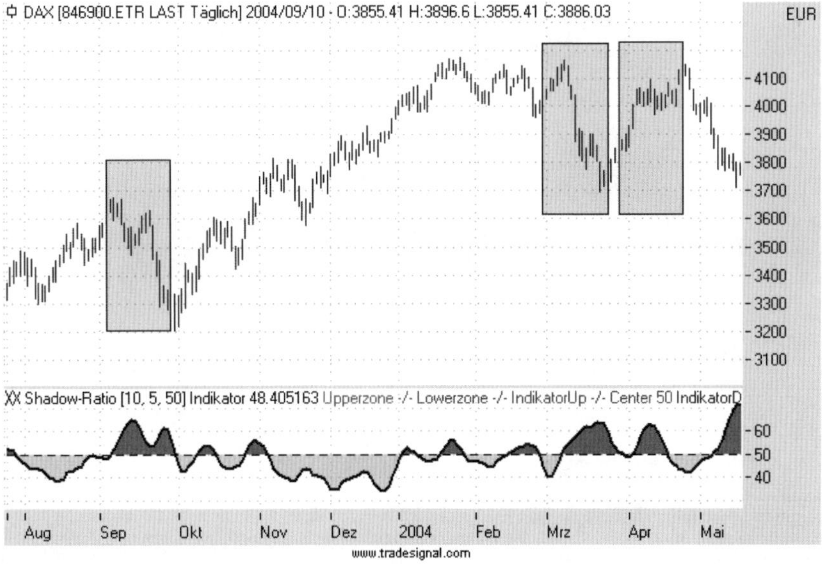

Abb. 368 – *In starken Trendphasen steigt der RRI über seinen Schwellwert an.*

Besonders in scharfen Korrekturbewegungen von Markttops steigen die Handelsspannen stark an, in Abb. 368 ist dies deutlich zu sehen. Der Indikator steigt dann über seinen Schwellenwert und signalisiert Trendstärke.

Quellen

Chande, Tushar; Kroll, Stanley: The New Technical Trader.

Standard Error Bands

Grundlagen

J. Anderson hat die Standard Error Bands 1996 im US-Magazin TAS&C vorgestellt. Und obwohl sie eine interessante Alternative zu anderen Tradingbändern darstellen, war seit dem nichts mehr über sie zu lesen. Sei es, weil sich niemand die Mühe machte, deren Brauchbarkeit über längere Zeit zu testen, oder weil sich eben genau diese nicht erwiesen hat. Ich möchte Ihnen in diesem Artikel die Standard Error Bands vorstellen und Ihnen damit die Gelegenheit geben, sich selbst ein Bild zu machen.

Tradingbänder sind seit langem bekannte Hilfsmittel, um Kursbewegungen zu bewerten und das Timing für Einstieg, Ausstieg und Risikomanagement zu verbessern. Mit der Verbreitung der PC's in den achtziger Jahren wurden die Berechnungsmethoden der Bänder immer komplexer.

J. Bollinger stellte in den frühen achtziger Jahren seine nach ihm benannten Bollingerbänder vor. Dabei handelt es sich um die wohl bekanntesten und am weitesten verbreiteten Tradingbänder. Auf seiner Website werden rund um die Bollingerbänder ca. 50 Indikatoren, 20 Handelssysteme und reichlich andere Materialien angeboten. Das zeigt die vielfältigen Verwendungsmöglichkeiten von Tradingbändern. Bei den Bollingerbändern, sowie auch bei den hier vorgestellten Standard Error Bands, handelt es sich um Tradingbänder, die auf statistischen Methoden aufbauen und versuchen, Marktbewegungen einzufangen und deren Bewertung zu ermöglichen. Beide Bänder versuchen die Volatilität eines Marktes abzubilden. Weite Bänder zeigen einen sehr volatilen Markt, in dem die Kurse stark um ihre Mittelwerte schwanken. Solche Bereiche werden als Konsolidierungszonen oder Tradingranges bezeichnet. Schmale Bänder zeigen eine geringe Volatilität, das heißt, die eingefangenen Kurse im Betrachtungszeitrau schwanken wenig um ihre Mittelwerte. In diesem Fall kann mit einem starken Trend oder einem bevorstehenden Ausbruch aus einer schmalen Konsolidierungszone gerechnet werden. Obwohl beide Bänder relative ähnliche Verlaufsmuster zeigen, sind sowohl die statistischen Methoden zu Ihrer Erzeugung, als auch die Grundlinien, auf denen die Bänder aufgebaut werden, verschieden. Um Ihnen die Unterschiede zu verdeutlichen, werde ich zunächst kurz auf die Berechnung und Aussage der Bollingerbänder eingehen, um danach die Unterschiede der Standard Error Bands hervorzuheben.

Aufgebaut werden die Bollingerbänder auf einem einfachen gleitenden Durchschnitt, der in der Standard Version mit 20 Tagen berechnet wird. Um die Volatilität des Marktes abzubilden und messbar zu machen, bedient sich Bollinger einer statistischen Methode, die Standardabweichung genannt wird. Die Standardabweichung wird verwendet, um Aussagen über die Streuung von Daten um ihr arithmetisches Mittel zu beschreiben. Ein hoher Wert für die Standard Abweichung zeigt eine große Streuung der Daten an. Eine niedrige Standardabweichung zeigt, dass alle betrachteten Daten dicht an ihrem arithmetischen Mittel liegen. Die

Begrenzung der Bollinger Bänder entsteht durch das Abtragen von je zwei Standardabweichungen über und unter der Mittellinie. Damit ist jeweils der Bereich markiert, in dem ca. 98 Prozent aller Kurse des Betrachtungszeitraumes liegen.

Die Bollinger Bänder beschreiben über ihre Breite also den Grad der Streuung der zu Grunde liegenden Kurse um den aktuellen Mittelwert herum. Eine Trendinformation wird bei dieser Volatilitätsbemessung nicht berücksichtigt. In Abb. 369 habe ich eine Grafik gefertigt, die die Grundlagen zur Entstehung der Bollinger Bänder darstellt. Die Linie in der Mitte der Anordnung repräsentiert den Mittelwert der Berechnungsperiode. Die gestrichelten Linien markieren die absolute Kursspanne dieses Zeitraumes. Die zweifache Standardabweichung vom Mittelwert des Zeitraumes umschließt den mit dicken Linien markierten Bereich. Sie fängt ca. 98 Prozent aller Kurse des Betrachtungszeitraumes ein. Ich habe einen Bereich mit geringer Volatilität markiert und einen mit hoher Volatilität. Im unteren Fenster sehen Sie die jeweils errechnete einfache Standardabweichung der Schlusskurse. Der waagerechte Strich im Indikator zeigt den aktuellen Wert der Standardabweichung am Referenztag. Ich hoffe, dass die Zusammenhänge so leichter klar werden.

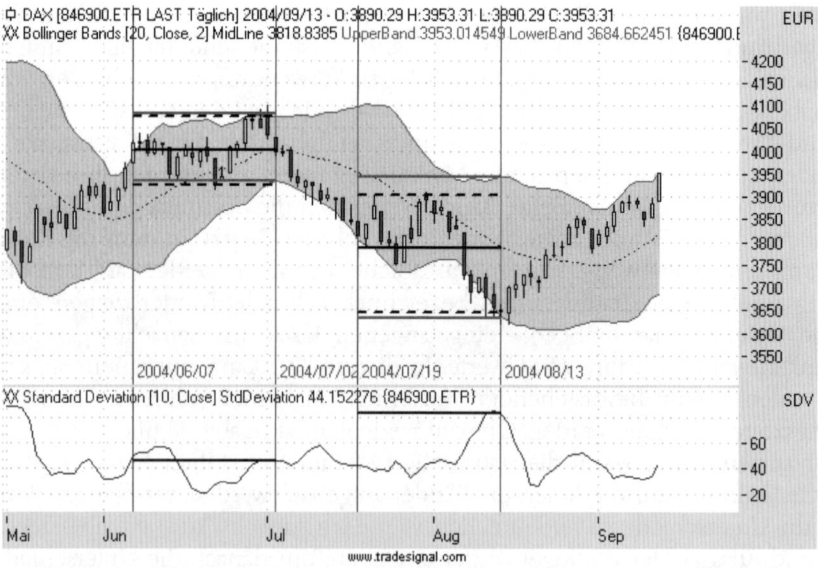

***Abb. 369** – Bollinger Bänder im Chart des DAX. Im unteren Chart ist die Standardabweichung abgetragen.*

Die Konstruktion der Standard Error Bands sieht zwar ähnlich aus, die letzten Berechnungsschritte sind auch identisch, aber die zu Grunde liegenden Werte für Mittellinie und Abstand der Begrenzungen entstehen auf völlig andere Art und Weise.

Um den Mittelwert zu errechnen, verwendet Anderson die lineare Regression. Es wird eine lineare Regressionslinie über jeweils einen festen Zeitraum berechnet, deren Endpunkt die gleitende Mittellinie ergibt. An jedem Kursstab wird also eine Trendlinie berechnet, die innerhalb der Kurse des Betrachtungszeitraumes liegt. Sie wird so konstruiert, dass die Abstände der Kurse zur Linie minimal gehalten werden. Somit erfasst die Regressionslinie den Kurstrend sehr genau.

Als Maß für die Schwankungsbreite und Intensität der Kurse verwendet Anderson nun den Standard Error des Mittelwertes. Dieser beschreibt, wie groß die Streuung der einzelnen Kurse um die Regressionstrendlinie ist. Dieses Maß der Volatilität ist also an die Trendrichtung der Kurse des Betrachtungszeitraumes angepasst.

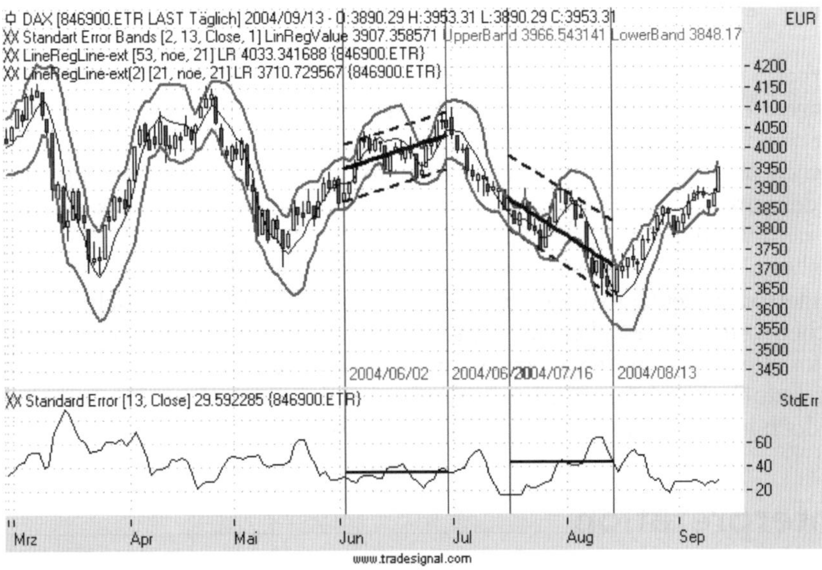

***Abb. 370** – Standard Error Bands im Chart des DAX. Im unteren Chart ist der Standard Error der Regressionsgeraden abgetragen.*

Abb. 370 zeigt die Grundlagen, aus denen die Standard Error Bands entstehen. Die schwarze Gerade in der Mitte des Kanals ist die zu Grunde liegende Regressionstrendlinie. Sie beschreibt den wahren Kurstrend im Betrachtungszeitraum. Die gestrichelten Linien umschließen exakt alle Kurse des Betrachtungszeitraumes. Der Standard Error beschreibt uns, wie stark die Kurse des Betrachtungszeitraumes um diese Trendlinie gestreut sind. Im Indikatorfenster unter dem Chart wird der errechnete Standard Error dargestellt.

Berechnung und Parameter

Die endgültige Berechnung der Standard Error Bands ist recht einfach, wenn einmal die zu Grunde liegenden Werte der Regressionslinie und der Standard Error ermittelt wurden. Leider habe ich keine verwertbaren mathematischen Formeln gefunden. Die meisten Autoren beschränken sich auf die Berechnung in Excel und somit auf die Darstellung der Excelkommandos. Deshalb stelle ich nur ein kleines Schema auf, das die Konstruktion der Standard Error Bands zeigt.

$$OB_{(t)} = EP_{(t)} + (M * Sdterr_{(t,n)})$$
$$UB_{(t)} = EP_{(t)} - (M * Sdterr_{(t,n)})$$

$Sdterr_{(t,n)}$ = Standard Error im Betrachtungszeitraum $_{(n)}$
$EP_{(t,n)}$ = Endpunkt der linearen Regressionslinie im Betrachtungszeitraum $_{(n)}$
$OB_{(t)}$ = oberes Band
$UB_{(t)}$ = unteres Band
$M_{(t)}$ = Multiplikator

Es wird also jeweils der zweifache Standard Error über und unter der Mittellinie abgetragen. Die Berechnungslänge der Bänder wird von Andersen mit 21 Tage angegeben. Über die Berechnungslänge steuern Sie indirekt auch die Breite der Bänder, da mehr Daten in die Berechnung einfließen und somit Schwankungsbreite der Kurse um die Trendlinie zunehmen wird. Auch die Größe des Multiplikators kann verändert werden. Wenn Sie Kursausbrüche handeln wollen, kann es sinnvoll sein, den Multiplikator zu verändern. Standardeinstellung ist 2.

Anderson glättet alle Werte vor der Kombination mit einem einfachen arithmetischen Durchschnitt über drei Tage. Ich habe die Funktion im angebotenen Indikator integriert, den Sie von www.tradesignalonline.com downloaden können. Ich bin jedoch der Meinung, dass die Glättung nicht notwendig ist. Sie entscheiden jedoch letztendlich darüber; Sie sind der Anwender.

Interpretation

J. Anderson ist der einzige, der in der mir verfügbaren Literatur Verwendungsmöglichkeiten der Standard Error Bands beschreibt. Leider sind seine Ausführungen dazu sehr komplex und beziehen noch einige andere Indikatoren mit ein. Eine genaue Beschreibung würde den Rahmen dieses Beitrages sprengen. Ich kann das Ganze zusammengefasst wiedergeben und anschließen einige grundlegende Aussagen zu den Standard Error Bands hinzufügen.

Anderson verwendet die Bänder in Kombination mit den Bollinger Bändern. Mit deren Hilfe sucht er nach Situationen, in denen besonders geringe Kursschwankungen vorherrschen. Die BB's sind dann besonders schmal. In solchen Situationen staut sich oft ein sehr hohes Potential an Bewegungsdynamik an. Marktteilnehmer warten auf einen Ausbruch um daran teilhaben zu können. Viele sind nicht positioniert und sehen sich unter Druck, den nächsten Ausbruch gewinnbringend zu handeln.

Um die Richtung des Ausbruchs zu ermitteln, wartet Anderson, bis sich die Kurse innerhalb der Standard Error Bands deutlich in eine Richtung bewegen und die Bänder selbst die gleiche Richtung einschlagen. Als zusätzlichen Filter verwendet Anderson den Korrelationskoeffizienten R2, um Situationen zu finden, in denen ein Trend beginnen kann. Der R2 misst, wie gut die zu Grunde liegende Regressionstrendlinie die Trendrichtung wiedergibt. Hohe Werte zeigen, dass die Linie sehr gut den Trend erfasst, niedrige Werte zeigen, dass die Linie nur schlecht einen Trend erfassen kann, weil die Kurse des Berechnungszeitraumes zu stark verstreut sind. Der R2 hilft also, Phasen ohne klare Trendbewegung und deren Übergang in Phasen mit trendgerichteter Bewegung zu unterscheiden. Abb. 371 zeigt einen Chart mit den drei genannten Indikatoren, ohne jedoch klare Handelssignale zu zeigen.

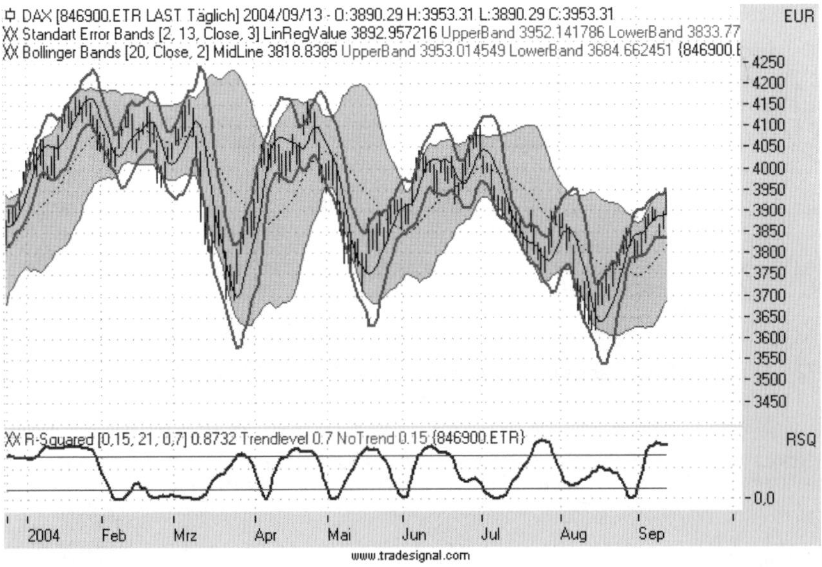

***Abb. 371** – Bollinger Bänder (graue Fläche), Standard Error Bands und der R2-Indikator (unten).*

Die Standard Error Bands zeigen uns den Trend des Basistitels an. Sie erfassen dabei sehr genau die Richtung der Bewegung im Berechnungszeitraum. Die Stärke der Neigung ist also ein Maß für Stärke und Bewegungsdynamik im Trend.

Die Breite der Bänder zeigt uns, wie stark die Kurse um diesen erfassten Trend herum gestreut sind. In Situationen starker gleichgerichteter Bewegung werden die Kurse nur wenig von der „Ideallinie" abweichen. In Phasen mit geringer Trendstärke werden die Kurse mehr seitwärts schwanken. Die Breite der Bänder ist also ein Maß für die Entschlossenheit oder Unsicherheit der Marktteilnehmer. Breite Bänder signalisieren also geringe Trendstärke und Unentschlossenheit. Schmale Bänder zeigen hohe Trendstärke und Entschlossenheit an. Abb. 372 zeigt einen Abschnitt mit starker Trendbewegung. Abb. 373 zeigt einen Abschnitt mit schwacher Trendbewegung.

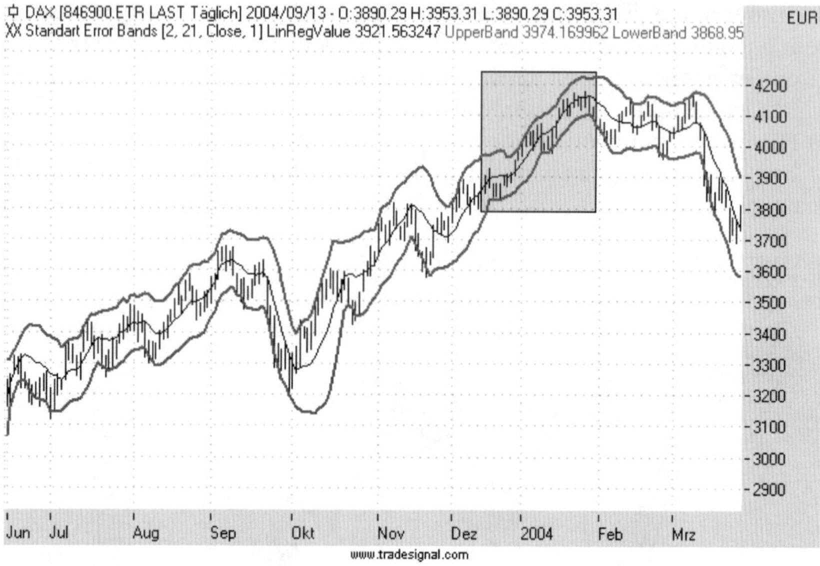

***Abb. 372** – Standard Error Bands und eine Phase hoher Trendstärke im DAX.*

***Abb. 373** – Standard Error Bands und eine Phase niedriger Trendstärke im DAX.*

Kursausbrüche sind selten zu finden. Erst wenn der Multiplikator reduziert wird, wird die Suche erfolgreich. In Abb. 374 habe ich den Multiplikator auf 1 reduziert. Jetzt sind deutliche Ausbrüche zu sehen, die schnell korrigiert werden.

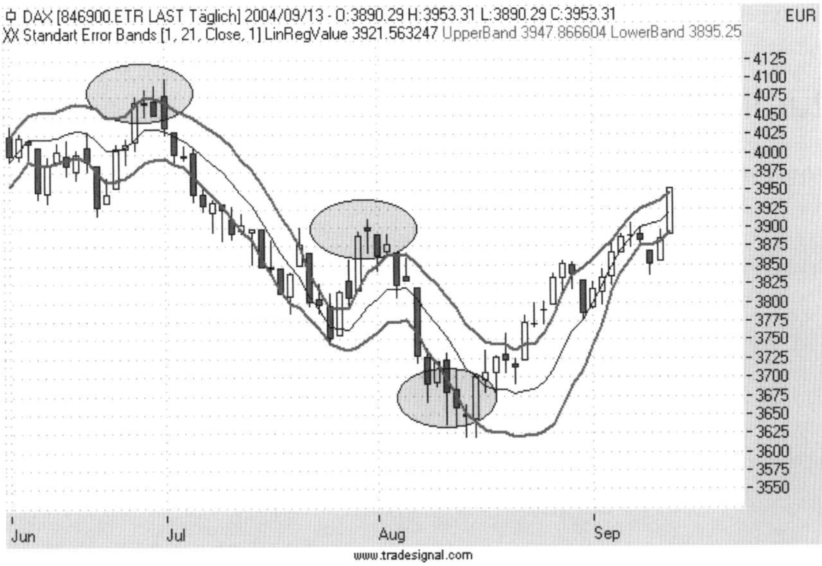

Abb. 374 – *Ausbrüche aus den Standard Error Bands – hier mit einem Multiplikator von 1 – werden schnell korrigiert.*

Wie bei den Bollinger Bändern gilt hier, dass ein Ausbruch aus einem der Bänder eine Extremsituation ist, die vom Markt korrigiert wird. Allerdings ist ein Ausbruch keine Garantie auf eine handelbare Gegenbewegung. Es können auch mehrere Ausbrüche hintereinander ohne nennenswerte Gegenbewegung auftreten. Eine Bestimmung der Trendstärke kann hier behilflich sein. Je höher diese ist, um so niedriger die Wahrscheinlichkeit einer starken Gegenbewegung. Eine andere Methode wäre der Einsatz eines Trendfilters in einer höheren Zeitebene. Kursausbrüche aus den Standard Error Bands werden dann nur in Trendrichtung gehandelt.

Kritische Würdigung

Die Standard Error Bands entstehen aus einem sehr interessanten Konzept. Leider kann ich auf Grund fehlender Quellen keine weiteren Anwendungsmöglichkeiten aufzeigen. Vielleicht finden Sie etwas in eigener Arbeit heraus und können darüber auf www.tradesignalonline.com berichten.

Quellen

Anderson, Jon: Standard Error Bands. In: TAS&C V.14

Standard Error Oszillator

Grundlagen

Der Standard Error Oszillator (%A) ist ein Derivat aus den Standard Error Bands. J. Anderson stellte diese durchaus interessanten Trading Bands 1996 im US-Magazin TAS&C vor. Interessant sind die Standard Error Bands deshalb, weil sie eine neue Komponente in die Menge der sonst sehr ähnlichen Indikatoren hineintragen.

Während in herkömmlichen Trading Bands meist diverse Mittelwertberechnungen als Grundlage der Bänder dienen, in denen Durchschnitte einer begrenzten Handelsperiode gebildet werden, geht Anderson einen anderen Weg. Er verwendet die lineare Regression, um die Mittellinie der Standard Error Bands zu berechnen. Mit Hilfe dieser Methode entsteht eine dem wahren Kurstrend direkt folgende Basislinie, deren Begrenzungen von der Streuung der Kurse um den ermittelten Trend herum abgeleitet werden. Anderson gelingt es so, Trendrichtung, Trendstärke und Volatilität in einem Indikator abzubilden und zu messen.

Mit dem %A wird nun eine Ableitung geliefert, die als Timingtool zum Einsatz kommen soll. Der Aufbau des %A ist identisch mit dem Projection Oszillator oder dem %B Oszillator der Bollinger Bands. Grundlage aller drei Berechnungen ist die Stochastic nach G. Lane. Dieser Indikator vergleicht den aktuellen Schlusskurs mit der Handelsspanne der Berechnungsperiode. Daraus lassen sich direkte Handelssignale ableiten. Kurse, die sich am oberen oder unteren Ende der Betrachtungsperiode bewegen, gelten als überdehnt. Solche Extremzustände werden oft vom Markt auf ein „normales“ Kursniveau korrigiert. Außerdem liefert die Stochastic gute trendkonforme Einstiegssignale. Für beide Interpretationsvarianten existieren zahlreiche Handelsansätze und Systeme.

Die Oszillatoren, die aus den oben genannten Kursbändern abgeleitet werden, bedienen sich einer ähnlichen Berechnungsmethode, wobei die in der Stochastic-Berechnung verwendete Kursspanne aus höchstem und niedrigstem Kurs des Betrachtungszeitraumes meistens durch die Spannbreite der zu Grunde liegenden Bänder ersetzt wird. Diese Oszillatoren beobachten also die Lage des aktuellen Kurses innerhalb der Spannbreite der zu Grunde liegenden Bänder.

Auf den %A übertragen heißt das, er beobachtet die Lage des aktuellen Schlusskurses innerhalb der Standard Error Bands. Diese Information ist an sich per Augenschein und ohne den zusätzlichen Indikator zu erhalten. Ein Blick auf den Chart reicht dazu aus. Der %A formt uns diese Information nun in eine andere Darstellungsweise um. Seinen Wert erhält er unter anderem aus seiner Skaleneinteilung mit zwei Extremzonen und einer Signallinie, die verwendet werden kann. Der %A „veredelt“ also die Information, die wir aus der Beobachtung der Lage der Kurse innerhalb der Standard Error Bands entnehmen können und fügt zusätzliche Aspekte hinzu. Abb. 375 zeigt den %A mit den zu Grunde liegenden Bändern im Kurschart.

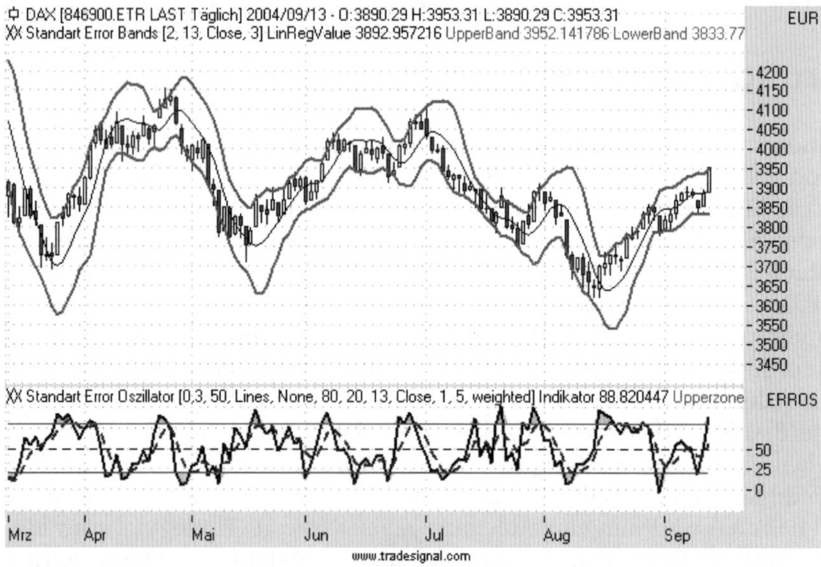

Abb. 375 *– Der Standard Error Oszillator ist direkt aus den Standard Error Bands abgeleitet.*

Berechnung und Parameter

Den Aufbau der Standard Error Bands habe ich im gleichnamigen Beitrag erläutert. Lesen Sie bitte dort nach. Standardeinstellung sind 21 Tage für die Berechnungsperiode. Hier noch einmal die Formel zur Erinnerung:

$$OB_{(t)} = EP_{(t)} + (M * Sdterr_{(t,n)})$$
$$UB_{(t)} = EP_{(t)} - (M * Sdterr_{(t,n)})$$

Der Multiplikator beträgt zwei. Den %A Oszillator erhalten wir nun aus folgender Berechnung:

$$\%A_{(t)} = 100 * ((Close_{(t)} - UB_{(t)}) / (OB_{(t)} - UB_{(t)}))$$

$Sdterr_{(t,n)}$ = Standard Error im Betrachtungszeitraum $_{(n)}$
$EP_{(t,n)}$ = Endpunkt der linearen Regressionslinie im Betrachtungszeitraum $_{(n)}$
$OB_{(t)}$ = oberes Band
$UB_{(t)}$ = unteres Band
$M_{(t)}$ = Multiplikator

Die Differenz aus Schlusskurs und unterem Band wird durch die Spannbreite der Bänder dividiert. Der %A bewegt sich nach der Multiplikation mit 100 in einer Skalenbreite von 0 bis 100; bei Kursausbrüchen aus den Bändern auch darüber oder darunter hinaus. In der Skala des Indikators zeichnen wir zwei Extremzonen und eine Mittellinie ein. Die obere Extremzone, die als überkauft Zone gilt, wird bei 80 abgetrennt. Die untere Extremzone, die als überverkauft Zone gilt, wird bei 20 abgetrennt. Die Mittellinie zeichnen wir bei 50 ein. Anderson glättet die Grundwerte der Bänder vor der Kombination mit einem einfachen arithmetischen Durchschnitt über drei Tage. Wie ich schon im entsprechenden Beitrag zu den Bändern geschrieben habe, ist diese Funktion zwar im Indikator enthalten, den Sie von www.tradesignalonline.com downloaden können, jedoch meiner Meinung nach nicht nötig.

Interpretation

Folgende Grundaussagen können wir dem %A entnehmen. Läuft der Kurs an eines der Begrenzungsbänder heran, wird der %A eine seiner Skalenbegrenzungen ansteuern. Sollten die Kurse aus den Bändern ausbrechen, was relativ selten zu beobachten ist, wird er über diese Skalengrenze hinausragen. Ausbrüche sind sehr selten, was an der Berechnungsmethode der Mittellinie liegt. Diese bildet den Kurstrend sehr genau ab, weshalb Ausreißer kaum vorkommen.

Oszillatortypisch ist die Interpretation, dass Kurse über 80 als überkauft und damit korrekturanfällig gelten, ebenso wie Kurse unter 20 als überverkauft und korrekturanfällig gelten. Je stärker die trendgerichtete Bewegung verläuft, um so geringer ist allerdings die Wahrscheinlichkeit, dass es ausgedehnte Korrekturbewegungen gibt. Der %A ist durch seine Berechnung aus den Standard Error Bands an die Steigung der Mittellinie angepasst, dadurch reagiert er auch auf kleinere Kursbewegungen sehr deutlich. Diese Eigenschaft hat er mit dem Projection Oszillator gemeinsam.

Grundsätzlich gilt, dass Signale in Trendrichtung risikoärmer sind als gegen die Trendrichtung. Wird ein Trendfilter verwendet, kann der %A gute Einstiegssignale in Trendrichtung liefern. Hier gilt der Eintritt in eine der Extremzonen, das Verlassen der Extremzonen oder der Schnitt mit einer angelegten Signallinie als Signal. Die Verwendung der Signallinie wird jedoch durch den unruhigen Verlauf des Indikators erschwert. Läuft der Indikator in die obere Extremzone, gilt dies als Verkaufssignal. Läuft der Indikator in die untere Extremzone, gilt dies als Kaufsignal. Wenn Sie den Verlauf des Indikators mit dem Chart des Basistitels vergleichen, wird Ihnen sicher auffallen, dass der Eintritt des Oszillators in seine Extremzonen oft vor den eigentlichen Kursspitzen erfolgt. Deshalb sollten Sie testen, ob der Eintritt oder besser das Verlassen der Extremzonen als Signal zu verwenden ist.

Wird kein Trendfilter verwendet, sollte die Breite der Bänder beobachtet werden. Sie ist ein Maß für die Schwankungsintensität der Kurse im Betrachtungszeitraum. Schmale Bänder zeigen eine sehr stark trendgerichtete Bewegung an. Zeigen die Bänder eine deutliche Bewegung nach oben oder unten und sind dabei besonders schmal, sollten Signale des %A gegen die Bewegungsrichtung der Bänder nicht befolgt werden. Die Wahrscheinlichkeit einer Korrekturbewegung ist dann sehr gering. Diese Wahrscheinlichkeit steigt erst mit zunehmender Breite der Bänder wieder an. Ich habe in Abb. 376 eine Phase mit breiten Bändern markiert. Die Korrekturbewegungen sind hier deutlicher ausgeprägt.

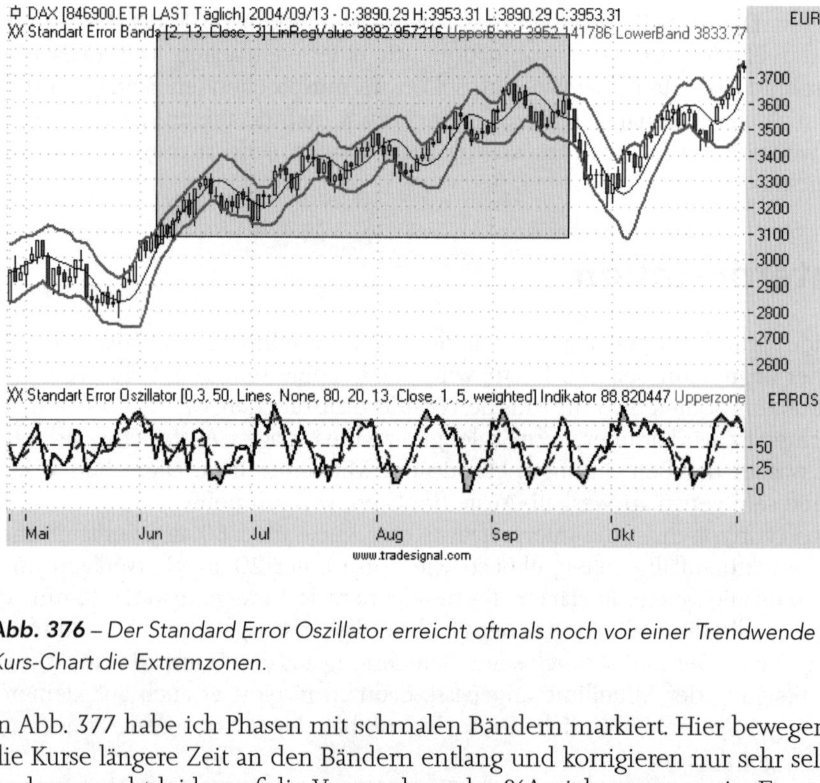

Abb. 376 *– Der Standard Error Oszillator erreicht oftmals noch vor einer Trendwende im Kurs-Chart die Extremzonen.*

In Abb. 377 habe ich Phasen mit schmalen Bändern markiert. Hier bewegen sich die Kurse längere Zeit an den Bändern entlang und korrigieren nur sehr selten. J. Anderson geht leider auf die Verwendung des %A nicht genauer ein. Er erwähnt den Indikator nur kurz in Zusammenhang mit den Bändern selbst. Deshalb überlasse ich Ihnen die Aufgabe, den Indikator in ein Handelskonzept einzufügen.

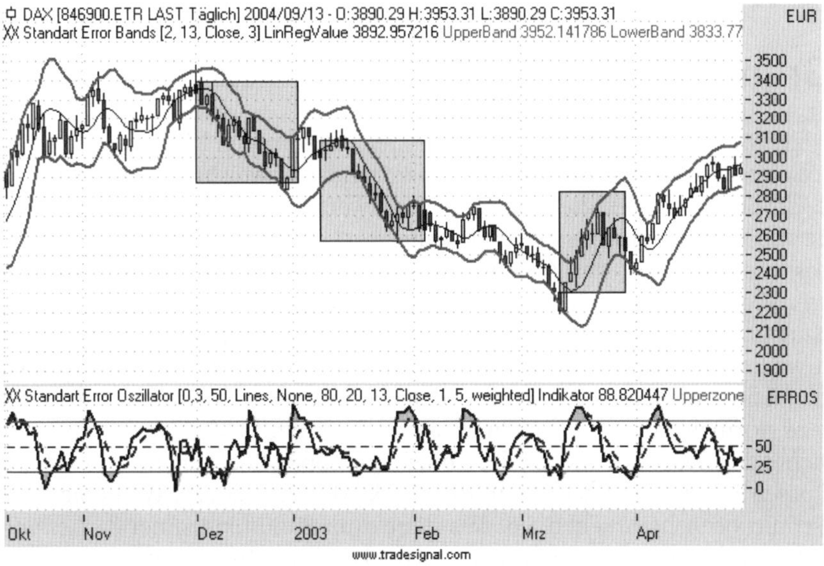

***Abb. 377** – Wie bei Bollinger Bändern, so sind auch bei den Standard Error Bands die Bänder schmal, sobald eine gerichtete Trendbewegung vorherrscht.*

Kritische Würdigung

Der %A entstammt aus einem interessanten Konzept, Trendrichtung und Volatilität gemeinsam einzufangen und abzubilden. Leider gibt es keinerlei Hinweise auf konkrete Handelsansätze.

Quellen

Anderson, Jon: Standard Error Bands. In: TAS&C V.14

Standardabweichung

Grundlagen

Nun sind wir bei einem Thema angekommen, in dem sich Mathematik, Statistik und Chartanalyse die Hand reichen. Mit der Standardabweichung wird eine statistische Größe verwendet, die sonst für die Bewertung von Testergebnissen oder andere statistische Aufgaben verwendet wird.

Das interessante ist der Zusammenhang zwischen Statistik und technischer Analyse. Wenn ein Statistiker sich einen Datensatz oder mehrere Datensätze anschaut, um diese zu bewerten und in ein Muster zu fassen, das es erlaubt, diese Daten weitergehend zu verwenden, dann untersucht er zunächst, ob die Daten überhaupt für eine statistische Analyse geeignet sind. Wenn ja, dann sind die Daten meistens normalverteilt. Das bedeutet, sie sind um einen Mittelwert verteilt und die Dichte der Daten nimmt mit der Entfernung vom Mittelwert ab.

Optisch beschreiben kann man das an Hand einer Glocke. Wenn Sie deren Querschnitt betrachten, sehen Sie, dass diese zum Rand hin immer flacher wird. Am Mittelpunkt des Querschnittes ist die Glocke am höchsten, je weiter man sich entfernt, um so flacher wird der Querschnitt. Mit der Standardabweichung kann nun bemessen werden, wie eng oder weit die Daten um ihren arithmetischen Mittelwert gestreut sind. Liegen die Daten sehr dicht am Mittelpunkt, ist die durchschnittliche Abweichung sehr gering. Die Standardabweichung nimmt einen niedrigen Wert an. Sind die Daten stark gestreut, werden viele sehr weit vom Mittelpunkt entfernt liegen. Die berechnete Standardabweichung wird einen hohen Wert annehmen.

Sicher kennen Sie bereits einige Indikatoren, die sich der Standardabweichung bedienen. Der bekannteste sind die Bollinger Bands. Hier werden die äußeren Begrenzungen an Hand der Standardabweichung ermittelt. Die Breite der Bänder errechnet sich also aus der Messung der Schwankungsbreite der Kurse des Betrachtungszeitraumes. In anderen Indikatoren wird die Länge des Berechnungszeitraumes an Hand der Standardabweichung festgelegt. Je größer diese wird, um so kürzer wird der Berechnungszeitraum des Indikators gewählt.

Börsenkurse sind aus der Sicht eines Statistikers gesehen einfach nur Daten. Und da an den Märkten zwar oft das Chaos herrscht, aber doch auch eine gewisse Ordnung vorherrscht, gehorchen diese Kurse bestimmten mathematischen und statistischen Gesetzmäßigkeiten. Es lässt sich jederzeit ein Mittelwert bestimmen. Einfachste Möglichkeit ist das Anlegen eines gleitenden Durchschnittes. Eine andere Möglichkeit ist das Berechnen einer linearen Regressionslinie, die nicht nur einen Mittelwert repräsentiert, sondern außerdem den Bewegungstrend in den Kursen abbildet. Börsenkurse streben zum Mittelwert hin. Es findet eine mehr oder weniger gleichmäßige Bewegung hin und weg vom Mittelwert statt. Somit lassen sich mit der Standardabweichung die möglichen Grenzen dieser Bewegungen abstecken, genau wie dies in den Bollinger Bands getan wird.

Mit Hilfe der Standardabweichung lässt sich bemessen, wie weit die Kurse im Berechnungszeitraum um ihren Mittelwert schwanken. Hohe Werte sprechen für starke Kursschwankungen im Betrachtungszeitraum. Dies ist der Fall, wenn ein starker Trend einsetzt und die Kurse sich stetig in eine Richtung bewegen. Niedrige Werte zeigen an, dass die Kurse im Berechnungszeitraum nur mäßig schwanken und eher dicht am Mittelwert verteilt sind. „Ein Trader braucht Bewegung im Markt um handeln zu können" heißt es in einem Lehrsatz. Viele Handelssysteme basieren sogar auf der Veränderung der Schwankungsbreite, Volatilität genannt. Volatilitätsausbrüche sind also Grundlage von Handelskonzepten.

Berechnung und Parameter

Es wird sicher nur einige wenige geben, die sich dafür interessieren. Zunächst die mathematische Formel, die ich glücklicher Weise anbieten kann:

$$s = \sqrt{\frac{1}{n-1}\sum_{i=1}^{n}(X_i - \bar{X})^2}$$

Mit Humor geht vieles leichter, deshalb die Berechnung in einem kurzen Satz: „Die Standardabweichung ist die Quadratwurzel aus der Summe der quadrierten Abweichungen der Daten des Betrachtungszeitraumes vom Mittelwert des Betrachtungszeitraumes, geteilt durch die Anzahl der Daten im Betrachtungszeitraum minus eins." Gut, ich bemühe zusätzlich „Statistik für Dummies" (zu denen ich mich in diesem Falle auch zähle!)

- Ermitteln Sie den Mittelwert des Datensatzes
- Subtrahieren Sie vom Mittelwert jeden Kurs des Betrachtungszeitraumes
- Bilden Sie aus jeder Differenz das Quadrat
- Bilden Sie die Summe all dieser Ergebnisse
- Dividieren Sie diese Summe durch die Anzahl aller Werte minus 1 (n-1)
- Ziehen Sie die Quadratwurzel

Oder verwenden Sie ganz einfach den mitgelieferten Indikator Ihrer Chartanalysesoftware. Abb. 378 zeigt das Ergebnis unserer Mühe.

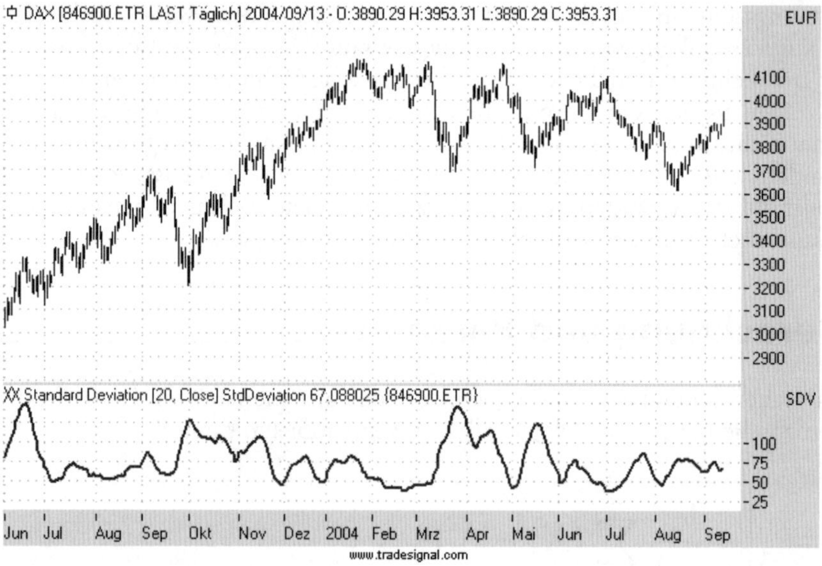

***Abb. 378** – Die Standardabweichung (unten) ist ein Maß für die Streuung der Kurse um ihren Mittelwert.*

Die Periodeneinstellung der Berechnung hängt von der gewählten Verwendung ab. Selten wird die Standardabweichung als eigenständiger Indikator verwendet. In den meisten Fällen wird sie als Teil weiterer Berechnungen verwendet. Dann richtet sich die Berechnungsperiode nach der des Hauptindikators. Zu erwähnen wäre noch die „Reichweite" der Standardabweichung. Im Bereich einer Standardabweichung vom Mittelwert liegen ca. 68 Prozent aller Daten. Gehen wir einen Schritt weiter und betrachten einen Bereich von zwei Standardabweichungen um den Mittelwert, finden wir dort insgesamt 95 Prozent aller Daten. Schließlich liegen 99 Prozent aller Daten in einem Bereich von 3 Standardabweichungen um den Mittelwert. Die Bollinger Bands zum Beispiel entstehen, in dem zwei Standardabweichungen von der errechneten Mittellinie entfernt die Begrenzungen gezogen werden. Einmal über der Mittellinie und einmal unter der Mittellinie. Abb. 379 zeigt die Bollinger Bands in dieser Einstellung.

Abb. 379 *– Bollinger Bänder verwenden die (zweifache) Standardabweichung zur Berechnung der über bzw. unter der Mittellinie verlaufenden Linien.*

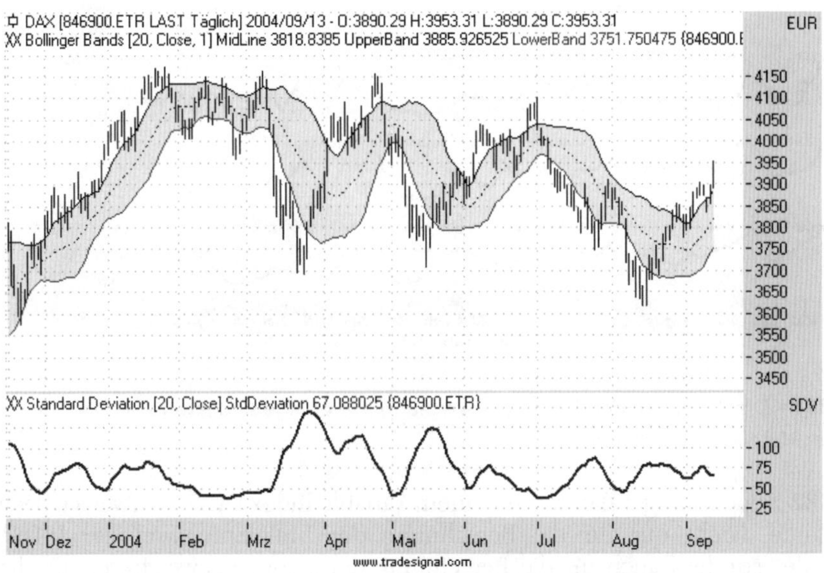

Abb. 380 *– Bollinger Bänder mit „nur" einfacher Standardabweichung. Es liegen deutlich mehr Kurse außerhalb des Bandes.*

Abb. 380 zeigt die Bollinger Bands mit einer Breite von nur einer Standardabweichung. Sie sehen, dass dann mehr Kurse außerhalb der Begrenzungen liegen. Abb. 379 zeigte Ihnen zusätzlich an Hand der senkrechten Linien das Zusammenspiel zwischen Standardabweichung und Breite der Bollinger Bänder.

Darstellungsvarianten

Ich hatte die Idee, Bollinger Bänder zu konstruieren, die nicht auf einem einfachen gleitenden Durchschnitt basieren, sondern auf anderen Typen von Durchschnitten. Bei der Erstellung dieses Beitrages fiel mir ein, dass dann auch die Berechnung der Standardabweichung mit diesem Mittelwert durchgeführt werden muss. Abb. 381 zeigt diese veränderte Version. Übereinander sehen Sie drei verschiedene Methoden der Mittelwertberechnung, auf denen die Berechnung der Standardabweichung basiert. Mit einer guten Brille sind tatsächlich Unterschiede zu erkennen.

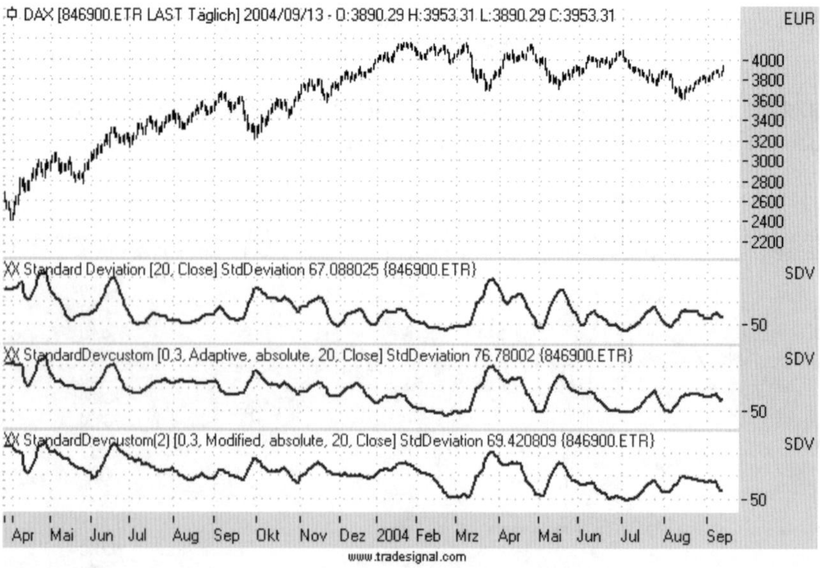

***Abb. 381** – Drei Varianten der Standardabweichung. Grundlage sind jeweils andere Formen der Mittelwertberechnung.*

Abb. 382 zeigt Bollinger Bänder mit einem Variable Index Dynamic Average nach T. Chande. Nicht nur für die Berechnung der Mittellinie wird der VIDYA verwendet, sondern auch für die Berechnung der Standardabweichung, die die Bandbreite bestimmt. Sie können die veränderte Version auf www.tradesignal-online.com downloaden.

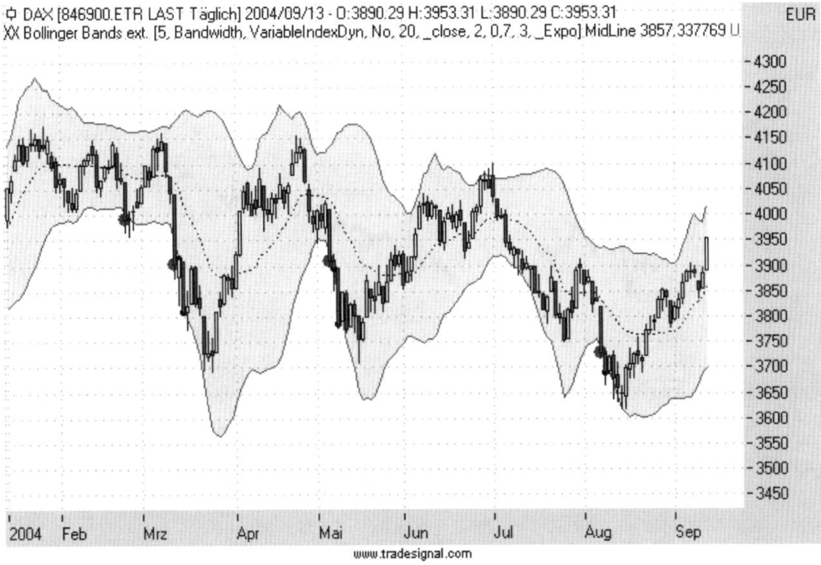

***Abb. 382** – Bollinger Bänder, berechnet auf Basis des VIDYA von T. Chande.*

Interpretation

Witzigerweise gibt es nach den ausführlichen Abschnitten zur Einleitung und Berechnung nur relativ wenig über die Interpretation zu schreiben. Das liegt hauptsächlich daran, dass die Standardabweichung selten als eigenständiger Indikator verwendet wird. Wollen Sie dies doch tun, können Sie der Standardabweichung nur folgende Informationen entnehmen:

Niedrige Werte in der Standardabweichung zeigen an, dass im Betrachtungszeitraum nur wenig Abweichung vom Mittelwert der Kurse herrschte. Hohe Werte zeigen viel Bewegung im Betrachtungszeitraum an. Wie schon erwähnt, befinden sich die Kurse in einer relativen Pendelbewegung um den Mittelwert. Annäherung und Entfernung wechseln sich ab. Zeigt uns die Standardabweichung sehr niedrige Werte, kann auf einen Bewegungsschub spekuliert werden. Zeigt die Standardabweichung sehr hohe Werte, kann auf ein Ende der laufenden Trendbewegung oder zumindest eine Korrekturbewegung spekuliert werden.

Steigende Standardabweichung bedeutet einen trendgerichteten Verlauf der Kurse mit zunehmender Dynamik. Fallende Standardabweichung bedeutet einen weniger trendgerichteten Verlauf der Kurse und nachlassende Bewegungsdynamik. Zu beobachten ist allerdings auch, dass in Abwärtstrends die Standardabweichung wesentlich höher ist, als in Aufwärtstrends. Dort sind sogar Phasen mit sehr niedriger Standardabweichung zu beobachten. Abb. 383 zeigt einige markierte Beispiele.

***Abb. 383** – In Abwärtstrends ist die Standardabweichung häufig höher als in Aufwärtstrends.*

Kritische Würdigung

Der Indikator bildet ein sehr welliges Verlaufsmuster. So ist es schwierig zu entscheiden, wann die Werte niedrig sind und wann nicht. Überhaupt bietet die Standardabweichung sehr viel Interpretationsspielraum. Da die Werteskala offen ist, lässt sich auch keine wirkliche Extremzone einzeichnen.

Quellen

Florek, Erich. Neue Tradingdimensionen. FinanzBuch Verlag, München. / Rumsey, Deborah: Statistik für Dummies.

STARC Bands

Grundlagen

Stoller Average Range Channel (STARC), was für ein klangvoller Name. Als ich begann, mein Material zu durchsuchen, um etwas über den Aufbau und die Verwendung der STARC Bands zu erfahren, hatte ich wieder einmal dieses Déjà-vu Erlebnis. Irgendwie kam mir das alles bekannt vor. Irgendeiner der zahlreichen Channels war doch ähnlich aufgebaut. Ein Blick in meine Dokumente brachte schnell das Ergebnis. Der Keltner Channel (KCH) ist fast identisch aufgebaut. Um die Begrenzungen des KCH zu erhalten, wurde ursprünglich die tägliche High Low Range über einen festen Zeitraum geglättet und dann zu einer Mittellinie addiert und von dieser subtrahiert. Als Ergebnis erhält man ein Band unter der Mittellinie und eines darüber. Als Mittellinie dient ein einfacher gleitender Durchschnitt des so genannten typischen Kurses. Das ist die durch Drei dividierte Summe aus Höchstkurs, Tiefstkurs und Schlusskurs des Tages.

$$TP_{(t)} = (High_{(t)} + Low_{(t)} + Close_{(t)}) / 3$$

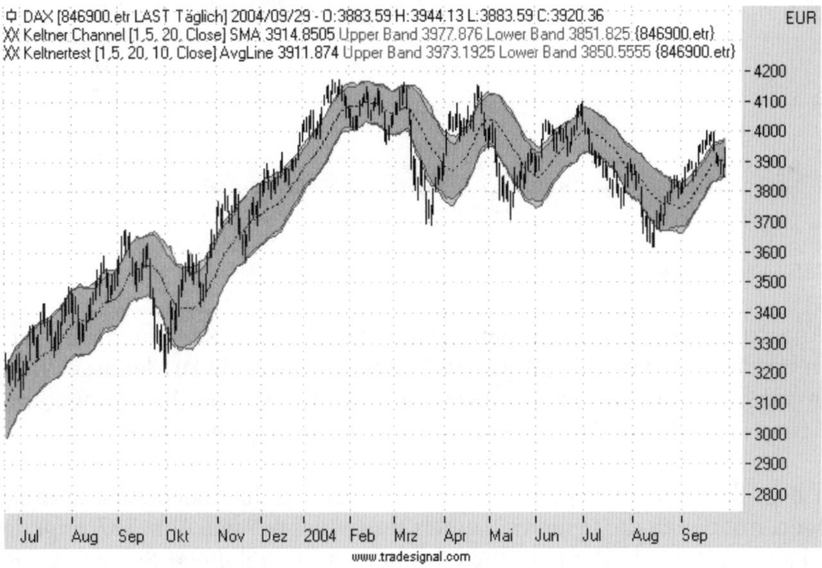

Abb. 384 *– Keltner Channel sind ähnlich aufgebaut wie STARC Bands. Hier zwei Varianten mit Typischem Preis und True Range als Berechnungsgrundlage. Die Unterschiede sind nur minimal.*

Wird stattdessen nur der gleitende Durchschnitt der Schlusskurse verwendet, sind nur minimale Unterschiede beider Linien zu erkennen. In den TradeSignal-Produkten wird statt der einfachen High Low Range die Average True Range verwendet. Diese berücksichtigt auch Kurslücken und Limit Moves. Abb. 384 zeigt einen Vergleich zwischen Original- und TradeSignal KCH. Die Unterschiede sind so gering, dass man sie vernachlässigen kann. Es ist also egal, welche Version des KCH zum Vergleich mit den STARC Bands herangezogen wird.

Abb. 385 zeigt einen Vergleich zwischen STARC Bands und KCH

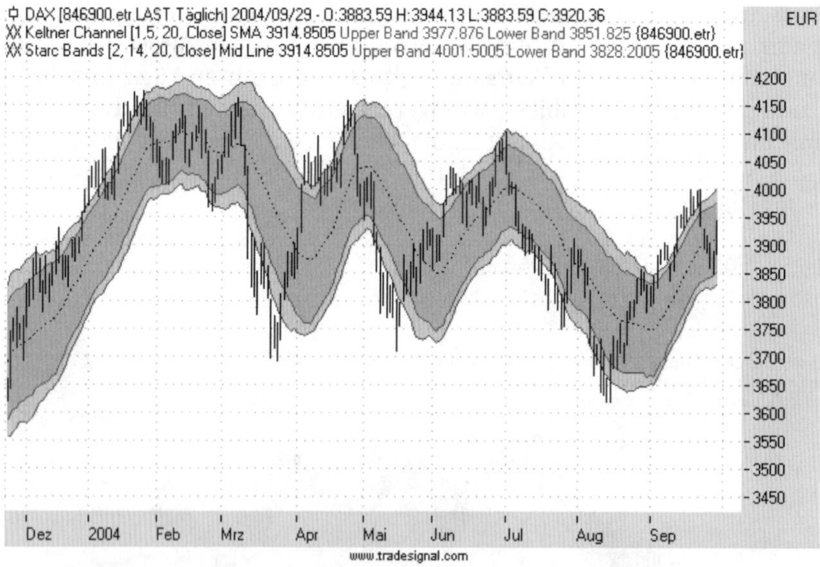

***Abb. 385** – Vergleich zwischen STARC Bands und Keltner Channel.*

Nach Anpassung der Berechnungsperiode und der Multiplikatoren für die Begrenzungen erhalten wir das Bild in Abb. 386. Wir haben also nahezu identische Indikatoren vor der Nase. Was ich merkwürdig finde, ist, dass die Verwendung der STARC Bands und die des KCH genau gegensätzlich angegeben werden.

Woran liegt das nun? Es liegt ganz sicher an den verschiedenen Parametereinstellungen, mit denen die beiden Channels verwendet werden. Abb. 387 zeigt die STARC Bands mit den in der Literatur verwendeten Einstellungen. Sie sehen, dass die Bänder nahezu alle Kurse umschließen.

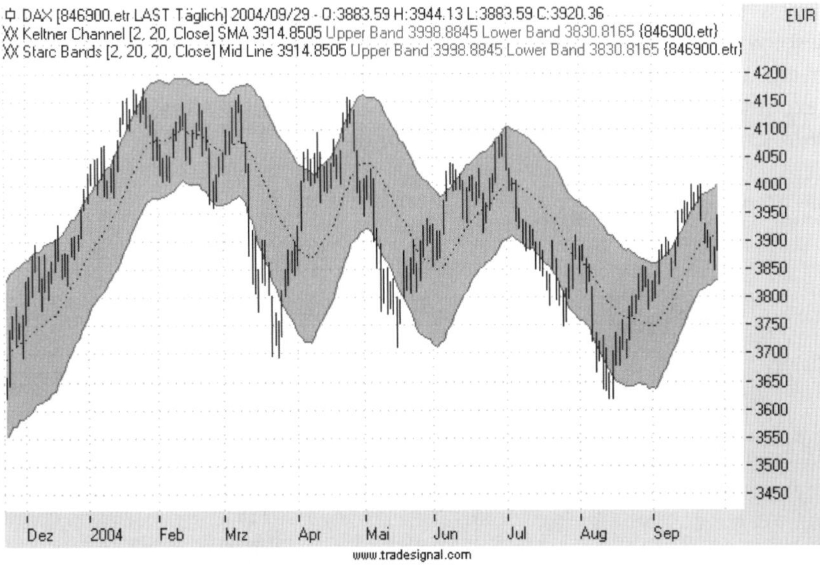

***Abb. 386** – STARC Bands und Keltner Channel zeigen ein identisches Bild, wenn man die Berechnung nur etwas umstellt.*

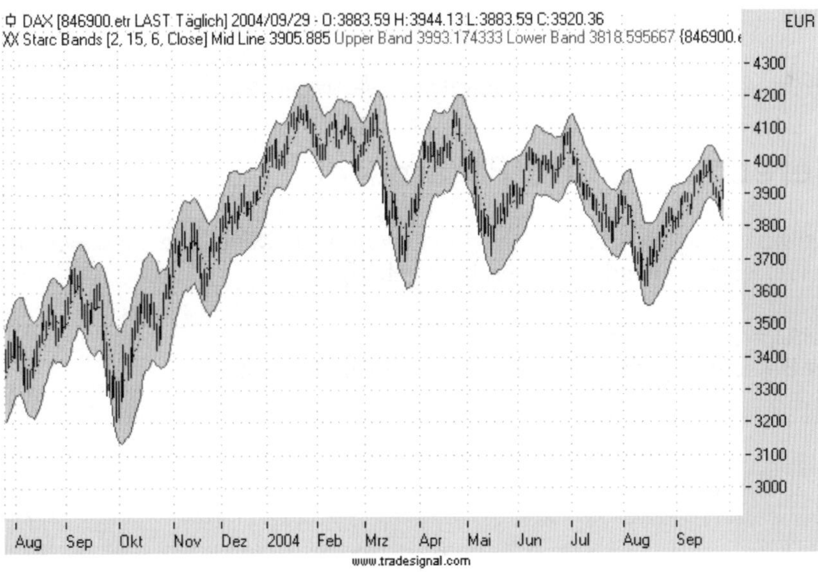

***Abb. 387** – STARC Bands mit den in der Literatur vorgegebenen Parametereinstellungen.*

Abb. 388 zeigt den KCH mit den Standardeinstellungen aus der Literatur. Sie sehen, dass hier viele Kurse außerhalb der Bänder liegen. Sollten Sie andere Analysesoftware verwenden, kann es sein, dass Sie trotz gleicher Parametereinstellungen ein anderes Bild erhalten. Einige Programme verwenden für den KCH einen exponentiellen gleitenden Durchschnitt als Mittellinie. Aber nun genug der Verwirrungen; wir wenden uns den STARC Bands zu.

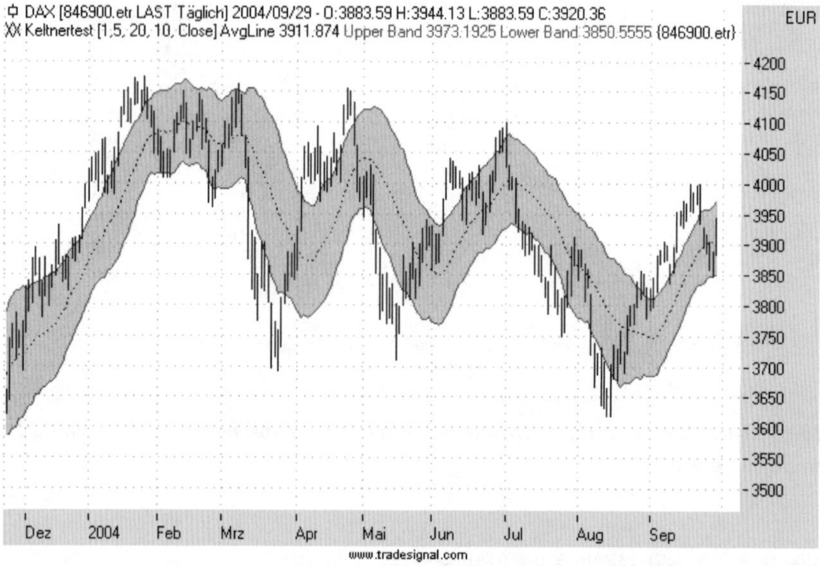

***Abb. 388** – Keltner Channel mit den Standardeinstellungen aus der Literatur.*

Berechnung und Parameter

Machen wir uns an die Arbeit und beginnen wir mit der Mittellinie. Diese wird aus einem einfachen gleitenden Durchschnitt gebildet.

$SMA_{(t)} = Sum_{(n)}(Close) / n$
n = Berechnungsperiode des gleitenden Durchschnittes

Als nächstes benötigen wir die Average True Range(ATR). Dieser erhalten wir aus folgendem Vergleich:

- Liegt das heutige Hoch über dem gestrigen Close und ist die Spanne heutiges Hoch – heutiges Tief kleiner als die Spanne heutiges Hoch – gestriges Close, wird letztere verwendet (Aufwärtsgap liegt vor).
- Liegt das heutige Tief unter dem gestrigen Close und ist die Spanne heutiges Tief – heutiges Hoch kleiner als die Spanne heutiges Tief – gestriges Close, wird letztere verwendet (Abwärtsgap liegt vor).
- Ist die Spanne heutiges Hoch – heutiges Tief größer als die beiden Sonderfälle, wird diese verwendet.

$$\text{True High}_{(t)} = \text{Max}(\text{High}_{(t)}, \text{Close}_{(t-1)})$$
$$\text{True Low}_{(t)} = \text{Min}(\text{Low}_{(t)}, \text{Close}_{(t-1)})$$
$$\text{True Range}_{(t)} = \text{True High}_{(t)} - \text{True Low}_{(t)}$$

Oder:

$$\text{True Range}_{(t)} = \text{Max}((\text{High}_{(t)} - \text{Low}_{(t)}), (\text{High}_{(t)} - \text{Close}_{(t-1)}), (\text{Close}_{(t-1)} - \text{Low}_{(t)}))$$

Danach wird eine Glättung, ebenfalls durch einen einfachen gleitenden Durchschnitt, durchgeführt. Damit ist die ATR fertig berechnet. Die Parametereinstellung für die Mittellinie sind 6 Tage und für die Glättung der True Range 15 Tage.

$$\text{ATR}_{(t)} = \text{Sum}_{(n)}(\text{True Range}) / n$$

Die STARC Bands entstehen nun aus folgender Kombination der Werte:

Oberes Band:

$$\text{STARC+}_{(t)} = \text{SMA}_{(t)} + \text{ATR}_{(t)} * \text{Faktor}$$

Unteres Band:

$$\text{STARC-}_{(t)} = \text{SMA}_{(t)} - \text{ATR}_{(t)} * \text{Faktor}$$

Faktor = Multiplikator für die Average True Range.

Die beiden Begrenzungsbänder entstehen also durch Addition der x-fachen ATR zum Wert der Mittellinie und durch Subtraktion der x-fachen ATR vom Wert der Mittellinie. Standardwert für den Multiplikator x ist zwei.

Darstellungsvarianten

In Abb. 389 sehen sie die Breite der STARC Bands als Indikator dargestellt. Diesen Indikator können Sie von www.tradesignalonline.com downloaden.

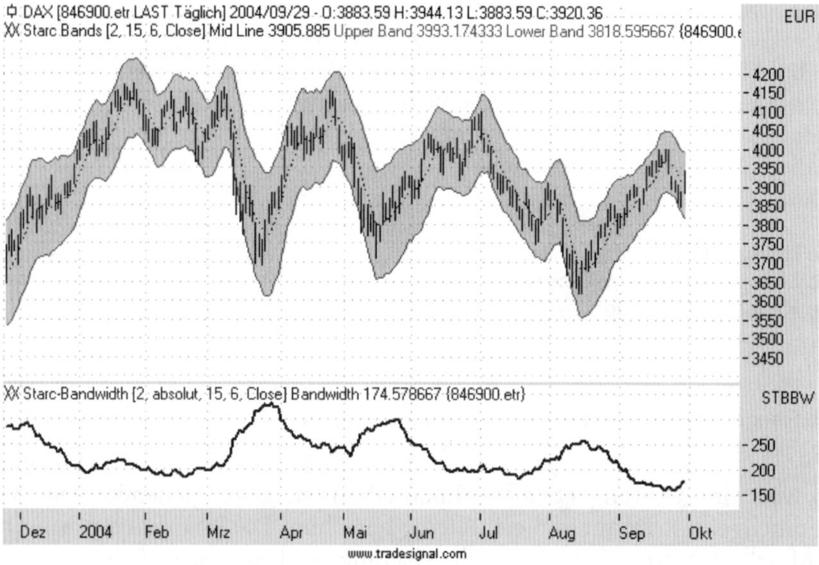

***Abb. 389** – Die Bandbreite der STARC Bands wird hier als eigener Indikator gezeigt (unten).*

Interpretation

Wir können den STARC Bands folgende Aussagen entnehmen: Die meisten Kurse des Betrachtungszeitraumes bewegen sich in einer Spanne von zwei ATR um den Mittelwert. Seltene Ereignisse sind Kursausbrüche aus den Begrenzungsbändern. Diese Ausbrüche werden vom Markt auf ein normales Niveau korrigiert, so dass die folgenden Kurse wieder innerhalb der Begrenzungsbänder liegen. Das obere Band dient somit als Widerstand und das untere Band als Unterstützung.

Ein Ausbruch der Kurse unter das untere Band gilt somit als Kaufsignal. Leider lässt sich nach solch einem Ausbruch nicht festlegen, wie weit die Rückkehrbewegung führen wird. In starken Trends können die Kurse auch mehrmals hintereinander aus den Bändern ausbrechen und sich lange Zeit an einem der Bänder entlang bewegen. Ein Ausbruch über das obere Band gilt als Verkaufssignal, es wird unterstellt, dass die Kurse von dort ins Band zurücklaufen.

Die STARC Bands haben starke Ähnlichkeit mit den Bollinger Bändern und deren Verwendung. Das simple Handeln der Ausbrüche wird in Trendphasen zu hohen Verlusten führen. Nur in Kombination mit anderen Indikatoren wird hier ein besseres Ergebnis zu erzielen sein. Die STARC Bands können allerdings auch nur als Filter verwendet werden. Befinden sich die Kurse am unteren Band, wird auf Verkäufe verzichtet. Befinden sich die Kurse am oberen Band, wird auf Käufe verzichtet. Diese Situationen gelten als überverkauft bzw. überkauft.

Sie haben bestimmt schon gelesen, dass die ATR ein Maß für die Volatilität ist, die Schwankungsintensität der Kurse im Berechnungszeitraum darstellt. Wir können also den STARC Bands entnehmen, ob im Berechnungszeitraum der ATR Komponente hohe Kursschwankungen oder geringe Kursschwankungen vorlagen. Der in Abb. 389 zu sehende Indikator wandelt diese Information in eine besser lesbare Form um. Hohe Werte im Bandbreite-Indikator, also breite Bänder, zeigen an, dass die Kurse sehr stark um ihren Mittelwert schwanken. Solche Situationen finden wir oft am Beginn eines Trends und vor allem in starken Abwärtstrends vor. Schmale Bänder zeigen an, dass die Kurse nur geringen Schwankungen um ihren Mittelwert unterliegen. Diese Situation trifft sehr häufig mit Konsolidierungsphasen zusammen. Auch in Aufwärtstrends beobachten wir oft sehr schmale Bänder, da sich die Kurse in kleinen Schritten innerhalb des Trends bewegen. In Kombination mit Trendstärkeindikatoren lassen sich diverse Ausbruchsstrategien konstruieren.

Quellen

Murphy, John J.: Technische Analyse der Finanzmärkte.
Paesler, Oliver: STARC Bands
Evans, Stuart: Keltner Channels. In: TAS&C V.17

Stochastic

Grundlagen

Den Stochastic Oszillator finden wir in jedem Softwarepaket, in jedem Charting Tool und auf jeder Website, die Charts und Kurse anbietet. Jedes Anlegermagazin, das sich ein wenig mit technischer Analyse beschäftigt, bildet Aktiencharts mit diesem Indikator ab. Leider wissen gerade die Laien unter uns gar nicht, was der Oszillator darstellt, was er aussagt und wie er zu verwenden ist. Was sich ab jetzt ändern soll.

Vorgestellt wurde der Indikator von G. C. Lane bereits Ende der fünfziger Jahre. Seit dem beschäftigen sich zahlreiche Autoren mit der Erklärung, Verwendung und Weiterentwicklung des Indikators. George Lane starb übrigens im September 2004. Inzwischen sind mehrere wirklich gute Verbesserungen der Ur-Stochastic eingeführt worden. Einige habe ich bereits beschrieben. Zu nennen sind auf jeden Fall die beiden als Double Stochastic bekannten Indikatoren nach W. Blau und W. Bressert. Auch T. Chande's Stochastic RSI basiert auf Lanes Berechnungsformel. Das interessante ist, dass die Stochastic-Berechnung auf viele andere Indikatorenkonzepte angewendet werden kann. Sie fungiert dann gewissermaßen als Beschleunigungsfaktor der ursprünglichen Signale. Als Beispiel dafür gilt der Stochastic Momentum Indikator nach W. Blau.

Der Stochastic-Oszillator ist kein alleingültiges Handelsinstrument. Es sollte genau wie andere Indikatoren auch nur in Verbindung mit anderen Analyseverfahren verwendet werden. Eine Trendbestimmung ist Grundlage jeder Handelsentscheidung. Was genau sagt der Indikator aus und wie wird er berechnet? Der Stochastic-Oszillator zeigt uns, wo innerhalb der Handelsspanne einer festgelegten Berechnungsperiode sich der aktuelle Schlusskurs befindet. Dazu wird die Spanne aus höchsten und tiefsten Kurs des Betrachtungszeitraumes ermittelt. Das ganze ist eine recht simple Berechnung. Im Aufwärtstrend wird der Schlusskurs im oberen Bereich dieser Spanne liegen und dort möglicherweise längere Zeit verweilen. Im Abwärtstrend wird der Schlusskurs im unteren Bereich dieser Spanne liegen und dort möglicherweise auch länger verweilen. In lang ausgeprägten Trendphasen ist es nicht möglich, mit dem Stochastic Oszillator genau einen Marktgipfel oder eine Kurstal zu ermitteln. In Märkten, die sich wellenförmig bewegen, möglichst noch in kleinen Spannen, wird dies jedoch recht gut gelingen.

Ursprünglich war der Stochastic Oszillator als Kontratrend-Indikator gedacht. Er sollte Signale liefern, die eine Trendwende anzeigen. Viel sinnvoller ist es jedoch, dem Indikator einen Trendfilter vorzuschalten, also eine Trenddefinition vorzunehmen. Signale des Stochastic Oszillators sollten dann nur in Trendrichtung gehandelt werden.

Berechnung und Parameter

Die Berechnung des Indikators gestaltet sich recht einfach. Zunächst müssen wir die maximale Handelsspanne der betrachteten Handelsperiode ermitteln. Als Parameter für die Periodenlänge sind Werte zwischen 5 Tagen und 14 Tagen gebräuchlich. Wir ermitteln also den höchsten Kurs der in dieser Zeit gehandelt wurde. Danach ermitteln wir den niedrigsten Kurs, der innerhalb dieser Zeit gehandelt wurde. Die Differenz aus dem Höchstkurs und dem Tiefstkurs ergibt unsere gesuchte Handelsspanne.

In einigen Programmen wird nur der Schlusskurs für diese Berechnungen verwendet. Das heißt, es wird der höchste und der niedrigste Schlusskurs verwendet. Richtig ist es allerdings, den höchsten Höchstkurs und den tiefsten Tiefstkurs zu verwenden. Die andere Variante stammt sicher aus Zeiten, als OHCL-Kurse noch nicht verbreitet waren.

Formel

In der Stochastic-Berechnung wird nun die Differenz aus dem aktuellen Schlusskurs und dem niedrigsten Kurs des Zeitraumes gebildet.

$$X = Close_{(t)} - L_{(n)}$$

Nun wird dieser Wert durch den Wert der ermittelten Handelsspanne dividiert.

$$X / (H_{(n)} - L_{(n)})$$

Der als %K bezeichnete Stochastic Oszillator ergibt sich aus dem Quotienten dieser Division multipliziert mit 100.

$$\% K = \frac{C - L_n}{H_n - L_n} * 100$$

$H_{(n)}$ = höchster Kurs des Betrachtungszeitraumes
$L_{(n)}$ = tiefster Kurs des Betrachtungszeitraumes
n = Länge des Betrachtungszeitraumes

Als Ergebnis erhalten wir eine um die Mittellinie schwingende Linie. Die Skala des Indikators liegt zwischen 0 und 100. Werte ab 80 gelten als überkauft, dort wird eine entsprechende Extremzone markiert. Werte unter 20 gelten als überverkauft, dort wird ebenfalls eine entsprechende Extremzone markiert. Zusätzlich können wir bei 50 noch die Mittellinie einzeichnen. Stochasticwerte nahe 100 zeigen an, dass der Basiswert am Hoch der betrachteten Zeitspanne gehandelt wird. Stochasticwerte nahe 0 zeigen an, dass der Basiswert am Tief der betrachteten Zeitspanne gehandelt wird.

Eine auf den Indikator berechnete Signallinie wird in den Original-Veröffentlichungen als %D bezeichnet. Die verwendeten Methoden zu deren Berechnung sind sehr vielfältig. Im Endeffekt machen sie aber nur minimale Unterschiede aus. In den heute verwendeten Indikatoren wird ein einfacher gleitender Durchschnitt auf den %K Oszillator berechnet. Beide Linien werden gemeinsam dargestellt. Der so erstellte Indikator wird als Fast Stochastic bezeichnet. Sein Verlaufsmuster ist sehr unruhig und lässt durch zahlreiche Richtungswechsel und Hakenschläge sehr viel Raum für Interpretationen. Auch die Verwendung der %D-Linie wird dadurch erschwert. Deshalb wird in der Regel eine geglättete Version des Indikators verwendet. Bitte nicht verwirren lassen. Wir blenden die %K-Linie einfach aus. Übrig bleibt die %D-Linie, wir erinnern uns: Das ist ein gleitender Durchschnitt der %K-Linie; die geglättete Version der Fast Stochastic also.

Um Sie doch etwas zu verwirren, wird diese Linie ab jetzt als %K bezeichnet. Diese geglättete Version des Indikators wird Slow Stochastic genannt. Ihr Verlaufsmuster ist weicher, weniger unruhig und lässt sich einfacher interpretieren. Zusätzlich wird nun noch eine Signallinie auf die Slow Stochastic berechnet. Die meisten Programme stellen beide Linien gemeinsam dar. Sollte dies bei Ihrem Programm nicht der Fall sein, wechseln sie zu TradeSignal enterprise oder ziehen Sie einen gleitenden Durchschnitt auf den Indikator. Diese Signallinie heißt ab jetzt %D.

Abb. 390 zeigt einen Vergleich zwischen Fast Stochastic im oberen Indikatorenfenster und Slow Stochastic im unteren Indikatorenfenster. Die gestrichelten Linien sind die als %D bezeichneten Signallinien.

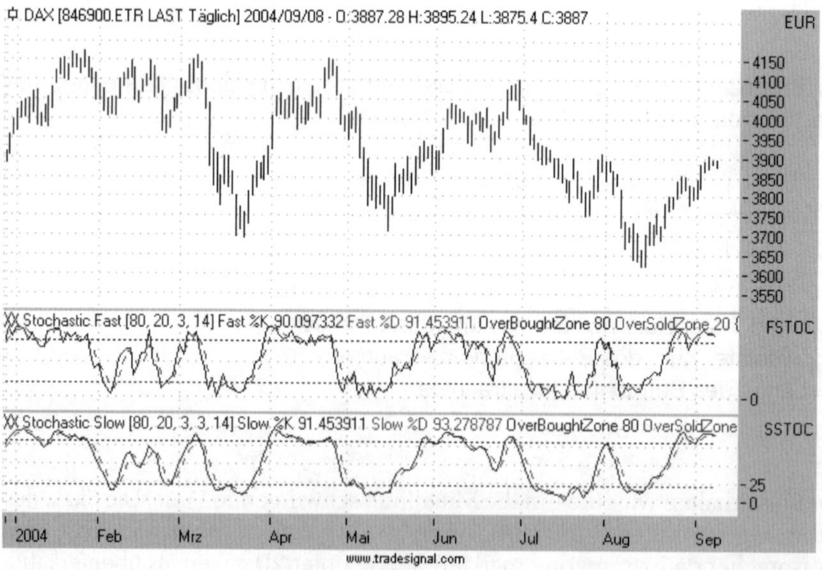

***Abb. 390** – Vergleich zwischen Stochastic Fast (Mitte) und Stochastic Slow (unten).*

So viele Verwendungsmöglichkeiten; wie für diesen Indikator existieren, so viele verschiedene Parametersätze gibt es auch. G. C. Lane verwendete den Indikator mit 5 Tagen als Berechnungsperiode der Stochastic selbst und 3 Tagen für die %D Signallinie. Für die Slow Stochastic existiert ein dritter Parameter. Das ist die Berechnungsperiode für die Signallinie der Slow Stochastic. Auch hier werden in der Regel 3 Tage verwendet.

- Parameter1 = Stochastic Periode
- Parameter2 = Berechnungsperiode für die Glättung von %K (Signallinie der Fast Stochastic)
- Parameter3 = Berechnungsperiode für die Signallinie der Slow Stochastic

Alle diese Parameter können verändert werden. Für die Stochastik-Berechnung selbst findet man in zahlreichen Veröffentlichungen Angaben von 5 Tagen bis 20 Tage. Für die beiden Signallinien der Fast- und der Slow Stochastic werden Werte zwischen 3 und 10 Tagen verwendet. Auch die Werte der beiden in der Skala eingezeichneten Extremzonen können verändert werden. Beide Stochastic-Varianten könne in allen Zeitebenen berechnet und verwendet werden.

Interpretation

Ab hier werde ich nur noch von der Stochastic schreiben, als Sammelbegriff für beide Varianten. Meistens wird wegen des ruhigeren Verlaufes die Slow Stochastic verwendet.

Wir gewinnen aus dem Indikator zahlreiche Informationen. Wichtig ist es, dass wir eine Trendbestimmung vornehmen. Es hat sich im Allgemeinen durchgesetzt, die Stochastic eher in Trendrichtung zu verwenden als gegen die Trendrichtung.

Die Lage des Indikators innerhalb seiner Skala ist die erste und am einfachsten zu lesende Information, die wir gewinnen können. Liegt der Indikator in der oberen Extremzone, gilt der Kurs des Basiswertes als überkauft, also nach oben überdehnt. Liegt der Indikator in der unteren Extremzone, gilt der Kurs des Basiswertes als überverkauft, also nach unten überdehnt. Stark überdehnte Kursbewegungen werden oft vom Markt korrigiert. Es wird also ab bestimmten Indikatorwerten auf eine Gegenreaktion gehofft. Hier kommt unsere Trenddefinition wieder ins Spiel. Herrscht ein starker Trend im Basistitel vor, kann es lange Zeit der Fall sein, das der Indikator in einer der Extremzonen verharrt. Abb. 391 zeigt eine solche Situation im Chart der Continental AG.

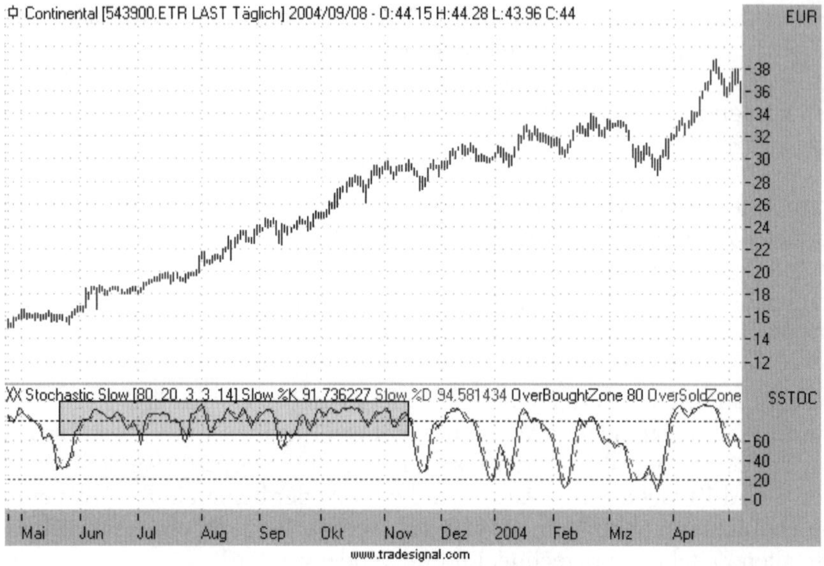

***Abb. 391** – In starken und stetigen Trendphasen liegt die Stochastic häufig in ihrer Überkauft-Zone.*

Geläufiger ist jedoch die Verwendung der Signallinie. Sie ermöglicht es uns, rechtzeitig auf Richtungswechsel im Indikator zu reagieren. Findet im Basiswert eine Veränderung der Kursrichtung statt, wird der Indikator ebenfalls die Richtung wechseln. Diesen Richtungswechsel erfragen wir über den Schnitt der Signallinie. Wir erhalten also frühzeitig Informationen über eine veränderte Tendenz in den Kursbewegungen. Schneidet der Indikator die Signallinie nach oben, gilt die als Kaufsignal. Schneidet der Indikator die Signallinie nach unten, gilt dies als Verlaufssignal.

Die auf diese Weise gelieferten Signale können durch die Lage des Indikators innerhalb seiner Werteskala gefiltert werden. Eine Möglichkeit ist, Signale nur in den Extremzonen zu verwenden. Kaufsignale gelten nur, wenn der Indikator dabei in der unteren Extremzone liegt. Verkaufssignale gelten nur in der oberen Extremzone. Eine andere Variante wäre die Verwendung der Mittellinie als Trennung zwischen gültigen und ungültigen Signalen. Herrscht kein starker Trend vor kann man mit der Stochastic in dieser Lesart gute Signale erhalten. Ein Beispiel dafür zeigt der DAX in Abb. 392.

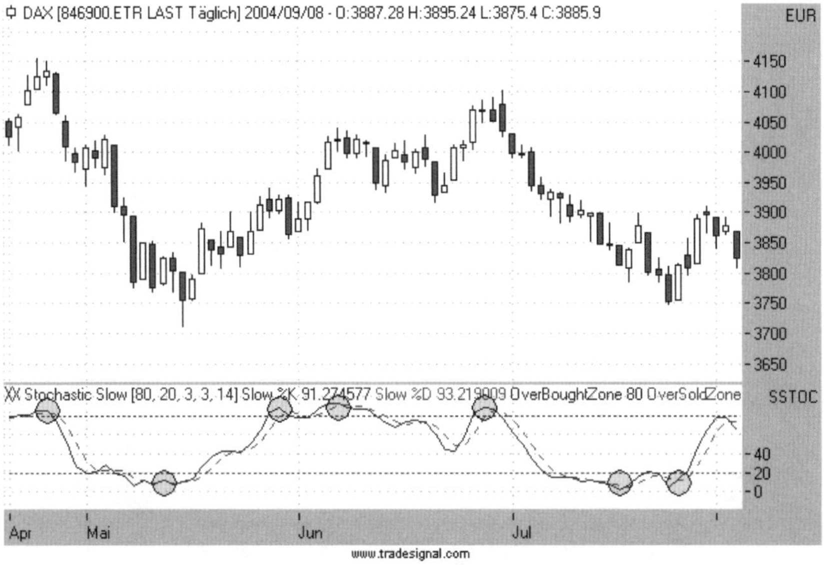

Abb. 392 – *Stochastic mit Signallinie und Trendwendesignalen, die in den Extremzonen auftreten.*

Die dritte Signalquelle sind Divergenzen zwischen Indikator und Basiswert. Sie werden von vielen Anwendern geschätzt und sogar höher bewertet als die anderen Signalquellen des Indikators. In Abb. 393 ist eine bearishe Divergenz markiert.

Abb. 393 – *Ausgeprägte bearishe Divergenz beim DAX im November 2004.*

***Abb. 394** – Bullishe Divergenz beim DAX im Oktober 2004.*

Eine bullishe Divergenz finden wir in abwärtsgerichteten Kursbewegungen. Auch hierbei gilt: Je stärker der Kurstrend im Basiswert, um so aussagekräftiger die Divergenz. Bildet der Basiswert neue Tiefpunkte aus, während der Indikator steigende Tiefpunkte bildet, haben wir eine bullishe Divergenz gefunden. In Abb. 394 ist eine bullishe Divergenz markiert.

Divergenzen weisen uns auf Schwächen im vorherrschenden Trend hin und kündigen eine mögliche Trendwende an. Als gängige Kombination gilt ein Schnitt der Signallinie nach einer erkannten Divergenz.

Am Beginn und im Verlauf eines starken Trends kann die Aussage der Stochastic teilweise umgekehrt werden. Läuft der Indikator in eine der Extremzonen ein, ist die Wahrscheinlichkeit größer, dass die Kurse in die bestehende Richtung weiterlaufen, als dass eine Wende einsetzt.

Kritische Würdigung

Die Stochastic darf, wie alle anderen Indikatoren, nicht als einziges Hilfsmittel verwendet werden. Es ist notwendig eine Trendbestimmung vorzunehmen.
Ein Indikator, der die Trendstärke misst, kann auch sehr hilfreich sein. Allgemein funktionieren Oszillatoren wie die Stochastic bei geringer Trendstärke besser als bei hoher trendgerichteter Aktivität.

Quellen

Murphy, John J.: Technische Analyse der Finanzmärkte.
Schwager, Jack: Technische Analyse.
Florek, Erich: Neue Tradingdimensionen. FinanzBuch Verlag, München.

Stochastic Momentum

Grundlagen

W. Blau gilt in der Fachliteratur als Erfinder der doppelten Glättung. Zumindest ist er einer der wenigen, die dieses Thema über mehrere Jahre hinweg publiziert hat. Aus seiner Feder stammt eines der besten Stochastic-Derivate, das wir heute zur Verfügung haben. Es handelt sich um die Double Smoothed Stochastic (DSS Blau). Ziel seines Indikators ist es, die Vorzüge der einfachen Stochastic von deren Nachteilen zu befreien. Dabei verwendet er die doppelte Glättung der Eingangswerte, um ein nahezu gleichmäßiges Verlaufsmuster zu erhalten. Wer den DSS Blau kennt, der weiß, dass dieser ein fast eckenloses Verlaufsmuster ausbildet. Dadurch eignet sich der Indikator besonders gut für die Verwendung einer Signallinie.

W. Blau wollte nun die Methode der doppelten Glättung auf weitere Indikatoren anwenden. Eine Variante eines neuen Momentum Oszillators musste dafür geschaffen werden. Im Stochastic Momentum Index (SMI) wird eine Abwandlung der Stochasitk-Berechnung verwendet und mit der doppelten Glättung der Einzelwerte kombiniert. Blau definiert die Momentum-Komponente in diesem Indikator etwas abweichend von der herkömmlichen simplen bekannten Definition.

Die einfache Berechnung des Momentums vergleicht den aktuellen Schlusskurs, mit dem Schlusskurs vor n Perioden. Die Differenz ist das so genannte Momentum. Fortlaufend berechnet ergibt es ein genaues Bild der vorherrschenden Bewegungsdynamik im Basiswert des Indikators. Das Momentum ist vielseitig verwendbar. Besonders geschätzt wird es wegen der deutlich ausgeprägten Divergenzen, die es zum Basistitel ausbilden kann.

Die einfache Stochastic-Berechnung beschreibt die Lage des aktuellen Schlusskurses innerhalb der Range zwischen dem höchsten und niedrigsten Kurs der Betrachtungsperiode. Nähern sich die Schlusskurse dem oberen Ende dieser Range, steigt der Stochastic Indikator in Richtung der oberen Skalenbegrenzung. Nähern sich die Kurse dem unteren Ende der Range, fällt der Stochastic Indikator in Richtung der unteren Skalenbegrenzung. Mit einem einfachen gleitenden Durchschnitt geglättet ist dieser Indikator als Slow Stochastic bekannt und beliebt.

W. Blau hat nun die Stochastic-Berechnung seines Indikators abgewandelt. Er vergleicht die Lage des Kurses nicht mit der maximalen gehandelten Spanne des Betrachtungszeitraumes, sondern mit dem Mittelpunkt dieser Range. Das Momentum ist positiv, wenn der aktuelle Kurs über diesem Mittelpunkt liegt und es ist negativ, wenn der aktuelle Kurs unter diesem Mittelpunkt liegt. Die Stärke des Momentums ergibt sich aus dem Vergleich des eben ermittelten Wertes mit der Spannbreite aus höchstem und niedrigstem im Betrachtungszeitraum gehandelten Kurs.

Die Eingangswerte der Berechnung werden durch zwei exponentielle gleitende Durchschnitte geglättet. Damit wird ein besonders weiches, rundes Verlaufsmuster erzeugt, was die Interpretationsspielräume verringern und Fehlsignale durch Hakenschläge vermeiden soll. Durch die Kombination aus langer und kurzer Berechnungsperiode bei der Anwendung der beiden gleitenden Durchschnitte soll erreicht werden, dass ein maximales Ergebnis bei der Glättung erreicht wird; bei minimaler zeitlicher Verzögerung der Bewegungsmuster. Jede Anwendung einer Datenglättung erzeugt nicht nur bessere Verlaufsmuster, sondern verursacht auch eine zeitliche Verzögerung der Bewegungsmuster, die ein Indikator im Vergleich zu den Bewegungsmustern des Basiswertes ausbildet.

Berechnung und Parameter

Die Berechnung des SMI unterscheidet sich nur in kleinen Details von der des DSS Blau. Ein Vergleich der beiden Indikatoren in Abb. 395 zeigt dies deutlich.

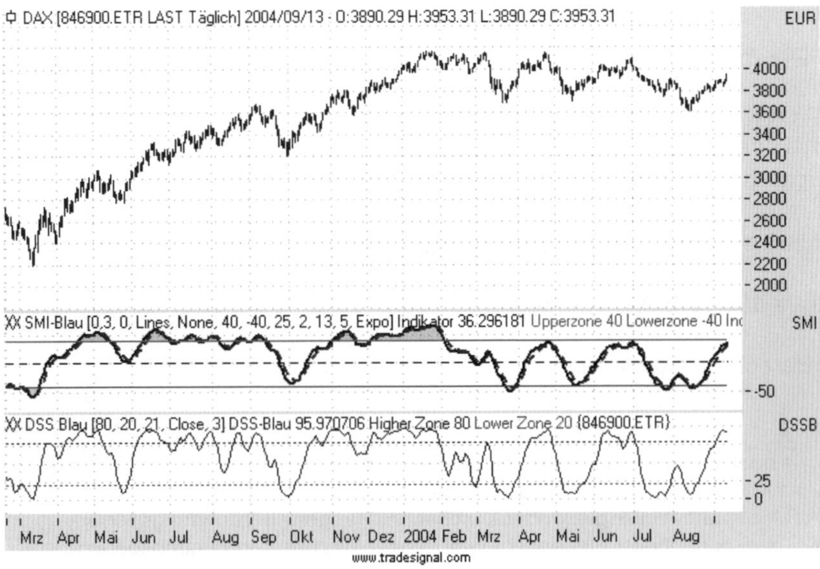

***Abb. 395** – Vergleich zwischen Stochastic Momentum (Mitte) und DSS von Blau (unten).*

Wir erinnern uns an die einfache Berechnung der Stochastic. Die Differenz aus Schlusskurs und tiefstem Punkt des Betrachtungszeitraumes wird durch die maximale Kursbandbreite des Betrachtungszeitraumes dividiert. Der SMI definiert das Momentum als Differenz vom Schlusskurs zum Mittelpunkt dieser Spanne und nicht wie in der Original-Berechnung als Differenz zwischen Schlusskurs und tiefstem Punkt des Betrachtungszeitraumes. Beim SMI wird also zunächst der Mittelpunkt dieser maximalen Kursbandbreite ermittelt:

$$MP_{(t)} = 0.5 * (HH_{(n)} + LL_{(n)})$$

Jetzt können wir das von Blau so genannte Stochastic Momentum als Differenz von Schlusskurs zum Mittelpunkt der maximalen Kursbandbreite errechnen:

$$SM_{(t)} = Close_{(t)} - MP_{(t)}$$

Dieser Wert wird mit einem exponentiellen gleitenden Durchschnitt geglättet und das daraus entstehende Ergebnis noch einmal mit einem exponentiellen gleitenden Durchschnitt geglättet:

$$SM_{(t)} = EMA_{(a)}(EMA_{(b)}(SM_{(t)}))$$

Als letzten Schritt errechnen wir die Stärke des Stochastic Momentum, in dem wir es mit der maximalen Kursbandbreite vergleichen:

$$Range_{(t)} = (HH_{(n)} - LL_{(n)})$$

Dieser Wert wird mit einem exponentiellen gleitenden Durchschnitt geglättet und das daraus entstehende Ergebnis noch einmal mit einem exponentiellen gleitenden Durchschnitt geglättet:

$$Range_{(t)} = EMA_{(a)}(EMA_{(b)}(HH_{(n)} - LL_{(n)}))$$

$$SMI_{(t)} = 100 * (SM_{(t)} / Range_{(t)})$$

n = Berechnunsgzeitraum

$HH_{(n)}$ = höchster Kurs des Betrachtungszeitraumes
$LL_{(n)}$ = niedrigster Kurs des Betrachtungszeitraumes
$EMA_{(a)}$ = exponentieller gleitender Durchschnitt längere Berechnungsperiode
$EMA_{(b)}$ = exponentieller gleitender Durchschnitt kürzere Berechnungsperiode

Das Ergebnis ist ein um die Nulllinie oszillierender Indikator mit einer Skalenbreite von 100 bis -100. Die beiden Extremzonen werden bei 50 und -50 in der Skala eingezeichnet. Drei Parameter müssen für die Berechnung des SMI angegeben werden. Einmal die Länge des Berechnungszeitraumes für die abgewandelte Stochastic-Berechnung. Blau verwendet hier Werte zwischen 13 und 25 Tagen. Die anderen beiden Parameter sind die Berechnungszeiträume der gleitenden Durchschnitte. Um einen guten Kompromiss zwischen Glättung und Zeitverzögerung zu erreichen, ist es wichtig, dass die erste Periodenangabe höher ist als die zweite. Blau verwendet hier 25 Tage und zwei Tage.

Es ist Ihnen natürlich freigestellt, mit den Werten zu experimentieren. Wenn Sie die Glättungsparameter entsprechend verändern, erhalten Sie ein nahezu identisches Ergebnis zum DSS Blau, wie in Abb. 395 zu erkennen war. Um Unterschiede zwischen beiden Indikatoren zu erzeugen, ist es nur nötig, die Parameter für die Glättungsdurchläufe zu verändern. Werden diese deutlich verlängert, erhalten wir einen brauchbaren Trendfilter. Abb. 396 zeigt den SMI mit den Parametern n = 21 Tage, a = 38 Tage und b = 10 Tage. Achten Sie bitte auf die Darstellung. Der Trendfilter signalisiert die Trendrichtung, deshalb ist der Indikator genau seitenverkehrt im Vergleich zu einem Überkauft / Überverkauft-Oszillator.

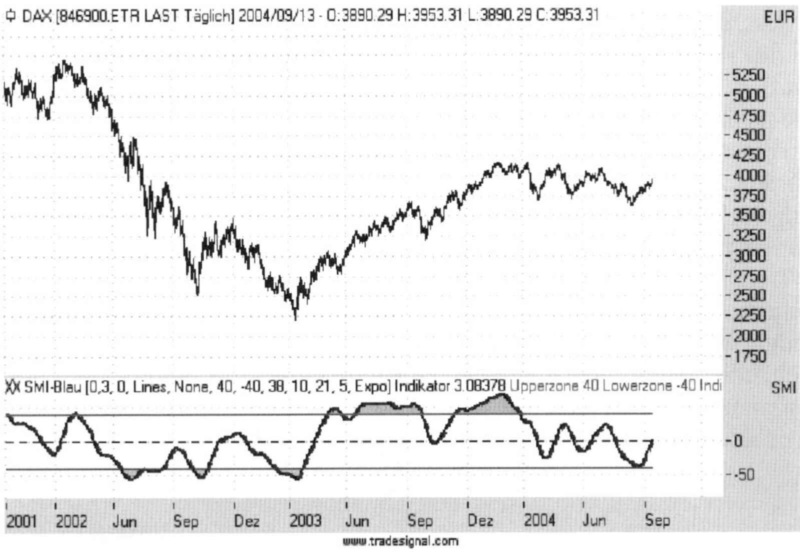

***Abb. 396** – Stochastic Momentum im DAX.*

Darstellungsvarianten

Der Indikator ist für TradeSignal enterprise erhältlich. Sie können ihn von der Webseite www.tradesignalonline.com downloaden. Er enthält eine Signallinie, die aus verschiedenen Typen an gleitenden Durchschnitten gewählt werden kann. Die Schnittsignale zwischen Indikator und Signallinie können grafisch markiert werden.

Interpretation

Der SMI ist nahezu identisch zum DSS Blau. Nur wenn die Glättungskomponente verändert wird, zeigen sich Unterschiede. Mit kurzen Periodeneinstellungen für Stochastic- und Glättungsperioden erhalten wir einen Oszillator der Überkauft- und Überverkauft-Zustände im Basistitel zuverlässig erkennt.

Wir können den SMI also als direkten Signalgeber verwenden. Da der SMI auf Grund der doppelten Glättung eine gewisse Trägheit in der Bewegung aufweist, empfiehlt es sich, eine Signallinie zu verwenden. Andere Methoden, wie etwa den

Ein- und Austritt des Indikators aus den Extremzonen als Signal zu verwenden, erzielen wahrscheinlich schlechte Ergebnisse, weil die Signale sehr spät entstehen.

Wir legen also einen gleitenden Durchschnitt auf den Indikator. Da der SMI ein sehr weiches und rundes Verlaufsmuster aufweist, können wir als Signallinie einen sehr eng anliegenden gleitenden Durchschnitt verwenden. Mein Vorschlag ist deshalb ein Adaptive-MA nach Kaufmann oder ein Weighted-MA. Vorteil dieser Varianten ist es, dass sie sehr eng am Indikator liegen und schnell ein Signal erzeugen, wenn dieser die Richtung wechselt.

Als Kaufsignal gilt, wenn der Indikator seine Signallinie nach oben schneidet. Als Verkaufssignal gilt, wenn der Indikator die Signallinie nach unten schneidet. Wir sollten die erzeugten Signale einer Filterung unterziehen. Zum einen werden die besten Signale diejenigen sein, die uns in der Haupttrendrichtung in den Markt bringen. Wir sollten also einen Trendfilter verwenden. Eine Möglichkeit wäre es, einen zweiten SMI in der nächst höheren Zeitebene zu betreiben und diesen als Trendfilter zu verwenden.

Als weiteren Filter können wir die Nulllinie verwenden. Kaufsignale werden nur gehandelt, wenn sie unter der Nulllinie entstanden sind. Verkaufssignale werden nur gehandelt, wenn sie über der Nulllinie entstanden sind. In Abb. 397 habe ich die Markierung der Schnittsignale aktiviert.

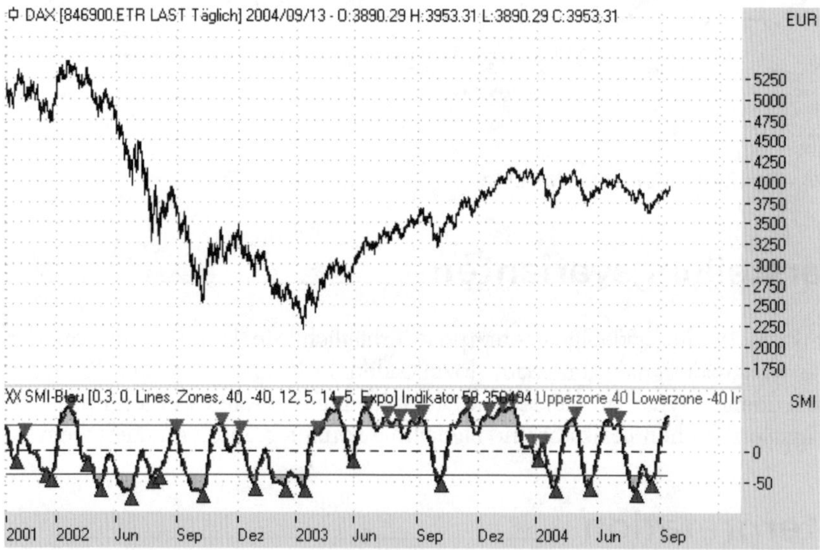

***Abb. 397** – Stochastic Momentum mit Signalen, die beim Schneiden mit der Signallinie entstehen.*

Wie eben schon angedeutet, kann der SMI als Trendfilter verwendet werden. Wir verwenden dazu sowohl für die Stochastic-Berechnung als auch für die Glättungskomponente wesentlich längere Einstellungen. Abb. 396 zum Beispiel erfüllt diesen Zweck bereits. Liegt der SMI über der Nulllinie, herrscht eine höhere Aufwärtsdynamik im Betrachtungszeitraum vor. Liegt der SMI unter der Nulllinie, herrscht höhere Abwärtsdynamik vor. Die Nulllinie gilt uns dabei als Grenze, an der die Trendwechsel stattfinden. Abb. 398 zeigt uns ein Beispiel im DAX weekly mit den Einstellungen n = 13, a = 25, b = 2.

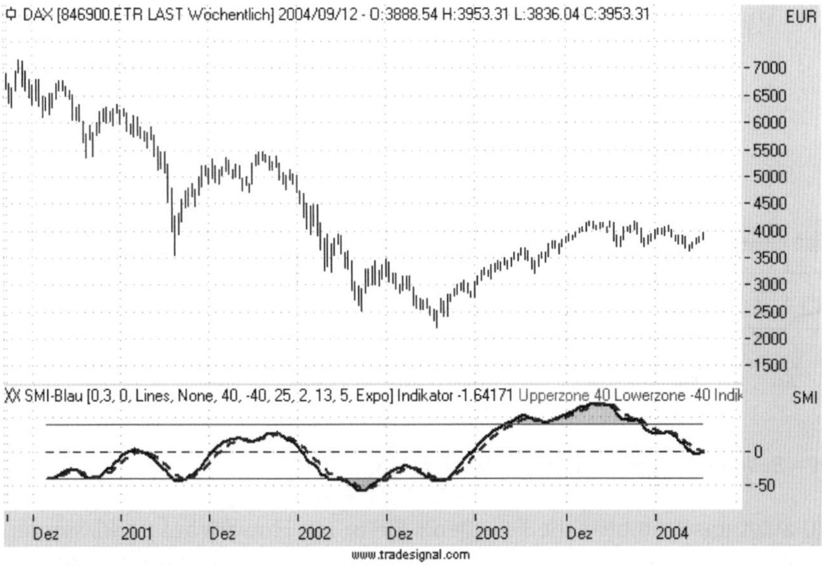

***Abb. 398** – Stochastic Momentum mit wesentlich längeren Einstellungen auf dem Weekly-DAX.*

Ähnlich wie bei den meisten anderen Momentum-Indikatoren, finden wir auch hier Divergenzen zwischen den Bewegungen des Indikators und den Bewegungen des Basiswertes. Leider sind die Divergenzen nicht so ausgeprägt wie bei anderen Indikatoren mit offener Werteskala. Abb. 399 zeigt eine als bullish zu wertende Divergenz.

***Abb. 399** – Bullishe Divergenz zwischen SMI und DAX.*

Abb. 400 zeigt uns eine bearishe Divergenz. Sie ist ein Hinweis auf nachlassende Dynamik im Aufwärtstrend. Bearische Divergenzen sind im Aufwärtstrend zu finden. Der Basistitel steigt auf neue höhere Hochpunkte, während der Indikator im Idealfall tiefere Hochpunkte ausbildet.

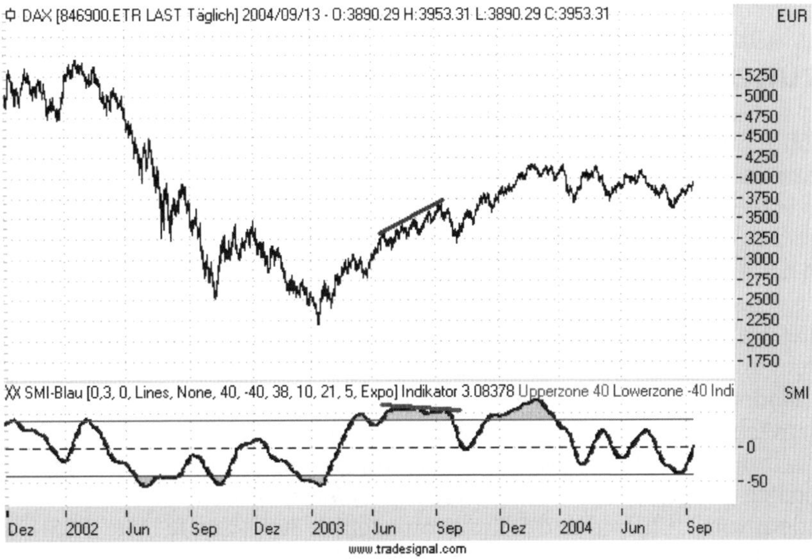

***Abb. 400** – Bearishe Divergenz zwischen SMI und DAX.*

Kritische Würdigung

Der Berechnung nach unterscheidet sich der SMI etwas vom DSS Blau. Die Ergebnisse jedoch sind nahezu identisch. Wir haben also einen weiteren Indikator auf der Liste der „Indikatoren die keiner braucht".

Quellen

Blau, William. Stochastic Momentum: In: TAS&C V.11

Stochastic RSI

Grundlagen

Der Relative Strength Index (RSI) ist einer der am meisten…! Nein, bitte nicht weiterblättern, ich möchte Ihnen hier nicht den RSI, sondern ein Derivat aus diesem mit echtem Mehrwert vorstellen. Worauf ich mit dem ersten Satz hinweisen wollte ist, dass der RSI nicht nur einer der am meisten verwendeten Indikatoren ist, sondern das es auch zahlreiche Derivate gibt, mit denen versucht wurde, Verbesserungen gegenüber dem Original zu erreichen.

Vielleicht haben Sie die Beiträge zum Relative Momentum Index (RMI) dem True Strength Index (TSI) oder dem Net Momentum Oszillator (NMO) bereits gelesen. Leider gelingt es keinem der drei genannten Indikatoren, dieses Ziel wirklich zu erreichen. Zum einen entstehen sie alle auf der gleichen Datenbasis wie der RSI selbst auch, zum anderen sind die Veränderungen in der Berechnung nicht wirklich geeignet, neue oder bessere Ergebnisse zu erzielen.

Mit dem von T. Chande und S. Kroll vorgestellten Stochastic RSI (StochRSI) ist die erste wirklich interessante Weiterentwicklung des RSI erschienen. Wie Sie am Namen schon erkennen können, handelt es sich um die Kombination zweier Einzelindikatoren. Der RSI wird hier mit der Stochastic-Berechnung nach G. C. Lane kombiniert. Das Ergebnis kann sich wirklich sehen lassen. Als Überkauft / Überverkauft-Oszillator liefert der StochRSI hervorragende Ergebnisse. Er erkennt nahezu jeden Extremzustand im Basiswert. Ein kleiner Nachteil bleibt in Form von Hakenschlägen, die die Verwendung einer Signallinie erschweren. Der StochRSI kann sowohl als Trendfilter in höheren Zeitebenen, sowie als Timingtool in kleineren Zeitebenen eingesetzt werden. Zahlreiche Verwendungsmöglichkeiten machen diesen Indikator wirklich interessant. Der StochRSI ist somit einer der wenigen Indikatoren, die man als wirkliche Bereicherung in unserem Werkzeugkasten bezeichnen kann.

Berechnung und Parameter

Bevor ich die Berechnung des StochRSI detailliert beschreibe, scheint es angebracht, einen kurzen Ausflug zum Beitrag über den Stochastic - Oszillator nach G. C. Lane zu unternehmen und danach auch noch die Seiten zum RSI zu besuchen. Die Stochastic (STO) hat eigentlich mit einer statistischen Berechnung überhaupt nichts zu tun. Der Name ist insofern etwas irreführend. Die STO beschreibt die Lage des aktuellen Kurses innerhalb der Spanne aus höchstem und tiefstem Kurs einer festen Betrachtungsperiode. Sie liefert ein Maß dafür, wie hoch oder tief ein Kurs im betrachteten Zeitraum ist. Werte nahe 100 zeigen an, dass der aktuelle Kurs am höchsten Punkt der betrachteten Spanne liegt. Ein Zustand, der in einer starken Trendbewegung längere Zeit anhalten kann. Ein Wert nahe 0 zeigt an, dass der aktuelle Kurs am tiefsten Punkt der betrachteten Spanne liegt. Auch dieser Zustand kann in einem starken Abwärtstrend lange anhalten. Ziel der STO ist es, Übertreibungen im Basiswert zu lokalisieren, um Handelssignale in Gegenrichtung oder Handelssignale in Trendrichtung zu erzeugen. Die STO zählt zu den Momentum Indikatoren, da die Dynamik der Kursbewegungen den Verlauf des Indikators beeinflusst. Grafisch dargestellt wird das einfache Konzept besser verständlich.

In der Stochastic Berechnung wird die Differenz aus dem aktuellen Schlusskurs und dem niedrigsten Kurs des Zeitraumes gebildet.

$$X = Close_{(t)} - LL_{(n)}$$

Nun wird dieser Wert durch den Wert der ermittelten Handelsspanne dividiert.

$$X / (HH_{(n)} - LL_{(n)})$$

Der als %K bezeichnete Stochastic-Oszillator ergibt sich aus dem Quotienten dieser Division multipliziert mit 100.

$$\% K = \frac{C - L_n}{H_n - L_n} * 100$$

H(n) = höchster Kurs des Betrachtungszeitraumes
L(n) = tiefster Kurs des Betrachtungszeitraumes
n = Länge des Betrachtungszeitraumes

Der RSI stellt das Verhältnis zwischen der Dynamik der aufwärtsgerichteten Kursbewegungen und der Dynamik der abwärtsgerichteten Kursbewegungen dar. Auch der RSI ist ein Momentum Indikator. Ist die Aufwärtsdynamik höher als die Abwärtsdynamik, wird der RSI steigen, ist sie niedriger, wird er fallen. Hält einer der beiden Zustände lange genug an, wird der RSI eine seiner Extremzonen erreichen. Leider ist dies beim RSI sehr selten der Fall. Hinzu kommt, dass der RSI ein sehr unruhiges Verlaufsmuster ausbildet und in nicht sehr starken Trendbewegungen lange Zeit im mittleren Bereich seiner Werteskala verläuft. Er überlässt dem Anwender einen viel zu großen Interpretationsspielraum für seine Verlaufsmuster.

Die Berechnung des RSI geschieht in wenigen Worten etwa so: Es wird eine Summe gebildet aus allen Kursänderungen von Tagen mit positivem Schlusskurs. Dann wird eine zweite Summe gebildet, mit allen Kursänderungen von Tagen mit negativem Schlusskurs. Beide Summen werden zueinander ins Verhältnis gesetzt. Grafisch dargestellt sieht das so aus:

wenn: $Close_{(t)} > Close_{(t-1)}$ -> $Up_{(t)} = Close_{(t)} - Close_{(t-x)}$ und $Down_{(t)} = 0$
wenn: $Close_{(t)} < Close_{(t-1)}$ -> $Up_{(t)} = 0$ und $Down_{(t)} = Close_{(t-x)} - Close_{(t)}$

$SumUp_{(t)} = Sum_{(n)}(Up)$
$SumDown_{(t)} = Sum_{(n)}(Down)$

$AvgSu_{(t)} = Sum_{(n)}(SumUp) / n$
$AvgSd_{(t)} = Sum_{(n)}(SumDown) / n$
$RS_{(t)} = AvgSu_{(t)} / AvgSd_{(t)}$

$RSI_{(t)} = 100 (100/ 1+ RS_{(t)})$

Machen wir uns nun an die Verknüpfung beider Konzepte und schauen, was dabei heraus kommt. Wir berechnen den RSI nach herkömmlicher Art. Uns interessiert in diesem Falle auch nicht, welche der zahlreichen Modifikationen in puncto Glättung zum Einsatz kommt.

Auch die Standardversion nach W. Wilder verrichtet ihren Dienst. Dieser Wert dient nun als Eingangswert der Stochastic Berechnung. Diese wird wie folgt ausgeführt. Vom Eingangswert, sonst der Schlusskurs des Basistitels der Stochastic, jetzt unser errechneter RSI-Wert, wird der niedrigste RSI-Wert der Betrachtungsperiode subtrahiert. Damit haben wir die absolute Veränderung des RSI im Betrachtungszeitraum ermittelt.

Nun müssen wir im nächsten Schritt die maximale Spanne unseres Eingangswertes berechnen. Auch hier ist dies wieder der RSI. Wir subtrahieren vom höchsten RSI-Wert des Betrachtungszeitraumes den niedrigsten RSI-Wert des Betrachtungszeitraumes. Damit haben wir die absolute Bewegungsspanne des RSI im Betrachtungszeitraum ermittelt. Um den StochRSI zu erhalten, wird die absolute Veränderung des RSI durch die absolute Spanne des RSI dividiert. Multipliziert mit 100 erhalten wir unseren Indikator, der somit innerhalb einer festen Skalenbreite von 0 bis 100 oszilliert.

Wenn der RSI innerhalb der Berechnungsperiode des StochRSI einen neuen Tiefpunkt erreicht, wird der StochRSI den unteren Rand seiner Skala berühren. Erreicht der RSI einen neuen Hochpunkt innerhalb der Berechnungsperiode des StochRSI, so wird dieser die obere Skalenbegrenzung berühren. Etwas genauer betrachtet funktioniert der StochRSI als Beschleuniger oder Verstärker des RSI-Bewegungsmuster. Kurzzeitige Momentumveränderungen werden deutlich signalisiert. Längerfristige Trendbewegungen werden ebenfalls deutlich erkannt, in dem der StochRSI dann längere Zeit an einem Ende seiner Skalenbegrenzung verläuft. Die absolute RSI Veränderung im Betrachtungszeitraum…

$$X = RSI_{(t)} - LRSI_{(n)}$$

…wird dividiert durch die ermittelte maximale Bewegungsspanne des RSI im Betrachtungszeitraum und anschließend noch mit 100 multipliziert.

$$X / (HRSI_{(n)} - LRSI_{(n)}) * 100$$

$HRSI_{(n)}$ = höchster RSI - Wert des Betrachtungszeitraumes
$LRSI_{(n)}$ = niedrigster RSI - Wert des Betrachtungszeitraumes
N = Länge des Betrachtungszeitraumes

Ich konnte leider keinen Hinweis darauf finden, ob für RSI und STO jeweils die gleiche Periodeneinstellung gelten soll oder nicht. Ich habe den Indikator für TradeSignal enterprise so programmiert, dass beide Werte separat gewählt werden können. Allerdings zeigen einige Tests, dass kürzere Einstellungen für die Stochastic-Berechnung zu viele Signale erzeugen. Sie können natürlich jede mögliche Kombination selbst austesten. In Abb. 401 habe ich einen Vergleich folgender Periodeneinstellungen vorgenommen: der RSI wird in beiden Fällen auf 14 Tage berechnet. Der obere Indikator verwendet 5 Tage für die Stochastik-Berechnung, der untere 14 Tage.

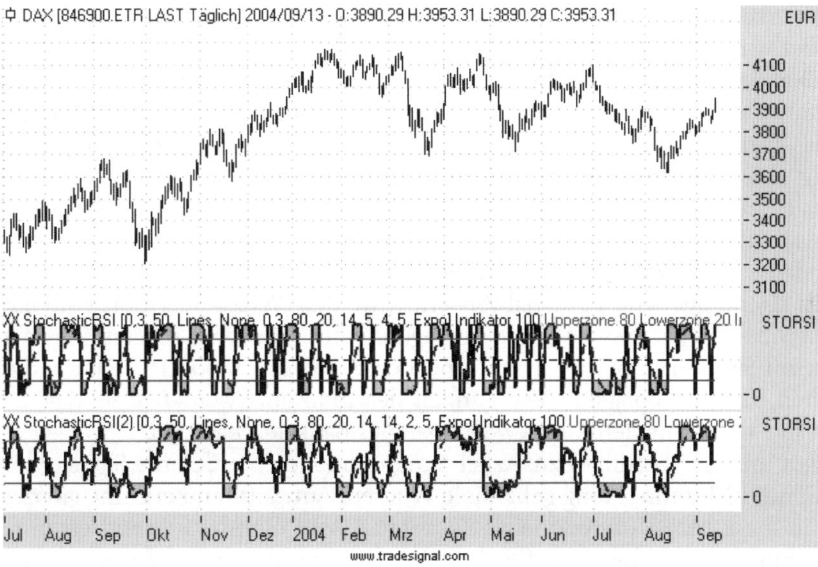

Abb. 401 – *Stochastic RSI über 14 Tage (RSI) und 5 Tagen (Mitte) bzw. 14 Tagen (unten) für die Stochastic-Berechnung.*

Die Skala des Indikators wird durch drei Linien unterteilt. Die erste ist die Mittellinie, die uns Trendwechsel der Bewegungsdynamik signalisieren kann. Diese wird bei 50 gezeichnet. Die obere Extremzone wird bei 80 abgetrennt und die untere bei 20.

Darstellungsvarianten

Den Stochastic RSI können Sie im gleichnamigen Artikel auf www.tradesignal-online.com downloaden. Der Indikator steht dann für TradeSignal enterprise zur Verfügung. Im Indikator ist die Berechnung einer Signallinie aus verschiedenen Typen von gleitenden Durchschnitten integriert. Außerdem können Handelssignale aus Schnittpunkten mit der Signallinie grafisch markiert werden. Es ist möglich, die Indikatorwerte zu glätten, hierfür wird eine Kombination aus Linearer Regression und dem T3-Average verwendet. Das ist eine der besten Methoden, um Daten über kurze Zeiträume zu glätten, ohne zeitliche Verschiebungen der Verlaufsmuster zu induzieren.

Interpretation

Auf Grund seiner hervorragenden Eigenschaften kann der StochRSI in erster Linie als direkter Signalgeber verwendet werden. Da er fast jeden Extremzustand im Basiswert erkennt, liefert er uns sehr gute Signale. Hierbei empfiehlt es sich, einen Trendfilter vorzuschalten und Signale nur in Trendrichtung zu handeln.

T. Chande empfiehlt, verschiedene Varianten der Signalerzeugung zu testen. Ein Schnitt der Mittellinie gilt als Trendwechsel in der Bewegungsdynamik des Basistitels. Der Eintritt in eine der Extremzonen ist die nächste Stufe der Signalerzeugung. Das Erreichen des absoluten Randes der Werteskala ist die dritte Stufe. Dabei gilt ein Schnitt der Mittellinie nach oben als trendgerichtetes Signal und somit als Kaufsignal. Ein Schnitt der Mittellinie nach unten gilt als Verkaufssignal. Das Erreichen einer Extremzone und eines Randes der Skalenbegrenzung sollte ebenfalls als trendgerichtetes Signal verwendet werden. Verlässt der Indikator eine der Extremzonen, gilt dies als Signal in Gegenrichtung. Vorsicht ist allerdings bei Kontratrend-Signalen immer geboten und beim StochRSI besonders. Durch die deutlichen und ausgeprägten Bewegungen des Indikators werden viele Signale erzeugt, die auf minimalen Kursbewegungen des Basistitels basieren.

Liefert uns ein Trendfilter zusätzliche Informationen, werden die Signale des StochRSI nur in Trendrichtung gehandelt. Wird ein Aufwärtstrend erkannt, gilt der Eintritt in die untere Extremzone als Kaufsignal. Wird ein Abwärtstrend erkannt, gilt der Eintritt des Indikators in die obere Extremzone als Verkaufssignal.

Ebenso wie im RSI und der Stochastic sind im StochRSI Divergenzen zum Verlauf des Basistitels zu erkennen. Allerdings sind diese noch weniger ausgeprägt als in den beiden zu Grunde liegenden Indikatoren. Besonders die bei Divergenzen so wichtige zeitliche Komponente kann sich hier nicht entwickeln. Divergenzen können nur in sehr kurzen Zeiträumen erkannt werden. Das liegt an der begrenzten Werteskala des Indikators und daran, dass dieser schnell und oft die Extrembereiche ansteuert. Höher als 100 oder tiefer als 0 kann er nicht liegen. Eine Verlängerung der Berechnungsperioden kann hier etwas Verbesserung bringen. Sie sollten, falls Sie Divergenzen handeln möchten, ausgiebig mit den Einstellungen experimentieren.

Es sind kurzfristige bullishe Divergenzen und kurzfristige bearishe Divergenzen zu finden. In Abb. 402 habe ich eine kleine bearische Divergenz markiert. Sie sehen, dass die zeitliche Ausdehnung der auffindbaren Divergenzen sehr gering ist. Ihre Bedeutung kann also nicht mit der von monatelangen Divergenzen gleichgesetzt werden. In Abb. 403 habe ich eine kleine bullishe Divergenz markiert.

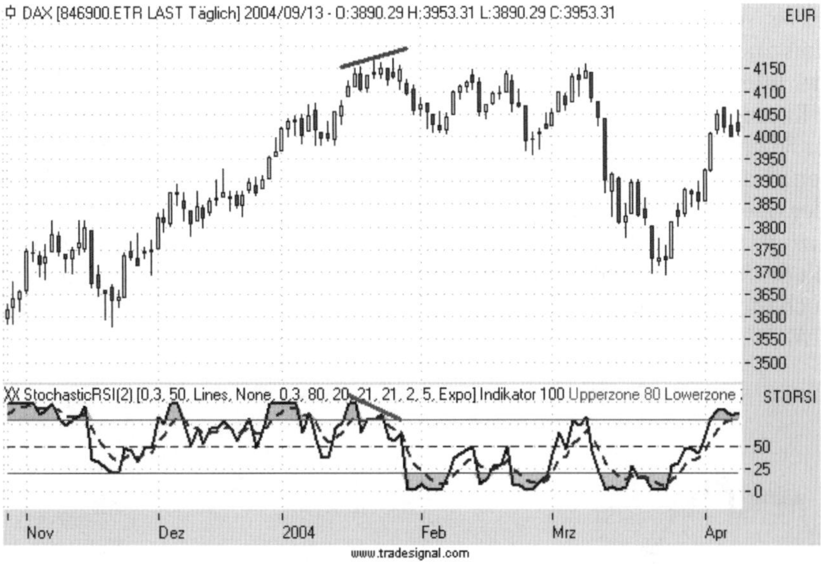

***Abb. 402** – Bearishe Divergenz zwischen Stochastic RSI und DAX im Januar 2004.*

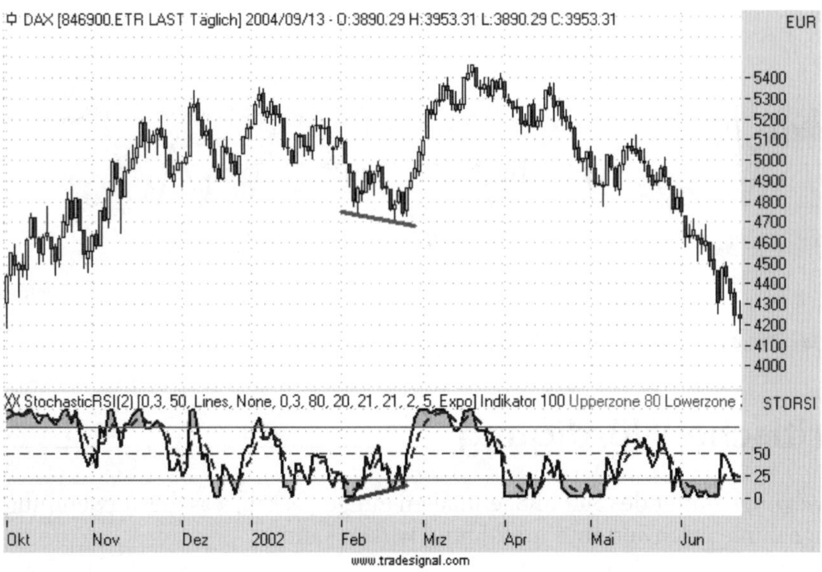

Abb. 403 – *Bullishe Divergenz zwischen Stochastic RSI und DAX im Februar 2002.*

Die Verwendung einer Signallinie ist einfacher als beim zu Grunde liegenden RSI, aber immer noch schwieriger zu handhaben als bei anderen Indikatoren. Der Verlauf des StochRSI enthält einige Zacken und Hakenschläge, die ungewollte Handelssignale erzeugen können. Schneidet der Indikator die Signallinie nach oben, gilt dies als Kaufsignal. Schneidet der Indikator die Signallinie nach unten, gilt dies als Verkaufssignal. Handelssignale können zusätzlich durch die Lage des Indikators zur Mittellinie oder innerhalb einer der Extremzonen gefiltert werden. Liegt der Indikator über der Mittellinie, gelten nur Verkaufssignale, liegt er darunter nur Kaufsignale.

Der StochRSI kann selbst als Trendfilter eingesetzt werden. In einer höheren Zeitebene kann er in einer der Extremzonen liegend einen Trend anzeigen. Liegt er in der oberen Extremzone, gilt dies als Aufwärtstrend, liegt er in der unteren Extremzone, gilt dies als Abwärtstrend. Solange der Indikator die Zone nicht verlässt, gilt der Trend als intakt. Für diese Verwendung eignet sich ein Wochenchart oder auch Monatschart. Abb. 404 zeigt die Trendbestimmende Funktion an Hand eines DAX-Wochencharts.

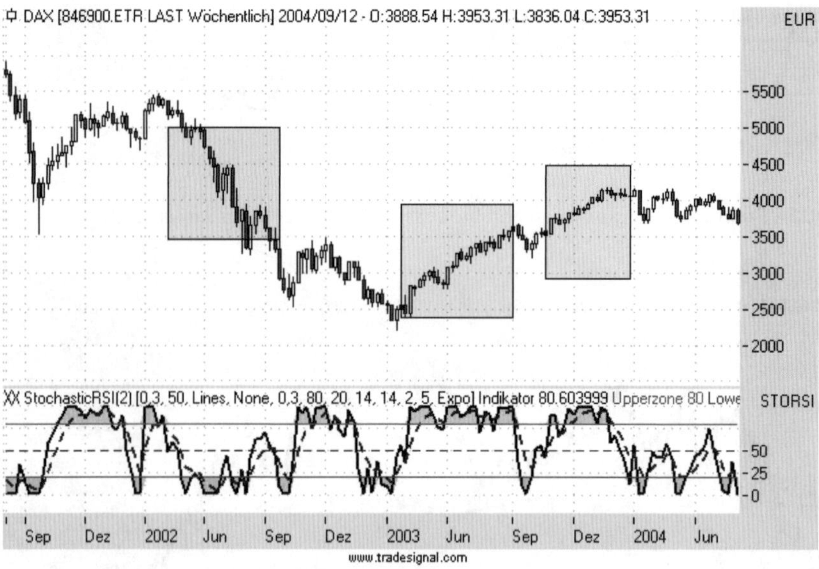

Abb. 404 – *DAX Wochen-Chart mit Zonen ausgeprägter Trends.*

Kritische Würdigung

Die Bewegungsmuster des StochRSI enthalten einige Zacken, was die Verwendung einer Signallinie erschwert und irreführend wirken kann.

Quellen

Chande, Tushar; Kroll, Stanley: Stochastic RSI and Dynamic Momentum.
In: TAS&C V.11
Chande, Tushar; Kroll, Stanley: The New technical Trader.

Time Series Forecast

Grundlagen

Der Time Series Forecast Indikator (TSF) verbindet mathematisch-statistische Methoden mit der Chartanalyse. Sicher sind ihnen schon Begriffe wie Regressionsgerade oder -kanal bekannt. Dabei handelt es sich um trendfolgende Analyseinstrumente, die den „wahren" Trend frei von zufälligen Kursschwankungen darstellen sollen. Nur, dass die Auflagepunkte nicht an Kursextremen gesetzt werden, sondern mathematisch berechnet werden. Mit Hilfe der Methode der kleinsten Quadrate wird ein Mittelwert der Kurse über einen festen Berechnungszeitraum gebildet. Dabei wird versucht, die Summe der quadrierten vertikalen Abstände von Kursen und Linie so klein wie möglich zu halten. Diese Mittelwertberechnung erzeugt eine Linie, die Regressionslinie, die so innerhalb des Kursverlaufes positioniert ist, dass alle Kurse so nah wie möglich an ihr anliegen. Diese Linie repräsentiert den aktuellen Trendverlauf gefiltert von zufälligen Auf- und Abwärtsbewegungen der Kurse. Eine wunderbare Veranschaulichung finden Sie im Internet unter:

http://home.t-online.de/home/malerczyk/Regression.html

Über eine solche Regressionslinie lassen sich zahlreiche Aussagen über Stärke, Richtung und mögliche Fortsetzung einer Trendbewegung treffen. Über Steigung und Winkel der Regressionslinie kann ein möglicher Trendverlauf in die Zukunft projiziert werden. Der TSF nutzt nun diese Mittelwertberechnung, um einen Zwitter aus der Regressionslinie und einem gleitenden Durchschnitt zu erschaffen. Das Ergebnis ist ein Indikator, der einem herkömmlichen gleitenden Durchschnitt sehr ähnlich ist. Es wird an jedem Tag eine Regressionslinie für einen festen Zeitraum berechnet und nur der Endpunkt der Linie im Chart eingezeichnet. Ein schlauer Autor hat deshalb die Bezeichnung „End Point Moving Average" gefunden. Auch andere Bezeichnungen sind bekannt, wie etwas Linear Regression Moving Average. Durch diese fortlaufende Berechnung entsteht ein Indikator, der wesentliche Vorteile gegenüber herkömmlichen gleitenden Durchschnitten aufweist, aber auch Nachteile.

Berechnung und Parameter

Zunächst muss an jedem Kursstab die immer gleiche Berechnung der Regressionslinie erfolgen, deren Endpunkt wird dann im Chart eingezeichnet. Die Formel für die „Kleinste-Quadrate-Methode lautet:

$$\min_p \sum_{i=1}^{n} ([y_m(x_i; p) - y(x_i)]^2) = \min_p \|y_m(p) - y\|_2,$$

Als Parameterangabe ist die Berechnungsperiode für die Linienlänge erforderlich. Das heißt, über wie viele Kursstäbe soll die Regressionslinie berechnet werden? Wie bei einem herkömmlichen gleitenden Durchschnitt auch, steuern Sie mit dieser Periodenangabe das Verhalten des TSF in Bezug auf Reagibilität und Verzögerung gegenüber der Kursbewegung des Basiswertes.

Darstellungsvarianten

Den Indikator gibt es einzeln, zu sehen in Abb. 405 als dunkle Linie, und als Teil des PowerMA Moduls. Beide Versionen sind für TradeSignal enterprise zum Download auf www.tradesignalonline.com erhältlich. Das PowerMA-Modul ermöglicht die Berechnung und Darstellung zahlreicher Varianten von gleitenden Durchschnitten. Außerdem können aus diesen Durchschnitten Oszillatoren berechnet werden. Eine genaue Beschreibung des Moduls finden Sie im „Lexikon“ auf www.tradesignalonline.com.

Abb. 405 – *Time Series Forecast und Moving Average Simple im Vergleich.*

Interpretation

Die einfachste Verwendung des TSF Indikators ist der Einsatz als gleitender Durchschnitt. Ein Vergleich der beiden Linien in Abb. 405 zeigt, dass der TSF (dunkle Linie) wesentlich dichter an den Kursen liegt, als der einfacher gleitender Durchschnitt. Trotzdem folgt er nicht jedem Kursausschlag und verläuft sehr glatt. Es können alle Möglichkeiten der Analyse angewendet werden, die auch mit gleitenden Durchschnitten genutzt werden.

Zur Signalerzeugung verwenden wir entweder zwei TSF Indikatoren mit unterschiedlicher Berechnungsperiode oder einen TSF und einen gleitenden Durchschnitt herkömmlicher Art. Oder wir werten die Schnittpunkte zwischen Kurs und TSF als Handelssignal. Hierbei ist es allerdings nötig, den TSF auf eine ausreichend lange Periode zu berechnen, um nicht zu viele Fehlsignale zu erhalten.

Im zweiten Fall eignet sich der TSF auf Grund seiner hohen Reaktionsgeschwindigkeit auf markante Kursbewegungen als Trigger, das heißt, er sollte eine kürzere Periodeneinstellung haben als der herkömmliche gleitende Durchschnitt. Schneidet der kurz eingestellte Indikator den längeren nach oben, gilt dies als Kaufsignal, schneidet er ihn nach unten, gilt dies als Verkaufssignal.

Hierbei sind einige Dinge zu beachten. Zunächst liefern alle Systeme aus gleitenden Durchschnitten in seitwärts laufenden Märkten viele unbrauchbare Signale, die nichts als Kosten verursachen. Zum anderen gilt beim Sonderfall TSF als Trendlinie und TSF als Trigger, dass in starken gleichmäßigen Trendbewegungen beide Linien sehr schnell dicht beieinander laufen und gerade hier viele Schnittpunkte erzeugen, die falsche Signale darstellen. Die doppelte TSF-Variante eignet sich eher für stark schwankende Märkte.

Der TSF wird oft genutzt, um andere Indikatoren zu glätten. Einige Handelsansätze berechnen die Steigung eines Indikators. Um Fehlsignale auf Grund starker Schwankungen zu verringern, werden die Daten vorher mit einem TSF geglättet. Der TSF kann als Grundlage von Channel-Systemen dienen. Jede Art von Tradingband kann auf einem TSF aufgebaut werden. Es sind also Bollinger Bänder möglich, die keinen einfachen Durchschnitt als Mittellinie benutzen, sondern einen TSF. Ähnlich kann auch der bekannte Keltner Channel modifiziert werden. Der TSF kann ferner mit einem zusätzlichen gleitenden Durchschnitt geglättet werden, um ein noch ruhigeres Ergebnis zu erzielen.

In Abb. 405 haben Sie bereits einen Vergleich von TSF und einem einfachen gleitenden Durchschnitt gesehen. Die Schnittpunkte beider Linien können als Handelssignale genutzt werden. In Abb. 406 sehen Sie das PowerMA Modul im Einsatz. Hier werden die Schnittpunkte der gleitenden Durchschnitte automatisch markiert.

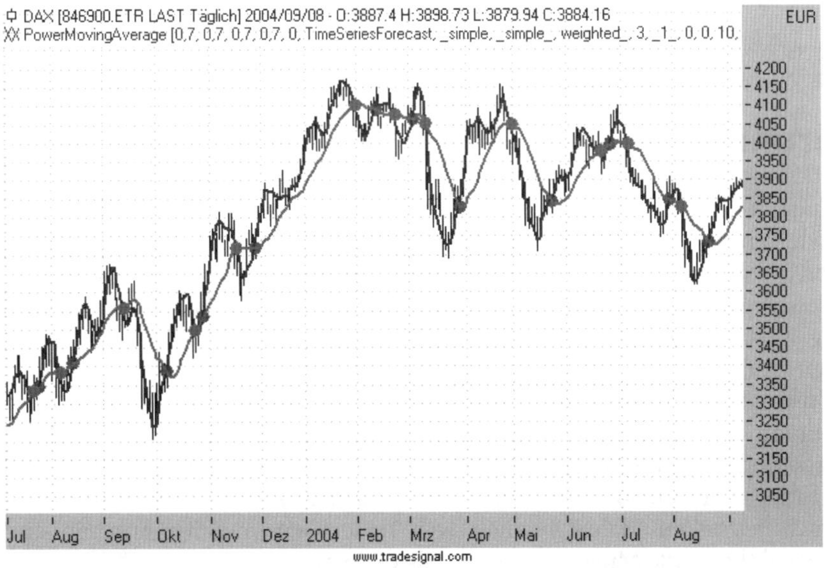

***Abb. 406** – Zwei TSF-Linien mit markierten Schnittpunkten.*

Kritische Würdigung

Der TSF hat bei seinen vielen Vorteilen gegenüber herkömmlichen gleitenden Durchschnitten auch einen Nachteil. Er schießt an den Kursspitzen nach oben oder nach unten über die tatsächlichen Wendepunkte hinaus. Diese „Beulen" werden aber relativ schnell korrigiert.

Quellen

Lafferty; Patrick E.: The End Point Moving Average: In: TAS&C V.13

Time Series Forecast Oszillator

Grundlagen

Den Time Series Forecast Oszillator findet man in nur wenigen Softwarepaketen. Für TradeSignal enterprise habe ich gleich mehrere Versionen aus verschiedenen Quellen programmiert, die Sie von www.tradesignalonline.com downloaden können. Lassen Sie sich durch die verschiedenen Bezeichnungen nicht verwirren, wichtig ist die gemeinsame Berechnungsgrundlage. Alle drei sind Oszillatoren und basieren auf dem Time Series Forecast Indikator.

In allen Fällen handelt es sich um Momentum-Oszillatoren, die das Kursmomentum also die Schwungkraft der Kursveränderungen messen. Die Berechnungsmethoden sind dabei leicht unterschiedlich, die Ergebnisse jedoch in allen Fällen sehr gut brauchbar. Warum diese Indikatoren so wenig verbreitet sind, kann man nicht feststellen. Wahrscheinlich, weil Trader Gewohnheitsmenschen sind, die lieber alt bewährte Mittel verwenden, als neue zu testen.

Die Time Series Forecast Oszillatoren sind ein guter Ersatz für den klassischen Momentum Oszillator und den MACD. In beiden Fällen haben sie einige Vorteile aufzuweisen. Ich werde drei verschiedene Berechnungsmöglichkeiten erläutern und Ihnen den dazu passenden herkömmlichen Indikator zum Vergleich nennen.

Berechnung und Parameter

Version 1: TSF Oszillator

Hier wird ein klassischer Oszillator berechnet, der die Differenz zwischen einem TSF-Indikator und dem Kurs des Basiswertes darstellt. Sie sollten den Beitrag zum Time Series Forecast Indikator (TSF) gelesen haben, um dessen Berechnung und Funktion zu verstehen. Der TSF ist im Prinzip ein gleitender Durchschnitt, der aus den Endpunkten einer an jedem Kursstab neu berechneten linearen Regressionslinie entsteht. Er sieht wie ein herkömmlicher gleitender Durchschnitt aus und wird deshalb auch wie ein solcher verwendet.

Zuerst muss der TSF berechnet werden. Als Periodenangabe ist hier die Länge der zu ermittelnden Regressionsgeraden anzugeben. Aus diesem Parameter ergibt sich das Verhalten des TSF in Bezug auf Reagibilität und Verzögerung zu den Bewegungen des Basistitels. Um ein sinnvolles Ergebnis zu erhalten, ist eine entsprechend große Berechnungsperiode anzugeben. 20 Tage für den TSF liefern ein gutes Ergebnis. Kürzere Einstellungen führen zu nutzlosen Ergebnissen, da der

TSF sehr dicht an den Kursen liegt und so nicht mehr den Haupttrendverlauf abbildet.

Um den Oszillator zu erhalten, wird von Schlusskurs des Basistitels der Wert des TSF abgezogen. Als Ergebnis erhält man einen Oszillator, der um eine Mittellinie schwingt und eine nach beiden Seiten offene Werteskala besitzt. Abb. 407 zeigt diese Version des TSF Oszillators. Dieser Indikator verläuft in sehr unruhigen Mustern, weshalb ich die Werte mit einem exponentiellen gleitenden Durchschnitt glätte. Im Indikator ist bereits die Berechnung einer Signallinie enthalten. Die Formel lautet:

$$TSFO_{(t)} = Close_{(t)} - TSF_{(t)}$$
$$TSF_{(t)} = \text{Endpunkt einer linearen Regressionslinie}$$

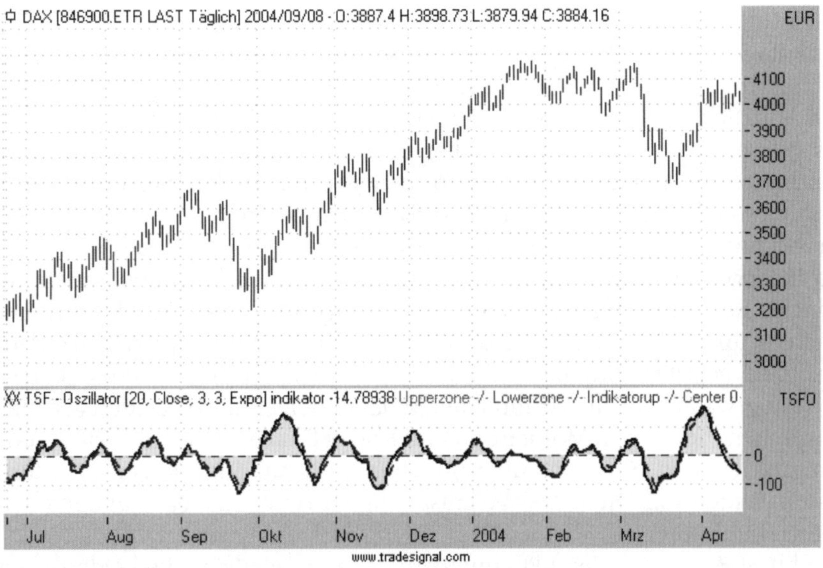

Abb. 407 – *TSF Oszillator im DAX.*

Version 2: TSF Momentum Oszillator

Diese Variante, die auch als Linear Regression Oszillator (LRO) bezeichnet wird, wird wie die klassische Rate of Change berechnet. Während bei der herkömmlichen Rate of Change die relative Kursänderung zum Schlusskurs vor n Tagen ermittelt wird, geht der LRO einen etwas anderen Weg. Er berechnet zuerst den Wert der linearen Regressionslinie des aktuellen Tages. Dann wird der Wert dieser Linie vor n Tagen berechnet. Schließlich wird die Rate of Change gebildet, in dem Wert eins durch Wert zwei dividiert wird. Als Ergebnis erhält meine eine geglättete Variante des bekannten Momentum-Indikators. Der LRO schwingt um seine Mittellinie und hat eine nach beiden Seiten offene Werteskala.

Die Rate of Change ist, falls Sie es nicht bereits wissen, die gemessene relative Kursänderung innerhalb einer Berechnungsperiode, während das Momentum das Gleiche in absoluten Werten misst. Das Ergebnis hat unterschiedliche Skalenwerte aber das absolut gleiche Bewegungsmuster. Beide Indikatoren stellen das Gleiche dar, nämlich die Veränderungen im Momentum der Kursbewegung des Basistitels.

Zur Funktion des Indikators will ich etwas weiter ausholen. Sie haben sicher bereits gelesen, dass der zu Grunde liegende TSF-Indikator einem gleitenden Durchschnitt sehr ähnlich ist. Großer Vorteil gegenüber den herkömmlichen Berechnungsmethoden ist der weiche Verlauf auch bei kurzen Periodeneinstellungen bei hoher Reagibilität auf Bewegungsänderungen des Basistitels.

Im Indikator sind zwei Verschiedene Parameter für die Berechnungsperiode der linearen Regressionslinie und der Rate of Change vorhanden. Mit der Periodeneinstellung für die lineare Regressionslinie steuern Sie, wie stark der Kursverlauf des Basistitels geglättet wird, bevor die Rate of Change berechnet wird. Je kürzer dieser Wert gewählt wird, um so ähnlicher ist das Endergebnis der beiden genannten klassischen Indikatoren Momentum und Rate of Change. Mit der zweiten Periodenangabe steuern Sie nun, über welchen Zeitraum das Kursmomentum gemessen werden soll. Diese Angabe entspricht der Periodenangabe in den eben genannten Indikatoren.

In Abb. 408 habe ich den LRO und darunter zum Vergleich die beiden oben genannten Indikatoren abgebildet. Die Berechnungsperiode für die lineare Regressionslinie habe ich auf einen Tag reduziert, um zu zeigen, dass alle drei Indikatoren zunächst das gleiche Bewegungsmuster aufweisen.

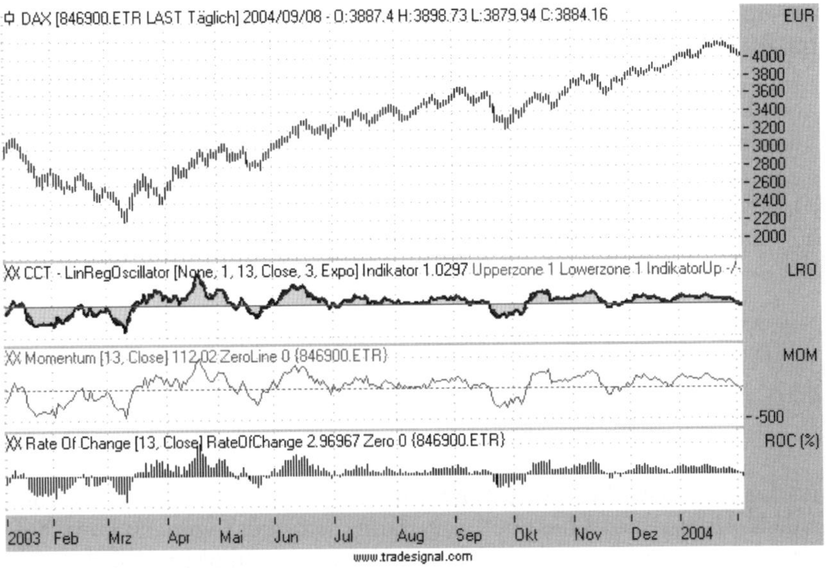

***Abb. 408** – TSF Oszillator, Momentum und Rate of Chance im Vergleich.*

***In Abb. 409:** – Linear Regression Oszillator (LRO) Über fünf Tage berechnet.*

In Abb. 409 habe ich die Berechnungsperiode der linearen Regressionslinie auf fünf Tage eingestellt. Jetzt fällt auf, dass der Verlauf des LRO wesentlich weicher erscheint als der Verlauf der beiden anderen Indikatoren. Wir erhalten auf diese Weise einen Momentum-Indikator, der einen weichen Verlauf, aber trotzdem eine hohe Reaktionsgeschwindigkeit auf Bewegungen des Basistitels aufweist. Die Formel für den LRO lautet:

$$LRO_{(t)} = TSF_{(t)} / TSF_{(t-n)}$$

TSF = Endpunkt einer linearen Regressionslinie

Version 3: TSF MACD

Hier wird der klassische MACD Indikator nachgebildet. Diese Version ist dem TSFO sehr ähnlich. Unterschiede bestehen nur darin, dass nicht vom Kurs ein TSF-Indikator subtrahiert wird, sondern dass ein zweiter TSF-Indikator auf den Kurs berechnet wird. Dadurch wird der Kursverlauf geglättet, bevor der TSF MACD entsteht. Es werden eine kurze und eine lange Berechnungsperiode verwendet, wie es auch beim herkömmlichen MACD geschieht. Für die kurze Berechnungsperiode sind 9 Tage eingestellt, für die lange Berechnungsperiode 26 Tage.

Vom Wert der kurzen TSF-Linie wird der Wert der langen TSF-Linie abgezogen. Als Ergebnis entsteht ein Oszillator, der um seine Mittellinie schwingt und eine nach beiden Seiten offene Werteskala hat.

Was Sie in Abb. 410 sehen, ist der hier beschriebene Indikator mit Hilfe des PowerMA-Moduls konstruiert. Genaueres über Funktion und Verwendungsmöglichkeiten des Moduls finden Sie im „Lexikon" auf www.tradesignal-online.com. Im oberen Chart sehen Sie die der Berechnung zu Grunde liegenden beiden TSF-Linien, im unteren den daraus berechneten TSF-MACD. Zum Vergleich darunter noch ein herkömmlicher MACD. Die Formel für den TSF-MACD lautet:

$$TSFmacd(t) = TSFX(t) – TSFY(t)$$

TSFX = Endpunkt einer linearen Regressionslinie mit kurzer Berechnungsperiode
TSFY = Endpunkt einer linearen Regressionslinie mit langer Berechnungsperiode

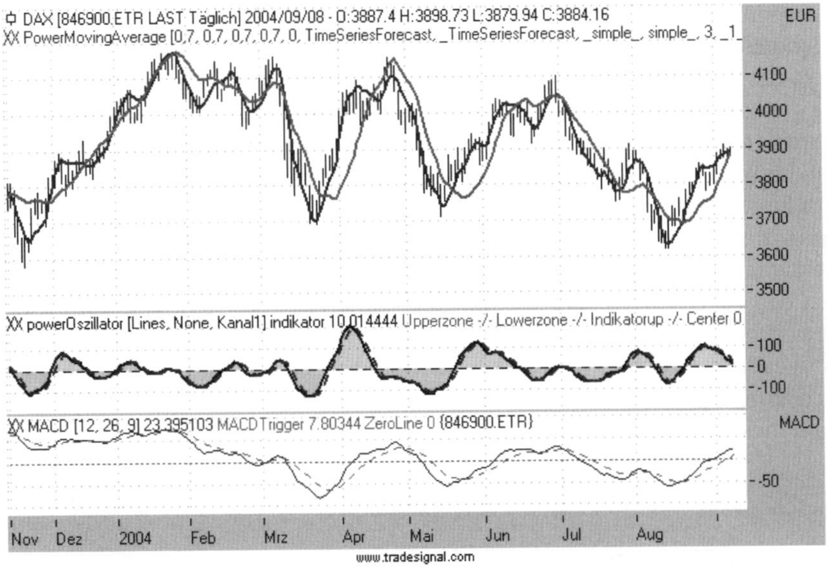

***Abb. 410** – Eine weitere Variante; hier der TSF-MACD (Mitte)*

Darstellungsvarianten

Die beiden Indikatoren TSFO und LRO sind als einzelne Indikatoren für TradeSignal enterprise erhältlich. Der TSF MACD wurde mit dem PowerMA Modul konstruiert. Auf www.tradesignalonline.com befinden sich alle Equilla-Programme, die Sie brauchen, um die Indikatoren nutzen zu können.

Interpretation

Für den TSF Oszillator und den TSF MACD gelten die gleichen Verwendungsmöglichkeiten die auch für den klassischen MACD gelten. Wenn Sie der alphabetischen Reihenfolge nach die Indikatorenbeiträge gelesen haben, sollte Ihnen die Verwendung des MACD bereits bekannt sein. Diese können sie komplett auf die beiden hier besprochenen Versionen TSFO und TSF MACD übertragen.

Wir unterscheiden die trendbestimmende Funktion und die signalerzeugende Funktion. Die Trendbestimmende Funktion ist allerdings mit einer Einschränkung zu nutzen. Da die der Berechnung des TSF MACD zu Grunde liegenden TSF-Linien wesentlich reaktionsfreudiger im Hinblick auf Kursschwankungen sind, als die dem klassischen MACD zu Grunde liegenden exponentiellen gleitenden Durchschnitte, reagiert der TSF MACD viel schneller und deutlicher auf

Kursbewegungen. Seine Lage über oder unter der Mittellinie wird also viel kürzere Trendbewegungen abbilden als der klassische MACD.

Liegt der TSF MACD über der Mittellinie, liegt also ein kurzer Aufwärtstrend vor. Liegt der TSF MACD unter der Mittellinie, liegt ein kurzfristiger Abwärtstrend vor. Die gleichen Aussagen gelten für den TSFO ebenso. Beide Indikatoren reagieren schneller auf Richtungswechsel im Basistitel. Die Schwingungsintensität ist deutlich höher. Als Maß für Trendstärke kann der Abstand der beiden Indikatoren zur Mittellinie verwendet werden. Je weiter die Indikatoren von der Mittellinie entfernt sind, um so stärker ist die Trendbewegung.

Die signalerzeugende Funktion liefert uns Handelssignale aus den Schnittpunkten des TSFO/TSF MACD mit der Mittellinie oder aus den Schnittpunkten mit einer angelegten Signallinie. Der Schnitt mit der Mittellinie signalisiert einen kurzfristigen Trendwechsel im Basistitel. Schneiden die Indikatoren ihre Mittellinie nach unten, gilt dies als Verkaufssignal. Schneiden sie ihre Mittellinie nach oben, gilt dies als Kaufsignal.

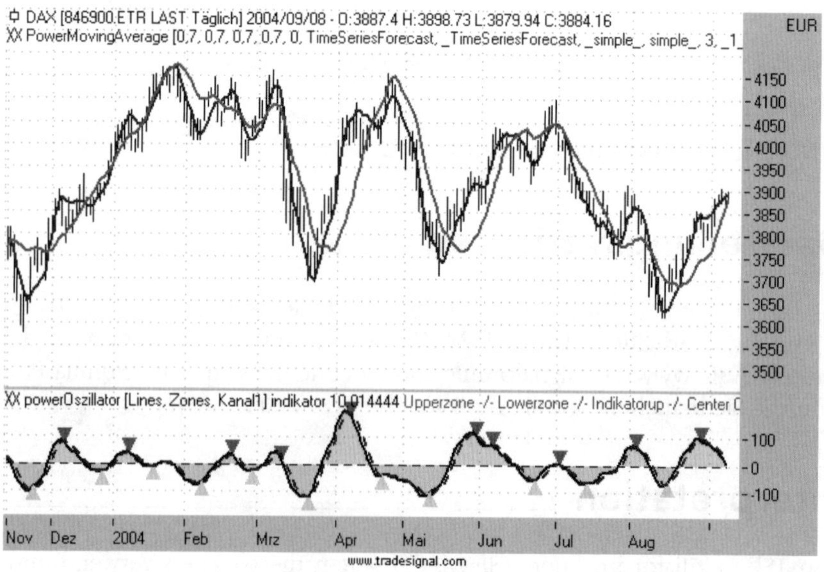

***Abb. 411** – TSF Oszillator mit Signalen.*

Mit einer angelegten Signallinie werden Veränderungen in der Bewegungsdynamik der beiden Indikatoren in Handelssignal umgewandelt. Lässt die Bewegungsdynamik, also das Momentum der Kursbewegung im Basistitel nach, werden die Indikatoren bereits ihre Bewegungsrichtung ändern, während der Basistitel noch einige Zeit weiter laufen wird. Durch diese Richtungsänderung in den Indikatoren entstehen Schnittpunkte mit der Signallinie. Als Signallinie kann jede Art von gleitendem Durchschnitt verwendet werden. Da der Verlauf des TSFO aber wesentlich unruhiger ist als der des TSF MACD sollten allerdings verschiedene

Typen verwendet werden. Für den TSFO ist ein trägerer Typ von Signallinie geeignet. Weil der TSF MACD einen sehr weichen und ruhigen Verlauf hat, ist hier ein eng anliegender Typ von Signallinie nützlich. In meinen Indikatoren für TradeSignal enterprise haben Sie die Wahl aus 6 Typen von Signallinien.

Schneiden die beiden Indikatoren ihre Signallinie nach oben, gilt dies als Kaufsignal, schneiden sie ihre Signallinie nach unten, gilt dies als Verkaufssignal. In Abb. 411 sind einige Signale des TSF MACD markiert.

Der LRO kann in derselben Art und Weise verwendet werden wie das klassische Momentum. Da für das Momentum sehr viele Anwendungsmöglichkeiten existieren, möchte ich Sie bitten, auf jeden Fall den entsprechenden Beitrag über den Momentum Indikator zu lesen. Der LRO misst die Veränderungen in der Bewegungsdynamik des Basistitels über einen festgelegten Zeitraum. Die wichtigsten Aussagen sind:

- Die Lage über oder unter der Mittellinie kann für eine Trenddefinition verwendet werden, genau wie oben schon beschrieben. Die Schnittpunkte mit der Mittellinie gelten als Trendwechsel.
- Es kann eine Signallinie auf den Indikator konstruiert werden. In der vorgestellten TradeSignal enterprise Version ist diese Berechnung bereits enthalten. Je nach gewählter Periodeneinstellung für die lineare Regressionslinie im Indikator, kann eine träge Signallinie gewählt werden, wenn eine kurze Periodeneinstellung gewählt ist, oder eine reagiblere Signallinie, wenn eine längere Berechnungsperiode verwendet wird.
- Die Schnittsignale werden ebenso verwendet wie oben schon beschrieben.

Für alle drei Varianten des Time Series Forecast Oszillators gilt auch die Suche nach Divergenzen zum Verlauf des Basistitels als möglich. Zu beachten ist, dass diese Indikatoren gegenüber ihren vergleichbaren Klassikern wesentlich reagibler sind. Das kann zur Folge haben, dass Divergenzen verzerrt werden oder zu viele entstehen. Abschließend sollten Sie als User ausgiebige Tests dazu durchführen! Man kann alle drei hier vorgestellten Indikatoren als Weiterentwicklungen klassischer Indikatoren betrachten. Sie haben einige entscheidende Vorteile gegenüber den Klassikern. Sie reagieren schneller und deutlicher auf Kursbewegungen und liefern dadurch Signale mit weniger Interpretationsspielraum.

Kritische Würdigung

Der kleine Nachteil, der aus dem Überschießen des zu Grunde liegenden TSF-Indikators an Kursspitzen resultiert, wird meiner Meinung nach durch die verbesserten Signale wieder wettgemacht. Ein wirklicher Nachteil bleibt. Die von den

Klassikern bekannten ausgeprägten Divergenzen zum Kursverlauf des Basistitels werden durch die hohe Reagibilität der drei TSF-Oszillatoren verzerrt.

Quellen

Lafferty; Patrick: The End Point Moving Average.
www.incrediblecharts.com
www.paritech.com

Trend Continuation Factor

Grundlagen

M. H. Pee hat bereits mehrere Indikatoren entwickelt, die alle auf Trenderkennung, Trendfolge und Trendstärke ausgerichtet sind. Sicher haben Sie einige meiner Beiträge zu diesen Indikatoren gelesen. Mr. Pee, der Handelssysteme entwickelt und erfolgreich vermarktet, hat die Erkennung von Trends und Trendstärke als maßgeblichen Anteil am Erfolg eines Handelssystems bezeichnet.

Es gibt unzählige Handelsansätze, die auf Indikatoren, Chartmustern oder Kombinationen daraus bestehen, deren Erfolg durch qualifizierte Trenddefinition wesentlich gesteigert werden kann. Besonders bei Handelsansätzen, die sich diverser technischer Indikatoren, wie Momentum-Oszillatoren, gleitenden Durchschnitten oder verwandten Konstrukten bedienen, kann die Performance durch einen Trendfilter deutlich verbessert werden. Ein Trendfilter verhindert, dass in Phasen von besonders starker trendgerichteter Bewegung eine Position gegen die Trendrichtung eingenommen wird.

Auch bei Systemen, die auf Chartmustern basieren, wie zum Beispiel Candlestick-Muster, ist eine Trenddefinition unerlässlich. Gerade hier zeigt sich dann auch die Qualität der Trenderkennung. Viele der Umkehrmuster treten nicht direkt an den Gipfeln der jeweiligen Kursbewegung auf. Liegt der Trendfilter nach einem Kursgipfel oder Kurstal zu schnell auf der falschen Seite oder wechselt zu spät die Richtung, geht ein möglicherweise profitables Muster verloren.

Der hier vorgestellte Trend Continuation Factor (TCF) versucht nun, Phasen mit besonders starken Trendbewegungen zu finden. Die Vorgehensweise ist relativ kompliziert und lässt sich schlecht beschreiben. Im Ergebnis ähnelt der Indikator dem DMI nach Wilder oder auch dem Aroon nach Chande. Er besteht ebenfalls aus zwei Teilindikatoren, deren Lage zueinander und deren Lage zur Nulllinie entscheidend für die Aussage des Gesamtindikators sind.

Berechnung und Parameter

Die Berechnung lässt sich in den Grundzügen so erklären: Es werden zunächst zwei Summen gebildet. Die eine beinhaltet alle Kursänderungen an Tagen mit steigenden Kursen im Berechnungszeitraum. Die zweite beinhaltete alle Kursänderungen an Tagen mit fallenden Kursen im Berechnungszeitraum. Jetzt werden zwei weitere Summen gebildet. Diese beinhalten die so genannten Veränderungsfaktoren. Darunter verstehen wir eine Art Maß für die Stärke einer Trendbewegung. An Tagen mit aufeinander folgenden gleichgerichteten Kursbewegungen werden diese Faktoren immer größer und zwar im Verhältnis größer, als die reine Kursänderung. Wird die Serie in den Kursänderungen gebrochen, wird der Faktor auf Null gesetzt. Für Abwärtsbewegung und Aufwärtsbewegung werden je eine Summe gebildet, in die die Werte dieser Veränderungsfaktoren einfließen. Ist die vorherrschende Trendbewegung stark und besteht aus vielen aufeinander folgenden gleichgerichteten Kursbewegungen, wird die Summe des jeweiligen Veränderungsfaktors deutlich höher sein, als die Summe der reinen Kursveränderungen. Aus dem Vergleich der Summen der Kursänderungen und der Summen der Veränderungsfaktoren können wir nun unsere Information über Stärke und Richtung der vorherrschenden Trendrichtung gewinnen. Die Berechnung sieht so aus:

$Change_{(t)} = abs(Close_{(t)} - Close_{(t-1)})$

Wenn $Close_{(t)} > Close_{(t-1)}$ dann $UpChange_{(t)} = Change_{(t)}$
Sonst $UpChange_{(t)} = 0$

Wenn $Close_{(t)} < Close_{(t-1)}$ dann $DownChange_{(t)} = Change_{(t)}$
Sonst $DownChange_{(t)} = 0$

Wenn $DownChange_{(t)} > 0$ Dann $DownChangeF_{(t)} = DownChangeF_{(t-1)} + DownChange_{(t)}$
Sonst $DownChangeF_{(t)} = 0$

Wenn $UpChange_{(t)} > 0$ dann $UpChangeF_{(t)} = UpChangeF_{(t-1)} + UpChange_{(t)}$
Sonst $UpChangeF_{(t)} = 0$

$UpTcf_{(t)} = Sum_{(n)}(UpChange_{(t)}) - Sum_{(n)}(SumDownChangeF_{(t)})$
$DownTcf_{(t)} = Sum_{(n)}(DownChange_{(t)}) - Sum_{(n)}(UpChangeF_{(t)})$

n = Berechnungsperiode

Mr. Pee gibt die Berechnungsperiode des Indikators mit 35 Tagen an. Wenn Sie den TCF verwenden möchten, sollten Sie mit der Parametereinstellung ausgiebige Tests durchführen. Bei meinen Versuchen, dem TCF in seiner Standardinterpretation Signale zu entlocken, habe ich keine guten Ergebnisse erzielt. Was nicht bedeuten soll, dass es nicht möglich ist, gute Ergebnisse zu erhalten. Mr. Pee stellt in seinem Artikel in TAS&C eine Statistik der Handelsergebnisse mehrere Märkte vor, die brauchbare Ergebnisse zeigt. Der Indikator hat keine festgelegte Skalenbreite, er bewegt sich jedoch über und unter die Nulllinie, die wir deshalb auch einzeichnen wollen.

Darstellungsvarianten

Der TCF ist für TradeSignal enterprise erhältlich. Zusammen mit einem binären Indikator, dessen Aussagequalität ich aber zweifelhaft finde, können Sie beide Indikatoren auf www.tradesignalonline.com downloaden. Abb. 412 zeigt einen Chart mit beiden Indikatoren.

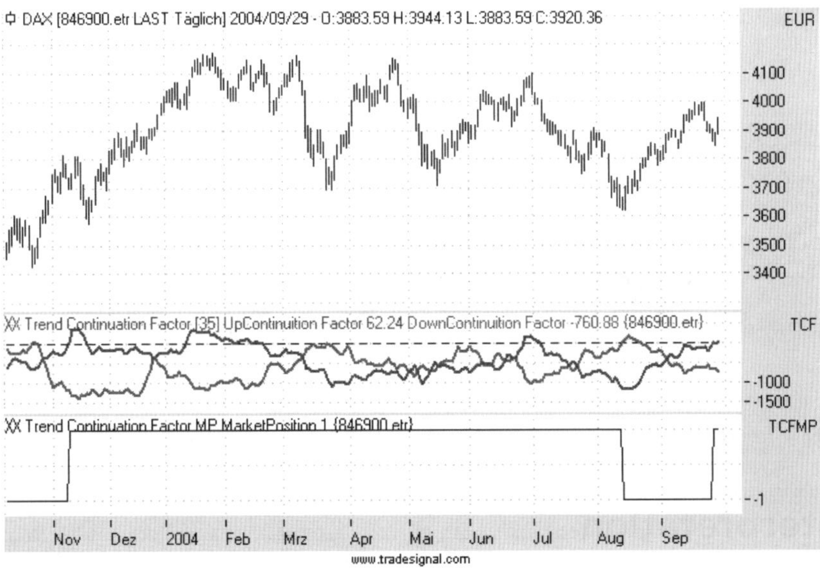

***Abb. 412** – Trend Continuation Factor (Mitte) beim DAX.*

Abb. 413 zeigt ein Derivat aus dem TCF, den TCF Oszillator. Er stellt den Abstand zwischen UpTcf und DownTCF dar. Da der Oszillator ein sehr zerrissenes Verlaufsmuster hat, habe ich eine komplexe Glättung eingebaut, die das Ziel hat, den Verlauf zu glätten ohne die Muster zu verschieben. Es kommt ein Ehlers-Filter und der T3-Average zum Einsatz. Mit den Periodeneinstellungen können Sie ruhig etwas herumspielen. Besonders der Schwellenwert „CutOff" des Ehlers-Filters kann sehr verschiedene Ergebnisse produzieren.

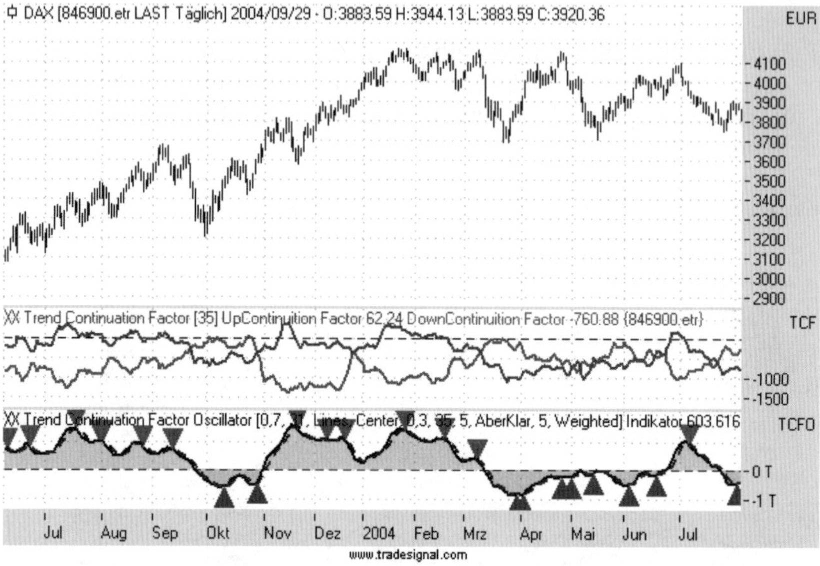

***Abb. 413** – Trend Continuation Oszillator, hier geglättet mit dem Ehlers-Filter.*

Interpretation

Die von Mr. Pee vorgestellten Regeln, an Hand derer er auch die Testergebnisse aus dem Artikel erzielte; sind folgende:

- Kauf wenn UpTcf über die Nulllinie steigt
- Verkauf wenn DownTcf über die Nulllinie steigt

Mr. Pee verwendet den TCF als reines Umkehrsystem. Das bedeutet, Signale lösen jeweils ein Drehen der Position aus, bis das Gegensignal eintritt. Das wäre recht einfach. Doch was genau bedeutet diese Bewegung über die Nulllinie? Einer der beiden Teilindikatoren schafft es nur dann über die Nulllinie, wenn innerhalb einer entsprechenden Trendbewegung möglichst viele aufeinander folgende trendgerichtete Kursänderungen auftreten. Ein Blick auf den Chart in Abb. 414 zeigt, dass diese Ereignisse relativ selten sind.
Nur, wenn die Berechnungsperiode deutlich verkürzt wird, erhalten wir mehr und bessere Signale. Im idealen Trend, der natürlich so gut wie nie auftritt, liegt entweder jeder Schlusskurs über dem vorherigen oder jeder Schlusskurs unter dem vorherigen. In diesem Falle würde der jeweilige Teilindikator einen deutlichen Ritt über die Nulllinie vollführen. Da im wahren Leben aber die Trendbewegungen auch von Kursen mit gegenläufiger Bewegungsrichtung durchbrochen werden, hat es der TCF schwer, die Nulllinie zu erreichen. Abb. 415 zeigt den TCF mit nur 15

Tagen Berechnungsperiode. Die Anzahl der Überkreuzungen der Nulllinie sind nun deutlich gestiegen.

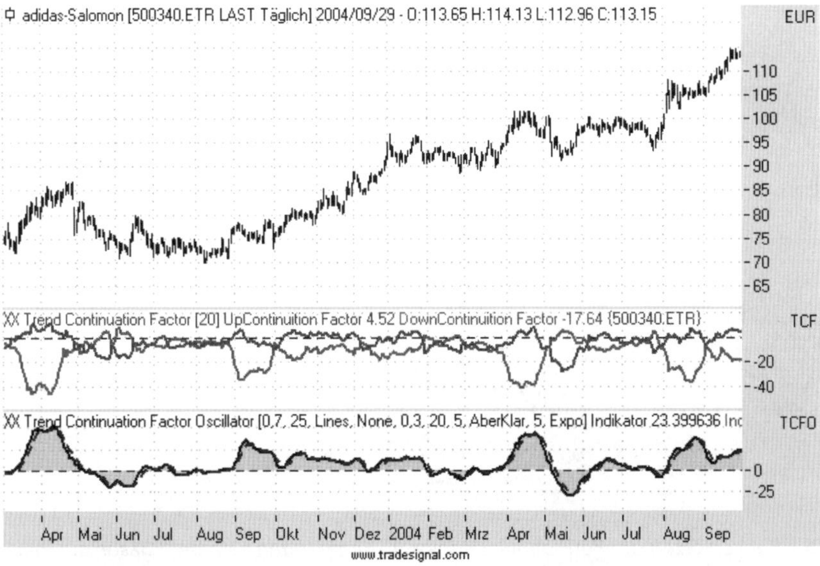

***Abb. 414** – Verläuft einer der Teilindikatoren des Trend Continuation Factors (Mitte) oberhalb der Nulllinie, handelt es sich definitionsgemäß um eine Trendphase.*

Wir halten zunächst also fest, dass die Bewegung eines der beiden Teilindikatoren über die Nulllinie einen starken Trend anzeigt. Schafft es der UpTcf über die Nulllinie, heißt das, ein starker Aufwärtstrend liegt vor. Schafft es sein Gegenspieler der DownTcf über die Nulllinie, zeigt er einen starken Abwärtstrend an. Da nicht beide Trends gleichzeitig aktiv sein können, kann immer nur einer der beiden Teilindikatoren über der Nulllinie liegen.

Als alternative Interpretationsmöglichkeit bietet sich an, den TCF wie den DMI zu verwenden. Es sind sogar einige Ähnlichkeiten in der Berechnung vorhanden. Im DMI werden ebenfalls die gerichteten Bewegungen summiert und daraus dann die Phasen mit aufwärtsgerichteter Bewegungsdynamik von den Phasen mit abwärtsgerichteter Bewegungsdynamik unterschieden. Wir treffen also folgende Aussagen:

- Liegt der UpTcf über dem DownTcf, dominiert die aufwärtsgerichtete Bewegungsdynamik
- Liegt der DownTcf über dem UpTcf, dominiert die abwärtsgerichtete Bewegungsdynamik
- Je größer der Abstand zwischen beiden Linien dabei ist, um so stärker ist das Trendverhalten des Basistitels
- Kreuzungspunkte zwischen beiden Teilindikatoren markieren Trendwechsel

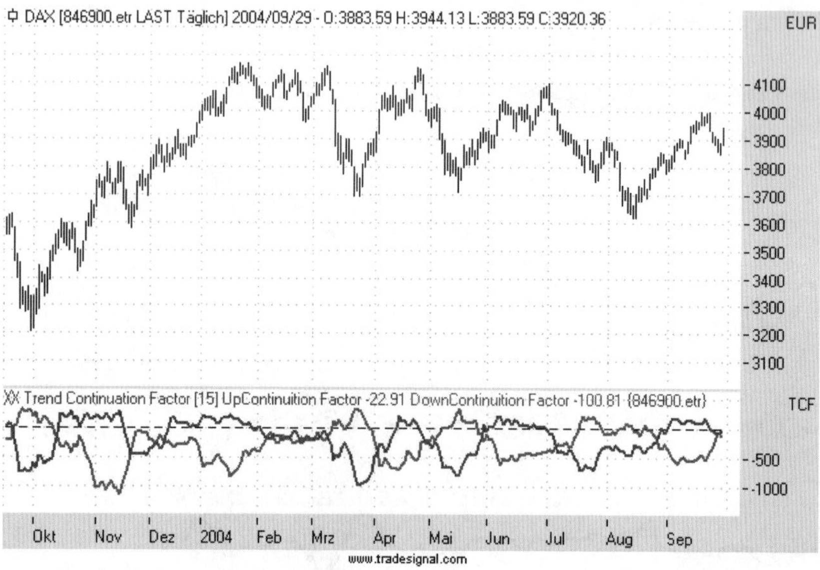

***Abb. 415** – Bei Verkürzen der Periodenlänge (hier: 15 Tage) treten häufiger Phasen auf, bei denen der TCF über seiner Nulllinie verläuft.*

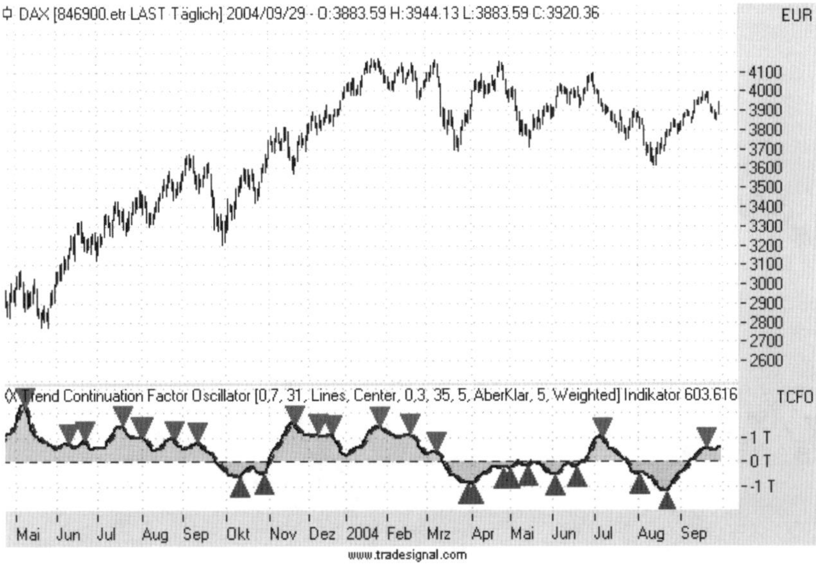

***Abb. 416** – TCF Oszillator in einer anderen Darstellungsart.*

Wir werfen nun einen Blick auf Abb. 416. Dort sehen wir den Oszillator aus beiden TCF Teilindikatoren. Im Prinzip nur eine andere Art der Darstellung.

Aber wir sehen so deutlicher, welcher Trend vorherrscht und vor allem erhalten wir durch die Signallinie des Oszillators zusätzliche Informationen. Es sind zahlreiche Kombinationsmöglichkeiten mit anderen Indikatoren denkbar. Auch die Kombination aus TCF und Oszillator ist möglich. Der Oszillator liefert durch die Schnittpunkte mit der Signallinie gute Handelssignale. Schneidet der Oszillator die Signallinie nach oben, gilt dies als Kaufsignal. Schneidet der Oszillator die Signallinie nach unten, gilt dies als Verkaufssignal.

In Verbindung mit einem Volatilitätsindikator lässt sich wahrscheinlich ein brauchbares System konstruieren, welches in beide Richtungen unabhängig von der Trendrichtung handelt. Signale gegen den Trend werden nur dann ausgelassen, wenn zu wenig Volatilität vorherrscht.

Wird die Trenddefinition stärker eingebunden, liefert der Oszillator trotzdem auch hier noch ausreichend gute Signale in Trendrichtung. In Abb. 417 habe ich die Markierung aller Schnittpunkte eingeschaltet. Liegt der Oszillator bereits über der Nulllinie, zeigt also einen Aufwärtstrend an, können alle nach oben gerichteten Pfeile als Kaufsignale verwendet werden. Liegt der Oszillator unter seiner Nulllinie, zeigt er also einen Abwärtstrend an, können alle nach unten gerichteten Pfeile als Verkaufssignale verwendet werden.

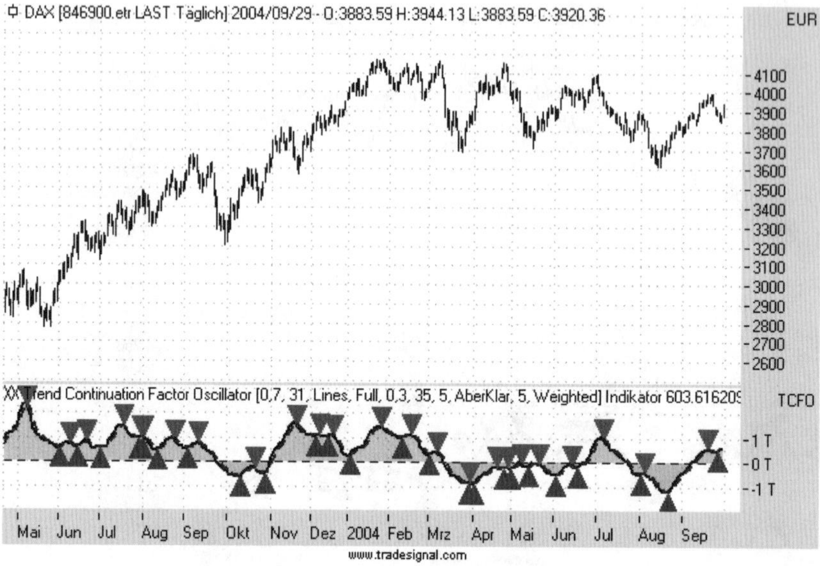

***Abb. 417** – TCF Oszillator mit Signallinie und entsprechenden Signalen.*

Kritische Würdigung

Wird der TCF nur nach der Vorgabe von Mr. Pee verwendet, liefert er für meinen Geschmack zu wenige Signale, die, bedingt durch die zahlreichen Summierungen, auch noch einer deutlichen zeitlichen Verzögerung unterliegen.

Quellen

Pee M. H.: Trend Continuation Factor: In: TAS&C V.20

Trend Detection Index

Grundlagen

Eine Aufgabe, die meist vor anderen analytischen Tätigkeiten durchgeführt wird, ist die Suche und Definition des Trends in den Kursbewegungen eines Wertes. Viele Handelsansätze basieren auf einer Trenddefinition, die die Richtung des Handelns bestimmt. Zahlreiche Ansätze sind bekannt, um diese Aufgabe zu erfüllen. Einfachste Methoden nutzen Trendlinien und Kanäle, die vom Trader im Kurschart eingezeichnet werden. Andere Methoden nutzen gleitende Durchschnitte und beobachten die Lage der Kurse zu diesen Durchschnitten oder berechnen die Abstände zwischen mehreren dieser Durchschnittslinien. Es gibt Ansätze, die sich der Summierung von Kursänderungen bedienen, wie im Directional Movement Konzept des W. Wilder und es gibt Ansätze die eine zeitliche Komponente berechnen, wie der Aroon-Up/Down des T. Chande.

M. H. Pee stellte eine weitere Variante der Trenderkennung vor und bedient sich dabei verschiedener Summen von Momentumwerten. Das Momentum, als klassischer Momentum-Indikator bekannt, stellt die absolute Kursänderung zwischen aktuellem Schlusskurs und dem Schlusskurs vor n Tagen dar. Aus diesem Wert lassen sich verschiedene Informationen herauslesen. Zum einen, ob die Veränderung im Berechnungszeitraum positiv oder negativ war und zum anderen auch, wie stark diese Veränderung war. Die fortlaufende Aufzeichnung dieses Momentums zeigt uns bereits eine einfache Trenddefinition. Liegt es im positiven Bereich, überwiegen positive Kursänderungen, liegt es im negativen Bereich, überwiegen negative Kursänderungen.

Auch als Maß für die Schwankungsbreite der Kurse im Berechnungszeitraum ist das Momentum verwendbar. Summiert man die absoluten Momentumwerte des Berechnungszeitraumes, wird innerhalb einer trendlosen Phase ein sehr niedriges Ergebnis herauskommen. In einer trendstarken Phase hingegen wird ein höherer Wert herauskommen, weil die Kursänderungen alle in die gleiche Richtung tendieren. Mr. Pee kombiniert nun verschiedene Summen von Momentumwerten, um die Übergänge von trendlosen Phasen zu Trendphasen erkennen zu können. Als Nebenprodukt der Berechnung fallen ein Richtungsindikator ab, der die Trendrichtung anzeigt und ein binärer Signalindikator, der ein Handelssignal liefert, das aus Kombination von Trendstärke und Trendrichtung gebildet wird.

Berechnung und Parameter

Die Berechnung des TDI ist relativ umfangreich. Wir verwenden folgende Eingangswerte:

$$Mom_{(t)} = Close_{(t)} - Close_{(t-n)}$$
$$SumMom_{(t)} = Sum_{(n)}(Mom_{(t)})$$

$$TDI(t) = abs(SumMom_{(t)}) - ((Sum_{(n*2)}(abs(Mom_{(t)})) - (Sum_{(n)} (abs(Mom_{(t)})))$$

In Worten:

- Es wird der absolute Wert der Summe der Momentumwerte des Berechnungszeitraumes ermittelt.
- Es werden die absoluten Momentumwerte für 40 Tage aufsummiert
- Es werden die absoluten Momentumwerte für 20 Tage aufsummiert

Die absolute Summe des Momentums wird in trendstarken Phasen größer sein, als in trendlosen Phasen, da sich in letzteren die Momentumwerte gegenseitig aufheben. Die beiden Summen der absoluten Momentumwerte sollen herausfiltern, ob in der näheren Vergangenheit ein Trend oder eine Konsolidierungsphase dominant waren. Die Differenz aus diesen beiden Summen wird dann entsprechend groß oder klein sein. Der Indikator in Abb. 418 bewegt sich in einer nach beiden Seiten offenen Werteskala. Dabei oszilliert er um die Nulllinie. Gleiches gilt für den Trend Direction Index. Dieser zeigt nur die Richtung der Kursbewegung an.

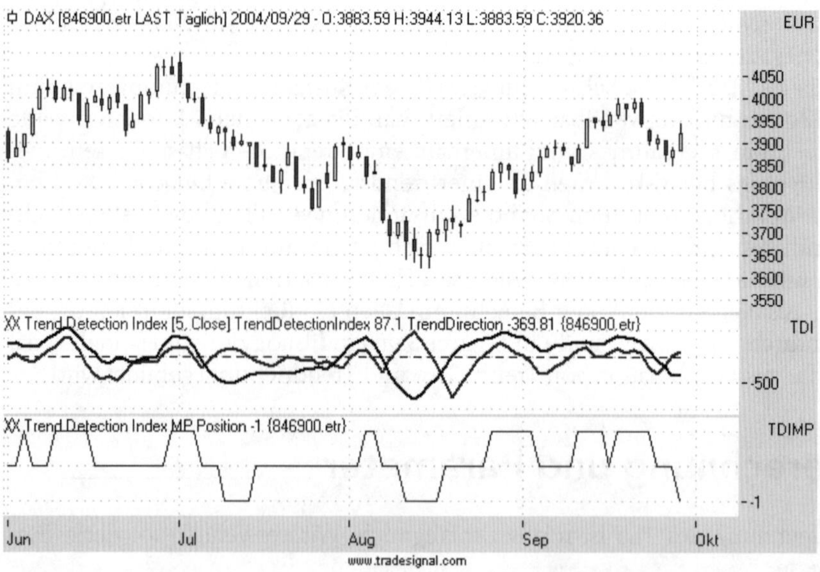

Abb. 418 *– Trend Detection Index (hellere Linie, Mitte) und der Trend Direction Index (schwarze Linie, Mitte) im Vergleich.*

Übrigens, nachdem ich den Artikel im US-Magazin TAS&C gelesen habe (mehrmals), bin ich zur Überzeugung gelangt, dass es bei manchen Indikatoren nicht notwendig ist, die Berechnung bis ins kleinste Detail voll zu verstehen. Es reicht aus, wenn Sie die Interpretation der Werte des Indikators nachvollziehen können und evtl. eine Anwendung für sich entdecken.

Darstellungsvarianten

Der TDI besteht aus drei Komponenten. Zwei davon, der Trend Detection Index (TDI) und der Trend Direction Index, lassen sich in einem Indikatorenfenster darstellen (siehe Abb. 418). Deren Werte sind relativ einheitlich. Der dritte Indikator ist ein binärer Signalgeber, der aus der Kombination der beiden ersten Indikatoren entsteht. Da er nur zwei Werte annehmen kann, 1 und -1, muss er in einem eigenen Fenster gezeichnet werden. Deshalb bekommen Sie für TradeSignal enterprise auch zwei Indikatoren geliefert.

Damit es keine Verwirrungen wegen versehentlich falsch eingestellter Berechnungsperioden gibt, habe ich den binären Indikator so programmiert, dass er seine Eingangswerte direkt aus dem Hauptindikator übernimmt. Wenn Sie dort die Berechnungsperiode verstellen, wird der binäre Indikator diese sofort übernehmen. Wichtig ist, dass Sie zuerst den TDI in den Chart ziehen und dann den binären Indikator. Sie können beide Indikatoren wie immer von www.tradesignal-online.com downloaden.

Interpretation

Nachdem wir den Bereich der Berechnung mit dem einen oder anderen kleinen Fragezeichen im Gesicht verlassen haben, wenden wir uns der Interpretation des TDI zu. Hier sollten keine Fragezeichen mehr hinzukommen. Bitte verwechseln Sie nicht den Trend Detection Index (TDI) mit dem Trend Direction Index, den ich natürlich nicht auch noch TDI nennen kann.

Der Trend Direction Index zeigt uns die Richtung der Kursbewegungen im Berechnungszeitraum an. Liegt er über der Nulllinie, gilt das als Aufwärtstrend, liegt er unter der Nulllinie, gilt das als Abwärtstrend. Auf sein Ergebnis kommt der Trend Direction Index durch Aufsummierung der Momentumwerte des Berechnungszeitraumes. Im Aufwärtstrend werden mehr positive Momentumwerte auftreten, im Abwärtstrend werden mehr negative Momentumwerte auftreten.

Der Hauptindikator TDI soll uns helfen, zwischen Trendphasen und trendlosen Phasen zu unterscheiden. Wie wir in der Berechnung erkennen können, werden verschiedene Summen von Momentumwerten gebildet und voneinander subtrahiert. Vereinfacht dargestellt wird das Ergebnis dieser Berechnung positiv sein, wenn ein Trend beginnt und damit eine längere Konsolidierungsphase beendet. Der Indikator steigt dann über die Nulllinie. Solange der Indikator eine

Konsolidierungsphase erkennt, in der die Momentumwerte geringer sind als in einer Trendphase, wird er unter der Nulllinie liegen. In Kurzform:

- TDI positiv bedeutet, ein Trend liegt vor, die Richtung zeigt der Trend Direction Index
- TDI negativ, es liegt kein Trend vor

Der binäre Indikator kombiniert nun die errechneten Informationen und liefert uns konkrete Handelssignale. Dabei unterscheidet er zwischen Kaufsignal, wenn der TDI einen Trend anzeigt und der Trend Direction Index über der Nulllinie liegt und Verkaufssignal, wenn der TDI einen Trend anzeigt und der Trend Direction Index unter der Nulllinie liegt. Die konkrete Handelsregel für ein System sollte also so lauten:

- Kauf wenn TDI positiv und Direction Index auch positiv
- Verkauf wenn TDI positiv und Direction Index negativ

Mr. Pee hebt hervor, dass der TDI besonders robust ist. Das bedeutet, er kann auf viele verschiedene Märkte angewendet werden und liefert dort in immer den gleichen Parametereinstellungen über lange Zeit gute Ergebnisse.

Kritische Würdigung

Der TDI bringt eine nicht zu unterschätzende zeitliche Verzögerung mit sich. Besonders in Märkten, die sehr zerklüftete Verläufe aufweisen, wird dieses eine große Nachteil sein.

Quellen

Pee, M. H.: Trend Detection Index. TAS&C V.19

Trend Intensity Index

Grundlagen

M. H. Pee entwickelte eine ganze Reihe von Indikatoren, die sich alle mit der Erkennung und Bewertung von Trendbewegungen beschäftigen. Mit dem bereits vorgestellten Trend Detection Index (TDI) hatte Mr. Pee einen Indikator entwickelt, der mittels verschiedener Momentumberechnungen zwischen Konsolidierungsphase und Trendphase unterscheiden kann. Dabei wurden mehrere Summen von Momentumwerten gebildet, aus deren Vergleich sich eine Aussage über die aktuelle Stärke der Kursbewegungen treffen lies. Dem TDI gelingt es relativ zuverlässig, zwischen kurzfristigen Konsolidierungen und Trends zu unterscheiden.

Mit dem in diesem Beitrag besprochenen Trend Intensity Index (TII) hat Mr. Pee einen weiteren Baustein ins Gebäude der Trendfolge- und Trendstärkeindikatoren eingefügt. Wenn man beide Indikatoren vergleicht, dann fällt auf, dass trotz ähnlicher Periodenlänge bei der Berechnung, der TDI wesentlich kürzere Bewegungen ausführt als der TII. Beide sind auf den ersten Blick eine gute Ergänzung. Während der TDI die kurzfristigen Wechsel zwischen Trendbewegung und Konsolidierung erkennt, ist der TII darauf ausgelegt, die mittelfristigen Trends und Trendwechsel zu erkennen. Der TII versteht sich dabei eher als Trendfolger und Trendfilter.

Die Idee hinter dem TII ist relativ einfach und basiert auf der Beobachtung der Lage der Schlusskurse zu einem gleitenden Durchschnitt. In einem idealen Trend wird jeder Schlusskurs entweder über dem Vorgängerkurs liegen oder unter dem Vorgängerkurs. Wenn wir einen festen Zeitraum betrachten und einen Trend unterstellen, dann sollte im Aufwärtstrend der erste Kurs im Beobachtungszeitraum der niedrigste sein und der aktuelle Schlusskurs der höchste. Im Abwärtstrend wäre der erste Kurs der höchste im Zeitraum und der aktuelle Schlusskurs der niedrigste.

Wird ein gleitender Durchschnitt verwendet, um den Trend zu definieren, bedeutet das, dass im Aufwärtstrend die Kurse über dem Durchschnitt liegen und im Abwärtstrend die Kurse unter dem Durchschnitt liegen. Da bei jeder Durchschnittsberechnung eine zeitliche Verzögerung in die Berechnungsergebnisse eingeschleust wird, verwendet Mr. Pee einen doppelt so langen Durchschnitt als Trendfilter, wie in der weitergehenden Berechnung der Kursabstände.

Der TII basiert nun auf einem Vergleich des Anteils der Kurse die über dem Durchschnitt liegen mit dem Anteil der Kurse die unter dem Durchschnitt liegen. Dadurch lässt sich sowohl eine Angabe über die Trendrichtung an sich, als auch über die Trendstärke ableiten.

Berechnung und Parameter

Wir brauchen zunächst den als Trendfilter verwendeten gleitenden Durchschnitt:

$$MaValue_{(t)} = Sum_{(n*2)}(Close_{(t)}) / (n*2)$$

Nun ermitteln wir an jedem Kursstab innerhalb der Berechnungsperiode die Lage und den Abstand zum Durchschnitt:

Wenn $Close_{(t)} - MaValue_{(t)} > 0$ dann $UpDev_{(t)} = Close_{(t)} - MaValue_{(t)}$
Sonst $UpDev_{(t)} = 0$

Wenn $MaValue_{(t)} - Close_{(t)} > 0$ dann $DownDev_{(t)} = MaValue_{(t)} - Close_{(t)}$
Sonst $DownDev_{(t)} = 0$

$$SumUpDev_{(t)} = Sum(n)(UpDev_{(t)})$$
$$SumDownDev_{(t)} = Sum(n)(DownDev_{(t)})$$

$$TII_{(t)} = (SumUpDev_{(t)} / (SumUpDev_{(t)}+SumDownDev_{(t)})) * 100$$

Es werden zwei Summen gebildet. Die eine enthält alle Kurs-Durchschnitt-Differenzen, wenn der Kurs über dem gleitenden Durchschnitt liegt. Die andere enthält alle Durchschnitt-Kurs-Differenzen, wenn der Kurs unter dem Durchschnitt liegt. Schließlich wird berechnet, wie groß der Prozentsatz der Kurse ist, die über dem Durchschnitt lag gegenüber den Kursen, die unter dem Durchschnitt lagen.

Als Berechnungsperiode verwendet Mr. Pee 30 Tage. Der Indikator bewegt sich in einer Skala von 0 bis 100 Prozent. Wir zeichnen eine Mittellinie ein, die bei 50 Prozent liegt und wir können auch zwei Extremzonen einzeichnen, die bei 20 Prozent und bei 80 Prozent liegen.

Darstellungsvarianten

Ich habe den TII in Equilla programmiert. Sie können ihn von www.tradesignal-online.com downloaden. Dabei ist meine Version nicht auf die Verwendung eines einfachen gleitenden Durchschnittes beschränkt, sondern bietet neun verschiedene Typen an. Abb. 419 zeigt den Unterschied zwischen SMA-Berechnung und der MEMA-Berechnung darunter.

In Abb. 420 ganz unten ist ein binärer Signalindikator zu sehen, der jeweils dann ein Signal liefert, wenn der TII entweder in der oberen Extremzone liegt oder in der unteren Extremzone liegt.

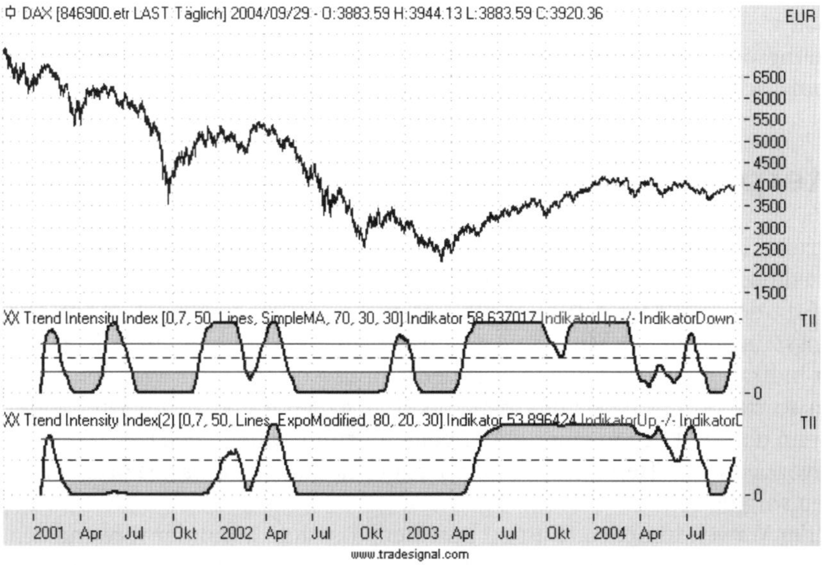

***Abb. 419** – TII berechnet auf Basis des SMA (Mitte) und des MEMA (unten).*

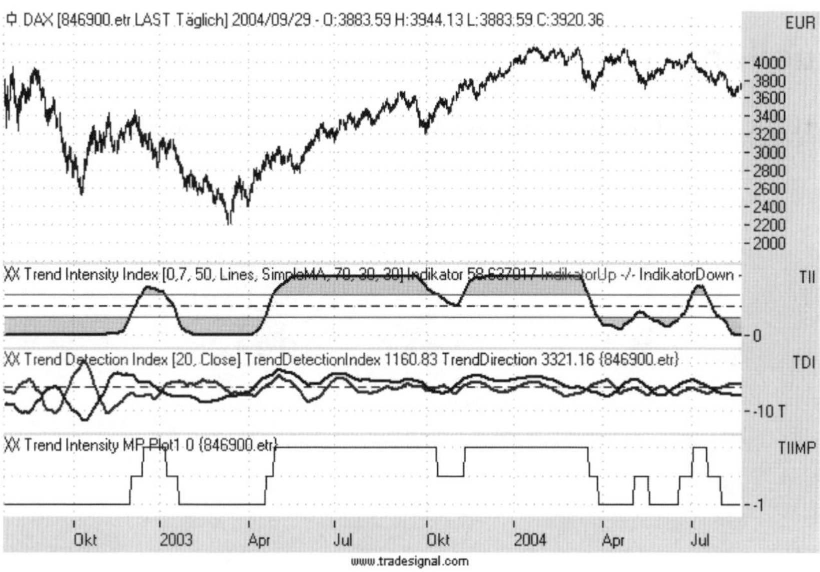

***Abb. 420** – TII (Mitte) mit binärem Indikator (unten), der immer dann ein Signal liefert, wenn der TII in seinen Extremzonen liegt.*

Dabei ist es wichtig, dass Sie zuerst den TII und danach den binären Indikator in den Chart ziehen. Dieser bezieht seine Daten vom TII. Verändern Sie im TII die Berechnungsperiode oder die Werte für die Extremzonen, wird der binäre Indikator automatisch angepasst.

Interpretation

Der TII zeigt uns Trendrichtung und Trendstärke an. Wichtigste Marke ist zunächst die Mittellinie. Steigt der Indikator darüber, gilt das als Beginn eines Aufwärtstrends. Fällt der Indikator darunter, gilt dies als Beginn eines Abwärtstrends. Die Kreuzungspunkte mit der Mittellinie gelten also als Trendwendepunkte. Je weiter sich der Indikator von der Mittellinie entfernt, um so dominanter wird der Trend und um so stärker die Bewegungsdynamik. Ein starker Trendverlauf wird angezeigt, wenn der Indikator in einer seiner beiden Extremzonen liegt. Der TII eignet sich hervorragend als Trendfilter, der die Handelsrichtung von oszillatorbasierten Systemen vorgibt.

Bei der Verwendung des TII ist zu beachten, dass auf Grund der verwendeten Durchschnittsberechnungen die Trendwechselsignale mit relativ großer zeitlicher Verzögerung auftreten. Mr. Pee hebt hervor, dass der Indikator besonders robust ist. Das soll heißen, dass verschiedene Periodeneinstellungen in verschiedenen Märkten alle brauchbare Ergebnisse liefern.

Quellen

Pee, M. H.: Trend Intensity Index. In: TAS&C V.20

Trend-Bestätigungs-Indikator (TBI)

Grundlagen

Der Trendbestätigungsindikator gehört der selben Kategorie an, wie den Price Oszillator und den MACD. Vermutlich wurde nur die „Verpackung" getauscht, der Inhalt ist gleich. Allen drei Indikatoren dienen gleitende Durchschnitte als Basis. Der MACD errechnet sich aus der Differenz zweier exponentieller gleitender Durchschnitte. Die anderen beiden Indikatoren errechnen sich aus der Differenz beliebiger gleitender Durchschnitte. Ein Zusatzmodul für TradeSignal enterprise bietet dafür neun verschiedene Berechnungstypen an.

Das Prinzip, welches allen drei Indikatoren zu Grunde liegt, wird durch den Namen des MACD (Moving Average Convergence Divergence) am besten erklärt. Es handelt sich um Momentum Indikatoren, die eine Messung der Bewegungsdynamik im Kurstrend des Basiswertes vornehmen. Dabei machen sich alle drei Indikatoren das Verhalten von gleitenden Durchschnitten zu nutze. Diese glätten den Kursverlauf und entfernen daraus zufällige Kursschwankungen. Je kürzer die Berechnungsperiode gewählt wird, um so sensibler folgen diese dem Kurs des Basiswertes. Wird eine längere Berechnungsperiode gewählt, reagiert der gleitende Durchschnitt träger auf die Kursbewegungen des Basiswertes.

Veränderungen in der Bewegungsdynamik des Basiswertes werden also vom kürzeren Durchschnitt eher nachvollzogen als vom längeren. Steigt die Dynamik der Kursbewegung an, wird der Abstand zwischen kurzem und langem Durchschnitt größer. Verliert die Kursbewegung an Dynamik wird sich dieser Abstand wieder verringern. Wechselt die Kursbewegung komplett die Bewegungsrichtung, werden sich die beiden gleitenden Durchschnitte überkreuzen, was im Indikator ein Überkreuzen der Mittellinie zur Folge hat. Hohe Indikatorwerte zeigen uns also hohe Bewegungsdynamik im Kurstrend des Basiswertes, niedrige Indikatorwerte zeigen uns geringe Bewegungsdynamik an. Ein Überkreuzen der Mittellinie zeigt uns einen Trendwechsel im Basiswert an. Der Trendbestätigungsindikator(TBI) zeigt uns also Trendrichtung und -Stärke an. Dabei liefert er uns Signale für Ein- und Ausstieg und Hinweise auf Trendschwächen in Form von Divergenzen.

Berechnung und Parameter

Wir haben zwei Möglichkeiten, den TBI zu berechnen. Entweder wir berechnen ihn als absoluten Abstand zwischen kurzem und langem Durchschnitt oder wir berechnen ihn als relativen Abstand zwischen kurzem und langem Durchschnitt im Verhältnis zum Wert des kurzen Durchschnittes. Wir erhalten also eine Angabe in Prozent, wenn wir relative Werte berechnen und eine Angabe in absoluten Werten, das sind Punkte oder Euro, je nach Basiswert.

Formel absolute Berechnung:

$$MaValX_{(t)} = Sum_{(x)}(Close) / x$$
$$MaValY_{(t)} = Sum_{(y)}(Close) / y$$

$$TBI_{(t)} = MaValX_{(t)} - MaValY_{(t)}$$

x = Berechnungsperiode kurzer Durchschnitt
y = Berechnungsperiode langer Durchschnitt

Formel relative Berechnung:

$$MaValX_{(t)} = Sum_{(x)}(Close) / x$$
$$MaValY_{(t)} = Sum_{(y)}(Close) / y$$

$$TBI_{(t)} = MaValX_{(t)} - MaValY_{(t)} / MaValY_{(t)}$$

x = Berechnungsperiode kurzer Durchschnitt
y = Berechnungsperiode langer Durchschnitt

Als Ergebnis erhalten wir eine um die Mittellinie oszillierende Linie. Die Skala des TBI ist nach beiden Seiten offen. Somit lassen sich keine festgelegten Extremzonen in die Skala einzeichnen. Die Periodeneinstellung für beide gleitende Durchschnitte könne Sie frei wählen. Diese sollten in einem sinnvollen Verhältnis zueinander stehen. In Abb. 421 sehen Sie zwei Indikatore untereinander. Der obere verwendet die relative Berechnung, der untere die absolute. Sie sehen, dass zwar die Werte der beiden Indikatoren unterschiedlich sind, ihre Bewegungsmuster sind aber identisch.

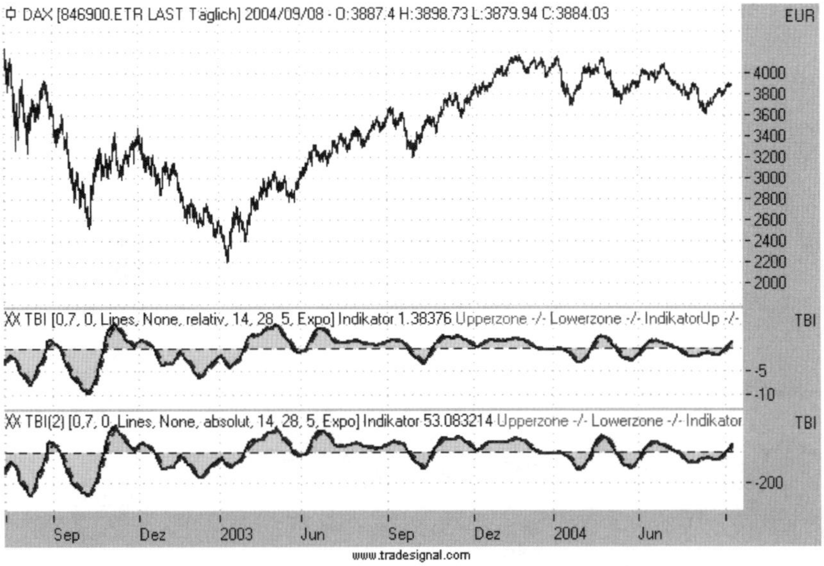

***Abb. 421** – Relativer (Mitte) und Absoluter TBI (unten).*

Darstellungsvarianten

Der TBI ist in den TradeSignal-Produkten nicht enthalten. Für TradeSignal enterprise können Sie den TBI und die anderen Indikatoren, die ich weiter unten vorstelle, von www.tradesignalonline.com downloaden. In Abb. 422 sehen Sie den TBI mit Hilfe des PowerMA-Moduls konstruiert. Bitte lesen Sie den Artikel auf der Webseite über PowerMA im Equilla-Bereich des Lexikons.

Sie können zwei gleitende Durchschnitte variabler Berechnung zeichnen lassen. Auf einen der beiden kann zusätzlich eine Signallinie gelegt werden. Das Modul berechnet verschiedene Spread's dieser Linien. Wählen Sie als Spread-Methode MA1 MA2 und Sie erhalten im Anzeigemodul im unteren Chart das Ergebnis. Mit dem PowerMA Modul können Sie also völlig flexible Varianten des TBI erzeugen. Der Single TBI aus Abb. 421 arbeitet mit einfachen gleitenden Durchschnitten.

Abb. 422 zeigt den Indikator, der die Bewegungsdynamik des TBI misst. Es ist ein Momentum Oszillator, auf den TBI berechnet. Dadurch eliminieren wir ein klein wenig von der zeitlichen Verzögerung, die der TBI in seinen Bewegungsmustern enthält. Der Indikator reagiert auf die Veränderungen der Bewegungsdynamik im TBI.

$$TBImom_{(t)} = TBI_{(t)} - TBI_{(t-n)}$$

n = Berechnungsperiode Momentum

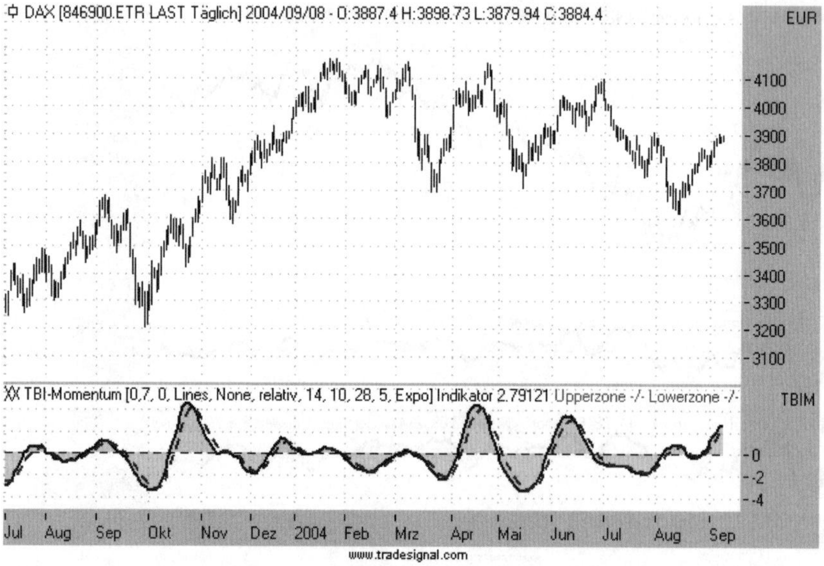

***Abb. 422** – TBI Momentum*

Einen weiteren Schritt „zurück“ in der Zeit machen wir mit dem TBI Histogramm. Wir messen damit den Abstand zwischen TBI und seiner Signallinie. Das Histogramm ist den Bewegungen des TBI noch ein Stück weiter voraus als das TBI Momentum. Diesen Indikator sehen Sie in Abb. 423.

$$AvgTBI_{(t)} = Sum_{(n)}(TBI) / n$$
$$TBIhist_{(t)} = TBI_{(t)} - AvgTBI_{(t)}$$

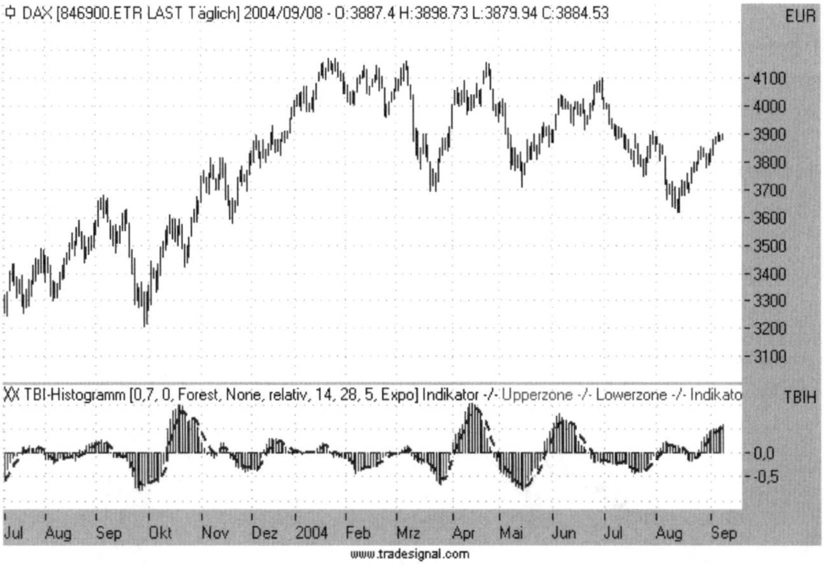

***Abb. 423** – TBI Histogramm*

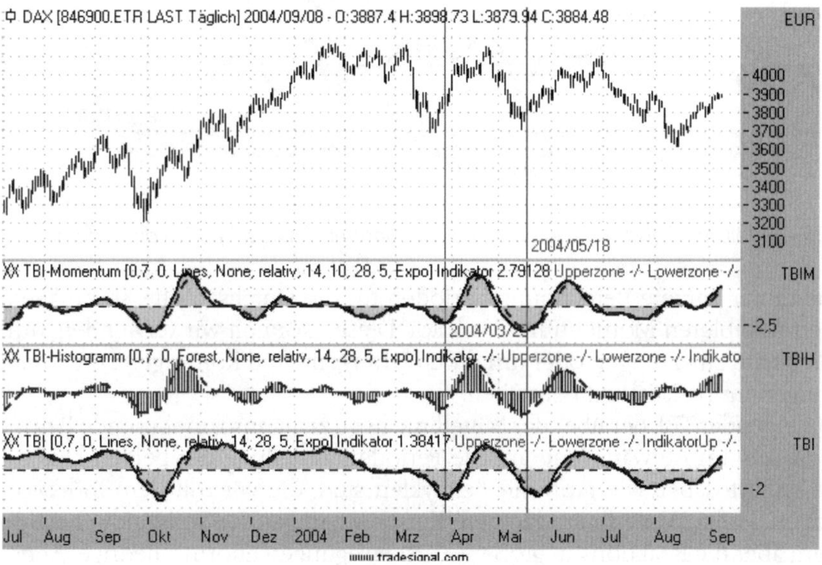

***Abb. 424** – Hier ein Vergleich aller drei Indikatoren: TBI Momentum, TBI Histogramm und TBI (von oben nach unten).*

Interpretation

Der TBI liefert uns verschiedene Interpretationsmöglichkeiten. Wir können die wichtigsten Analyseverfahren anwenden, die wir für technische Indikatoren kennen. Zuerst verwenden wir den TBI als Trendfolgeindikator. Wir wählen dazu längere Berechnungsperioden und trägere Typen für die Durchschnittsberechnung. Abb. 425 zeigt uns den TBI mit 15 und 30 Tagen für die beiden Periodeneinstellungen. Liegt der TBI über der Mittellinie, zeigt das einen Aufwärtstrend im Basistitel an. Liegt der TBI unter der Mittellinie, zeigt das einen Abwärtstrend an. Die Kreuzungspunkte mit der Mittellinie sind als Trendwechsel zu verstehen.

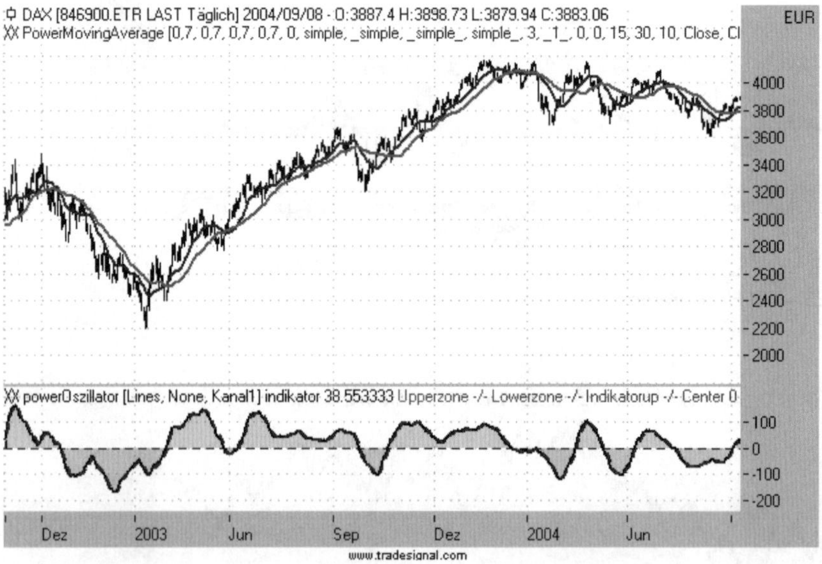

***Abb. 425** – TBI über 15 und 30 Tage berechnet. Im unteren Chart sehen Sie die Differenz.*

Verwenden wir kürzere Berechnungsperioden für die Durchschnitte, so erhalten wir einen reagibleren Momentum-Oszillator. Diesen können wir verwenden, um Handelssignale zu erzeugen oder um durch Divergenz und Konvergenz die Kursbewegungen im Basistitel zu beurteilen.

Ein steigender TBI, der über der Mittellinie liegt, zeigt uns zunehmende Bewegungsdynamik im Aufwärtstrend an. Die Periodeneinstellung der beiden Durchschnitte steuert dabei, wie groß die Zeitzyklen sind, die wir mit dem Indikator beobachten. Hohe Werte filtern kleinere Kursbewegungen fast vollständig heraus, verzögern aber die Reaktion auf größere Kursbewegungen enorm. Niedrige Werte lassen den Indikator auch kleinere Kursbewegungen erkennen, erhöhen aber die Signaldichte und damit die Rate der falschen Signale. Ein fallender TBI, der über der Mittellinie liegt, zeigt uns ein Nachlassen der Bewegungsdynamik im Aufwärtstrend an. Ein schwacher Trend ist anfällig für Korrektur oder Trendwechsel.

Ein fallender TBI, der unter der Mittellinie liegt, zeigt uns einen Abwärtstrend mit zunehmender Bewegungsdynamik an. Ein steigender TBI, der unter der Mittellinie liegt, zeigt uns nachlassende Bewegungsdynamik im Abwärtstrend an. Auch hier gilt, Schwäche im Trend kann zu Korrektur oder Trendwende führen.

Der TBI erzeugt Handelssignale. Die einfachste Möglichkeit wäre es, die Überkreuzungen mit der Mittellinie als Signal zu werten. Hierbei handelt es sich um die Schnittpunkte der beiden zu Grunde liegenden gleitenden Durchschnitte. Nachteil dieser Methode ist, dass diesen Signalen eine nicht unerhebliche zeitliche Verzögerung gegenüber den Bewegungen des Basistitels innewohnt. Ein anderes Problem ist von herkömmlichen Systemen aus gleitenden Durchschnitten bekannt. Sie kreuzen sich in seitwärts laufenden Märkten sehr oft. Das führt zu vielen Fehlsignalen. Oft erfolgt das Einstiegssignal erst, wenn die Kursbewegung die Richtung wechselt. Deshalb ist es notwendig, zwischen Trend und Seitwärtsphase zu unterscheiden.

Eine Möglichkeit, diese Zeitverzögerung zu verkleinern, ist, die Signalerzeugung nicht an den Wechsel der Trendrichtung zu koppeln, sondern bereits zu reagieren, wenn sich die Tendenz der Bewegung ändert. Wir nutzen dafür einen gleitenden Durchschnitt als Signallinie. Ändert der Indikator seine Richtung, wird er ziemlich schnell die Signallinie schneiden. Diese Überkreuzungen verwenden wir als Handelssignal.

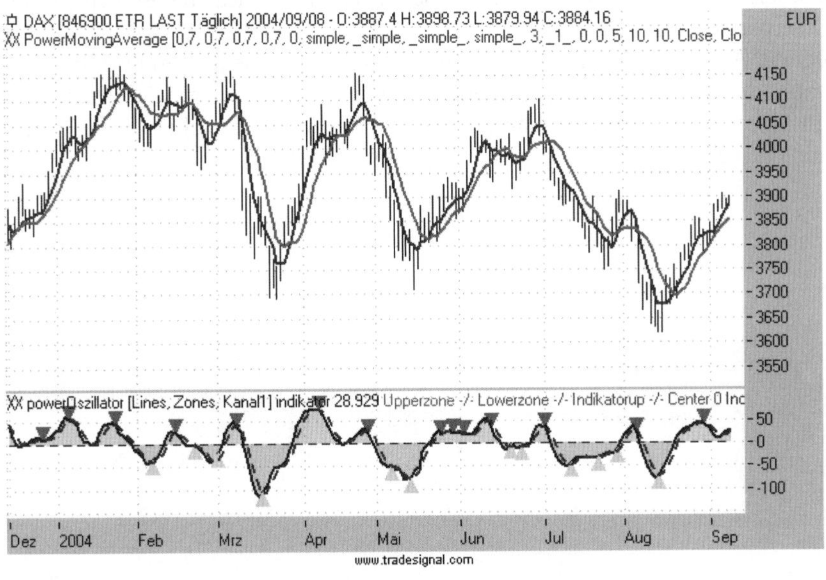

***Abb. 426** – Signale im TBI. Die Mittellinie dient als Filter, das heißt nur oberhalb bzw. unterhalb der Mittellinie können Verkaufs- bzw. Kaufsignale entstehen.*

Schneidet der Indikator die Signallinie nach oben, gilt dies als Kaufsignal. Schneidet der Indikator seine Signallinie nach unten, gilt dies als Verkaufssignal. Wir können die Mittellinie als Trennung zwischen Kaufsignalen und Verkaufssignalen verwenden. In allen Versionen des Indikators, die ich oben vorgestellt habe, ist die Berechnung der Signallinie bereits integriert. In Abb. 426 sind die Signale markiert. Die Mittellinie fungiert wie beschrieben als Filter.

Weiter oben habe ich bereits zwei Derivate aus dem TBI beschrieben. Das TBI-Momentum misst die Bewegungsdynamik des TBI und stellt diese als Indikator dar. Die Bewegungsdynamik eines Wertes, egal ob Kurs oder Indikator, ändert sich immer bereits, bevor es einen echten Richtungswechsel im Indikator gibt. Ein solcher Momentum-Indikator kündigt also Richtungswechsel an.

Der zweite abgeleitete Indikator ist das TBI-Histogramm. Dieses misst den Abstand zwischen TBI und seiner Signallinie. Auch hier wird die Dynamik des TBI selbst als Grundlage der Berechnung verwendet. Diese Version reagiert noch etwas sensibler auf Änderungen im TBI. Abb. 424 ermöglicht Ihnen einen Vergleich der drei Indikatoren. Die zeitliche Differenz zwischen den Bewegungen beträgt bis zu drei Tage. Es sind zahllose Kombinationsmöglichkeiten in der eben beschriebenen Form denkbar.

Wir wollen uns noch ein wenig mit dem TBI beschäftigen. Er ermöglicht uns die Suche nach Divergenzen zum Basistitel. Bei Indikatoren wie dem TBI, die keine begrenzte Bandbreite aufweisen, sind Divergenzen besonders deutlich zu erkennen. Besonders die zeitliche Ausdehnung dieser Divergenzen kommt hier voll zur Geltung. Wir suchen am besten nach Divergenzen, nachdem wir entschieden haben, ob ein Trend im Basiswert vorliegt. Ist dies nicht der Fall, haben evtl. gefundene Divergenzen keine Aussagekraft.

Liegt ein Aufwärtstrend vor lohnt sich die Suche nach bearishen Divergenzen. Bevorstehende Trendwenden kündigen sich fast immer durch Divergenzen zwischen Indikator und seinem Basistitel an. Sie weisen uns auf nachlassende Trendstärke hin. In Abb. 427 ist eine bearishe Divergenz markiert.

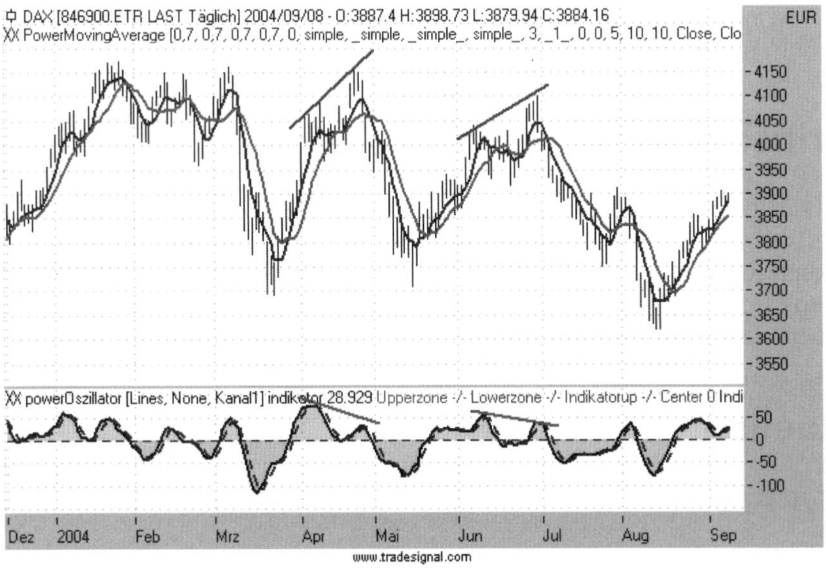

Abb. 427 *– Bearishe Divergenzen zwischen TBI und DAX.*

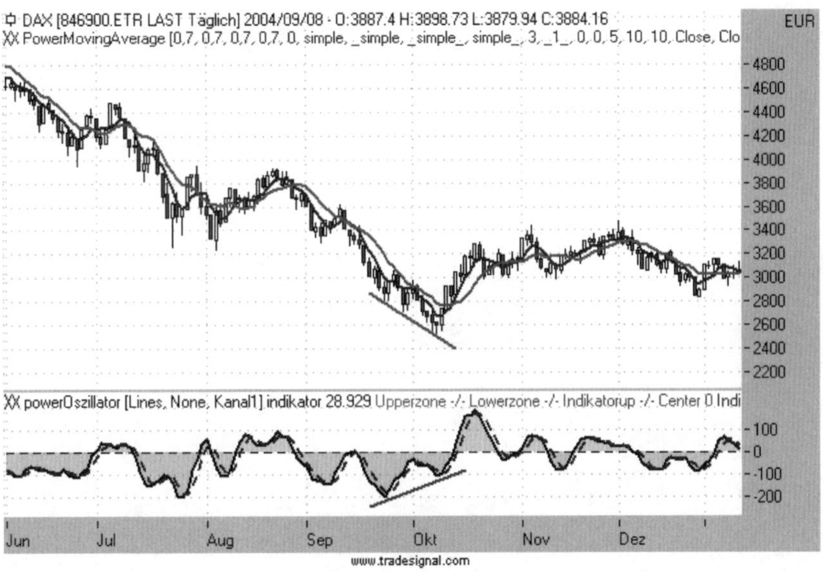

Abb. 428 *– Bullishe Divergenz im TBI.*

Liegt ein Abwärtstrend vor, lohnt sich die Suche nach bullishen Divergenzen. Diese weisen uns auf ein Nachlassen der Stärke und Dynamik im Abwärtstrend hin. In Abb. 428 ist ein Beispiel markiert.

Kritische Würdigung

Der TBI unterscheidet sich kaum vom MACD, dem Price Oszillator oder dem TRIX und hat das gleiche Problem bei der Signalerzeugung wie seine verwandten Indikatoren auch. Wird die Berechnungsperiode vergrößert, nimm auch die Bewegungsverzögerung gegenüber dem Basistitel zu. Wird die Berechnungsperiode verkleinert, steigt die Anzahl der Fehlsignale an.

Quellen

www.charttec.de

Triple Exponential Smoothing Oszillator (TRIX)

Grundlagen

Der Triple Exponential Smoothing Oszillator (TRIX) ist einer der frühen Versuche, Handelssignale von gleitenden Durchschnitten qualitativ zu verbessern. Grundlage bildet eine mehrfach durchgeführte Glättung der Kurse. Damit soll erreicht werden, dass zufällige Kursschwankungen im Betrachtungszeitraum möglichst effektiv gefiltert werden. Der Nachteil bekannter Systeme aus gleitenden Durchschnitten ist und war schon immer die zeitliche Verzögerung, die zwischen Kursbewegung und entstehenden Handelssignalen auftritt. Sie ist dafür verantwortlich, dass von einer Kursbewegung wegen des verspäteten Einstiegs und des verspäteten Ausstiegs oft nur ein Bruchteil profitabel genutzt werden kann. Bei kleineren Kursbewegungen führen einfache Systeme aus gleitenden Durchschnitten sogar regelmäßig in den Verlust.

J. Hutson beschreibt in einem der ersten Artikel im US-Magazin TAS&C wie er den TRIX mit Hilfe eines kleinen Computers berechnet. Mitgeliefert wird der Programmcode eines Basic-Programms. Damals waren PC's eine Revolution im Tradingprozess, ermöglichten sie doch endlich die automatische Analyse und Darstellung von Daten und Charts. Vieles von dem, was vorher aufwendig per Hand berechnet und gezeichnet wurde, war jetzt in Sekundenbruchteilen erledigt.

Der TRIX nutzt gleich zwei interessante Methoden der Indikatorentechnik, um Signale mit geringer zeitlicher Verzögerung zu erzeugen. Zunächst war es dem Erfinder wichtig, eine trendfolgende Komponente zu finden, die zuverlässig und frei von Interpretationsspielräumen den vorherrschenden Trend findet und anzeigt. Die zweite Komponente soll einen Wechsel in der Bewegungsrichtung des Basistitels möglichst frühzeitig erkennen und darauf reagieren. Einfach auf den Richtungswechsel eines gleitenden Durchschnittes zu warten, würde bedeuten, einen großen Teil der Kursbewegung zu verschenken. Eine andere Lösung musste her.

Wenn wir den Verlauf einer Kursbewegung genau beobachten, fallen uns einige Dinge auf. Jede Kursbewegung gleicht in ihrer Form eher einer Kurve als einer Geraden. Jede Trendwende geht mehr oder weniger langsam von statten. Das heißt, die Trendrichtung wechselt nicht von abwärts zu aufwärts und umgekehrt im rechten Winkel, sondern die Richtung ändert sich langsam in Zwischenschritten. Während dieser Zwischenschritte verlangsamt sich die Bewegung der Kurse. Die Bewegungsdynamik lässt also nach, bevor die Kurse die Richtung wechseln.

Die Bewegungsdynamik steigt wieder an, wenn der Richtungswechsel vollzogen ist und die Marktteilnehmer in Trendrichtung agieren. Wir können also an Hand fallender oder steigender Bewegungsdynamik versuchen, Kursgipfel oder Kurstäler zu erkennen, bevor diese voll ausgebildet sind. Im TRIX wird diese Methode angewendet, in dem jeweils die Veränderungsrate des Indikatorwertes zum vorherigen Wert gemessen wird. Diese Veränderungsrate wird als Linie dargestellt und TRIX genannt!

Berechnung und Parameter

Grundlage des TRIX sind exponentielle gleitende Durchschnitte, die auf den Kurs des Basiswertes berechnet werden. Zuerst wird ein exponentieller gleitender Durchschnitt (EMA) direkt aus den Kursdaten des Basiswertes berechnet. Dessen Werte werden erneut mit einem EMA geglättet und dieses Ergebnis wird noch einmal mit einem EMA geglättet. Das Ergebnis ist die trendfolgende Komponente, die fast völlig frei von Schwankungen den Kurstrend innerhalb des Betrachtungszeitraumes wider gibt.

Nachteil der mehrfachen Glättung ist die zeitliche Verzögerung, die in die Bewegungsmuster eingeschleust wird. Um diesen Nachteil abzumildern, wird nun wie oben schon beschrieben vorgegangen. Wir messen die Veränderungen in der Bewegungsdynamik der trendfolgenden Komponente. Bevor diese, dem wahren Kurstrend folgend, ihre Richtung wechselt, merken wir das bereits an der deutlich nachlassenden Dynamik der Indikatorbewegung. Die Kurve der gemessenen Bewegungsdynamik wird also ihre Richtung wechseln, bevor die trendfolgende Komponente im Indikator dies tut.

Schematische Darstellung:

$$EMA1 = EMA_{(n)}(\log(close))$$

(in der Original-Berechnung wird der Logarithmus der Kurse benutzt)

$$EMA2 = EMA_{(n)}(EMA1)$$
$$EMA3 = EMA_{(n)}(EMA2)$$

n = Berechnungsperiode der gleitenden Durchschnitte

$$TRIX_{(t)} = (TRIX_{(t)} - TRIX_{(t-1)}) * 10000$$

Mit der Berechnungsperiode steuern wir, wie stark die Kurse des Basistitels geglättet werden sollen. Je größer diese gewählt wird, um so länger werden die Zyklen, die wir im Basistitel abbilden. Alle kürzeren Zyklen werden fast vollständig herausgefiltert.

Darstellungsvarianten

Der TRIX ähnelt in seinem Aufbau dem MACD und dessen Derivaten. Ich habe mir die Mühe gemacht, zwei der Derivate des MACD auf den TRIX zu übertragen. Zuerst habe ich allerdings den TRIX von seinem „exponentiellen“ Zwang befreit. Die neue Version des TRIX lässt sich nicht nur aus exponentiellen Durchschnitten berechnen, sondern auch aus verschiedenen Typen, wovon neun zur Verfügung stehen. Im Aussehen unterscheidet sich der Indikator etwas von der Originalversion aus den Tradesignal-Produkten. Im Indikator wird außerdem die Berechnung und Darstellung der Signallinie vorgenommen. Den veränderten TRIX in drei verschiedenen Darstellungsvarianten sehen Sie in Abb. 429.

In Abb. 430 sehen Sie nun das erste der beiden Derivate, die ich aus dem MACD-Konzept entliehen habe. Der Indikator gleicht dem Momentum-Indikator. Er misst die Bewegungsdynamik des zu Grunde liegenden TRIX-Indikators über einen festen Zeitraum. Die nachlassende Bewegungsdynamik des TRIX-Indikators sollte uns etwas eher als der TRIX selbst auf einen Trendwechsel im Basistitel des TRIX aufmerksam machen.

$$TRIXMom_{(t)} = TRIX_{(t)} - TRIX_{(t\text{-}n)}$$

n = Berechnungsperiode Momentum

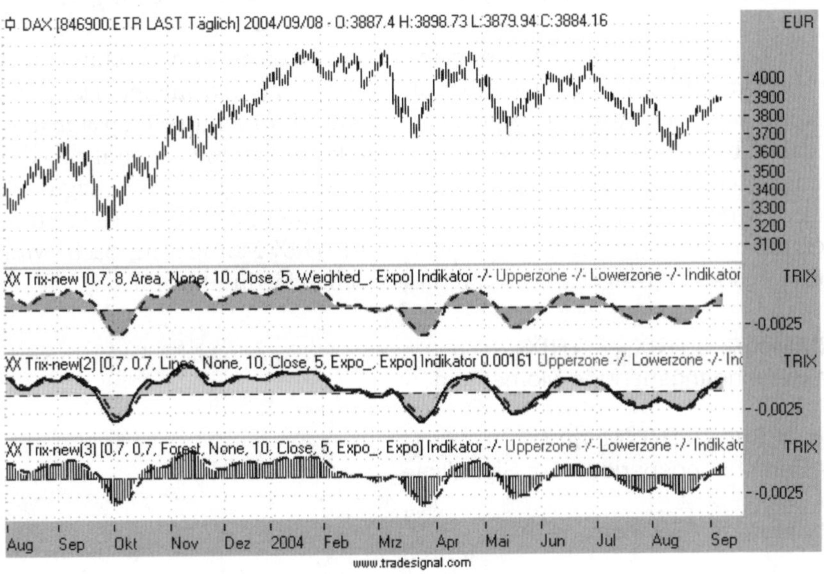

Abb. 429 – *TRIX mit verschiedenen Darstellungsvarianten. Den Indikator können Sie von www.tradesignalonline.com downloaden.*

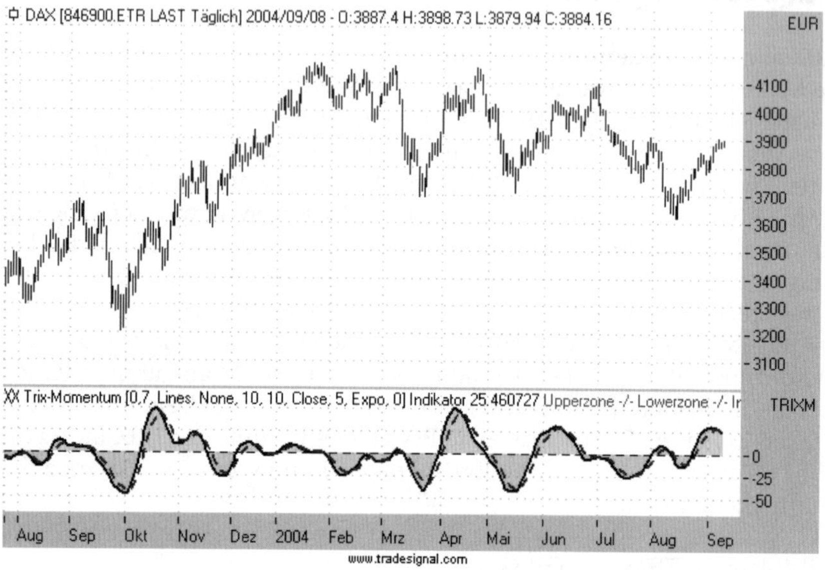

Abb. 430 *– Das TRIX-Momentum reagiert etwas schneller als der TRIX selbst.*

Wir sind der Kursbewegung damit eigentlich schon zwei Schritte vorausgeeilt.

Die zweite Ableitung ist das TRIX Histogramm. Bitte lesen Sie den Abschnitt zum MACD Histogramm, um sich genau über die Funktion zu informieren. Das TRIX Histogramm stellt den Abstand zwischen dem TRIX Momentum-Indikator und einem darauf berechneten gleitenden Durchschnitt dar. Wir messen nun also die Bewegungsdynamik des TRIX Momentum-Indikators. Steigt diese Bewegungsdynamik an, wird sich der Abstand zwischen TRIX Momentum und dessen Signallinie vergrößern. Lässt die Bewegungsdynamik im TRIX Momentum nach, wird sich dieser Abstand verringern. Diesen Indikator sehen Sie in Abb. 431.

$$TRIXMom_{(t)} = TRIX_{(t)} - TRIX_{(t-n)}$$

n = Berechnungsperiode Momentum

$$Avg_{(t)} = Sum_{(n)}(TRIXMom) / n$$

n = Berechnungsperiode der Signallinie

$$TRIXHist_{(t)} = TRIXMom_{(t)} - Avg_{(t)}$$

Nun sind wir der Kursbewegung des Basistitels bereits drei Schritte vorausgeeilt. Warum nur kann man damit nicht schnell reich werden? Ganz einfach: Ein großer Teil unseres „errechneten" Vorteils wird durch die zeitliche Verzögerung im TRIX Indikator selbst wieder aufgefressen. Trotzdem, ein Blick auf Abb. 432 zeigt uns, dass im TRIX Histogramm die Trendwendepunkte des Basistitels sehr frühzeitig erkannt werden und das auf Basis von mehrfach geglätteten Kursdaten. Alle vorgestellten Indikatoren können Sie – wie immer – von www.tradesignalonline.com downloaden.

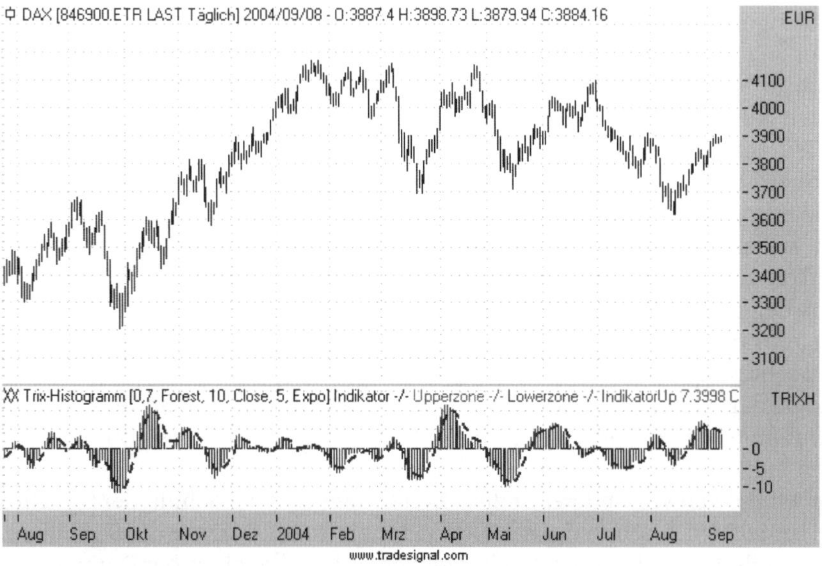

***Abb. 431** – TRIX Histogramm als Darstellungsalternative.*

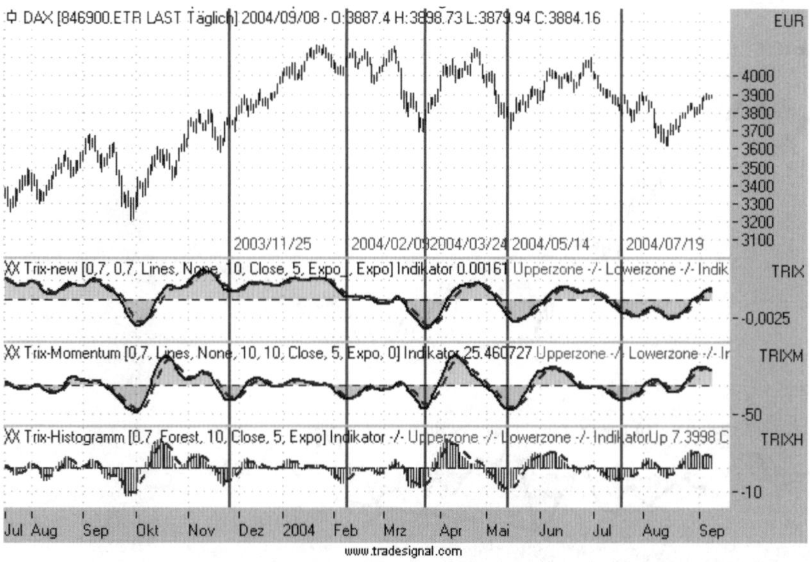

***Abb. 432** – Manche TRIX-Varianten haben einen zeitlichen Vorteil gegenüber der Standardlösung.*

Interpretation

Der TRIX hat nur eine Aufgabe: Er soll uns Wechsel im Kurstrend des Basiswertes anzeigen. Die gleichen Aussagen gelten für die oben vorgestellten Abwandlungen. Der TRIX signalisiert uns die Änderungen in der Bewegungsdynamik des Basistitels. Der Schnitt mit der Mittellinie wäre eine Möglichkeit, Signale zu erzeugen. Ein Blick auf den Chart zeigt uns jedoch, dass diese Signale nur für langfristige Positionen geeignet wären. Wenn der TRIX die Mittellinie schneidet, ist bereits ein großer Teil der Kursbewegung abgelaufen. Im schlimmsten Fall erwischt man so einen kurzfristigen Kursgipfel und müsste eine mehr oder weniger ausgeprägte Konsolidierungsphase aussitzen.

Wir wollen Signale haben, die uns am nahe am Anfang der Bewegung die Möglichkeit zum Einstieg und nahe am Ende einer Bewegung die Möglichkeit zum Ausstieg geben. Deshalb verwenden wir eine Signallinie, was nichts anderes als ein gleitender Durchschnitt des Indikators selbst ist. Da alle drei Varianten des TRIX ein sehr ruhiges Verlaufsmuster aufweisen, können wir einen Typ Signallinie verwenden, der sehr eng am Indikator anliegt. Insgesamt stehen neun verschieden Typen mit unterschiedlichen Eigenschaften zur Verfügung. Alle drei von mir vorgestellten Indikatoren beinhalten diese Funktion.

Wie wir es auch von anderen Indikatoren kennen, gilt der Schnitt der Signallinie als Handelssignal. Schneidet der TRIX oder eines der Derivate die Signallinie nach oben, gilt dies als Kaufsignal. Schneidet der TRIX oder eines der Derivate die Signallinie nach unten, gilt dies als Verkaufssignal. Eine andere Möglichkeit der Verwendung stellt die Suche nach Divergenzen zwischen TRIX und Basistitel dar. In Abb. 433 ist eine bullishe Divergenz markiert.

Abb. 433 – *Bullishe Divergenz im TRIX.*

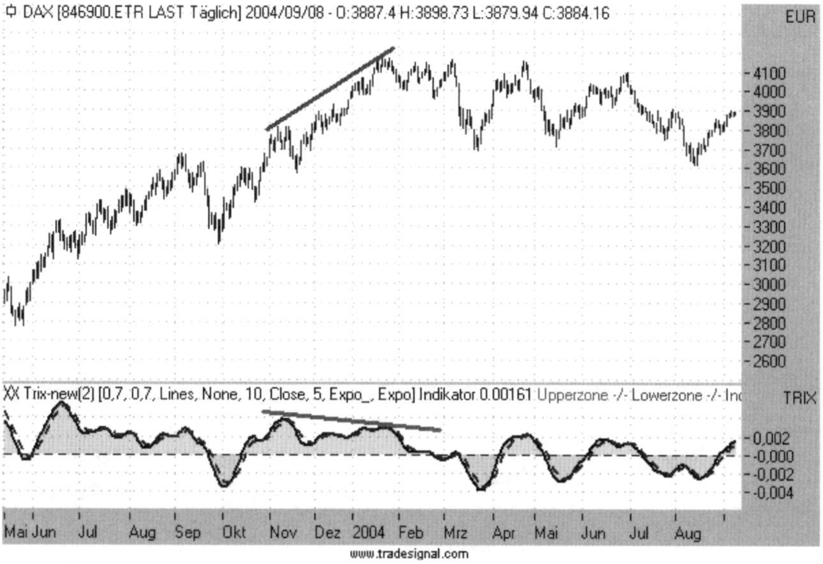

***Abb. 434** – Bearishe Divergenz im TRIX.*

Divergenzen werden von vielen Tradern als wichtigste Signalquelle für Handelsentscheidungen genannt. Sie signalisieren, dass die am Ruder sitzende Fraktion der Marktteilnehmer an Macht verliert und möglicher Weise einem Richtungswechsel nichts mehr entgegensetzen kann. Im Wochenchart kann der TRIX als Trendfilter verwendet werden. Ein Blick auf Abb. 435 zeigt uns, das er durch seine Lage über / unter der Mittellinie die Haupttrends des Basistitels anzeigt.

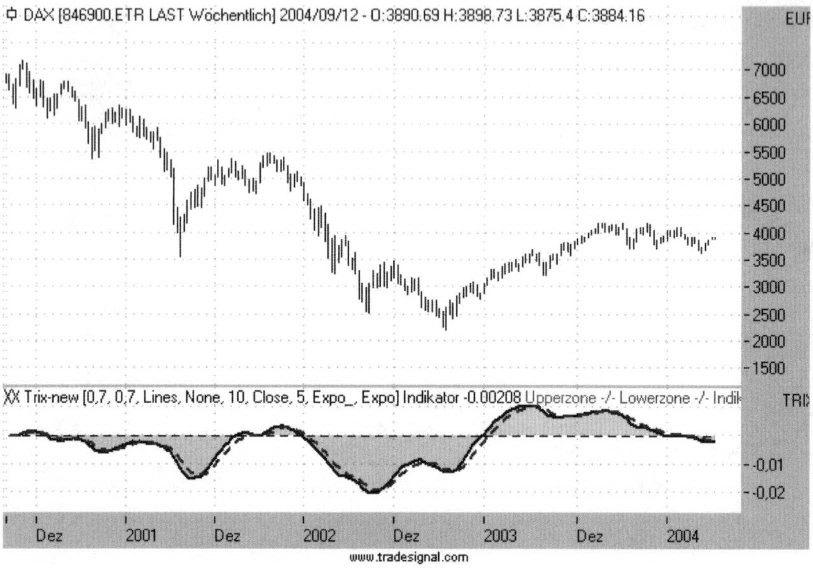

Abb. 435 *– TRIX im Wochen-Chart als „Trendfilter".*

Kritische Würdigung

Die Derivate des TRIX bilden brauchbare, frühzeitig erkennbare Signale aus. Ein Großteil der durch die mehrfache Momentum Berechnung in den TRIX-Derivaten erzielten zeitlichen Vorteile wird durch den in der Berechnung des Basis-Indikator selbst liegenden Nachteil aufgefressen.

Quellen

Hutson, Jack: Good TRIX. In: TAS&C V.1
Warren, Anthony: Further Analysis of Triple Exponential Smoothing. In: TAS&C V.1
Kim, Jongseom: Trading in Tempo with TRIX. In: TAS&C 01/2004

True Strength Index

Grundlagen

So vielfältig technische Indikatoren daherkommen, so beschränkt ist ihre Datenbasis. Es gibt im Prinzip nur zwei verschiedene Datensätze für Indikatoren. Der Kurs und das Handelsvolumen. Aus diesen Daten werden also fast alle Indikatoren berechnet. Aus zahlreichen Kombinationsmöglichkeiten ergeben sich ebenso zahlreiche Indikatoren. Die häufig verwendeten Indikatoren sind Momentum-Indikatoren. Diese errechnen sich aus den Kursen der jeweiligen Basiswerte. Ihre Aufgabe ist es, die Dynamik hinter den Kursbewegungen zu messen und aus deren Veränderung Rückschlüsse auf zukünftige Bewegungstendenzen zu liefern.

Die wichtigste Eigenschaft dieser Momentum-Indikatoren ist es, den tatsächlichen Kursbewegungen vorauszueilen. Die Veränderungen der gemessenen Bewegungsdynamik laufen den daraus resultierenden Veränderungen in den Kursbewegungen immer voraus.

Einige der bekannten Momentum-Indikatoren verzichten auf weitergehende Veränderungen der zu Grunde liegenden Daten. Es werden keine Glättungsprozesse durchlaufen, um die tatsächlichen Muster der Bewegungsdynamik nicht zu verfälschen. Das klassische Momentum oder zum Beispiel Chande's Momentum Oszillator arbeiten auf dieser Basis. Indikatoren wie die Fast Stochastic zeigen uns die Nachteile dieser Berechnungen auf. Ihre Verlaufsmuster sind derart unruhig und zerklüftet, dass die sichere Interpretation sehr erschwert wird. Gerade die Verwendung von Signallinien wird mit diesen Indikatoren sehr schwierig. Die Fast Stochastic wird deshalb in geglätteter Version als Slow Stochastic verwendet. Andere Indikatoren, wie der RSI nach Wilder, verwenden einfache Summierungen, um etwas mehr Ruhe in das Verlaufsmuster des Indikators zu bringen. Jede Anwendung einer Durchschnittsberechnung erzeugt aber auch Nachteile, die den besseren Verlaufsmustern dieser Indikatoren entgegenstehen. Durchschnittsberechnungen verzögern die Bewegungen der so errechneten Indikatoren im Vergleich zu ihren Basiswerten.

W. Blau versuchte mit dem True Strength Index (TSI) den bekannten Relative Strength Index (RSI) etwas zu verändern. Sein Ziel war es, die Messung des Momentums mit einer Datenglättung zu kombinieren, ohne eine zu große zeitliche Verzögerung in die Bewegungsmuster des Indikators zu bringen. Sein Ziel, das Verlaufsmuster des Indikators gegenüber dem des RSI deutlich zu verbessern, gelingt aber nur teilweise.

Der RSI soll die innere Stärke einer Kursbewegung messen, in dem er die Summe der aufwärtsgerichteten Kursbewegungen mit der Summe der abwärtsgerichteten Kursbewegungen ins Verhältnis setzt. Dabei wird eine einfache Glättung der Daten vorgenommen. Das Verlaufsmuster des RSI ist leider sehr unruhig und der RSI läuft seine Extremzonen zu selten an.

Im TSI wird eine doppelte Glättung eingeführt. Einen ähnlichen Prozess kennen wir aus W. Blaus Double Smoothed Stochastic. Dabei werden die Eingangswerte der Indikatorenberechnung zweimal einer Glättung unterzogen. Diese

Vorgehensweise soll den Verlauf des Indikators deutlich weicher machen sowie Interpretationsspielräume und Fehlsignale reduzieren. Gleichzeitig wird versucht, die zeitliche Verzögerung der Bewegungsmuster des Indikators so gering wie möglich zu halten.

Bei einem einzelnen Glättungsdurchgang erhält man mit größeren Berechnungsperioden zwar den weicheren Verlauf, aber auch eine stärkere zeitliche Verzögerung. Wird die Berechnungsperiode verkürzt, nimmt die zeitliche Verzögerung ab, der Verlauf wird aber unruhiger. Durch die doppelte Glättung kann eine kurze Berechnungsperiode für den ersten Durchlauf verwendet werden. Das heißt, die zeitliche Verzögerung im Indikator wird gering gehalten. Durch einen erneuten Durchlauf über einen noch kürzeren Zeitraum werden die Daten weiter geglättet, ohne zusätzliche Zeitverzögerung zu erzeugen. Die doppelte Glättung stellt also einen guten Kompromiss zwischen Vor und Nachteilen dar.

Berechnung und Parameter

Grundlage des TSI ist die Differenz zwischen aktuellem Schlusskurs und dem vorherigen Schlusskurs. Es wird also das Ein-Tages-Momentum ermittelt. Es wird keine Unterscheidung zwischen Abwärtsmomentum und Aufwärtsmomentum, wie im RSI vorgenommen.

In dieser Version ist das Momentum noch nicht zu verwenden. Abb. 436 zeigt diesen Wert als Indikator dargestellt. Das Bild des oberen Indikators erinnert eher an den Grafikequalizer eines Gitarrenverstärkers. Erst durch die nun folgende Glättung mit einem exponentiellen gleitenden Durchschnitt wird das Ergebnis nutzbar. Nun erfolgt die zweite Glättung, ebenfalls mit einem exponentiellen gleitenden Durchschnitt. Dabei ist die Berechnungsperiode der ersten Glättung länger als die der zweiten Glättung.

W. Blau verwendet hier Werte von 10 bis 20 Tagen für den ersten Durchlauf und 3 bis 10 Tagen für den zweiten Durchlauf. Das Ergebnis der doppelten Glättung sehen Sie in Abb. 436 im unteren Indikatorfenster als dicke Linie dargestellt.

Das so ermittelte „Double Smoothed Momentum" wird nun als Dividend und Divisor für den nächsten Schritt verwendet. Mit einem kleinen Unterschied: Für den Divisor wird nicht das Ein-Tages-Momentum, sondern dessen absoluter Wert verwendet. Das heißt, der Divisor ist immer positiv. Das Ergebnis der Division ist in Abb. 437 zusehen, der True Strength Index. Der Indikator bewegt sich in einer Spanne zwischen eins und minus eins. Durch Multiplikation mit 100 wird erreicht, dass sich die Bandbreite auf -100 bis 100 vergrößert. Mit den Parameterangaben können Sie natürlich frei experimentieren. Längere Einstellungen erzeugen einen eher trendfolgenden Charakter, kürzere Einstellungen betonen die Oszillatoreigenschaften.

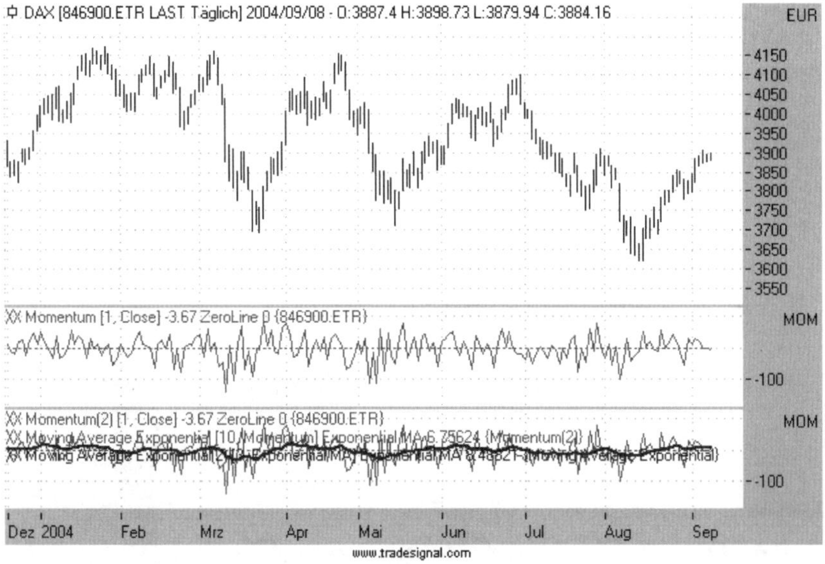

***Abb. 436** – Das Ein-Tages-Momentum (Mitte) liefert noch keinen brauchbaren Indikator. Erst die Glättung (dicke Linie unten) kann helfen.*

***Abb. 437** – Der True Strength Index*

Abb. 438 zeigt der Vergleich von TSI und RSI nach Wilder. Die Verlaufsmuster sind nahezu identisch. Ein Unterschied ist nur im etwas ruhigeren, weicheren Verlauf des TSI zu erkennen. Da sich der TSI auch als Überkauft / Überverkauft-Indikator eignet, ist es angebracht, zwei Extremzonen zu markieren. Da hierfür keine Angaben zu finden sind, suchen wir selbst die besten Werte. Ich denke, das die untere Extremzone gut bei -50 platziert ist und die obere bei 50.

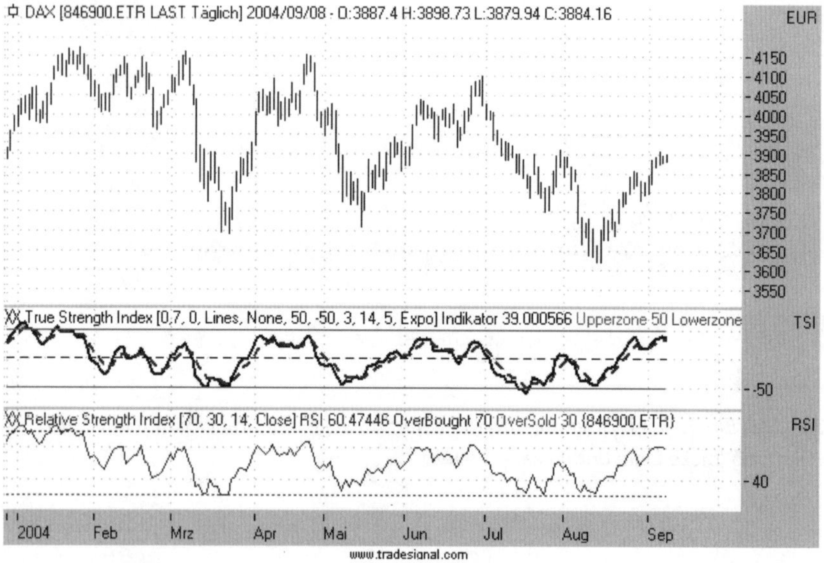

***Abb. 438** – True Strength Index und RSI im Vergleich zeigen ein nahezu identisches Bild.*

Blau's Formel

$$TSI = 100 \frac{E_z(E_y(Mtm))}{E_z(E_y(|Mtm|))}$$

E(z) = exponentieller Durchschnitt Periode z
E(y) = exponentieller Durchschnitt Periode y
MTM = ein Tages Momentum der Schlusskurse

Darstellungsvarianten

Der TSI ist nicht im Standardpaket von TradeSignal enterprise enthalten. Sie können den Indikator aber von www.tradesignalonline.com downloaden. Als zusätzlichen Indikator habe ich eine Histogramm-Version erstellt. Die Formel dazu lautet:

$$Avg_{(t)} = Sum_{(n)}(TSI) / n$$
$$TSIhist_{(t)} = TSI_{(t)} - Avg(t)$$
n = Berechnungsperiode Signallinie

Diese Version stellt die Differenz zwischen TSI und einer auf diesem berechnete Signallinie dar. Abb. 439 zeigt das TSI Histogramm im Chart.

Abb. 439 – TSI Histogramm als Darstellungsalternative kann von www.tradesignalonline.com geladen werden.

Interpretation

Für den TSI gelten die gleichen Verwendungsmöglichkeiten wie für den bekannten RSI. Der TSI signalisiert uns durch seine Lage zur Mittellinie, welche Trendrichtung im Basistitel vorherrscht. Liegt der Indikator über der Mittellinie, gilt dies als Aufwärtstrend. Steigt er dabei weiter an, zeigt das zunehmende Stärke im Aufwärtstrend. Fällt der Indikator zur Mittellinie ab, zeigt das nachlassende Stärke im Aufwärtstrend. Liegt der TSI unter der Mittellinie gilt dies als Abwärtstrend. Fällt der Indikator dabei weiter, zeigt das zunehmende Stärke im Abwärtstrend an. Steigt der Indikator zur Mittellinie an, zeigt das ein Nachlassen der Trendstärke im Abwärtstrend.

Als wichtigste Signalquelle gelten Divergenzen zwischen Kursverlauf des Basistitel und Bewegungsmuster des Indikators. Da der TSI ein Momentum-Indikator ist, weist er uns auf Veränderungen in der Bewegungsdynamik des Basiswertes hin. Nimmt die Bewegungsdynamik ab, signalisiert uns das eine Schwäche im laufenden Kurstrend des Basistitels. Schwache Trendbewegungen sind anfällig für die Kräfte der anders orientierten Marktteilnehmer. Der vorherige Satz nennt schon die Bedingung, die vor der Suche nach Divergenzen erfüllt sein muss. Wir müssen eine Trendbestimmung vornehmen. Trendschwäche können wir eben nur in einem laufenden Trend erkennen.

Abb. 440 – *Bullishe Divergenz im TSI*

***Abb. 441** – Bearische Divergenz im TSI*

Der TSI kann als Überkauft / Überverkauft Oszillator verwendet werden, wie andere bekannte Oszillatoren auch. Wir haben in der Skala des Indikators zwei Extremzonen eingezeichnet. Läuft der Indikator in die untere Extremzone, gilt der Basiswert als überverkauft. Solche stark überdehnten Situationen werden oft vom Markt korrigiert. Läuft der Indikator in die obere Extremzone, gilt der Basiswert als überkauft. Auch diese Situation wird meist vom Markt korrigiert.
Da der Verlauf des TSI etwas weicher als der des RSI ist und zudem durch die Berechnungsperiode der zweiten Glättungskomponente noch deutlich beeinflusst werden kann, eignet er sich gut für die Verwendung einer Signallinie. Als Signallinie kann jede Art von gleitendem Durchschnitt verwendet werden. Im hier verwendeten Indikator stehen verschiedene Typen zur Verfügung. Wir verwenden die Schnittpunkte des Indikators mit seiner Signallinie als Handelssignale.

Der zweite oben beschriebene Indikator, das TSI Histogramm, erlaubt es uns, einen kleinen Schritt vorwärts in der Zeit zu unternehmen. Das Histogramm stellt den Abstand zwischen TSI und seiner Signallinie dar. Steigt das Momentum im Basistitel der Indikatoren an, wird sich der Abstand zwischen TSI und Signallinie vergrößern. Lässt das Momentum nach, verringert sich der Abstand wieder.

Überkreuzungen zwischen Histogramm und Mittellinie entsprechen den Überkreuzungen von TSI und Signallinie. Wir können nun im Histogramm ebenfalls eine Signallinie verwenden. Diese erlaubt es uns, Veränderungen in der Bewegungsdynamik des zu Grunde liegenden TSI zu erkennen. Schneidet das Histogramm seine Signallinie, hat sich eine Veränderung in der Bewegungsdynamik des TSI ereignet. Abb. 442 zeigt uns, dass die Signale im Histogramm etwas eher erkennbar sind als im TSI. Das Histogramm ändert eher die Bewegungsrichtung als der TSI selbst.

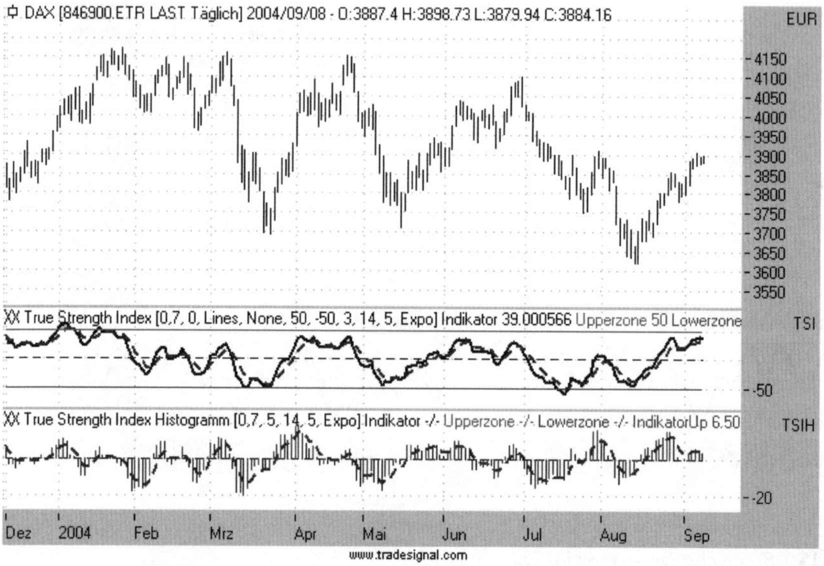

***Abb. 442** – Beim TSI Histogramm ist etwas früher ein Trendwechsel erkennbar als im reinen Linien-TSI.*

Der TSI kann ebenso wie der RSI auch charttechnisch analysiert werden. Wir können Trendlinien einzeichnen, Trendkanäle und auch Widerstands- und Unterstützungslinien. Handelssignale ergeben sich dann aus Schnittpunkten zwischen Indikator und Linien.

Kritische Würdigung

Der TSI unterscheidet sich nur in Nuancen vom RSI nach Wilder. Dafür waren die beiden Artikel im US Magazin TAS&C sehr ausführlich gehalten. Für beide Indikatoren gelten die gleichen Nachteile. Die Extremzonen werden zu selten angelaufen und die Verlaufsmuster sind in den Grundeinstellungen zu unruhig.

Quellen

Blau, William: Trading with the True Strength Index. In: TAS&C V.10
Blau, William: True Strength Index. In: TAS&C V.9

Ultimate Oszillator

Grundlagen

Larry Williams ist einer der fleißigsten Erfinder von Indikatoren und Handelsmethoden, den ich kenne. Dazu hat er einen wundervollen Humor, diese Dinge in seinen Büchern zu präsentieren. Der Indikator, den ich Ihnen hier vorstellen möchte, stammt auch aus seiner Feder. Williams, der schon an den Märkten aktiv war, bevor der Boom der Personal Computer einsetzte, wollte diesmal die Rechenpower dieser wundervollen Geräte ausnutzen. Williams versucht mit dem Ultimate Oszillator (UOS) einen großen Nachteil aller Oszillatoren etwas abzufedern. Diese finden oft gute Einstiegsmöglichkeiten dadurch, dass sie Tops oder Marktböden genau treffen. Das große Problem ergibt sich durch die zu frühen Verkaufssignale in Form von Richtungsänderungen oder Divergenzen. Folgt man nur den Oszillatorsignalen, möglichst auch denen gegen die Haupttrendrichtung, so wird man viele schlechte Trades erleben.

Williams lokalisiert das Problem in der festgelegten Periodenlänge der herkömmlichen Oszillatoren. Wird eine kurze verwendet, erwischt man gute kurzfristige Einstiegsmöglichkeiten, erhält dafür zu viele verfrühte Ausstiegssignale und, schlimmer noch, Einstiegssignale gegen den Trend. Werden längere Berechnungsperioden verwendet, gehen die Informationen über kurzfristige Kursextrema völlig verloren. Meist erwischt man nun mit etwas Verzögerung die Wendepunkte der sekundären Trends. Oft kommen dann die Oszillatorsignale zu spät, um profitable Trades zu generieren.

Williams misst den Kaufdruck, den er als Spanne zwischen Schlusskurs und True Low definiert, für 3 verschiedene Zeitzyklen. Durch Gewichtungsfaktoren erreicht er, dass alle Werte in gleicher Stärke in die Endberechnung einfließen.

Berechnung und Parameter

Die Berechnung ist etwas komplexer als die anderer Indikatoren. Wir sollten zunächst einige Begriffe klären, von denen ich hoffe, dass Sie diese bereits kennen, darüber aber nicht sicher sein kann. Eine wichtige Größe der Berechnung stellt die von W. Wilder vorgestellte True Range und das daraus gewonnene True Low dar. Bei diesem Konzept wird die Handelsspanne so definiert, dass auch Kurslücken und Limit Moves einiger Warenkontrakte berücksichtigt werden können. Ich erlaube mir, folgenden Abschnitt aus dem entsprechenden Beitrag in Erinnerung zu rufen. Die True Range wird definiert:

- Liegt das heutige Hoch über dem gestrigen Close und ist die Spanne heutiges Hoch - heutiges Tief kleiner als die Spanne heutige Hoch - gestriges Close, wird letztere verwendet (Aufwärtsgap liegt vor).

- Liegt das heutige Tief unter dem gestrigen Close und ist die Spanne heutiges Tief – heutiges Hoch kleiner als die Spanne heutiges Tief – gestriges Close wird letztere verwendet (Abwärtsgap liegt vor).
- Ist die Spanne heutiges Hoch – heutiges Tief größer als die beiden Sonderfälle, wird diese verwendet.

$$\text{True High}_{(t)} = \text{Max}(\text{High}_{(t)}, \text{Close}_{(t-1)})$$
$$\text{True Low}_{(t)} = \text{Min}(\text{Low}_{(t)}, \text{Close}_{(t-1)})$$
$$\text{True Range}_{(t)} = \text{True High}_{(t)} - \text{True Low}_{(t)}$$

Oder:

$$\text{True Range}_{(t)} = \text{Max}((\text{High}_{(t)} - \text{Low}_{(t)}), (\text{High}_{(t)} - \text{Close}_{(t-1)}), (\text{Close}_{(t-1)} - \text{Low}_{(t)}))$$

Folgende Grafik stammt aus Wilders Buch:

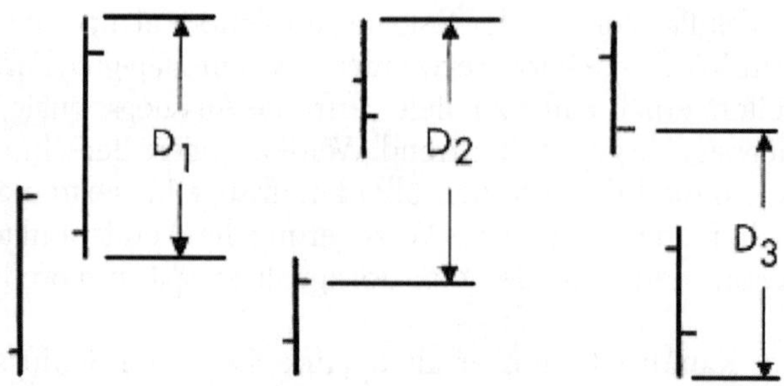

Fig. 3.3

Wilder erreicht mit diesen Bedingungen, dass die Spanne, die durch Kurssprünge in Form von Gaps sonst verloren ginge, weil sie aus nicht messbaren Zwischenräumen besteht, in der Berechnung der wahren Handelsspanne berücksichtigt wird. Daraus isoliert brauchen wir das True Low. Das ist der kleinere Kurs aus der Menge Tiefstkurs(Heute) und Schlusskurs(Gestern). Nun folgen die ersten Berechnungsschritte:

- Wir definieren den Kaufdruck als Differenz zwischen Schlusskurs und True Low.
- Wir definieren die True Range.
- Wir summieren mit den drei Periodeneinstellungen 7, 14 und 28 je den Kaufdruck und die True Range.
- Wir dividieren die Summen des Kaufdrucks durch die Summen der True Range immer die mit der gleichen Periodeneinstellung.
- Wir multiplizieren das Ergebnis der kurzen Periodeneinstellung mit 4.

- Wir multiplizieren das Ergebnis der mittleren Periodeneinstellung mit 2.
- Wir multiplizieren das Ergebnis der langen Periodeneinstellung mit 1.
- Wir führen eine abschließende Prozentrechnung mit der Summe aller drei Ergebnisse und der Summe der Gewichtungsfaktoren durch.

Schematische Darstellung:

$$KD = Close - TL$$
$$TR = TH - TL$$

$$SumKD1 = \sum_{i=0}^{n=7} KD_{(t-n)} \quad SumKD2 = \sum_{i=0}^{n=14} KD_{(t-n)} \quad SumKD3 = \sum_{i=0}^{n=28} KD_{(t-n)}$$

$$SumTR1 = \sum_{i=0}^{n=7} TR_{(t-n)} \quad SumTR2 = \sum_{i=0}^{n=14} TR_{(t-n)} \quad SumTR3 = \sum_{i=0}^{n=28} TR_{(t-n)}$$

$$UOS = \frac{((SumKD1 / SumTR1) * 4) + ((SumKD2 / SumTR2) * 2) + (SumKD3 / SumTR3)}{4 + 2 + 1} * 100$$

In den TradeSignal-Indikatoren werden die Gewichtungsfaktoren an die Periodeneinstellungen angepasst. Das heißt, der Gewichtungsfaktor für die kurze Periode ergibt sich aus der Ratio von kurzer Periode und langer Periode. Der Gewichtungsfaktor für die mittlere Periode ergibt sich aus der Ratio von mittlerer Periode und langer Periode. In der schematischen Darstellung habe ich die von Williams verwendeten Standardeinstellungen angegeben.

Darstellungsvarianten

Eine kleine optische Veränderung gegenüber dem Standardindikator aus TradeSignal enterprise stelle ich Ihnen in Abb. 443 vor. Es werden zwei Extremzonen eingezeichnet, wie Sie es von anderen Oszillatoren auch kennen. Sollte der Indikator in einer der Extremzonen liegen, werden diese Werte als gefüllte Fläche betont. Die Flächen können farbig hervorgehoben werden. Diese Variante können Sie für TradeSignal enterprise von www.tradesignalonline.com herunterladen.

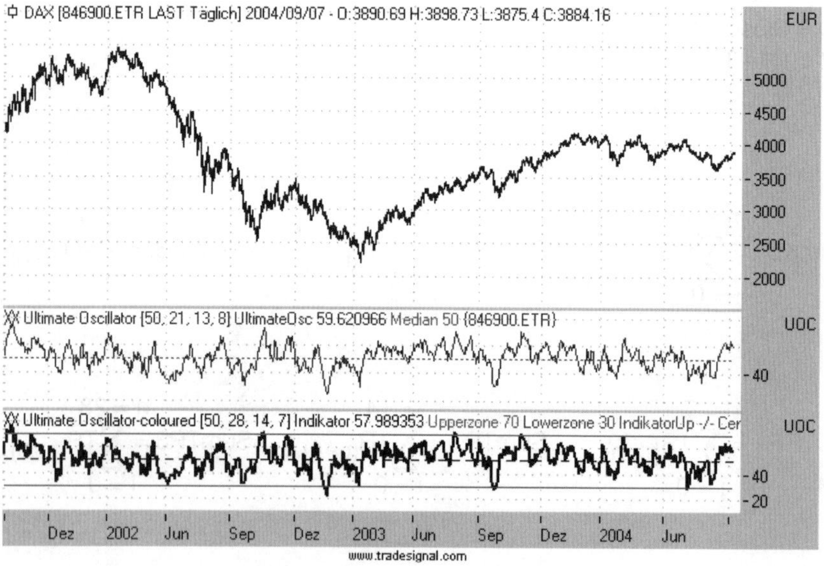

***Abb. 443** – Der Ultimate Oszillator mit zwei Extremzonen (unten).*

Interpretation

Die Interpretation unterscheidet sich nicht von der herkömmlicher Oszillatoren. Wobei das Verwenden einer Signallinie durch den sehr unruhigen Verlauf des Indikators fast unmöglich gemacht wird. Hauptsignalquelle des Indikators sind Divergenzen, die zwischen Kursbewegung und Indikatorbewegung entstehen.

Eine bearishe Divergenz finden wir in einem Aufwärtstrend. Der Basistitel formt neue höhere Hochpunkte, während der Indikator keine höheren Hochpunkte mehr bildet. Als Verkaufssignal gilt, wenn der Indikator – während er eine bearishe Divergenz ausbildet – über die Marke von 50 Prozent steigt. Als Verkaufssignal gilt, wenn der Indikator nach dem Ausbilden einer bearishen Divergenz unter den tiefsten Wert, den er während des Musters erreichte, fällt. In Abb. 445 ist eine bearishe Divergenz zu finden.

***Abb. 444** – Extrem lange bullishe Divergenz bei Telecom Italia.*

***Abb. 445** – Langgestreckte bearishe Divergenz bei Vivendi.*

Als Longausstieg gilt ein Indikatorwert über 70 Prozent. Als Shortausstieg gilt ein Indikatorwert unter 30 Prozent.

Kritische Würdigung

Ultimate Oszillator soll eine Weiterentwicklung gegenüber herkömmlicher Oszillatoren darstellen. Der Anspruch, die Signalqualität deutlich zu verbessern, wird dabei allerdings nicht erfüllt. Der Ultimate Oszillator bildet sehr unruhige Bewegungsmuster heraus. Zahlreiche kurze Abstecher auf die gegenüberliegende Seite der Mittellinie erschweren die Interpretation. Ich bin sicher, der UOS ist nicht das, was Larry Williams gerne erfunden hätte.

Quellen

Williams; Larry: The Ultimate Oszillator. In: TAS&C V3
www.stockcharts.com

Vertical Horizontal Filter (VHF)

Grundlagen

Welcher Indikator ist der richtige für die aktuelle Marktphase? Nehmen wir einen Trendfolger, der uns über längere Zeit im Markt hält? Was, wenn aber gar kein Trend vorliegt und wir nur Kosten produzieren? Nehmen wir also einen Oszillator, der uns zuverlässig jede Übertreibungsphase anzeigt? Was, wenn doch ein Trend vorliegt oder sich gerade entwickelt und der Oszillator uns zu früh aus dem Trend herauswirft und nicht wieder hineinbringt? Beide Arten von Indikatoren haben ihre Stärken und Schwächen. Profitabler Handel mit ihnen ist nur möglich, wenn wir die Stärken nutzen und die Schwächen erkennen und eliminieren. Wir sollten uns also zunächst Gedanken machen, wie wir einen Trend erkennen können. Danach wird entschieden, welcher Indikator Verwendung findet. Aber wodurch sind Trendphasen gekennzeichnet und wodurch trendlose Phasen?

Ausgehend von einem festen Betrachtungszeitraum, werden wir in Trendphasen wahrscheinlich kleinere Kursspannen vorfinden, da die Kurse über einen längeren Zeitraum in eine Richtung laufen. In trendlosen Phasen wird diese Spanne möglicherweise höher sein, da die Kurse ständig zwischen Extremwerten pendeln. In einer Trendphase wird die Summe der Kursveränderungen im Betrachtungszeitraum beständig wachsen, wogegen sich die Kursveränderungen in trendlosen Phasen teilweise aufheben.

Wir haben also zwei Kennziffern, die wir miteinander vergleichen können. Im Trend eine steigende Summe an Kursveränderungen und eine gleich bleibend schmale Kursspanne. In der Seitwärtsphase eine kleine Summe an Kursveränderungen und eine größere Kursspanne. Der Quotient beider Kennziffern wird also im Trend größer sein, als in der Seitwärtsphasen.

Die ganze Diskussion ist natürlich auf idealisierten Vorstellungen aufgebaut. In der Praxis werden zahlreiche Vermischungen auftauchen, die sich im Bild des Indikators niederschlagen. Es wird Trends geben, die über längere Zeit sehr hohe Kursspannen aufweisen werden und trendlose Phasen mit nur wenigen Punkten an Bewegungsspanne.

Der hier beschriebene Vertical Horizontal Filter (VHF) leistet die eben beschriebene Arbeit und stellt uns das Ergebnis zur Verfügung. Ähnlich dem ADX liefert er uns ein Maß für die Trendstärke im Basistitel, aber keinen Hinweis auf die Bewegungsrichtung der Kurse.

Berechnung und Parameter

Um den VHF berechnen zu können, brauchen wir zwei Eingangswerte. Der erste ist die maximale Kursspanne des Betrachtungszeitraumes. Wir ermitteln den höchsten und den niedrigsten Kurs dieses Zeitraumes und subtrahieren vom höchsten den niedrigsten.

$$SP_{(t)} = HH_{(n)} - LL_{(n)}$$

Wir brauchen als nächstes die Summe aller Kursveränderungen im Betrachtungszeitraum. Dazu wird jeweils die Differenz vom Schlusskurs zum zurückliegenden Schlusskurs ermittelt und über den angegebenen Zeitraum aufsummiert.

$$Diff_{(t)} = Close_{(t)} - Close_{(t-1)}$$
$$SumDiff_{(t)} = Sum_{(n)}(Diff)$$

$$VHF_{(t)} = SP_{(t)} / SumDiff_{(t)}$$

HH = höchster Kurs des Betrachtungszeitraumes
LL = niedrigster Kurs des Betrachtungszeitraumes
n = Länge des Betrachtungszeitraumes

Der VHF ist der Quotient aus Kursspanne und Summe der Kursveränderungen. Als Periodenangaben benötigen wir für die Original-Version nur die Länge des Betrachtungszeitraumes.

Darstellungsvarianten

Der VHF ist bereits im Standardpaket der TradeSignal-Produkte enthalten. Sie können eine erweiterte Version für TradeSignal enterprise von der Webseite downloaden. Diese Version enthält eine Funktion zur Glättung der Indikatorwerte. Ein Vergleich von Original-VHF, geglättetem VHF und ADX darunter zeigt in Abb. 446, dass die Glättung des Indikators dessen Interpretation erleichtert. Als „Spielerei" habe ich das Konzept der variablen Berechnungsperiode integriert. Das heißt, mit steigender Volatilität wird die Berechnungsperiode des Indikators verkürzt, mit nachlassender Volatilität verlängert. Der Indikator soll so schneller auf Veränderungen in der Bewegungsdynamik des Basiswertes reagieren können.

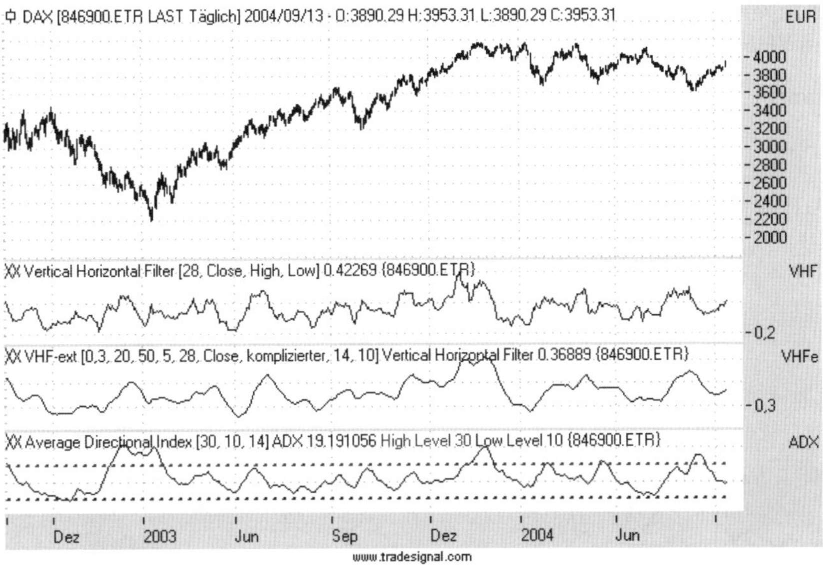

***Abb. 446** – VHF, geglätteter VHF und ADX im Vergleich.*

Interpretation

Der VHF misst die Stärke einer trendgerichteten Bewegung und deren Entwicklung auf der Zeitachse. Der VHF ist ein Trendstärke-Indikator. Er liefert uns lediglich eine Information, ob im Basistitel ein Trend vorherrscht oder nicht. Über seinen absoluten Wert kann er ein Maß für die Intensität der Trendbewegung geben. Ähnlich wie beim ADX auch, ist es möglich, einen festen Wert als Grenze zwischen Trend und Seitwärtsphase zu definieren. Werte zwischen 0,3 und 0,4 sind hier sinnvoll. Dieser Wert kann an den jeweiligen Basistitel angepasst werden.

Ein Trend wird dann angenommen, wenn der VHF diese Grenze nach oben überschreitet, der Trend gilt demnach als beendet, wenn der VHF wieder unter diese Grenze zurückkehrt. Generell gilt, dass ein steigender Indikator eine Zunahme der trendgerichteten Bewegung signalisiert. Ein Fallen des Indikators zeigt ein Nachlassen der trendgerichteten Bewegung an.

Theoretisch kann ein deutlicher Knick nach unten, nach einen starken Anstieg des VHF das Ende eines Trends anzeigen. Man könnte den VHF in diesem Falle als Kontratrend-Indikator interpretieren. Aber dabei ist Vorsicht geboten. Ein Blick auf den DAX zeigt, das trotz fallendem VHF der DAX zwischen Juli und Oktober 2003 stetig weiter nach oben klettert. Von einer Trendwende ist keine Spur zu entdecken.

Der VHF soll unter anderem dazu dienen, die Wahl des Signalgebers für Handelsentscheidungen an die Stärke der vorherrschenden Kursbewegung zu koppeln. Dabei erscheint es mir sinnvoller, den VHF im Wochenchart zu betreiben. Die Ergebnisse im Tageschart sind doch sehr zerklüftet und wellig. Abb. 447 zeigt den VHF im Wochenchart des DAX.

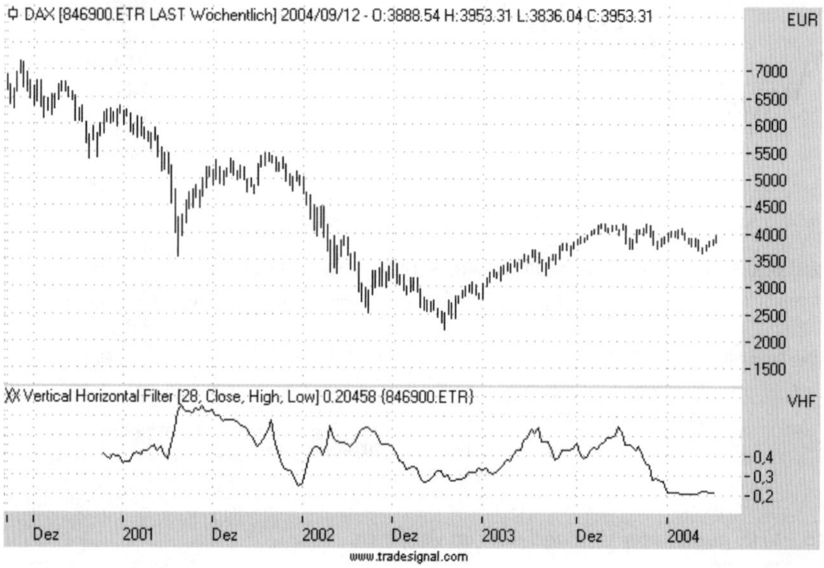

Abb. 447 *– VHF im Wochen-Chart des DAX.*

Weist der VHF niedrige Werte auf, so können Strategien mit Oszillatoren erfolgreich sein. Weist der VHF hohe Werte auf, sollten trendfolgende Systeme bevorzugt werden. Da sich Marktbewegungen relativ gleichförmig wiederholen und permanent zwischen Trend und Seitwärtsphase pendeln, können Extremwerte des VHF als Hinweis auf mögliche bevorstehen Bewegungsschübe oder Trendwenden interpretiert werden. Nach einem starken Anstieg des VHF kann der Eintritt einer Konsolidierungsphase erwartet werden. Nach einem längeren Abtauchen unter die Abgrenzung der Skala kann ein Bewegungsschub erwartet werden. Vorsicht ist allerdings geboten. Die Bewegungsmuster des Indikators sind doch oft sehr verschwommen und lassen uns hier lediglich Vermutungen anstellen.

Kritische Würdigung

Der VHF weist ähnliche Bewegungsmuster wie der ADX auf. Besonders wenn der VHF geglättet wird, ähnelt er stark dem ADX. Das ist auch kein Wunder, denn die Berechnungs- und Datenbasis beider Indikatoren ist ähnlich. Einen wirklichen Nutzen sehe ich nur, wenn der VHF mit Wochendaten betrieben wird. Die teils heftigen Schwankungen im Tageschart des Basistitels erschweren die Nutzung ungeheuer.

Quellen

Gopalakrishnan, Jayanthi: Vertical Horizontal Filter. In: TAS&C V.18

Volume Flow Index

Grundlagen

Trendbestimmung ist eine der wichtigsten Aufgaben für Trader, die Verluste durch Kontratrendpositionen vermeiden wollen oder optimale Einstiegspunkte suchen. Eine andere wichtige Aufgabe ist die Suche und das Aufspüren von möglichen Trendwendepunkten, um die Positionierung entsprechend anzupassen, Gewinne mitzunehmen oder neue Positionen einzugehen. Wer möchte schon seine Longpositionen halten, während sich ein Trendwechsel von Aufwärts zu Abwärts abzeichnet? Hilfsmittel, um beide Aufgaben zu erfüllen, gibt es unzählige. Von einfachen gleitenden Durchschnitten, Kursindikatoren, charttechnischen Methoden über kombinierte Ansätze und kombinierten Indikatoren haben Sie sicherlich schon einiges gelesen.

M. Katsanos hat im Heft TSAC 06/2004 einen Indikator vorgestellt, der eine Weiterentwicklung bekannter Volumen- bzw. volumengewichteter Indikatoren darstellt. Urgestein dieser Indikatoren ist das On Balance Volume (OBV), das von J. Granville 1963 in dessen Buch „New Strategies of Stock Market Timing" beschrieben wurde. Granville suchte nach einer Möglichkeit, Volumen und Kursänderungen in einem kombinierten Indikator darzustellen, um die Interaktion der beiden Werte darstellen zu können. Die Theorie besagt, dass „gesunde" trendgerichtete Kursbewegungen stets vom Volumen bestätigt werden sollten („Volume goes with Trend"). Somit sollte das OBV dieses Zusammenspiel messen und darstellen und helfen, Unstimmigkeiten zu erkennen. Die Berechnung des OBV ist recht einfach und war zu Granvilles Zeiten mit Bleistift und Papier leicht zu erledigen. Heute stehen uns leistungsfähige Computer zur Verfügung, die hundertfach mehr Rechenleistung haben als die Computer der Apollo Raumschiffe.

Katsanos wollte mit seinem Indikator die Schwachpunkte des OBV oder auch anderer Volumenindikatoren, wie Money Flow Index (MFI), Accumulation Distribution (WAD) etc. tilgen. Ein Schwachpunkt des OBV ist zum Beispiel, dass jede Kursänderung zum Vortag bereits das volle Tagesvolumen in die Berechnung einfließen lässt. Ein Schwachpunkt fast aller Volumenindikatoren ist, dass Tage mit extremen Volumenspitzen, wie zum Beispiel die großen Verfallstage an den Terminbörsen, einen Volumenindikator völlig aus der Bahn werfen können. Oft dauert es ziemlich lange, bis diese Extremwerte aus der Indikatorkurve verschwunden sind. Trendgerichtete Bewegungen sind durch eine Menge zufälliger Kursbewegungen unterbrochen, von denen einige sehr klein und deshalb für die eigentliche Indikatorenberechnung völlig unwichtig sind. Katsanos hat hier einen Schwellenwert eingefügt, der solche minimalen Bewegungen herausfiltert, was bedeutet, dass das Volumen solcher Tage nicht in der Berechnung berücksichtigt wird. Als Ergebnis erhalten wir einen Volumenindikator, der deutlich bessere Signale abliefert, als seine Vorgänger und der mehrere Interpretationsmöglichkeiten eröffnet.

Berechnung und Parameter

Im Folgenden möchte ich die Berechnung des Volume Flow Index (VFI) detailliert beschreiben. Es sind mehrere Berechnungsschritte nötig, um den Indikator zu erhalten. Zunächst brauchen wir die Eingangswerte der Berechnung. Da es sich um einen Volumen und Kursindikator handelt, der Kursbewegungen und Volumenwerte miteinander kombiniert, brauchen wir also einen Wert, der die Kursänderungen abbildet und einen Wert, der das Volumen repräsentiert.

Im VFI werden die Kursänderungen zum jeweiligen Vortag gemessen und zwar nicht, in dem die Schlusskurse verglichen werden, sondern es wird der typische Kurs ermittelt. Das ist die durch drei dividierte Summe aus Tageshoch, Tagestief und Schlusskurs. Dieser typische Kurs gibt ein besseres Abbild des Tagesgeschehens, als der reine Schlusskurs.

$$TP_{(t)} = (High_{(t)} + Low_{(t)} + Close_{(t)}) / 3$$

Die tatsächliche Kursänderung wird bestimmt, in dem der gestrige typische Kurs vom heutigen abgezogen wird.

Im nächsten Schritt sollen unbedeutende Kursbewegungen gefiltert werden. Im OBV bewirkt jede noch so kleine Kursänderung, dass das volle Tagesvolumen in die Berechnung einfließt. Katsanos schließt dies aus, in dem er einen Schwellenwert definiert, der darunter liegende Werte ignoriert. Dies geschieht, in dem die Standardabweichung der logarithmischen Kursänderung über eine Periode von 30 Tagen gemessen und mit dem Schwellenwert (0,2) multipliziert wird.

Jetzt kommt das Volumen zur Berechnung hinzu. Katsanos will einerseits die weiter oben schon beschriebenen extremen Volumenausschläge filtern und andererseits auch erreichen, dass die Indikatorwerte normalisiert werden. Sicher ist Ihnen beim OBV schon einmal aufgefallen, dass es zum Teil astronomische Werte annimmt und eine Interpretation dadurch erschwert wird, gerade weil kurzfristige Veränderungen nur schwer zu erkennen sind. Als Schwellenwert für das Volumen gilt das 2,5-fache des durchschnittlichen täglichen Handelsvolumens. Alle Volumenwerte, die darüber liegen, werden „abgeschnitten".

Der Indikator selbst ist die Aufsummierung der positiven oder negativen Volumenwerte. Dabei gilt: Volumen wird hinzu addiert, wenn die Kursänderung positiv ist und über dem Schwellenwert liegt. Volumen wird subtrahiert (negativer Wert wird addiert), wenn die Kursänderung negativ ist und größer als der entsprechende negative Schwellenwert ist.

Bei dieser Berechnung kommt der Schwellenwert der Kursänderung zum Zuge. Liegt die ermittelte Kursänderung unter diesem Wert (bei negativen Kursänderungen entsprechend über dem negativen Schwellenwert), wird das verwendete Volumen auf Null gesetzt. Das Ergebnis der Summierung wird durch den Durchschnitt des Volumens dividiert. Mit dem letzten Berechnungsschritt wird erreicht, dass der Indikator normalisiert wird und um eine Mittellinie schwingt. Dabei ist die Skala selbst nach beiden Seiten offen.

Für die Berechnung des Indikators sind mehrere Parameter nötig. Zum einen der Multiplikator für den Volumenschwellenwert. Dieser ist von Katsanos auf 2,5 festgelegt worden. Als nächstes den Multiplikator für den Schwellenwert der Kursänderungen. Dieser liegt bei 0,2.

Für die Summierung der Volumenwerte ist eine Berechnungsperiode anzugeben. Laut Katsanos, der seinen Indikator als Langfristanalysewerkzeug vorstellt, sind zwischen 26 und 30 Wochen optimale Einstellungen. Hierfür muss allerdings vorausgesetzt werden, dass für diesen Zeitraum Volumendaten vorliegen. Als letztes noch einen Wert für die ebenfalls im Indikator berechnete Signallinie. Dabei handelt es sich um einen exponentiellen gleitenden Durchschnitt des Indikators selbst. Katsanos verwendet hier sieben Tage für die Glättung der Werte.

Darstellungsvarianten

Der Indikator VFI steht Ihnen zur Nutzung in TradeSignal enterprise zum Download zur Verfügung. Als Demonstrationsindikator, der zeigen soll, an welchen Tagen das Volumen den zulässigen Maximalwert überschreitet, steht noch VFI-Volume zur Verfügung. Die Färbung der Volumenspitzen ist hier an positive oder negative Kursänderungen angepasst. Steigende Kurse bekommen eine grüne Volumennadel zugeordnet, fallende Kurse eine rote. Alle Programme, die Sie brauchen, um den Indikator nutzen zu können, finden Sie auf der Webseite.

Interpretation

Katsanos eröffnet mit diesem Indikator zwei Interpretationsgebiete. Das erste Gebiet ist die Analyse und Interpretation der Indikatorwerte an sich. Die Mittellinie stellt hier die Grenze zwischen Bullen- und Bärenterritorium dar. Liegt der Indikator über der Mittellinie, bedeutet das, dass positive Kursänderungen im Basiswert und ausreichend Handelsvolumen zu einem Aufwärtstrend geführt haben.

Fällt der Indikator unter die Nulllinie, so bedeutet das einen Machtverlust der Bullen gegenüber den Bären. Damit wird ein deutlicher, mittelfristiger Trendwechsel signalisiert. Indikatorwerte unter der Nulllinie können als Abwärtstrend im Basistitel interpretiert werden. Die Mittellinie symbolisiert also die Grenze zwischen aufwärts und abwärts gerichteten Trendbewegungen. Die Richtung und der Steigungsgrad der Indikatorkurve geben einen Hinweis auf Stärke und Entwicklungsstand eines Trends. Liegt der Indikator über der Nulllinie und steigt, zeigt das eine zunehmende Stärke im Basistitel an. Liegt er über der Nulllinie und fällt, zeugt das von nachlassender Trendstärke im Aufwärtstrend. Entsprechend zeigt ein unter der Nulllinie liegender und weiter fallender Indikator zunehmende Schwäche im Basistitel an, während ein aufwärtsgerichteter Indikatorverlauf unter der Nulllinie für abnehmende Trendintensität im Abwärtstrend steht. Abb. 448 zeigt den VFI im DAX-Wochenchart. In der Einstellung mit 21 Wochen als Berechnungsperiode sind die mittelfristigen Trends und deren Wendepunkte gut zu erkennen.

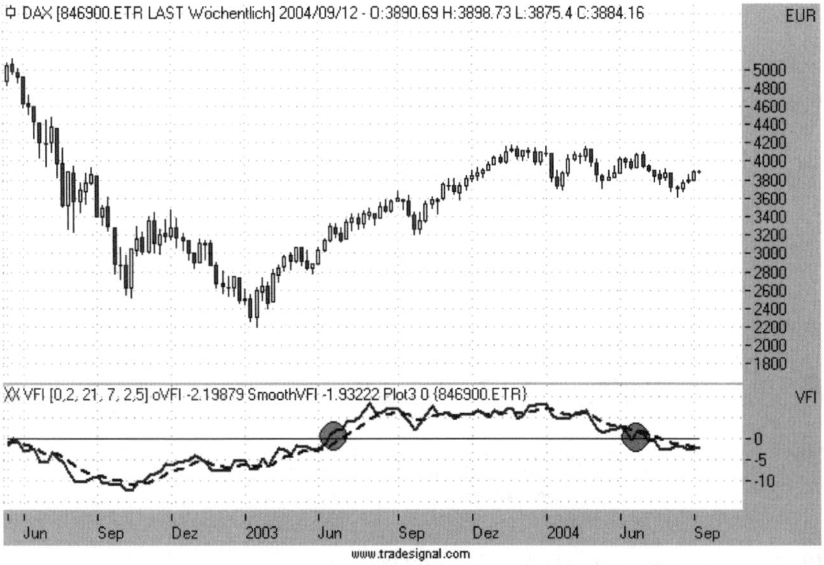

***Abb. 448** – VFI im Wochen-Chart des DAX mit eingezeichneten Signalen.*

Das zweite Interpretationsgebiet ist die Divergenzanalyse. Hierbei werden Indikatorverlauf und Kursverlauf analysiert. Laufen beide Indikator und Basistitel parallel, so gilt die aktuelle trendgerichtete Bewegung als intakt. Treten jedoch Unstimmigkeiten auf, ist zur Achtung gemahnt. Steigt der Basiswert im Aufwärtstrend auf ein neues Hoch, ohne das der Indikator seinerseits einen neuen Hochpunkt markiert, liegt eine negative, bearishe Divergenz vor. Der laufende Aufwärtstrend hat deutlich an Momentum verloren und ist anfällig für eine Trendwende geworden. Abb. 449 zeigt ein Beispiel.
Eine bullishe Divergenz liegt vor, wenn der Basistitel ein neues Tief im Abwärtstrend markiert, der Indikator diese Bewegung jedoch nicht im gleichen Umfang nachvollzieht. Der Abwärtstrend droht zu versiegen und ist anfällig für eine Trendwende geworden. Abb. 450 zeigt ein Beispiel.

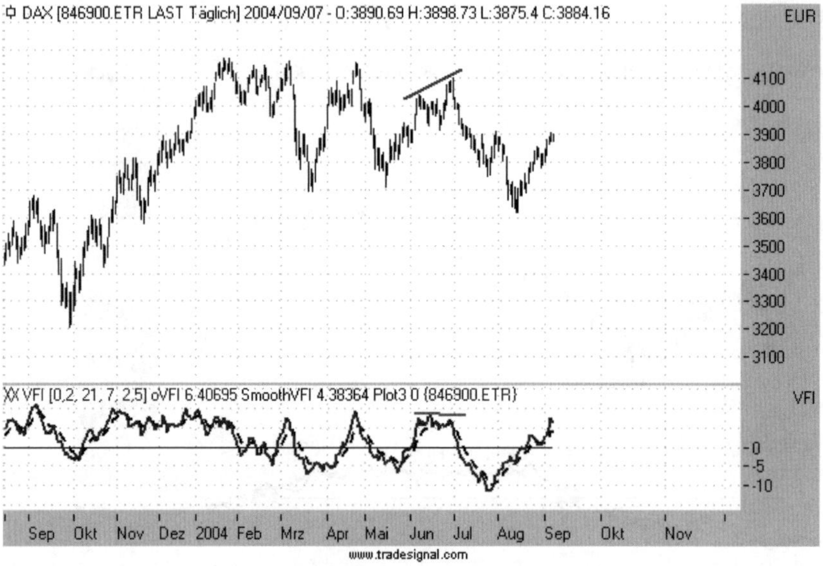

***Abb. 449** – Bearishe Divergenz zwischen DAX und VFI.*

***Abb. 450** – Langgestreckte, bullishe Divergenz zwischen DAX und VFI.*

Katsanos stellt noch eine andere, nicht so bekannte Form der Divergenzanalyse vor. Er sucht nach Divergenzen zwischen verschiedenen Volumenindikatoren. Dazu werden die gängigen Volumenindikatoren unterschieden in Interday- und Intraday-Indikatoren. Unter Interday-Indikatoren verstehen wir solche wie den VFI oder den MFI. Diese ermitteln Kursänderungen zwischen heutigem und gestrigem Kurs. Intraday-Indikatoren sind solche, die Kursänderungen relativ zur Tageshandelsspanne berechnen. Hierzu zählt M. Chaikins Money Flow Index (CMF).

Katsanos weist darauf hin, dass Intraday-Volumenindikatoren in Seitwärtsphasen oder leichten abwärtsgerichteten Bewegungen bessere Signale geben, als Intraday-Indikatoren, die in diesen beiden Fälle oft falsche Signal liefern. Katsanos verwendet diese Form der Divergenzanalyse zur Vorhersage von Kursausbrüchen.

In Abb. 451 habe ich versucht, Katsanos Divergenzanalyse mehrerer Volumenindikatoren nachzustellen. So recht fündig bin ich nicht geworden. Markiert habe ich eine bullishe Divergenz im DAX, die vom VFI bestätigt wird, vom CMF jedoch nicht. Aber das ist eigentlich nicht das, was Katsanos meinte. Letztendlich bleibt es hier dem Anwender überlassen, dass revolutionäre an Katsanos VFI zu entdecken.

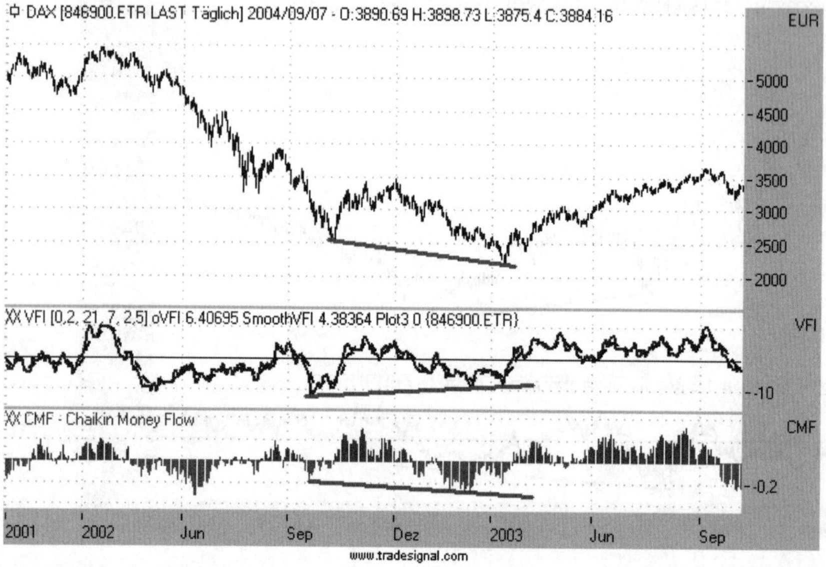

Abb. 451 – *Ein Versuch, mehrere Indikatoren mit „gleichgerichteten" Divergenzen zu finden. Hier ist allerdings der CMF nicht „in line" mit dem VFI.*

Quellen

Katsanos; Markos: Volume Flow Index: In: TAS&C 06/2004

Volume Oszillator

Grundlagen

Das Volumen ist der Treibstoff der Märkte. Ähnlich wie ein Auto Benzin, ein Flugzeug Kerosin und eine glückliche Liebe Romantik braucht, benötigen die Finanzmärkte Investoren, die ihr Geld in Aktien, Rohstoffe oder Terminkontrakte investieren. Ohne das Geld der Investoren würde kein Handel an den Märkten stattfinden können. Um einen Überblick über die Stärke dieser Geldströme zu erhalten, werden in der Regel Umsatz- oder Volumenangaben in den Charts eingeblendet. Während es sich bei Umsatzangaben lediglich über die Menge der gehandelten Instrumente handelt, gibt ein Volumengraph die Menge des dabei beteiligten Geldes wieder.

Die Masse der bekannten technischen Indikatoren verwendet lediglich die Kursdaten des Basisinstrumentes für Analysezwecke. In immer wiederkehrenden ähnlichen Prozessen werden diese multipliziert, geglättet, dividiert, aufsummiert und subtrahiert. Welch Wunder, das die Graphen der meisten Indikatoren ähnliche Muster bilden. Wäre es deshalb nicht sinnvoll, neben den Kursdaten auch die Volumendaten in die Analyse mit einzubeziehen? Sicher, das wäre es. Ein kleine Schar von Volumen oder Money Flow Indikatoren liefert hier wertvolle Dienste. Einige versuchen durch Kombination aus Kursbewegung und beteiligtem Volumen den „Gesundheitszustand" des Basiswertes zu erforschen. Andere liefern direkte Handelssignale.

Zur Gruppe der reinen Volumenindikatoren gehört der Volume Oszillator (VO). Doch auch der Volume Oszillator ist nur ein „Gebrauchtwagen", bei dem das „Schmiermittel" gewechselt wurde. Es wird schlicht das Moving Average Convergence Divergence-Konzept auf die Volumendaten des Basisinstrumentes angewendet. Berechnung und Interpretation unterscheiden sich deshalb auch nicht vom MACD oder dem Price Oszillator. Zu diesen beiden gibt es ausführliche Beiträge von mir, die Sie sicher bereits kennen.

Bei der Analyse des Volume Oszillators werden einige Grundlagen der technischen Analyse vorausgesetzt. Zum Beispiel, dass ein gesunder Trend von steigendem Interesse der Marktteilnehmer begleitet wird, was sich in steigenden Volumina bemerkbar macht. Die Volumenentwicklung läuft oft der Kursentwicklung voraus. Besonders bei Einzelaktien gilt, dass vor Beginn oder Ende eines Trends bereits deutliche Veränderungen in der Volumenentwicklung zu erkennen sind. Wir können also aus dem Vergleich der Kursbewegungen und der Volumenentwicklung wichtige Hinweise auf bevorstehende Trendwenden oder Kursausbrüche gewinnen.

Berechnung und Parameter

Die Berechnung des VO ist ziemlich einfach. Es werden zwei gleitende Durchschnitte mit unterschiedlich langen Berechnungsperioden auf die Volumendaten gelegt. Dabei ist es fast egal, welcher Typ von gleitendem Durchschnitt zum Einsatz kommt. Diejenigen mit variabler Periodenanpassung sind allerdings weniger geeignet, weil in den Volumendaten keine ausgeprägten Trends auftreten. Die adaptiven Durchschnitte werden also mehr oder weniger völlig flach verlaufen.

In der Literatur werden exponentielle Durchschnitte verwendet. Der VO entsteht aus der Differenz zwischen dem kurzen Durchschnitt und dem langen Durchschnitt. Eine andere Variante wäre die prozentuale Berechnung dieser Differenz. Einziger Unterschied zwischen beiden Methoden ist, dass die Werte des VO in völlig verschiedenen Bereichen liegen. Die Bewegungsmuster sind jedoch identisch.

$$VO_{(t)} = (MA_{(x)}(Volume) - MA_{(y)}(Volume))$$

$MA_{(x)}$ = gleitender Durchschnitt kurze Berechnungsperiode
$MA_{(y)}$ = gleitender Durchschnitt lange Berechnungsperiode

Welche Einstellungen Sie für die beiden Berechnungsperioden wählen, ist Ihnen ziemlich frei überlassen. Sie können die Standardeinstellungen des MACD 12 Tage und 26 Tage verwenden, aber auch andere Kombinationen ergeben sinnvolle Ergebnisse. 10 Tage und 25 Tage zum Beispiel werden von M. Pring verwendet.

Darstellungsvarianten

Der VO in Abb. 452 ist nicht in den TradeSignal-Produkten enthalten. Auf www.tradesignalonline.com ist eine Version für Tradesignal Enterprise zum Download bereit gestellt. Sie können verschiedene Typen an gleitenden Durchschnitten verwenden. Dazu ist die Berechnung einer Signallinie bereits enthalten. Zum Vergleich können Sie zwischen relativer und absoluter Berechnung wählen. Um den Verlauf des VO weiter zu glätten, besteht die Möglichkeit, vor der Berechnung des eigentlichen Indikators einen sehr eng anliegenden gleitenden Durchschnitt auf das Volumen zu berechnen. Dieser gilt dann als Basis für den VO.

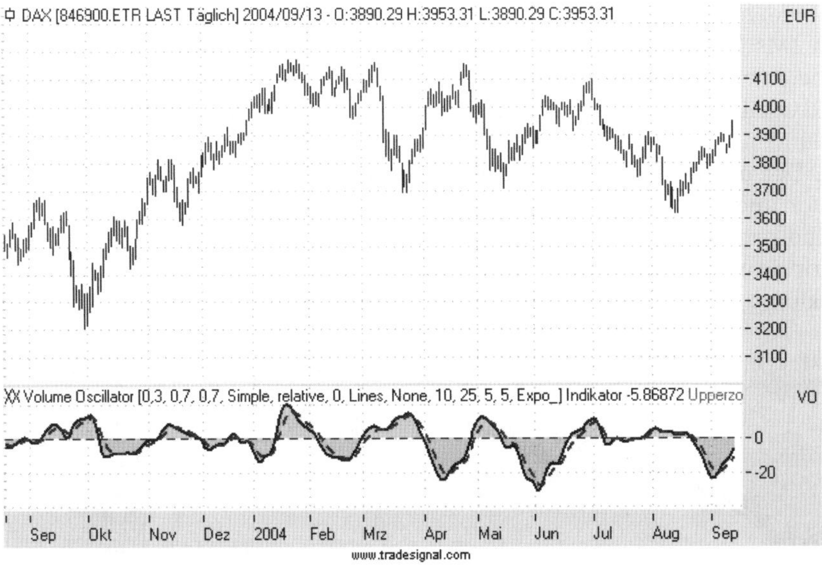

***Abb. 452** – Volume Oszillator beim DAX.*

Interpretation

Haben Sie die Beiträge zu Price Oszillator und MACD gelesen? Wenn ja, dann kennen Sie bereits die Interpretation des hier vorliegenden Oszillators. Allerdings analysieren wir hier das Volumen und nicht die Kurse, einige Unterschiede sollten also auch vorhanden sein.

Grundlegende Aussage ist zunächst: Der Volume Oszillator analysiert Bewegungsrichtung und Dynamik der Volumenströme. Ein steigender VO zeigt Volumenzunahme und ein fallender VO Volumenabnahme. Eine Aussage über die Richtung der Kursbewegung des Basisinstrumentes lässt sich daraus nicht herleiten.

Aus dieser Beobachtung ergibt sich die erste Kombinationsmöglichkeit mit den Kursdaten. Wir untersuchen die Bewegung der Kurse des Basisinstrumentes und des VO auf Gleichlauf. Aus diesem Vergleich können wir erkennen, ob eventuell vorliegende Kurstrends vom Volumen begleitet werden oder nicht. Also sollte im Aufwärtstrend der VO steigen, wenn der Trend gesund ist. Es herrscht demzufolge genügend Kaufdruck vor, um den Trend am Laufen zu halten. Im Abwärtstrend sollte der VO ebenfalls steigen. Ein Zeichen für starken Verkaufsdruck, der den Kursverfall weitertreiben wird.

Herrscht kein Gleichlauf mehr zwischen Kurstrend und Volumentrend, verlieren die gerade am Steuer des Marktes sitzenden Marktteilnehmer an Macht. Ein Trend ohne ausreichend Unterstützung der Marktteilnehmer ist anfällig für Korrekturen oder Trendwechsel. Besonders wenn die Kurse des Basisinstrumentes stark überdehnt sind, also überkauft oder überverkauft, treten deutliche Divergenzen zwischen VO und Kursverlauf auf.

Eine gute Möglichkeit diese Divergenzen zu entdecken ist der Vergleich von Volume Oszillator und Price Oszillator. Beide müssen natürlich mit den gleichen Einstellungen betrieben werden. In Abb. 453 habe ich diese Kombination aufgebaut. Der untere Indikator stellt die Differenz der absoluten Werte von Price Oszillator und VO dar. Um die Programmierung zu vereinfachen, habe ich für beide Indikatoren exponentielle Durchschnitte zu Grunde gelegt. Die Spitzen im Indikator markieren starke Divergenzen zwischen Kursverlauf und Volumenentwicklung.

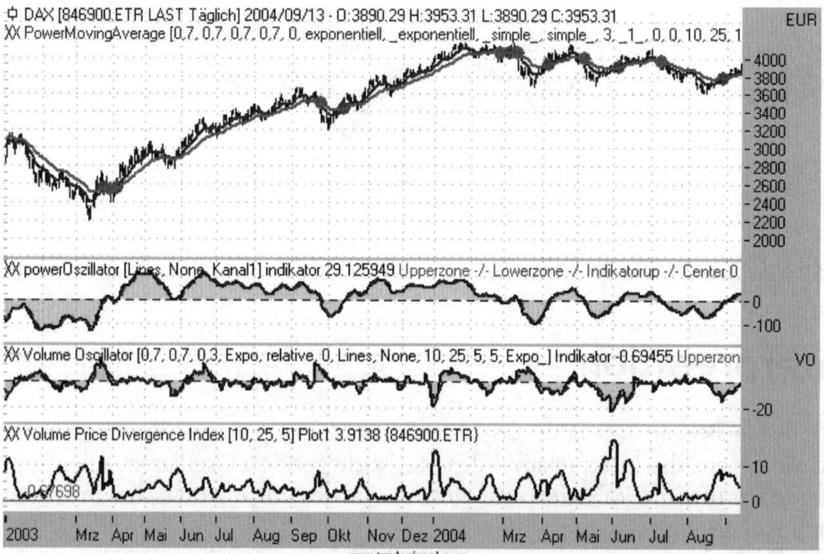

***Abb. 453** – Differenz zwischen Price Oszillator und Volume Oszillator (unten), um eventuell aus der Divergenz Rückschlüsse auf den Kursverlauf zu ziehen.*

Der VO alleine liefert uns Signale auf zwei verschiedenen Wegen: Schneidet der VO seine Mittellinie nach oben, zeigt das einen Anstieg des Volumens über den Durchschnitt des Betrachtungszeitraumes. Die Volumina sind dann als hoch zu bezeichnen. Schneidet der VO seine Mittellinie nach unten zeigt das ein Abflauen des Volumenstromes und einen Fall unter den Durchschnitt des Betrachtungszeitraumes. Das Volumen gilt hier als niedrig. Die Bewegungsrichtung des VO zeigt uns, ob die Volumina ansteigen oder absinken. Je steiler dabei die Bewegung verläuft, um so größer ist die Dynamik dieser Veränderungen.

Kritische Würdigung

Der VO kann für sich alleine keine Signale für den Handel liefern. Nur in Kombination mit anderen technischen Analyseinstrumenten findet er sinnvolle Verwendung.

Quellen

Pring, Martin: The Volume 3. In: TAS&C V.11

Weinbergs Range Index

Grundlagen

J. Weinbergs The Range Indicator (TRI) ist einer der Indikatoren, die auf den ersten Blick unbrauchbar erscheinen und deren Funktion undurchschaubar ist. Einige Zeit des Nachdenkens vergeht, bis schließlich eine kleine Modifikation im Programmcode ein anschauliches Ergebnis liefert.

J. Weinbergs Motivation zur Schaffung dieses Indikators war die Untersuchung der täglichen Handelsspannen und deren Vergleich mit den Schlusskurs- zu Schlusskursänderungen. Erinnern Sie sich an den Mass Index des D. Dorsey? Dieser versucht ebenfalls die Veränderungen der Handelsspannen einzufangen und daraus Signale zu erzeugen. Während der Mass Index jedoch nur die täglichen Handelsspannen beobachtet, geht Weinberg mit dem TRI einen Schritt weiter. Er vergleicht diese mit den Veränderungen der täglichen Schlusskurse. Der Grundgedanke hinter der Beobachtung der Handelsspannen ist der, dass in Trendphasen die täglichen Schlusskursspannen weiter auseinander liegen als in trendlosen Marktphasen. Schließlich sitzt eine bestimmte Fraktion der Marktteilnehmer fest in der Sitzschale des Ruderbootes und treibt dieses mit kräftigen Zügen voran.

Weinbergs Gedanke ist, dass die Veränderungen der täglichen Schlusskurse in etwa gleich sein sollten mit den Veränderungen der täglichen Handelsspannen. Bewegen sich die Schlusskurse in größeren Schritten vorwärts, sind auch die täglichen Handelsspannen größer. Ein Ungleichgewicht tritt auf, wenn die Schlusskurse immer näher beieinander liegen, während die täglichen Handelsspannen immer noch sehr groß sind.

Um beim Bild des Ruderbootes zu bleiben: Beginnt ein Trend, setzt sich das Ruderboot in Bewegung, getrieben von langen kräftigen Ruderschlägen. Dabei entsprechen die Längen der Ruderschläge etwa der Länge des zurückgelegten Weges. Wird der zurückgelegte Weg kleiner, obwohl die Ruderschläge immer noch lang und kräftig sind, zeigt das einen hohen Reibungsverlust an. Ein Großteil der eingesetzten Kraft wird nicht mehr in Bewegung umgesetzt. Die Kraft der Marktteilnehmer ist deren Geld.

Wird im Aufwärtstrend ein Großteil der Käufe absorbiert, ohne dass es zu maßgeblichen Kurssteigerungen kommt, scheint sich der Trend dem Ende zu neigen. Den Käufern fehlt die Dominanz um die Kurse weiter zu treiben. Wird im Abwärtstrend ein Großteil der Verkäufe absorbiert, ohne dass sie zu weiteren Kursverlusten führen, scheinen die Bullen auf dem Weg zurück aufs Parkett zu sein. Der Abwärtstrend hat ein Niveau erreicht, auf dem den Bären die Luft ausgeht.

Weinbergs TRI bildet die Ratio aus den beiden oben genannten Kursspannen. Um ein Maß zu finden, ob diese jetzt hoch oder niedrig ist, wird ein Vergleich dieser Ratio mit deren Wertespanne einer festen Betrachtungsperiode durchgeführt. Hier kommt Lanes Stochastic-Berechnung ins Spiel. Wie Sie sehen werden, ist alles ganz einfach.

Berechnung und Parameter

Die folgenden Zeilen erläutern Ihnen die Berechnung. Wenn Sie es eilig haben, können Sie diese auch überlesen und den Indikator fertig von www.tradesignal-online.com downloaden. Wir benötigen die True Range. Sie erinnern sich sicher, dass ist die „wahre“ Handelsspanne des Tages, die Eröffnungskurslücken und Limit Moves berücksichtigt. Die True Range wird wie folgt ermittelt:

- Liegt das heutige Hoch über dem gestrigen Close und ist die Spanne heutiges Hoch - heutiges Tief kleiner als die Spanne heutiges Hoch - gestriges Close, wird letztere verwendet (Aufwärtsgap liegt vor).
- Liegt das heutige Tief unter dem gestrigen Close und ist die Spanne heutigesTief - heutiges Hoch kleiner als die Spanne heutiges Tief - gestriges Close, wird letztere verwendet (Abwärtsgap liegt vor).
- Ist die Spanne heutiges Hoch - heutiges Tief größer als die beiden Sonderfälle, wird diese verwendet.

Eine schematische Darstellung der True Range Berechnung sieht so aus:

$$\text{True High}_{(t)} = \text{Max}(\ \text{High}_{(t)}\ ,\ \text{Close}_{(t-1)}\ )$$
$$\text{True Low}_{(t)} = \text{Min}(\ \text{Low}_{(t)}\ ,\ \text{Close}_{(t-1)}\ )$$
$$\text{True Range}_{(t)} = \text{True High}_{(t)} - \text{True Low}_{(t)}$$

Oder:

$$\text{True Range}_{(t)} – \text{Max}((\text{High}_{(t)} - \text{Low}_{(t)})\ ,\ (\text{High}_{(t)} - \text{Close}_{(t-1)})\ ,\ (\text{Close}_{(t-1)} - \text{Low}_{(t)}))$$

Erster Schritt zum TRI, wir ermitteln die Ratio aus den genannten Kursspannen:

$$\text{Wenn Close}_{(t)} > \text{Close}_{(t-1)} \text{ dann RRatio}_{(t)} = \text{True Range}_{(t)}\ /\ (\ \text{Close}_{(t)} - \text{Close}_{(t-1)}\ )$$
$$\text{Sonst RRatio}_{(t)} = \text{True Range}_{(t)}$$

Zweiter Schritt wir ermitteln die Bandbreite dieser Ratio im Berechnungszeitraum:

$$\text{HRRatio}_{(t)} = \text{Max}(\ \text{HRRatio}_{(t)} \ldots\ \text{HRRatio}_{(t-n)}\ )$$
$$\text{LRRatio}_{(t)} = \text{Min}(\ \text{LRRatio}_{(t)} \ldots\ \text{LRRatio}_{(t-n)}\ )$$

$\text{HRRatio}_{(t)}$ = höchster Wert der RRatio im Berechnungszeitraum
$\text{LRRatio}_{(t)}$ = niedrigster Wert der RRatio im Berechnungszeitraum

Dritter Schritt, wir wenden die Stochastic-Berechnung nach Lane an. Grundformel ist diese:

$$\% K = \frac{C - L_n}{H_n - L_n} * 100$$

mit Close = Schlusskurs
L = niedrigster Kurs des Zeitraumes
H = höchster Kurs des Zeitraumes

In unserem Falle sieht die schematische Darstellung so aus:

$$TRI(t) = 100 * (RRatio_{(t)} - LRRatio_{(t)}) / (HRRatio_{(t)} - LRRatio_{(t)})$$

Anschließend wird der TRI noch mit einem exponentiellen gleitenden Durchschnitt geglättet. Für den Berechnungszeitraum (n) verwendet Weinberg 10 Tage. Die Periodeneinstellung für die anschließende Glättung liegt bei drei Tagen. Alle Werte sind natürlich frei wählbar. Der Indikator bewegt sich in einer Skalenbreite von 0 bis 100 Prozent. Darin werden zwei Extremzonen eingezeichnet, deren Verwendung nachher noch erläutert wird. Die untere Extremzone wird bei 20 Prozent gezeichnet. Die obere Extremzone bei 70 Prozent.

Darstellungsvarianten

Ich habe den TRI für TradeSignal enterprise programmiert. Wie Sie in Abb. 454 sehen können, wird das Auge bei der Betrachtung des Indikators nicht gerade verwöhnt.

***Abb. 454** – Weinbergs Range Index, den Sie so von www.tradesignalonline.com downloaden können.*

Abb. 455 zeigt eine von mir veränderte Version des TRI. Ich führe nach der Berechnung der Ratio eine Glättung durch, die möglichst wenig zeitliche Verzögerung in die Muster des Indikators einschleust. Erst danach wird die Stochastic-Berechnung durchgeführt. Die vielen Spitzen der Originalversion sind fast verschwunden.

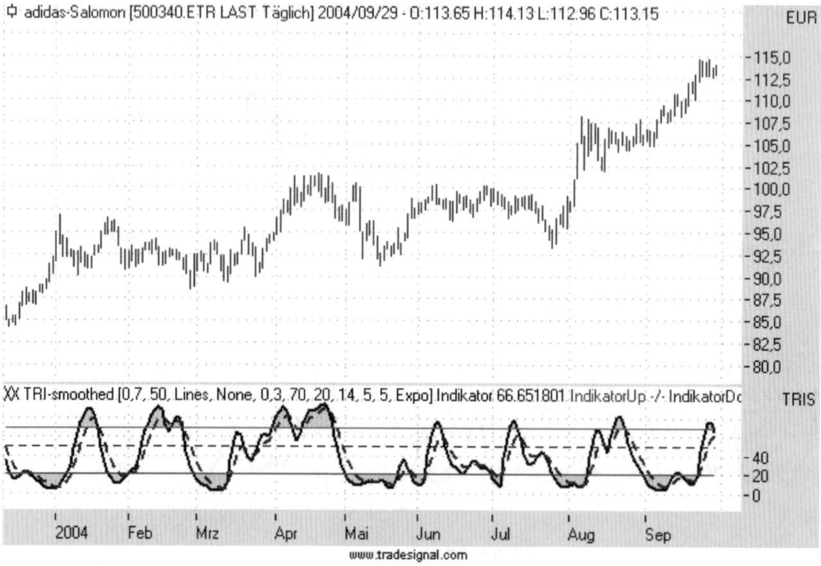

***Abb. 455** – Geglättete Version des Weinberg Range Index mit deutlich „runderem" Verlauf.*

Interpretation

Der TRI soll Beginn und Ende eines Trends anzeigen. Weinberg unterstellt dabei, dass in trendschwachen Phasen das Verhältnis zwischen Intraday Range und Interday Range ausgeglichen ist und beide Werte relativ klein sind. Beginnt ein Trend, werden die beobachteten Spannen größer. Aber auch ein Ungleichgewicht zwischen Intraday- und Interdayspanne wird eintreten. Dieses Ungleichgewicht wird an Hand hoher Indikatorwerte sichtbar. Wir haben gesehen, dass die Skala des Indikators durch zwei Extremzonen unterteilt wurde. Die untere Zone soll Phasen ohne Trendbewegung kennzeichnen. Da der Indikator relativ kleine Bewegungen einfängt und deshalb in sehr kurzen Zeitrahmen zu verwenden ist, markiert er so ziemlich jede Konsolidierungsformation, die im Chart zu finden ist.

Steigende Indikatorwerte zeigen eine beginnende und stärker werdende Trendbewegung an. Die Richtung der Trendbewegung ist auf Grund der Berechnung des TRI nicht zu erkennen. Besonders hohe Indikatorwerte, also Werte in der oberen Extremzone, zeigen an, dass sich der Trend dem Ende nähert. Es sind größere Ausschläge in der Intraday-Spanne zu beobachten als in der Interday-Spanne. Bitte schauen Sie selbst, in welchem Zeithorizont sich der Indikator bewegt. Meist sind es nur kurze Rallyes, die deutlich erkannt werden können. Für längerfristige Analysen scheint der TRI nicht geeignet.

J. Weinberg verwendet den TRI als zusätzlichen Filter in mechanischen Handelssystemen. Dabei werden Signale nur dann gehandelt, wenn der TRI einen niedrigen Wert aufweist. Auch in einer Exitstrategie kann der TRI seinen Platz finden.

Kritische Würdigung

Die Muster des TRI erinnern teilweise an das Bild einer Bruchkante unter dem Elektronenmikroskop. Es ist schwer, ihn alleine mit dem Auge zu analysieren. Sein Erfolg in Handelssystemen wird vom Erfinder zumindest in einfachen Statistiken nachgewiesen. Sollten Sie selbst Anwendungen für den TRI entwickeln, würde ich mich über einen Einblick freuen.

Quellen

Weinberg, Jack: The Range Indicator. In: TAS&C V.13

Williams Percent R (%R)

Grundlagen

Der William's %R ist eines der „Millionen Dollar Instrumente" des L. Williams. Der Autor zahlreicher Bücher und weltbekannte Top Trader hat diesen Indikator in seinem Buch „Wie ich letztes Jahr eine Million Dollar…." vorgestellt. Haupttenor des gesamten Buches: „Es ist alles ganz einfach…". Man möchte glauben, das Geld wird direkt auf dem Parkett verteilt. Der Indikator stammt noch aus einer Zeit, in der mit Rechenschieber und Millimeterpapier gearbeitet wurde. Ein kleiner Hauch von Nostalgie weht durchs Zimmer, wenn man die handgezeichneten Charts in Williams' Buch betrachtet.

Bei genauem Hinsehen ist der %R aber schnell entzaubert. Wenn Sie Abb. 456 betrachten, wird Ihnen sicher auch auffallen, dass die Slow Stochastic und der %R nahezu identische Bewegungsmuster bilden.

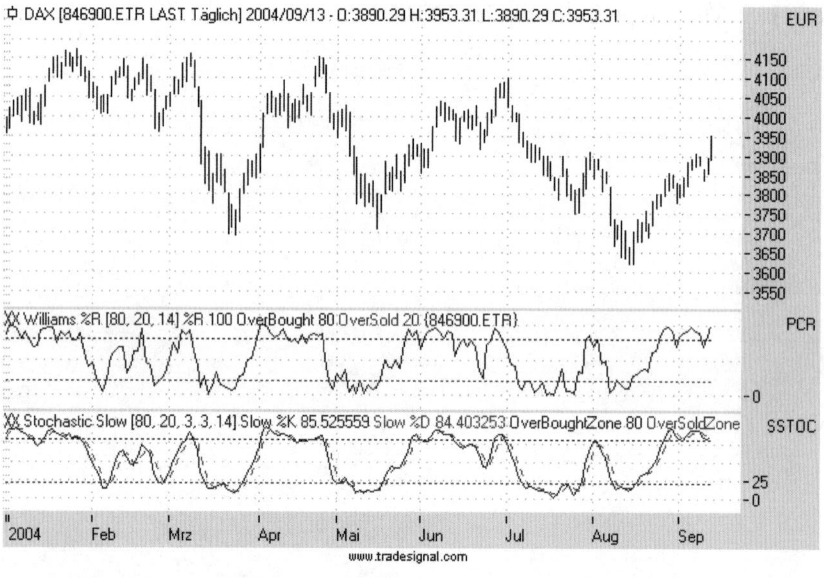

***Abb. 456** – Der Vergleich zwischen Willams %R und der Slow Stochastic zeigt große Ähnlichkeiten.*

L. Williams hat die Stochastic-Berechnung etwas abgewandelt. Sorry, diese Aussage unterstellt, dass er kopiert hat, was nicht meine Absicht ist. Williams' Indikator ist bis auf eine Nuance identisch mit der bekannten Stochastic. Und ich muss ehrlich zugeben, dass es dutzende Indikatoren unter verschiedenen Namen gibt, die bis auf winzige Details identische Berechnungen enthalten. Da nicht festzustellen ist, welcher der beiden Indikatoren zuerst veröffentlicht wurde, wollen wir uns damit begnügen, auf die Ähnlichkeit hinzuweisen.

Der %R ist ein „handelsüblicher" Überkauft / Überverkauft-Oszillator. Er wurde geschaffen, um extreme Kursbewegungen zu identifizieren. Dabei signalisiert er genauso zuverlässig, wie die Slow Stochastic auch, jedes Kursniveau, an dem Richtungswechsel im Kurstrend erfolgen könnten. Dass kein Indikator perfekt ist und Williams auch nicht den heiligen Gral erfunden hat, gibt er selbst zu. Eine gewisse Fehlerquote haftet auch den Signalen des %R an. Dafür gibt es Stop Orders. Williams betont außerdem, wie wichtig eine vernünftige Trendbestimmung ist. Er drängt dem Leser geradezu die Forderung auf, nie Signale gegen den Trend zu handeln. Anleger, die dies tun, werden Schmerzen erleiden.

In wenigen Worten lässt sich die Arbeitsweise des Indikators erläutern. Er beschreibt die Lage des aktuellen Kurses in der Spanne aus höchsten und tiefsten Kurs des Berechnungszeitraumes. Dies hat er mit der Slow Stochastic gemeinsam. Der einzige Unterschied ist, dass hierbei nicht die Differenz zwischen Schlusskurs und Periodentief verwendet wird, sondern die Differenz zwischen Schlusskurs und Periodenhoch. Die Skalenwerte des Indikators schwanken von Softwareprodukt zu Softwareprodukt. Die Bandbreite jedoch ist immer gleich. Sie umspannt 0 bis 100 Prozent.

Berechnung und Parameter

Die Berechnung des %R ist ähnlich einfach wie die der Slow Stochastic. Wir benötigen einige Werte, die wir zuerst berechnen. Da wären der höchste und der tiefste Kurs des Betrachtungszeitraumes:

$$HH_{(n)}$$
$$LL_{(n)}$$

Und die gesamte Kursbandbreite des Betrachtungszeitraumes:

$$SP_{(t)} = HH_{(n)} - LL_{(n)}$$

Nun folgt die Berechnung des eigentlichen Indikators:

$$\%R_{(t)} = 100 - (HH_{(n)} - Close_{(t)} / SP_{(t)}) * 100$$

Die Subtraktion und anschließende Multiplikation dient der Skalierung der Werte. Eine Glättung der Indikatorwerte wird nicht durchgeführt. Standardeinstellung der Berechnungsperiode ist 14 Tage und 28 Tage. Werden 28 Tage gewählt, bewirkt das eine etwas ruhigere Verlaufskurve des Indikators. Als Extremzonen werden die Überkauft-Zone bei 80 Prozent und die Überverkauft-Zone bei 20 Prozent eingezeichnet. Zusätzlich spendieren wir unserem Indikator eine Mittellinie, die dann bei 50 Prozent eingezeichnet wird.

Interpretation

Wie bei der Slow Stochastic auch, entnehmen wir dem %R folgende Informationen auf einen Blick: Steigt der Indikator in die Nähe der oberen Skalenbegrenzung, bewegt sich der Basiswert nahe des höchsten Kurses im Betrachtungszeitraum. Erreicht der Indikator 100 Prozent, bewegt sich der Basiswert am höchsten Punkt des Betrachtungszeitraumes. Höher hinaus geht es nicht. Fällt der Indikator in die Nähe der unteren Skalenbegrenzung, handelt der Basiswert am unteren Ende der Kursspanne des Betrachtungszeitraumes. Fällt der Indikator auf 0, so wird der Basiswert am tiefsten Kurs des Betrachtungszeitraumes gehandelt.

Werte ab 80 Prozent gelten als überkauft. Hier wird mit einer einsetzenden Gegenbewegung gerechnet. Werte unter 20 Prozent gelten als überverkauft; ab hier wird ebenfalls mit einer Gegenbewegung gerechnet. Ist ein Trend identifiziert, können alle Signale in Trendrichtung gehandelt werden.

Haben wir einen Aufwärtstrend ermittelt, werden Indikatorbewegungen in die untere Extremzone – oder etwas später aus dieser heraus – als Kaufsignal verwendet. Haben wir einen Abwärtstrend entdeckt, werden alle Indikatorbewegungen in die obere Extremzone – oder etwas später aus dieser heraus – als Verkaufssignal verwendet.

Abb. 457 – *Bearishe Divergenz im %R und DAX.*

Werden Signale gegen den Trend mit einem Durchbruch der Mittellinie bestätigt, können diese gehandelt werden. Verlässt der Indikator die obere Extremzone und bricht dann noch durch die Mittellinie, kann das Signal trotz eines bestehenden Aufwärtstrends mit einer guten Chance gehandelt werden.

Verlässt der Indikator die untere Extremzone und bricht anschließend durch die Mittellinie, so kann trotz bestehenden Abwärtstrends dieses Kaufsignal mit guter Chance auf Gewinn gehandelt werden.

Die Suche nach Divergenzen lohnt sich ebenfalls beim %R. Wobei diese nicht so stark ausgeprägt sind, wie bei Indikatoren mit offener Werteskala. Ich habe in Abb. 457 und Abb. 458 zwei aussagekräftige Divergenzen markiert.

Diese warnen uns vor einem dramatischen Verlust an Bewegungsdynamik, der den laufenden Kurstrend zusammenbrechen lässt. Der Basistitel steigt auf neue höhere Hochpunkte, wie dies im Beispiel gut zu sehen ist. Der Indikator jedoch bildet fallende Hochpunkte aus. Im Abwärtstrend finden wir bullishe Divergenzen. Diese zeigen uns den Dynamikverlust in den Kursabschwüngen an. Die Bären verlieren ihre Kraft und müssen möglicherweise bald den Bullen das Parkett räumen. Während der Basistitel neue Tiefpunkte ansteuert, bildet der Indikator steigende Tiefpunkte aus, wie Sie in Abb. 458 deutlich sehen können.

Übrigens: Lassen Sie sich nicht verwirren, wenn Sie die Skalenwerte mit denen aus anderen Programmen oder der Literatur vergleichen. In Williams' Original ist 0 oben und 100 Prozent unten. Besonders verwirrend wird es, wenn in der deutschen Übersetzung der Indikator trotzdem auf 100 Prozent steigt!

Abb. 458 – *Bullishe Divergenz im %R und DAX:*

Kritische Würdigung

Die Bewegungsmuster des %R sind extrem unruhig und zackig. Die Verwendung einer Signallinie wird dadurch unmöglich gemacht. Außerdem tragen die vielen Hakenschläge zur Verwirrung bei, wie auch die überall verschiedenen Skalenwerte.

Quellen

Williams, Larry: Wie ich im letzten Jahr eine Million Dollar…
Murphy, John J.: Technische Analyse der Finanzmärkte.

Williams Accumulation Distribution

Einführung

Der William's Accumulation Distribution Indikator (WAD) wird aus der fortlaufenden Aufsummierung von Kursänderungen gebildet. Der Indikator macht sich zu Nutze, dass in starken Trends die Handelsspannen größer sind als in schwachen Trends oder trendlosen Phasen. Er macht somit durch die Bildung von Divergenzen zu Kursverlauf des Basistitels eine Beurteilung der Trendstärke und der Beschaffenheit des Marktes möglich. Er soll Kauf- und Verkaufsdruck ermitteln und darstellen und durch Divergenzen zum Kursverlauf des Basistitels Schwächen im Trend offenbaren. Die beiden Begriffe Accumulation und Distribution finden sich oft im Zusammenhang mit technischen Analysewerkzeugen. Sie können wie folgt beschrieben werden: Accumulation, Ansammlung oder Kaufdruck ist in der Regel mit steigenden Kursen verbunden. Distribution, Zerstreuung oder Verkaufsdruck ist in der Regel mit fallenden Kursen verbunden.

Übrigens: Je länger die Charteinstellung ist, um so ähnlicher wird der Indikatorverlauf dem Verlauf des Basistitels. Jede Veränderung in der Länge des Charts hat auch veränderte Indikatorwerte zur Folge, da es sich um eine fortlaufende Aufsummierung handelt. Um eine wirklich detaillierte Untersuchung durchführen zu können, ist es deshalb notwendig, die Anzahl der im Chart angezeigten Daten zu reduzieren. Ein ähnliches Problem kennen Sie vielleicht vom On Balance Volume.

Der WAD darf auf keinen Fall mit der Acummulation Distribution Line (A/D Line) von M. Chaikin verwechselt werden, da es sich dabei um einen volumenbasierten Indikator handelt, der eine Weiterentwicklung zum OBV-Konzept darstellen soll. Übrigens habe ich einiges an Zeit verwendet, um die zahlreichen Vermischungen zwischen beiden Indikatoren zu entwirren. Unter der Bezeichnung William's Accumulation Distribution habe ich die Beschreibung von 4 verschiedenen Indikatoren gefunden. Immer wieder wird unter diesem Namen die A/D Line von Chaikin beschrieben.

Auch gibt es einige Quellen, die den WAD in der hier beschriebenen Variante verwenden und dann zusätzlich eine Multiplikation der internen Berechnungswerte mit dem Volumen vornehmen. Das ist nicht richtig. Denn Williams hat zusätzlich einen volumengewichteten Indikator unter dem Namen Williams Variable Accumulation Distribution veröffentlicht. Der Name geht anscheinend aus der Enzyclopedia von Colby hervor. Dieser nennt leider keine Quellen für den Indikator. Ich habe William's Buch „How I made a Million Dollar…" in deutscher Übersetzung gelesen, habe aber leider zum Thema nichts finden können. Mir würde es viel logischer erscheinen, wenn der Indikator Williams Volume Accumulation Distribution heißen würde. Vielleicht hat Colby hier etwas vertauscht. Klären lässt sich die Sache abschließend nicht. Eine Suche im Internet ergibt nur wenige Quellen; alle samt Anbieter von Chartingsoftware. Diese dürften ihre Informationen aus Colby's Buch oder ähnlichen Werken haben.

Berechnung und Parameter

Für die Berechnung des WAD werden zunächst zwei wichtige und oft verwendete Werte berechnet. Es handelt sich um das True Low und das True High. Beide Werte stammen aus dem True-Range-Konzept, das W. Wilder in seinem Buch „New Concepts in Technical Trading Systems" vorgestellt hat. In geglätteter Form ist die True Range als Average True Range (ATR) bekannt und wird vielseitig verwendet. Die ATR wird Ihnen zum Beispiel aus dem Risikomanagement bekannt sein. Sie wird oft für die Berechnung von Stop-Loss und Trailing Stop Marken verwendet.

Welchen Sinn die Verwendung des True Range-Konzeptes macht, ist schnell erklärt. Mit dessen Hilfe soll die wahre Handelsspanne eines Basiswertes erfasst werden. Werden Kurslücken zwischen Vortageskurs und heutiger Eröffnung bei der Berechnung der Handelsspanne berücksichtigt, offenbart sich diese oft viel größer als die einfache Spanne zwischen Höchstkurs und Tiefstkurs. Somit sind Verzerrungen der Handelsspanne durch große Kurslücken und kleine Tagesspannen oder viele aufeinander folgende Kurslücken berücksichtigt.

Ein kleiner Testindikator in Abb. 459 macht die Sache anschaulicher. Die grünen Markierungen oberhalb der Kerzen stehen jeweils für das errechnete True High und die roten Markierungen unterhalb der Kerzen für das True Low. In den meisten Fällen sind die Markierungen identisch mit dem jeweiligen Hoch oder Tief der aktuellen Kerze. Richten Sie Ihr Augenmerk einmal auf einen Tag mit großer Kurslücke und Sie sehen sofort, welchen Unterschied die Verwendung der „wahren" Hochs und Tiefs gegenüber der eigentlichen Handelsspanne macht.

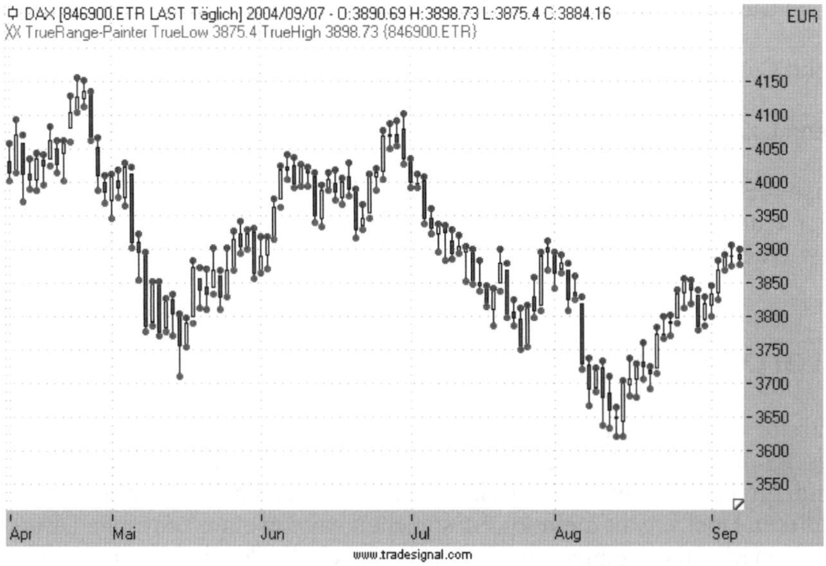

Abb. 459 *– Testindikator, um die True High- und True Low-Werte kenntlich zu machen.*

Mit dem neuen Wissen und den beiden Eingangswerten können wir nun fortschreiten, den Indikator zu berechnen. Zunächst wird der gestrige Schlusskurs mit dem heutigen verglichen. Sind beide Werte identisch, tritt keine Veränderung ein. Wir setzen also auch den heutigen Indikatorwert auf den Wert von gestern. Es hat schließlich keinerlei Kursänderung gegeben. Liegt der heutige Schlusskurs über dem von gestern, ergibt sich der neue Indikatorwert aus der Summe des gestrigen Indikatorwertes und der Differenz des Schlusskurses zum True Low:

Indikatorwert von gestern + Differenz (Schlusskurs heute, True Low)

Liegt der heutige Schlusskurs unter dem gestrigen, errechnet sich der neue Indikatorwert aus der Summe des gestrigen Indikatorwertes und der Differenz Schlusskurs und True High.

Indikatorwert von gestern + Differenz (Schlusskurs heute , True High)

Die schematische Darstellung sieht dann so aus: (das gebräuchliche Kürzel des Indikators ist in der Literatur WAD, in den TradeSignal-Produkten jedoch ACD)

Wenn $Close_{(t)} > Close_{(t-1)}$ Dann $WAD_{(t)} = WAD_{(t-1)} + (Close_{(t)} - TL_{(t)})$

Wenn $Close_{(t)} < Close_{(t-1)}$ Dann $WAD_{(t)} = WAD_{(t-1)} + (Close_{(t)} - TH_{(t)})$

Wenn $Close_{(t)} = Close_{(t-1)}$ Dann $WAD_{(t)} = WAD_{(t-1)}$

Close = Schlusskurs
TH = True High
TL = True Low

Interpretation

Der Indikator dient der Aufdeckung von Divergenzen zum Basistitel. Er soll ungesunde „Tendenzen" aufdecken, die eine mögliche Trendumkehr andeuten können. Sind im Basistitel neue Höchstkurse erreicht worden, und der Indikator konnte diesen Hochs nicht mehr folgen, sprechen wir von einer bearishen Divergenz. Die den Marktbewegungen zu Grunde liegenden Kräfte scheinen ihre Macht zu verlieren und somit einem Wechsel nicht mehr lange widerstehen zu können. Fällt der Basistitel auf ein neues Tief und der Indikator folgt dieser Bewegung nicht im gleichen Maße nach, sprechen wir von einer bullischen Divergenz. Sie zeigt einen schleichenden Übergang der Kräfteverteilung am Markt von den Bären hin zu den Bullen. Wichtig für die Einschätzung der Divergenzen ist eine vorliegende Trendbestimmung. In Seitwärtsmärkten haben Divergenzen nicht die Bedeutung, die ihnen in trendstarken Märkten zukommt.

Abb. 460 *– Williams Accumulation Distribution im DAX.*

Es ist möglich einen gleitenden Durchschnitt auf den Indikator zu berechnen und die Schnittpunkte mit dieser Signallinie als Handelssignal zu verwenden. Außerdem ist es möglich, den Indikator mit charttechnischen Hilfsmitteln wie Trendlinien, Widerstands- und Unterstützungslinie oder Trendkanälen zu analysieren. Da eine erkannte Divergenz selten als konkretes Handelssignal verwendet werden kann, empfiehlt es sich, andere technische Hilfsmittel einzusetzen, um konkrete Ein- und Ausstiegssignale zu erzeugen!

Kritische Würdigung

Der Indikator wird in langen Charthistorien schnell schlecht lesbar, da es sich um eine fortlaufende Aufsummierung handelt. Hier ist eine Reduzierung der Kursdaten im Chart notwendig. Ich konnte keine verwertbaren Divergenzen finden. Der Indikator landet auf meiner „Liste der Indikatoren, die keiner braucht".

Quellen

www.chartfilter.com
www.marketscreen.com

Williams Variable Accumulation Distribution

Grundlagen

Es hat mich einiges an Nerven und Zeit gekostet, die zahlreichen, vor allem bei Softwareherstellern kursierenden Varianten zu sortieren und zu entwirren. L. Williams hat viele Indikatoren entwickelt und vorgestellt. Viele davon haben zum Ziel, Kauf- und Verkaufsdruck zu messen und Signale zu erzeugen, die vor den eigentlichen Kursbewegungen erscheinen. Eine Variante, die er nutzte, war die Messung und Summierung der Handelsspannen und der Vergleich des so entstehenden Indikators mit dem Kurs des Basiswertes. Einige Quellen verwechseln diese Variante, die als Williams's A/D und in den TradeSignal-Produkten als ACD bezeichnet wird, mit der in diesem Beitrag beschriebenen Variante. Aber der hier beschriebene Indikator unterscheidet sich deutlich vom WAD/ACD.

Aus Colby's „Enzyklopedia der technischen Indikatoren" geht der Name William's variable Accumulation Distribution WVAD hervor. Ich vermute, dass alle Quellen diesen Indikator dort abgeschrieben haben. Leider konnte ich keine Originale von Williams einsehen, so dass die wirkliche Namensgebung nicht zu erforschen ist.

Wichtig ist, und das sollte bei der Analyse beachtet werden, dass dieser WVAD das Volumen in die Berechnung einbezieht, während der WA/D dies nicht nicht. Wir behandeln in diesem Beitrag also einen Volumenindikator. Und trotzdem wird es noch komplizierter. Müller / Nietzer beschreiben die Berechnung eines fortlaufend summierten Indikators, zeigen in ihren Darstellungen aber einen, der um seine Mittellinie schwingt. Colby berechnet nur die rohen WVAD-Werte und glättet diese mit einem gleitenden Durchschnitt. Diese Variante erzeugt tatsächlich das oszillatortypische Aussehen. Was nun?

Ich habe mich entschlossen bei der Variante aus Colby's Buch zu bleiben, diese zu programmieren und zu beschreiben. Man möge mir verzeihen, dass ich evtl. andere Varianten nicht kenne und deshalb auch nicht behandle. Anzumerken bleibt, dass selbst Colby in seinen systematischen Tests dem WVAD keine allzu große Brauchbarkeit bescheinigt hat.

Berechnung und Parameter

Der WVAD wird wie folgt berechnet: Die Spanne „Close – Open" wird durch die Handelsspanne des „Tages-High-Low" dividiert. Das Ergebnis wird dann mit dem Handelsvolumen multipliziert. An Tagen mit höherem Schlusskurs wird dieser eine positive Wert erzeugen; an Tagen mit gefallenem Schlusskurs einen negativen. Abschließend wird ein Durchschnitt der letzten Tage gebildet. Für die Länge der Berechnungsperiode habe ich jetzt willkürlich 14 Tage gewählt. Die Zahl 14 ist als Berechnungsperiode bei vielen Indikatoren beliebt. Sollten Sie sich entscheiden, diesen Indikator selbst zu testen, können Sie mit der Periodeneinstellung natürlich experimentieren.

Darstellungsvarianten

Da ich nicht sicher bin, ob ich nun die richtige oder meistverwendete Version des Indikators gefunden habe, reichen einige Zeilen Equilla-Code, um eine Linie zu zeichnen. Weitere Funktionen habe ich außen vor gelassen. Den WVAD für TradeSignal enterprise können Sie von der Webseite downloaden.

Interpretation

Ich fasse mich hier besonders kurz. Der Indikator soll Kauf- und Verkaufsdruck messen. Er gewichtet dabei die tägliche Kursänderung mit dem Handelsvolumen. Ist der Kaufdruck höher als der Verkaufsdruck, liegt der Indikator über seiner Mittellinie. Ist der Verkaufsdruck höher, liegt der Indikator unter seiner Mittellinie. Abb. 461 zeigt den Indikator im DAX Tageschart.

Abb. 461 – *Williams Variable Accumulation Distribution.*

Kritische Würdigung

Es gibt weder eine sichere Quelle, noch mir bekannte Anwendungen in der Literatur. Ich schlage vor, diesen Indikator auf die Liste der „Indikatoren, die keiner braucht" zu setzen.

Quellen

Colby; Robert: Encyclopedia of technical Market Indicators.

Zig Zag

Grundlagen

Der Zig Zag Indikator ist ein geheimnisvolles Ding. Auf den ersten und zweiten und auch dritten Blick scheint er der heilige Gral der technischen Analyse zu sein. Schauen Sie auf Abb. 462. Ist er nicht wunderbar? Er erkennt ja jeden Wendepunkt in den Kursbewegungen auf den Punkt genau. Und der wählbare Parameter scheint mir den Zeithorizont der erkannten Trendbewegungen zu bestimmen. Ich kann mir also aussuchen, ob ich kurze Trades, mittelfristige Positionen oder gar langfristige Geldanlage betreiben möchte.

***Abb. 462** – Der Zig Zag Indikator wird direkt in den Chart (hier der DAX) eingezeichnet.*

Aber Moment: Warum arbeiten die meisten Händler-Jahrelang an erfolgreichen Handelssystemen, wenn es doch den Zig Zag gibt? Weil der Zig Zag nicht das ist, was wir unter einem technischen Indikator verstehen. Er ist einer, der sich für seine Entscheidungen Zeit lässt. In Wirklichkeit weiß der Zig Zag erst an einem markanten Wendepunkt, ob der vorherige schon markierte Wendepunkt überhaupt gültig ist. Es kann sogar sein, das der Zig Zag sich komplett neu entscheidet und sein Bild total verändert. Der Zig Zag täuscht also etwas vor. Er reagiert immer rückwirkend. Und das funktioniert so:

Berechnung und Parameter

Beginnend am ersten Kursstab zeichnet der ZZ eine Linie immer zum aktuellen Schlusskurs. Der erste Kursstab gilt zunächst auch als erster Wendepunkt. Die Linie wird solange immer vom Wendepunkt zum aktuellen Schlusskurs verlängert, bis dieser den Wendepunkt um den als Parameter angegebenen Prozentsatz über- oder unterschritten hat und danach irgendwann die Richtung wechselt. In diesem Falle ist ein neuer potentieller Wendepunkt entstanden. Solange der Kurs weiter in die geänderte Richtung läuft, wird vom neuen Wendepunkt zum aktuellen Schlusskurs eine neue Linie gezeichnet. Die vorherige Linie gilt zunächst als fixiert. Der nächste potentielle Wendepunkt entsteht, wenn mindestens der als Filter bezeichnete Prozentsatz an Kursänderung erreicht wurde und der Kurs danach wieder die Richtung wechselt. Jetzt ist ein nächster potentieller Wendepunkt entstanden. Und erst jetzt gilt der zurückliegende Wendepunkt als wirklich fixiert. Reichlich spät, um uns ein Handelssignal zu liefern!

Ein Wendepunkt gilt also erst als fixiert, wenn ein darauf folgender Wendepunkt entstanden ist. Ein Wendepunkt entfällt, wenn der Kurs die Richtung wechselt, bevor er die Filterdistanz zurückgelegt hat und wieder die vorherige Trendrichtung aufnimmt. Dann fällt der gerade erst entstandene Wendepunkt einfach weg und die Zig Zag-Linie wird wieder vom vorherigen Wendepunkt bis zum aktuellen Schlusskurs verlängert. Haben Sie das verstanden? Vielleicht sollte ich plastischer erläutern:

Wir nehmen also den ersten Kursstab und setzen dort eine Linie an. Diese wird mit jedem neuen Stab verlängert und zwar so, dass sie direkt zwischen dem ersten Wendepunkt und dem aktuellen Schlusskurs gespannt ist. Solange der Kurs nicht die Richtung wechselt, ändert sich an dieser Prozedur nichts.

Die Zig Zag-Linie wird immer zwischen letztem Wendepunkt und aktuellem Schlusskurs gespannt. Sie wandert solange mit dem Schlusskurs mit, bis dieser die Filterdistanz absolviert hat und dann die Richtung wechselt. Tritt nun eine Richtungsänderung ein, entscheidet das Ausmaß der absolvierten Bewegung, ob ein Wendepunkt gesetzt wird oder die alte Linie einfach weiter dem Kurs in die neue Richtung folgt. Ein Wendepunkt wird gesetzt, wenn die Filterdistanz mindestens absolviert wurde. Nehmen wir an, der Kurs hat sich bis jetzt 6 Prozent über den Kurs vom ersten Kursstab bewegt und wechselt dann die Richtung. Wir haben als Filterwert 5 Prozent eingestellt. Das Filterkriterium ist somit erfüllt und wir erhalten einen Wendepunkt, der 6 Prozent über dem ersten Kursstab steht. Wir haben damit zunächst einen Kursgipfel markiert. Ein Wendepunkt entsteht erst, wenn die Filterdistanz absolviert wurde und danach eine Richtungsänderung einsetzt.

Jetzt muss sich der Kurs mindestens um die Filterdistanz nach unten bewegen um den Wendepunkt auch zu fixieren. Ist die Filterdistanz nach unten absolviert und wechselt der Kurs irgendwann danach die Richtung nach oben, entsteht ein nächster Wendepunkt. Diesmal haben wir ein Kurstal markiert. Damit dieser untere Wendepunkt fixiert wird, muss nun der Kurs mindestens die Filterdistanz nach oben absolvieren. Ist dies geschehen, gilt unser Wendepunk am Kurstal als fixiert.

Ein Wendepunkt gilt als fixiert, wenn ein nachfolgender Wendepunkt entstanden ist und die nachfolgende Kursbewegung mindestens den Filterwert in die entgegen gesetzte Richtung absolviert hat.

Ein Wendepunkt entfällt wieder, wenn der Kurs vor Erreichen der Filterdistanz die Richtung wechselt und die vorherige Richtung einschlägt. Sobald das Niveau des Wendepunktes erreicht ist, fällt dieser weg und die Zig Zag-Linie wird am davor liegenden Wendepunkt angesetzt.

Darstellungsvarianten

Der Zig Zag gehört nicht zur Standardausstattung von TradeSignal enterprise. Sie können den Indikator von der Webseite downloaden. User „neu1234" aus dem Forum von www.tradesignalonline.com hat den Code erstellt. Danke dafür.

Interpretation

Der Zig Zag liefert also keine für Handelsentscheidungen verwertbaren Informationen. Was sollen wir dann damit anfangen? Wir können den ZZ nutzen, um die Beschaffenheit eines Marktes, dessen Zyklen und Preisschwünge zu analysieren. Der ZZ ist im Prinzip ein Rauschfilter, der nur Kursbewegungen markiert, die größer als der eingestellte Filter sind. Er markiert die aktuelle Trendrichtung mit großer Deutlichkeit und lässt dabei Kursschwankungen unter der Filtergröße außer Acht.

Die Muster des Zig Zag sind unverfälscht durch irgendwelche mathematischen Algorithmen. Programmierer von Handelssystemen können sich so einen Überblick über die zu erwartenden Kursbewegungen und deren Intensität verschaffen. In Abb. 463 habe ich den Filter, der in der Regel zwischen drei und fünf Prozent verwendet wird, auf 10 Prozent eingestellt. In dieser Einstellung offenbart uns der ZZ die mittelfristigen Trendbewegungen und deren Wendepunkte. Es ist möglich die Länge der einzelnen Bewegungszyklen zu erfassen und diese in andere Analyseverfahren einzubinden.

***Abb. 463** – Zig Zag mit einem Filterwert von 10 Prozent.*

Die Richtung der aktuellen ZZ-Linie kann uns nur eine Tendenz nennen. Sie besitzt keinerlei prognostische Fähigkeiten, da die Linie jederzeit die Richtung wechseln kann. Zudem kann der Zig Zag erst einen Wendepunkt erkennen, wenn auch wirklich eine Richtungsänderung eingesetzt hat. In der Regel, je nach Programmierung, sind dies zwei bis drei Kursstäbe. Und solange er die Filterdistanz nicht zurückgelegt hat, befindet sich der ZZ sozusagen im Niemandsland. Als etablierter Trend nach ZZ-Lesart gilt erst eine Bewegung, die größer als das Filterparameter ist. Für Anhänger der EW Theorie kann der Zig Zag hilfreich sein, Wavecounts anzulegen.

Quellen

www.stockcharts.com

Kapitel 2

Ralf Goerke

Relative Stärke nach Levy

Das Konzept der „Relativen Stärke" nach Levy als Erfolgsfaktor

Die Gretchenfrage: Antizyklisch oder trendfolgend?

Wer sich mit unterschiedlichen Börsenstrategien näher befasst, wird schnell merken, dass es zwei grundsätzlich voneinander zu unterscheidende Ansätze gibt. Die eine schließt sich einem Trend an, die andere geht antizyklisch vor. Für die Anhänger beider Prinzipien gibt es genug „Verhaltensregeln" (sog. Börsenbonmots), die jeweils die Richtigkeit dieser Vorgehensweisen belegen sollen:

Antizyklische Empfehlungen

- Nur wer gegen den Strom schwimmt, gelangt zur Quelle.
- Nur tote Fische schwimmen mit dem Strom.
- Nimm, wenn alle geben und gib, wenn alle nehmen.

Trendfolgende Empfehlungen

- The trend is your friend!
- Never fight the trend!
- Greife nie in ein fallendes Messer!

Die aufgeführten Beispiele zeigen, dass es für keine der beiden Börsenstrategien ein „richtig" oder „falsch" gibt. Die Frage, welcher Handlungsweise der Anleger folgt, wird von seiner persönlichen Risikoneigung, seinen Erfahrungen und Überzeugungen oder seinen Vorlieben beantwortet.

Die hier zu besprechende Strategie der Relativen Stärke ist trendfolgend. Gekauft wird in einen bereits etablierten Trend in der Erwartung, dass sich die Kurse auch zukünftig in die einmal eingeschlagene Richtung weiterentwickeln. Der finanztheoretische Hintergrund der Relativen Stärke-Strategie ist die Annahme, dass die Aktien, die in der Vergangenheit eine überdurchschnittliche Kursentwicklung erzielt haben, auch in Zukunft eine bessere Performance als der Gesamtmarkt aufweisen werden, weil die den Kurs positiv beeinflussenden Faktoren auch weiterhin vorhanden sind (Trendkontinuität).

Das Wesen einer Momentumstrategie

Oft wird im Zusammenhang mit der Relativen Stärke auch von dem Begriff „Momentumstrategie" gesprochen. Bei einer derartigen Strategie wird die Schwungkraft (das „Momentum") einer Aktie oder eines Index gemessen. Das Momentum wird dabei allgemein als Verhältnis des aktuellen Kurses zum Kurs vor x Tagen definiert. Das kann der Kurs von letzter Woche, von letztem Monat oder vom Jahresende sein. Auch der Vergleich des aktuellen Kurses mit einem Durchschnitt von Kursen in der Vergangenheit ist denkbar.

Der Grundgedanke des Momentums lässt sich anhand eines einfachen Beispiels darstellen: Wirft man einen Ball in die Luft, so weist er am Anfang eine sehr starke Aufwärtsgeschwindigkeit auf, das heißt er besitzt ein starkes Momentum. Während der Aufwärtsbewegung steigt der Ball dann immer langsamer, bis er schließlich durch den Einfluss der Schwerkraft wieder nach unten fällt. Ähnlich wie in diesem Beispiel wird bei einem Momentum als Mittel der Technischen Analyse die Kraft oder die Stärke einer Kursbewegung gemessen. Auf die spezielle Berechnung des Momentums der hier untersuchten Methode wird später eingegangen.

Die Ursprünge des Verfahrens liegen bereits Ende der zwanziger Jahre. Damals benutzte Arnold Bernhard, der Gründer der amerikanischen Research-Firma Value Line Inc., ein Verfahren zur Aktienauswahl, bei dem er die Performance einer Aktie der jeweils zurückliegenden 10 Wochen ins Verhältnis zum Durchschnittskurs der letzten 52 Wochen setzte[1]. Im Jahr 1966 griff der Amerikaner Robert A. Levy in seiner Dissertation mit dem Titel „An evaluation of selected applications of stock market timing techniques, trading tactics, and trend analysis" das Thema eines Aktienselektionsverfahrens aufgrund der Kursentwicklung der Vergangenheit erneut auf. Im Januar 1968 veröffentlichte er diese Dissertation unter dem Titel „The Relative Strength Concept of Common Stock Price Forecasting" („Das Konzept der Relativen Stärke als Mittel zur allgemeinen Aktienkursprognose")[2]. Das dazu verwendete Datenmaterial bezog sich auf 200 Aktien der New York Stock Exchange (NYSE), deren Wochenschlusskurse über eine 260-Wochen-Periode – beginnend am 24. Oktober 1960 bis zum 15. Oktober 1965 – als Grundlage für die Berechnungen und Analysen herangezogen wurden. In dem untersuchten Zeitraum stieg der Dow Jones-Index um 64,5 Prozent (siehe Abb. 464).

***Abb. 464** – Levy testete sein Verfahren im Zeitraum von 1960 bis 1965. In dieser Zeit stieg der Dow Jones um über 60 Prozent.*

Dass Levy in einer derart guten Börsenphase mit einer trendfolgenden Momentumstrategie entsprechend gute Ergebnisse erzielte, überrascht also nicht. Dies soll allerdings in keiner Weise die Leistung Levys schmälern. Denn er war in den sechziger Jahren der erste, der mit Hilfe eines Computers ein Aktienselektionsverfahren über eine längere Periode mit einem strategischen Ansatz systematisch untersuchte.

Für seine Analysen hat Levy mit unterschiedlichen Zeitintervallen gearbeitet. Sie umfassten eine Woche (kurzfristig), einen Monat (mittelfristig) und ein halbes Jahr (langfristig). Diese Zeiträume wurden von ihm aufgrund ihrer allgemeinen Gebräuchlichkeit in unserem alltäglichen Leben verwendet[3]. Eine darüber hinausgehende spezifische Begründung für die Auswahl dieser Zeiträume gibt Levy nicht an. Die „Langzeit-Variante" wurde von ihm für die „investment selection" vorgeschlagen. Die Formel zur Berechnung der Relativen Stärke-Kennziffer nach Levy (RSL) lautet:

$$\text{RS - Kennziffer} = \frac{\text{Aktueller Wochenschlusskurs}}{\text{Ø (der vergangenen 26 Wochenschlusskurse + aktueller Wochenschlusskurs)}}$$

Das Ziel des Konzepts der Relativen Stärke ist es, die innere Stärke, die sich unabhängig von der Gesamtmarktentwicklung ergibt, für jede Aktie einzeln zu bestimmen. Nachdem aus dieser Berechnung für jeden Titel eine Verhältniszahl (RS-Kennziffer) ermittelt worden ist, werden diese Kennziffern in einer Rangliste der Höhe nach geordnet. Dabei erhält die relativ stärkste Aktie mit der höchsten Kennziffer Rang 1, während die relativ schwächste den letzten Platz in der Tabelle belegt. Wie eine solche Übersicht aussieht, ist in Abb. 465 anhand der Rangliste ausgewählter internationaler Börsenindizes ersichtlich. Grundsätzlich gilt, dass eine Aktie oder ein Index mit einem RS-Faktor › 1 ein positives Momentum aufweist. Rein rechnerisch bedeutet dies, dass das gegenwärtige Kursniveau über dem Durchschnitt aller Wochenschlusskurse der letzten 26 Wochen liegt. In Abb. 466 sind zur Verdeutlichung im DAX-Chart die Phasen mit einer RS-Kennziffer › 1 dunkel und die ‹ 1 hell gekennzeichnet.

Akt. Rang	Aktie	Kurs per 23.12.04	Kurs per 30.12.04	Veränd. z. Vorw.	%-Veränd. z. Vorw.	RSL-Wert
1	Polish Traded Index PTX	1449,43	1510,26	60,83	4,20	**1,307**
2	Czech Traded Index CTX	1746,98	1836,87	89,89	5,15	**1,306**
3	Merval (Argentinien)	1356,60	1393,01	36,41	2,68	**1,255**
4	Jakarta SE Composite Index	986,51	1000,23	13,73	1,39	**1,194**
5	JSE Africa Industrial	11523,47	11767,65	244,18	2,12	**1,191**
6	INMX (Mexiko)	730,75	747,99	17,24	2,36	**1,187**
7	ISE National 100	24430,82	24971,68	540,86	2,21	**1,175**
8	PX50 (Tschechien)	1007,10	1032,00	24,90	2,47	**1,173**
9	BSE Sensex	6441,85	6522,54	80,69	1,25	**1,171**
10	ATX (Österreich)	2416,45	2431,38	14,93	0,62	**1,149**
11	BUX (Ungarn)	14535,75	14682,63	146,88	1,01	**1,146**
12	Athen General (Griechenland)	2736,51	2786,18	49,67	1,82	**1,134**
13	Bovespa (Brasilien)	25723,19	26196,25	473,06	1,84	**1,132**
14	Russell 2000	648,46	653,06	4,60	0,71	**1,119**
15	Nasdaq Composite	2157,03	2178,34	21,31	0,99	**1,108**
16	IBEX (Spanien)	9025,00	9080,80	55,80	0,62	**1,100**
17	Irish SE (Irland)	6160,55	6211,50	50,95	0,83	**1,095**
18	Australien (All Ord)	4018,30	4053,10	34,80	0,87	**1,094**
19	Mibtel (MCI)	23475,00	23534,00	59,00	0,25	**1,094**
20	BEL 20 (Belgien)	2940,38	2931,65	-8,73	-0,30	**1,091**
21	Korea Composite Index	876,88	895,92	19,04	2,17	**1,088**
22	OBX-Indeks	824,71	821,59	-3,13	-0,38	**1,087**
23	NZSX 50 FREE	2969,07	3064,44	95,37	3,21	**1,085**
24	Hang Seng (Hongkong)	14235,30	14230,14	-5,16	-0,04	**1,085**
25	IPSA SASE Select (Santiago)	1815,88	1796,48	-19,40	-1,07	**1,083**
26	S&P 500	1209,57	1213,55	3,98	0,33	**1,070**
27	**DAX**	4241,28	4256,08	14,80	0,35	**1,069**
28	TSX 300 Compsite Index	9237,48	9264,40	26,92	0,29	**1,069**
29	PHS Composite (Philippinen)	1789,74	1822,83	33,09	1,85	**1,068**
30	Taiwan Weighted	5997,67	6139,69	142,02	2,37	**1,063**
31	HEX All-Share Index	6273,99	6228,11	-45,88	-0,73	**1,060**
32	SX All Share Index (Schweden)	228,15	228,41	0,26	0,11	**1,059**
33	MDAX	5364,23	5375,74	11,51	0,21	**1,059**
34	KLSE Composite	907,20	907,43	0,23	0,03	**1,055**
35	Dow Jones Industrial Average	10815,89	10800,30	-15,59	-0,14	**1,053**
36	Straits Times (Singapur)	2055,56	2066,14	10,58	0,51	**1,052**
37	FTSE 100	4776,70	4807,60	30,90	0,65	**1,051**
38	IBC Index (Venezuela)	29597,72	29820,44	222,72	0,75	**1,047**
39	AEX (Niederlande)	348,33	347,31	-1,02	-0,29	**1,043**
40	Technology All Share Kurs	647,08	647,96	0,88	0,14	**1,043**
41	KFX (Dänemark)	286,39	286,66	0,27	0,09	**1,039**
42	SET (Thailand)	667,90	668,10	0,20	0,03	**1,037**
43	CAC40	3822,76	3815,79	-6,97	-0,18	**1,033**
44	Nikkei 225	11209,44	11488,76	279,32	2,49	**1,032**
45	SMI (Schweiz)	5695,20	5693,20	-2,00	-0,04	**1,030**
46	TecDAX	519,73	519,99	0,26	0,05	**1,029**
47	PSI 20	7580,60	7573,18	-7,42	-0,10	**1,029**
48	Topix (Japan 1st Section)	1122,47	1149,63	27,16	2,42	**1,024**
49	RTX Russian Traded Index	943,42	982,62	39,20	4,16	**0,957**
50	Shanghai Composite (China)	1282,72	1273,71	-9,01	-0,70	**0,935**
	DURCHSCHNITT:					1,093

Abb. 465 *– Ausschnitt aus der Liste der Aktienindizes zum Jahresende 2004; sortiert nach RSL-Wert (letzte Spalte)*

Die Volatilität als zusätzliche Komponente: Der Vollständigkeit halber sei an dieser Stelle erwähnt, dass Levy neben der RS-Kennziffer noch eine Volatilitäts-Kennziffer als zusätzliches Kriterium für die Aktienselektion verwendete. Die Formel hierfür lautet[4]:

$$v = \frac{\sqrt{\frac{1}{26}\sum_{t=1}^{27}\left(K_{i,t} - \overline{K_i}\right)^2}}{\overline{K_i}} \quad \text{oder} \quad v = \frac{\text{Standardabweichung der Wochenschlusskurse}}{\text{Arithmetisches Mittel der Wochenschlusskurse}}$$

Zur Berechnung des Variationskoeffizienten (v) werden jeweils die Kurse der letzten 27 Wochen berücksichtigt. Für jede Woche wird der Koeffizient berechnet. Anschließend wird wie bei den RS-Kennziffern eine Rangklassifizierung vorgenommen. Die Aktie mit dem höchsten Koeffizienten erhält Rang 1, während der Wert mit dem niedrigsten Variationskoeffizienten den letzten Platz in der Tabelle belegt. Besitzen zwei kaufenswerte Aktien eine identische RS-Kennziffer, so ist die Aktie vorzuziehen, die die höhere Volatilitäts-Kennziffer besitzt. Levy bezog die Volatilität als zusätzliches Kriterium mit ein, weil er im Rahmen seiner Untersuchungen mit den relativ stärksten und gleichzeitig auch volatilsten Aktien die besten Ergebnisse erzielte.

Abb. 466 *– DAX und Relative Stärke nach Levy. Wenn der RSL über 1 liegt, bedeutet dies, dass das gegenwärtige Kursniveau über dem Durchschnitt aller Wochenschlusskurse der letzten 26 Wochen liegt.*

Die verschiedenen Portfolio-Modelle: Levys Momentum-Konzept ist durch einen aktiven Umschichtungsprozess im Portefeuille gekennzeichnet (sog. „Portfolio Upgrading"). Dabei werden im Laufe der Zeit relativ schwach gewordene Aktien verkauft und mit dem Erlös wiederum zu gleichen Teilen die relativ stärksten Aktien erworben. Dies führt zu einer Kapitalakkumulierung in die jeweils trendstärksten Werte. Ein Titel wird dann veräußert, wenn er innerhalb der Rangliste auf einen so genannten „Cast-Out-Rank" abgerutscht ist (engl. „to cast out" = hinauswerfen).

In seinem ca. 300 Seiten umfassenden Werk analysierte Levy im Rahmen des Relative Stärke-Verfahrens unterschiedliche Investment-Strategien, die sich sowohl durch die Selektion der zu kaufenden Aktien als auch durch differenzierte Cast-Out-Modelle voneinander abgrenzten. Bei jedem Portfolio-Modell wird zu Beginn in die trendstärksten Aktien oder Indizes investiert. Danach wird eine wöchentliche Überprüfung der RS-Liste vorgenommen und untersucht, ob die anfänglich gekauften Titel ihre Relative Stärke beibehalten. Seinen Untersuchungen zufolge haben sich verschiedene Modelle mit Portfolio-Upgrading bewährt. An dieser Stelle sollen zwei davon im Folgenden kurz beschrieben werden:

Modell A
Selektion der 10 Prozent stärksten Aktien (nach RS-Rangliste) eines beliebigen Anlageuniversums mit einem Cast-Out-Rank unterhalb der oberen 80 Prozent der untersuchten Werte. Mit dieser Methode gelang Levy im untersuchten Zeitraum eine Outperformance von 9 Prozent pro Jahr[5]. Für den DAX bedeutet das beispielsweise: Die drei Aktien (10 Prozent) mit der höchsten RS-Kennziffer werden zu gleichen Teilen gekauft. Verliert eine dieser Aktien im Laufe der Zeit an Relativer Stärke und rutscht innerhalb der Rangliste nach unten, wird sie verkauft, sobald sie unter Rang 24 (80 Prozent) gefallen ist. Der Erlös aus dem Verkauf wird zu gleichen Teilen wiederum in die dann stärksten drei Titel investiert (Kapitalakkumulierung in die trendstärksten Werte).

Modell B
Selektion der 5 Prozent stärksten Aktien (nach RS-Rangliste) eines beliebigen Anlageuniversums mit einem Cast-Out-Rank unterhalb der oberen 70 Prozent der untersuchten Werte. Mit dieser Methode gelang eine Outperformance von 15 Prozent pro Jahr. Hier wird analog zu Modell A vorgegangen. Es werden lediglich andere Grenzwerte festgelegt.

Die Relative Stärke-Strategie in der Praxis – Eine kritische Betrachtung

Die dieser Ausarbeitung zugrunde liegende Literatur kommt mehrheitlich zu einem positiven Resümee der Strategie der Relativen Stärke. So konstatieren die Autoren Schiereck und Weber[6] in ihrer Arbeit „Reichtum durch Momentum und Zyklen: „Die ermittelten Renditedifferenzen zwischen Sieger- und Verliererportefeuilles sind statistisch hoch signifikant. [...] Dabei zeigt sich, dass eine Strategie, die auf Basis der letzten sechs Monate die Aktienauswahl vornimmt und die aufgebauten Portefeuilles anschließend über 12 Monate hält, besonders erfolgreich war. [...] Der Erfolg von Momentumstrategien kann demnach als stabil über Raum und Zeit bewertet werden."

Auch James P. O'Shaughnessy[7] kommt nach ausführlichen Analysen unterschiedlicher Aktienstrategien für das Verfahren der Relativen Stärke zu dem Fazit: „Runyons Zitat[8] trifft also zu. Gewinner gewinnen weiter, und Verlierer bleiben auf der Verliererschiene." O'Shaughnessys Untersuchungszeitraum erstreckte sich dabei sogar auf einen Zeitraum von 45 Jahren (von Ende 1951 bis Ende 1996)!

Paul Lerbinger[9] schreibt zu diesem Thema: „Es hat sich gezeigt, dass das Relative Stärke-Konzept zu überdurchschnittlicher Performance geführt hat. [...] Das Relative Stärke-Konzept sichert dem Anleger Gewinn bei relativ begrenztem Aufwand (Zeit, Geld) für die Aktienanalyse."

Zu unterschiedlichen Ergebnissen kam dagegen Jens Castner von „EURO am Sonntag" in seiner Langzeit-Serie zum Thema „Börsenstrategien" in den Jahren 2000 bis einschließlich 2002. In diesen drei Jahren fiel der DAX um bis zu 70 Prozent, der DJ EuroSTOXX 50-Index um bis zu 60 Prozent und der MSCI Welt auf Euro-Basis um 58,5 Prozent! Es waren die ausgeprägtesten Baisse-Jahre der letzten Jahrzehnte.

Das Jahr 2000 brachte für das RS-Konzept mit einer Fokussierung auf die 30 DAX-Aktien noch eine Outperformance von +7,5 Prozent (nach Transaktionskosten) gegenüber dem DAX mit -7,54 Prozent[10]. In den beiden Folgejahren wurde die RS-Strategie auf die Euro-STOXX50-Titel angewendet. Einem Verlust im Momentum-Depot im Jahr 2001 von -2,36 Prozent stand ein Rückgang des Vergleichsindex von -20,24 Prozent entgegen[11]. Noch schlimmer war dann das Jahr 2002: Der Euro-STOXX50 verlor 38,1 Prozent, der Aktienkauf nach Relativer Stärke brachte sogar ein Minus von 43,14 Prozent![12]

Ansätze zu einer Verbesserung des Verfahrens

Nach diesen ernüchternden Erfahrungen ist festzustellen, dass die Vorteile der Levy'schen Strategie in Phasen allgemeiner Aufwärtsbewegungen zur Geltung kommen. In Zeiten genereller Abwärtsbewegungen sollte diese Methode offenbar nicht angewendet werden. Das hier vorgestellte Verfahren ist allerdings in seiner bisherigen Form ein reines Selektionsverfahren, das unabhängig von der Börsenphase eingesetzt wird. Damit stellt sich die Frage, ob die Performance der Strategie der Relativen Stärke nicht durch das Hinzufügen eines Timing-Modells verbessert werden kann. Darauf soll im Folgenden näher eingegangen werden.

Ein Blick auf die Relative Stärke-Rangliste in Abb. 465 zeigt, dass Ende 2004 insgesamt 48 von 50 internationalen Börsenindizes einen RS-Faktor › 1 hatten. Dies entspricht einer Quote von 96 Prozent. Zur Visualisierung dieses Sachverhalts wurde dazu in der Tabelle ein schwarzer Trennbalken eingefügt. Die überwiegende Mehrheit der hier untersuchten Aktienbörsen weltweit hat demnach ein positives Momentum. Oder anders ausgedrückt: Das allgemeine Aktienklima zum Jahreswechsel 2004/2005 erscheint äußerst günstig.

Errechnet man diese Quote wöchentlich über einen Zeitraum von zehn Jahren, so bekommt man eine Grafik wie sie in Abb. 467 zu sehen ist. Sie zeigt, wie sich fünfzig internationale Börsenindizes hinsichtlich ihres Momentums über einen längeren Zeitraum verhalten haben (Börsenindex-Momentumindikator).

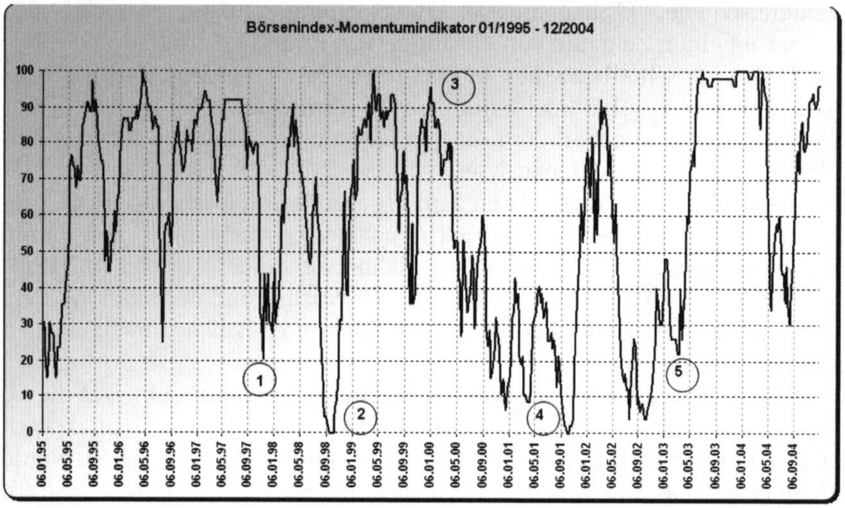

***Abb. 467** – Der Börsenindex-Momentumindikator zeigt an, wie viel Prozent der Indizes weltweit über einem RSL-Wert von 1 liegen.*

Zum besseren Verständnis wurden in der Abbildung einige markante Börsenereignisse der letzten Jahre hervorgehoben: Die Asien-Krise im Herbst 1997 (Punkt 1) führte zu einem deutlichen Momentum-Verlust bei vielen Börsenindizes. Nur 20 Prozent der beobachteten fünfzig Börsenindizes hatten Mitte November 1997 noch einen RS-Faktor › 1. Ein Jahr später war es die Russland-Krise, die die Börsen weltweit erschütterte. Im Oktober 1998 hatte kein einziger Börsenindex ein positives Momentum (Punkt 2). Mit 96 Prozent erreichte der Momentumindikator dann bereits am 31.12.1999 sein vorübergehendes Hoch (Punkt 3) - drei Monate vor dem Höchststand vieler Börsenindizes. Das Attentat auf das World Trade Center im September 2001 versetzte den ohnehin schon schwachen Aktienmärkten den endgültigen K.O.-Schlag. Am 12.10.2001 - also nur vier Wochen später - hatte wiederum kein einziger Börsenindex ein positives Momentum (Punkt 4). Das Index-Tief im DAX am Ende der Baisse Mitte März 2003 wurde vom Börsenindex-Momentumindikator nicht bestätigt. Er drehte von einem bereits deutlich höheren Niveau nach oben (Punkt 5).

Wie lassen sich nun aus einem solchen Indikator Signale ableiten, die die Tendenz zu einem eher freundlichen oder schwächeren Börsenklima anzeigen? Zunächst einmal fällt auf, dass der Indikator in seinem „Rohzustand" kurzfristig sehr stark schwankende Bewegungen vollzieht, die sich für eine Signalgenerierung nicht eignen. Deshalb wurde ein anderer technischer Indikator auf den Börsenindex-Momentumindikator berechnet. Der vielen Lesern schon bekannte und in diesem Buch ebenfalls vorgestellte MACD glättet nicht nur den Momentum-indikator, sondern generiert durch die Schnittpunkte der MACD-Linie mit seiner Trigger-Linie klare Kauf- und Verkaufssignale. Das erste Kriterium für eine Signalgenerierung liegt somit beim MACD. Steht er auf Kauf oder Verkauf? Das zweite Kriterium ist das Niveau des Börsenindex-Momentumindikators selbst. Da er eine Prozentangabe widerspiegelt, schwankt er natürlicherweise zwischen 0 und 100. Deshalb wurde die Mittellinie (50 Prozent) als Signalschwelle gewählt. Liegt der Indikator also über 50 Prozent, ist das Börsenklima weltweit eher freundlich und umgekehrt.

Mit diesen Kriterien wird ein Handelssystem entwickelt, das für seine Signalgenerierung zwei Bedingungen benötigt: Ein Kaufsignal liegt vor, wenn der Börsenindex-Momentumindikator über 50 Prozent liegt und sein MACD ebenfalls auf Kauf steht. Ein Verkaufssignal liegt vor, wenn der Momentumindikator unter 50 Prozent fällt und sein MACD ebenfalls auf Verkauf steht.

Welche Auswirkungen dieses Handelssystem mit seinen Signalen in den letzten 10 Jahren gehabt hätte, zeigt Abb. 468. Im ersten Chartfenster ist der DAX abgebildet, im zweiten der Börsenindex-Momentumindikator und darunter der auf ihn berechnete MACD. Im unteren Fenster ist die aus den Kauf- und Verkauf-Signalen ermittelte Performance-Kurve ersichtlich. Hier fällt positiv auf, dass sie sich stetig und stabil, ohne größere Schwankungen, aufwärts bewegt. Gleichzeitig wird deutlich, dass das System in der Vergangenheit die wesentlichen Bewegungen (sowohl Aufwärts- als auch Abwärtsbewegungen) rechtzeitig angezeigt hat. Die Signalhäufigkeit hält sich in Grenzen und liegt zwischen einem und drei Signalen pro Jahr (Gebühren!).

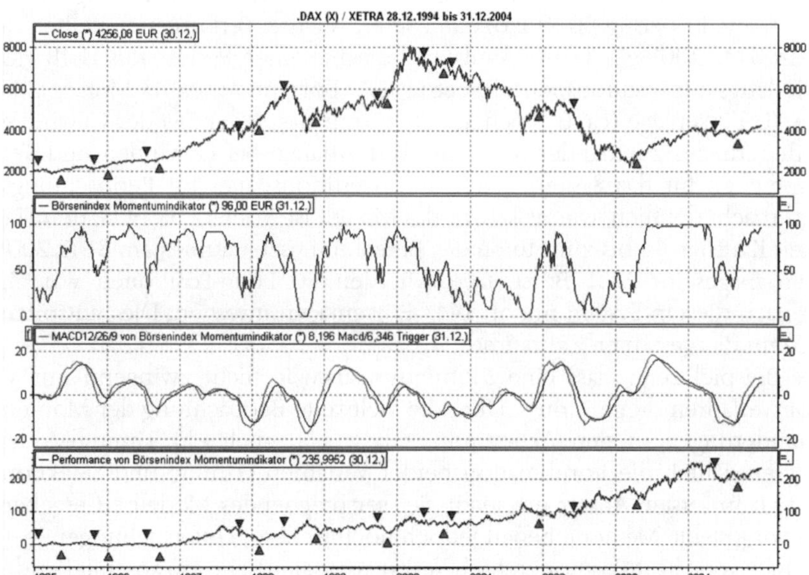

Abb. 468 – *Handelssystem für den DAX auf der Grundlage des Momentumindikators für den Zeitraum 1995 bis 2005*

Da der DAX aus Sicht eines deutschen Anlegers zwar ein wichtiges Aktienbarometer darstellt, für einen internationalen Anleger allerdings nicht das Maß aller Dinge ist, wurde untersucht, welche Performance eine weltweit ausgerichtete Anlagephilosophie in den letzten zehn Jahren mit der Strategie der Relativen Stärke und unter Anwendung dieses Timing-Modells gebracht hätte.

In der Beobachtungsperiode kam es nach dem hier vorgestellten Verfahren zu zehn Kaufsignalen. An jedem Datum dieser zehn Kaufsignale wurde nun eine Relative Stärke-Liste mit den fünfzig Börsenindizes erstellt wie sie in Abb. 465 zu sehen ist. Es würde an dieser Stelle zu weit führen, diese zehn RS-Listen ebenfalls abzubilden. Bei diesem Test wurde unterstellt, dass nach einem Kaufsignal eine Investition zu gleichen Teilen in die jeweils ersten fünf Börsenindizes getätigt wurde. Es wurde also in die fünf Börsen (10 Prozent der Gesamtzahl) investiert, die beim Kaufsignal die weltweit höchste Relative Stärke aufwiesen. Diese Positionen wurden dann solange gehalten, bis das Handelssystem ein Verkaufssignal generierte.

Von den insgesamt 50 Transaktionen wurden 38 mit Gewinn abgeschlossen. Dies entspricht einer Trefferquote von 76 Prozent. Im Durchschnitt wurde pro Trade ein Gewinn von 23,78 Prozent (DAX: 12,90 Prozent) erzielt. Alle Gewinntrades zusammen brachten im Durchschnitt ein Ergebnis von 35,03 Prozent (DAX: 17,62 Prozent). Die 12 Verlusttrades erzielten durchschnittlich -11,85 Prozent (DAX: -6,02 Prozent). Der größte Einzelgewinn lag bei 147,39 Prozent (DAX: 46,71 Prozent), der höchste Einzelverlust bei -37,95 Prozent (DAX: -7,35 Prozent). Von den zehn Investitionsperioden wurden acht mit Gewinn und zwei mit Verlust abgeschlossen. Der höchste Periodengewinn trat nach dem dritten Kaufsignal am 20.09.1996 auf. Er betrug 86,79 Prozent. Die schwächste Performance stellte sich nach dem 07.12.2001 ein. Dieses Kaufsignal brachte einen Verlust von 11,48 Prozent. Die längste Investitionsperiode betrug 277 Börsentage (ca. 13 Monate), die kürzeste 30 Börsentage (ca. 6 Wochen). Nicht nur das Verhältnis der Gewinner- und Verlierertrades zueinander sowie die Performance bei Gewinnen und Verlusten sprechen für das System. Auch die Investitionsdauer im Beobachtungszeitraum macht deutlich, wie risikoarm das Modell ist. Vom 12.05.1995, dem Tag des ersten Kaufsignals, bis zum Ende des Berechnungszeitraumes am 31.12.2004 vergingen insgesamt 2431 Börsentage. Mit den 50 Long-Positionen war ein Anleger nach diesem System nur an 1447 Börsentagen investiert. Dies entspricht 59,5 Prozent des gesamten Zeitraumes.

Dies Beispiel zeigt, dass eine Momentumstrategie nicht zwingend nur als Selektionsverfahren dienen muss. Über die weltweite Beobachtung der Momentum-Veränderungen in den Aktienindizes lässt sich auch ein Timing-Modell konstruieren. Durch die Kombination beider Verfahren (Timing und Selektion) scheint sich im ersten Ansatz ein recht viel versprechendes Modell zu ergeben. Die hier vorgestellte Methode bedarf jedoch noch weiterer Untersuchungen (z. B. Performance von Short-Positionen nach Verkaufssignalen), ehe ein abschließendes Urteil möglich ist. Es macht auf jeden Fall deutlich, dass für den Momentum-Anleger ein wesentlich besseres Chance / Risiko-Verhältnis besteht, wenn er die Strategie der Relativen Stärke vornehmlich in allgemeinen Haussephasen (indiziert durch einen steigenden Momentumindikator) anwendet.

Hinweis: Die Relative Stärke nach Levy (RSL) sollte nicht mit dem „Relative Stärke-Index“ (RSI) von Welles Wilder verwechselt werden, der einen Überkauft / Überverkauft-Indikator darstellt. Der RSI wird, genauso wie der MACD, an anderer Stelle in diesem Buch ausführlicher besprochen. In Abb. 469 sind beide Indikatoren zum Vergleich untereinander abgebildet.

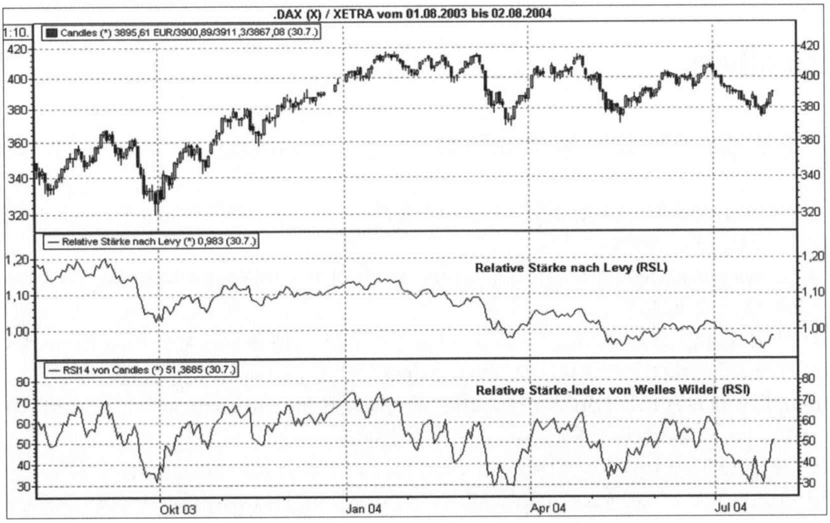

Abb. 469 – *Relative Strärke nach Levy und der RSI von Welles Wilder im Vergleich. Achtung: Verwechslungsgefahr!*

Fazit zu Levys Strategie der Relativen Stärke

Das Verfahren der Relativen Stärke hat auch mehr als 35 Jahre nach seiner Veröffentlichung - richtig verstanden und angewendet - ohne Zweifel seinen berechtigten Platz innerhalb der Technischen Analyse. Als Modell mit eindeutig trendfolgendem Charakter hängt seine erfolgreiche Anwendung allerdings wesentlich von einem Umfeld allgemein steigender Aktienkurse ab. Derartige Börsenphasen sollten durch ein zusätzliches Verfahren, wie das des hier vorgestellten „Börsenindex-Momentumindikators“, ermittelt werden. In Abwärtstrends sollte die Strategie allerdings gemieden werden.

Das System eignet sich für den gelassen agierenden Anleger, dessen Anlagehorizont auf mehrere Wochen oder Monate ausgerichtet ist. Er sollte bereit sein, das Depot ein- bis zweimal pro Jahr umzuschichten. Dabei sollten steuerliche Überlegungen für ihn in den Hintergrund treten (Motto: „Lieber ein zu versteuernder Gewinn, als ein nicht zu versteuernder Verlust!“). Für ihn gilt der Anlagestil des legendären Börsianers und US-Präsidentenberaters Bernard M. Baruch (1870-

1965), der einmal sagte: „Das erste und das letzte Drittel einer Bewegung überlasse ich anderen – mir reicht das zweite Drittel."

Genau in dieselbe Richtung geht auch die einsichtige Haltung des unbekannten Chat-Teilnehmers, der in einem Börsenforum den weisen Ratschlag erteilte: „Schneiden Sie sich ein Stück vom Kuchen ab und seien Sie zufrieden damit! Wer immer den ganzen Kuchen für sich alleine haben will, verdirbt sich nur den Magen!"

Quellen

Castner, Jens: Serie „Strategie-Test". In: „EURO am Sonntag", 02. Jan. 2000 – 31. Dez. 2000.
Ders.: „Momentum-Anlagestrategien im Langzeittest". In: „EURO am Sonntag", 07. Jan. 2001 – 30. Dez. 2001.
Ders.: „Die Anlagepläne der Profis im Langzeittest". In: „EURO am Sonntag", 06. Jan. 2002 – 29. Dez. 2002.
Kirkpatrick II, Charles D.: Stock Selection: A Test of Relative Stock Values Reported over 17_ Years. Market Technicians Association (MTA), Woodbridge 2001.
Lerbinger, Paul: Das große Buch der Aktie. Umfassender internationaler Aktienführer. Ebmatingen / Zürich 1987.
Levy, Robert A.: The Relative Strength Concept of Common Stock Price Forecasting. An evaluation of selected applications of stock market timing techniques, trading tactics, and trend analysis. New York 1968.
O'Shaughnessy, James P.: Die besten Anlagestrategien aller Zeiten. Landsberg / Lech 1998.
Securities Research Company Limited: Share Selection Methods used in Market Analysis. Part Three: A Review of Historical Research into Share Selection Methods. Relative Price Strength. (www.stockmarket.co.nz/)
Schiereck, Dirk / Weber, Martin: Aktienhandel und Behavioral Finance. Reichtum durch Momentum und Zyklen! Mannheim 1999.
Malisch, Ralph: Prinzipien des Marktes. Relative Stärke. In: Smart Investor 5/2003 S. 26-28.
Rittberg, Bernd: Aktienkauf Relative Stärke-Strategie. Berlin 2001.
Sers, Klaus: Relative Stärke als technische Filterregel. Skript eines VTAD-Vortrags Frankfurt 30.11.1996.

Fußnoten

[1] Kirkpatrick II, Charles D.: Stock Selection: A Test of Relative Stock Values Reported over 17_ Years, Market Technicians Association (MTA), Woodbridge 2001, S. 15

[2] Robert A. Levy: The Relative Strength Concept of Common Stock Price Forecasting. An evaluation of selected applications of stock market timing techniques, trading tactics, and trend analysis, New York 1968

[3] s. Levy (Concept, 1968, S. 67): „The specific time periods … were chosen because of their familiarity ..."

[4] Lerbinger, Paul.: Das große Buch der Aktie. Umfassender internationaler Aktienführer, Ebmatingen/Zürich 1987, S. 296

[5] Securities Research Company Limited: Share Selection Methods used in Market Analysis. Part Three: A Review of Historical Research into Share Selection Methods. Relative Price Strength. (www.stockmarket.co.nz/)

[6] Schiereck, Dirk/Weber, Martin: Aktienhandel und Behavioral Finance. Reichtum durch Momentum und Zyklen!, Mannheim 1999, S. 7 u. 8

[7] O'Shaughnessy, James P.: Die besten Anlagestrategien aller Zeiten, Landsberg/Lech 1998, S. 278

[8] s. O'Shaughnessy (Die besten Anlagestrategien, 1998, S. 257): „Zwar gewinnt nicht immer der Schnellste das Rennen oder der Stärkere die Schlacht, grundsätzlich sollte man dennoch darauf wetten."

[9] s. Lerbinger (Das große Buch der Aktie, Zürich 1987, S. 298)

[10] Castner, Jens: Serie „Strategie-Test", in: „EURO am Sonntag", 02. Jan. 2000 - 31. Dez. 2000.

[11] Castner, Jens: „Momentum-Anlagestrategien im Langzeittest", in: „EURO am Sonntag", 07. Jan. 2001 - 30. Dez. 2001.

[12] Castner, Jens: „Die Anlagepläne der Profis im Langzeittest", in: „EURO am Sonntag", 06. Jan. 2002 - 29. Dez. 2002.

Kapitel 3

Thomas Theuerzeit

Sentimentanalyse

Sentimentanalyse

Grundsätzliches zum Verständnis des Kapitels

Rationale und irrationale Prozesse wechseln sich an der Börse ab. Vorsicht sollte man walten lassen, wenn die Phase der Irrationalität gekommen ist. Dann nämlich befinden sich die Kurse für gewöhnlich in einen fortgeschrittenen Stadium und sind unter Umständen reif für eine Bewegung in die Entgegengesetzte Richtung.

Da alleine der Menschen, mit all seinen Emotionen, für die Investmentprozesse verantwortlich ist, steht dieser auch im Mittelpunkt der Sentimentanalyse. Mit ihr soll ermittelt werden, in welchem Reifestadium sich die Märkte befinden.

Was Sentimentanalyse ist, welche Möglichkeiten sie zur Analyse der Märkte bietet und die Vorstellung einiger Sentimentindikatoren nebst deren Interpretierung, ist Thema des Kapitels Sentimentanalyse.

Die Sentimentanalyse ist eine Teildisziplin der Technischen Analyse. Sie alleine liefert nur einen kleinen Baustein, um die Kapitalmärkte in ihrer Funktionsweise zu verstehen. Daher sollte sie auch nur als ein weiteres Instrument, neben den anderen Instrumentarien der Technischen Analyse, angesehen werden. Es ist unumgänglich, sich mittels verschiedener Methoden, einen umfangreichen Überblick über die Kapitalmärkte zu verschaffen. Die Sentimentanalyse ist in jeden Fall nicht als das Instrument anzusehen.

Dieses Kapitel hat nicht das Ziel, sämtliche sentimenttechnischen Indikatoren zu besprechen. Das würde das vorliegende Werk sprengen. Außerdem wäre dann der Buchtitel falsch gewählt. Es geht vielmehr darum, Ihnen einen ersten kleinen Überblick über die Einsatz- und Interpretationsmöglichkeiten der Sentimentanalyse zu verschaffen.

Der Mensch alleine bestimmt das Geschehen – geleitet von Emotionen

Börsenkurse bilden immer die Angebot- und Nachfragesituation zu einem bestimmten Zeitpunkt ab. Das Angebot- und Nachfrageverhalten wird von den am Kapitalmarkt aktiven Marktteilnehmern bestimmt. Der Mensch alleine, mit all seinen Emotionen, ist für das Geschehen an der Börse verantwortlich – also dafür, ob die Kurse an den Kapitalmärkten steigen oder fallen. Der Mensch verarbeitet seine Sicht der Dinge in einer Form des Aktionismus. Also grundsätzlich darin, seine Erwartungen an die Kapitalmärkte in Investitionsentscheidungen umzusetzen oder es eben zu lassen.

Handelsentscheidungen werden meines Erachtens einzig und alleine von psychologischen Prozessen bestimmt. Diese manifestieren sich in den Börsenkursen und können rational oder irrational verlaufen. Der Börsenkurs spiegelt zu jedem beliebigen Zeitpunkt das aktuelle Angebot- und Nachfrageverhalten der Marktteilnehmer wider. Ist die Nachfrage höher als das Angebot, dann steigen die Kurse und vice versa. Auch wenn das Angebot und die Nachfrage aufgrund mechanischer Handelssysteme entstehen, sind diese doch nur von Menschenhand programmiert. Zu wissen, in welchem Stadium sich die Kapitalmärkte befinden, kann von hoher Bedeutung sein. Die Phasen der rationalen und irrationalen Prozesse wechseln sich für gewöhnlich ab. Vorsicht sollte man dann walten lassen, wenn die Phase der Irrationalität gekommen ist. Dann nämlich befinden sich die Kurse oftmals in einem fortgeschrittenen Stadium und sind unter Umständen reif für eine Bewegung in die Entgegengesetzte Richtung.

Da der Mensch mit seinen Emotionen die Kurse bestimmt, steht dieser auch im Mittelpunkt der Sentimentanalyse. Im Wesentlichen geht es darum, die Emotionen der Investoren zu erfassen. Also herauszufinden, ob das Feld eher von den Bullen oder den Bären beherrscht wird und in welchem Stadium sich die Kapitalmärkte beziehungsweise die Investoren gerade befinden.

Von Bullen und Bären – Ausdruck der Gefühle über das Tierreich

Oftmals werden Sie mit den Begriffen Bulle und Bär konfrontiert. Auch in diesem Kapitel wird die Bezeichnung das eine oder andere Mal verwendet. Was aber ist damit genau gemeint?

Die Börsianer verwenden die Tiersymbolik oftmals, um ihre Grundhaltungen zum weiteren Kursverlauf auszudrücken. Ein Bär (Englisch: Bear) ist jemand, der auf fallende Kurse setzt, während der Bulle (Englisch: Bull) mit steigenden Kursen rechnet. Die entsprechenden Adjektive bearish und bullish werden ebenso häufig verwendet.

Der Kampf zwischen Bullen und Bären ist ein Sinnbild, das aus dem Angriffsverhalten der Tiere übernommen wurde. Der Bulle stößt mit seinen Hörnern von unten nach oben, während der Bär mit seiner Tatze von oben nach unten schlägt. Also steht der Bulle an der Börse bezeichnend für diejenigen Investoren, die positiv gestimmt sind und kaufen, hingegen der Bär für die negativ gestimmten Investoren steht, die verkaufen. Der Bulle verkörpert die Optimisten und die Bären die Pessimisten.

Was bestimmt Sentimentanalyse

Innerhalb der Sentimentanalyse wird versucht, die Emotionen beziehungsweise die vorherrschende Stimmung hinter einer Kursbewegung zu messen und zu interpretieren. Entgegen der weit verbreiteten Meinung, die Stimmung beziehe sich nur auf das einfache Meinungsbild der Anleger, gehe ich zu einem späteren Zeitpunkt auf zusätzliche Zweige der Sentimentanalyse ein. Sie alle kennen sicherlich die alte Börsenweisheit buy on bad news and sell on good news.
Soll heißen: Ist die Stimmung gut, sollte man Aktien verkaufen, ist hingegen die Stimmung schlecht, sollte man sie eher kaufen. Eben ganz im Sinne der Gegensätzlichen Meinung - der Contrary Opinion. Doch so einfach ist es leider nicht immer. Mittels Sentimentanalyse sucht man nach zusätzlichen Hilfestellungen als nur die sture Befolgung dieser alten Börsenweisheit.
Die Sentimentanalyse liefert selten konkrete Handelssignale. Sentimentindikatoren weisen vielmehr auf eine Übertreibung in die eine oder andere Richtung, sowie auf die Stimmung einzelner Marktteilnehmer hin. Gerade die Phasen, in denen die Märkte zur Übertreibung in die eine oder andere Richtung neigen - also in einen irrationalen Prozess übergegangen sind -, markieren nämlich gewöhnlich Trendwenden. Dass die Sentimentindikatoren tendenziell selten genaue Signale zum Ein- oder Ausstieg liefern liegt daran, dass die Märkte oft über einen längeren Zeitraum zur Übertreibung neigen und nicht nur für einen oder wenige Tage. Oftmals sind es sogar Wochen oder Monate. Hier soll die Divergenzanalyse eine weitere Hilfestellung liefern. Dazu erfahren Sie später mehr.
Basis der Sentimentanalyse bildet die Überlegung, dass die Masse - so der Grundgedanke der psychologischen Marktbeobachtung - an der Börse stets falsch investiert ist und demnach Geld verliert. Daher gilt es, gegen die vorherrschende Meinung zu handeln. Die Anhänger der Sentimentanalyse versuchen also mit ihrer Hilfe überhitzte Phasen herauszufiltern und entsprechend zu handeln. Dennoch, einfach nach dem Motto zu handeln, Stimmung ist gut - Kurse fallen oder Stimmung ist schlecht - Kurse steigen, wäre etwas zu einfach. Das klassische Sentiment beinhaltet oftmals systematische Wahrnehmungsverzerrungen. Es gibt Phasen, da ist die Stimmung gut und man ist besser bedient, noch keine Aktien zu kaufen. Es gilt, diese Verzerrungen herauszufinden und entsprechend zu interpretieren. Auch hier bietet die Sentimentanalyse zusätzliche Hilfestellungen. Mit ihrer Hilfe sollen weitere Fragen in Bezug auf die Kapitalmärkte oder deren Teilnehmer beantwortet werden.
Da kann es beispielsweise hilfreich sein zu wissen, was die Finanzmarktteilnehmer gerade in ihren Tun und Handeln antreibt - also von welchen Themen sie derzeit geleitet werden. Auch die Frage, ob die Investoren zu einem Zeitpunkt im Markt investiert und wenn ja, auf welcher Seite sie investiert sind, kann zusätzliche Erkenntnisse liefern. Gibt es von unterschiedlichen Finanzmarktteilnehmern (private und institutionelle Investoren) auch unterschiedliche Auffassungen über die Kapitalmärkte? Alle diese Fragen und noch viel mehr sollen mit Hilfe der Sentimentanalyse beantwortet werden.

Wie schon eingehend beschrieben, würde die Beantwortung all dieser Fragen das Kapitel hier sprengen. Erlauben Sie an dieser Stelle den Hinweis auf meine Sentimentstudien von *animusX®-Investors Sentiment*. Die Plattform *animusX®-Investors Sentiment* zählt zu den führenden Anbietern in Deutschland rund um das Thema Sentiment und Behavioral Finance. Mit neuartigen und in Deutschland einmaligen Analysemethoden zur Messung der Anlegerstimmung wird, im Gegensatz zu herkömmlichen Sentimentumfragen, bewusst auf die kausalen Zusammenhänge zwischen der Technischen Analyse und den damit einhergehenden Verhaltensorientierten Prozessen der Marktteilnehmer wert gelegt.

animusX®-Investors Sentiment befragt Woche für Woche über tausende Marktteilnehmer, darunter viele institutionelle Investoren namhafter Banken, Brokerhäuser, Versicherungen und Vermögensverwalter, nach ihrer Einschätzung zu den Kapitalmärkten. Die Fragestellung ist dabei bewusst in der Art gestaltet, dass die Ergebnisse die, aus der Behavioral Finance bekannten, Anomalien der Investoren widerspiegeln sollen.

Das Angebot von *animusX®-Investors Sentiment* ist sehr umfangreich und für jedermann frei zugänglich. Nähere Informationen finden Sie im Internet unter http://www.animusx.de

Bereiche der Sentimentanalyse

Wie bereits beschrieben, lassen die Investmententscheidungen der Investoren – im einzelnen und im Sinne der Masse – die Kurse entweder steigen oder fallen. Es gilt also einen Weg zu finden, wie man die Stimmungslage derer messen und letztendlich beurteilen kann. Viele von Ihnen kennen sicherlich klassische Stimmungsumfragen und die daraus entwickelten Sentimentindikatoren. Doch die Sentimentanalyse umfasst weit mehr als nur die Befragung der Finanzmarktteilnehmer nach ihrer aktuellen Einstellung zu den Kapitalmärkten. Auch ist die einfache Interpretation in Form der *Gegensätzlichen Meinung* – der Contrary Opinion – zu eng und zu oberflächlich gehalten. Sentimentanalyse und die dazugehörigen Indikatoren kann man grundsätzlich in zwei große Bereiche zusammenfassen:

Auf Marktdaten basierte Indikatoren
Auf Umfragen basierte Indikatoren

Die auf Marktdaten basierten Indikatoren lassen sich noch einmal in Untergruppen unterteilen. Dazu zählen die Preisindikatoren, Marktbreiteindikatoren, Derivative Indikatoren und Volkswirtschaftliche Indikatoren.

Zu den umfragebasierten Indikatoren sind solche hinzuzuzählen, die sich anhand der Antworten aus Befragungen von Marktteilnehmern berechnen lassen. Hier sprechen wir unter anderem auch von so genannten Emotionalen Indikatoren.

Alle dieser Indikatoren stehen in einer engen Verbindung zueinander. Folgendes Beispiel könnte diesen Sachverhalt beschreiben: Die Marktteilnehmer handeln aufgrund ihrer Stimmung oder Meinung hinsichtlich der konjunkturellen Lage oder in Bezug auf positive oder negative Aussichten eines Unternehmens. Nur durch eine Meinung, eine Erwartung, wird ein Finanzmarktteilnehmer tätig und bewegt durch sein Tun und Handeln die Kapitalmärkte. Schließlich treibt dieser Aktionismus die Kurse in die eine oder andere Richtung. In einem weiteren Schritt wird durch die Kursbewegung auch die Berechnungsbasis für die markttechnischen Indikatoren verändert, so dass diese sich ebenfalls bewegen und in die eine oder andere Richtung ausschlagen – hier betrachten wir vor allem die Marktbreiteindikatoren. Dieser Vorgang kann letztendlich dafür verantwortlich sein, dass sich die Stimmungslage der Investoren verändert, die ihre Investmententscheidungen überwiegend anhand der markttechnischen Indikatoren treffen. Auch sie beginnen zu handeln. In diesem Zusammenhang spreche ich auch gerne von dem Kreislauf der Stimmung.

Auf Marktdaten basierte Indikatoren

In erster Linie zählen hierzu die Preisindikatoren. Dabei handelt es sich zunächst einmal um den Preis eines Basisobjektes selber – also dem eigentlichen Kursverlauf. Darüber hinaus alle Indikatoren, die sich aus dem Kursverlauf ableiten lassen. Diese werden unter dem Oberbegriff der Markttechnik zusammengefasst. Innerhalb dieser Gruppe gibt es wiederum eine besondere Art von Indikatoren die für die Sentimentanalyse von besonderer Bedeutung sind. Hiermit sind die Marktbreiteindikatoren gemeint.

Meta-Sentimentindikator

Wie schon zuvor beschrieben, ist der Kursverlauf eines Basisobjektes für sich alleine genommen ein sehr guter Sentimentindikator – der *Meta-Sentimentindikator*. Er spiegelt unmittelbar das Verhältnis zwischen Optimisten (Bullen) und Pessimisten (Bären) zu jedem beliebigen Zeitpunkt wider. Die Optimisten treiben die Kurse gen Norden und die Pessimisten gen Süden. Sichtbar wird das Ausmaß der Kämpfe zwischen Bullen und Bären im Kursverlauf – dem Chartbild.

Gemäß der Theorie der Technischen Analyse bewegen sich Kurse in immer wiederkehrenden Mustern und spiegeln somit die Verhaltensweisen der Marktteilnehmer in bestimmten Situationen oder zu bestimmten Ereignissen wider. Sind die Börsianer optimistisch, dann werden sie die Kurse durch Käufe nach oben treiben. Sind sie hingegen pessimistisch, dann werden sie tendenziell auf die Verkäuferseite wechseln, was die Kurse fallen lässt.

Auslöser für eine Veränderung der Stimmungslage können unterschiedliche Faktoren sein. Aus der reinen Betrachtung des Chartbildes können dieses beispielsweise Trendlinienbrüche, Brüche von Widerständen / Unterstützungen oder die Vollendung von Umkehrformationen sein. Diese Faktoren zähle ich zu den *internen Stimmungswandler*. Aber auch *externe Stimmungswandler* können für einen Marktteilnehmer Grund genug sein, das Bären oder Bullenlager zu wechseln. Denken Sie hier bitte einmal an die Veröffentlichung von Konjunkturdaten oder andere wichtige und Preisbewegende Finanznachtrichten.

Die Veränderung der Stimmung, die sich im Chartbild durch den Wechsel von fallenden zu steigenden Kursen ausdrückt, liefert gute Erkenntnisse für zukünftige Kursverläufe. Wenn man nun genau die Verhaltensweisen der Marktteilnehmer anhand der Kursverläufe aus der Vergangenheit studiert und diesen entsprechend auch einzelnen Ereignissen zuordnen kann, so sollte eine Prognose bei ähnlich auftretenden Ereignissen für die Zukunft möglich sein. Es gibt Chartmarken, da verändert sich die Stimmungslage der Investoren schlagartig. Oftmals sind es jene Marken, an denen die Investoren ihre größten Schieflagen haben. Durch die Bereinigung derer kommen gewisse Kursbewegungen zustande, die letztendlich die Stimmung weiterer Investoren verändern können. Ich nenne diese Marken Sentimentpunkte und berechne sie Woche für Woche anhand der Chartinterpretation und durch meine Sentimentstudien von *animusX®-Investors Sentiment*.

Marktbreiteindikatoren

Bei den Marktbreiteindikatoren handelt es sich um eine Indikatorengruppe die das Verhältnis vom Gefallenen zum Gestiegenen misst. Der Vergleich beider Lager kann beispielsweise darauf beruhen, den Anteil der Aktien zu messen, die an einer Bewegung des Gesamtmarktes teilnehmen oder teilgenommen haben. Sind es überdurchschnittlich viele Aktien oder wird der Gesamtmarkt nur von einigen wenigen Aktien in die eine oder andere Richtung getrieben? Aber auch die Antwort auf die Frage nach dem dahinter stehenden Volumen eines Gesamtmarktes kann sehr aufschlussreich sein. Die Überlegung ist die, dass die Wahrscheinlichkeit eines Trendwechsels dann am höchsten ist, wenn sich nur wenige Aktien oder wenig Volumen parallel zur Trendrichtung des Basisobjektes bewegt. Solche Vergleiche dienen ganz einfach der Analyse des Gesamtmarktes, also weniger der Analyse von Einzelaktien.

Ein Markt gilt dann als gesund, wenn ein breiter Teil oder die überwiegende Anzahl der in ihm enthaltenen Aktien in die jeweilige Trendrichtung folgt. Diese kann sowohl aufwärts- als auch abwärts gerichtet sein. Im zweiten Fall sprechen wir dann jedoch nicht von einem *gesunden Markt*.

Derivative Indikatoren

Unter dem Begriff der Derivativen Indikatoren werden alle Indikatoren zusammengefasst die sich aufgrund derivativer Finanzmarktinstrumente berechnen lassen. Je nach Marktmeinung kann sich ein Investor eine bestimmte Finanzinnovationen kaufen, mit derer Hebelwirkung er ohne größeren Kapitaleinsatz ein Vielfaches an Gewinn erzielen kann. Dafür steht ihm ein breites Spektrum an Finanzinnovationen zur Verfügung. Die wohl ältesten und bekanntesten sind die Call- und Putoptionen. Mit einer Calloption setzt ein Investor auf steigende Kurse. Bei der Erwartung von fallenden Notierungen wird er hingegen die Putoption wählen.

Das gehandelte Volumen der einzelnen Optionsarten gibt somit eine Indikation über die, von der Mehrheit der Investoren, erwartete Kursbewegung. Mittels einer Verhältniszahl erhält man so einen schnellen Überblick über die überwiegende Markteinschätzung der Investoren. Doch Vorsicht: Hierbei sollte allerdings nicht vernachlässigt werden, dass diese Finanzinstrumente auch von institutionellen Anlegern gekauft werden um das eigene Portfolio abzusichern beziehungsweise eigene aufgelegte Produkte gegen Marktrisiken zu versichern. Zwangsläufig muss das Volumen einer bestimmten Optionsart nicht immer Ausdruck für die wirklich erwartete Kursbewegung sein.

Volkswirtschaftliche Indikatoren

Konjunkturindikatoren besitzen ebenfalls eine gewisse Stimmungsindikation der Anleger. Obwohl es bei ihnen in erster Linie darum geht, Stimmungen einer ganzen Volkswirtschaft zu erfassen, überträgt sich diese mittelbar auch auf den einzelnen Finanzmarktteilnehmer. Vergessen Sie nicht, an der Börse werden vielmehr Erwartungen denn Fakten gehandelt. Konjunkturindikatoren können nicht nur zur Meinungsbildung bezüglich der konjunkturelle Lage einer Nation führen, sondern auch zur Meinungsbildung hinsichtlich einzelner Wirtschaftszweige. Erinnern Sie sich bitte an die Jahre 1999 – 2000, als die *Dotcom Branche* Hochkonjunktur hatte.

Mit den Konjunkturindikatoren soll möglichst genau das volkswirtschaftliche Bild einer Nation widergespiegelt werden. Dabei gibt es eine Reihe von unterschiedlichen Indikatoren. Einige vermitteln bereits sehr frühe Hinweise auf die Entwicklung einer Volkswirtschaft, andere hingegen verändern sich weitestgehend im Gleichschritt mit der konjunkturellen Entwicklung. Wiederum andere Indikatoren verändern sich erst nach einer klaren Wende im Konjunkturzyklus. Demnach lassen sich die Indikatoren folgendermaßen kategorisieren:

- Vorlaufende Indikatoren
- Gleichlaufende Indikatoren
- Nachlaufende Indikatoren

Für die Thematik *Sentimentanalyse* sind die vorlaufenden Indikatoren von größerer Bedeutung, da sie letztendlich die Meinung beziehungsweise die Stimmung der befragten Unternehmer, Investoren und Finanzexperten wiedergeben. Die vorlaufenden Indikatoren oder auch Frühindikatoren genannt, weisen für gewöhnlich recht frühzeitig auf mögliche Veränderungen in einem Konjunkturzyklus hin. Da die Finanzmarktteilnehmer an den Finanzmärkten in den seltensten Fällen Fakten sondern vielmehr Erwartungen handeln, können Veränderungen in den Frühindikatoren einen großen Einfluss auf die Stimmung der Finanzmarktteilnehmer nehmen. Natürlich nehmen auch Veränderungen in den anderen Indikatoren Einfluss auf die Stimmung der Finanzmarktteilnehmer, jedoch möchte man mit Hilfe der Sentimentanalyse möglichst frühzeitig auf mögliche Veränderungen an den Kapitalmärkten hinweisen. Vorzugsweise so früh, dass die Kapitalmärkte selbst noch keinen Richtungswechsel vollzogen haben.

Auf Umfragen basierte Indikatoren

Hierzu zählen sämtliche Indikatoren, die aus den Ergebnissen von Umfragen unter den Investoren erstellt werden. Aber auch das Auswerten der Meinung beziehungsweise Empfehlungen von Börsendiensten oder Börsenpublikationen gehört zu dieser Indikatorengruppe. Für gewöhnlich haben sie eines gemeinsam: Es wird eine Verhältniszahl ermittelt, die auf einen Blick die am Markt vorherrschenden Emotionen / Stimmungslage vermittelt.

Emotionale Sentimentindikatoren

Unter den Emotionalen Indikatoren werden alle Indikatoren zusammengefasst, die aufgrund von Umfragen unter den Finanzmarktteilnehmer ermittelt werden. Diese können sich auf unterschiedliche Themen der Finanz- und Kapitalmärkte aber auch auf konjunkturelle oder allgemeine gesellschaftlichen Themen beziehen. Hier wird auch deutlich, dass die vorlaufenden Konjunkturindikatoren im gewissen Sinne auch zu den Emotionalen Indikatoren gezählt werden können, da einige von ihnen aus der Befragung von Finanzmarktteilnehmern beziehungsweise Unternehmer berechnet werden.

Emotionale Sentimentindikatoren erfreuen sich bereits seit einigen Jahren in den Vereinigten Staaten großer Beliebtheit. Aber auch hierzulande haben sie Einzug gehalten und werden zunehmend öfters beachtet. Immer dann, wenn Sie den Medien entnehmen, die Stimmung an der Börse sei schlecht oder gut, so ist oftmals die Meinung der Finanzmarktteilnehmer gemeint und wir begeben uns in den *Kreislauf der Stimmung*.

In diesem Fall werden gewöhnlich die Finanzmarktteilnehmer nach ihrer Meinung zum Finanz- und Kapitalmarkt oder sonstigen Themen der Finanzwelt befragt. Die Antworten spiegeln die Einstellung der Investoren und demnach ihre Stimmung zum Geschehen wieder. Waren es früher nur wenige Teilnehmer die auf dem Börsenparkett befragt wurden, so hat sich das Gebiet auch hierzulande deutlich ausgeweitet.

Gerade die Vernetzung der Finanzakteure über das Internet macht Stimmungsumfragen heutzutage wesentlich einfacher und schneller. Und dadurch, dass heute mit nur wenig Aufwand eine breite Masse befragt werden kann, werden die Stimmungsumfragen beliebter und bilden zeitnaher die Meinung der Investoren ab.

Analyse der Gegensätzlichen Meinung (Contrary Opinion)

Liegt die Masse immer falsch? Obwohl die Theorie der Gegensätzlichen Meinung (Contrary Opinion) dem allgemeinen Begriff der Technischen Analyse zugeschrieben wird, beschreibt sie eher ein Verhalten von psychologischer Natur. Die Vergangenheit lehrt uns, dass jede länger andauernde und vermeintlich unaufhörliche Geldvermehrung an den Kapitalmärkten zwangsläufig immer mehr Anleger anziehen wird. Demnach haben wir es mit einem Phänomen zu tun, das in der

Wissenschaft der Psychologie und hier im Besonderen der Psychologie der Massen zu zuschreiben ist. Die Massenpsychologie beschäftigt sich im Wesentlichen mit dem Verhalten von Menschen, genauer gesagt mit dem Verhalten einer Ansammlung von vielen unterschiedlichen Menschen, die Veränderung des Einzelnen innerhalb dieser Ansammlung sowie mit den sich daraus ergebenen Konsequenzen. Und eine dieser Konsequenzen sollte sein, sich zu bestimmten Zeiten von der Masse zu lösen.

Das Prinzip der Contrary Opinion ist recht einfach und dennoch fällt es uns oft schwer, danach zu handeln. Die Basis bildet die Überlegung, dass die Masse der Anleger stets auf der falschen Seite des Marktes investiert ist und demnach Geld verliert. So muss der Wendepunkt eines Marktes nahe sein, wenn die Stimmung in einen allgemeinen Optimismus oder in einen allgemeinen Pessimismus umschwenkt und gemäß der Massenpsychologie ein irrationaler Prozess in Gang gekommen ist.

Die dahinter stehende These lautet: Sind die Marktteilnehmer alle optimistisch, so sind sie mit einiger Sicherheit auch im Markt investiert. Sie erwarten steigende Kurse und wollen daran partizipieren. Für steigende Kurse aber bedarf es weitere Käufer, also diejenigen die glauben, dass die Kurse eines bestimmten Basisobjektes steigen werden. Wenn nun aber das Gros der Marktteilnehmer bereits im Markt investiert ist, so fehlt es an weiteren Käufern die den Markt in die gewünschte Richtung bewegen könnten. Folgerichtig wird der Markt nicht steigen, bestenfalls vielleicht in eine Seitwärtsbewegung übergehen.

Diese Entwicklung ist für die investierten Anleger enttäuschend. Sie sind unzufrieden und unter Umständen geneigt, ihre Positionen wieder zu verkaufen da ihre Erwartungen nicht aufgegangen sind und sie vielleicht neue Investitionsmöglichkeiten wahrnehmen möchten. Plötzlich treten die ersten Verkäufer auf – die Kurse beginnen zu fallen und ziehen unter Umständen weitere Verkäufer an. Ab einem gewissen Punkt beginnt eine gewisse Eigendynamik die dafür verantwortlich ist, dass die Stimmung der Anleger, die zuvor sehr optimistisch war, in eine neutrale beziehungsweise im weiteren Verlauf in eine negative Stimmung umschlägt.

Wenn plötzlich alle Anleger negativ eingestellt sind werden sie mit Sicherheit keine Aktien eines Basisobjektes mehr besitzen. Die logische Schlussfolgerung daraus ist die, dass wenn es keine Aktienbesitzer mehr gibt, keiner mehr Aktien verkaufen kann. Folgerichtig geschieht dies gegen Ende einer Abwärtsbewegung. Hierbei sei unterstellt, dass keine Leerverkäufe getätigt werden können.

Es geht also darum die Marktphasen zu erkennen, in denen das Gros der Marktteilnehmer entweder extrem optimistisch oder extrem pessimistisch ist und sich dann rechtzeitig gegen den Strom zu stellen. Ein einfaches aber sehr geeignetes Verfahren hierzu ist unter anderem die Befragung der Finanzmarktteilnehmer nach ihrer Einstellung zu den jeweiligen Kapitalmärkten.

Divergenzanalyse – Wenn der Gleichlauf nicht mehr stimmt

Auf den Zeitpunkt, an dem ein Indikator den genauen Ein- oder Ausstieg anzeigt, warten wir vergebens. Vielmehr verhalten sich die meisten Indikatoren wie die Investoren selber - nämlich zyklisch. Von daher gilt es bestimmte Abweichungen in dem zyklischen Verhalten zu finden. Gemeint sind so genannten Divergenzen. Aber auch Divergenzen sind noch lange kein Garant dafür, dass der Zeitpunkt genau jetzt gekommen ist.

Viele Indikatoren der Technischen Analyse werden im Sinne der Divergenzanalyse interpretiert - so auch Sentimentindikatoren. Bei der Divergenzanalyse möchte man feststellen ob der aktuelle Trend einer Einzelaktie oder eines Aktienindex (Basisobjekt) von markttechnischer Seite - also von den Indikatoren - untermauert beziehungsweise bestätigt wird. Der Grundgedanke ist der, dass sich das Basisobjekt und ein Indikator in dieselbe Richtung bewegen sollen. Wenn beispielsweise ein Aktienindex ansteigt, sollte sich auch der Indikator in dieselbe Richtung bewegen, also ebenfalls steigen. In diesem Fall spricht man von einer markttechnischen Bestätigung. Fehlt diese, also steigt der Aktienindex an und der Indikator ist im Begriff zu fallen, liegt keine markttechnische Bestätigung vor. Diese Abweichung wird **Divergenz** genannt.

Divergenzen geben erste Anzeichen darüber, dass ein Basisobjekt in absehbarer Zeit von seinem aktuellen Trend abweichen kann. Das kann natürlich innerhalb eines Aufwärtsimpulses oder aber auch während eines Abwärtsimpulses der Fall sein.

Die Divergenzanalyse kann auf sämtliche Basisobjekte angewendet werden. Sie ist hilfreich bei der Analyse von Einzelaktien oder Aktienindizes. Sie liefert jedoch keine konkreten Signale zum Ein- oder Ausstieg. Oftmals können sich Divergenzen für einen längeren Zeitraum ausbilden. Insofern sollte eine analysierte Divergenz als Hinweis einer möglichen Trendwende angesehen werden. In einem solchen Fall ist es aber unerlässlich, weitere Analysemethoden hinzuzuziehen um sich den vermeintlichen Trendwechsel auch von anderen Seiten bestätigen zu lassen.

Selten jedoch wird eine Analysemethode derart falsch interpretiert wie die Divergenzanalyse. Denn nicht alles was scheinbar nach einer Divergenz aussieht ist auch eine Divergenz im Sinne der strengen Auslegung.

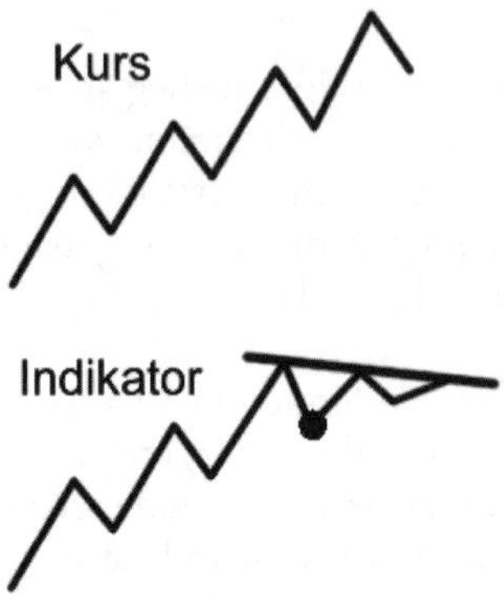

Abb. 470 *– Divergente Entwicklung zwischen Kursverlauf und Indikator. Entgegen des Kursverlaufs fehlt es dem Indikator an einem neuen Bewegungshoch. Er fällt jedoch nicht unterhalb seines Reaktionstief (Punkt).*

Abb. 470 zeigt Ihnen eine divergente Entwicklung zwischen einem Basisobjekt und einem Indikator. Hier wird bewusst der Ausdruck divergente Entwicklung gewählt. Abb. 471 hingegen zeigt Ihnen eine klassische Divergenz.
Beide Charts haben gemeinsam, dass der Indikator kein neues Bewegungshoch mehr ausbildet während das Basisobjekt weiter ansteigt. Der Unterschied ist jedoch der, dass bei einer divergenten Entwicklung der Indikator zunächst nicht unter sein Reaktionstief fällt. Bei einer klassischen Divergenz hingegen hat der Indikator sein Reaktionstief unterschritten. Demnach werden viele divergente Entwicklungen als Divergenzen bezeichnet und somit falsch interpretiert. Vorsicht ist deshalb geboten, weil ein Indikator mit einer divergenten Entwicklung im Prinzip noch genug Schwungkraft besitzt, um ein neues Bewegungshoch auszubilden. Bei einer vollendeten Divergenz hat die Schwungkraft deutlich nachgelassen. Selbstverständlich gilt das auch für den umgekehrten Fall, wenn die Kurse zuvor gefallen sind und vor einer Umkehr in einen Aufwärtsimpuls stehen.
Die Divergenzanalyse findet auch innerhalb der Sentimentanalyse Beachtung und kann bei der Analyse von Sentimentindikatoren ebenfalls hilfreich sein.

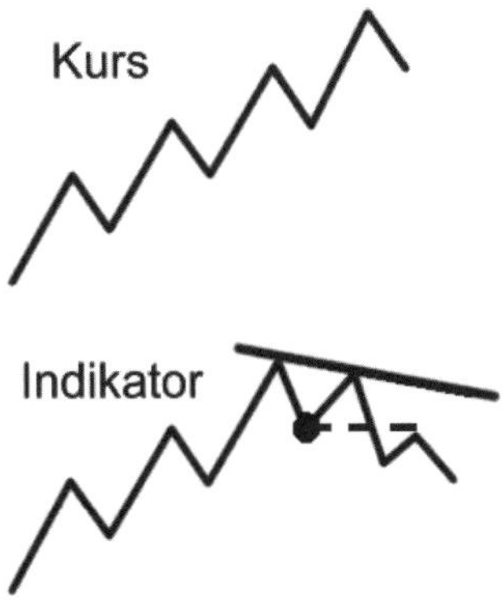

Abb. 471 – *Vollendete Divergenz zwischen Kursverlauf und Indikator. Entgegen des Kursverlaufs fehlt es dem Indikator an einem neuen Bewegungshoch. Er fällt jedoch in der folgenden Bewegung unterhalb seines Reaktionstiefs (gestrichelte Linie).*

Klassische Indikatoren

Bull / Bear – Ratio

Die Bull / Bear Ratio ist für sich genommen ein recht einfacher Indikator. Sie ist sozusagen der Oberbegriff für sämtliche Indikatoren, die sich mit den klassischen Stimmungsaussagen befassen. Diese können positiv, negativ oder neutral sein. Die Ratio spiegelt das Verhältnis von Optimisten zu Pessimisten, bezogen auf ein Basisobjekt, wider. Als Basisobjekte können Einzelaktien oder Aktienindizes dienen.

Mit der Bull / Bear - Ratio können Sie die aktuelle Stimmungssituation der Marktteilnehmer zu einem Basisobjektes oder eines Gesamtmarktes im Sinne der Contrary-Opinion einschätzen. Wie bereits erwähnt, handelt es bei der Bull / Bear - Ratio nicht um genau einen Indikator sondern um eine Art Oberbegriff für viele Indikatoren dieser Gattung. Hierbei kann es sich um einen Stimmungsindikator handeln, der unter anderem durch Befragung von Finanzmarktteilnehmern zu unterschiedlichen Basisobjekten ermittelt wird. Die Daten können aus unterschiedlichen Quellen bezogen werden. Beispielsweise können aktive Finanzmarktteilnehmer nach ihrer derzeitigen Stimmung befragt werden oder es können Börsenpublikationen hinsichtlich ihrer Einschätzung analysiert werden. Schreiben die Autoren in ihren Publikationen eher negativ oder positiv über eine Aktie oder über die Kapitalmärkte.

Je höher die Bull / Bear - Ratio notiert, desto höher ist der Optimismus zu einem Basisobjekt. Um einen hohen Indikatorstand zu erhalten, muss die Anzahl der Optimisten ungleich größer sein als die Anzahl der Pessimisten. Demnach scheinen die Marktteilnehmer überwiegend optimistisch gestimmt zu sein. Sie rechnen mit steigenden Kursen des Basisobjektes. Notiert der Indikator hingegen auf niedrigem Niveau, müssen mehr Pessimisten (Bären) im Markt sein. Die Stimmung ist demnach negativer; man rechnet mit fallenden Kursen. Als Analyseansatz dient bei der Bull / Bear – Ratio die Analyse im Sinne der Contrary-Opinion.

Ein Beispiel ist das ***animusX®-Investors Sentiment*** (http://www.animusx.de). Hier wird unter anderem das Sentiment zu den 30 Einzelwerten des deutschen Aktienindex ermittelt. Werte um die 60 Prozent signalisieren dabei einen hohen Anteil an Optimisten, Werte um die 40 Prozent einen hohen Anteil an Pessimisten. Befindet sich der Indikator in einer der Extremzonen, sollte der Investor zur Vorsicht ermutigt werden. Wie bereits beschrieben, kann ein Sentimentindikator für einen längeren Zeitraum eine Übertreibung in die eine oder andere Richtung anzeigen. Daher ist die Veränderungsrate gegenüber der Vorwoche noch wichtiger als der absolute Wert. Fällt diese besonders hoch aus ist dem Sentiment noch mehr Bedeutung beizumessen und das Signal durchaus ernst zu nehmen.

In Abb. 472 ist erkennbar, dass das Sentiment der Allianz-Aktie des Öfteren in der unteren Extremzone notierte (Kreise) und somit einen hohen Grad an Pessimisten dokumentierte. Gemäß der Contrary-Opinion sollte der Anleger in diesen Zeiten für einen möglichen Trendwechsel vorbereitet sein. Dem Kursverlauf der Allianz-Aktie ist zu entnehmen, dass es jeweils auch dazu kam.

Aber auch die Divergenzanalyse kann brauchbare Signale liefern – zu sehen im Zeitraum Mai und September / Oktober. Zwar notierte das Sentiment im Mai noch nicht in seiner unteren Extremzone, jedoch divergierte es deutlich zum Kursverlauf der Allianz-Aktie. Auch hier folgte letztendlich ein Trendwechsel. Ebenfalls im Zeitraum September / Oktober war eine divergente Entwicklung auszumachen. Zudem notierte das Sentiment vorher noch in seiner oberen Extremzone was den Anleger bereits zur Vorsicht mahnen sollte. Bitte beachten Sie, dass die genannten Extremzonen von 60 Prozent und 40 Prozent nicht bei jedem Sentimentindikator zu finden sind. Es kann durchaus der Fall sein, dass sich bei einem Sentimentindikator im Zeitverlauf völlig andere Extremzonen herauskristallisieren. Diese sind dann auch vorzugsweise zu beachten.

***Abb. 472** – Allianz-Aktie mit Sentimentdaten von animusX®-Investors Sentiment. Deutlich sind die unteren Extremzonen und die divergenten Entwicklungen zwischen dem Kursverlauf der Aktie und dem Sentimentindikator erkennbar.*

Put-Call-Ratio

Die Put-Call-Ratio ist ein Indikator, der das Verhältnis zwischen der Summe von gehandelten Putoptionen (Verkaufsoptionen) zu der Summe der gehandelten Calloptionen (Kaufoptionen) eines Basiswertes ausdrückt. Dabei können unterschiedliche Basiswerte zugrunde gelegt werden wie beispielsweise Einzelaktien oder Aktienindizes.

Bei der Put-Call-Ratio handelt es sich um einen Stimmungsindikator, der im Sinne der Contrary Opinion interpretiert wird. Bei der Berechnung wird die Summe der gehandelten Putoptionen durch die Summe der gehandelten Calloptionen eines Basisobjektes dividiert. Je höher der Indikator notiert, desto mehr Marktteilnehmer haben Putoptionen (Verkaufsoptionen) eines Basisobjektes gekauft.

Um eine hohe Ratio zu erhalten, muss die Anzahl der gehandelten Putoptionen ungleich größer sein, als die gehandelten Calloptionen. Demnach scheinen die Marktteilnehmer überwiegend pessimistisch gestimmt zu sein. Sie rechnen mit fallenden Kursen des Basisobjektes. Notiert der Indikator hingegen auf niedrigem Niveau, müssen mehr Calloptionen als Putoptionen eines Basisobjektes gehandelt worden sein. Die Stimmung ist optimistischer – man rechnet beim Basisobjekt mit steigenden Kursen.

Der Indikator neigt zu extremen Ausschlägen. Mit der Zeit entwickeln sich jedoch obere und untere Extrembereiche die besondere Beachtung finden sollten. Befindet sich der Indikator innerhalb eines Extrembereiches gilt es, das Basisobjekt genauer zu beobachten. Aufgrund eines zu hohen Pessimismus oder Optimismus scheint eine Trendwende wahrscheinlicher geworden zu sein. Die Daten sind sehr volatil, so dass nicht jeder Extremausschlag gute Handelssignale liefert und als Handelssignal brauchbar ist. Von daher kann eine Glättung der Daten brauchbarere Ergebnisse liefern.

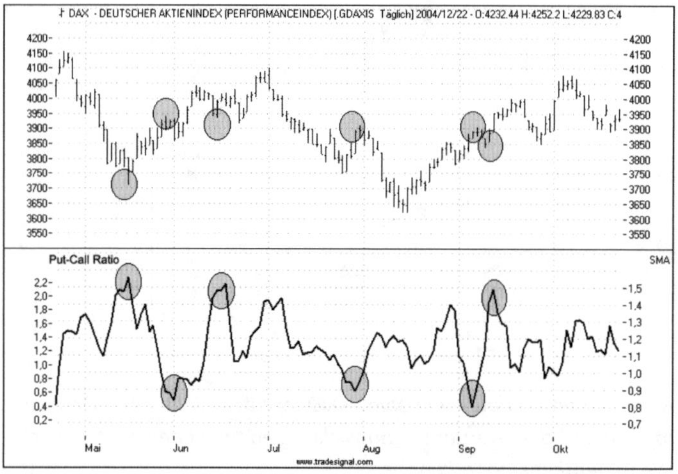

***Abb. 473** – DAX mit Put-Call Ratio (geglättet). Deutlich sind die Extrembereiche in der Put-Call Ratio und die entsprechenden Kursbewegungen im deutschen Aktienindex erkennbar.*

Marktbreiteindikatoren

Advance / Decline Line (A/D-Linie)

Die Advance / Decline Line ist wohl der bekannteste Indikator, um die Marktbreite zu messen. Sie ist das Verhältnis zwischen der Summe von gestiegenen Aktien zu der Summe der gefallenen Aktien eines Akteinindex an einem Tag. Dabei wird die Preiskomponente der Aktien nicht berücksichtigt. Bei der Advance / Decline Line handelt es sich um einen Marktbreiteindikator, der im Sinne der Divergenzanalyse interpretiert wird. Als Datenquelle dienen die einzelnen Aktien die in einem Aktienindex enthalten sind. Demnach werden beim deutschen Aktienindex 30 Aktien und beim S&P 500 die in ihm enthaltenen 500 Aktien zugrunde gelegt.

Die Berechnung der Advance / Decline Line ist sehr einfach. Sie ergibt sich aus der täglichen Berechnung der Differenz zwischen den gestiegenen Aktien zu den gefallenen Aktien, die in einem Aktienindex enthalten sind. Sind mehr Aktien gestiegen als gefallen, wird die Differenz zu dem Ergebnis der A/D Linie des Vortages addiert. Sind hingegen mehr Aktien gefallen als gestiegen, wird die Differenz von dem Ergebnis des Vortages subtrahiert.

Die Richtung der Advance / Decline Line wird mit dem zugrunde liegenden Index wie beispielsweise dem DAX, Dow Jones etc. verglichen. Die Grundidee basiert darauf, dass sich der Index und die Advance / Decline Line in dieselbe Richtung bewegen sollen. Steigen beide Linien an, so ist der Markt als positiv zu interpretieren. Der Markt wird sozusagen durch eine hohe Anzahl von steigenden Aktien begleitet. Fallen hingegen beide Linien, so ist der Markt negativ zu interpretieren. Der Abwärtsimpuls ist entsprechend von einer hohen Anzahl fallender Aktien begleitet.

Ein Auseinanderlaufen des Index und der Advance / Decline Line, eine Ausbildung einer Divergenz, mahnt also zur Vorsicht. Dieses könnte ein erster Vorbote für eine mögliche Trendumkehr sein. Bei der Advance / Decline Line Analyse kommt es nicht auf den absoluten Stand an. Einzig und alleine die Richtung ist für die Analyse maßgeblich.

Da die Advance / Decline Line zu den **Frühwarnindikatoren** zählt, gibt sie keine genauen Signale zum Ein- oder Ausstieg. Es kann durchaus sein, dass sich für längeren Zeitraum eine Divergenz bildet, der Index aber weiterhin in die eine oder andere Richtung tendiert. Dies zeigt, dass beispielsweise ein steigender Markt nur von wenigen Aktien getragen wird. Sie sollte demnach nie als alleiniger Indikator zur Analyse eines Marktes herangezogen werden. Die Advance / Decline Line kann mit einem gleitenden Durchschnitt geglättet werden. Dadurch werden kurzfristige Schwankungen eliminiert, so dass sich der Blick auf den übergeordneten Verlauf richtet.

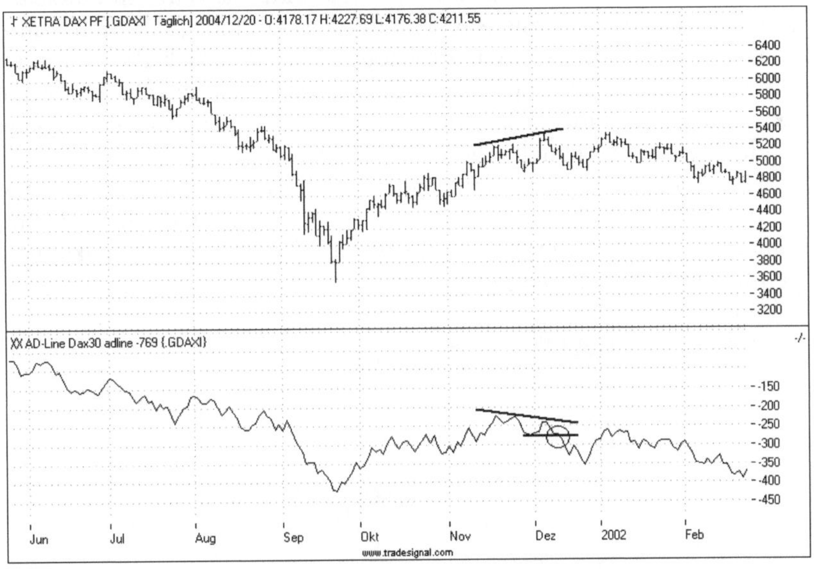

***Abb. 474** – DAX mit AD-Linie.*

In Abb. 474 ist deutlich die divergente Entwicklung im Zeitraum November bis Dezember zwischen dem DAX und der A/D Linie erkennbar. Mit dem Unterschreiten des Reaktionstiefs in der A/D Linie (Kreis), wurde die Divergenz bestätigt. Im Folgenden hatte der DAX sein Hochpunkt ausgelotet und ging nach einem weiteren kurzen Aufwärtsimpuls in einen klaren Abwärtstrend über

Anzahl der Aktien über einen GD

Die Anzahl der Aktien, die über oder unter einem gleitenden Durchschnitt notieren, kann mit Hilfe eines Indikators visualisiert werden. Hierbei untersucht man für gewöhnlich die Aktien eines einzelnen Index. Beispielsweise für den deutschen Aktienindex und die in ihm enthaltenden 30 Aktien.

Gleitende Durchschnitte sind für viele Marktteilnehmer eine zusätzliche Methode, die Märkte oder Einzelaktien besser einschätzen zu können. Hier werden insbesondere Gleitende Durchschnitte von 38, 52, 100 oder 200 Perioden genannt. Im klassischen Sinne geben Aktien ein Kaufsignal, wenn sie einen Gleitenden Durchschnitt übersteigen und vice versa.

Der Indikator zählt zu der Gruppe der Marktbreiteindikatoren und wird mit Hilfe der Divergenzanalyse interpretiert. Der Indikator kann unterschiedlich dargestellt werden. Entweder wird der Prozentsatz oder die Stückzahl der Aktien abgetragen, die über einen gleitenden Durchschnitt liegen. In der Abb. 475 wurde die Variante *Stückzahl* gewählt.

Je nach Einstellung des gleitenden Durchschnitts bildet der Indikator Extremzonen aus. Diese signalisieren, dass ein Großteil der Aktien unterhalb oder oberhalb des gewählten Durchschnitts notiert. Sollte sich der Indikator innerhalb dieser Extremzonen befinden ist das aber noch kein Garant dafür, dass eine unmittelbare Trendumkehr des Marktes bevorsteht. Vielmehr ist es ein Indiz, dass sich wahrscheinlich das Gros der Marktbewegung vollzogen hat. Sofern sich aber der Indikator in einer Extremzone befindet und zudem eine Trendumkehr im Markt abzeichnet, sollten die Alarmsignale anschlagen. Die Chancen auf eine nachhaltige Trendumkehr sind dadurch erheblich gestiegen.

Je länger die Zeitspanne (gleitender Durchschnitt) gewählt wird, desto weniger reagibel ist der Indikator. Grundsätzlich kann man den Indikator selber noch einmal mit einem Durchschnitt glätten. Somit werden kurzfristige Schwankungen und vermeintliche Fehlsignale ausgebügelt.

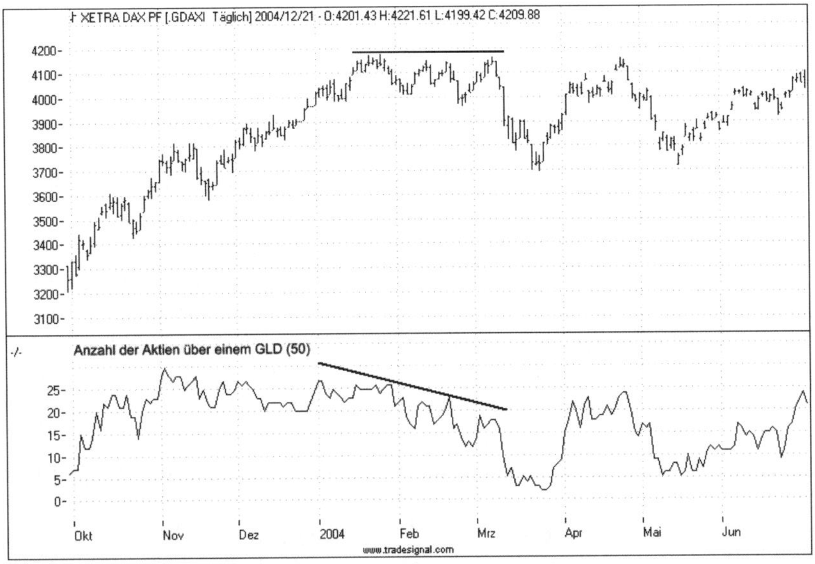

***Abb. 475** – DAX mit Anzahl der Aktien über einem gleitenden Durchschnitt; hier GDL 50*

In Abb. 475 ist erkennbar, dass die Anzahl der Aktien die über ihrem GDL 50 notierten, im Zeitraum Januar bis März 2004 abnahm. Folge dessen war der DAX auch für eine Korrektur anfälliger geworden. Der DAX konnte in diesem Zeitraum kein neues Hoch mehr ausbilden und korrigierte letztendlich im März 2004.

Konjunkturindikatoren

ifo-Geschäftsklimaindex

Beim ifo-Geschäftsklimaindex handelt es sich um ein Konjunkturbarometer, das vom Münchener ifo-Institut als Indikator veröffentlich wird. Das Institut ermittelt monatlich in einer Umfrage bei mehr als 7.000 deutschen Unternehmen deren Einschätzung zur wirtschaftlichen Lage in Deutschland und deren Einschätzung zur wirtschaftlichen Lage des eigenen Unternehmens. Hierbei werden die Unternehmen nach der aktuellen Lage und der erwarteten Lage für die kommenden sechs Monate befragt. Durch den ifo-Geschäftsklimaindex werden die Ergebnisse visualisiert. Der Indikator schwankt um den Wert 100. Werte unter 100 dokumentieren eine überwiegend pessimistischere, Werte oberhalb von 100 eine optimistischere Einschätzung. Der ifo-Geschäftsklimaindex spiegelt demnach recht gut die Stimmung in der Gesamtwirtschaft wider. Der Blick richtet sich nicht nur nach dem absoluten Stand, sondern auch auf die monatliche Veränderung gegenüber dem Vormonat.

Grundsätzlich läuft der Indikator im langfristigen Vergleich parallel zum Aktienmarkt. Obwohl der ifo-Geschäftsklimaindex zu der Reihe der vorlaufenden Indikatoren zählt, hat er langfristig gesehen nur Trendbestätigen Charakter. Das liegt mitunter daran, dass die Börse gewisse Erwartungen antizipiert und oftmals im Vorfeld bereits einen Wendepunkt ausbildet. Dennoch kann der ifo-Geschäftsklimaindex auch auf kurzfristiger Sicht brauchbare Resultate liefern. Insbesondere dann, wenn sich die Aktienmärkte an gewissen Schlüsselpositionen befinden.

Das können bestimmte Chartmarken sein, die als Widerstände oder Unterstützungen fungieren. Sollte der Indikator dann eine gravierende Abweichung von der Erwartung seitens der Marktteilnehmer anzeigen, könnte das der Auslöser für einen Wechsel im Trendverhalten des Aktienmarktes sein. Aber auch wie in der Abb. 476 erkennbar, kann der ifo-Geschäftsklimaindex im Vorfeld einer Marktbewegung sinnvolle Signale liefern.

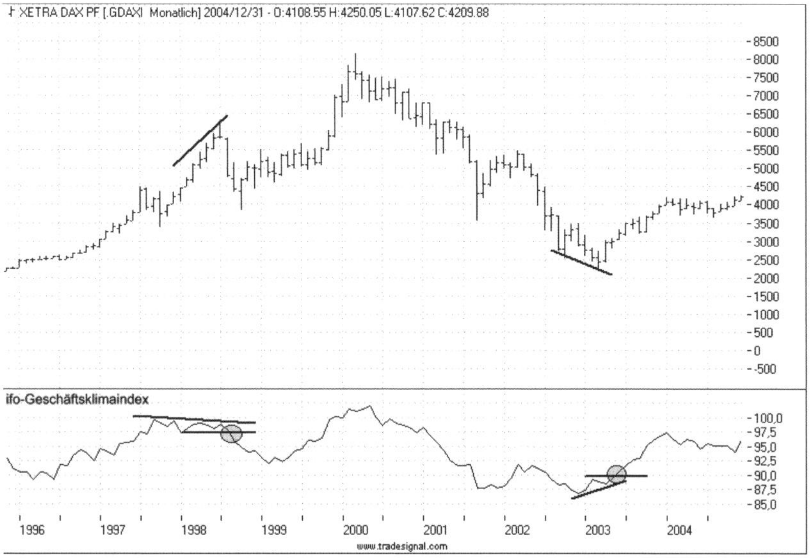

Abb. 476 *– DAX mit ifo-Geschäftsklimaindex.*

In Abb. 476 ist deutlich die divergente Entwicklung im Zeitraum 1997 bis 1998 und im Jahr 2003 zwischen dem DAX und dem ifo-Geschäftsklimaindex erkennbar. Jeweils mit dem Über- oder Unterschreiten der Reaktionsbewegung im ifo-Geschäftsklimaindex (Kreis), wurde die Divergenz bestätigt. Im Folgenden vollzog der DAX eine klare Trendwende

Consumer Confidence Index

Das amerikanische Gegenstück zum ifo-Geschäftsklimaindex ist unter anderem der Consumer Confidence Index. Hierbei handelt es sich um ein Barometer, das vom Conference Board erstellt wird und das Konsumentenvertrauen widerspiegelt. Das Conference Board ermittelt monatlich in einer Umfrage bei zirka 5.000 privaten US-Haushalten deren Einschätzung zur allgemeinen Wirtschaftslage, Arbeitsmarktsituation und der persönlichen Einkommenssituation. Hierbei wird nach der aktuellen und der erwarteten Lage in sechs Monaten gefragt. Die Ergebnisse werden durch den Consumer Confidence Index visualisiert. Dieser ist indexiert, wobei das Jahr 1985 mit 100 angesetzt wird.

Der Indikator genießt einen hohen Stellenwert, da er die Einschätzung der privaten US-Haushalte zur gegenwärtigen aber auch zur künftigen Wirtschaftsentwicklung wiedergibt. Also in gewisser Weise Aussagen über das zukünftige Konsumverhalten der privaten US-Haushalte macht. Der Indikator zählt zu der Reihe der vorlaufenden - also den Frühindikatoren. Dennoch hat er langfristig gesehen nur Trendbestätigen Charakter.

Dem Indikator fehlt es an einem absoluten Indexstand, der, wie beim ifo-Geschäftsklimaindex, ein positives beziehungsweise negatives Stimmungsbild beschreibt. Zwar findet die Höhe des Indikators Beachtung, von wichtigerer Bedeutung sind aber seine absoluten Veränderungen im Vergleich zu den Vorwerten. Hierbei ist jedoch zu beachten, dass kleinere Veränderungsraten als so genanntes Grundrauschen interpretiert wird und man den Fokus auf die größeren Veränderungsraten legen sollte. Es empfiehlt sich dabei mit gleitenden Durchschnitten zu arbeiten. Somit werden kleinere Schwankungen gefiltert.

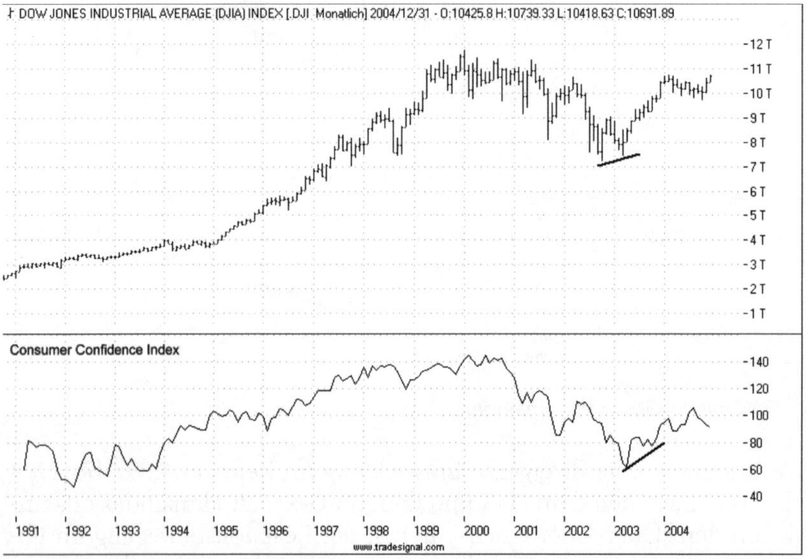

Abb. 477 – *Dow Jones mit Consumer Confidence Index.*

In Abb. 477 erkennt man den Trendbestätigen Charakter des Consumer Confidence Index. Der Dow Jones Index hat im Zeitraum Ende 2002 bis Mitte 2003 eine Trendwende vollzogen. Der Consumer Confidence Indikator hat diese Trendwende im Nachgang ebenfalls bestätigt. Es war demnach davon auszugehen, dass die Trendwende nachhaltig war.

Kapitel 4

Dr. Gregor Bauer

Candlestick Charts

So analysieren Sie Candlestick Charts

Die Technik aus Fernost

Die Candlesticktechnik ist eine Analysemethode, die ihren Ursprung bereits im Japan des 16-Jahrhunderts hat. Berühmt wurde in Japan in diesem Zusammenhang Munehisa Homma (1724 – 1803), der durch Anwendung dieser Methode mit dem Reishandel ein legendäres Vermögen anhäufte. Homma selbst erfand aber die Kerzentechnik nicht im eigentlichen Sinne. Er griff auf Grundlagen zurück, die von japanischen Reishändlern schon Mitte des 16. Jahrhunderts gelegt wurden. Homma aber entwickelte diese Technik konsequent weiter. Es stellte 160 überlieferte Regeln zur Candlestick-Analyse auf, welche bis heute die Grundlagen der Kerzenanalyse darstellen. Hommas Methoden sind zudem die ersten bekannten Arbeiten über die Technik der Formationserkennung; etwa 150 Jahre vor den Untersuchungen von Charles Dow und Richard Schabacker.

Die Handelsprinzipien, die Munehisa Homma beim Reishandel einsetzte, wurden seither in Japan zur Candlestick-Chartmethode weiter entwickelt, und sind dort bis heute weit verbreitet. Diese Technik fand allerdings in der westlichen Hemisphäre lange Zeit wenig Beachtung. Erst zu Beginn des 20. Jahrhunderts wurde diese Analysemethode auch in den USA und in Europa bekannt.

So verlässlich sind Candlestick Formationen

Neueren Untersuchungen zufolge haben die Formationen teilweise eine Trefferquote von bis zu 60 bis 70 Prozent. Diese Werte liegen weit über dem statistischen Zufall. Genaue Werte sind dabei schwierig zu bestimmen, da die Formationen nicht exakt in mathematisch fassbare Formeln zu bringen sind. Hier unterscheiden sich deshalb auch die Tests verschiedener Analysten. Es wird immer Grenzfälle, also nicht idealtypisch ausgebildete Formationen geben. Es kommt auch auf die Gesamtsituation des Marktes an, und auch auf die Erfahrung des Analysten. Mit etwas Übung werden Sie bald selbst ein Gefühl für die Formationen bekommen. Am Ende dieses Kapitels gebe Ich Ihnen dazu einige Beispiele aus der Praxis.

Dies müssen Sie aber beachten: Die Formationen haben einen gewissen Prognosezeitraum, der ungefähr der vier- bis fünffachen Periodenlänge entspricht. Beispiel: Eine Formation aus Tageskerzen bestimmt maximal den Kursverlauf für vier bis fünf Tage, nachdem sie bestätigt wurde. Eine Formation aus Wochenkerzen entsprechend für vier bis fünf Wochen. Achten Sie bitte auch im folgenden Abschnitt auf die Namen der Formationen. Sie werden erkennen, dass diese größtenteils sehr anschaulich und einprägsam sind.

Der Doji

Eine wichtige und sehr häufig vorkommende Figur ist der Doji. Ich stelle ihn allen Formationen voran, weil er auch in den verschiedenen Formationen selbst immer wieder auftritt. Der Doji verdeutlicht besonders gut die Unsicherheit im Markt. Der Doji ist immer ein Signal, dass zur Vorsicht mahnt. In einem Trend signalisiert er eine Phase der Unsicherheit, also das klassische Patt zwischen Bullen und Bären. Charakterisiert ist der Doji dadurch, dass Eröffnungs- und Schlusskurs einer Periode gleich sind. Der Doji kommt als allein stehende Kerze, aber auch in bestimmten Formationen vor. Man unterscheidet – abhängig von der Länge der Schatten – verschiedene Ausprägungen eines Doji. Die grafische Darstellung in Abb. 478 zeigt die möglichen Varianten.

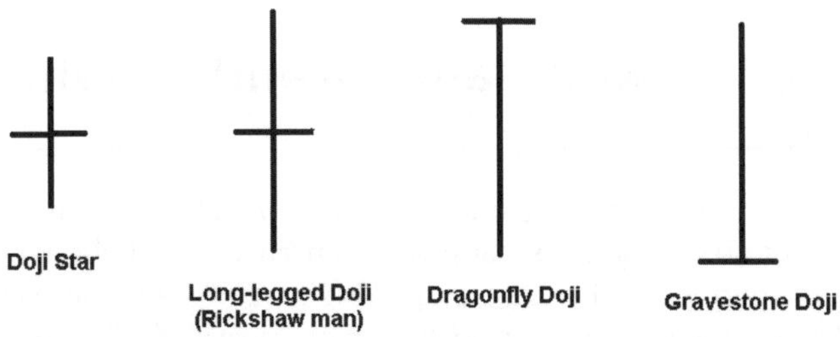

***Abb. 478** – Dargestellt sind die möglichen Verlaufsformen eines Doji. Diese Kerze drückt in besonderer Weise die Unsicherheit im Markt aus. Eröffnungs- und Schlusskurs liegen dabei auf einer Höhe.*

Spinning Tops – High Wave Candles

Wenn ein Doji einen Körper ausbildet, so entstehen Spinning Tops. Diese Kerzen treten als „Stars" beispielsweise im Morning und Evening Star auf (mehr dazu später). Die kleinen Körper signalisieren nach wie vor die Unsicherheit des Marktes, der Körper gibt aber hier schon eine Richtung vor. Er ist weiß oder schwarz.

Die Länge der Schatten spielt bei einem Spinning Top keine Rolle. Ein Spinning Top, das einen sehr langen oberen und unteren Schatten hat, wird High Wave Candle genannt. Dabei ist die exakte Länge des Schattens nicht definiert. Die „Wellen" schlagen hoch – oberer und unterer Schatten – aber schließlich beruhigt sich die Situation und der Schlusskurs liegt in der Nähe des Eröffnungskurses – es resultiert ein kleiner Körper. High Wave Candles drücken also besonders anschaulich den Kampf zwischen Bullen und Bären aus, der im Unterschied zum Doji aber nicht unentschieden ausgeht.

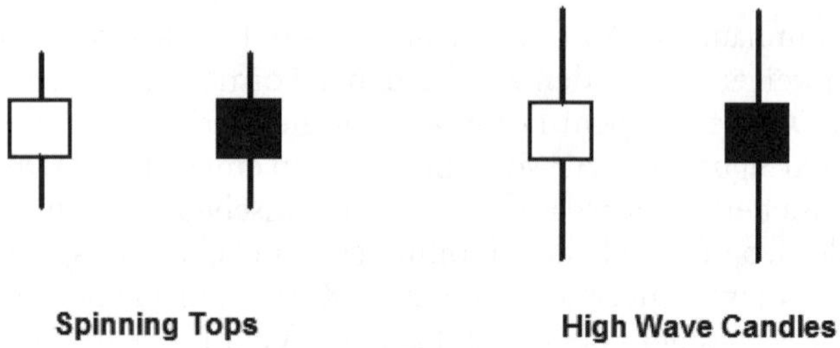

***Abb. 479** – Spinning Tops und High Wave Candles zeigen ebenfalls die Unsicherheit des Markts. Der kleine Körper gibt aber zumindest eine erste Richtung vor.*

Emotionen wechseln – Trendumkehrformationen

Der größte Vorteil, den Kerzencharts bieten, ist zweifellos der, die Marktpsychologie transparent zu machen, also Stimmungen zu verdeutlichen. Besonders gut sind dabei Stimmungsumschwünge zu beobachten. Diese treten natürlich hauptsächlich in Umkehrphasen auf und so ist es nicht verwunderlich, dass die weitaus größere Anzahl der Kerzenformationen eine Trendumkehr signalisieren. Die am häufigsten vorkommenden Kerzenformationen bestehen in der Regel aus einer bis drei Kerzen. Es gibt aber auch Formationen, die aus Tageskerzen bestehen und sich über Wochen oder Monate hinziehen. Diese werden nicht durch die einzelnen Kerzen, sondern durch die Gesamtform der Formation bestimmt.

Hinweis: Alle nachfolgend beschriebenen Formationen haben nur dann ihre Gültigkeit, wenn diese wirklich am Ende eines Trends auftreten. Dies bedeutet, dass Sie die vollständige Ausbildung der jeweiligen Formation abwarten sollten. Bitte versuchen Sie nicht, die Formationen zu erahnen, bevor diese vollständig gebildet wurden. Die Candlesticktechnik unterscheidet Formationen, die aus einer, zwei, drei oder mehr Kerzen bestehen. Wann die jeweilige Formation vollständig ausgebildet ist, werde ich Ihnen immer zusammen mit den Formationen erläutern.

Was Sie besonders beachten sollten

Beachten Sie bitte auch den folgenden wichtigen Punkt: Eine Formation ist vollständig, wenn sich alle zur Formation gehörenden Kerzen entsprechend den Regeln ausgebildet haben. Damit ist sie aber noch nicht bestätigt! Das bedeutet, eine weitere Kerze muss sich nach Vollendung der Formation in die neue Trendrichtung entwickeln, um den neuen Trend zu bestätigen.

Kerzen bilden sich – wie oben dargelegt, mit schwarzen oder weißen Körpern. Die Anordnung der Farbe der Kerzenkörper in einer Formation gibt Ihnen ebenfalls wichtige Hinweise auf die Signifikanz der Signale.

Hammer / Hanging Man – das sagen Ihnen Umkehrformationen

Diese Kerzen werden, wenn sie als Tagesperioden erstellt sind, auch Intraday Reversal genannt. Sie bestehen aus der gleichen Kerze, wobei der Name „Hammer" bildlich gesehen für sich selbst spricht. Der Name „Hanging Man" („Hängender Mann") mit etwas Phantasie eigentlich auch. Die Hanging Man-Formation erinnert in der Tat an einen Gehenkten und der Name leitet sich auch genau aus dieser Assoziation ab. So können Sie sich die Formationen einfach vorstellen und leichter merken. Der Unterschied in der Interpretation ergibt sich aus der Lage im Chart. Der Hammer kommt als untere Umkehrformation vor, also als Umkehr eines Abwärtstrends in einen Aufwärtstrend. Der Hanging Man ist das Pendant als obere Umkehr eines Aufwärtstrends. Beide Formationen können weiße oder schwarze Körper haben. Sie kommen sehr häufig vor und sind oft Bestandteil von Formationen, die aus mehreren Kerzen bestehen.

Kriterien für Hammer und Hanging Man

- Der untere Schatten sollte mindestens zweimal so lang sein wieder Körper
- Je länger der untere Schatten, desto signifikanter das Signal
- Es sollte keinen oder nur einen kleinen oberen Schatten geben
- Das Signal wird erst durch eine weiße Kerze am nächsten Tag (beim Hammer) beziehungsweise eine schwarze Kerze am nächsten Tag (beim Hanging Man) bestätigt
- Die Farbe des Körpers spielt eine untergeordnete Rolle; ein weißer Körper im Hammer beziehungsweise ein schwarzer Körper des Hanging. Man sollte aber die Signifikanz des Signals erhöhen.

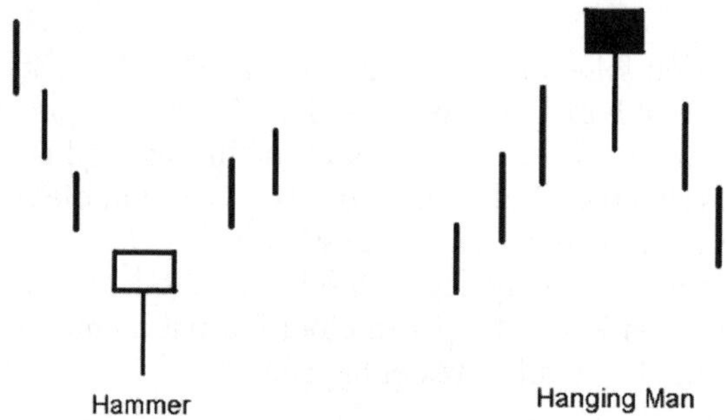

Abb. 480 – Der Hammer tritt als untere Umkehrkerze, der Hanging Man als obere Trendumkehrkerze auf. Beide kommen sehr häufig vor und sind oft Bestandteil von Formationen, die aus mehreren Kerzen bestehen.

Das können Sie aus der Psychologie der Formation herauslesen

Der Hammer signalisiert eine extrem bearishe Stimmung am Ende eines Abwärtstrends. Verkäufe überwiegen bei weitem das Angebot. Dann gewinnen die Bullen an Einfluss, und bringen den Kurs wieder in die Nähe des Eröffnungskurses, oder auch darüber hinaus. So entsteht ein schmaler Körper mit einem langen Schatten.

Der Hanging Man bildet sich am Ende eines Aufwärtstrends. Die Kurse fallen nach der Eröffnung schnell, aber es finden sich noch genug Käufer, um die Eröffnungskurse wieder zu erreichen. Trotzdem, es ist ein erstes Warnsignal. Die Bullen könnten bald weniger Kraft haben und die Verkäufer den Markt endgültig umkehren.

Worauf Sie in der Praxis achten sollten

Besonders signifikant ist diese Kerze, wenn sie jeweils nach einer entsprechenden Kurslücke auftritt – in diesem Fall einer Erschöpfungslücke. Übrigens: In der Sprache der Candlestick-Analyse wird eine Kurslücke auch „Window" also „Fenster" genannt. Die Begriffe Kurslücke, Gap beziehungsweise Window werden dabei nebeneinander gebraucht. Ein hohes Volumen an diesem Tag erhöht ebenfalls die Prognosesicherheit. Die Bestätigungskerze am nächsten Tag muss über dem Hoch des Hammers beziehungsweise unterhalb des Tiefs des Hanging Man schließen. Je länger der Körper der Bestätigungskerze am nächsten Tag, desto signifikanter die Trendumkehr.

Tipp: Sie sollten vorsichtig sein, wenn der Körper der Bestätigungskerze nicht oder nur knapp oberhalb des Schlusskurses des Hammers liegt, beziehungsweise nicht oder nur knapp unterhalb des Schlusskurses des Hanging Man. Die Gefahr eines Fehlsignals ist dann noch hoch. Warten sie besser eine weitere bestätigende Kerze ab.

Inverted Hammer / Shooting Star – diese Formationen sehen Sie häufig

Der Inverted Hammer ist grafisch gesehen die Umkehr des Hammers und zeigt ebenfalls eine untere Trendumkehr an. Der Shooting Star ist dementsprechend das Gegenstück zum Hanging Man, also eine obere Umkehr (siehe Abb. 481). Beide Kerzen kommen recht häufig vor und sind ebenfalls oft Bestandteil von Formationen, die aus mehreren Kerzen bestehen.

Kriterien für Inverted Hammer bzw. Shooting Star

- Der obere Schatten sollte mindestens zweimal so lang sein wie der Körper.
- Es sollte keinen oder nur einen kleinen unteren Schatten geben.
- Das Signal wird erst durch eine weiße Kerze am nächsten Tag (beim Inverted Hammer) beziehungsweise eine schwarze Kerze am nächsten Tag (beim Shooting Star) bestätigt.
- Die Farbe des Körpers spielt eine untergeordnete Rolle. Ein weißer Körper im Hammer und ein schwarzer Körper des Hanging Man sollte aber die Signifikanz des Signals erhöhen.

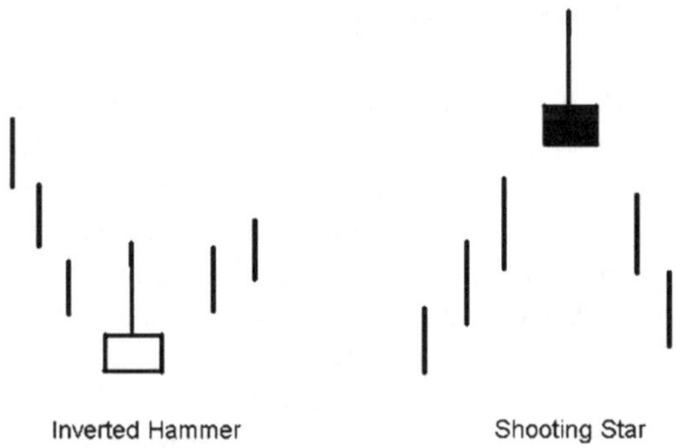

Abb. 481 – *Bei diesen Kerzen handelt es sich um das Bild eines Hammers, der auf den Kopf gestellt wurde. Der Inverted Hammer signalisiert dabei die untere Umkehr, der Shooting Star die obere Umkehr.*

Das können Sie aus der Psychologie der Formation herauslesen

Der Inverted Hammer am Ende eines Abwärtstrends eröffnet unterhalb des Schlusskurses des vorherigen Tages. Es entsteht zu Beginn der Periode ein starker Kaufdruck, der aber nicht lange gehalten werden kann. Die Bären verkaufen in den steigenden Markt und die Kurse bröckeln wieder ab. Ein Warnsignal, dass die Kurse wieder nachhaltig steigen könnten, wenn die Verkäufer Ihre Positionen glatt gestellt haben und neuer Kaufdruck entsteht.

Der Shooting Star veranschaulicht ein umgekehrtes psychologisches Szenario. Der Aufwärtstrend gerät ins „Überschießen". Der lange obere Schatten warnt die Bullen, dass ein zunehmender Verkaufsdruck entstehen könnte.

Worauf Sie in der Praxis achten sollten

Auch hier gilt, dass die Kerze besonders signifikant ist, wenn sie jeweils nach einer Erschöpfungslücke auftritt und unter hohen Umsätzen gebildet wird. Im Gegensatz zum Hammer oder Hanging Man schließen allerdings die Kurse dieser Kerzen in der Nähe der Tagestiefstände. Dies bedeutet für den Inverted Hammer, dass sich die Bullen noch nicht abschließend durchgesetzt haben. Daher ist die Aussagekraft geringer, die Zahl der Fehlsignale höher. Um so wichtiger ist hierbei, die Bestätigung durch eine entsprechende Kerze in Trendrichtung am nächsten Tag abzuwarten. Diese Kerze muss oberhalb des Hochs des Hammers schließen. Beim Shooting Star schließt die Periode auf dem Tagestief, also bereits ein eindeutig bearishes Signal. Bestätigt wird dieses dann, wenn der folgende Tag unterhalb des Tiefs des Shooting Stars schließt.

Bullish / Bearich Belt Hold – die Umkehr nach dem Überschwang

Der Belt Hold kann am Ende eines Aufwärts- oder Abwärtstrends auftreten. Übersetzt bedeutet dies „am Gürtel halten" und bezieht sich auf den japanischen Ausdruck „Yorikiri", der aus der Sprache der Sumo Ringer stammt. Dieser bedeutet, den Gegner aus dem Ring zu drängen, in dem man ihn am Gürtel festhält. Der Kerzenkörper sollte die dem Trend entgegengesetzte Farbe haben. Mit „bullish" ist hier, wie in allen weiteren Erläuterungen, eine untere Umkehr gemeint, mit „bearish" eine obere. Diese Bezeichnungen beziehen sich auf die aus dem englischsprachigen Raum stammenden Ausdrücke Bull und Bear (Bulle und Bär) und bezeichnen positiv beziehungsweise negativ eingestellte Marktteilnehmer. In der Literatur finden Sie daher oft die Bezeichnung positiver und negativer Belt Hold. Die Bezeichnungen der Kerzen selbst werden im Allgemeinen in der Literatur nicht übersetzt

Kriterien

- Die Periode eröffnet mit einem sehr starken Gap in Trendrichtung.
- Der Körper der Kerze bildet nach der Eröffnung keinen Schatten mehr in die ehemalige Trendrichtung.
- Der Körper der Kerze sollte möglichst lang sein.

Drauf sollten Sie achten

Die Kriterien für den Belt Hold unterschieden sich in der Literatur. So beschreibt Steve Nison die Formation so, dass der Körper der zweiten Kerze bereits in den Körper der ersten Kerze eindringen muss, also die Kurslücke wieder schließt. Stephen Bigalow dagegen setzt dies nicht voraus. Dabei gibt es nun kein Richtig oder

Falsch. Die Ursachen für die unterschiedlichen Kriterien liegen darin begründet, dass aus den Originalquellen, auf die sich die Autoren stützen, die genaue Definition selbst eher unklar und – typisch japanisch – verklausuliert hervorgeht. Steve Nison hat dies in seinem Buch „Technische Analyse mit Candlesticks„ anschaulich beschrieben. Ich habe in meiner Darstellung in Abb. 482 die Definition Bigalows eingezeichnet, da diese die Stimmung noch anschaulicher macht.

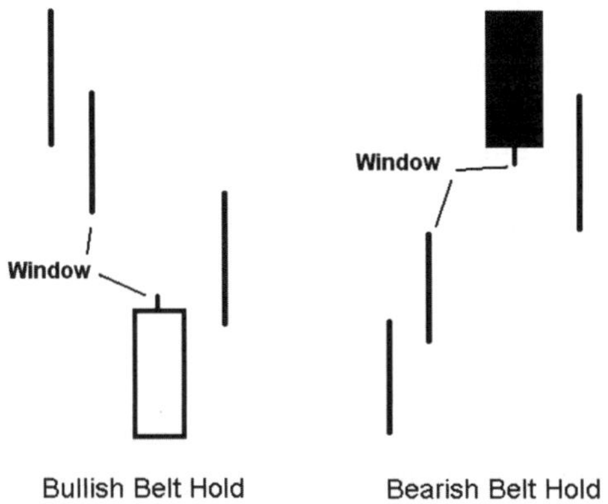

Abb. 482 – *Der Bullish Belt Hold tritt nach einer Kurslücke (Window) auf und weist auf eine bevorstehende untere Trendumkehr hin, der Bearish Belt Hold tritt am Ende eines Aufwärtstrends auf und mahnt zu Vorsicht, die Kurse könnten bald zurück fallen.*

Das können Sie aus der Psychologie der Formation herauslesen

Beachten Sie die Kurslücke. Sie macht den exzessiven Überschwang des Trends deutlich. Es herrscht schon Panik beziehungsweise übermäßige Gier im Markt. Die ist immer ein Zeichen für einen baldigen Trendwechsel, denn die jeweiligen Bären beziehungsweise Bullen haben in der Regel bald ihr Pulver verschossen. Die lange Kerze des Belt Hold, die gegen die Trendrichtung verläuft, macht dann den endgültigen Stimmungsumschwung sichtbar.

Worauf Sie in der Praxis achten sollten

Je größer die Kurslücke und je länger der Kerzenkörper, desto stärker das Signal. Diese Gaps wirken dabei quasi wie Magneten. Diese ziehen die Kurse sozusagen magisch an und werden somit meistens – aber nicht immer – wieder geschlossen. Das heißt, schon aus der Tatsache, dass diese Lücke auftritt, können Sie auf eine Gegenbewegung schließen. Aber Vorsicht! Damit ist noch nicht gesagt, dass es sich um eine wirkliche Trendumkehr handelt. Dies wird erst aus dem weiteren Kursverlauf, also der Bestätigungskerze deutlich.

Piercing Pattern / Dark Cloud Cover – der Durchbruch von unten oder dunkle Wolken von oben

Das Piercing Pattern beschriebt die Umkehr nach einem Abwärtstrend, die Formation Dark Cloud Cover die Umkehr eines Aufwärtstrends (Abbildung 5.6). Die erste Kerze soll jeweils einen langen Körper haben und in Richtung des Trends verlaufen. Vergleichbar mit dem Harami, deutet auch hier die Länge des ersten Kerzenkörpers auf eine Übertreibungsphase in Trendrichtung hin. Die zweite Kerze leitet dann die Umkehr ein. Der Begriff „Piercing" bedeutet „durchstoßen". Die zweite Kerze muss die gedachte Linie des Körpermittelpunkts der ersten Kerze durchstoßen, um die Formation zu bilden. Sehr anschaulich ist auch der Begriff „Dark Cloud Cover", der „von einer dunklen Wolke umhüllt" bedeutet. Die zweite Kerze erscheint bedrohlich wie eine dunkle Wolke das Ende des Aufwärtstrends anzukündigen.

Kriterien

- Der Körper der zweiten Kerze hat, verglichen mit der ersten Kerze, die jeweils andere Trendrichtung. Dabei gilt für das Piercing Pattern: Der erste Körper ist schwarz, der zweite Körper weiß. Für die Dark Cloud Cover gilt entsprechend: Der erste Körper ist weiß, der zweite Körper ist schwarz.
- Die erste Kerze soll einen langen Körper haben.
- Die zweite Kerze hat einen tieferen Eröffnungskurs als der Tiefkurs der ersten Periode (Piercing Pattern)
- Die zweite Kerze hat einen höheren Eröffnungskurs als der Hochkurs der ersten Kerze (Dark Cloud Cover)
- Die zweite Kerze schließt über der Mittellinie des ersten Kerzenkörpers (Piercing Pattern)
- Die zweite Kerze schließt unterhalb über der Mittellinie des ersten Kerzenkörpers (Dark Cloud Cover)

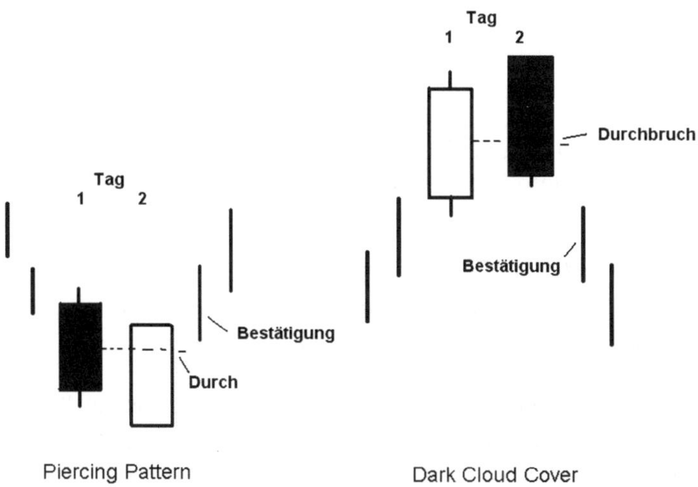

***Abb. 483** – Das Piercing Pattern bezeichnet die Umkehr des Abwärtstrends, die Dark Cloud Cover die des Aufwärtstrends. Charakteristisch an diesen Formationen ist, dass die jeweils zweiten Kerzen die Höhe des Körpermittelpunkts der ersten Kerzen in die neue Trendrichtung durchstoßen müssen, um die Formation zu vollenden.*

Das können Sie aus der Psychologie der Formation herauslesen

Die jeweils erste Kerze der Formationen bestätigt noch die übergeordnete Stimmung. Die zweite Periode eröffnet dann noch mit einem Gap in Trendrichtung, bevor die Stimmung kippt. Die Wirkung der ersten Kerze wird zum größten Teil neutralisiert. Der dritte Tag muss dann die endgültige Bestätigung bringen.

Worauf Sie in der Praxis achten sollten

Je länger jeweils die beiden Kerzenkörper sind, desto dynamischer fällt die Umkehrbewegung aus. Je größer die Kurslücke beim Eröffnungskurs der zweiten Periode, desto zuverlässiger ist im Allgemeinen das Signal, und je weiter die zweite Kerze über den Mittelpunkt der ersten hinausragt, desto wahrscheinlicher wird die Umkehr. Bitte beachten Sie auch hier wieder besonders: Erst eine dritte folgende Kerze in Trendrichtung bestätigt die Formation.

Hinweis zum Piercing Pattern

Wie erläutert muss der Körper der zweiten Kerze über den Mittelpunkt der ersten Kerze herausragen. Es gibt drei Formationen, die quasi als Vorstufe zum Piercing Pattern auftreten.

Das Bullish On Neck Pattern: Hierbei schließt die weiße Kerze in der Nähe des Tiefkurses der schwarzen Kerze, dringt aber nicht in den schwarzen Körper ein.

Das Bullish In Neck Pattern: Hierbei muss der Körper der zweiten Kerze nur den Schlusskurs der ersten Kerze erreichen, also bildlich gesprochen, der ersten Kerze im Nacken („in neck") sitzen. Diese Formation wird auch „Bullish Counterattack" genannt.

Das Bullish Thrusting Pattern: Dieses wird definiert, wenn der Kerzenkörper der zweiten Kerze über dem Schlusskurs der ersten schwarzen Kerze schließt - ihn also durchstößt („to thrust") - aber noch unterhalb deren Mittelpunkt bleibt.

Hinweis zum Dark Cloud Cover

In Neck Pattern und Trusting Pattern treten analog auch als obere Umkehrformation auf, also als Vorstufe des Dark Cloud Cover: Hierbei gilt:

Das Bearish On Neck Pattern: Die zweite Kerze – also die schwarze Kerze – schließt auf Höhe des Hochkurses der ersten weißen Kerze. Der Körper dringt aber nicht in den Körper der ersten Kerze ein.

Das Bearish In Neck Pattern: Der Schlusskurs der zweiten Kerze endet auf Höhe des Schlusskurses der ersten Kerze. Diese Formation wird auch „Bearish Counterattack" genannt.

Das Bearish Thrusting Pattern: Jetzt fällt der Schlusskurs der zweiten Kerze unterhalb der Mittellinie der ersten Kerze, fällt aber nicht bis zum Schlusskurs der ersten Kerze. Diese Formationen sind aber weniger verlässlich, da sie ja eine Trendumkehr eher leise andeuten. Hier ist es in der Praxis oft so, dass keine Trendwende eingeleitet wird, sondern nur eine Konsolidierungsphase. Um so wichtiger ist deshalb, dass Sie die Bestätigung der darauf folgenden Kerze abwarten.

Bullish / Bearish Engulfing Pattern – zweite Kerze leitet Umkehr ein

Das Bullish Engulfing Pattern beschreibt die Umkehr eines Abwärtstrends, das Bearish Engulfing Pattern die Umkehr eines Aufwärtstrends. Engulfing bedeutet „umschließen", die zweite Kerze umschließt sehr anschaulich die erste, und leitet damit die Umkehr ein (Abb. 484).

Diese Formationen entstehen also nach dem Piercing Pattern – Bullish Engulfing Pattern – beziehungsweise nach dem Dark Cloud Cover – Bearish Engulfing Pattern. Die zweite Kerze schließt jetzt nicht mehr innerhalb des Körpers der ersten.

Kriterien

- Der Körper der zweiten Kerze umschließt den Körper der ersten Kerze vollständig. Dabei werden die Schatten nicht beachtet.
- Der Körper der ersten Kerze sollte die Farbe des Trendverlaufs haben, also schwarz im Abwärtstrend, weiß im Aufwärtstrend. Der zweite Kerzenkörper muss dann die jeweils entgegengesetzte Farbe aufweisen.

- Die erste Kerze kann auch ein Doji sein, also eine Kerze, die besondere Unsicherheit signalisiert. Die Formationen heißen dann Bullish Doji Engulfing Pattern, beziehungsweise Bearish Doji Engulfing Pattern.

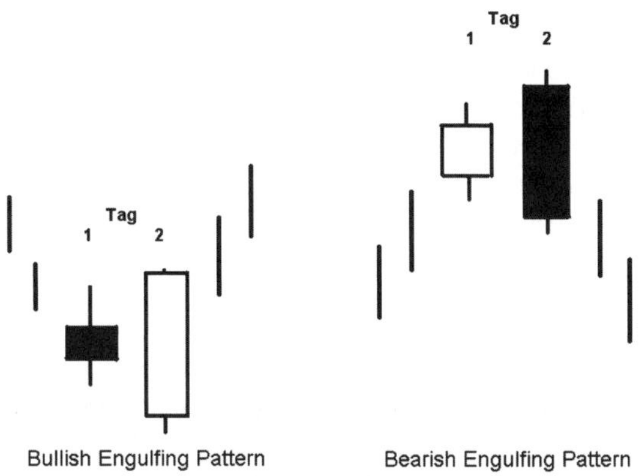

Abb. 484 – *Trendwendeformationen aus zwei Kerzen. Die jeweils zweite Kerze (Tag 2) muss die erste (Tag 1) umschließen („engulfing") und in die Gegenrichtung des ursprünglichen Trends laufen.*

Das können Sie aus der Psychologie der Formation herauslesen

Die erste Kerze der Formation bestätigt noch den jeweiligen Trend, sie zeigt aber oft schon Anzeichen der Unsicherheit – kleiner Körper, kurze Schatten. Die zweite Kerze eröffnet noch mit einem Gap in Trendrichtung; dann kippt die Stimmung endgültig und eine lange Kerze in die neue Trendrichtung bildet sich. Auch hier wird also zunächst die Kurslücke geschlossen bevor sich dann der neue Trend ausbildet.

Worauf Sie in der Praxis achten sollten

Je größer der Unterschied in der Länge des Körpers zwischen der ersten und der zweiten Kerze, desto signifikanter ist die Formation. Positiv ist auch, wenn der Körper der Kerze an Tag 2 nicht nur den Körper der Kerze an Tag 1 umschließt, sondern auch noch die oberen und unteren Schatten dieser Kerze. Hohe Umsätze am zweiten Tag erhöhen ebenfalls die Wahrscheinlichkeit der Trendumkehr.

Bullish Harami / Bearish Harami – die Umkehr deutet sich schon an

Der Harami ähnelt dem Engulfing Pattern, mit dem Unterschied, dass jetzt die Länge der Kerzenkörper vertauscht ist. Diese Formation kommt häufig am Ende eines längeren Trends vor. Der Länge des ersten Kerzenkörpers deutet auf eine Übertreibungsphase in Trendrichtung hin. Die zweite Kerze leitet dann die Umkehr ein. Harami ist übrigens das japanische Wort für „schwangere Frau". Auch hier wird die Analogie aus der Abb. 485. deutlich. Das Kind - die kleine Kerze - befindet sich im Bauch der Mutter - lange Kerze.

Kriterien

- Im Bullish Harami ist der Körper der ersten Kerze schwarz, derjenige der zweiten Kerze weiß.
- Im Bearish Harami ist der Körper der ersten Kerze weiß, der zweiten Kerze schwarz.
- Der erste Kerzenkörper umschließt den zweiten Körper vollständig. Schatten werden dabei nicht beachtet.
- Der zweite Tag eröffnet über dem Schlusskurs des ersten Tages (Bullish Harami)
- Der zweite Tag eröffnet unter dem Schlusskurs des ersten Tages (Bearish Harami)
- Die zweite Kerze kann auch ein Doji sein. Diese Formation wird dann Bullish Harami Cross, beziehungsweise Bearish Harami Cross genannt.

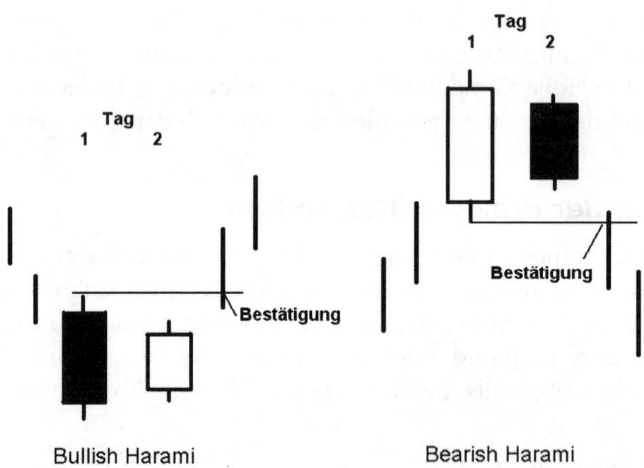

Abb. 485 *– Im Bullish Harami wird die Stimmungsänderung nach einem Sell-out Day, also einem panikartigen Verkaufstag deutlich, im Bearish Harami die Stimmungsänderung nach einem euphorischen Tag (Tag 1). Die Bestätigung der neuen Trendrichtung wird aber erst durch eine dritte Kerze, die über das Hoch von Tag 1 (Bullish Harami) beziehungsweise dem Tief von Tag 1 (Bearish Harami) hinausreicht und sich in Richtung des neuen Trends entwickelt.*

Das können Sie aus der Psychologie der Formation herauslesen

Diese Formationen treten jeweils nach einem panikartigen Verkaufstag (Bullish Harami) beziehungsweise einem panikartigen Kauftag (Bearish Harami) auf. Die zweite, kleinere Kerze gibt erste Anzeichen auf einen Stimmungswechsel. Eine Bestätigungskerze muss dann den Umschwung des Sentiments offensichtlich machen.

Worauf Sie in der Praxis achten sollten

Die Formation ist erst bestätigt, wenn der Kurs des dritten Tages oberhalb (Bullish Harami) beziehungsweise unterhalb (Bearish Harami) des Kerzenkörpers, besser: des Schattens der ersten Kerze, liegt. Je länger der Körper der ersten und zweiten Kerze, desto dynamischer die Trendumkehr. Je näher der Schlusskurs des zweiten Tages am Hochpunkt des ersten liegt, desto wahrscheinlicher ist die Trendumkehr.

Tweezers Bottom / Tweezers Top – die „Pinzetten" markieren Unterstützungs- und Widerstandsniveaus

Tweezers Bottom bilden untere, Tweezers Tops obere Umkehrformationen.
Bei diesen Formationen kommt es nicht auf den Körper, sondern auf die Hoch- beziehungsweise Tiefpunkte einer Periode an. Tweezers bedeutet „Pinzette". Sie können beide Kerzen mit den ebenfalls gleich langen Teilen einer Pinzette vergleichen (siehe Abb. 486).

Kriterien

- Tweezers Bottom: Der Tiefpunkt der zweiten Kerze stimmt mit dem Tiefpunkt der ersten Kerze überein.
- Tweezers Top: Der Hochpunkt der zweiten Kerze stimmt mit dem Hochpunkt der ersten Kerze überein.

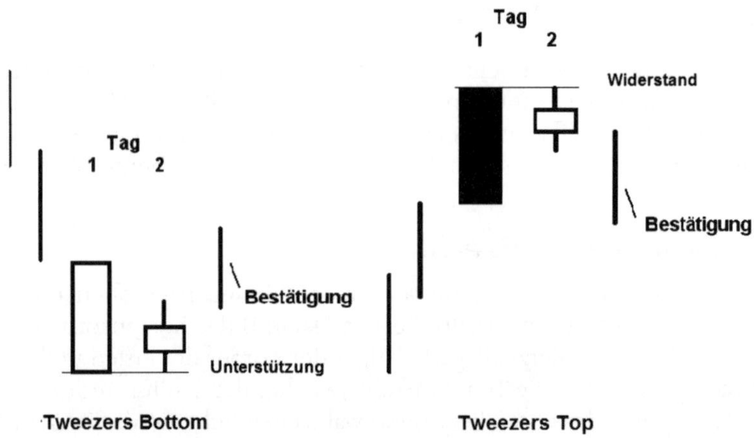

***Abb. 486** – Beim Tweezers Top und Tweezers Bottom kommt es nicht auf den Kerzenkörper an, sondern auf die jeweiligen Tiefkurse (Tweezers Bottom) beziehungsweise Hochkurse (Tweezers Top). Auf diesen Niveaus bilden sich häufig Unterstützungen oder Widerstände aus. Eine dritte Kerze in die neue Trendrichtung bestätigt die Formation.*

Das können Sie aus der Psychologie der Formation herauslesen

Die Bildung dieser Formation beruht auf einem Marktkonsens, der besagt: Dieser Kurs ist der tiefste (Tweezers Bottom) beziehungsweise höchste (Tweezers Top) zu dem wir bereit sind zu kaufen oder zu verkaufen. Dabei spielt es eben keine Rolle, ob dieser Kurs nur kurzfristig erreicht wurde – also durch den oberen oder unteren Schatten berührt wurde – oder ob der Eröffnungs- beziehungsweise Schlusskurs einer Kerze dieses Niveau definiert. An diesen Stellen bilden sich dann häufig Widerstands- oder Unterstützungsniveaus.

Worauf Sie in der Praxis achten sollten

Tweezers werden von zwei Kerzen gebildet. Es kann aber natürlich auch vorkommen, dass eine folgende dritte oder vierte Kerze ebenfalls an dieses Niveau stößt. Je mehr Kerzen beteiligt sind, desto signifikanter die resultierende Widerstands- oder Unterstützungslinie. Aber Vorsicht. Je mehr Kerzen nach dem Tweezers diese Linie bilden, desto eher kann der Kurs auch seitwärts laufen. Die Signifikanz der Trendumkehr verringert sich. Die besten Trendwendesignale erhalten Sie, wenn eine dritte Bestätigungskerze das Tweezersniveau in die neue Trendrichtung durchbricht. Die Formen der beteiligten Kerzen spielen dabei keine Rolle.

Idealerweise ist der Körper der ersten Kerze lang und die zweite Kerze veranschaulicht die Unsicherheit. Diese Kerzen sind dann häufig ein Hanging Man, Hammer oder Doji. Die Abb. 487 stellt einige Beispiele dar, wie sich Tweezers zusammensetzen können.

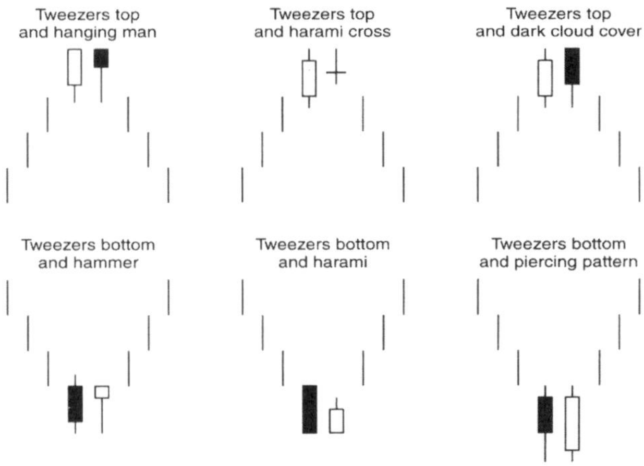

***Abb. 487** – Mögliche Kombinationen für Tweezers Tops und Tweezers Bottoms*

Morning Star / Evening Star – Sterne können Sie morgens und abends sehen

Der Morning Star leitet die Umkehr eines Abwärtstrends ein, der Evening Star die Umkehr eines Aufwärtstrends. Die Umkehr wird hier, im Gegensatz zu den oben erläuterten Formationen, nicht schon mit der zweiten, sondern erst mit der dritten Kerze eingeleitet.

Kriterien

- Morning Star: Der Körper der ersten Kerze ist schwarz. Die zweite Kerze zeigt erst einmal nur die Unsicherheit und kann verschiedene Formen annehmen. Sie wird „Star" genannt.
- Der Körper der dritten Kerze ist weiß und leitet die Umkehr ein.
- Evening Star: Der Körper der ersten Kerze ist weiß. Die zweite Kerze zeigt ebenfalls erst einmal nur die Unsicherheit und kann verschiedene Formen annehmen.
- Der Körper der dritten Kerze ist schwarz und leitet die Umkehr ein.
- Der Schlusskurs des dritten Tages soll mindestens über der Mittellinie der ersten Kerze liegen.
- Die zweite Kerze kann auch durch zwei Kurslücken von der ersten und dritten Kerze getrennt sein. In diesem Fall nennt man die Formation „Abandoned Baby" – „verlassenes Baby".
- Die zweite Kerze kann ein Doji sein. In diesem Fall nennt man die Formation Morning Doji Star, beziehungsweise Evening Doji Star.

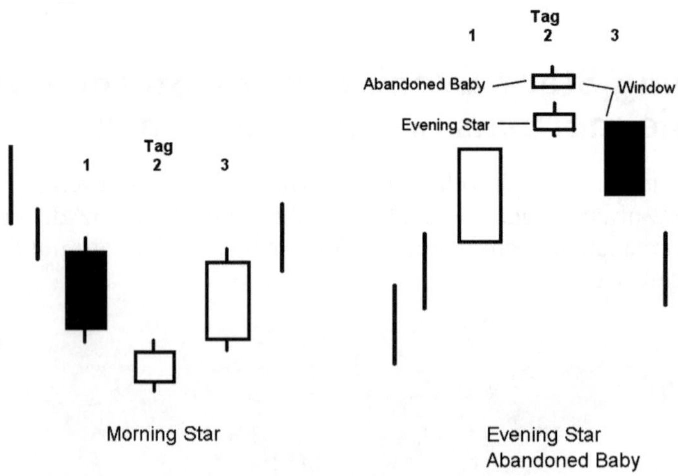

Abb. 488 – Der Morning Star bezeichnet eine untere Trendumkehr, der Evening Star die obere. Der „Star" wird durch ein kleine Kerze gebildet (Tag 2), die eine Kurslücke (Window) zur ersten Kerze aufweist (Evening Star). Wird der Star durch zwei Kurslücken von der ersten und dritten Kerze getrennt, so wird die Formation „Abandoned Baby" bezeichnet.

Das können Sie aus der Psychologie der Formation herauslesen

Die erste Kerze bestätigt den jeweils vorherrschenden Trend. Der zweite Tag eröffnet mit einer Kurslücke und zeigt Anzeichen eines „Paniktages" mit hoher Unsicherheit. Am Ende des Tages aber ist schon eine vorsichtige Änderung der Stimmung erkennbar. Diese wird am dritten Tag durch eine entsprechend lange Kerze in die neue Trendrichtung bestätigt.

Worauf Sie in der Praxis achten sollten

Je länger die erste und dritte Kerze sind, desto dynamischer erfolgt die Umkehr. Je höher das Volumen am zweiten und dritten Tag, desto höher die Wahrscheinlichkeit einer Trendumkehr. Kurslücken nach der ersten und / oder vor der zweiten Kerze erhöhen die Prognosesicherheit. Das Abandoned Baby besitzt die stärkste Prognosekraft dieser Formationen.

Two Crows / Upside Gap Two Crows – so kündigen zwei Krähen Unheil an

Beide Formationen treten nur als obere Umkehr auf. Einer langen weißen Kerze folgen zwei schwarze, die die Trendumkehr einleiten. „Crow" bedeutet Krähe - die kleinen schwarzen Kerzen sitzen wie Krähen auf einem Ast und kündigen nahendes Unheil an - eben Kursrückgänge.

Kriterien

- Eine lange weiße Kerze setzt den Aufwärtstrend fort.
- Der Körper der zweiten Kerze ist schwarz und eröffnet mit einer Kurslücke, wobei diese Kurslücke von der bearishen zweiten Kerze noch nicht geschlossen wird.
- Die dritte Kerze eröffnet innerhalb des Körpers der zweiten und fällt deutlich, so dass das Gap geschlossen wird (Two Crows).
- Sollte die dritte Kerze das Gap nicht schließen, so nennt man die Formation Upside Gap Two Crows.

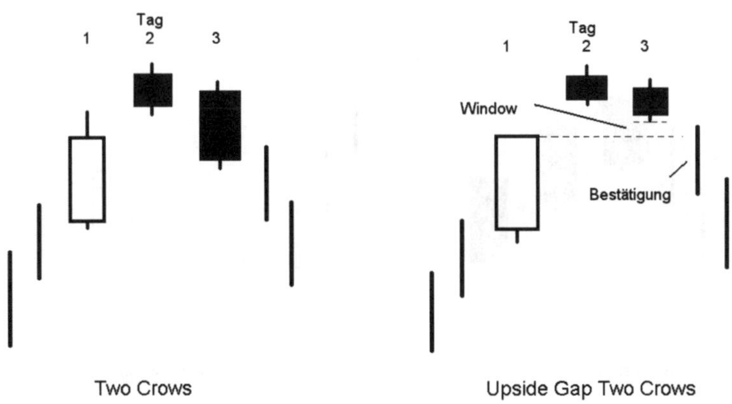

***Abb. 489** – Die Two Crows bilden eine obere Umkehrformation. Die „zwei Krähen" kündigen nahendes Unheil in Form von Kursrückgängen an. Wenn die dritte Kerze das Window nicht schließt, wird die Formation als Upside Gap Two Crows bezeichnet. Eine vierte Kerze schließt als Bestätigung die Kurslücke.*

Das können Sie aus der Psychologie der Formation herauslesen

Auch hier bestätigt die erste Kerze noch den Trend, die zweite dagegen verdeutlicht schon das Überschießen – durch die Eröffnung mit einer Kurslücke in Trendrichtung. Diese Übertreibung wird aber am dritten Tag negiert – die Stimmung ist umgeschlagen.

Worauf Sie in der Praxis achten sollten

Beim Upside Gap Two Crows ist die Formation erst bestätigt, wenn der vierte Tag das Gap mit einer bearishen Kerze schließt. Bei den Two Crows sollte der vierte Tag unterhalb des Tiefs des dritten Tages schließen.

Die Two Crows erinnern stark an den Evening Star. Diese Formationen sind sich in der Tat ähnlich, beim Evening Star muss allerdings im Unterschied zu den Two Crows die dritte Kerze unterhalb der Mittellinie des ersten Kerzenkörpers schließen.

Three Black Crows / Three White Soldiers

Die Three Black Crows kehren einen Aufwärtstrend um, die Three White Soldiers einen Abwärtstrend.

Kriterien

- Drei gleich lange schwarze Kerzen (Three Black Crows) beziehungsweise weiße Kerzen (Three White Soldiers), mit möglichst kleinen Schatten.
- Jede Kerze eröffnet innerhalb des Körpers des vorhergehenden Tages.

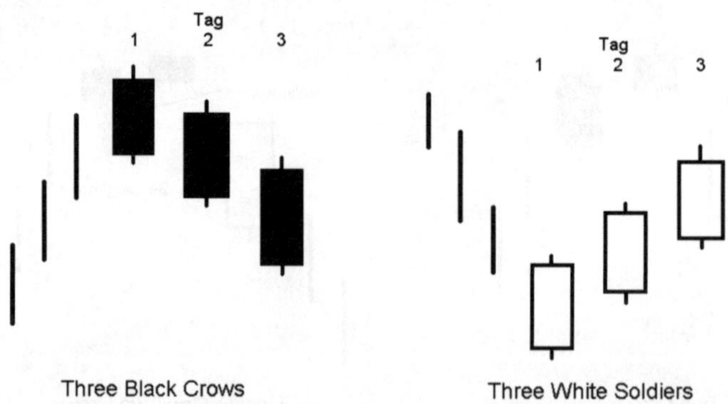

Abb. 490 – „Drei schwarze Krähen" schauen von ihrem Ast in die Tiefe und kündigen eine obere Trendumkehr beziehungsweise einen stabilen Abwärtstrend an, während „drei weiße Soldaten" stramm nach vorne in einen Aufwärtstrend marschieren.

Das können Sie aus der Psychologie der Formation herauslesen

Die Formation wird jeweils mit einer Kerze entgegen der ursprünglichen Trendrichtung eröffnet. Signifikant hier, das jeder Tag in der Mitte des Körpers der vorhergehenden Kerze öffnet, also jeweils mit einem Gap entgegen der Trendrichtung, diese Kurslücke aber noch mit derselben Kerze geschlossen wird. Der Kurs marschiert weiter in Trendrichtung. Die Stimmung hat sich endgültig in Richtung der neuen Trendrichtung gedreht.
Worauf Sie in der Praxis achten sollten
Jede der Kerzen muss deutlich tiefer (Crows) beziehungsweise höher schließen (Soldiers) als die vorangegangene Kerze. Diese Formationen können auch als Trendbestätigungsformationen auftreten, also innerhalb eines bestehenden Abwärts- oder Aufwärtstrends.

Tri Star – das sagen Ihnen die drei Sterne

Diese Formation kommt als untere und obere Umkehr vor. Die „Drei Sterne" bestehen aus drei kleinen Kerzen mit keinem oder nur kurzen Schatten, die jeweils durch Kurslücken voneinander getrennt sind. Im Idealfall bestehen sie aus drei Doji; das kommt aber relativ selten vor.

Kriterien

- Im Idealfall sind alle drei Kerzen Doji, mindestens aber Kerzen mit sehr kleinen Körpern (Spinning Tops).
- Der zweite Doji eröffnet mit einer Kurslücke zum ersten Tag.

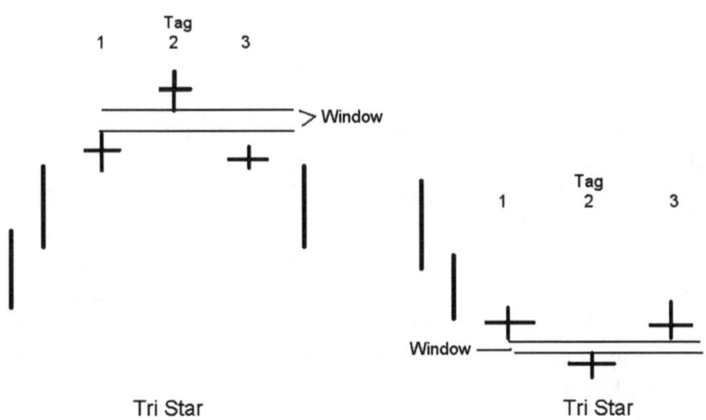

Abb. 491 – *Drei Doji, die jeweils Kurslücken zueinander ausbilden, zeigen eine Phase extremer Unsicherheit. Die vierte Kerze muss die neue Trendrichtung bestätigen.*

Das können Sie aus der Psychologie der Formation herauslesen

Drei Doji zeigen die extreme Unsicherheit. Noch bildet sich keine neue Trendrichtung, Verkäufer und Käufer halten sich die Waage. Erst eine vierte Kerze in die neue Trendrichtung macht deutlich, in welche Richtung sich die Stimmung entwickelt hat.
Worauf Sie in der Praxis achten sollten
Je größer die Kurslücke zwischen dem ersten und zweiten Tag, desto signifikanter das Signal. Von einem Tri Star spricht man auch, wenn die Kerzen nicht alle Doji sind, sondern nur einen sehr kleinen Körper haben. Bitte beachten Sie auch hier wieder besonders: Der vierte Tag erst zeigt die eigentliche Trendumkehr. Dabei ist es gerade in solchen Situationen, in denen die Marktunsicherheit und damit die Gefahr einer Trendwende groß ist, besonders schwer, nicht zu früh zu verkaufen. Lassen Sie sich von dieser Unsicherheit nicht anstecken. Nehmen Sie Gewinne nicht deshalb mit, weil Sie Angst haben, diese wieder zu verlieren. Nehmen Sie Gewinne dann mit, wenn es der Chart Ihnen sagt – also in diesem Fall erst, wenn eine vierte Kerze in die neue Trendrichtung verläuft.

Tower Bottom / Tower Top – zwei Türme markieren Trendwechsel

Tower Bottoms beschreiben die untere, Tower Tops die obere Umkehrformation. Hierbei ist die Anzahl der Kerzen nicht exakt bestimmt. Eindeutig auch hier der Ursprung des Namens (Tower = Turm). Die zwei langen Kerzen, welche die Formationen begrenzen, stellen die Türme dar.

Kriterien

- Am Ende eines Trends folgt eine lange schwarze (Tower Bottom) beziehungsweise weiße Kerze (Tower Top).
- Die folgenden kleinen Kerzen zeigen die Unsicherheit im Markt. Ihre Anzahl ist dabei nicht festgelegt. Dies können auch drei bis vier Kerzen sein und diese können schwarz oder weiß sein. Die abschließende Kerze muss aber wieder eine lange Kerze sein.
- Im Falle des Tower Bottom sollte der Schlusskurs der abschließenden Kerze in der Nähe oder oberhalb des Eröffnungskurses der ersten langen schwarzen Kerze liegen. Deren Schlusskurs sollte im Falle des Tower Top in der Nähe, beziehungsweise besser unterhalb des Eröffnungskurses der ersten langen weißen Kerze liegen.

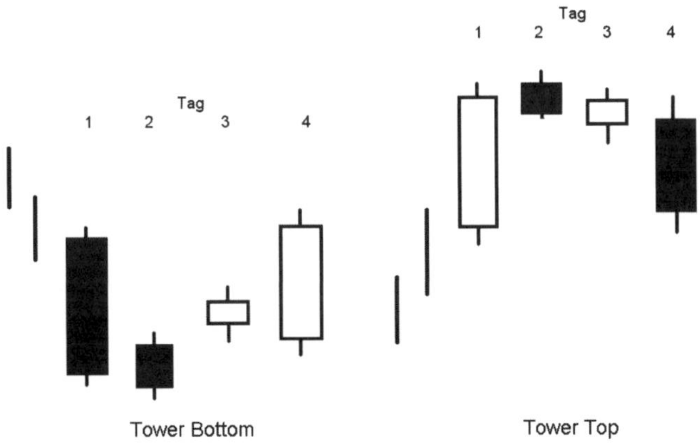

Abb. 492 *– Das Tower Bottom bildet ein untere Umkehr, das Tower Top eine obere Umkehr. Die Formation besteht aus insgesamt mindestens vier Kerzen. Zwei „Türmen" (Tag 1 und 4 in der Abbildung).*

Das können Sie aus der Psychologie der Formation herauslesen

Eine lange „Panikkerze" in Trendrichtung eröffnet die Formationen des Tower Bottom. Zwei oder mehr kleinere Kerzen geben ein deutliches Bild der folgenden Unsicherheit - der Kampf der Bullen gegen die Bären. Erst der abschließende Tower zeigt die Wucht des endgültigen Wechsels des Sentiments. Die erste Kerze des Tower Top spiegelt die Euphorie im Markt wider. Nach einer Phase der Unsicherheit leitet der schwarze Turm die Trendwende ein.

Worauf Sie in der Praxis achten sollten

Wichtig ist das abschließende Signal der letzten langen Kerze. Es sollte ein deutliches Signal in die neue Trendrichtung geben. Sonst besteht die Gefahr, dass es sich nur um einen Kurskonsolidierung, aber keine Umkehr handelt. Warten Sie auch hier die Bildung des zweiten Turms ab, bevor Sie handeln.

Rising Three Methods / Falling Three Methods – so erkennen Sie die Korrektur im Trend

Die Rising Three Methods bestätigen den Aufwärtstrend, die Falling Three Methods den Abwärtstrend. Diese Formationen bestehen aus mindestens fünf Kerzen und kommen häufiger vor.

Kriterien

- Rising Three Methods: Nach einer langen weißen Kerze in einem Aufwärtstrend folgen drei kleine schwarze Kerzen. Es können auch mehr als drei sein. Diese unterschreiten jedoch niemals den Eröffnungskurs der langen weißen Kerze
- Falling Three Methods: Nach einer langen schwarzen Kerze folgen drei kleine weiße. Es können auch mehr als drei sein. Diese bewegen sich aber immer innerhalb der Kursspanne der ersten langen Kerze.
- Die letzte lange Kerze schließt unter dem Schlusskurs der ersten Kerze (Falling Three Methods) beziehungsweise über dem Schlusskurs der ersten Kerze (Rising Three Methods)

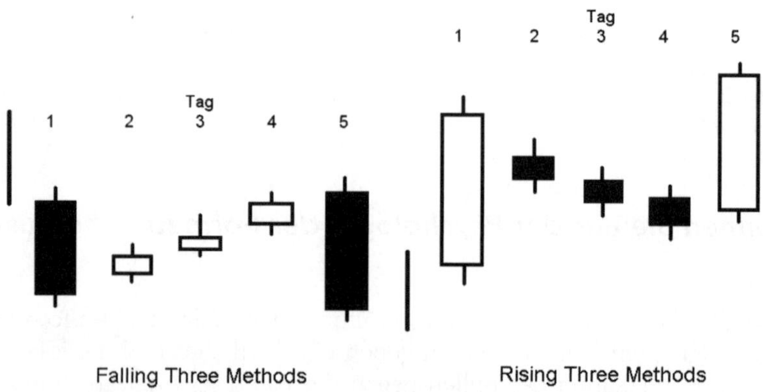

***Abb. 493** – Die Rising Three Methods beschreiben eine Verschnaufpause in einem Aufwärtstrends, die Falling Three Methods eine Unterbrechung des Abwärtstrends. Die abschließende lange Kerze (Tag 5) gibt aber das Signal, den ursprünglichen Trend fortzusetzen.*

Das können Sie aus der Psychologie der Formationen herauslesen.

Die drei kleinen Kerzen in der Mitte der Formation sind ein Hinweis dafür, dass die Stimmung zwar von Unsicherheit geprägt ist, aber der vorherrschende Trend noch gehalten wird. Nach drei erfolgreichen Versuchen der jeweiligen Bullen beziehungsweise Bären, den Trend zu kippen, gewinnen die jeweiligen „Gegner" wieder die Oberhand.

Worauf Sie in der Praxis achten sollten

Diese Formation stellt eine Konsolidierung in einem existierenden Trend dar. Wichtig ist dabei: Abgeschlossen ist sie erst, wenn die fünfte Kerze über den Schluss der ersten Kerze steigt (Rising Three Methods) beziehungsweise unter den Schluss der ersten fällt (Falling Three Methods).

Vergleichen Sie die Candlestickformationen mit den Dow-Formationen

Ist Ihnen aufgefallen, dass die Rising / Falling Three Methods viel später durch Dow als Fahne beschrieben wurden? Auch das Tower Top beziehungsweise das Tower Bottom sind gut mit der V-Formation zu vergleichen. Dies ist nicht die einzige Gemeinsamkeit. Einige der Kerzenformationen wurden auch von Dow und Schabacker definiert. So etwa die SKS-Formation, die durch eine entsprechend aussehende Ansammlung von Kerzen definiert wird und „Three Buddas" heißt. Die in der Kerzentechnik beschriebenen „Three Mountains" beziehungsweise „Three Rivers" entsprechen in der westlichen Charttechnik dem „Dreifach-Hoch" beziehungsweise „Dreifach-Tief". Ähnliche Beschreibungen finden sich auch für die Untertasse oder das Rounding Top.

Praxisbeispiele

Wie schon bei der klassischen Formationsanalyse erläutert, treten Formationen selten in Idealform auf. Die nachfolgenden Abbildungen sollen Ihnen ein Gefühl für die Ausbildung dieser Formationen in der Realität geben. Hier einige häufig vorkommende Formationen:

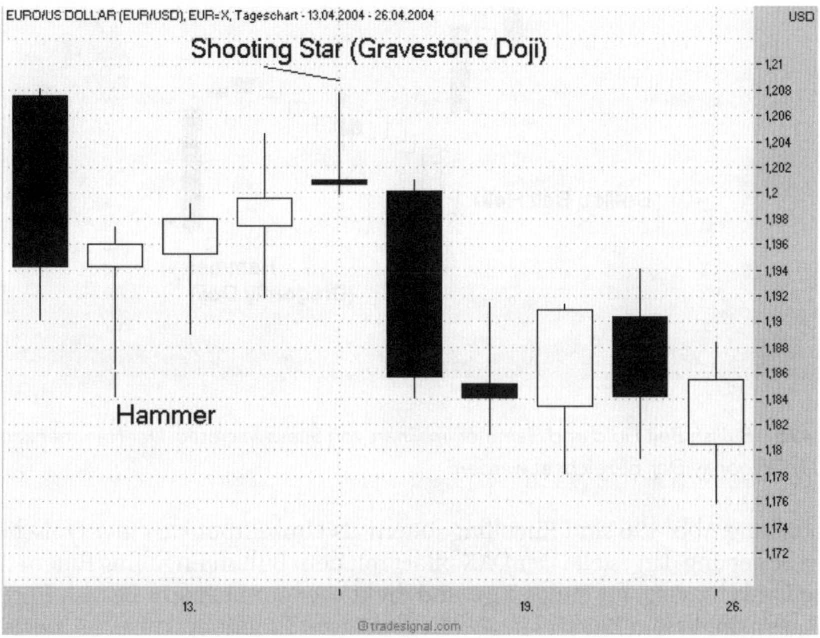

Abb. 494. *Hammer und Shooting Star im Chart des Euro / USD. Der Körper des Shooting Star ist dabei so klein, dass er auch als Gravestone Doji bezeichnet werden kann.*

Der Hammer in Abb. 494 tritt am Ende einer kurzen Abwärtsbewegung auf und leitet einen Aufwärtsimpuls ein. Die Form des Hammers ist dabei idealtypisch ausgeprägt. Beachten Sie, dass die auf den Hammer folgende Kerze nicht als Hammer bezeichnet wird. Zwar ist die Form korrekt ausgeprägt, aber diese Kerze kommt nicht am Ende eines Abwärtstrends vor, sondern ist bereits die Bestätigung des Hammers. Der Aufwärtsimpuls wird dann von einem Shooting Star beendet. Der Körper dieses Stars ist aber so klein, dass er auch als Gravestone Doji bezeichnet werden kann.

In Abbildung Abb. 495 ist ein Bullish Belt Hold mit einem Gap dargestellt, dass von der Belt-Hold-Kerze nicht wieder geschlossen wird. Diese Formation ist diesbezüglich ebenfalls idealtypisch ausgeprägt. Der Hammer, der die Abwärtsbewegung stoppt und den Aufwärtsimpuls einleitet, könnte wegen seines sehr kleinen Körpers und des extrem langen Schattens auch als Dragonfly Doji bezeichnet werden. Dann wäre dieser Doji nicht ganz dem Lehrbuch entsprechend gebildet, da streng genommen Eröffnungs- in Schlusskurs auf einer Höhe liegen sollten.

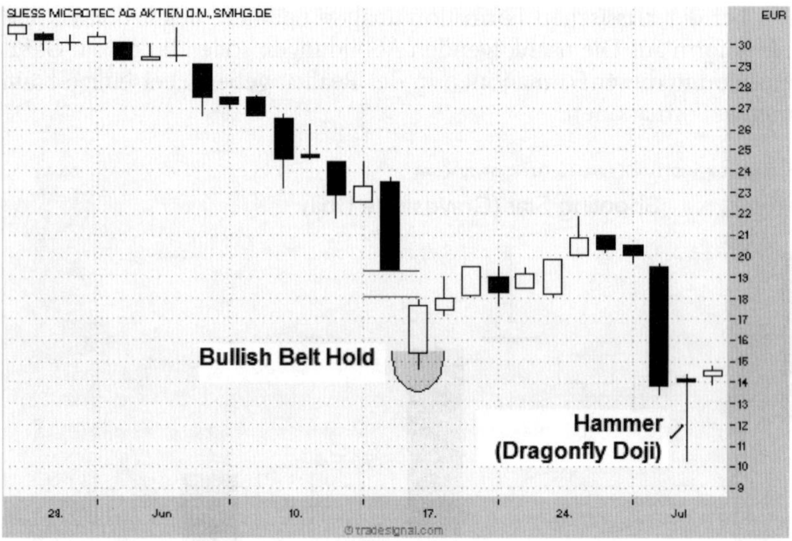

***Abb. 495** – Bullish Belt Hold und Hammer im Chart von Suess Microtec. Der Hammer kann auch als Dragonfly Doji bezeichnet werden.*

In Abbildung Abb. 496 sind Engulfing Pattern als Umkehrpunkte einer typischen Swing-Bewegung dargestellt. Der DAX bildet mit dem Bullish Engulfing Pattern die untere Umkehr, steigt für einige Tage und dreht wieder mit einem Bearish Engulfing Pattern. In diesem Beispiel liegen die jeweiligen Eröffnungskurse der zweiten Kerze - der Engulfing-Kerze - auf Höhe der jeweiligen Schlusskurse der ersten Kerzen. Dies gilt ebenfalls als Engulfing, da die Schatten nicht mit umschlossen werden müssen und der Körper trotzdem vollständig umfasst wird.

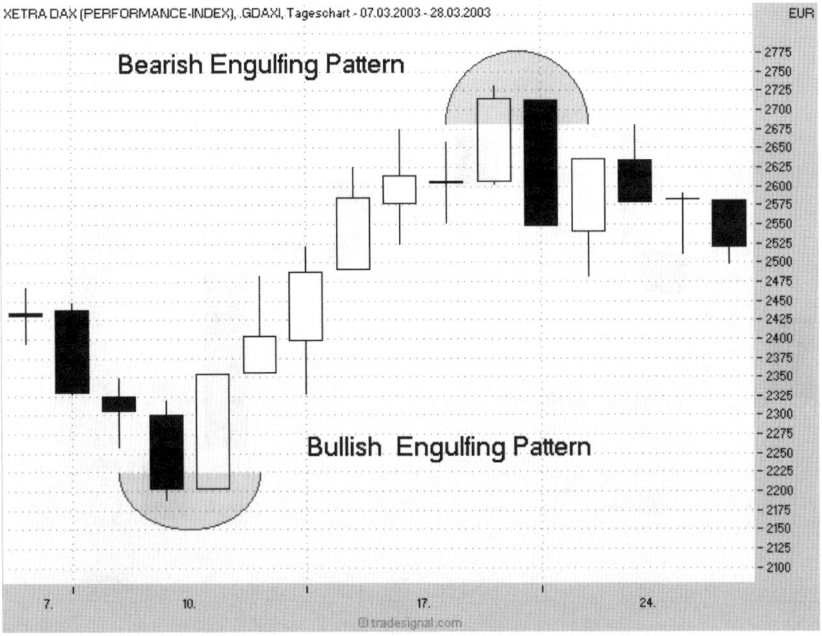

Abb. 496 *– Das Bullish Engulfing Pattern leitet die untere Umkehr ein, das Bearish Engulfing Pattern kehrt die Aufwärtsdynamik wieder um.*

Der Evening Star in Abbildung Abb. 497 leitet die Umkehr des Aufwärtstrends ein. Die erste, lange weiße Kerze beschreibt noch die Kraft der Bullen, die zweite Kerze – der Star – verdeutlicht die Unsicherheit des Marktes. Diese Kerze könnte fast als Doji bezeichnet werden. Hier gilt, was ich schon in den vorherigen Analysen angesprochen habe: Es gibt Grenzfälle der Bezeichnung. So kann man sicher darüber diskutieren, ob es sich in der Abbildung um einen Evening Star oder einen Evening Doji Star handelt. Im Grunde genommen spielt das aber keine Rolle, denn die Aussage der Formation ist auch so eindeutig.

Die zweite Kerze eröffnet zudem mit einem Gap zur ersten Kerze und die dritte Kerze eröffnet mit einem Gap zur zweiten Kerze. Es handelt sich hier trotzdem nicht um ein Abandoned Baby, da der Schatten der zweiten Kerze mit den Körper der anderen Kerzen überlappt. Es sind also keine definierten Kurslücken entstanden.

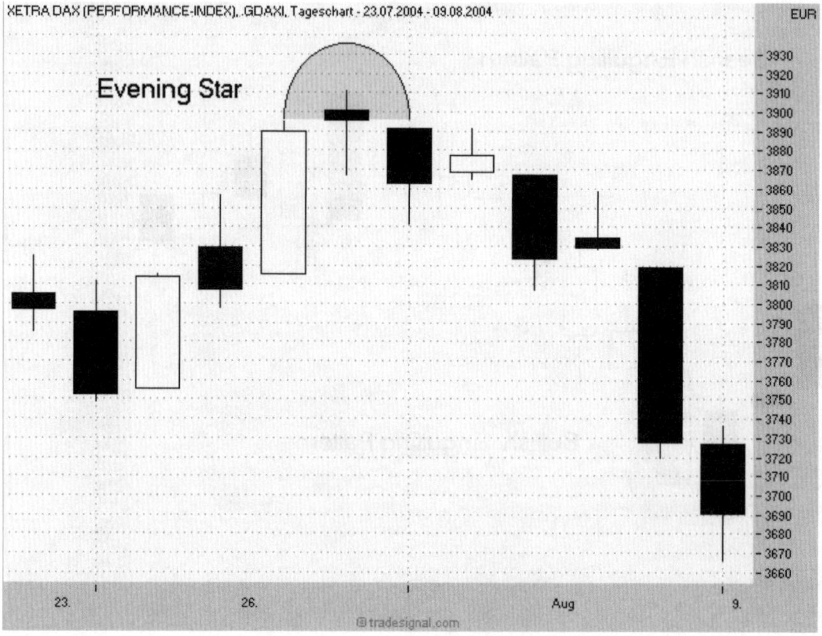

***Abb. 497** – Der Evening Star im DAX. Die zweite Kerze – der Star – zeigt die Unsicherheit nach der vorangegangenen Rallye und die dritte Kerze leitet die Trendwende ein.*

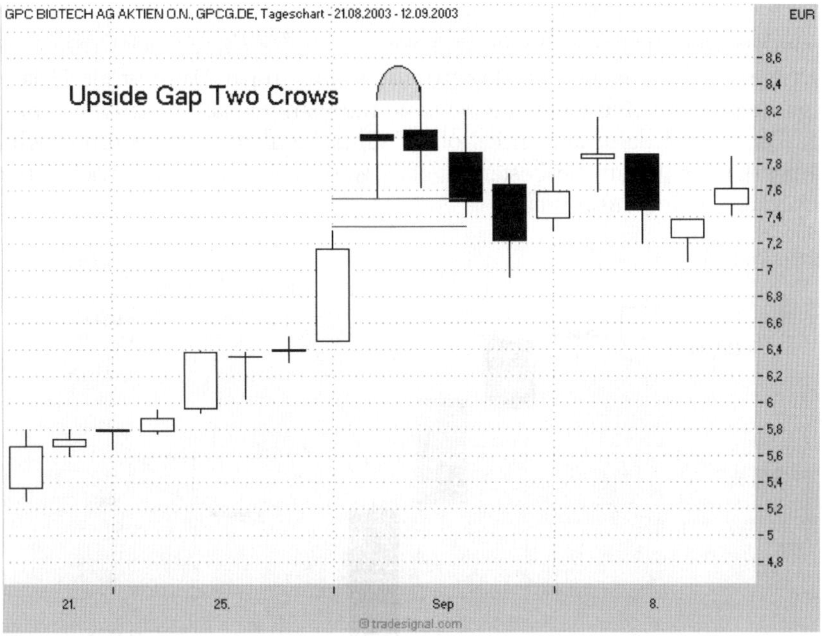

***Abb. 498** – Die Upside Gap Two Crows beenden den Aufwärtstrend und leiten eine seitwärts-abwärts-Bewegung ein.*

Die Upside Gap Two Crows in Abb. 498 beenden den Aufwärtstrend bei GPC Biotech und leiten eine Seitwärts-Abwärts-Bewegung ein. Die schwarze Kerze, die sich nach den beiden „Crows“ bildet, bestätigt die Trendumkehr. Die darauf folgende schwarze Kerze schließt die Kurslücke vollständig.

In Abbildung Abb. 499 machen die Three Black Crows die Aufwärtsbewegung zunichte. Der Markt fällt sehr schnell und bildet drei schwarze Kerzen, die jede innerhalb des Körpers der vorherigen Kerze eröffnet, und dann weiter fällt.

Bei der Interpretation der Three Black Crows müssen Sie aber folgendes beachten: Die Formation ist erst abgeschlossen, wenn sich die dritte schwarze Kerze gebildet hat. Zu diesem Zeitpunkt ist der Markt aber schon tief gefallen, wie in dem hier angegebenen Beispiel. Dadurch steigt auch die Gefahr einer Konsolidierung. Dies zeigt der Hammer, der wiederum die Abwärtsdynamik umkehrt, die durch die Three Black Crows hervorgerufen wurde.

Wenn Sie also auf Grund einer solchen Formation Short gehen wollen, so sollten Sie unbedingt die nächste Unterstützungslinie kennen – diese wird, wenn Sie short sind, für Sie zum Widerstand. Laufen die Black Crows auf eine solche Marke zu, sollten Sie den Markt nicht mehr von der Short-Seite angehen. Wichtig ist auch, dass Sie eine strikte Stop-Technik befolgen. Dreht der Markt und konsolidiert, so sollten Sie alle Short-Positionen sofort glattstellen. Im Beispiel aus

Abbildung Abb. 499 ist das der Punkt, an dem der Hammer bestätigt wird, und zwar durch den Doji, der sich mit einer Kurslücke bildet.

Besonders vorsichtig müssen Sie sein, wenn sich die Three Black Crows beispielsweise erst bilden, wenn der Abwärtstrend schon anhält. Dann ist die Gefahr um so größer, dass es sich um ein „Overshooting" handelt, also eher eine Panikreaktion. Diese wird dann aber mit hoher Wahrscheinlichkeit bald umgekehrt. Three Black Crows geben die besten Signale, wenn Sie unmittelbar nach einer langen Aufwärtsbewegung auftreten.

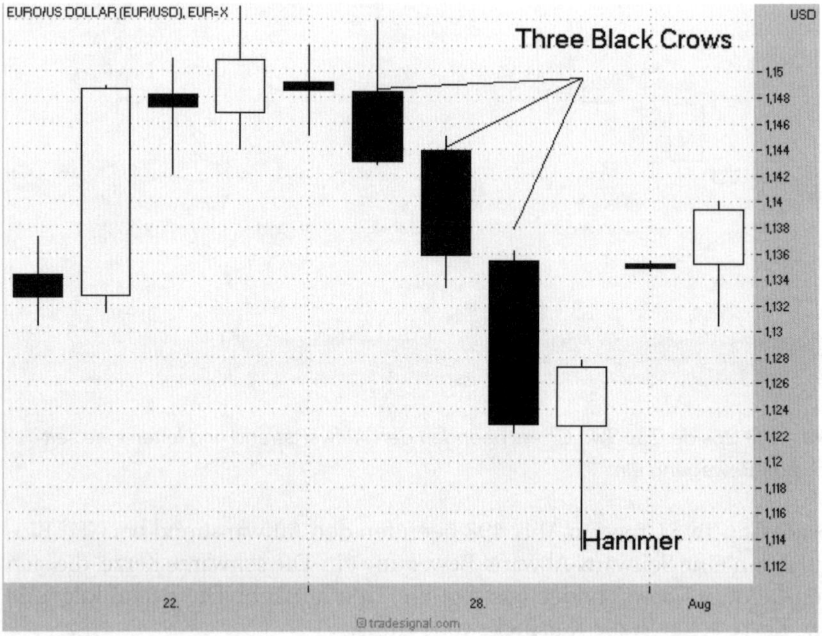

Abb. 499 *– Die Three Black Crows beenden den Aufwärtstrend. Durch den steilen Kurssturz steigt aber auch die Gefahr einer Konsolidierung. Im Chart markiert der Hammer die untere Umkehr des Abwärtsimpulses.*

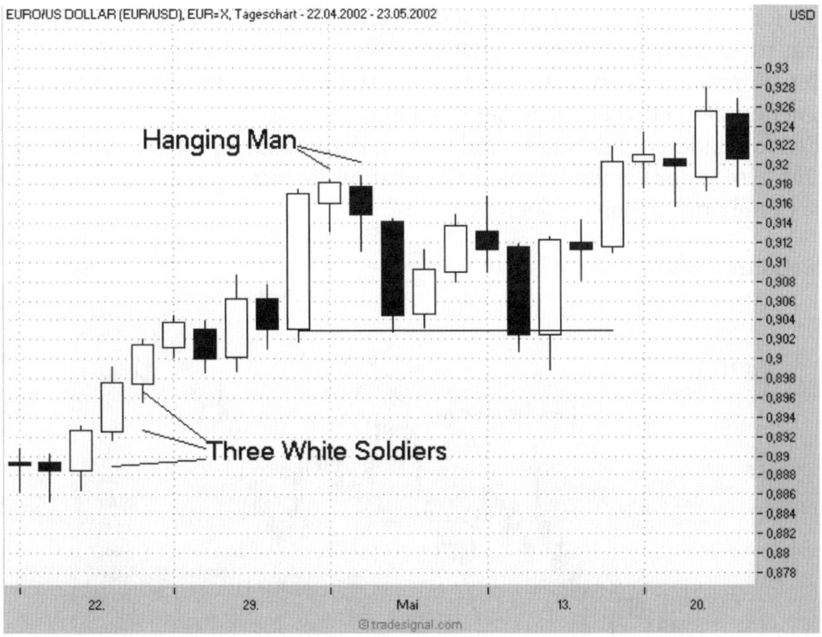

***Abb. 500** – Die Three White Soldiers marschieren in einen Aufwärtstrend. Die Hanging Man stoppen diesen zunächst wieder. Das Tower Top wird nicht bestätigt.*

Die Three White Soldiers bilden sich hier aus drei mittellangen Kerzen, können aber noch als solche bezeichnet werden. Sie treten unmittelbar nach einer Bodenbildung auf. Dies erhöht ihre Signalwirkung. Bei der Interpretation der Three White Soldiers ergeben sich die gleichen Probleme, wie bei der Interpretation der Three Black Crows.

Die Formation ist erst vollständig gebildet, wenn sich die dritte weiße Kerze vollständig geformt hat. Dann kann der Kurs aber schon weit gestiegen sein und die Gefahr einer Korrektur wächst. Sie sollten hier - bevor Sie long gehen - die nächsten Widerstände kennen. Seien Sie wieder besonders vorsichtig, wenn sich die Three White Soldiers am Ende in einem bestehenden Aufwärtstrend bilden. Dann ist die Gefahr einer Euphoriereaktion - also eines Overshootings - besonders groß.

Die Hanging Man signalisieren dann zunächst das Ende der Aufwärtsdynamik. Beachten Sie, dass die beiden Hanging Man in Zusammenhang mit den beiden langen Kerzen links und rechts, durchaus als Tower Top interpretiert werden können.

Die vierte schwarze Kerze könnte die endgültige Trendumkehr anzeigen. Dieses Tower-Top wird aber nicht bestätigt. Die der Tower-Top-Formation folgenden drei Kerzen unterschreiten nicht den Schlusskurs der die Formation abschließenden schwarzen Kerze. Erst am vierten Tag bildet sich eine lange schwarze Kerze, die unter den Schlusskurs der letzten schwarzen Tower-Top-Kerze fällt - im Chart durch eine Linie entsprechend markiert. Beachten Sie dabei aber, dass die Signalwirkung vier Tage nach der Ausbildung der Formation stark nachlässt. Sie sollten sich dann nicht mehr auf dieses Signal verlassen, sondern nach anderen signalgebenden Formationen suchen. Wenn eben keine vorhanden sind, sollten Sie einen solchen zweifelhaften Trade lieber nicht eingehen.

In den folgenden Abbildungen sind weitere Formationen markiert. Dabei sind jeweils nur einige der Kerzen beispielhaft benannt. Sie werden mit einiger Übung selbst weitere Formationen entdecken.

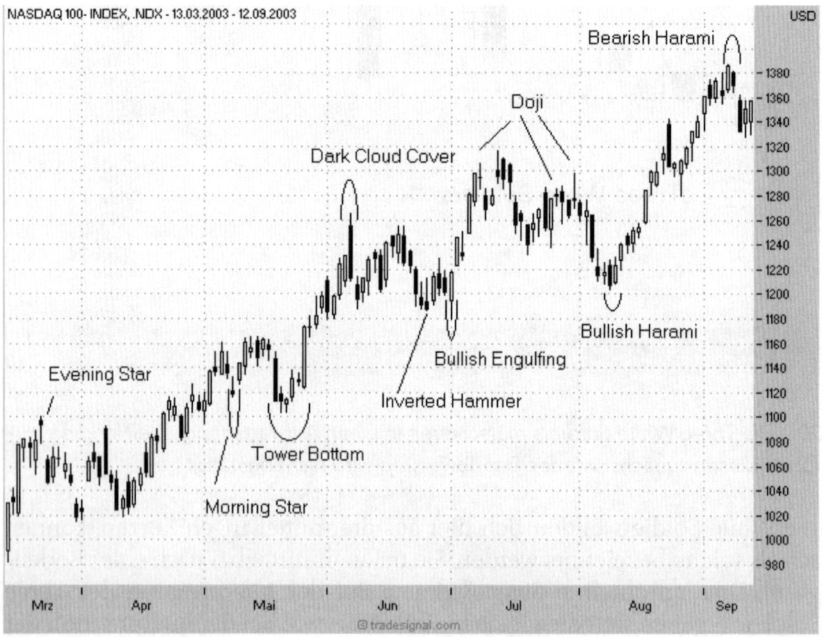

Abb. 501 – *Im Kursverlauf des Nasdaq wird deutlich. Im übergeordneten Aufwärtstrend gibt es Wellenbewegungen. Umkehrpunkte werden durch Trendwendeformationen markiert.*

Diese Abbildung zeigt den Kerzenchart des Nasdaq100 Index mit Tageskerzen (Abb. 501). Der übergeordnete Trend ist in diesem Beispiel ein Aufwärtstrend. Trends verlaufen aber nie linear, sondern immer in Wellenbewegungen. Die Wendepunkte dieser „Swings" werden jeweils durch Trendwendeformationen angezeigt.

Sie können diese Wellenbewegungen für eher kurzfristige Trades nutzen, also für die Dauer von einigen Tagen bis zu wenigen Wochen. Dabei sollten Sie Positionen in Richtung des übergeordneten Trends zu halten, also beispielsweise Aktien oder Indexzertifikate. Die kleineren Korrekturbewegungen können Sie dann mit derivativen Instrumenten ausnutzen. Also einen Put-Optionsschein oder einem Short-Zertifikat. Die Candlesticks geben Ihnen die richtigen Signale – wann

Sie in die Korrekturbewegung einsteigen sollen und, noch wichtiger, wieder aussteigen sollen. Diese Art des Tradens ist aber nicht für jedermann geeignet. Es setzt einige Erfahrung und vor allem Disziplin im Handeln voraus. Denn hier können Sie Verluste nicht aussitzen – dies würde mit Optionsscheinen unweigerlich zum Totalverlust führen. Solche Positionen sollten Sie zudem nur mit kleinen Beträgen eingehen.

Sie erkennen im Chart verschiedene Kerzensignale. Daher noch mal der Hinweis: Bitte handeln Sie erst, wenn die Formation wirklich abgeschlossen ist. Das heißt: Die nachfolgende Kerze muss sich in Richtung des neuen Trends ausbilden. So sehen Sie einen abgeschlossenen Evening Star, Morning Star, Bullish und Bearish Engulfing Pattern, Dark Cloud Cover und einen Harami in der Grafik markiert.

Der Doji kommt in einem Chart sehr häufig vor. Auch hier gilt wieder: Ein Doji ist zuerst einmal ein Signal: „Achtung, hier ist die Stimmung unsicher". Es ist aber noch kein konkreter Handlungsbedarf gegeben. Der Tower Bottom, eigentlich eine Umkehrformation eines Trends, wirkt hier als Umkehr einer kleineren Korrektur und ist in seiner Ausbildung idealtypisch. Die anderen Formationen treten ebenfalls in ihrer Idealform auf.

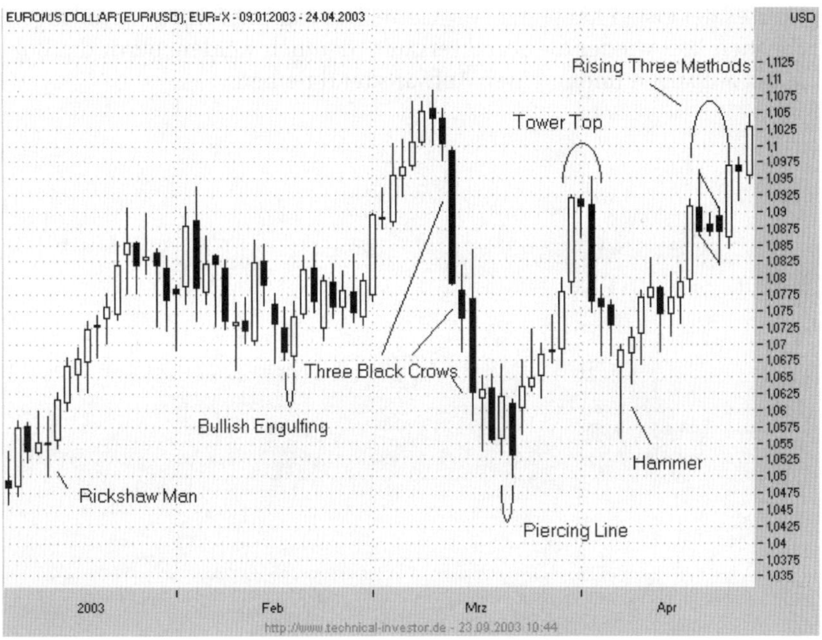

***Abb. 502** – Der Euro verläuft in einer sehr volatilen Phase zum Dollar. Kurze, aber steile Trendphasen lassen sich ebenso bestimmen, wie ausgeprägte Umkehrformationen.*

Im Chart des Euro / US-Dollar (Abb. 502) sind einige weitere Formationen markiert. Links der Rickshaw Man, eine besondere Ausprägung des Doji. Dieser umschließt eine größere Handelsspanne, ohne dass jedoch am Ende des Tages eine Kursveränderung gegenüber dem Eröffnungskurs erfolgte. Ein deutliches Zeichen für hohe Volatilität und große Unsicherheit. Häufig entscheidet sich der Markt danach für eine Richtung.

Die Ausbildung der Three Black Crows entspricht nicht ganz den entsprechenden Erläuterungen in diesem Beitrag. Die zweite Kerze sollte eigentlich innerhalb des Körpers der ersten anfangen. Im Beispiel eröffnet die Kerze jedoch knapp unterhalb des Körpers. Beachten Sie, dass auch hier der Kurs sehr schnell sehr stark fällt. Auch in diesem Fall wird diese Abwärtsdynamik schnell korrigiert.

Das Tower Top verdeutlicht sehr anschaulich die obere Trendumkehr. Die zweite Kerze, ein Hanging Man, beschreibt die Phase der Unsicherheit und leitet gleichzeitig die Trendumkehr ein. Die Formation wird in diesem Fall nur aus drei Kerzen gebildet.

Die Rising Three Methods sind wiederum ideal ausgeprägt und bestätigen den Aufwärtstrend. Sie erkennen auch deutlich die Analogie zur „Fahne", der Definition von Dow und Schabacker. In der Abbildung ist dies markiert. Die eingezeichneten, unteren Trendumkehrformationen Bullish Engulfing Pattern, Piercing Linie sowie der Hammer treten in ihrer idealen Ausbildung auf.

Der Körper der zweiten Kerze des Engulfing Pattern umschließt den Körper der ersten vollständig. Die zweite Kerze der Piercing Line schließt dicht unterhalb des Hochkurses der ersten Kerze der Formation. Der Hammer mit seinem langen unteren Schatten lässt wieder die „Panikverkäufe" deutlich werden, bevor die Bullen den Markt auffangen und in einen Aufwärtstrend treiben.

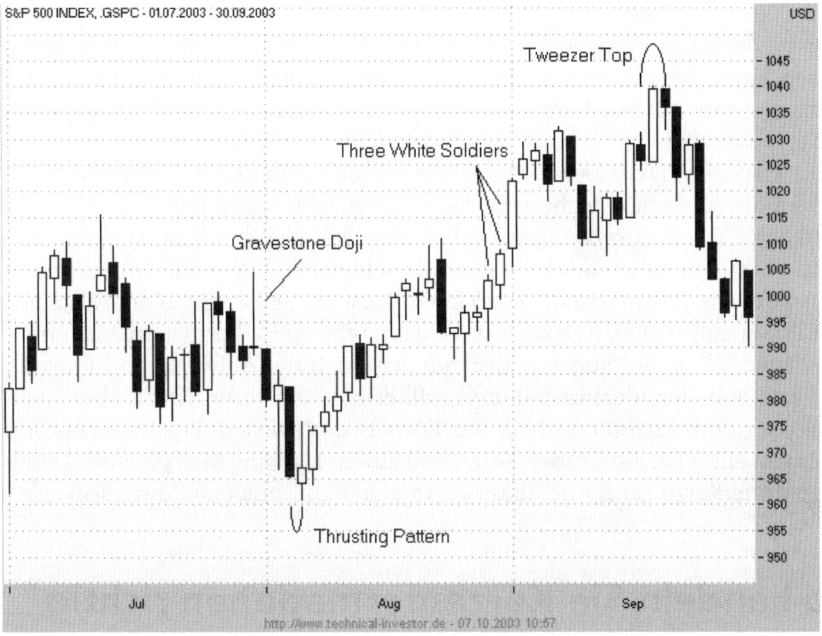

***Abb. 503** – Der S&P ging ab August 2003 in einen Aufwärtstrend über. Im Chart ausgebildet sind eine Fortsetzungsformation und schließlich die Trendumkehr. Der Gravestone Doji zeigt eine Periode besonders hoher Volatilität und Unsicherheit.*

Im Chart des S&P 500 (Abb. 503) ist ein mustergültiger Gravestone Doji gut zu erkennen. Beachten Sie den langen oberen Schatten, der die hohe Volatilität an diesem Tag wiedergibt. Obwohl es offensichtlich Käufer gibt, die den Kurs nach oben treiben, ist doch der Abgabedruck so hoch, dass die Kurse genauso schnell wieder in den Keller gehen. Am Ende des Tages bleibt alles beim alten - der Schlusskurs entspricht wieder dem Eröffnungskurs. Die schwarze Kerze am nächsten Tag zeigt Ihnen, dass der ursprüngliche Trend doch fortgesetzt wird. Das Gravestone Doji ist zum echten „Grabstein" der Optimisten geworden. An solchen Tagen werden viele Anleger auf dem falschen Fuß erwischt.

Daher an diesem Beispiel auch hier noch mal mein Hinweis: In einem solchen Fall müssen Sie auch schnell wieder aus einer Position aussteigen. Wenn Sie im Verlauf dieses Doji-Tages in den Markt eingestiegen sind, hätte die Analyse der Tageskerze sofort gesagt, dass die Stimmung offenbar zu kippen droht. Das sollte Sie dann schon alarmiert haben. Der nächste Tag zeigt Ihnen dann durch die lange schwarze Kerze deutlich, dass Sie falsch liegen.

Jetzt werden Sie sagen: Aber drei Wochen später wäre ich doch schon wieder Break-Even gewesen. Richtig. In diesem Fall, aber können Sie das vorher wissen? Leider nein, und die Anleger, die so dachten, sitzen heute noch auf den Aktien, die sie irgendwann zur Hochzeit gekauft haben.

Analysieren Sie den Chart weiter. Der Umkehrpunkt im August 2003 wird durch ein Thrusting Pattern eingeleitet. Beachten Sie bitte: Dies ist eben kein Piercing Pattern, denn dazu müsste der Kerzenkörper über den Mittelpunkt der langen schwarzen Kerze herausragen, nicht nur der obere Schatten. Dementsprechend weniger signifikant ist diese Formation. Sie wird hier dann aber durch die folgende weiße Kerze bestätigt.

Mein Tipp zur Praxis: Der starke Kursverfall durch die lange schwarze Kerze wird oft schon durch eine technische Reaktion teilweise kompensiert, ohne dass eine wirkliche Trendumkehr stattgefunden hätte. Ich rate Ihnen in so einem Fall erst dann zu kaufen, wenn der Hochkurs der schwarzen Kerze nach oben durchbrochen wird – im Beispiel ist das erst Mitte August bei 983 Punkten der Fall. Übrigens: Ist Ihnen aufgefallen, dass das Ganze dann wie eine V-Formation aussieht?

Die Three White Soldiers signalisieren, dass sich ein Aufwärtstrend fortsetzt. Abweichend von der Idealdarstellung eröffnet hier die dritte Kerze aber nicht innerhalb, sondern knapp oberhalb des Körpers der zweiten. Das Tweezers Top wird hier von einer langen weißen Kerze und einem Hanging Man gebildet. Durch die lange dritte Kerze kann man diese Formation dann noch als Tower Top ansehen.

So handeln Sie Kerzenformationen richtig

In der Abb. 504 ist verdeutlicht, wie Sie nur durch die Analyse der Kerzen die richtigen Ein- und Ausstiegspunkte finden. Die Kerzencharts geben Ihnen genaue Anweisungen, wann Sie in den Markt einsteigen, wann Sie wieder verkaufen, und besonders wichtig, wo Sie ihre Stops setzen sollten.

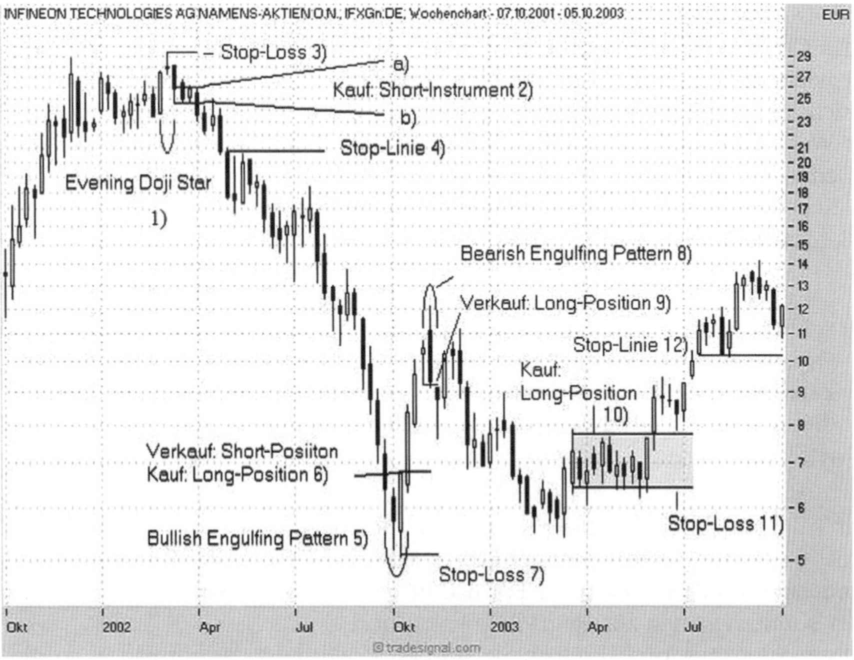

Abb. 504 *– Am Beispiel des Kursverlaufs von Infineon können Sie eine komplette Handelstrategie nachvollziehen. Der fallende Markt wird beispielsweise durch den Kauf von Short-Zertifikaten gehandelt, der folgende Kursanstieg etwa mit Aktien oder Long-Zertifikaten. Die Kerzen geben dabei jeweils Kauf-, Verkaufs- und Stop-Loss-Marken vor.*

In den Markt einsteigen können Sie in zwei Richtungen: Sie kaufen beispielsweise Aktien, setzen also darauf, dass die Kurse steigen. In der Fachterminologie heißt das: „long gehen". Sie kaufen etwa Put-Optionsscheine oder Short- beziehungsweise Bear-Zertifikate. Hier gewinnen Sie, wenn die Kurse fallen. In der Fachsprache „short gehen" genannt.

Das sollten Sie in der Praxis beachten

Im eigentlichen Sinne heißt „shorten" eine Aktie leer verkaufen. Dies bedeutet, dass Sie sich die Aktie von einem Broker leihen, im Markt verkaufen und wenn die Kurse dann gefallen sind, diese Aktie billiger wieder zurück kaufen. Das ist in den USA eine sehr geläufige Strategie, Sie hören dann in den Medien von den so genannten „Short-Sellern" oder „Shorties", die für die Kursverluste verantwortlich sein sollen.

In Deutschland stößt die Ausführung dieser Strategie noch immer auf gewisse Schwierigkeiten. Weder Banken noch die meisten Broker bieten das Shorten von Aktien in großen Stil an. Was Sie kaufen können sind die so genannten CFD's (Contract For Difference – ein Instrument, dass eine Aktie oder einen Index „abbildet"). Als Shortinstrumente kommen für die meisten Anleger eher Derivate in Frage, also Optionen, Optionsscheine oder Hebelzertifikate.

Im Chart von Infineon (Abb. 504) habe ich Ihnen zwei vollständige Handelsstrategien markiert. Eine Short- und eine Long-Strategie. Der Evening Doji Star (1), der sich im März 2002 ausbildete, markiert, wie Sie wissen, eine obere Trendumkehr. Wenn eine solche Formation auftritt, handeln Sie bitte wie folgt: Sobald der Kurs einer der nachfolgenden Kerzen die Kauflinie (2) unterschreitet, kaufen Sie ein Short-Instrument. Für die Kauflinie des Short-Instruments haben Sie grundsätzlich zwei Möglichkeiten:

- Sie kaufen, wenn der Kurs die obere Kauflinie unterschreitet, also den Schlusskurs der dritten Kerze des Evening Doji Star.
- Sie kaufen, wenn der Kurs die untere Kauflinie unterschreitet, also den Tiefkurs der dritten Kerze. Sie erkennen aus dem Chart, dass das Kaufniveau in diesem Fall erst am dritten Tag nach Vollendung der Formation unterschritten wird.

Mein Tipp: Länger sollten Sie aber nicht warten. Denn die Signalwirkung einer Formation lässt mit zunehmender Dauer stark nach: Wenn das Signal nicht am dritten Tag nach Ausbildung der Formation bestätigt wird, beachten Sie es nicht weiter, sondern warten auf die nächste Formation.

Ihren Eingangsstop (3) setzen Sie auf den Höchstkurs der Formation, in diesem Fall also auf den Hochkurs des Doji; der zweiten Kerze der Formation. In der Grafik habe ich dies durch Kauf- (2) und Stop-Loss-Linien (3) markiert. Das heißt. Sie hätten bei 26,00 Euro (a) beziehungsweise 24,60 Euro Ihr Short-Instrument gekauft. Den Stop-Loss haben Sie bei 29,30 Euro platziert.

Was ist nun die bessere Kauflinie? Darauf gibt es keine eindeutige Antwort. Wenn Sie am Tiefkurs der Formation kaufen, steigen Sie später in die Short-Position ein, haben dafür aber im Allgemeinen eine bessere Trefferchance – der Kurs hat bereits eine höhere Abwärtsdynamik entwickelt. Dadurch wird aber Ihr Abstand zum Eingangsstop – am Hochpunkt der Formation – größer. Wenn sich dann der Kurs in Ihre Richtung bewegt, so müssen Sie als bereits eine effiziente Exit-Strategie zur Verfügung haben.

Setzen Sie sofort einen Eingangsstop: Ich empfehle Ihnen, den Eingangsstop, schrittweise nachzuziehen, aber nur auf charttechnisch sinnvolle Marken. Eine solche habe ich ihnen in der Grafik markiert. Als die Kurse schon stark gefallen waren, bildete sich Ende April bis Anfang Mai 2002 eine Konsolidierungsphase über vier Kerzen aus. In unserem Beispiel also über vier Wochen (eine Kerze stellt hier den Verlauf einer Woche dar). Die sich aus den Höchstkursen der Kerzen bildende Linie wird damit zur Stop-Linie (4). Diese verlief bei 21 Euro. Wären die Kurse also wieder angestiegen, so hätten Sie spätestens dann ihre Positionen verkaufen müssen, wenn der Chart die Stop-Marke nach oben durchbrochen hätte.

Im weiteren Verlauf des Kursverfalls, wenn keine markanten charttechnischen Marken auszumachen sind, empfehle ich Ihnen, einen Trailingstop nachzuziehen. Dies bedeutet, dass Sie etwa im Abstand von fünf Prozent bis maximal zehn Prozent oberhalb des Kurses Ihre Stop-Marken setzen. Diese sollten Sie mindestens einmal pro Woche aktualisieren. Die Höhe des Trailing Stop hängt im Wesentlichen von Ihrer Risikobereitschaft ab. Bedenken Sie aber bitte den Stop nicht zu eng setzen, da Sie dem Markt auch Luft zum Atmen geben müssen. Generell gilt: Je volatiler der Wert, desto weiter muss der Stop sein, um nicht vorzeitig ausgestoppt zu werden. Das können, wie im Fall von Infineon, dann auch acht bis zehn Prozent sein.

Nehmen Sie Gewinne mit, wenn der Trend sich umkehrt. Die Gewinnmitnahme muss spätestens dann erfolgen, wenn der vorherrschende Trend sich umkehrt. Dies ist dann der Fall, wenn eine Umkehrformation dies eindeutig signalisiert. Im Chart ist das Ausstiegssignal durch die Ausbildung des Bullish Engulfing Pattern (5) gegeben. Die Short-Positionen sollten also spätestens dann verkauft werden, wenn diese Formation durch die vierte aussteigende Kerze bestätigt wird. Dies geschah Anfang Oktober mit der langen weißen Kerze. In der Grafik ist dieser Punkt mit Kauf markiert (6) – bei 6,80 Euro.

Was bedeutet die Markierung „Kauf": Dies ist jetzt auch der Punkt, an dem Sie nicht nur aus Ihren Short-Positionen aussteigen müssen, sondern jetzt den Markt auch der Long-Seite angehen können. Die Bestätigung einer unteren Trendumkehrformation ist immer eine Kaufgelegenheit. Beachten Sie bitte auch: Der Eingangsstop (7) sollte wieder an das untere Ende der Formation, also den Tiefkurs der zweiten Kerze des Bullish Engulfing Pattern gelegt werden, im Beispiel Infineon bei 5,10 Euro.

Der Zeitpunkt der Gewinnmitnahme wird dann im weiteren Verlauf des Charts bestimmt, nämlich durch die Ausbildung der oberen Umkehrformation im Oktober 2002, eines Bearish Engulfing Pattern (8). Der Punkt, an dem die Formation durch eine schwarze Kerze bestätigt wurde, ist im Chart mit „Verkauf-Long-Position" (9) markiert und liegt bei 9,20 Euro. An diesem Punkt kann jetzt natürlich auch wieder eine Short-Position eingegangen werden. Dies ist in der Grafik nicht noch einmal extra markiert. Die Strategie, immer im Markt zu sein, also die Short-Position zu verkaufen und gleichzeitig eine Long-Position zu eröffnen nennt man die „Position drehen".

Eine weitere Gelegenheit auf steigende Kurse zu setzen, ergab sich dann Ende Juni 2003. Dann erfolgte der Ausbruch aus einer Seitwärtsphase bei 7,75 Euro, die sich bereits über zehn Wochen erstreckte (10). An dieser Stelle wäre auch die Short-Position glattzustellen, bei Punkt (9), die hätte eingegangen werden können. Der Stop-Loss der Long-Position wird hier an die untere Begrenzung des Seitwärtstrendkanals bei 6,40 Euro gesetzt (11). Auch in dieser Strategie wird der Ausstieg durch einen nachgezogenen Stop definiert, im Chart durch die Stop-Linie im Bereich um zehn Euro markiert (12).

Beachten Sie bitte generell bei allen Formationen: Kaufen Sie erst, wenn die Formation durch einen weitere Kerze bestätigt wurde, diese also unter dem Tiefpunkt beziehungsweise über den Hochpunkt der Formation schließt. Alternativ können Sie auch die Schlusskurse der letzten Kerze der Formation als Signal nehmen, wie oben dargelegt.

Das Wichtigste in Kürze

Kerzenformationen, auch Candlestickformationen genannt, geben in besonders ausdrucksstarker Weise die Emotionen der Marktteilnehmer wider. Kerzencharts werden konstruiert, in dem zwei verschiedene Kerzentypen definiert werden: Einmal die bullishe Kerze. Diese steht für einen Tag mit steigenden Kursen. Zum anderen die bearishe Kerze. Diese bildet sich bei fallenden Kursen.

Candlestickformationen geben ein besonders anschauliches Stimmungsbild des Marktes, woraus sich sehr effektiv Kursprognosen ableiten lassen. Besonders effizient können Kerzenformationen zur Bestimmung von Stimmungswechseln, also an Trendwendepunkten eingesetzt werden. Der weitaus größte Teil aller Kerzenformationen beschreibt daher Trendumkehrsituationen. Kerzenformationen bilden sich hauptsächlich mit einer, zwei, drei oder fünf Kerzen aus.

Bei der Interpretation der Candlestickformationen müssen Sie besonders darauf achten, dass sich die Formation auch wirklich vollständig gebildet hat, das heißt, in einer Drei-Kerzen-Formation muss auch die dritte Kerze vollständig ausgebildet sein. Ferner sollten Sie immer beachten, dass eine Formation durch eine nachfolgende Kerze in die neue Trendrichtung bestätigt werden muss. Kaufen Sie also erst, wenn die Formation durch eine weitere Kerze bestätigt wurde, diese also unter den Tiefpunkt beziehungsweise über den Hochpunkt der Formation schließt. Dies hilft Ihnen, Fehlsignale zu filtern.

Ich hatte an früherer Stelle bereits darauf hingewiesen: Handeln Sie nur, wenn der neue Trend offensichtlich ist, und versuchen Sie nicht, die Kursentwicklung vorherzusehen, bevor nicht der Chart Ihnen diese zeigt. Setzen Sie auch immer einen Eingangsstop. Dieser wird über dem Hochpunkt plaziert wenn Sie auf fallende Märkte setzen, beziehungsweise unterhalb des Tiefpunktes einer Formation, wenn Sie auf steigende Märkte setzen. Weitere Stop-Marken ergeben sich durch entsprechende Widerstände beziehungsweise Unterstützungen aus dem Chartverlauf.

Eine weitere Technik der Absicherung besteht im Nachziehen von Trailingstops. Dabei wird die Stop-Marke in einem bestimmten prozentualen Abstand, etwa fünf bis zehn Prozent dem Kursverlauf hinterher gezogen. Beachten Sie bitte, dass je volatiler der Kursverlauf einer Aktie ist, desto weiter muss der Stop entfernt sein, damit Sie nicht zu früh ausgestoppt werden. Der Markt braucht Luft zum Atmen.

Ein Tipp zum Schluss: Verwenden Sie zusätzlich zu den Kerzencharts Indikatoren, um die Kerzensignale zu bestätigen. Gerade am Beispiel der Three White Soldiers und Three Black Crows wird deutlich, dass dies sehr hilfreich sein kann. Zeigen Ihnen nämlich Indikatoren schon einen überkauften Zustand, sollten Sie nicht mehr long gehen, auch wenn sich Three White Soldiers gebildet haben. Umgekehrt, nach Three Black Crows, die sich in einem überverkauften Zustand bilden, ist das Risiko für einen Short-Trade besonders hoch. Da Kerzen überwiegend Umkehrsignale liefern, geben Oszillatoren besonders nützliche, zusätzliche Informationen.

Autoren

Rene Rose

Rene Rose, Jahrgang 1971, ist Angestellter der Stadt Hannover im Bereich Freizeit, Sport und Bildung. Seit 2001 ist er an der Börse aktiv und hat sich in seitdem Zeit auf die Entwicklung von Handelssystemen und Indikatoren mit Equilla spezialisiert – der Formelsprache von TradeSignal enterprise. Er ist einer der aktivsten Autoren auf der Webseite www.tradesignalonline.com und stellt dort laufend neue Trading-Ideen zur Diskussion.

Sie erreichen Herrn Rose auch über seine Website www.renerose.de, auf der er zahlreiche Tools und Indikatoren rund um TradeSignal anbietet.

Dr. Gregor Bauer

Dr. Gregor Bauer, Jahrgang 1962, beschäftigt sich seit 20 Jahren intensiv mit den Kapitalmärkten und arbeitet als selbstständiger Portfolio-Manager für Privatkunden in Wiesbaden (www.drbauer-consult.de). Er hat zwei Bücher zum Thema „Technische Analyse und Trading" verfasst und veröffentlicht Investmentbriefe für seine Klienten zum Thema Portfolio-Strukturierung und Zertifikate-Trading. Zudem veröffentlicht er regelmäßig Artikel in verschiedenen namhaften Finanzpublikationen, hält Seminare und Workshops zum Thema „Aktienanalyse" ab und ist häufiger Referent und Interviewgast auf Anlegermessen in ganz Deutschland. Er ist weiterhin ehrenamtlich als Vorstandsvorsitzender des Berufsverbands der Technischen Analysten Deutschlands (www.vtad.de.) engagiert und Mitglied im Board of Directors des Weltverbands der Technischen Analysten (IFTA).

Ralf Goerke

Ralf Goerke, Jahrgang 1958, beschäftigt sich seit über 20 Jahren mit dem Thema Börse. Nach dem Abitur absolvierte er 1982 eine Lehre zum Bankkaufmann und arbeitete als Vermögensberater in unterschiedlichen Kreditinstituten. In den neunziger Jahren entdeckte der Bankfachwirt sein Interesse für die Technische Analyse und wurde 1994 Mitglied der Vereinigung Technischer Analysten Deutschlands e.V. (VTAD). Inzwischen hat er zu diesem Thema verschiedene Artikel im Internet und in Fachzeitschriften publiziert und darüber hinaus in der Regionalgruppe der VTAD Düsseldorf einige Vorträge gehalten. Er arbeitet heute als freier Autor und stellv. Chefredakteur bei einem Börsendienst.

Thomas Theuerzeit

Thomas Theuerzeit, Jahrgang 1971, beschäftigt sich seit über 10 Jahren intensiv mit den Methoden der Technischen Analyse. Der Werdegang führte den studierten Bankbetriebswirt über die Stationen des Betreuers im strategischen Vermögensmanagement einer Deutschen Großbank hin zum Technischen Analysten einer der größten Genossenschaftsbanken Deutschlands. Heute verantwortet er das Kompetenzcenter Sentiment / Behavioral Finance im Financial Markets der Deutsche Postbank AG. Theuerzeit ist ein ausgewiesener Experte auf dem Gebiet der Sentimentanalyse. Mit *animusX®-Investors Sentiment* entwickelte er eine neuartige und einmalige Methode zur Analyse der verhaltensorientierten Prozesse von Investoren.

Leseprobe

Vorwort

Als junger Bursche war ich davon überzeugt, dass der einfachste Weg zum Reichtum über die Börse führt. Schließlich war das eine faire Sache, ein Nullsummenspiel, bei dem der eine gewinnt und der andere verliert (Tipp: Der Gewinner ist immer der Broker). Man musste nur die Aktien kaufen, die stiegen, und diejenigen links liegen lassen, die fielen. Kein Problem.

Ich dachte immer noch so, als ich die Syracuse University mit einem Ingenieursdiplom verließ und meinen ersten Job antrat. Jeden Morgen schlug ich die Zeitung auf, suchte meine Aktien aus und schrieb das Ergebnis auf ein Stück Papier, das ich an die Wand klebte. Mein Bürokollege Bob benutzte dieselbe Zeitung, um seine Aktien auszusuchen. Meine Auswahl beruhte auf strengen und erschöpfenden fundamentalen Untersuchungen. Bob hingegen schloss einfach die Augen, schwenkte seine Hand ein wenig herum und tippte mit dem Finger in die Zeitung. Dann öffnete er die Augen und verkündete das Ergebnis seiner Auswahl.

Nach ein paar Monaten machte ich eine bestürzende Entdeckung: Bob hängte mich ab. Seine Zufallstreffer zogen meinen sorgfältig ausgewählten Aktien das Fell über die Ohren. Und ich entdeckte noch etwas: Ich lernte viel aus meinen Papier-Trades.

Mit der Zögerlichkeit und dem Misstrauen, das ich von meinen Eltern geerbt habe, studierte ich zwei Dutzend Unternehmen, bevor ich eine Entscheidung traf und mein erstes echtes Investment einging: Ich eröffnete ein Geldmarktkonto. Das Timing war hervorragend, ich erzielte eine Rendite von mehr als 17 Prozent. Das klingt nach einem sehr riskanten Investment, doch das war es nicht. Schließlich lag der US-Leitzins, die Prime Rate, damals bei 21 Prozent.

Vom Erfolg überwältigt, nahm ich all meinen Mut zusammen, eröffnete ein Konto bei einem Broker und begann meine mageren Ersparnisse in Aktien zu investieren. Wieder war das Timing hervorragend, weil ich den Beginn einer gewaltigen Hausse erwischt hatte. Ich kaufte eine Aktie zu 3 ½ und sah zu, wie sie auf 46 ½ stieg – mein erster 1000-Prozent-Gewinn.

Bevor Sie nun denken, alles sei wunderbar gelaufen, hören Sie sich an, was später passierte. Mein Aktiendepot entwickelte sich prächtig, aber mit meiner beruflichen Karriere ging es eher bergab. Nachdem ich öfter die Stellung gewechselt hatte, als ich es manchmal gern zugebe, landete ich endlich bei einer Firma, wo ich mich zu Hause fühlte; ein Job fürs Leben – so dachte ich jedenfalls. Knapp sechs Monate *nach* meinem zehnjährigen Jubiläum bei dieser Firma erhielt ich einen Brief vom Vorstand. Er gratulierte mir zu den zehn Jahren in seinem Unternehmen und freute sich schon auf eine weitere erfolgreiche Zusammenarbeit in den kommenden Jahren. Sechs Wochen später wurde ich entlassen.

Ich machte das Beste aus der Situation und beschloss, dass ich jetzt, mit 36 Jahren, die Nase voll hatte. Die Zeitungen nennen Leute wie mich *die fehlende Million*. Wir sind diejenigen, die, aus welchen Gründen auch immer, beschlossen haben, unsere Jobs zu verlassen und nicht mehr ins Arbeitsleben zurückzukehren. Wir setzen uns zur Ruhe. Jeder, und ich meine: *jeder* (mit der lobenswerten Ausnahme meiner Cousine Mary Ann – Gott segne sie!) hält uns für Idioten. Natürlich haben die Leute Recht.

Die technische Aktienanalyse fasziniert mich schon seit langer Zeit. Früher hielt ich sie für eine Art von Voodoo, wollte aber trotzdem wissen, warum große Brokerhäuser so viele technische Analysten beschäftigen. Trotzdem konzentrierte ich mich weiter auf die fundamentalen Daten, einfach weil ich von technischer Analyse nichts verstand. Dann entdeckte ich die Fachzeitschrift *Technical Analysis of Stocks and Commodities*. Ich verbrachte meine Mittagspausen in der Bibliothek, um frühere Ausgaben dieser Zeitschrift zu lesen. Natürlich waren mir bei den Aktien, die ich kaufte, auch früher schon bestimmte Chartmuster aufgefallen, aber ich hatte ihnen nie große Bedeutung beigemessen. Nachdem sich einige meiner Aktienengagements als böse Pleiten erwiesen hatten, begegnete ich den Chartmustern mit mehr Respekt. Die Fundamentaldaten sahen immer gut aus, aber die Technik gab ein Warnsignal, als ich gerade kaufen wollte. Mit meinen Aktien verlor ich entweder Geld oder ich verkaufte sie zu früh und verpasste einen großen Teil der möglichen Gewinne.

Vielleicht ist das auch Ihnen schon passiert: Man prüft alle Fundamentaldaten einer Aktie, dann kauft man sie, und sie bewegt sich ein Jahr lang oder noch länger kaum von der Stelle. Oder, noch schlechter, der Kurs beginnt gleich nach dem Kauf zu sinken. Ein Blick auf den Chart hätte für Klarheit gesorgt: Der Kurs hatte eine Trendlinie durchbrochen, aus heiterem Himmel hatte sich ein Kopf-Schulter-Top gebildet, oder der Index der relativen Stärke hatte eine überkaufte Situation signalisiert. Kurz: Alle technischen Indikatoren hatten ein knallrotes Warnsignal geliefert, dass Sie mit einem Kauf zu diesem Zeitpunkt Ihr letztes Hemd verlieren würden. Aber Sie sahen die Warnsignale nicht, weil Sie die Augen fest geschlossen hatten.

Sie sind nicht allein. Mir ist es jahrelang genauso ergangen. Am Ende war ich über die Performance meiner Aktien so frustriert, dass ich mich dazu entschloss, mich über technische Analyse zu informieren. Ich ging in die Bibliothek und las in vielen Büchern immer dasselbe: Eine Kopf-Schulter-Formation funktioniert *in den meisten Fällen*. Was bedeutet das? Soll das heißen, dass diese Formation in 51 oder in 90 Prozent der Fälle zum Erfolg führt? Eine Antwort auf diese Frage fand ich nirgends. Und ich wollte mein sauer verdientes Geld nicht auf der Basis irgendwelcher Binsenweisheiten aufs Spiel setzen. Ich bin Ingenieur, und deshalb will ich harte, kalte Fakten, keine schwammigen Platitüden. Genau aus diesem Grund habe ich dieses Buch geschrieben.

Am Ende des Buchs finden Sie ein Verzeichnis der Chartformationen. Wenn Sie den Verdacht hegen, eine Aktie bilde gerade ein bestimmtes Chartmuster aus, sollten Sie zunächst dort nachsehen. Die Seitenzahlen neben den Formationen führen Sie direkt zum betreffenden Kapitel.

In jedem Kapitel finden Sie zunächst „Die Ergebnisse auf einen Blick“, also die wichtigsten Fakten über die Formation, gefolgt von einer kurzen Erläuterung. Dann, im Abschnitt „Tour“, wird das Chartmuster genau beschrieben. Die „Erkennungsmerkmale“, in Form einer Tabelle und einer eingehenden Erläuterung, erleichtern die Identifikation der Formation und die Unterscheidung von ähnlichen Chartmustern. Bei den einfacheren Formationen habe ich „Tour“ und „Erkennungsmerkmale“ zu einem Abschnitt zusammengefasst.

Kein solches Werk wäre vollständig ohne die Erforschung von Fehlerrisiken. Der Abschnitt „Mögliche Fehler“ erläutert die Gründe verschiedener Arten von Fehlsignalen. Darauf folgt der wohl wichtigste Abschnitt „Statistik“. Wenn Sie eine Chartformation identifizieren können, die wahrscheinliche Performance und die Ursachen möglicher Fehler kennen, wie können Sie sie dann am besten traden? Die Abschnitte „Trading-Taktik“ und „Ein Beispiel-Trade“ beantworten diese Frage für jede einzelne Formation.

Wenn Sie schon einmal ein Auto repariert oder Schreinerarbeiten durchgeführt haben, dann wissen Sie, wie wichtig es ist, für jede Arbeit das richtige Werkzeug zu wählen. Sie würden keinen Flachkopf-Schraubendreher verwenden, wenn ein Senkkopf-Modell besser geeignet ist. Zur Not funktionieren beide, aber das eine Modell kann das andere nicht vollständig ersetzen. Für andere Arbeiten braucht man wiederum keinen Schraubendreher, sondern einen Meißel. Wenn man die Auswahl der geeigneten Werkzeuge beherrscht und weiß, wie man sie einsetzen muss, ist die Arbeit schon halb erledigt. Dieses Buch zielt in genau diese Richtung und soll Ihnen dabei helfen, die Spreu vom Weizen zu trennen. Manchmal sieht eine Chartformation so erschreckend aus, dass man seine Gewinne schnellstens realisieren sollte. Und manchmal ist es die beste Entscheidung, gar nicht zu traden.

Die nötige Erfahrung, um anhand von Chartformationen Geld an der Börse zu verdienen, kann ich Ihnen nicht vermitteln. Ich kann Ihnen nur die Werkzeuge in die Hand geben und Ihnen raten, zunächst einmal mit Trades zu üben, die Sie nur auf dem Papier ausführen, ohne echtes Geld einzusetzen. Dies ist der erste Schritt bei der Entwicklung eines Investmentstils, der für Sie funktioniert, mit dem Sie sich wohlfühlen und den Sie im Lauf der Zeit immer weiter verfeinern und verbessern werden. Wenn Sie später einmal Ihre Papier-Trades Revue passieren lassen, werden Sie verstehen, warum ein Stoppkurs mehr ist als ein notwendiges Übel: Er ist ein nützliches Werkzeug. Sie werden Ihre Fähigkeit verbessern, Unterstützungs- und Widerstandszonen zu erkennen. Das wiederum wird Sie in die Lage versetzen, Ihre Stopps nachzuziehen, nahe am Kurshoch zu verkaufen, Ihre Verluste zu begrenzen und Ihre Gewinne wachsen zu lassen. Ganz einfach.

Sie werden verstehen, warum die Messregel so wichtig ist – vor allem in turbulenten Börsensituationen. Wenn Sie nicht bereit sind, einen Verlust von 20 Prozent zu akzeptieren, werden Sie auch verstehen, warum der Durchschnittsgewinn, von dem in diesem Buch so oft die Rede ist, manchmal das Maximum dessen ist, was man erwarten kann. Und Sie werden auch verstehen, warum es oft recht schwierig ist, ein besseres Ergebnis als den „wahrscheinlichsten Gewinn" zu erzielen. Vielleicht werden Sie bemerken, dass Ihre Freundin Diamanten liebt, dass Sie aber die gleichnamige Formation im Chart einer Ihrer Aktien gar nicht gerne sehen. Am Ende zählt nur eines: Erfahrung.

Viel Glück

Thomas N. Bulkowski

Inhalt

Mindtraps
Die GEBURT des WOHLSTANDES
AUSSER-BÖRSLICHER HANDEL
Modern investieren mit Derivaten
Die besten Anlagestrategien der Welt
Erfolgreich handeln in einem Bärenmarkt
Die BESTEN AKTIEN strategien
PORTFOLIO SELECTION
DEPOT-OPTIMIERUNG mit ZERTIFIKATEN
Erfolgreich investieren in Nebenwerte
DER KOLLAPS DES DOLLARS
MONEY MANAGE-MENT
LARRY WILLIAMS
ENZYKLOPÄDIE DER TECHNISCHEN INDIKATOREN

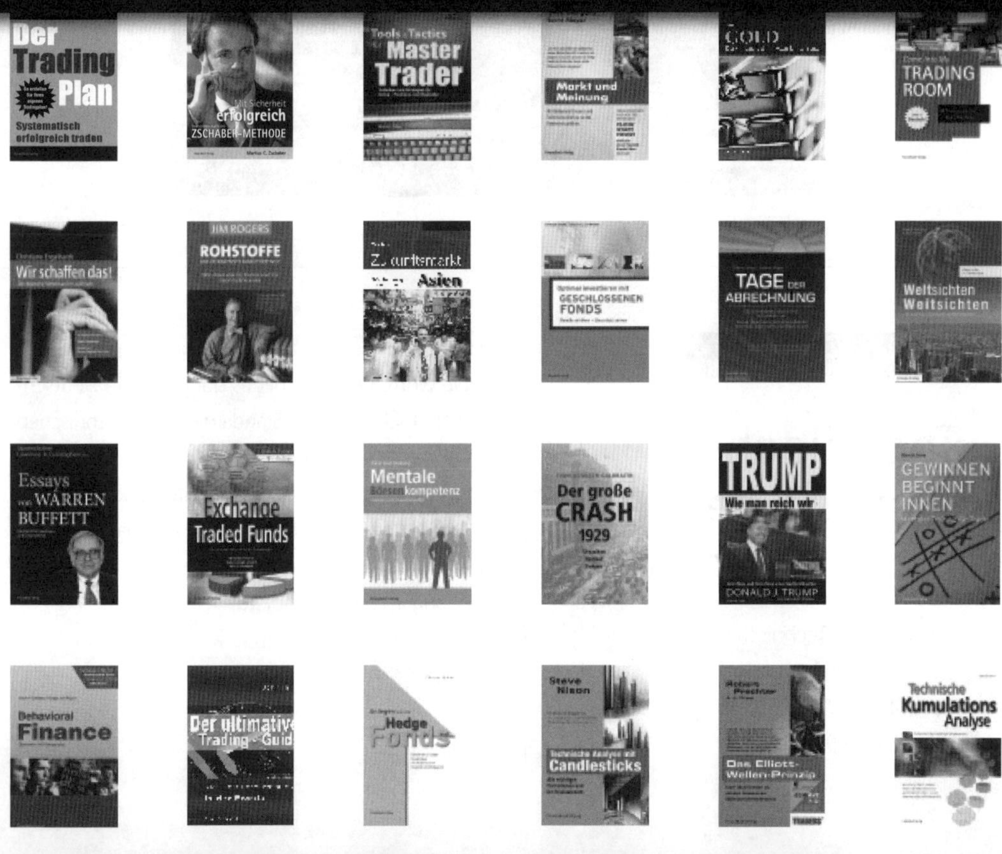
Der Trading Plan
Master Trader
TRADING ROOM
ROHSTOFFE
TAGE DER ABRECHNUNG
Essays von WARREN BUFFETT
Exchange Traded Funds
Mentale Börsenkompetenz
Der große CRASH 1929
TRUMP
GEWINNEN BEGINNT INNEN
Behavioral Finance
Hedge Fonds
Candlesticks
Technische Kumulations Analyse

Technische Analyse
inkl. 144 seitigen
Technische Analyse
der Finanzmärkte
Grundlagen, Strategien, Methoden, Anwendungen
John J. Murphy
FinanzBuch Verlag
Traded Funds
DEVISEN HANDEL
TRADING ROOM
mit CFDs
Geschäfte
HANDELS SYSTEME

Uwe
Wagner
Gewinnen Sie den Kampf um Performance durch praxisnahe Marktbeurteilung und exakte Regelwerke.
Traden
wie ein Profi
Systematische
Handelsansätze
Marktpsychologie
Risikokontrolle
FinanzBuch Verlag
ENZYKLOPÄDIE
DER
TECHNISCHEN
INDIKATOREN